重庆通史

周勇 主编

第一册

重庆出版集团
重庆出版社

图书在版编目(CIP)数据

重庆通史(一、二册)/周勇主编. —2版—重庆: 重庆出版社, 2014.4(2022.6重印)
ISBN 978-7-229-06386-3

Ⅰ. ①重… Ⅱ. ①周… Ⅲ. ①重庆市—地方史 Ⅳ. ①K297.19

中国版本图书馆CIP数据核字(2013)第061613号

重庆通史(一、二册)
CHONGQING TONGSHI
周 勇 主编

责任编辑:吴立平 林 郁
封面题字:孙俊峰
责任校对:何建云
装帧设计:重庆出版集团艺术设计有限公司

重庆出版集团 出版
重庆出版社

重庆市南岸区南滨路162号1幢 邮政编码:400061 http://www.cqph.com
重庆出版社艺术设计有限公司制版
重庆一诺印务有限公司印刷
重庆出版集团图书发行有限公司发行
E-MAIL:fxchu@cqph.com 邮购电话:023-61520646
全国新华书店经销

开本:787mm×1092mm 1/16 印张:78.5 字数:1300千
2014年4月第2版 2022年6月第2次印刷
ISBN 978-7-229-06386-3
定价:190.00元(一、二册)

如有印装质量问题,请向本集团图书发行有限公司调换:023-61520678

版权所有 侵权必究

题《重庆通史》

爱国　团结　奋斗　奉献

杨尚昆

一九九七年三月三十一日

出版说明

一

《重庆通史》是1990年经中共四川省委同意,四川省哲学社会科学规划领导小组批准立项的四川省"八五"期间哲学社会科学重点科研项目。本项目由重庆市地方史研究会与中共重庆市委党校共同申报,合作进行,并最终完成研究工作。周勇担任课题组组长。摆在大家面前的《重庆通史》,就是这个项目的最终成果。

《重庆通史》是一部学术性通史著作。本书以历史唯物主义为指导,从重庆历史实际出发,以重庆经济与社会发展为主题,从政治、经济、文化等方面系统地反映了从公元前200万年到公元1952年,经过原始社会、奴隶社会、封建社会、半殖民地半封建社会、新民主主义社会,并开始朝着社会主义初级阶段演进的重庆历史。现在已经完成的《重庆通史》两册共3卷,54章,约130万字,分为两册出版。第一册,包括第一卷(古代史,公元前200万年至公元1875年,10章,约23万字)和第二卷(近代史上,1876年至1918年,17章,约37万字);第二册,包括第三卷(近代史下,1919年至1952年,27章,约70万字)。

二

通史是反映史学研究成就的综合性著作,城市通史更是城市的基础建设之一。当今世界各大城市无不以拥有高水平的城市史著作而自豪,因此完成重庆自己的通史,是重庆历史学界,特别是地方史学界的历史责任。

本项目1990年立项，2001年完成，历时12年，横跨两个世纪，是一部填补中国城市史、重庆地方史研究学术空白的著作，是党的十一届三中全会以来重庆地方史研究深入开展的必然结果，是20年来重庆地方史学界学术研究成果的总结，是重庆文化基础建设的重要组成部分。

1978年以来的20多年里，我国区域地方史研究蓬勃兴起。在这个背景下，由于全国同行，特别是四川同行和重庆地方史学界的共同努力，重庆地方史研究工作蓬勃发展，成果累累，共出版有关重庆历史的著作701部，发表论文、资料8042篇(见孟广涵主编的《重庆地方史论著目录：1978—1988》、《重庆地方史论著目录：1989—1998》)。这些论著全面地反映了重庆在古代、近代和现代时期，在政治、经济、文化、社会等方面的历史，反映了这些时期历史人物的重要活动。近年来，由于党中央、国务院决定设立重庆直辖市，因而重庆地方史研究的地域大大扩展，研究领域大为拓展，特别是通史研究有突破性的进展，专史研究向纵深发展，断代史研究成果更加丰硕，人物传记与资料、译著大量出版，这就为撰写重庆通史性著作提供了丰富的成果，可以说，由于这20多年来地方史学界的共同努力，编撰《重庆通史》的条件基本成熟。

在这个大发展的背景下，从20世纪70年代末开始，重庆市地方史研究会和中共重庆市委党校携手合作，在重庆地方史学界老领导、老专家的带领下，从无到有，筚路蓝缕，采取先易后难、先小后大、先粗后细、先专史后通史的办法，围绕重庆开埠、辛亥革命、大革命和抗日战争、解放战争等时期的重大历史事件和历史人物，打下了研究工作的基础。从80年代中期起，重庆市地方史研究会与四川大学合作承担了国家"七五"期间的哲学社会科学重点科研课题《近代重庆城市史》，从而把重庆地方史研究从以资料工作为主全面提升到在资料搜集整理的基础上，重点进行专题研究并撰写专著的水平，完成并出版了《近代重庆城市史》以及《重庆：一个内陆城市的崛起》，从而推动了重庆地方史的整体研究水平。从80年代后期到90年代，我们的研究工作主要围绕重庆通史进行，合作承担并完成了一批国家和省市的重要课题，自主规划了一批课题。20年来，我们编撰出版了著作74部、论文资料500多篇，初步形成了以通史为中心，以专史、断代史、人物研究为重点的重庆地方史研究体系，研究领域日益扩大并向纵深发展，从而为《重庆通史》的出版奠定了坚实的学术基础。也正是有这20年研究的成果，我们才有可能来着手完成这部约130万字的通史。而《重庆通史》的出版则是我们这20年研究成果的集中体现。

20多年来,由我们直接撰著、编著和组织编著的著作主要有(以出版时间为序):

(一)通史类著作

《重庆:一个内陆城市的崛起》,周勇主编,重庆出版社1989年出版。该书是国家"七五"期间哲学社会科学重点项目的阶段性成果,是第一部带有重庆通史简编性质的著作。1992年获重庆市政府颁发的哲学社会科学优秀成果一等奖。

(二)专史类著作

《重庆开埠史稿》,隗瀛涛、周勇著,重庆地方史资料丛刊,1982年出版。

《重庆开埠史》,隗瀛涛、周勇著,重庆出版社1983年出版,1984年获四川省政府颁发的哲学社会科学三等奖。

《近代重庆经济与社会发展:1876—1949》,周勇、刘景修译编,四川大学出版社1987年出版。

《三·三一惨案纪实》,重庆市政协文史资料委员会编,西南师范大学出版社1988年出版。

《重庆城市研究》,隗瀛涛等著,四川大学出版社1989年出版。

《近代重庆城市史》,隗瀛涛主编,四川大学出版社1991年出版。该书是国家"七五"期间哲学社会科学重点科研项目的终结成果。由四川大学与重庆市地方史研究会合作完成。该书1992年获四川省社会科学一等奖,1999年又荣获国家社会科学基金项目优秀成果三等奖。

《一个世纪的历程——纪念重庆开埠100周年》,重庆地方史研究会等编,重庆出版社1992年出版。

《第二次国共合作纪实丛书》,孟广涵、周永林、周勇等主编,共计4题8卷500万字。包括:《抗战时期国共合作纪实》(上、下卷)、《重庆谈判纪实》(初版本和增订本)、《政治协商会议纪实》(上、下卷)、《国民参政会纪实》(上、下卷,续编)。由重庆出版社1983年至1993年出版。分获四川省、重庆市政府颁发的哲学社会科学二、三等奖。

《国民参政会》,周勇主编,重庆出版社1995年出版。

（三）断代史著作

《重庆蜀军政府资料选编》，重庆地方史资料丛刊，1981年出版。

《辛亥革命重庆纪事》，周勇编著，重庆出版社1986年出版。1986年获四川省、重庆市政府颁发的哲学社会科学三等奖。

《重庆抗战纪事》及《续编》，重庆市政协文史资料委员会编，重庆出版社1985年、1995年出版。1995年获全国政协文史委员会优秀文史图书二等奖。

《抗战时期的大西南丛书》，共10卷310万字，由西南各省区市政协协作完成，1986年至1995年出版。1995年获全国政协文史委员会颁发的优秀文史资料图书一等奖。

《重庆抗战丛书》，共16卷337万字，由重庆市政协牵头组织，重庆学者共同完成。重庆出版社1995年出版。1999年获重庆市政府颁发的哲学社会科学三等奖。

（四）人物研究著作

《杨闇公日记》，杨绍中、周永林、李畅培编，四川人民出版社1979年出版。

《忆杨闇公同志》，刘伯承等著，四川人民出版社1979年出版。

《邹容文集》，周永林编，重庆出版社1983年出版。

《马寅初抨击官僚资本》，周永林编，重庆出版社1983年出版。

《〈沁园春·雪〉考证》，周永林编，重庆地方史资料丛刊，1983年印刷。

《论邹容》，西南师范大学出版社1987年出版。

《杨闇公》画册，周勇主编，中共潼南县委1991年印刷。

《杨闇公纪念集》，周勇主编，重庆出版社1992年出版。

《卢作孚追思录》，周永林主编，重庆出版社2001年出版。

《卢作孚研究文集》，凌耀伦、周永林编，北京大学出版社2000年出版。

（五）工具书

《重庆地方史论著目录：1978—1988》，孟广涵主编，重庆出版社1989年出版。

《重庆地方史论著目录：1989—1998》，孟广涵主编，1999年印刷。

此外，还举办了一些重要的学术会议，主要有：在重庆城市史方面——1989年，重庆城市史研究学术报告会；1991年，重庆开埠100周年学术讨论会;1999年,重庆城市史研讨会。在重庆近现代史方面——1981年和1991年的纪念辛亥革命70周年和80周年学术讨论会;1990年,卢作孚研究学术讨论会;1992年,纪念杨闇公同志牺牲65周年学术讨论会;1996年,近代西南经济开发与社会发展历史考察学术讨论会等。

三

近20年来,在我国,区域地方史研究蓬勃兴起,越来越多的学者转向这一领域,出版了一批有代表性的地方史论著,设立了中国第一批地方史研究博士、硕士点,培养出我国第一批地方史博士、硕士研究生。在国家哲学社会科学基金规划项目中,地方史从"七五"期间开始便被列为国家重点项目予以资助。台湾学者也正在开展大规模的中国近代化的区域研究。可以说,中国地方史研究已走出了困境,迎来了高潮。

在国际上,中国地方史、区域史的研究也成为一股重要的国际学术潮流,美国、日本等国收藏了我国大量的地方史著作和资料。地方史研究的课题也十分广泛,凡地方政治、经济、社会、人口、军事、民情尽在其中。在研究方法上也日趋多样化,有对一个县的微观研究;有对各大区域社会结构、框架的宏观研究;有对某一政治事件的区域性、社会性研究;有不同学科对同一重大历史事件的多学科研究,等等。研究者中还有越来越多的年轻的外国博士、硕士研究生,他们选取中国地方史(包括四川史、重庆史)作为其论文题材。仅重庆市地方史研究会所接待和指导的美国、日本博士研究生迅速增加的事实,就从一个侧面反映了这个国际性的学术潮流。外国学者的成果在一定程度上弥补了国内研究的薄弱环节,有助于中外学术的交流与合作,使我们对地方史的研究更加深入。

因此,我们可以说,《重庆通史》是在我国人民进行历史反思,把建设有中国特色的社会主义全面推向21世纪的伟大进程中,在中国地方史研究成为一股国际性学术潮流的历史条件下应运而生的。这一研究成果也就成为一部具有鲜明时代特点和创新风貌的学术著作。

首先,在指导思想和基本理论上,我们坚持历史唯物主义关于人类社会发展一般规律的观点,把它作为研究重庆历史的途径和起点,同时又坚持经典作家关于历史发展既有统一性又有多样性的观点。在观照中国社会发展的一般规律时,始终把重庆放在中国西部的全局地位上考察其发展演变的规律,尤其注意重庆历史发展的特殊性,注意发掘重庆历史的个性。这样做的目的,就是要反映重庆历史的特色,从而摆脱地方史只是今日地方行政区范围内的中国通史微缩版的窠臼。

其次,在研究的整体思路上,我们坚持厚今薄古的原则,在古代悠久而丰厚的历史积淀上,浓墨重彩地论述近代历史。重庆古代的历史从巫山人算起,已经有200万年了。无论是人类活动本身的内涵,还是跨越时空的长河,古代史都是当之无愧的第一长度。正是因为如此,有些地方的通史仅古代一史就占了全书的绝大部分。但是,我们把这200万年的历史浓缩为一卷,择其要而书之,取其精而用之,选其华而记之,只占全书不到1/5的篇幅。而把整整两卷即全书4/5的篇幅用来浓墨重彩地描写不到100年的重庆近代史。这是因为,在源远丰厚的重庆历史上,真正发生天翻地覆的大变革,与今天联系最密切、最能给人以启迪和思考的,还是近代以来的历史。重庆近代史,是一部从封闭的城堡发展成为开放的、连接我国中西部的战略枢纽的历史,一部从古代区域性军政中心城市发展成为区域性经济中心的历史,一部从偏居四川东部一隅的中等城市发展成为立足中国内陆、面向五湖四海的特大城市的历史。其间的苦难、奋斗、曲折、艰难、光荣、辉煌……可圈可点,可感可叹。近代的重庆,为祖国奉献了灿烂的文化,也为自己打造了崇高的精神。

第三,在历史内容的选择和发掘上,我们努力改变通史只是政治斗争史的格局,而始终以重庆的经济与社会发展作为自己研究的着眼点,始终注重发掘政治斗争背后的经济、社会与文化原因。正是这种努力,使我们从重庆历史中抽出了反映重庆本土化特征的三条互动发展的历史线索:一是政治发展的历史,即古代历史上统治阶级为夺取政权、巩固政权而开展的斗争,和劳动人民反对统治阶级的斗争;近代以来,帝国主义与中华民族的矛盾和斗争,封建主义、官僚资本主义与中国人民的矛盾和斗争,特别是重庆人民为建立民族独立、国家富强、人民民主的新中国而进行的旧民主主义革命和新民主主义革命。二是经济发展的历史,即重庆由一个川东地区的军政中心,逐步演变为四川、西南、长江上游的中心城市,以及在抗日战争时期成为了中国大后方的中心城市,特别是作为经济中心的形成演变的历程。三是文化发展的历史,即重庆作为内陆中心城市的文化源流,研究古代巴渝文化—近代中西文化冲突—现代抗战时期大后方文化中心的各自形态、相互联系,以及文化与经济进程、政治发展的关系。

这种尝试的目的在于推动史学理论的创新,在于显示《重庆通史》的独特价值。需要指出的是,早在12年前本课题立项的时候,我们就提出,经济与文化研究的薄弱,是通史研究的普遍现象。对于重庆这个政治斗争的重要舞台来说,要搞清楚政治发展的历史已属不易,而要把城市经济与文化的演变理出个头绪,展示其形态,揭示其规律,就更加困难。因而在本书中,我们把200万年来的经济与文化发展历程及其传承关系,既作为难点,也作为重点,这种研究既是突破口,也是成功的关键。我们希望能够有所作为。

本着这一理想,在"七五"期间,我们就开始对重庆经济进行整体性研究,1989年出版《重庆:一个内陆城市的崛起》时,研究"经济中心"的内容已有四章,篇章框架已经形成;而"文化"则刚刚起步,有了一章"近代重庆文化",但显得生硬。"八五"开头时,1991年出版《近代重庆城市史》,近代经济、文化的研究大有进展,已经成为支撑近代重庆城市史的独立板块。而当进入"十五",《重庆通史》完成的时候,我们已经可以用40万字的篇幅来展示经济与文化的变迁。特别是经济方面的研究已经成型,甚至可以说,一部《重庆经济史》已经融合在一部《重庆通史》之中。还有一件很有意义的事,参加本书文化部分写作的几位中青年学者,刚刚放下写《重庆通史》的笔,又相约写一部《重庆文化史》。应当说,是研究《重庆通史》的实践给了他们这种学术的眼光,也是《重庆通史》的成功给了他们胆量与勇气。因此,我们已经可以说,12年前我们对提出的问题已经作出回答,作出的承诺基本实现了。

第四,在历史分期上,我们始终以社会性质作为历史分期的主要标准。这集中体现在重庆近代史的分期上。我们对重庆近代史的上限,没有套用中国近代史开端于1840年的说法,也没有提出一个简单标志。而是从重庆历史实际出发,把上限处理成一个过程,即1876年《烟台条约》—1890年《烟台条约续增专条》—1891年重庆开埠。这样就更能准确地反映重庆半殖民地半封建社会的开端。关于下限,近年来,不少学者提出以1949年半殖民地半封建社会历史的结束作为中国近代史的下限。我们也倾向于这一观点。但在具体处理上,又不完全采用1949年说。我们认为,半殖民半封建历史在重庆的结束,毫无疑问,1949年旧政权的崩溃是一个主要标志。但推翻旧政权还只是中国共产党领导的新民主主义革命任务的一部分,而新民主主义革命任务的彻底完成,才最终铲除了半殖民地半封建制度的基础。因此,旧政权的灭亡和新政权的建立,是半殖民地半封建社会结束必须涉及的重大历史事件,缺一不可。它们都是同属通史的重要问题。因此,我们以1952年国民经济恢复时期结束,民主革命任务彻底完成,党提出过渡时期总路线为止,作为第三卷的终结。以这样的方式来处理一个地区的近代历史下限的做法,在国内外似乎还没有先例。这一学术观点提出至今已经12年了,得到多数同行的赞成。

在体例上,本书采用了通史与专题相结合、诸体并用的方法。全书主体以编年为经,以纪事为纬。在大部分章节里,将政治、经济、社会融为一体,体现了通史特点。同时,又分别在每一卷里设置专门的章节来集中记载和分析重庆经济中心的演变、重庆文化的变迁,而且占了相当大的篇幅。从而使本书具有浓郁的重庆特色。此外,本书采用了必要的图表,以方便读者理解,提高使用价值。

四

与12年前申报并审批这个科研项目时相比,重庆已经发生了很大变化——1997年设立了重庆直辖市。当此《重庆通史》正式出版的时候,我们要向读者作几点说明:

(一)重庆的地域发生了变化。12年前本课题立项时,重庆是一个经济计划单列市,在行政上隶属于四川省,辖21个区县(市),1500万人口,2.3万平方公里土地。这是我们当时研究重庆通史的地域。而今天,重庆已经是一个直辖市,辖包括原四川省的万县市、涪陵市、黔江地区在内的40个区县(自治县、市),3068万人口,8.2万平方公里土地。也就是说,我们的研究地域已经从老重庆、小重庆,发展到新重庆、大重庆了。从1997年重庆直辖以后,我们曾经企图实现从写老重庆、小重庆到写新重庆、大重庆的跨越。但是,经过近两年的努力,我们的目标没有完全实现。实践使我们认识到,实现这个跨越决不只是量的扩张,更不是凭剪刀加糨糊就可以交差的。而必须老老实实地从搜集材料开始,必须扎扎实实地从基本的史实考订开始,必须认认真真地从最基础的研究开始,方能着笔于通史这个神圣的事业。既然短期内我们还做不到这一点,而时间已不允许我们再拖下去,因此,我们决定一秉12年前立项时的初衷,先写老重庆,同时尽可能增加新重庆地域内的历史内容。因此,现在出版的《重庆通史》,是对老重庆、小重庆历史的一个交待,同时也包括了对新重庆、大重庆历史的回应。这就为今后修订《重庆通史》留下了历史的空间。

（二）通史的研究对象发生了变化。20多年来,我们对重庆的历史作过比较深入的研究,可以说,重庆史是一部以城市为核心的历史。城市是我们研究的主要对象。重庆的全部历史都是在城市的发展和演变之上的。正是从这里出发,我们得以登堂入室,开始揭示出重庆成长的一些特殊规律,也正是对这些历史特质的把握,才有了我们这20年来的学术成就。这是我们申报并撰写《重庆通史》的"底气"。但是,重庆直辖改变了我们的研究对象。重庆的历史从以城市为主体的历史,变成了大城市与大农村并存的历史,展现在我们面前的是具有强烈反差的历史画卷。由于这一主体的变化,我们的具体研究对象,也就在以城市为核心而开展的具有浓厚的城市色彩的政治斗争（白区工作）、经济发展（经济中心）和文化进步（城市文化）的历史的基础上,增加了以农村为主体的政治斗争（红色根据地）、经济发展（农村经济）与文化进步（民族文化）的历史。而对后者（乡村历史）的研究正是我们的薄弱环节,而这方面的研究成果也是我们重庆地方史学界所欠缺的。再加上三峡库区考古成果层出不穷,对它的研究,将会对重庆历史产生重要影响。这些都有待《重庆通史》修订时加以补充和完善。

（三）读者对象发生了变化。一部《重庆通史》,它应当属于全中国人民,也可以说属于全人类。但是,它首先应当属于全重庆,应当属于3000多万重庆人民。老重庆的历史,老重庆人关注它。但是,今天我们已经是新重庆、大重庆了,3000多万人都会在乎它、关注它。因此,作为一部"重庆"的"通史",就理所当然地会被3000多万人所关注。由于我们研究不深,材料掌握不全,即使经过短期努力,拾遗补缺,也难免挂一漏万。为此,我们只能对读者表示歉意,也更加激励我们加快对新重庆历史的整体研究,以更加完整、全面的重庆通史著作奉献给3000万人民。

（四）最后需要说明的是,正是由于以上的原因,已经完成的书稿,主要还是实现当年我们提出的研究计划的产物,是作者对重庆通史研究的阶段性认识。历史研究是一件非常严肃的事情,需要非常严谨的学风。我们将以《重庆通史》的出版为起点,把对重庆通史的研究继续进行下去。这部《重庆通史》的下限只写到1952年,我们还将需要继续写下去。同时,我们也期待着在经过若干年的努力之后,我们能写出一部完整的准确反映新重庆、大重庆历史全貌的《重庆通史》。

五

本课题组成员有:周勇、胡道修、饶亚、张瑾、王钟、胡大牛、文国伟、朱培麟、余凡、罗尚义、薛新力(以撰写章节先后为序)。

全书由周勇主持编写及统稿、定稿。张瑾参加了部分统稿工作。郭金杭负责全书的计算机处理与校对工作。王志昆、陈建智、谷明宇参加了前期研讨工作。

本书各章撰写分工是:

第一卷,10章,由胡道修撰写。

第二卷,由周勇撰写初稿,饶亚、张瑾、胡大牛、王钟先后参加写作。具体分工是:周勇、饶亚(第1、2、11、12、13、14、15章);周勇、张瑾(第3、4、5、6、7、8、9章);王钟(第10章);胡大牛(第16、17章)。

第三卷,由周勇撰写部分初稿,参加写作的有文国伟(第1、2、3、4章);朱培麟(第5、6、25、26、27章);余凡、罗尚义(第7、8、9、10章);周勇、王钟(第11、12、13、14、15、16、17、18、20章);余凡(第19、23、24章);薛新力(第21、22章)。

六

这部著作能够在新世纪到来的时候交付出版,首先应当感谢重庆市地方史研究会的老会长孟广涵同志、副会长兼秘书长周永林同志,现任会长徐朝鉴同志。20年来重庆地方史研究的兴起与发展,是和他们的倡导、组织和身体力行分不开的。12年来,他们给了我们课题组全体同志很大的鼓励、支持和鞭策。

我们要感谢四川大学城市研究中心名誉主任、博士生导师隗瀛涛教授对我们的指导。也要感谢博士生导师何一民教授和谢放教授、王笛教授等学兄。从80年代初我们就跟随隗瀛涛先生研习中国近代史。"七五"期间又共同承担《近代重庆城市史》研究与撰写工作,创造出一个中国城市史研究的"结构功能学派"。这部著作对于重庆地方史研究来说,具有奠基的意义。正是编写这部著作的锻炼,拓展了我们的学术视野,提升了我们的研究水平,也进一步鼓起了我们的学术勇气,萌生了撰写《重庆通史》的念头。也正是课题组共同创造的学术成就,搭建了《重庆通史》得以完成的重要阶梯,搭建了我们学术成长的阶梯。

我们要感谢重庆市政协和中共重庆市委党校这些年对我们的关心、支持和帮助。

我们还要感谢重庆出版社,特别是李书敏社长的鼎力支持,感谢文史编辑室的同志们。

本课题组的工作,得到了重庆市政协文史资料委员会、中共重庆市委党史研究室、重庆市志总编室、重庆市图书馆、重庆市档案馆、重庆市博物馆的具体支持与通力合作。我们还得到了国内及日本、美国学者在资料方面的协助。

在本书编写过程中,我们参考了国内外学术界的有关成果,还得到了许多学界同仁的热心帮助。

可以说没有上述单位、前辈、领导、专家、学者的鼎力相助,我们是不可能克服过去12年中所遇到的各种困难和挫折,最终完成这项跨世纪的学术工程的,对此我们表示衷心的感谢。

特别需要指出的是,国家主席杨尚昆同志非常关心家乡的建设与发展,对《重庆通史》的编纂也关怀备至。1997年3月,他来重庆出席杨闇公诞辰100周年、牺牲70周年纪念活动期间,特欣然为本书题词:

"爱国　团结　奋斗　奉献　　题《重庆通史》　杨尚昆　1997年3月31日。"

值此《重庆通史》出版之际,我们对他表示崇高的敬意。

《重庆通史》是一项规模浩大的系统工程,也是一个新的研究领域。我们的理论、资料准备都还不足。12年中,我们既感到使命的庄严,更感到责任的重大,常常力不从心。因此,弱点和缺陷在所难免。即使是那些我们认为是创新的地方,也还有待于读者的评价和实践的检验。我们真诚地希望读者给我们更多的关注,希望得到社会各界,得到专家、学者的批评与指教,使我们共同以探索创新的精神去寻求历史的真谛。

伟大的时代需要历史科学,重庆的发展需要重庆历史的精品力作。研究历史的人,应该具有历史感,更应该具有时代感。研究城市历史的人,更应当与城市共命运。

作为一个重庆人,应当为重庆的过去而骄傲,为重庆的未来而振奋。我们应当继承以巴渝文化为代表的优秀民族文化和道德精神,增强民族自尊心、自信心、自豪感;应当发扬历史上重庆人民勤劳勇敢、艰苦创业的优良传统和反压迫、反侵略的民族精神与爱国主义精神;应当正确地总结吸取历史经验,更加勇敢地面向未来。我们衷心希望《重庆通史》的完成与出版,能够对此产生积极的作用。

《重庆通史》出版了,这只是一项阶段性任务的完成,它标志着《重庆通史》这项更加宏伟工程新的开始。我们将秉承中国优良的史学传统,在新的世纪里努力创新,为史学和文化的繁荣,为把重庆建设成为"长江上游经济中心"作出贡献。

周　勇
2001 年 8 月 26 日

重庆史是中国史,也是世界史[①]
——重庆史研究的方向与条件
(代再版前言)

周 勇

新中国成立以来,特别是最近30多年来,有关重庆历史的学术研讨会开过多次。但是,以重庆史研究本身为对象,这还是第一次。因此,我以为,我们确有必要对重庆史研究的基本问题进行一次梳理。

"重庆史研究的回顾、现状与展望国际学术讨论会"召开的意义在于,回顾重庆史研究的历史,总结以往的得失,找准前进方向,凝聚境内外国内外人才,努力开创重庆史研究的新局面。这对于重庆史研究来说具有里程碑的意义,成果值得期待。

一、如何认识和把握重庆史研究体系

我以为,重庆史研究体系的框架可以这样来表述:以古代、近代、当代历史为纵坐标,以政治、经济、文化史为横坐标,纵横交错,形成三条互动发展的历史线索。

(一)政治发展的历史

古代重庆政治发展的历史,既包括统治阶级为夺取政权、巩固政权而开展的竞争,也包括人民大众反对统治阶级的斗争;近代以来重庆政治发展的

[①]这是作者在"重庆史研究的回顾、现状与展望国际学术讨论会"上的主题演讲(2012年6月4日)。

历史,包括帝国主义与中华民族的矛盾和斗争,封建主义、官僚资本主义与中国人民的矛盾和斗争,特别是重庆人民为建立民族独立、国家富强、人民民主的新中国、新重庆而进行的旧民主主义革命和新民主主义革命;当代重庆政治发展的历史,包括重庆人民完成新民主主义革命任务,推进社会主义革命和建设,投身改革开放的历史进程。

(二)经济发展的历史

古代重庆经济历史的发展,就是重庆从蒙昧时代,经过自然经济的发育成长,走向市场经济门槛的历史;近代重庆经济历史的发展,就是重庆在半殖民地半封建形态的市场经济环境中,城市经济的成长、发育的历史——由一个川东地区的军政中心,逐步演变为四川、西南、长江上游的中心城市,以至于在抗日战争时期成为中国抗战大后方的中心城市的历史,特别是作为经济中心的形成演变的历程;当代重庆经济历史的发展,就是在社会主义计划经济体制下,重庆经济在曲折中发展,在改革开放大潮的推动下,逐渐融入社会主义市场经济体制,朝着新的长江上游经济中心发展演变的历史。

(三)文化发展的历史

重庆文化历史的发展,就是作为内陆中心城市的文化源流,表现为古代时期,在巴蜀文化的沃土上,生长出以古代巴族和巴国为特色的巴渝文化,这是重庆城市文化的根脉;到了近代时期,西方文化的传入,造成了中西文化的冲突与融合,再到抗战时期,重庆成为中国抗战大后方的文化中心;进入当代,重庆文化的主体转型为社会主义文化。重庆文化的历史就是这各个时代的文化形态相互联系,以及文化与经济进程、政治发展协同发展的历史。

这三条线索(政治、经济、文化)、三个进程(古代、近代、当代)构成了重庆史研究体系的基本框架。

关于这个研究体系,至今尚无人提出过,我在自己研究的过程中形成了一些粗略的构想。这是抛砖引玉,希望引起同行们的讨论。也许我们可以尝试在此之上,构筑起重庆史研究的科学体系,为深入的科学的研究提供学理基础。

二、如何把握重庆史与中国史的关系

学界多把重庆史作为地方史看待,重庆学人也常常如此。我以为,重庆史是地方史,这是不争的事实,因为每个地方的历史都只能首先是地方史,即使北京、上海也如此。但是,当一个地方、一个城市被推上国家历史或国际历史发展的重要舞台,甚至站在历史舞台中心,扮演历史主角的时候,这个城市的历史就不只是地方的历史,而是国家的历史,甚至世界的历史了。

以重庆为例:

(一)重庆历史上经过四次"直辖",在中国历史发展的关键时刻发挥着举世瞩目的作用,这是重庆城市发展的规律性

所谓"直辖",即中央政府对某一城市的直接管辖。

重庆历史上的四次"直辖"分别是:

第一次"直辖":公元前314年,在秦统一中国的进程中,灭巴国,置巴郡,这是国家统一的成果,既是中央政府对重庆实行一级行政机构管理之始,也是重庆代表中央政府管辖巴渝地区之始。当时的秦国辖36郡,重庆就成为了统一的中央集权的"中国"的创始成员。

第二次"直辖":1937年7月抗日战争全面爆发,12月南京陷落,国民政府迁都重庆,重庆成为中国的战时首都。1939年5月,中央政府确定重庆为行政院之特别市(直辖市);1940年9月,定重庆为陪都。重庆成为中国抗战大后方的政治中心,成为抗日民族统一战线的重要政治舞台,为中华民族赢得抗日战争的胜利,从而实现由衰败走向振兴的伟大转折,作出了历史性的贡献。

第三次"直辖":新中国成立后,中央政府定重庆为直辖市,成为中国西南的政治、经济、文化中心,重庆为彻底完成新民主主义革命的任务,巩固和发展社会主义政权发挥了独特的作用,也为重庆的社会主义革命和建设奠定了重要基础。

第四次"直辖":20世纪末,在改革开放向中国内陆纵深推进的关键时刻,1997年,中央政府再次决定设立重庆直辖市。重庆为实现邓小平同志提出的"三步走"战略部署和梯度转移战略,为实现西部大开发的战略,为完成三峡工程建设和库区百万移民,更为中国面向新世纪持续稳定发展,作出了历史性贡献。

研究三千年来的重庆城市发展史,我们可以发现:中央政府对重庆的直接管辖,往往出现在历史发展的关键时期,"直辖"是重庆发展的历史机遇和

强大动力,显示出重庆城市发展的规律性。

(二)近代以来,在中国历史的若干重大时刻,重庆代表着中国,成为中国近代城市发展史上的一种类型

20世纪初兴起的辛亥革命运动,在重庆产生了中国最伟大的资产阶级革命理论家、宣传家邹容,他在日本写就的煌煌巨著《革命军》,提出了"中华共和国政纲",成为阐发孙中山资产阶级共和国方案的里程碑;这一时期,邹容与陈独秀在日本、在国内,都一同投身革命,在思想上、政治上高度契合,而邹容更胜一筹,在宣传、阐释资产阶级民主革命理论的基础上,在法庭上进而公然提出了"鼓吹社会主义"的主张,并声称要"写关于社会主义基本原理的书"。[1] 邹容的壮举,在中华民族五千年文明史上,在中国共产主义运动的历史上,都占有标新立异、独领风骚的重要地位。

20世纪初,马克思主义开始在中国传播,1920年3月12日,一群重庆进步青年在与共产国际没有直接联系的情况下,独立自主地建立了四川省重庆共产主义组织。[2] 这将目前已知的中国最早的共产主义组织的成立时间提前了5个月。这份档案来自于保存在共产国际的中共一大档案之中,这一历史事件所提供的时间、空间、创建新证,丰富了中国共产主义运动的历史。1924年1月,吴玉章、杨闇公成立了中国青年共产党,活动于成都与重庆,他们是中国共产主义运动的先驱者。[3] 这都是中国共产党创立时期的重大事件。这再次证明了中国共产主义运动的发生、中国共产党成立的历史必然性——即使在偏僻的西南,即使关山阻隔,只要有马克思主义与中国工人运动相结合,共产党就一定会出现在中国大地。

1926年12月,在大革命失败前夕的危急关头,以杨闇公等共产党人为代表的中国共产党重庆地方执行委员会,提出了在四川省建立革命军队,开展武装斗争的主张,策划并发动了顺泸起义,成为中国共产党人独立掌握革命武装,举行武装起义的最早尝试,为党领导军事工作培养锻炼了吴玉章和刘伯承、朱德、陈毅等重要干部,积累了武装起义的经验,这批干部随后都参加了举世震惊的南昌起义,成为人民军队的创建者。

---

[1] The Supao Sedition Trial, N. C. Daily News, DEC. 12, 1903.
[2] 中央档案馆编:《中国共产党第一次代表大会档案资料》,人民出版社(内部发行)1982年版。
[3] 《杨闇公日记》,四川人民出版社1979年版,第33页。

抗日战争时期，从北方的哈尔滨到南国的广州，从东边的上海到西面的太原，日军兵锋所至，中国的大城市相继陷落。而唯有重庆巍然屹立，成为中国战时首都、中共中央南方局所在地、中国抗日民族统一战线的重要舞台。作为中国抗战大后方的政治中心，重庆人民团结在抗日民族统一战线伟大旗帜下，坚持抗战到底，直至最后胜利；作为中国抗战大后方的经济中心，重庆承接了中国生产力布局的重大调整，构筑了战时中国的经济基础，支撑了抗战危局；作为中国大后方的文化中心，重庆创造了一系列难以企及的文化成就，成为新民主主义文化的一座高峰；重庆还奉献了伟大的抗战精神和红岩精神，成为中华民族和中国共产党宝贵的精神财富。"抗战胜利纪功碑"就是这一伟大历史的见证。

1949年11月30日，重庆解放。邓小平、刘伯承在重庆指挥了解放大西南和解放西藏昌都的战役，到1950年国庆节，新中国除台湾和西藏外的全部国土都已经获得解放。重庆市决定将"抗战胜利纪功碑"改为"人民解放纪念碑"，这是迄今为止唯一一座纪念全中国人民解放的纪念碑。

（三）在当代历史上，重庆成为新中国的重要组成部分，发挥着建设骨干、改革先锋的作用

新中国成立之初，重庆是中央直辖市，是西南局所在地。中共中央西南局书记、西南军政委员会副主席、西南军区政委邓小平在此主政大西南。他聚精会神地加强执政主体的建设——这是对中国共产党"全心全意为人民服务"这一宗旨的具体实践，是新世纪新阶段中国共产党执政理念"立党为公、执政为民"的实践和理论的重要来源；着力推进执政主题的破解——这为坚持以经济建设为中心，坚持发展才是硬道理，坚持以人为本，建设经济、政治、文化协调发展的中国特色社会主义，提供了理论和实践的养料；巩固和扩大执政的基础——这为今天中国共产党进一步巩固阶级基础，扩大群众基础作出了重要的贡献；强化执政的两大保证——这对于今天我们保证党对军队的绝对领导，巩固马克思主义在意识形态领域的指导地位积累了重要的历史经验。邓小平主政大西南时期的初步探索，是以毛泽东同志为代表的中国共产党人探索长期执政规律的重要组成部分，也为后来邓小平理论的形成提供了实践的基础和理论的准备。

1954年6月19日，中央人民政府作出《关于撤销大区一级行政机构和合

并若干省、市建制的决定》,重庆直辖市撤销,并入四川省。但考虑到重庆的历史地位和它在西南的特殊区位优势以及经济上的巨大影响力,1954、1964年,中央两次决定对重庆市实行国家经济计划单列体制。进入20世纪60年代,为了防止帝国主义入侵,保卫国家安全,中央对国家经济布局作出战略性部署,按战略地位的重要性把国土疆域分为一、二、三线,而三线建设的重点则放在重庆,重庆成为国家常规武器和部分重要机器设备的制造基地,给新中国经济建设留下了规模空前的一页,也为重庆的工业发展进一步奠定了坚实基础。

十一届三中全会以后,在改革开放的大潮中,重庆走在社会主义现代化建设的最前线,担负起城市经济体制改革先锋的重任:1984年,中央确定重庆为第一个城市经济体制改革试点城市,迈出了城市经济向社会主义市场经济转变的第一步;1997年,全国人大决定设立重庆直辖市,重庆担负起中国发展战略从沿海向内陆延伸,引领西部科学发展的重任;2007年中共中央总书记胡锦涛提出重庆发展的"314"总体部署,重庆被确定为国家统筹城乡综合配套改革试验区,重庆担负起建设成为西部地区重要增长极、长江上游地区经济中心、城乡统筹发展的直辖市,在西部率先实现全面建设小康社会的历史重任。

由此可见,在各个不同的历史时期,重庆与时代同行,对中国历史作出了巨大的贡献。

今天我们研究重庆史,就需要对重庆与中国历史的关系进行整体研究,这包括从经济、政治、文化、社会等方面全面展开,既需要研究各个不同历史时期重庆发展的历史进程、特点和规律,也需要研究重庆这座城市对中国历史的贡献,还需要从不同的党派、团体的角度来研究他们对中国历史、中国革命史、中国经济史、中国文化史的贡献,等等,以此来拓展和深化重庆史研究。

三、如何把握重庆史与世界的关系

在中国诸多大城市中,身处西部的重庆,它的历史也是与世界历史紧紧相连的。尤其是进入近代以来,重庆被融入了世界历史发展的进程,成为一座在近现代世界历史上扮演过重要角色的中国城市。

近代以来,在西方列强西进的过程中,重庆之于西部,尤如上海之于中国。如果说,上海是西方进入中国的钥匙的话,那么,重庆则是西方进入中国西部的门户。鸦片战争之后,英国便加快了由长江水道进入四川,控制重庆,直驱云南、西藏,与在缅甸、印度的侵略势力相呼应的步伐。因此,重庆开埠的意义就超出了四川一省的市场开拓,而成为英国借以实现囊括中国西南庞大计划的重要步骤。1876年,中英两国签订《烟台条约》,英国夺取"驻寓"重庆的特权。[①] 1890年,中英两国在北京订立《烟台条约续增专条》,英国强迫重庆于1891年开埠,这是长江上游地区第一个对外通商口岸,是西方列强对中国内陆地区侵略扩张的标志性事件。随后,1895年,中国和日本签订《马关条约》,日本又强迫重庆开埠,和英国一样"利益均沾",取得了重庆开埠的特权。《马关条约》使日本继英、法等老牌资本主义国家之后势力伸入到中国西南地区,从此,帝国主义在西南的勾结和争夺也进入了新的时期。

抗日战争时期,重庆成为中国的战时首都。从1938年2月至1944年12月,日军集中其陆军和海军的主要航空兵力,对重庆进行了长达近7年的政略、战略轰炸,妄图以此彻底"摧毁中国的抗战意志",达到"迅速结束中国事变"的目的。研究表明,重庆抗战期间直接伤亡32829人,灾民人数达172786人,财产损失价值法币100亿元。[②] "重庆大轰炸"与"九一八"事变、"七七"卢沟桥事变、南京大屠杀、旅顺大屠杀、七三一细菌部队等一样,给中国造成了惨痛的牺牲和巨大损失。但是,重庆并没有屈服于日军的威胁,依然挺立,直到胜利。

1941年12月,太平洋战争爆发。1942年1月《联合国家宣言》发表,中国成为同盟国四强之一。1月3日,同盟国宣布蒋介石任盟军中国战区最高统帅,负责指挥中国、泰国、越南等地区联合部队对日作战;美国史迪威将军担任最高统帅参谋长。1941年12月,中、美、英三国联合军事会议在重庆举行。重庆在第二次世界大战中的战略地位大大提高,成为世界反法西斯阵线中国战区统帅部所在地,成为与华盛顿、伦敦、莫斯科齐名的英雄之城。

尤其令中国人民不能忘记的是,在战争最困难的时刻,年届花甲的史迪

[①] 隗瀛涛、周勇:《重庆开埠史》,重庆出版社1983年版。
[②] 周勇主编:《重庆市抗战时期人口财产损失》,中共党史出版社2011年版。此外,2011年重庆出版社在《中国抗战大后方历史文化丛书》中还出版了《重庆大轰炸档案文献:财产损失》、《重庆大轰炸档案文献:轰炸经过与人员伤亡》、《重庆大轰炸档案文献:证人证言》、《英雄之城——大轰炸中的重庆》、《抗战时期重庆大轰炸日志》五部著作。

威将军受美国总统罗斯福的委派第五次来到中国,在重庆居住和工作,担任中缅印战区美军司令及同盟国中国战区统帅蒋介石的参谋长、援华租借物资监督及任何联合军事委员会美方代表,肩负在中国、东南亚、南亚地区对日作战的重任。在印度,他力排众议,精心训练中国军队;在缅甸,他身先士卒,率领中国军队奋力反击日本侵略军,于1944年夏天扭转战局,奠定了最后胜利的基础。其间,他还亲自指挥,排除千难万险,修筑了著名的中印公路——"史迪威公路"。同时,应中国政府的要求,美国政府开辟了一条由印度阿萨姆邦通往中国的"驼峰"航线,维持了中国与世界的空中联系,保障了战时的军需民用,被称为"世界航空史上创举"。

抗日战争爆发后,美国政府对中国抗战的支持,主要体现为对重庆国民政府的援助,而与中国共产党基本上没有接触。进入1944年,美军在亚太战场节节胜利。而在中国,国民政府军队在正面战场上损兵折将,失地千里。与此形成鲜明对比的是,以延安为中心的敌后战场捷报频传,世所瞩目。这使史迪威将军在深感失望的时候,又看到了抗战胜利的希望。在此前后,戴维斯、谢伟思等美国驻华外交官纷纷向他提出建议,联合共产党部队对日作战。这些报告引起了罗斯福总统的重视。经过与重庆国民政府的反复交涉,经罗斯福总统同意,史迪威将军向延安派出了以助手包瑞德上校为首的美军观察组(又名"迪克西使团")。美军观察组进驻延安,开始了美国政府与中国共产党正式接触和合作的历史。

1942年12月,中国政府与美国、英国代表在重庆谈判,于1943年1月签订平等新约。1945年,在重庆组建了由各党派组成的参加联合国制宪会议的中国代表团。

对于这一段艰难的岁月,1942年,美国总统罗斯福曾经有一段公允的评论,"假如没有中国,假如中国被打垮了,你想一想有多少师团的日本兵可以因此调到其他方面来作战?他们可以马上打下澳洲,打下印度——他们可以毫不费力地把这些地方打下来。他们并且可以一起冲向中东";"日本可以和德国配合起来,举行一个大规模的夹攻,在近东会师,把俄国完全隔离起来,割吞埃及,斩断通过地中海的一切交通线"。[1] 英国首相丘吉尔也曾经指出,

---

[1] 伊里奥·罗斯福:《罗斯福见闻秘录》,新群出版社1951年版,第49页。

如果"中国一崩溃,至少会使(日军)十五个师团,也许有二十个师团腾出手来。其后,大举进犯印度,就确实可能了"①。苏军统帅斯大林也曾经说过:"只有当日本侵略者的手脚被捆住的时候,我们才能在德国侵略者一旦进攻我国的时候避免两线作战。"②三位伟大统帅道出了一个最基本的事实,中国战场和抗日战争在世界反法西斯战争中发挥了重大的作用,中国人民为这场战争的胜利作出了巨大的贡献,这当中也包括作为中国战时首都和世界反法西斯战争远东指挥中心重庆的历史贡献。

在那一时期,重庆的作为早已超出了地方的层面而成为中国的象征,成为同盟国东方战场的堡垒,甚至成为中国从被压迫民族转变成为世界四强之一的标志。

作为历史学者,只要我们把重庆的历史放在中国抗战大后方的历史上,放在中国抗日战争的全局中去审视,进而放在第二次世界大战、世界反法西斯战争的大背景中去观察,任何不带偏见的人都会得出合符历史事实的结论,给重庆的历史,给中国抗战史以应有的地位,还原其崇高的历史荣光。

因此,我认为,重庆不但是中国史,也是世界史的一部分。今天我们应该从世界的角度看重庆——重庆当然首先是重庆的重庆,但重庆也是中国的重庆,更是世界的重庆。

四、关于加强重庆史研究最重要的基础工作

长期以来,历史学界对重庆史的研究已经做过许许多多的工作,出版了上千部著作,发表了上万篇文章,完成了一批国家和省市的重要课题。可以说,初步形成了重庆地方史研究体系,研究领域日益扩大并向纵深发展。特别是通史研究有突破性进展,专史研究不断深入,城市史研究取得了巨大成就,断代史研究尤其是抗日战争史研究成果丰硕,人物研究取得重要成果。在过去30年中,成立了专门研究重庆历史的学术团体:重庆市历史学会、重庆市地方史研究会、重庆市党史学会、重庆市中国抗战大后方历史文化研究会等。

---

① 温斯顿·丘吉尔:《第二次世界大战回忆录》第4卷,商务印书馆1975年版,第226页。
② 《牢记历史 共护和平》,《人民日报》2005年5月9日。

要将重庆史研究引向深入，还必须在史料整理、人才培养和平台建设三个方面做出很大的努力。

（一）以出版《巴渝文库》为抓手，解决重庆史史料薄弱的问题

在相当长的一个时期，学术界对重庆史研究的资料工作并没有进行过系统的搜集和整理。20世纪80年代以来，这一状况有了改观。主要是：

——以重庆地方史资料组编辑的《重庆地方史资料丛刊》为载体，对重庆史料做过一次较为系统的梳理。先后出版了《重庆简史和沿革》《巴蜀史稿》《明玉珍及其墓葬研究》《大西农民军五次攻克重庆始末》《重庆蜀军政府资料选编》《近代川江航运简史》等。但这项工作，近十年来做得少了，需要继续，需要加强。

——以重庆市政协文史资料研究委员会编辑的《重庆文史资料选辑》为载体，已经出版了几十卷。前期在史料发掘上下了很大工夫，但近年来，着重于编辑旧稿，因此需要继续系统地进行史料发掘整理。

——以重庆市委党史研究室编辑的《重庆党史资料丛书》（内部出版）为载体，已经出版了《五四运动在重庆》《大革命时期的重庆》等。这一工作主要在20世纪80年代，近20年基本没有做，应当继续下去，不要中断。

——以重庆市地方志编委会编辑出版的《重庆市志》及各区县志为载体。

我认为，应当整合重庆及各方面的力量，对重庆史资料进行系统的搜集、整理、研究，在此基础上，出版综合性大型丛书《巴渝文库》。

我设想，《巴渝文库》在地域上，以现今重庆行政区域为限；时间上，以上起先秦，下至中华人民共和国成立为范围；空间上，以重庆的古代、近代、现代历史为经，重庆经济、政治、文化、社会历史演进为纬；内容上，以有文字记载的历史以来所产生的重要历史典籍为主体，历史文献与学术专著相结合；形态上，以传统书籍与现代信息数据库为载体，全面、系统、准确地反映重庆历史文化的主体。

《巴渝文库》可分为两大类：一为历史文献，可分为古代、近代、现代三个时代，以历史时代人物编著的历史文献为主体；二为历史著作，也按古代、近代、现代三个时代划分，以重庆历史为研究对象的学术性著作为主体，包括通史、断代史、专史、工具书等。

《巴渝文库》的总体规模可在500种左右，2—3亿字。

实施并完成这一浩大历史文化工程,应坚持"党委领导、政府主导、整合资源、传承文化"的原则,在"十二五"期间,即新一届重庆市党委、政府任期之始全面启动,任期之内基本完成,以一部中国一流、垂之后世的传世经典,纪念中华人民共和国成立70周年和重庆直辖20周年。

(二)着力培养领军人才,进一步打牢重庆史研究队伍的基础

改革开放30多年来,重庆史研究初步形成了老中青相结合,以中年骨干人才为主体的研究队伍。但是,目前的主要问题是,人不多才也不多,即研究队伍的数量不足,尤其是领军人才青黄不接;专心于此的更不多,即专心研究重庆历史,并以重庆史为学术研究主体方向的学者不多;系统研究的尤其较少,即多数重庆史学者研究了不少具体的学术题目,但是对重庆历史有系统思考、进行过系统研究、产生过系列成果的学者实在是太少太少。因此,研究队伍不齐整是阻碍重庆史学术研究全面深入开展的又一障碍。

而当务之急,一是应以项目吸引学者,锻炼队伍。可以由市政府在哲学社会科学规划项目中设置重庆历史文化专门项目,并增加投资的力度,不拘一格,以此把国内外最好的学者吸引到重庆史研究学科上来,逐渐壮大研究队伍。二是着力培养新的年轻的领军人才。历史学是一门真学问,过去若干年的成就在于培养了一批领军人才。但是近些年社会和学界多了急功近利、急于求成的浮躁之气,稳得住心神、坐得了冷板凳的学者少了,独具慧眼、倾力支持的领导也少了。这就需要采取特殊的政策,解除那些有领军潜质的年轻学者的后顾之忧,同时,把政府规划的重大项目交由他们承担,在实践中培养锻炼成长。三是大力加强学科建设,培养一批高水平的后继人才。主要是在现有的历史学硕士、博士学位授权点上,规划一批重庆史专业方向,把学者、项目、专业方向、学生培养整合起来,进一步打牢重庆史研究的人才基础。

(三)新增高水平研究平台,为研究重庆史提供新的动力

重庆史研究需要整合全球力量,但首先还是要靠重庆的研究机构和重庆的学者来进行。经过几十年的努力,现在有了几个重要的研究平台,如重庆市委党史研究室、西南大学历史文化学院、中国抗战大后方研究中心、重庆师范大学历史文化学院、重庆市委统战部多党合作研究中心,等等。

我们高兴地看到,以这次会议为契机,以重庆史研究为中心的重庆大学历史学科建设提上了日程。我衷心地希望,重庆大学以人文社会科学高等研

究院史学研究中心为载体,高起点,专领域,严格学术规范,建设具有重庆大学特色的历史学科。建议以重庆通史为研究主干,以国际化为视野,以研究项目为抓手,以整合全球资源为特色,产出一批具有重大影响力的研究成果,把重庆大学史学研究中心建设成为独具特色的重庆史研究新的重镇。

五、当前是研究重庆史最好的时候
——以抗战大后方历史文化研究为例

(一)改革开放以来,特别是重庆直辖以来,重庆市对重庆史研究工作给予了前所未有的重视,取得了前所未有的成果

在重庆市委、市人大、市政府、市政协老领导的支持下,1980年,重庆市委批准成立了重庆市地方史资料组。经过近十年的努力,到1989年,以此为基础成立了重庆市地方史研究会,中共重庆市委原书记孟广涵同志任会长,一批老同志、老领导为顾问,这就从指导研究、队伍建设、资料搜集、经费支持等方面,为开展重庆历史研究提供了最重要的平台和最坚实的保障。

——基础研究方面取得重要进展。1978—2009年间,出版了重庆历史专著1500余部(前20年701部、后10年800余部)。其中最为重要的是承担并完成了四川省"八五"期间哲学社会科学重点科研项目——《重庆通史》,这是一部填补中国城市史、重庆地方史研究学术空白的著作,是党的十一届三中全会以来重庆地方史研究深入开展的结果,是20年来重庆地方史学界学术研究成果的总结,是重庆文化的基本建设和重要组成部分。《重庆通史》被重庆市政府授予重庆市哲学社会科学优秀成果一等奖。

——专题研究方面成果丰硕。城市史方面主要是,承担并完成了国家"七五"期间重大科研项目《近代重庆城市史》,这是我国第一批研究中国近代城市史专著之一,也是一部研究中国著名内陆城市——重庆的近代成长史的著作,被称之为中国城市史研究"结构功能派"的代表作,在国内外学术界产生了广泛的影响,1992年获四川省哲学社会科学优秀成果一等奖,1999年又荣获国家社会科学基金项目优秀成果三等奖。抗战史方面主要有《第二次国共合作纪实丛书》,计有《抗战时期国共合作纪实》(上、下)、《重庆谈判纪实》(初版本和增订本)、《政治协商会议纪实》(上、下)、《国民参政会纪实》(上、下、续编)共四题八卷,有《重庆抗战史》、《西南抗战史》以及《重庆抗战

丛书》（16卷）等。中共南方局研究方面主要有《中共中央南方局历史研究丛书》，包括大事记、红岩精神研究和党的建设、统一战线、群众工作、文化工作、军事工作等七卷，成为南方局研究的代表性著作。重庆地方党史方面主要有《中国共产党重庆地方简史》《中国共产党重庆历史》第一卷和画册《巴渝丰碑》等。

——人物研究取得大批成果。主要有《明玉珍及其墓葬研究》《大西农民军五次攻克重庆始末》《邹容文集》《论邹容》《杨庶堪传》《杨闇公日记》《忆杨闇公同志》《杨闇公纪念集》《杨闇公》画册、《马寅初评官僚资本》《〈沁园春·雪〉考证》《〈屈原〉研究》《卢作孚追思录》《卢作孚集》《卢作孚文集》《民生公司史》《船王卢作孚》（传记）《卢作孚与民生公司》（专著）和《砥柱中流——大韩民国临时政府金九主席在重庆》等。

——开展了一大批学术活动。主要有重庆城市史研究系列学术研讨会、报告会，纪念"三三一"惨案暨杨闇公烈士学术讨论会和纪念活动，纪念辛亥革命70周年和80周年学术讨论会，卢作孚研究学术讨论会，纪念抗日战争及世界反法西斯战争胜利50、60周年和红军长征胜利70周年、党的十一届三中全会召开20周年学术讨论会、座谈会等。近十年，在纪念中国共产党成立90周年、中华人民共和国成立60周年、改革开放30周年和辛亥革命100周年、毛泽东诞辰110周年、邓小平诞辰100周年、周恩来诞辰110周年、邓颖超诞辰100周年、杨尚昆诞辰100周年、中共中央南方局成立65周年和70周年、中共重庆地方党组织建立80周年之际，都举行了学术研讨活动，出版论文集等。

直辖以后，重庆市政府将面向全社会的市级社科研究经费提升到每年1000万元人民币，其中1/3用于历史研究，从而使历史研究的条件大为改善。

（二）近年来，我们可以分明地感觉到，中国的崛起，促使西方世界重新认识中国，认真地研究中国，对付中国，这也包括对重庆历史的研究

近年来，随着中国的开放和学术交流的日趋国际化，为我们展现了一幅全球学界研究中国的精彩图画。老牌的如哈佛大学费正清东亚研究中心、斯坦福大学胡佛研究中心等，还有就是新建立的英国牛津大学中国抗日战争研究中心、中国研究中心，这是西方世界研究中国抗日战争最重要的学术机构。

牛津大学中国抗日战争研究中心以米德（Rana Mitter）教授为主任，从

2007年起,该中心得到英国利华休姆信托基金会(Leverhulme Trust)的慷慨资助,设立了"中国抗日战争史研究"研究项目,这为西方世界研究中国抗战史注入了巨大的活力,也使该中心在西方学术界居于突出地位。2012年1月,米德教授主持了"中国抗日战争史研究的新途径与新方法国际学术讨论会",邀请来自欧洲和美国、中国大陆与台湾的著名学者出席,共商中国抗日战争史研究大计。这一中心正在发展成为欧洲最大的中国研究中心。

西方学界对包括中国抗日战争史在内的中国问题研究如此重视,是我始料未及的。我曾经访问过美国、日本和中国台湾,在那里,中国抗日战争史只是少数学者的研究兴趣,政府和基金会的投入远不及英国的"大手笔"。即便是在抗日战争发生地的中国大陆,也不能如此。这是为什么?米德教授告诉我"随着中国大陆的开放及西方国家对中国这个新兴力量的好奇,研究中国抗日战争史能使西方世界对中国有更加深刻的认识,并有利于中西方之间的合作与共赢"。不少华人学者则告诉我,这主要是由于最近30多年来中国的快速发展已经使中国强大起来,这种强大已经让西方世界感到了实实在在的压力(威胁),因此,西方需要坐下来认认真真地研究中国,重新认识中国,进而认真对付中国。所以,在英国、在西方,中国的崛起使研究中国抗战史成为"显学"。

(三)以实施"重庆中国抗战大后方历史文化研究与建设工程"为标志,推动重庆史研究全面展现出新生面,世界更加关注重庆,海峡两岸更加关注重庆

抗日战争时期,以重庆为中心的西部地区是中国抗战的大后方。大后方人民在浴血奋斗的抗战历史中,创造出独具特色的抗战历史文化。这是中华民族乃至人类和平事业的宝贵财富,也是世界反法西斯战争历史的重要组成部分,是重庆城市历史价值最重要、发展现状最薄弱、抢救保护最紧迫的历史文化资源,更是其他地区难以企及的历史文化遗产。加强对抗战大后方历史文化的研究和建设,意义深远而重大。

近年来,重庆市委、市政府高度重视抗战历史文化资源的开发传承。2008年以来,投入大量的人力、物力和财力,于2009年正式启动了"重庆中国抗战大后方历史文化研究与建设工程",主要包括历史文化研究、文物抢救保护、文献档案整理、文艺精品创作、文化设施建设、对外交流合作六个方面的

任务,经过八年的努力,到 2015 年,将形成重庆中国抗战大后方历史文化研究与建设体系,形成一批重要的学术成果和硬件设施,彰显中国抗日战争,尤其是抗战大后方历史研究领域里取得的重要进展。

该工程实施五年来,进展良好:

1. 在研究方面,目前承担着国家社科基金特别委托项目"第二次国共合作及其经验研究——以中共中央南方局和抗战大后方为中心"。已经完成国家社科基金项目"真相、正义与和平:抗战时期重庆大轰炸及其遗留问题研究"(潘洵教授主持,已经入选《国家哲学社科成果文库》)、国家社科基金后期资助项目"近代中国华商证券市场研究"、重庆市哲学社会科学重大招标项目"重庆大轰炸研究"、重庆市哲学社会科学重大委托项目"抗战大后方历史研究现状的调查研究"、重庆市哲学社会科学重大委托项目"抗战大后方工业研究"。完成省部级项目"抗战时期重庆大轰炸日志"、"抗战时期西南后方社会变迁研究"、"卢作孚年谱长编"、"抗战时期日军轰炸重庆研究"、"抗战大后方历史文化研究综述"、"抗战大后方史研究论著目录索引"、"抗战时期大后方工业研究"等。安排了 40 余个以研究专著、档案整理为内容的研究课题。

2. 在文献搜集整理方面,国家批准重庆出版《中国抗战大后方历史文化丛书》(100 卷)。国家新闻出版总署的要求是把这套丛书编成"具有相当规模,代表现阶段思想政治、文学艺术、科学文化最高研究水平","具有很高史料价值,集学术之大成的出版项目",编辑出版一套以档案文献、学术专著、通俗读物、电子出版物等为主要形态,以反映中国抗战大后方历史文化为全貌,以中国大陆、台湾和海外(英、美等国)保存的档案文献合集出版为特色的大型丛书,努力使该丛书能成为中国一流、国际水准、垂之后世的传世经典,以纪念中国人民抗日战争胜利 70 周年。目前,已经出版了第一批书目 15 卷,包括《第二次国共合作图史》、《英雄之城——大轰炸中的重庆》、《重庆大轰炸档案文献:证人证言》、《重庆大轰炸档案文献:财产损失》、《重庆大轰炸档案文献:财产损失(文教卫生部分)》、《重庆大轰炸档案文献:轰炸经过与人员伤亡》、《抗战时期重庆大轰炸日志》、《抗战大后方历史文献联合目录(上、中、下)》、《抗战歌谣汇编》、《抗战时期西南后方社会变迁研究》、《抗战时期大后方经济开发文献资料选编》、《抗战大后方工业研究》、《抗战时期国民政府在渝纪实》。

3. 在文物遗址保护方面,五年来共投入保护经费22216万元;已经完成120处抗战遗址的抢救维修,涉及全市22个区县(自治县),维修面积189461平方米;已对外开放77处;对183处尚未定级的抗战遗址实施了统一挂牌保护;全市有25个、95处抗战遗址已进入第七批全国重点文物保护单位推荐名单。

4. 在文艺创作方面,已经拍摄播出与抗战大后方历史有关的电视连续剧《周恩来在重庆》、《记忆之城》、《民主之澜》、《黄炎培》、《中国1945·重庆风云》、《母亲、母亲》,大型电视文献纪录片《千秋红岩》;上演了曲艺剧《月光下的水仙》、话剧《河街茶馆》等;正在创作的有电视剧《重庆大轰炸》、京剧《张露萍》、话剧《一代风流》,创作完成的长篇小说《浴火血城》已经送出版社。同时,抗战题材的大型城市雕塑景观和其他文艺作品也在积极创作中。

5. 在设施建设方面,结合抗战遗址的保护开发和利用,建设开放了一批专题性纪念馆、博物馆。重点建设了三个中心(与西南大学合作建设了研究中心、与重庆图书馆合作建设了文献中心、与重庆市档案馆合作建设了档案中心),重庆中国抗战大后方历史文化博物馆已经列为重庆市"十二五"期间十大公益性文化项目,建成了几个风貌区(已经完成曾家岩—红岩村抗战风貌走廊、沙坪坝山洞街区、渝北区龙兴镇民国风格影视一条街等的风貌区建设)。

6. 在对外交流方面的成绩尤其突出。首先是与中国台湾方面的交流。我们与中国国民党建立了紧密的联系,先后在重庆和台北与国民党主席马英九,荣誉主席连战、吴伯雄,副主席林丰正、吴敦义等就抗战大后方历史文化研究的合作交流深入交换意见,与国民党党史馆签署了关于抗战历史文化交流备忘录,这是国民党到台湾后与中共组织签署的第一份关于共同推进抗战历史文化研究的工作文件,意义重大。两次组织专家赴台湾进行学术交流,与国民党党史馆、"国史馆"、"中央"研究院等研究机构建立了良好工作关系,达成了共同推进抗战历史文化研究的许多共识,收集了台湾方面出版的有关抗战档案文献上万件,重达1.5吨。其次,举办了一系列高层次、高质量的国际学术会议,大大增强了重庆抗战工程在国内外的影响力,包括:"重庆大轰炸与日本战争罪行国际学术讨论会"(2007年)、"海峡两岸抗战大后方历史文化研讨会"（2010年）、"海峡两岸纪念台湾光复65周年研讨会"（2010年）、"日军侵华史料国际学术研讨会"（2011年）。第三，开展了中国抗战大后方档案史料海外征集工作。目前，中国抗战大后方的历史资料分散保存于中国大陆、台湾和战时盟国（美国、英国、俄罗斯），以及日本。为此，我们制订一个以国内搜集与海外搜集相结合的"中国抗战大后方历史资料搜集计划"，并且已经开始实施，先后在台湾"国史馆"、"中央"研究院近代史所、中国国民党党史馆和英国国家档案馆搜集到一大批资料；今年秋季将赴美国国会图书馆、国家档案馆、罗斯福图书馆、斯坦福大学胡佛图书馆、哈佛大学东亚研究中心图书馆等地搜集资料；明年将赴日本搜集资料。最近，又与牛津大学签署了合作协议，合作开展档案搜集整理和研究。

（四）实施的"重庆中国抗战大后方历史文化研究和建设工程"受到了世界的关注和赞许，重庆代表着世界范围内研究中国抗战史的一个方向，重庆学者的研究成果已经进入西方主流社会

从1979年开始，我从事学术研究工作已经30多年，在国内外参加过不少的国际学术活动，西方学者的傲慢、偏见和优越感是显而易见的。但是，近两年我和重庆的学者受到了"超乎寻常"的尊重。

2009年"中日战争国际共同研究第四次国际学术讨论会"在重庆举办。"中日战争国际共同研究"由美国哈佛大学费正清东亚研究中心傅高义教授、中国社科院近代史研究所杨天石研究员、日本庆应义塾大学山田辰雄名誉教授于2000年共同发起，已逐渐成为这一领域具有重大国际影响力的学术对话平台。前三次会议分别在美国波士顿哈佛大学、夏威夷和日本箱根举行。第四次会议第一次轮值中国举办，以"战时国际关系"为主题，旨在推动对二战时期中国抗日战争史的研究，特别是提升中国抗日战争史研究在西方主流社会的影响，彰显中国和重庆在世界反法西斯战争中的重要地位和重大作用，共同防止侵略战争，建设和谐世界。来自中、美、俄、英、法、日、加等国和中国香港、台湾地区的100多位学者参加会议。会议期间，欧盟驻中国前大使魏根深和香港前总督卫奕信勋爵分别向会议发来贺信，祝贺会议取得圆满成功。学者们普遍认为，这次会议策划精心、安排周到，是"中日战争国际共同研究"四次研讨会中最为成功的一次，是一场内容非常广泛、水平相当高的学术讨论。会议发表了《中日战争国际共同研究第四次会议倡议》（简称《重

庆倡议》），表达了各国学者们致力于推动世界和平发展并为之作出贡献的强烈愿望，倡导各国专家学者以"中日战争国际共同研究"为平台进一步深化研究，继续召开相关会议，不断赋予其新的内涵，扩展新的研究力量。《倡议》特别是肯定了重庆在世界反法西斯战争中的地位和作用，倡议各国专家学者以本次会议在重庆召开为契机，关注并参与到重庆正在大力推进的"中国抗战大后方历史文化研究与建设工程"之中。

这几年，我们还受邀参加了高水平的国际学术会议，比如：2012年1月，牛津大学中国抗日战争研究中心举办的"中国抗日战争史研究的新途径与新方法国际学术讨论会"，一次就邀请我等四位重庆学者参加；同年3月，我参加了日本外务省国际问题研究所举办的"日中历史共同研究研讨会"；2013年，还有一批重庆学者受邀出席国外重要学术研究机构举办的国际性学术会议。

在此背景下，2013年秋季，我们将联合哈佛大学、牛津大学、剑桥大学、日本日中关系研究会、中国社科院近代史所、西南大学等单位在重庆共同举办"中日战争国际共同研究第五次国际学术研讨会"。这将是中国、重庆第二次举办这一重要的国际学术会议。

对此，米德教授曾告诉我，这是因为中国抗日战争史研究正进入"新抗战史研究"阶段。所谓"新"，就在于在深入研究敌后抗战的基础上，有了两个新的研究方向，即"抗战大后方"和"战时沦陷区"。今天，重庆已经是全世界研究抗战大后方历史文化的中心，重庆代表着中国抗战史研究的一个新方向。因此，西方学者（包括在西方的华人学者）有一个共同的认识，重庆曾经是中国抗战大后方的中心，今天它已经成为研究抗战大后方历史文化的中心。"重庆抗战工程"是重庆市实施的历史文化工程，但它体现了国际学界的共同愿望，也是中华民族的意志，完全应当上升成为国家意志、国家政策，让它既成为中华民族、炎黄子孙刻骨铭心的共同历史文化和心灵记忆，又成为全人类的宝贵精神财富。

由于重庆党委、政府的高度重视，由于重庆学界的共同努力，重庆学者的研究成果正在逐步进入西方主流社会，"重庆抗战工程"已经在国内外产生了相当大的影响，中国抗战大后方历史文化研究和建设呈现出新生面。

现在重庆史研究的方向已经明确，条件完全具备，英雄正可用武，关键在于我们投身其间，为我们的国家和民族，也为全人类做一点实实在在的事情。

目 录

出版说明 …………………………………………………………… 1

重庆史是中国史,也是世界史
　　——重庆史研究的方向和条件(代再版前言)…………… 周　勇 1

第一卷　古代史
（公元前 200 万年至公元 1875 年）

第一章　地理环境与先巴文化 ………………………………… 3
　第一节　重庆的地理环境 ……………………………………… 3
　第二节　古人类的活动 ………………………………………… 4
　第三节　古史传说与先巴文化 ………………………………… 11

第二章　巴族与巴国 …………………………………………… 13
　第一节　巴国的政治与军事 …………………………………… 13
　　一、巴国的建立与发展 ……………………………………… 13
　　二、巴国的疆域变迁 ………………………………………… 16
　　三、巴国的政治制度和社会结构 …………………………… 20
　　四、巴国与周边国家的关系 ………………………………… 22
　　五、巴国的灭亡 ……………………………………………… 27
　第二节　巴地诸族 ……………………………………………… 29

一、濮人 ·· 29
　　二、賨人（板楯蛮） ···························· 31
　　三、苴人 ·· 33
　　四、蜑人 ·· 34
　第三节　巴国社会经济 ······························ 35
　　一、农业与渔猎 ································· 36
　　二、手工业 ······································· 38
　　三、城市、商业与交通 ························· 40
　第四节　巴文化 ······································ 41
　　一、神话、宗教与巫术 ························· 41
　　二、文学艺术 ···································· 44
　　三、语言文字 ···································· 47
　　四、巴人的社会生活 ···························· 49

第三章　巴渝地区的初步发展 ······················· 52
　第一节　秦举巴蜀 ··································· 52
　第二节　秦汉时期的巴渝经济 ····················· 58
　第三节　江州城的兴筑与扩展 ····················· 61

第四章　巴渝地区的社会动荡 ······················· 64
　第一节　东汉晚期的阶级压迫与农民起义 ······ 64
　第二节　三国两晋南北朝时期的政治 ············ 67
　　一、政权的频繁更迭 ···························· 67
　　二、政区的纷繁变动 ···························· 71
　第三节　巴渝地区民族的迁徙与融合 ············ 74

第五章　隋唐五代时期的巴渝诸州（郡） ········ 79
　第一节　区域的建置与开发 ······················· 79
　　一、区域建置 ···································· 79
　　二、区域开发 ···································· 80

第二节　政治与社会 …… 89

第六章　巴渝社会的初步繁荣 …… 95
　　第一节　两宋时期的政区建置 …… 95
　　第二节　少数民族区域的发展 …… 96
　　第三节　宋代经济的兴盛 …… 99
　　　　一、农业 …… 100
　　　　二、手工业 …… 102
　　　　三、商业 …… 108
　　第四节　重庆城市与区域城镇的发展 …… 110

第七章　宋元战争与元代重庆 …… 116
　　第一节　彭大雅、余玠时期的抗蒙斗争 …… 116
　　　　一、南宋晚期的四川形势 …… 116
　　　　二、彭大雅建司重庆与筑重庆城 …… 119
　　　　三、余玠领导的抗击蒙古的斗争 …… 122
　　第二节　王坚、张珏时期的抗击蒙元的斗争 …… 128
　　　　一、钓鱼城之战 …… 128
　　　　二、后期以重庆为中心的四川沿江诸城争夺战 …… 131
　　第三节　元代重庆的政治与经济 …… 133

第八章　明玉珍与大夏政权 …… 138
　　第一节　明玉珍入川与大夏国的建立 …… 138
　　第二节　大夏政权的政治与社会经济 …… 141

第九章　明清时期的重庆——区域中心的形成 …… 145
　　第一节　明代政治与民族关系 …… 145
　　　　一、政区建置与土司制度 …… 145
　　　　二、杨应龙之乱与奢、安之乱 …… 148
　　　　三、张献忠攻占重庆及抗清斗争 …… 151

第二节　清代的政区与政治 ……………………………………… 153
 一、巴渝政区 ……………………………………………………… 153
 二、改土归流 ……………………………………………………… 155
第三节　区域经济的波浪式发展 ………………………………… 157
第四节　川江航运与转口贸易 …………………………………… 164
第五节　川东商业都会 …………………………………………… 169
第六节　城郊手工业 ……………………………………………… 174
第七节　城市社会 ………………………………………………… 178
第八节　区域人口与城市人口 …………………………………… 183

第十章　古代文化 …………………………………………………… 195
第一节　教育 ……………………………………………………… 195
第二节　文学艺术 ………………………………………………… 199
 一、诗歌 …………………………………………………………… 199
 二、石刻艺术 ……………………………………………………… 203
 三、绘画与戏剧 …………………………………………………… 209
第三节　民俗 ……………………………………………………… 210
 一、巫术与祭祀 …………………………………………………… 210
 二、民居 …………………………………………………………… 212

第二卷　近代史（上）
（1876年至1918年）

第一章　重庆开埠 …………………………………………………… 219
第一节　英国势力的伸入 ………………………………………… 219
 一、英国对中国西部市场的觊觎 ………………………………… 219
 二、中英《烟台条约》——英国夺取"驻寓"重庆的特权 ……… 222
第二节　重庆被迫开埠 …………………………………………… 226
 一、中英《烟台条约续增专条》——英国强迫重庆开埠 ……… 226
 二、中日《马关条约》——日本强迫重庆开埠 ………………… 231

第二章　西方政治势力的入侵 ……………………………… 235
第一节　各国领事馆的建立 ……………………………… 235
一、各国领事馆的建立 ……………………………… 235
二、各国领事馆与重庆地方政府的勾结 …………… 237
第二节　租界和租借地的建立 …………………………… 240
一、王家沱日本租界的建立 ………………………… 240
二、打枪坝各国租借地的建立 ……………………… 243
第三节　外国教会势力的扩展 …………………………… 244
一、西方宗教的广泛传播 …………………………… 244
二、教会的侵略活动及其特点 ……………………… 246

第三章　西方势力对重庆的经济侵略 …………………… 252
第一节　西方势力对重庆海关、川江航运权、路矿权的控制 ……… 252
一、西方势力对重庆海关的控制 …………………… 252
二、西方势力对川江航运权的掠夺 ………………… 258
三、西方势力大肆攫取路矿权 ……………………… 264
第二节　西方势力对重庆的商品输出和资本输出 ……… 267
一、西方势力对重庆的商品输出 …………………… 267
二、西方势力对重庆的资本输出 …………………… 272

第四章　近代重庆的第三产业——商业 ………………… 276
第一节　开埠时期的重庆商业贸易 ……………………… 276
一、开埠前重庆的商业贸易 ………………………… 276
二、开埠初期的对外贸易 …………………………… 277
三、开埠前后重庆进出口贸易的意义 ……………… 278
第二节　近代重庆商业中心的形成 ……………………… 281
一、对外贸易的发展 ………………………………… 281
二、市场商品结构 …………………………………… 285
三、商品流通渠道 …………………………………… 289
四、完整的市场体系逐渐形成 ……………………… 291

五、商业组织和商品活动的近代化 …………………………………… 293

第五章　近代重庆的第三产业——金融业 …………………………… 295
　第一节　货币的初步统一和近代货币的出现 ………………………… 295
　第二节　金融组织的演变 ……………………………………………… 298
　　一、票号的膨胀和衰落 ………………………………………………… 298
　　二、钱庄的产生和迅速发展 …………………………………………… 302
　　三、银行成为金融业的主体 …………………………………………… 308
　　四、其他金融机构的兴办 ……………………………………………… 311
　第三节　金融业的联合 ………………………………………………… 317

第六章　近代重庆的第三产业——交通业 …………………………… 319
　第一节　以重庆为中心的川江航运体系 ……………………………… 319
　　一、传统的木船运输业 ………………………………………………… 319
　　二、轮船运输业的兴起与发展 ………………………………………… 325
　第二节　近代重庆陆路交通及航空业的初步发展 …………………… 333
　　一、民间传统陆路运输组织 …………………………………………… 333
　　二、公路的初筑与汽车运输的出现 …………………………………… 335
　　三、航空的发端和铁路的拟议 ………………………………………… 338

第七章　近代重庆的第二产业——近代工业 ………………………… 341
　第一节　近代重庆工业的创立和初步发展 …………………………… 341
　　一、新兴的城市工场手工业 …………………………………………… 341
　　二、微弱的机器大工业 ………………………………………………… 354
　第二节　近代重庆工业初创时期的特征 ……………………………… 360
　　一、近代重庆工业的产生是帝国主义资本侵略的直接结果 ………… 360
　　二、近代重庆工业资本来源多样化，以民族资本中的商业、
　　　　金融资本为主 ……………………………………………………… 362
　　三、近代重庆工业资本的投向主要集中在轻纺工业和出口加工工业 … 364
　　四、近代重庆工业生产水平较低，以工场手工业为主 ……………… 365

五、近代重庆工业在四川居于突出的地位,但滞后于商业的发展,
在全国居于后列 …………………………………………………… 366

第八章　近代重庆城乡经济关系 ……………………………………… 369
第一节　近代城乡关系的历史背景 ……………………………… 369
第二节　重庆腹地的演变及其特征 ……………………………… 371
第三节　重庆城市经济对腹地的凝聚与辐射 …………………… 375
一、个案分析一:重庆城市对乡村的凝聚——城市粮食供应 ……… 375
二、个案分析二:重庆城市对乡村的凝聚——山货供应 ………… 378
三、个案分析三:重庆城市对乡村的辐射——工业品销售 ……… 381

第九章　近代重庆农村经济及其变动 ………………………………… 383
第一节　重庆地区农村自然经济的初步解体 …………………… 383
一、农村手工棉纺织业的解体 ………………………………………… 384
二、农村商品经济的畸形发展 ………………………………………… 392
第二节　近代重庆农村经济中资本主义因素的滋长及特点 …… 402
第三节　农村封建土地关系和剥削关系的继续保持 …………… 411
一、封建土地所有制的继续保持 ……………………………………… 411
二、地租剥削的继续加重 ……………………………………………… 416
三、商业高利贷剥削的加强 …………………………………………… 419

第十章　城市社会经济组织 ……………………………………………… 421
第一节　城市行帮与行会 ………………………………………… 421
一、行帮 …………………………………………………………………… 421
二、行会 …………………………………………………………………… 423
三、重庆行帮、行会的特点 ……………………………………………… 424
第二节　移民社会组织 …………………………………………… 425
一、移民与商行 …………………………………………………………… 426
二、移民与会馆 …………………………………………………………… 427
第三节　商会和社团 ……………………………………………… 429

  一、商会的成立 …………………………………………………… 430
  二、商会的活动 …………………………………………………… 432

第十一章　重庆人民的反洋教斗争 …………………………………… 434
第一节　重庆教案 …………………………………………………… 434
  一、第一次重庆教案 ……………………………………………… 434
  二、第二次重庆教案 ……………………………………………… 436
第二节　余栋臣反帝武装起义 ……………………………………… 439
  一、大足人民打教斗争的兴起 …………………………………… 439
  二、余栋臣第一次武装起义 ……………………………………… 440
  三、余栋臣第二次武装起义 ……………………………………… 442
第三节　重庆人民反洋教斗争的继续和发展 ……………………… 446

第十二章　维新思潮与改良运动 ……………………………………… 449
第一节　维新思潮的传播 …………………………………………… 449
  一、宋育仁和《渝报》的创办 …………………………………… 449
  二、《渝报》的资产阶级改良主义倾向及其特点 ………………… 451
  三、重庆维新运动的阶级和时代局限性 ………………………… 455
第二节　重庆总商会 ………………………………………………… 458
  一、重庆总商会的建立 …………………………………………… 458
  二、《重庆商会公报》与重庆总商会的政治、经济倾向 ………… 461
第三节　重庆绅商收回矿权的斗争 ………………………………… 463
  一、重庆绅商开展收回矿权的斗争 ……………………………… 463
  二、重庆绅商收回江北厅矿权 …………………………………… 464

第十三章　民主革命的酝酿 …………………………………………… 467
第一节　邹容和《革命军》 ………………………………………… 467
  一、邹容的成长 …………………………………………………… 467
  二、《革命军》的发表 ……………………………………………… 470
  三、邹容和"苏报案" ……………………………………………… 474

第二节　同盟会重庆支部的建立 …… 478
　　一、公强会的成立 …… 478
　　二、卞鼐和《重庆日报》 …… 480
　　三、同盟会重庆支部的建立及其活动 …… 483
第三节　重庆保路运动 …… 485
　　一、重庆在帝国主义争夺四川铁路计划中的重要地位 …… 485
　　二、自办川汉铁路与征收路款 …… 487
　　三、重庆保路风潮 …… 490

第十四章　重庆辛亥革命 …… 493
第一节　重庆独立和蜀军政府的成立 …… 493
　　一、同盟会重庆支部领导反对端方、岑春煊入川的斗争 …… 493
　　二、同盟会重庆支部筹备重庆独立 …… 496
　　三、蜀军政府的成立 …… 498
第二节　蜀军政府的内外政策及主要活动 …… 501
　　一、组织机构和人事安排 …… 501
　　二、对内方针和对外政策 …… 503
　　三、经济和宣传文教活动 …… 506
　　四、军事行动 …… 508
　　五、川东南57州县响应蜀军政府 …… 510
第三节　重庆辛亥革命的失败 …… 512
　　一、重庆蜀军政府和成都大汉四川军政府的合并 …… 512
　　二、重庆镇抚府的建立与撤销 …… 515

第十五章　旧民主主义革命在重庆的最后斗争 …… 519
第一节　讨袁讨胡战争 …… 519
　　一、蜀军的建立 …… 519
　　二、胡景伊对革命党人的疯狂镇压 …… 521
　　三、重庆独立及讨袁讨胡战争 …… 522
第二节　护国、护法战争与革命党人的最后抗争 …… 524

一、护国战争的进行 …… 524
　　二、以重庆为中心的四川护法战争 …… 526

第十六章　重庆传统文化的近代变迁 …… 529
第一节　教育 …… 529
　　一、传统教育的式微 …… 529
　　二、新式学堂的兴起 …… 531
第二节　新闻出版 …… 534
　　一、新闻报刊问世 …… 534
　　二、出版印刷概况 …… 535
第三节　文学艺术 …… 536
　　一、新旧交替时期的文学 …… 536
　　二、艺术概览 …… 539
第四节　史学 …… 539
　　一、张森楷的史学著述 …… 539
　　二、地方志的突破 …… 540
第五节　民俗 …… 541
　　一、生活习俗 …… 542
　　二、礼仪习俗 …… 543
　　三、岁时习俗 …… 545
　　四、方言 …… 546

第十七章　近代重庆文化的新因素 …… 548
第一节　科学技术 …… 548
　　一、应用科技的出现 …… 548
　　二、科技教育的从无到有 …… 551
第二节　西方文化的传入及其影响 …… 552
　　一、西方文化势力的进入 …… 552
　　二、西方文化的传播 …… 553
　　三、西方文化的影响 …… 555

第一卷 古代史

(公元前 200 万年至公元 1875 年)

第一章　地理环境与先巴文化

第一节　重庆的地理环境

重庆市位于四川盆地东部,地处长江上游;城区位于长江与嘉陵江的交汇处;全市范围介于北纬28°22′至32°13′,东经105°17′至110°11′之间;东西相距470公里,南北相距450公里。全市面积82400平方公里,人口1996年为3022万人,人口密度为每平方公里367人。

重庆地区具有复杂多样的地形,热量丰富,降水充沛,属中亚热带湿润气候。纵贯全境的长江、嘉陵江、乌江及支流,丰富的煤、天然气等非金属矿产资源,为区域开发和经济发展提供了必要的条件。

重庆地处川东平行岭谷区,其西部处川中方山丘陵、川东平行岭谷和川南边缘山地的交接地带,地貌特征很有特点。地形大势从南北向长江河谷倾斜,逐级降低。南部有七曜山、武陵山、金佛山、黑山、石壕山等山脉,海拔高度为800米到2200米,沿江一带则降至海拔120米到300米。东北部地区以中山为主,其山脉有大巴山、巫山等,海拔高度为1000米到2600米,由北向南逐渐降低,与中北部的低山相接。中北部地区以背斜构造低山为主,多呈东北—南北向,并向西突出成弧状的平行排列,从东至西有方斗山、黄草山、南华山、明月山、铜锣山、华蓥山、中梁山、缙云山、云雾山、巴岳山和箕山,这些山脉大都呈"一山一岭"或"一山一槽两岭"的地貌组合形态,海拔高度由北向南逐级降低。这种南北高、中间低的地形不但影响着重庆地区的气候特征,产生河谷气候效应,而且影响着江河的流向,有利于东西之间的水上交通,不利于南北间的陆上联系。

重庆地区地貌复杂多样,以丘陵、低山为主,平坝较少。丘陵多分布在西部和中部,平坝主要分布在长江和嘉陵江两岸及其支流交汇处,山地多分布在南部和北部。这种地貌使得重庆地区的区域开发呈阶段性,沿河流溯源而上,先中部,再西部和北端,最后是南北部山区。同时重庆地区的区域差异很大,西部为川中方山丘陵地带的一部分,中部和东部为川东平行岭谷区,南部则为贵州高原的边缘地带。

重庆境内长江支流众多,除嘉陵江、乌江外,尚有涪江、渠江、綦江、濑溪河、磨滩河、五步河、鸭江、渠溪河、郁江、阿蓬江、酉水、小江、梅溪河、大宁河等。长江及其支流构成了中国西部最大的内河运输网,重庆为这个水网的枢纽。重庆通过长江大动脉将四川盆地和长江中下游地区及沿海地区紧密联系起来。同时,通过嘉陵江联系盆地北部,通过渠江联系盆地东北,通过涪江联系盆地西北,通过乌江联系盆地东南。沿长江而上,经泸州可到沱江流域,经宜宾可到岷江流域,经乌江和赤水河可到贵州。因此,横贯全境的长江干流及其支流使重庆成为四川盆地内部各地联系的枢纽,也成为四川盆地与陕南、甘南、黔北、滇北和长江中下游经济联系的枢纽。

重庆的气候特征和四川盆地一致,雨热同季,热量丰富,降水充沛而季节分配不均,冬暖春早,夏热秋雨,适合农作物生长,但日照少,阴天多,湿度大,瘴气重,冬季多云雾,夏季高温炎热,常出现伏旱。

重庆的现代森林植被比例不大,仅占12%左右。植被类型有亚热带常绿阔叶林、亚热带针叶林、亚热带针阔混交林、竹林和灌木丛。天然植被主要分布在大巴山、巫山、七曜山、武陵山、南华山、华蓥山、缙云山、黑山、黄草山等山脉两侧。根据考古发掘和地方志资料记载,古代重庆的植被茂密,大巴山、巫山、武陵山、缙云山、黄草山、华蓥山、歌乐山、巴岳山及江津、綦江、南川、丰都、彭水、黔江、石柱、酉阳一带森林茂密,百里林海,为人称道,其植被类型主要是亚热带常绿阔叶林。这种状况一方面为人类提供了较好的生态环境,另一方面也使得这些山区的开发较为困难,经济发展缓慢。

第二节　古人类的活动

重庆的历史可以追溯到遥远的原始时代。重庆地区最古远的原始人类,是1986年在巫山县发现的更新世早期的人类化石。这是我国迄今为止发现的最古远的人类化石，在我国人类发展史上占有重要的地位[①]。

"巫山人"被发现于巫山县大庙区庙宇镇龙坪村的龙骨坡，经过20世纪80年代末的数年发掘，在这里发现了人类化石2件、巨猿牙齿化石12枚、动物化石120种和一批经人类加工过的石器，共4000余件。大量的脊椎动物化石具有典型的华南动物群面貌，也反映了因为气候的变化，西南地区、华北地区动物群的迁徙。长期以来国内发现的巨猿（人类的近亲）化石均集中于华南地区，巫山龙骨坡发现的巨猿化石将其分布范围扩大到了三峡地区。在龙骨坡发现的直立人的左侧下颌骨、上恒门齿化石已经显示了黄种人的特点，被命名为直立人巫山亚种。通过对地层、化石、孢子花粉的分析，古地磁、氨基酸的年代测定，"巫山人"距今204万年至201万年。

在今天重庆市境内发现的旧石器时代原始遗址，以早期的丰都县烟墩堡遗址、桂花村遗址和晚期的铜梁文化遗址最具代表性。

烟墩堡旧石器遗址位于丰都县长江南岸的丰都新城开发区内的一个叫烟墩堡的山梁上，发现于1994年3月。经过先后3次发掘，到1996年共出土石制品1215件，包括石核、石片和石器。石制品中既有大型的，也有中小型的。从石核和石片上的打击痕迹来看，打片主要用锤击法，偶尔也使用锐棱砸击法。石器类型多是烟墩堡遗址的一个突出特点，主要有石核刮削器、凹缺器、石锥、钝背刀、端刮器、大尖状器、小尖状器、砍砸器、刮削器、似盘状器和复合工具等。其中以石片石器为主，与中国南方早期旧石器中以砾石石器为主的文化不同。遗址的年代推测为更新世晚期[②]。

桂花村遗址位于丰都县高家镇桂花村长江岸边，面积约2000平方米，时代属距今10万年左右的旧石器时代早期，埋藏在距地表5米以下。经过试掘，其文化堆积层厚约1米以上，石器分布密集。仅揭露遗址面积50多平方米，即清理出砾石石器2200多件，主要有砍砸器、尖状器、石锤、刮削器及石核等，其中以砍砸器数量最多，刮削器数量较少，石核以单台面石核为主；制作方式以锤击法为主，仅少量石片用碰砧法生产。该处为三峡地区先民的一

---

① 《人民日报》1988年11月19日。
② 《中国文物报》1996年2月2日。

处石器制造场,具有鲜明的地方特征。由于其下部文化堆积尚未清理,要得出明确结论尚有待进一步的发掘[1]。

铜梁县城西郭张二塘旧石器晚期文化遗址发掘于1978年。出土的300余件旧石器和多种动、植物化石大多位于地表以下8米的沼泽相地层中,并出土有人类肱骨化石一段。通过碳14测定的年代为距今24450±850年。铜梁文化的工具以石片工具为主,石核工具次之。石片和石核的形制都相当原始,粗大而厚重,以刮削器为主,次为砍砸器。石器工具中以凸刃形制为主,切割和砍砸为其工具的主要功能。铜梁文化居民的主要经济活动应该是以食物采集为主,从事狩猎活动次之。从出土的植物和哺乳动物化石来看,哺乳动物化石共计4目10种,均为华南广义的大熊猫——剑齿象群中的常见成员,只是未见大熊猫而已。对植物化石的鉴定和对孢粉组合的分析结果表明,那时重庆地区气候温暖而湿润,属于亚热带或暖亚热带气候,比重庆地区现代气候稍热,植被茂密,果实丰富,大量动物活动其间,适宜于古人类的生存。当时,人类使用以天然石块略加修打而成的打制石器,从事食物采集和狩猎活动。为了获得必要的食物和抵御猛兽的侵袭,现代人们普遍认为,他们结合成群、共同劳动、共同生活。

在重庆市九龙坡区九龙镇的大堰村和与之接壤的大渡口区相邻地区(旧时合称马王场)于1983年5月也发现了大量的旧石器,经过多次的调查和收集,共获得石器369件。石器多分布于2.5米以下地层,土质为黄褐色砂质亚黏土,其颜色与基层砂岩风化一致,尚未胶结,局部有铁锈。石器原料为砾石,由变质石英砂岩、火成岩、石英岩、变质板岩等构成,在形制上有石核80件、石器219件(其中砍砸器171件、刮削器43件、尖状器5件)、石锤13件、石钻2件、石片55件[2]。这些石器与铜梁文化中石器基本相似,但也有两点差异:一是砍砸器在石器中的比例较铜梁文化中石器更大,如前所述,铜梁文化中的石器以刮削器为主;二是已经出现了一定数量的锐棱砸击石片及这类石片加工而成的石器,这是铜梁文化中石器所没有的。就其整个文化性质来判断,马王场出土的旧石器应与铜梁县出土的旧石器为一个文化系统,是铜

---

[1]《中国文物报》1996年1月28日。
[2] 参见《重庆市大渡口区志》之《文化科技篇》;《重庆市九龙坡区志》第24篇《文化》。

梁文化的一个重要组成部分;从年代来分析,似乎比铜梁县出土的年代更晚,估计其绝对年代不会超过2万年前。

除此之外,在合川区铜溪乡桥角村、小河乡小河村,江津区城区江巴滩等地区也发现了一些旧石器时代晚期的文化遗存,成为进一步了解和研究远古重庆的历史的重要资料。

随着生产工具的不断进步,磨制石器开始广泛应用,陶器得以发明和推广,人类逐步从渔猎和采集走向锄耕农业和畜牧业,氏族公社日益繁荣。人类开始进入新石器时代。

新石器时代遗址在重庆市和四川东部地区分布很广,到20世纪90年代中期已经发现了近100处。东起巫山、巫溪,北至广元、通江、巴中,南到长宁,都有发现,其中主要的有绵阳边堆山,巴中月亮岩,通江擂鼓台,阆中蓝家坝,南部报本寺,南充淄佛寺,合川沙梁子,江津王爷庙和燕坝,渝北朝阳河嘴,南岸干溪沟,忠县㽏井沟、瓦渣地、哨棚嘴,奉节老关庙,巫山大溪、江东嘴、大昌西坝、双堰塘、琵琶洲和魏家梁子等。从中可以推测,当时的居民分布范围是颇为广阔的,尤以在长江、嘉陵江沿岸一带分布较密集,仅在重庆市域内的沿江两岸就有数十处。但在这些新石器时代遗址或出土点中,进行过正式的发掘或试掘并发表了发掘简报的只有巫山县大溪、魏家梁子,忠县㽏井沟和江津区王爷庙四处而已。

巫山大溪遗址位于巫山县夔峡(瞿塘峡)东口、长江南岸的三阶台地上,距离巫山县城约45公里。在1959年、1975年曾先后进行过3次发掘,共发掘遗址约500平方米,墓葬208座,出土文物1700余件,其中有大量的生产工具。出土物为石、骨、陶、蚌四类质料。石器大都磨制精美,其器型主要有斧、石锛、锄、凿等。出土的大量锥形骨镞、石镞、牙制鱼钩和石网坠等渔猎工具,表明大溪居民虽然已经从事农业,但渔猎仍然占有重要的地位。出土的生活器具均为陶器,大多数为红陶,以手制的为主,也有少量晚期的轮制品,同时也有黑陶、灰陶和黑朱相间的彩陶,夹砂陶器占有一定的数量。器形主要有釜、盂、豆、簋、碗、盘、杯、瓶、罐等,尤以曲腹杯、筒形瓶最具典型。装饰品有玉制、骨制、象牙和其他兽牙制作,以玉制为多,商周时期常见的璧、璜、珩、环、玦等礼器器形都在大溪遗址中发现,而且形制规整,琢磨较为精细。大溪遗址已经发掘的墓葬中,其葬俗颇有特色,都是竖穴土坑小墓,无葬具,大都为单人葬,仅有少数母子合葬墓,葬式多样而以屈肢葬所占的比例为大,多达40%,其中又以仰身屈肢葬最多,有胎式、跪式、蹲式等不同葬式。大多数墓里都有多少不等的随葬品,女性墓中的随葬品较男性墓中为多。儿童的葬式与成人相同,而且大多靠近女性墓,其随葬品也较多。在已经发掘的墓葬中随葬品最多的为一老年女性。根据大溪遗址的这些特点,大溪的居民可能正处在母系氏族社会向父系氏族社会过渡之中。在随葬品中,用鱼来随葬十分普遍,这表明鱼和他们的生活习俗有着密切的关系,而且一部分学者认为和他们的图腾也有一定的关系[1]。大溪遗址和墓葬以其文化面貌的独特性而被考古学界命名为"大溪文化"。70年代在湖北省境内发现了许多同类文化遗址;80年代,在川东地区的嘉陵江中下游考古调查中采集到的一些如圈足盘、夹砂釜、夹砂罐、瓶状器等陶器残片,反映出"大溪文化"对四川盆地内部有一定的影响,但是由于在嘉陵江地区没有经过科学发掘,材料不多,层位不明,目前还难以说明"大溪文化"对盆地内古代文化的影响达到何种程度[2]。

  瞀井沟位于忠县忠州镇东北5公里,1959年试掘,出土打制、磨制石器共30余件,其器形有斧、锛、矛、凿等,其中石凿的磨制颇为精细。在试掘中发现陶窑一座,出土了大量陶片,但器形完整的甚少,陶质以夹砂灰陶最多,制作上手制、轮制均有;以口沿饰波浪纹、腹饰绳纹的釜形器最多,其次为敞口尖底角杯,也有瓢形器座,火候一般较高。文化层中出土有卜骨,卜骨钻孔似乎是使用铜工具制作。瞀井沟遗址新石器文化居民以从事农业为主,狩猎、捕鱼为辅。其遗址年代,上限略晚于巫山"大溪文化",因文化层上层还出土有铜箭镞,因而遗址的下限应已进入了铜石并用时代[3]。

  瞀井沟遗址位于四川盆地腹心与鄂西长江干流沿岸之间,虽然出土的文物不是十分丰富,但与东面的"大溪文化"、西面的成都平原早期蜀文化都有密切关系,是一个重要的中间环节,同时也是先巴文化的一个重要的组成部

---

[1] 四川长江流域文物保护委员会文物考古队:《四川巫山大溪新石器时代遗址发掘记略》,载《文物》1961年第11期;四川省博物馆:《巫山大溪遗址第三次发掘》,载《考古学报》1981年第4期。

[2] 四川长江流域文物保护委员会文物考古队:《四川嘉陵江中下游新石器时代遗址调查》,载《考古》1983年第6期。

[3] 四川长江流域文物保护委员会文物考古队:《四川忠县瞀井沟遗址的试掘》,载《考古》1962年第8期。

分。70年代至80年代以来,在忠县沿江及㽏井河一带约10平方公里的范围内,已经发现有7个密集的新石器时代晚期到商周时期的遗址区,其文化堆积层十分丰富,但出土的陶器种类单一,还发现了一个较完整的汉代盐井遗址,附近即是典籍所载的古代的㽏井、涂井所在地,估计这里是古代川东居民特殊手工业(井盐制造业)的中心之一。

江津区顺江镇王爷庙遗址位于长江与綦江交汇处的三角形台地上,1980年经过试掘,出土了石器53件,并在南北长200米、东西宽150米的遗址区及邻近地区采集到石器91件。这些石器系选择江边的砾石打制加工而成,制作方法有打制、琢制、磨制、打磨相间4种,打制多于磨制,穿孔技术不发达。石器种类有耜、锄、铲、斧、镰、刀、锛、凿、匕、球、网坠、矛、镞、砍砸器、锤砸器、石锥等16种。出土和采集的陶器碎片有200余片,其可见器形有盆、瓮、器盖、釜、罐、碗、钵、杯、碟、陶纺轮及装饰用的管形穿孔珠等。陶器的制作方法以泥条盘筑法为主,烧制时火候不足,陶器色调不纯[①]。从出土的石器、陶器的文化层叠压关系上看,多位于战国秦时期巴族文化层之下的文化层,其器形又与巴族文化层遗存显著相似,其石矛与巴式柳叶短剑、钺形石斧与巴式铜钺均极相近,圆底陶釜、陶罐也与巴式铜釜、铜鍪、铜罐、陶罐相似,说明两者之间具有一定的承继关系,王爷庙及其类似的文化遗存应是先巴文化的组成部分。

巫山县魏家梁子遗址位于巫山县城以北的长江支流大宁河东岸的二级阶地上,为一处小型山地聚落遗址,背依高山,西邻大宁河,东面和南面有一条季节性小溪,由西向东汇入大宁河,阶地高出河面约20米。遗址面积约1500平方米,中心部位堆积较厚,达2米左右。1992年发现,1994年正式发掘。该遗址的文化堆积为上、中、下三层,属同一文化的早晚两期。发现有房屋建筑遗迹和墓葬等,出土了一批陶器和石器等遗物。房屋建筑遗迹有残居住址1处、灶坑3处和柱洞遗迹3个。居住面为黄色硬土面,下垫红烧土块,其边缘有灶坑和柱洞各1个。柱洞内有砾石作础石。灶坑3个上下叠压,表明后来的房屋是在先前的房屋之上改建的。这就清楚地表明,当时的先民已经过着定居生活。生产工具有打制石器和磨制石器,以磨制石器为主,此外

[①] 陈丽琼、申世放:《江津王爷庙新石器时代遗址》,载重庆市博物馆:《历史考古文集》,第8—10页。

还有少量骨器和陶纺轮。打制石器经二次整修,主要有刮削器和砍砸器;磨制石器有斧、锛、凿、镞、磨石和石球,制作较精细。陶器制作以泥条盘筑法为主,少数为轮制或经慢轮修整,陶质为泥质和夹砂,陶色分红、灰、灰黑、黑皮陶和褐陶,其典型器物为夹砂褐陶深腹罐、夹砂或泥质红陶高领罐、夹砂侈口罐、泥质灰陶钵及高圈足器等[①]。魏家梁子遗址与江津区王爷庙遗址的石器和陶器均有很大的相似性。

1987年初在合川区沙溪乡发现的沙梁子遗址,位于嘉陵江西岸一级台地上,文化层厚约0.5米,估计总面积约6000平方米。从遗址文化层及附近河漫滩采集到石器20余件,有石耜、石锄、石镰、石斧、石锛、石球、网坠等器形。从文化层断面采集到100余片陶片,质地粗松,夹粗砂,以红、黄、褐等色为主,另有少量红、黑等细泥夹砂陶。陶片之可辨器形者有罐、釜、盆、钵、尖底角状杯等类。在调查时于沙梁子遗址上游几十米外的河漫滩采集到石戈一件,石质坚硬,刃口以压制法整修并精心磨制加工,器上两面有对称切线痕(可能为尾部残断后欲改变用途所致),由此判断其时代或许会晚至早期青铜时代[②]。1988年底到1990年初对其进行了小范围试掘,遗址深约5.45米,共分21层,其中20层到21层陶片以褐色、黑色、灰色为主,夹砂和泥质陶均有,饰纹有小斜方格纹、绳纹、划纹、凸凹弦纹、戳印纹、圆形划纹、压阴花边口沿等。沙梁子遗址在文化类型中与江津县王爷庙、忠县㽏井沟有很大的相近性,属"长江沿岸区—㽏井沟类型",其时代约相当于中原的夏商时期[③]。沙梁子遗址使重庆西部地区缺少相当于中原夏商时期的遗址的空白得到了填补,对于重庆地区早期文明的研究具有十分重大的意义。

南岸区广阳镇干溪沟遗址位于广阳坝下游的长江南岸一级台地上,分布在长约200米、宽约90米的范围内,总面积约20000平方米。文化层距地表1米至1.5米,厚约1米,包含有石器、陶片、红烧土等。断面中采集到黑色或褐色陶片,其中可辨者有钵之口沿,陶片大多厚而粗疏,夹较粗的白色石英砂粒。在遗址及周围地区采集到的各类石器达300余件,主要有斧、耜、锛、锄、

---

① 中国社会科学院考古研究所长江三峡考古工作队:《四川巫山县魏家梁子遗址的发掘》,载《考古》1996年第8期;吴耀利、丛德新:《试论魏家梁子文化》,载《考古》1996年第8期。
② 刘豫川:《璀璨的巴渝文化遗址》,载《巴渝文化》第1辑,重庆出版社1989年版,第295页。
③ 重庆市文化局、重庆市博物馆:《重庆文物总目》,西南师范大学出版社1996年版,第3页。

网坠等。

在江津区龙门镇的燕坝一带,曾一次就采集到石器28件,有石斧、石锛、石刀、石耜、石锄及打制的砍砸器、刮削器等,还采集到陶片20余片,有细泥红陶、夹砂灰褐陶、灰陶等,上有刻划纹、绳纹之类的饰纹。

研究表明,在距今4000年至3000余年前,重庆地区的土著居民依山傍水,居住在洪水线以上,已经有了相当原始的锄耕农业。同时,渔猎仍旧占有重要的地位。手工业以制陶为主,开始产生了原始的纺织业。这些先民已经开始进入氏族社会,聚居生活,形成了少量的村落。

第三节 古史传说与先巴文化

关于重庆地区古代历史,除了考古资料可供研讨以外,文献记载的古史传说也是进行研究的一个重要方面。其记载主要见于《蜀王本纪》、《山海经》、《三巴记》、《华阳国志》等,其内容主要有关于大禹娶妻于涂山和治水的传说,巴人、巴国起源的传说等。

有关大禹娶妻于涂山和在今重庆、四川地区治水的传说,见于《蜀王本纪》和《华阳国志》。《蜀王本纪》记载:"(禹)涂山娶妻,生子名启。于今涂山有禹庙,亦为其母立庙。"《华阳国志》记载:"禹娶于涂山,辛壬癸甲而去,生子启,呱呱啼,不及视,三过家门而不入室,务在救时——今江州涂山是也,帝禹之庙铭存焉。"[1]

涂山,又称真武山,是重庆城区附近的一座小山,为铁山坪支脉。涂山有禹王祠和涂后祠。《水经注·江水》:"江之北岸有涂山,南有夏禹庙、涂后祠,庙铭存焉。常璩、庾仲雍并言禹娶于此。"魏晋儒学大师杜预认定夏禹娶涂山氏之涂山为江州涂山,曾说:"巴国也,有涂山,禹娶涂山。"[2]两千余年来,在这里留下了许多美丽动人的传说,禹王祠、涂后祠则经历了道观—佛寺—道观的演变,基本保存下来,元代贾至《涂山碑记》云:"至今洞曰涂洞,村曰涂村,滩曰遮夫,石曰启母。"今涂洞为老君洞,遮夫滩今称呼归石,启母

---

[1] 刘琳校注:《华阳国志》卷一《巴志》,巴蜀书社1984年版,第20—21页。
[2]《后汉书》卷二十三《郡国志》"巴郡江州"条下刘昭注。

石今称弹(诞)子石,只是"诞"已讹作"弹"而已。这个传说至少反映出重庆地区是夏王朝的亲族——涂山氏(徐氏)的迁居地之一。

历史文献中有不少关于巴人起源的传说,其最早者数《山海经》中之《海内经》:"西南有巴国,太皞生咸鸟,咸鸟生乘釐,乘釐生后照,后照是始为巴人。"郭璞在此处注"巴国"为"今三巴是"。晋时的三巴为巴郡、巴东、巴西三郡,都在今重庆和川东地区,但不能因此而认为《山海经》中所说的巴国必定就在晋朝时的三巴。此外,《山海经》中《海内南经》又载:"夏后氏之臣曰孟涂,是司神于巴。(巴)人请讼于孟涂之所,其衣有血者乃执之,是请生。(孟涂)居山上,在丹山西。"这个孟涂是巴人的首领(酋长兼巫师),因而能"司神于巴"。由于后来的史家受华夏正统思想的影响,对非华夏集团的首领常常冠以华夏集团中的某种职官称号,借以显示远古即已实现了莫须有的所谓"大一统"局面,即使很难安上一个具体的官衔,也要硬加上一个"某帝之臣"的虚衔,孟涂被称为"夏后氏之臣"即由此而来。他居住在丹山之西,郭璞注曰:"丹山在丹阳南,丹阳,巴属也,今建平郡丹阳城,秭归县东七里,即孟涂所居也。"表明其居住地在三峡地区。从史籍来看,巴人的原居地在大巴山地与巫巴山地一带,就重庆西部地区而言,巴人不是这里的土著居民。

重庆地区的原始居民,据史籍记载,巴"其属有濮、賨、苴、共、奴、獽、夷、蜑之蛮"[①]。其中部分为重庆地区的土著,濮人主要生活在今合川、涪陵一带;賨人,即后世所称板楯蛮,主要生活在今四川省渠县、阆中和重庆市云阳、梁平一带。正是这些重庆和川东地区的先民辛勤劳作,创造了原始而有一定特色的先巴文化。到春秋晚期,巴族开始进入重庆和川东地区,在土著文明的基础上,建立了以部落联盟为基础的奴隶制国家,形成了具有浓郁民族特色和丰富地方内涵的巴文化。原来的土著大都被征服,成了巴国的臣民,被逐渐同化而统称为巴人,他们在巴国进入重庆和川东地区以前创造的文化在学术上被称为先巴文化。

[①] 刘琳校注:《华阳国志》卷一《巴志》,巴蜀书社1984年版,第28页。

第二章 巴族与巴国

巴族是我国古代西南及中南地区的少数民族之一,主要分布在今重庆、川东、鄂西、陕南一带。巴是一个历史悠久的文明古国。早在商代甲骨文中,就有关于巴方活动的历史记载。在古代文献中,甚至将巴的历史上溯到了虚无渺茫的"人皇"时代。

第一节 巴国的政治与军事

从目前的考古发掘材料和文献史籍的记载来看,巴主要活动在今陕西省东南部的汉水中游到大巴山一带、湖北省的鄂西丘陵、重庆市和四川省的川东丘陵以及贵州省的黔北山地。最早的居住地为大巴山区和巫巴山地(大巴山到巫峡一带的今重庆市和四川省东部、湖北省西部、陕西省东南部地区)。大巴山区包括重庆市城口县和四川省万源市及宣汉的北部地区,陕西省的镇巴、紫阳、岚皋、平利、镇坪等县;巫巴山地(又可称为三峡地区)包括重庆市的巫溪、巫山、奉节、云阳四县和湖北省的巴东县、秭归县及竹溪、竹山两县南部地区,建始县、长阳县北部地区。众多的巴族各部以此为中心区域,四面出击,演出一幕幕历史剧。史籍所称的"巴方"、"巴国",不过是其中声名显赫的几支部族而已。

一、巴国的建立与发展

巴国在殷代已经见称于世,殷卜辞称为"巴方"。巴方在殷卜辞中屡见,是殷代很活跃的一个方国,史籍记载巴为"西土之人"。

殷卜辞中有关巴方的记载最主要的有下列几条：

（1）贞，我收人伐巴方（《铁云藏龟》259·2）。

（2）囗国囗从沚戈伐巴（《殷墟书契续编》5·27·6）。

（3）壬申卜，凶匕贞，令妇好从沚伐巴方，受中囗又（《殷契粹编》1230）。

（4）囗囗卜，囗贞，王佳妇好令沚伐巴方，受有又。贞，王勿佳妇好从沚伐巴方，弗其受有又（《殷墟文字丙编》313）。

（5）辛末卜，争贞，妇好其从沚伐巴方，王自东重伐重阱于妇好立。

贞妇好其从沚伐巴方，王勿自东伐重阱于妇好立（《殷墟文字乙编》2948—2950）。

（6）商（赏）于巴奠（甸）（《屯南》1059）。[①]

这几条卜辞可以从战争、地理和经济等方面反映殷代巴方的一些基本概况。第一辞至第五辞反映了殷巴间战争的情况，第一辞征调兵力伐巴方，说明巴方的兵力较强、国力较盛；第二、三两辞是殷王夫妇武丁、妇好分别亲率大将伐巴方，而巴方屡次与殷争战，可见其势之盛。第四、五两辞表明，妇好所率大军受其神灵护佑，而武丁亲率大军从东面攻击巴方在重驻扎的主力军队，把巴方的军队赶入妇好所设埋伏处。殷对巴方的长期的战争终以巴方失败而告结束。第六辞赏于巴甸，表明巴方已经臣服于殷，成为殷代千里王畿边境上的一个方国。

在殷商中期高宗武丁统治时期，殷不断开疆拓土，对外用兵，征服了众多的部族方国，形成"邦畿千里，维民所止，肇域彼四海"[②]，"朝诸侯，有天下，犹运之掌也"[③]的局面，武丁也成为殷代的中兴之君。巴方在盛极一时的殷王朝调兵遣将，大举进攻面前，屡战不屈，顽强抵抗，固然是"巴人天性劲勇"，"巴师勇锐"所致，另一方面也说明巴方具有较强的实力。

殷商时期的巴方，其地理位置应在其原居地的北面——汉水中上游地区。从殷卜辞来分析，"我收人伐巴方"，"我"即"我方"[④]，在舆、曾之西，舆和曾均在汉水中游，"我"应在中上游一带，巴方应与"我"毗邻，也应在汉水中

[①] 以上各条卜辞转引自《四川通史》第一册，四川大学出版社1993年版，第198—199页。
[②]《诗经·商颂·玄鸟》。
[③]《孟子·公孙丑上》。
[④]《南师》二·九十二。

上游一带,大致位于今陕西省安康地区东部、湖北省郧阳地区西北部一带及四川省达川地区和重庆市城口县北部的汉水两岸、大巴山区。

殷代末年,周武王率西土之师东伐殷纣王,巴师为其前锋。史称"巴师勇锐,歌舞以凌殷人,前徒倒戈,故世称之曰:'武王伐纣,前歌后舞'也"①。因为巴师勇敢陷敌,克敌制胜,故"武王既克殷,以其宗姬封于巴",成为最早受周王室分封的姬姓诸侯之一。其实,这种歌舞是盛行于原始社会的战争舞蹈,每一个文明民族都曾经经历过这样一个以歌舞言志的阶段。只是到了武王伐纣之时,参与伐纣的中原诸族都已经丧失了这一习俗,故将巴师之舞作为武王吊民伐罪的象征。因而使巴人得到了这种殊荣。

《尚书·牧誓》载,"王曰:'嗟!我友邦冢君、御事、司徒、司马、司空、亚旅、师氏、千夫长、百夫长及庸、蜀、羌、髳、微、卢、彭、濮人,称尔戈,比尔干,立尔矛,予其誓'"②。

虽然《尚书·牧誓》中没有明确记载巴师,但从其所记"庸、蜀、羌、髳、微、卢、彭、濮"等八个部族均非姬姓之国,而巴在牧野之战后即受分封,不管是否为姬姓诸侯国或赐与姬姓,《尚书·牧誓》自应将其包括在"友邦冢君"当中,不当列于八国之内。巴在周代一直称子,意即子族,与周王室中的王族相对而言,表明巴为姬姓之后或自称为姬姓之后,与周王室有着较深厚的血缘关系。见称于春秋时期的巴国君主一直称子,其国称为巴子国,即源于此。巴国受封,获得了进一步发展的条件,开始向南扩展,同时又成为周王室控临南土的一个重要的战略基地。"及武王克商……巴、濮、楚、邓,吾南土也。"③巴国为南土诸侯国之首,与周王室陆续分封在成周之南、汉水之北的"汉阳诸姬"共同构成了镇抚南土、拱卫周室的牢固军事防线,成为周王室的南国支柱。

春秋时期,王纲堕坏,诸侯逾制,巴国在"周之仲世,虽奉王职,与秦、楚、邓为比"④,而实际却在周王室礼崩乐坏的形势下,政治、经济、军事力量也迅速膨胀,图谋东出汉东,南下江汉,因而一度与楚国结成政治军事联盟,扫荡

---

① 刘琳校注:《华阳国志》卷一《巴志》,巴蜀书社1984年版,第21页。
② 《十三经注疏》,中华书局1980年影印出版,第183页。
③ 《左传·昭公九年》
④ 刘琳校注:《华阳国志》卷一《巴志》,巴蜀书社1984年版,第31页。

江汉间诸多小国。后来随着巴国力量的强大,巴、楚反目为仇,数相攻伐,其间虽然巴国数次打败楚国,最终一败再败,慑于楚国兵锋,被迫放弃汉水中游故土,南下长江流域的川东、鄂西南地区,重建其统治。

战国时期,巴立国于川东,其间虽五易其都,但以在江州的时间为最长,以至世称巴子都江州。七国称王,巴亦称王,但由于东面受强楚压力,西面则巴蜀世代战争,因而政局并不稳定。"楚主夏盟,秦擅西土,巴国分远"①,在楚国的军事压力之下,巴国逐渐偏于川东一隅,国力积贫积弱,并经常受到强国攻击。战国时期,巴国的五次迁都,应该说都与当时的政治军事局势的急剧变化有着直接的关系。从江州、垫江、枳、平都、阆中五地来看,其迁都的顺序应该是平都(故陵)—江州(枳、垫江)—阆中,即溯长江、嘉陵江而上,其依托的腹地由巫巴山地向大巴山区转移,每次迁都都愈益远离其争夺的主战场,步步败退。到战国中期,巴在与楚的争战之中,已经接连失去长江三关,江州一带防务无险可守,西面又面临着蜀国的进攻蚕食,陷入两线作战的困境。为避蜀国锋芒,巴王室只得退保阆中,而将川东重镇江州、先王陵寝之地枳交由巴王子据守。势分而力愈弱,分别防御的势态既未能抵挡住楚国的咄咄攻势,更未能阻止强秦的统一步伐。巴国的灭亡已成定局,最后落幕只是时间的早晚而已。

二、巴国的疆域变迁

关于巴国的疆域,其记载最早的为《华阳国志·巴志》:"其地东至鱼复(今重庆市奉节县),西至僰道(今四川省宜宾市),北接汉中,南极黔涪(今重庆市黔江区及其以东以南)。"②但这是巴国入主川东地区后前后近两百年来控制版图的总体性描述,而不是指巴国在某一具体时期控制的版图。这一地域加上巴国的发祥之地——汉水中游,播迁之地——巫巴山地东翼、清江流域,即为最广泛意义上的巴地。在严格意义上来说,巴立国川东后其疆域也是有变化的。按照巴国历史发展的顺序,其疆域的变化极大,同游牧国家相比,并无二致。

---

① 刘琳校注:《华阳国志》卷一《巴志》,巴蜀书社1984年版,第31页。
② 刘琳校注:《华阳国志》卷一《巴志》,巴蜀书社1984年版,第25页。

商末周初,出大巴山区而据有汉中东部;春秋前期,向大巴山以东的江汉地区发展,进入第一个强盛期;春秋末叶,举国南迁于根据地边缘的长江川鄂之间;随之向西进入川东地区,兼及鄂西、湘西、黔北等相邻地区。

西周初年,巴为周之南土,立国于汉水、大巴山之间。由于巴国在汉水、巴山之间活动甚早,直到后代,从陕西省汉中到安康这一段汉水的南坡支流仍有不少以巴为地名的。《水经注·沔水》记载其地有巴岭山、巴溪戍、巴岭、巴山等古地名,《战国策·燕策二》亦记载这一地区有巴水,均表明早期巴国立于其间。同时,在重庆西部地区的考古发掘中,新石器文化层上面直接为战国晚期或秦汉文化层,几乎没有发现商周时期的文化遗址。表明商周时期重庆西部地区其社会发展水平仍然处在新石器时代中晚期,周初巴国不可能在以重庆为中心的川东地区立国,而且最早见诸史籍的巴国的政治军事活动即在汉水中游地区展开,千余年来认为巴国在西周一代建都于江州(今重庆市城区)的说法,是没有细究巴史而将晚期巴国与早期巴国混为一谈的缘故。

春秋初叶,巴国在楚国、邓国之西。邓在今湖北省襄樊市西北,楚国都丹阳在今湖北西北、河南西南两省交界地区的丹、淅一带。巴国既在其西,则肯定位于汉水中游地区。公元前611年,在巴与楚、秦联合灭庸之战中,楚军西出石溪、仞(均在今湖北省均县与十堰市之间),秦军从西北向东南进,巴军则从西面向东挺进,与楚军形成东西夹击之势,最终灭庸。庸国在今湖北省竹溪县到房县的今堵河流域和南河流域一带,其南有与国鱼(今重庆市奉节县)、䍧、儵等,大致包括今湖北省房县、竹山、竹溪,重庆市奉节、巫山、巫溪等县。巴国援楚时,必在陕南,才可能东进援助楚国,如在川东则无法北出援楚。有的著作谓此时巴国已在川东地区,并谓巴国千里奔袭,以示其强大,均为未细究巴史之故。灭庸之后,巴国分到了广义巴地的腹心地区——巫巴山地的相当部分,为其以后的大发展创造了极其有利的条件。

灭庸后,为巴国控制的原庸地有竹山、房县等地及位于三峡地区的巫溪、巫山、奉节、巴东等县。据初唐典籍《括地志》记载,今湖北省竹山县、房县"是巴蜀之境"[①],此两县位于大巴山东缘,所谓巴蜀之境,只能是巴境,蜀国从未扩张到这一地区。这说明灭庸之后巴国曾经控制了上庸地区的相当部分。

---

① 《史记》卷六《秦始皇本纪》正义引。

春秋中叶,巴国不断东出襄阳,与楚、邓争夺汉东之地。在哀公十八年(公元前477年)巴师与楚军战于鄾地,"巴人伐楚围鄾……三月,楚公孙宁、吴由于、薳固败巴师于鄾"①。"哀公十八年,巴人伐楚,败于鄾。是后,楚主夏盟,秦擅西土,巴国分远,故于盟会希(稀)。"②巴国作战失利以后,其踪迹即从原主要活动地区——汉水中游到襄阳一带消失,开始南下另谋发展之地。春秋晚期,数次与楚国争锋而未能打通东进道路、到江汉平原上寻求发展的巴国,其主要注意力似乎已转移到巫巴山地的南部地区和西部地区。梁代的《十道志》记载:"施州清江郡,荆州之域,春秋时巴国,七国时为楚巫郡地。"③据史籍记载,巴国曾先后在三峡地区、清江流域和川东地区据险设置关隘与楚国抗争。《括地志》、《后汉书·公孙述传》中的李贤注及《通典》中的《州郡》部分均谓巴国在今湖北省长阳县一带设"扞关"。《水经注》则曰:"昔巴、楚数相攻伐,借险置关,以相防捍,故置捍关。"表明到春秋晚期,巴国已经控制了清江流域一带,作为自己的重要侧翼,同时开始向西发展。

在稍后的史籍中对巴国南下的史实亦有间接的记载,《战国策·燕策二》苏代曰:"汉中之甲,乘舟出于巴,乘夏水而下汉,四日而至五渚。"意即汉中军队,从巴地乘船而下,在夏季水盛之时,四天时间就可以到达五渚。此处的巴即巴国在原故地以南留下的地名,其位置大约在汉水以西、以南,从考古情况来看,湖北省博物馆曾在襄阳市山湾发掘了一批东周墓葬,在出土的大量青铜器中发现了一些巴式器物,主要为巴式柳叶形剑、内上饰阴刻虎纹的戈、隆脊带血槽的柳叶形矛等④,其年代经过分析均早于在川东地区出土的同类器物。在湖北省荆门市发现的巴人大武舞戚和柳叶形剑,其年代亦当在春秋晚期到战国初期之间⑤。在鄂西南的宜昌市宜昌城区、枝江县等地,也陆续发现了相当数量的巴人遗物。而在鄂西南的清江流域地区,更是发现了大量的典型的巴式器物,其中有各式兵器、残镝和虎纽錞于,尤其是在三峡地区的湖北省巴东县沿江一带所发掘的战国墓葬中,出土了一批重要的巴式兵器,较有

---

① 《左传·哀公十八年》。
② 刘琳校注:《华阳国志》卷一《巴志》,巴蜀书社1984年版,第31页。
③ 《太平御览》卷一千七百八十一引。
④ 湖北省博物馆:《襄阳山湾东周墓葬发掘报告》,载《江汉考古》1983年第2期。
⑤ 俞伟超:《大武舞戚续记》,载《考古》1964年第1期。

特色的有柳叶形剑矛戈斧,带钩的戟及各种箭镞等①。如果把汉水南岸、巫巴山地、清江流域的出土巴式器物的地点连接起来,并按年代早晚排列,从中可以看出巴国从汉水南岸一带渐次南下的迁徙轨迹。在三峡地区所出土的大量战国时代的巴式兵器和其他器物,则说明在战国期间巴国曾占有三峡地区。在史籍上亦有:楚肃王四年(公元前 377 年)"蜀(巴)伐楚,取兹方,于是楚为扞关以拒之"。兹方乃湖北省松滋县地;此蜀应为巴,或谓此乃巴蜀联军。此次巴(蜀)攻楚之师,或沿三峡而下,或经恩施沿清江以至松滋。楚为扞关以拒之,以防清江之巴军取楚兹方。

此次楚巴战争规模较大,在松滋留下了历史痕迹。《太平寰宇记》在松滋县条下记载曰,"……《左传》云:巴人伐楚荆。《荆南记》云:巴人后遁而归,因有巴复村在山北"②。此次战争虽然巴军或巴蜀联军突袭并攻占了兹方,威胁到楚国都城郢(今湖北省荆沙市西北纪南城),但最终以巴国军队失败逃遁而告终。

松滋之战的失败,使巴国最终丧失了战争的主动权。其后,楚国大举反攻,并于楚宣王九年(公元前 361 年)从北向南先后攻占了巴国的三峡地区和清江流域的部分地区,"楚自汉中,南有巴、黔中"③。此处的巴应指巴国在春秋战国之际南移长江一线时的中途立国之地,即三峡地区,后在楚怀王时(公元前 328—前 299 年)置为巫郡;此处的黔中指巴国曾控制的清江流域,即楚国后来建立黔中郡时的北部地区。为了阻止楚国的大举西进,在夔峡及其以西的沿江地区,巴国亦曾设置关隘以拒楚,《华阳国志》云:"巴、楚数相攻伐,故置扞关、阳关及沔关。"④《括地志》曰:"扞关,今峡州巴山县界故扞关是。"在今湖北省长阳县。《水经注》曾曰:"昔廪君浮土舟于夷水,据捍关而王巴。"⑤捍、扞通用,夷水为今清江的古称,由此可见扞关当在长阳。阳关,《水经注》云:"江水东径阳关巴子梁,江之两岸犹有梁处。"⑥一般认为在今重庆东郊铜锣峡处。《括地志》则认为:"阳关,今涪州永安县治阳关城也。"唐永

---

① 林向:《巴楚关系初探》,载《江汉论坛》1980 年第 4 期。
② 《太平寰宇记》卷一百四十六。
③ 《史记》卷五《秦本纪》。
④ 刘琳校注:《华阳国志》卷一《巴志》,巴蜀书社 1984 年版,第 58 页。
⑤ 《水经注·江水》。
⑥ 《水经注·江水》。

安县故城在今长寿区复元镇东南的黄草峡附近,两说均认为在枳(今重庆市涪陵区)以西。沔关,据《后汉书》中《公孙述传》和《岑彭传》李贤注并引《华阳国志》曰:"巴楚相攻,故置江关。"而今本《华阳国志》作沔关,当系后人所改。江关,《汉书·地理志》"巴郡鱼复县"条下班固原注云"江关都尉治",表明江关在今奉节县。另《水经注》中《江水》篇记载巴曾在西陵峡西口的今湖北省秭归县地置"扞关"以拒楚。三关或四关并非同一时间设置,扞关、弱关设置最早,但在楚宣王九年(公元前361年)"楚自汉中,南有巴、黔中"时或稍后被楚攻占;巴随即设置江关以拒楚,但在战国中晚期,枳以东的巴长江地亦逐渐被楚攻占;巴不得不又在枳以西置阳关为最后的关隘,以保卫其都江州。

战国初期,巴国已由三峡地区、清江流域西上发展到川东地区,建国立都,其版图较广,东起三峡地区、清江流域,西至川东,而以川东为其政治中心。但随着楚国版图的向西推进,巴国的疆域又不断缩小。公元前361年,楚国攻占了巴的三峡地区和清江流域。到巴国灭亡前,楚国已经逼近巴的先王陵墓所在的枳,此时的巴国疆域仅剩下嘉陵江流域和乌江下游地区了。

三、巴国的政治制度和社会结构

巴国是一个带有若干部落联盟制特征的国家,建立了一套以土地世袭制为基础的政治制度。巴国君主在西周春秋时代称为巴子,战国时代,"及七国称王,巴亦称王"[①]。巴国君主亦实行世袭制度,战国中晚期巴国王子亦称巴子。巴王是国内最大的领主,拥有最高的军政权力,直接统治其腹心地区。巴国的职官制度的详情已不可知,据《左传》、《华阳国志》的记载,巴国设有"上卿",意味着有卿相之别。职官中有"行人"一职,专司对外告命聘享,则其他的职官可以想见。军队方面,巴国设有将军,表明其文武分职设官。总体来看,巴国的职官制度与列国大体相当,只是简繁的差异。

巴国的政治制度,由于文献无征,难以查考。仅礼乐制度因考古发掘而得知其概,至少到战国中晚期时巴国已经有了较严密的礼乐制度。从重庆市涪陵区小田溪发掘的3座巴族墓葬出土的文物中,2号墓出土虎纽錞于和钲

[①] 刘琳校注:《华阳国志》卷一《巴志》,巴蜀书社1984年版,第32页。

各 1 件，钲身两面铸有巴蜀符号，其中一面符号的下部两边分别有一"王"字。錞于和钲是军中号令士众进退的乐器。錞于的大小表明其使用者或拥有者的地位的高低。由于 2 号墓的墓制较小（墓残长 1.8 米、宽 1.75 米），出土的钲和錞于形体较小表明其墓主人非巴王，仅是一个小部族的"王"①，或是巴王子②。从小田溪 1 号墓中出土了编钟一组 14 枚，根据礼制大架 24 枚、中架 16 枚的规定，该编钟也是小架所用。依照等级之制，"其功大者其乐备"③，使用 14 枚编钟的 1 号墓主与 2 号墓主的身份相近。由其遵循礼制，可见巴国礼乐制度到其晚期尚较严密。

由于巴国的疆域变化太大，不同的时期和不同的地域都有不同的统治对象，而且巴国的腹心地区和边缘地区的差异性亦大，因此，巴国社会组织和结构是一个相当复杂的问题。同时，由于巴国历史的各个不同时期都存在文献不足征的情况，详细考察、辨析已不可能。综合各方面资料，巴国的社会结构可以分成两个层面：第一层面为巴国的腹心地区，其统治核心是巴王、宗室子弟，其次是卿大夫、将军。在这一层面上，统治集团的上层主要是由宗室集团组成，但也吸收了一些土著民族的酋豪，如巴将军蔓子或认为其来自巴渝地区的朐忍，或认为其来自川中地区的蔓（鄸）地。第二层面为巴国的边缘地区，巴王仅仅是各部落的共主，主要通过当地的大姓酋豪来进行统治。在一些重要地区，巴王也分封宗室镇守，或派将军等军事长官驻守。巴国的腹心地区较小而边缘地区很大，在腹心地区已经具有若干奴隶制的特征；在边缘地区，当地的土著民族到战国时期还处于由部落制向国家过渡的发展阶段，主要是以血缘纽带为中心的大姓统治。如位于川东北的賨人"七姓"即是以七姓（当为氏，七泛指其多，非七数也）形成的血缘集团，姓即部落名称，其酋豪即为军事民主制时期的军事首长。史称周之季世（约公元前 4 世纪），巴国内乱，将军蔓子许诺酬谢楚国三城，借楚师平息内乱。事平，楚使索城。蔓子说："藉楚之灵，克弭祸难。诚许楚王城，将吾头往谢之，城不可得也。"④于是自刎，以头授楚使。楚王由是感动，礼葬蔓子头，巴亦安葬其忠骸。这一事件

---

① 徐中舒：《四川涪陵小田溪出土的虎纽錞于》，载《文物》1974 年第 5 期。
② 段渝：《涪陵小田溪巴王墓新证》，载《巴蜀历史民族考古文化》，巴蜀书社 1991 年版，第 269—283 页。
③《史记》卷二十四《乐书》。
④ 刘琳校注：《华阳国志》卷一《巴志》，巴蜀书社 1984 年版，第 32 页。

表明，巴国对其边缘地区的控制能力较弱。将军蔓子驻守之地距楚国不远，属巴国的边缘地区，否则不会在内乱发生时，向楚国求救。从世传蔓子之躯葬地看，有湖北省恩施市西北①、重庆市忠县城西北②、重庆市渝中区三说，前两说表明其驻守之地在朐忍，内乱之区在邻近的清江流域，应是大致可信的。

巴国辗转迁徙的陕南、鄂西、川东地区，岭高谷深，水流湍急，气候、植被、地貌同属一个"地理单元"，早期的古代文明，受其自然环境的制约很大，文化的"自然属性"非常明显。巴人主要从事渔猎与原始的锄耕农业、手工业，经济发展水平较为低下，直接制约着巴的生产方式、行为方式。巴生产方式的分散性必然导致其社会组织和结构的松散性。同时，巴国的国家机器又带有很大的外部强加性，巴国国君为周天子所封，但巴地各族大多还处在由部落制向国家过渡的发展阶段，上下的差异性很大。巴国迫于异族的武力，不停地抗争迁徙，产生了对其所属部族的初步控制与凝合，但其生产方式的特点，则使它始终仅维持着这一层面的社会组织形式，而未能完全建立对下层的统治，因而产生了一种二元式结构：从上层看，已经有了初步的国家形态；从其下层看，却还处在"国家"的门槛外，仍在部落制的状态下。由于巴国的历史，就是一部世世抗争、屡败屡战、退避迁徙的悲壮历史，就是维系生存寻求出路的历史，这使得巴国在外在压力之下形成了一定的内在凝合的应力机制，在下层处于部落制的情况下，反而减缓了阶级分化，形成了"全民皆兵"以维系民族的生存，没有产生出一支独立于民众的武装力量，以进行有效的扩张，稳定自己的领土，加大对异族的掠夺，对内建立起基本的行政系统，从而完成向完整的国家形态的过渡。

巴国的国家形态，是一种典型的"半国家"形态。

四、巴国与周边国家的关系

巴国在其发展的历史过程中，与毗邻国家和中原王朝均发生过各种关系。最主要的是巴国与楚国、蜀国及秦国的关系。

---

①《明一统志》："楚葬其头于荆门山之阳，巴国葬其身于清江县（宋清江县为施州首县）西北都亭。"《方舆胜览》卷六十一："施州有巴蔓子庙。"

②《蜀中名胜记》卷十九：忠州"治西北一里有蔓子冢"。

（一）巴楚关系

巴国和楚国最初均位于汉水地区，在西周时均为周之南国，当时两国间分布有大批的百濮群落。东周初年，随着百濮的衰落和大批迁徙，两国应当有所接触。

春秋初年，巴国正处在汉水中游与大巴山之间。随着大国争霸时代的到来，巴国也积极向外拓展，扩张势力，求得更大的生存空间。但因其北限秦岭，南隔巴山，西阻蜀、秦，只有东面百濮势正衰落，因而巴国以东进作为扩张的主要方向。但楚国正处在江汉间，巴国东进必须同楚国交好，才能渡过汉水。

公元前703年春天，巴国曾经联合楚国与邓国（位于今河南省南部）及其附庸鄾国（位于今湖北省襄樊市）发生过一次战争，这是在春秋时期巴国事迹第一次见诸历史。《左传·桓公九年》对此事的前后由来记载如下：

> 巴子使韩服告于楚，请与邓为好。楚子使道朔将巴客以聘于邓。邓南鄙鄾人攻而夺之币，杀道朔及巴行人。楚子使薳章让于邓，邓人弗受。夏，楚使斗廉帅师及巴师围鄾。邓养甥、聃甥帅师救鄾。三逐巴师，不克。斗廉衡陈其师于巴师之中以战，而北。邓人逐之，背巴师而夹攻之。邓师大败，鄾人宵溃。[①]

楚国派遣道朔陪巴国的使者到邓国去结盟，位于邓国南边的附庸国鄾国出兵杀掉了道朔和巴国的使者，夺取了他们携带的礼物。于是，巴国和楚国的军队组成联军去围攻鄾国。这时巴国已经与楚国交好，但处于次等伙伴地位，巴想与邓结好，要先告知于楚国，并由楚国派人陪同前往。从这次战争中可以看出，巴楚联军的构成中，以楚将为统帅，巴师则分为两队，将楚师之精锐横陈其间，表明巴军处于从属的地位。

巴楚结盟后，多次联合出兵，征伐汉水流域诸小国，并有北上意图。《左传》记载，庄公六年（公元前688年）巴楚联军伐申，申为周宣王分封的南方军事重镇，扼守着南方诸国进入中原的咽喉，巴楚伐申，表明两国的政治意图，即进一步获得发展空间以至最后问鼎中原。

巴楚联盟是两国共同谋求区域霸权的产物，联盟的目的在于利用对方的

[①]《左传·桓公九年》。

力量作为本国扩张的工具,以造就本国的区域霸权。两国追求目标是不一致的,这从根本上决定了联盟的脆弱和各种关系的松懈。就在巴楚联合伐申的战役中,即发生"巴人叛楚"的事件①。一有机会,巴国就会向楚国反戈相向。如:"初,楚武王克权,使斗缗尹之。以叛,围而杀之。迁权于那处,使阎敖尹之。及文王即位,与巴人伐申而惊其师。巴人叛楚而伐那处,取之,遂门于楚,阎敖游涌而逸。楚子杀之,其族为乱。冬,巴人因之以伐楚。"②十九年春(公元前675年),楚子御之,大败于津(津,楚地;汉江陵县有津乡)③。巴军利用楚国发生内乱之际,乘机向楚国发起进攻,并在津地大败楚军,楚文王也因此病死。

《左传》记载,文公十六年(公元前611年),"楚大饥",庸国乘机率领江汉间麇、濮等少数民族起兵反抗楚国,"庸人帅群蛮以叛楚。麇人率百濮聚于选,将伐楚……(楚)乃出师"④。楚军在与庸、麇、濮军队的战斗中"七遇皆北"⑤,秦、巴因利益驱动,都出兵助楚,迫使群蛮叛庸从楚,这才转败为胜,从而灭掉庸国,三国瓜分了庸国,巴国得到了广义巴地的腹心地区——巫巴山地的相当部分,为其以后的发展创造了极其有利的条件,也使得巴楚联盟的崩溃成为必然。

楚国自武、文王以后,发展迅速,灭国数十,雄踞江汉,要进一步吞并汝淮,北上中原,势必要荡平地处汉水中游的巫巴山地、时刻准备东进的巴国。巴国原欲借与楚结盟而实现其东出江汉、建立区域霸权的目的,但日益强大的楚国却成为对巴国的生死存亡构成最大威胁的敌国。公元前6世纪巴楚政治上、军事上的联合日少。哀公十八年(公元前477年)巴楚联盟彻底破裂,巴师伐楚,围鄾。楚大军迎战,大败巴军于鄾。巴以倾国之师伐楚而遭惨败,从此一蹶不振,面对楚国步步紧逼的攻势已经无法抗衡,赖以立国的故土——汉水巴山已经无法立足,巴国最终从汉水流域弃土南迁,进行战略转移。"哀公十八年,巴人伐楚,败于鄾。是后,楚主夏盟,秦擅西土,巴国分远,

---

①《左传·庄公十八年》。
②《左传·庄公十八年》;刘琳校注:《华阳国志》卷一《巴志》,巴蜀书社1984年版,第31页:"巴师、楚师伐申,楚子惊巴师。鲁庄公十八年,巴伐楚,克之。"
③《左传·庄公十九年》。
④《左传·文公十六年》。
⑤《左传·文公十六年》。

故于盟会希(稀)。"①

战国时期,巴楚"数相攻伐",巴为拒楚,在长江上先后设置了三道防线,即扞关(今湖北省秭归县境)、江关(今重庆市奉节县境)、阳关(今重庆市长寿区东南),但屡战屡败,其势一蹶不振,在与气势蒸蒸日上的楚国的抗衡中,长江天险、夔门险要均不能阻挡楚军西上的步伐。楚宣王九年(公元前361年)"楚自汉中,南有巴、黔中"②,从北向南先后攻占了巴国的三峡地区和清江流域的部分地区,巴国的国势从根本上被削弱了。

战国时期的巴楚关系,本质上取决于各自的根本利益。虽两国王室之间的婚姻关系尚存,楚师也应巴蔓子之邀而驰援,但其间的婚姻已经远非春秋时期的政治联姻,楚之援巴是以巴献城池为代价。两国间虽时有往来,但丝毫没有削减弥漫在两国间的战争硝烟。

巴楚的长期交往,使相互间都受到深刻影响。楚都郢的下里是战国时期的巴人聚居区,下里巴人唱的歌,在郢都的很多楚人都能听懂,并能和而颂之者达数千人③。巴人之歌在楚都能引起数千人的共鸣,说明楚文化受到了巴文化的深刻影响。战国时期巴地则多楚风,"江州以东,滨江山险,其人半楚,姿态敦重"④,受到了楚文化的熏陶。

春秋以来的巴国史,实际上就是一部巴楚关系史。

(二)巴蜀秦关系

巴蜀初期并不接壤,其间中隔若干方国、部落。但据史籍记载,建立蜀鱼凫、杜宇、开明王朝的鱼凫氏、杜宇氏、开明氏都有浓厚的巴濮色彩,而且鱼凫、开明均和巴有关。开明氏(鳖灵)就是巴人,鱼凫也应该属于巴族的一支,开明、鱼凫都是从巫巴山地西迁到川东地区,再沿长江和岷江水系迁到川西平原而做了蜀王的。就是从鄂西、川东、川西的考古文化上看,也能找到巴人西迁的线索,其时代大致应在夏商之际。川西地区的巴蜀文化,应该是由蜀人和包括一部分巴人在内的其他川西地区的民族共同创造的复合性很强的

---

① 刘琳校注:《华阳国志》卷一《巴志》,巴蜀书社1984年版,第31页。
② 《史记》卷五《秦本纪》。
③ 《文选》之《宋玉对楚王问》。
④ 刘琳校注:《华阳国志》卷一《巴志》,巴蜀书社1984年版,第49页。

文化①。同时,川东地区的巴蜀文化也明显地受到了来自川西地区的文化渗透。

远古时代,国与国之间,存在大量的"空隙地",即尚处于原始社会阶段的非文明地区。解放以来,在上川东地区的考古发掘中,先后发现了100余座巴人墓葬,目前还没有一座的年代是战国以前的。上川东地区先后发现的古文化遗址约有20余处,其文化层大都是战国文化紧压在新石器时代晚期文化之上②。说明在巴国入主川东地区以前,这一片地区还是处于尚未有国家的"空隙地"。不可否认,在巴国入主之前,巴蜀两国对川东地区都有一定的影响,但这种影响应当说是较为表层的,尚未达到被称为"势力范围"的地步,否则在战国文化和新石器时代晚期文化之间就不应该有文化断层。《华阳国志·蜀志》称巴地的农业来源于蜀,"后有王曰杜宇,教民务农,一号杜主……巴亦化其教而力务农。迄今巴蜀民农时,先祀杜主君"③,将巴地农业的起源归于杜宇的教化。蜀杜宇王朝的年代为西周初年至春秋早期(公元前11—前8世纪),当时的上川东地区尚处于新石器时代晚期,而蜀国的农业从考古发掘中看,金属农具极少,可能还是以木石农具为主。蜀对巴地农业的影响,即便有,也极为有限。

春秋战国之际,巴国的统治中心由汉水中游南下,转而西迁,逐渐与主要在四川盆地西部称雄称长的蜀国毗邻,开始争夺川中地区的控制权。史籍所述"巴与蜀仇"、"巴蜀世战争",就是从这时开始的。但关于"巴蜀世战争"的详情,史籍记载绝少,因而无法述其概略。

巴蜀间的经济文化交流是多方面的。在青铜文化方面,巴蜀均有绝少见于其他文化系统的鍪、釜、甑,巴式剑与蜀式剑的形制大体相似,青铜矛、钺也大同小异。巴蜀青铜文化从商代就互相影响,彼此吸收引进,二者形成了具有许多共同特征的相近文化。到了战国时期,巴文化与蜀文化进一步融合,很难看出二者的区别了。早期蜀文化中没有巴式柳叶形剑,而春秋战国时,川西蜀地许多墓葬除出土中原式剑外,也出土巴式柳叶形剑,但是巴式柳叶

---

①张勋燎:《古代巴人的起源及其与蜀人、僚人的关系》,载《南方民族考古》第1辑,四川大学出版社1987年版。
②董其祥:《巴史新考》,重庆出版社1983年版,第18页。
③刘琳校注:《华阳国志》卷三《蜀志》,巴蜀书社1984年版,第182页。

形剑在川西蜀地发展较缓慢,保存早期巴式剑的特征较多,一般比巴地的剑身要短一些。这种现象当与柳叶形剑是传入蜀地的器物有关。由于蜀地的巴式戈也是传入的,所以这类戈在川西蜀地延续的时间也较长,战国时仍在使用[①]。战国后期,巴蜀文化合流的趋势愈益明显,有的器物竟难以区分究竟是巴式还是蜀式,只能笼统地称为巴蜀器物。

巴秦两国间在春秋以前交往很少,春秋时期巴秦交往见于史籍记载的亦仅两例。一为秦穆公早期,百里奚相秦,"发教封内而巴人致贡"[②],但巴人为何致贡却原因不详。一为公元前611年,楚与庸战争期间,巴师与秦师援楚灭庸,但在此援楚战役中,巴与秦间亦仅是为扩大疆域而结成临时的联盟,交往不会很深。

战国时期,巴秦关系有所发展。巴在受楚、蜀夹击下而远交于秦,"秦惠文王与巴蜀为好"[③],均采用一种远交近攻的策略。巴交好于秦,明显带有借助秦势以制约东楚和西蜀的意图。秦与巴交好,则是看中巴有劲卒,又有长江天险,可以从侧翼打击楚国,并足以因之"浮大舶船以东向(伐)楚"[④],取之即可以作为伐楚的战略基地。对巴国而言,与秦这样的"虎狼之国"交往,企图在秦的卵翼下突破楚、蜀的东西夹击,根本就是无所指望的,其结果只能是巢倾卵覆,自取灭亡。

巴灭于秦是巴秦关系的必然结局。

五、巴国的灭亡

"巴蜀世战争",苴地原为巴地,在战国晚期为蜀国所夺。蜀国开明王朝分封到北部重镇汉中的王弟苴侯却因其封地内苴人的关系而与巴交好,蜀王震怒。周慎靓王五年(公元前316年),蜀王亲率大军伐苴侯,占领葭萌(今四川省广元市昭化镇),"苴侯奔巴,巴为求救于秦"[⑤],巴国虽然在苴侯出逃时予与接纳,但因其自身国势积贫积弱无法与蜀军对抗,只好求救于秦,这无异

[①] 尹盛平:《巴文化与巴族的迁徙》,载《巴蜀历史民族考古文化》,巴蜀书社1991年版,第253—268页。
[②]《史记》卷六十八《商君列传》。
[③] 刘琳校注:《华阳国志》卷一《巴志》,巴蜀书社1984年版,第32页。
[④] 刘琳校注:《华阳国志》卷三《蜀志》,巴蜀书社1984年版,第191页。
[⑤] 刘琳校注:《华阳国志》卷一《巴志》,巴蜀书社1984年版,第32页。

于引狼入室,酿成灭国之祸。巴、苴、蜀国同时告急于秦①,为强秦大军南下提供了充分的借口。秦大夫司马错力主伐蜀,说:"蜀有桀、纣之乱,其国富饶,得其布帛金银,足给军用。水通于楚,有巴之劲卒,浮大舶船以东向楚,楚地可得。得蜀则得楚,楚亡则天下并矣。"②秦惠王最终采纳了司马错的建议。是年秋,秦惠王遣大夫张仪、司马错、都尉墨率大军南下伐蜀,蜀王仓促应战,为秦军大败,冬十月,秦灭蜀。随后,秦移师东进,迅速夺取巴之江州,然后北上攻占阆中,俘虏巴王,巴国由是灭亡。

公元前316年秦灭巴时,据《图经》记载:"秦司马错执(巴)王以归阆中。"③秦虽取江州(今重庆市城区),但却没有进一步东进取枳(今重庆市涪陵区),而是折师北上取阆中。秦未乘胜东进夺取枳,一是顺道灭巴,宜于速战速决,且首要任务是灭蜀后巩固和强化在蜀地的统治,巴地土著大姓势力强大,秦不愿激化与巴地民族间矛盾,只能实行羁縻政策,与土著大姓"刻石为盟"④,不改变其社会结构和巴地的大姓统治,因而巴的强兵劲卒大部仍然保留。第二,楚国已经在几十年时间内逐步夺取了巴国的江关至枳以东的巴长江地,与枳仅咫尺相望,与其东进在巴地与楚国形成决战之势,不如留下一个缓冲地带更有利于消化巩固已经取得的胜利果实。这样,巴国的乌江下游地区在实际上就成了秦楚两国间的一个缓冲区域,起着避免两国军队直接发生接触的作用。这就为巴国宗支得以在两强的间隙中苟延残喘、延续宗祀创造了条件。

约20年后,楚国西进取枳,灭掉了巴子小政权,史称"楚得枳而国亡"⑤,"国亡"指国都沦亡,即指秦将白起拔楚都郢,楚顷襄王东北退保于陈城,其事在公元前278年⑥,楚取得枳当在此年(公元前278年)前数年。《益部耆旧传》记载:"昔楚顷襄王灭巴子,封废子于濮江之南,号铜梁侯。"⑦楚顷襄王时(公元前298—前263年)以嘉陵江流域为中心的巴国已经于20余年前为秦

---

① 《史记》卷七十《张仪列传》。
② 刘琳校注:《华阳国志》卷三《蜀志》,巴蜀书社1984年版,第191页。
③ 《舆地纪胜》卷一百八十五,所引《九域志》转引。
④ 刘琳校注:《华阳国志》卷一《巴志》,巴蜀书社1984年版,第35页。
⑤ 《战国策》卷三十《燕二》;《史记》中《苏秦列传》所言相同。
⑥ 《史记》卷四十《楚世家》。
⑦ 《舆地纪胜》卷一百九十五,所引《益部耆旧传》转引。

国所灭,所以此处楚顷襄王所灭的巴子应是以乌江流域为中心的巴国灭亡后的残余力量。楚国夺取枳地仅数年时间,枳即为秦所夺取。《史记·秦本纪》云,秦昭襄王二十七年(公元前280年),使司马错发陇西,因蜀攻楚黔中,拔之。《资治通鉴》胡三省注此处云:"秦兵时因蜀出巴郡枳县,以攻楚之黔中。"认为此时枳县已经归秦。因为黔中在巴蜀之东南,司马错从陇中入蜀再转黔中,必然要东出巴地,在江州以东的枳向南折入乌江,方可直捣黔中。司马错必须首先攻克枳,才可能由此南溯乌江,与楚争战于黔中地区。《华阳国志·巴志》曰:"司马错自巴涪水取楚商於地为黔中郡。"并在涪陵郡条下曰:"涪陵郡,巴之南鄙,从枳南入,溯舟涪水,本与楚商於之地接。秦将司马错由之取商於地为黔中郡。"[1]这里的巴涪水指今乌江下游,司马错由枳溯乌江南入而攻楚黔中,表明秦在此战役中或稍前已经夺取了枳。

楚顷襄王取巴枳地、灭巴子后,巴之群公子继续南逃,流亡于黔中地之巴故土。《十道志》记载,"故老云:楚子灭巴,巴子兄弟五人流入黔中。汉有天下,名曰酉、辰、巫、武、沅等五溪,为一溪之长,故号五溪"。

第二节 巴地诸族

巴国腹心地带及其周边地区生活着若干民族,他们有的是巴国的臣民,有的只是松散的联盟关系。巴国的统治者为姬姓民族或自称是姬姓民族,其统治下的臣民则大都为濮系民族,"其属有濮、賨、苴、奴、獽、夷、蜑之蛮"[2]。

一、濮人

濮人是在巴国统治下的第一大族,有的世居,有的则是从其他地区迁徙而来。《华阳国志·巴志》说,涪陵郡丹兴县,"山出名丹",而《史记·货殖列传》载巴寡妇清以丹砂致富;《逸周书·王会解》则认为"卜人以丹砂"。综上记载可以肯定今日的重庆市长江沿岸地区春秋战国时期有濮人居住是无疑的。对于濮人在重庆地区留下的遗址,南宋典籍《舆地纪胜》所引《益部耆旧

---

[1] 刘琳校注:《华阳国志》卷一《巴志》,巴蜀书社1984年版,第83页。
[2] 刘琳校注:《华阳国志》卷一《巴志》,巴蜀书社1984年版,第28页。

传》记载:"昔楚顷襄王灭巴子,封废子于濮江之南,号铜梁侯。"①楚顷襄王时(公元前298—前263年)以嘉陵江流域为中心的巴国已经于20余年前为秦国所灭,楚顷襄王封废子于嘉陵江中下游的说法并不十分可靠。然而铜梁山在今日的合川区境内,这里在春秋战国时期本来是巴的垫江,此处以濮江相称,足以说明濮江之名应该早于垫江,今合川地区最早原为濮人的居住地。在今日的合川区境内到20世纪80年代尚有濮岩、濮湖、蒲(濮)溪等地名。《舆地纪胜》记载合州(今重庆市合川区)钓鱼山有"双墓",据李文昌《图经》记载,"巴王、濮王会盟于此,酒酣击剑相杀,并墓而葬"②。民间又称此墓为濮王坟,至今封土堆仍然清晰可见。濮人在此居住应先于巴人。春秋战国之际,当巴人迁到这一带以后,征服了濮人,濮人才成为巴人治下的第一大族。今日合川区所在的三江(嘉陵江、涪江、渠江)地区应是古代濮人分布的一个中心地区。

在今日重庆地区的西南部,以綦江流域为中心也是古代濮人分布的一个重要的地区。綦江上游有一支流今称蒲河,顾炎武在《天下郡国利病书》中认为:"蒲人,即古称百濮……本在永昌西南徼外,误濮为蒲,有因以名其地者,若蒲缥、蒲千之类是也。"③"蒲"即"濮",蒲河即濮河,河以其居民而得名。今綦江古代又名僰溪,今江津境曾有白溪乡,位于綦江下游及其支流笋溪河交汇处,白溪当为僰溪之讹。《太平寰宇记》卷一百三十六载"江州即南齐永明五年(公元487年)自江州移于僰溪口";又引唐《十道记》说"自江津路南循僰溪,大路二百二十里至南平州"。僰溪口,即今綦江汇入长江处的江津顺江镇,在南齐至唐先后为江州、江阳、江津县治。僰人之称,最早见于《吕氏春秋·恃君篇》,其曰:"氐羌、呼唐,离水之西,僰人、野人,篇笮之川;舟人、送龙,突人之乡,多无君。"在秦以前,在今四川宜宾地区有僰侯国,秦略通"五尺道",买卖僰人为奴隶,史称僰僮;汉初又设僰道县,即僰人的"自治区"。今日重庆地区境内的僰溪,应是因为僰人在此居住以后留下来的,其得名时间大约在秦汉之际,以后迭经演变,到今日在江津区境内仍留下了白(江津人音"bo")溪这个地名。

---

① 《舆地纪胜》卷一百九十五,引《益部耆旧传》。
② 《舆地纪胜》卷一百九十五。濮王坟实际为东汉墓葬。
③ 顾炎武:《天下郡国利病书》卷十一《种人篇》之"土僚"条。

"僰"与"濮"音同,汉高诱注《吕氏春秋·恃君篇》中说"僰读为匍匐之匐",匐的声母为"f",为轻唇音,古代无轻唇音,"f"发"p"音,"fu"正读成"pu",故古代读"僰人"音与读"濮"音是一样的。僰族与濮族同住一地,僰、濮两字的音读全同,其为同一族称之异译是无可置疑的。居住在四川南部、东部的僰族,实际上就是濮族,这在近年来已经逐渐为学术界所接受,僰人为古代百濮民族之一,同属濮越系民族。巴蜀原有濮人,除了以上所引的材料可以证实之外,尚有左思《蜀都赋》"左绵巴中,百濮所充";扬雄《蜀都赋》"东有巴賨,绵亘百濮",等等。

在綦江区横山乡二磴岩崖墓内发现有多人联手而舞的画像。二磴岩崖墓群共有墓10座,分布于岩石壁上,左右长100米、上下宽40米。墓M6墓室石壁刻有7人半裸体舞乐画,画长1.4米、宽0.4米,画边缘有五铢币石刻,其左壁角有山鸡一只。墓M7墓室左侧壁刻有7人舞乐画一幅,门楣左侧刻有人头[①]。綦江区崖墓画像中的鸟图案,与骆越崇拜的鸟图案有关;綦江区崖墓中舞蹈者的紧身背心衣与宜宾岩穴墓五宝蛮洞子沟墓M1墓内的石刻中左壁锥髻人身上的背心式上衣无疑是属于同一服饰类型,从文献记载和考古发掘的材料来看,古代濮人多沿地势较低的江河流域而居,死后葬于悬棺或崖葬,出土的典型文物有铜鼓等。綦江区横山乡二磴岩崖墓画像的联手舞乐场面结合到在綦江河流域有蒲(濮)河、僰溪、白溪乡等地名,可以判定横山乡二磴岩崖墓为濮人遗址。

在重庆地区的范围内,在春秋战国、秦汉时期确有濮人活动过的记载和实物例证。其中,位于西北部合川一带的一支与川东长江、嘉陵江流域的濮人援势相连,共为一体,也就是扬雄所说的"东有巴賨,绵亘百濮";西南部地区綦江、江津这一支濮人、僰人,则是与贵州牂柯郡的濮人连成一体,同为一族。

二、賨人(板楯蛮)

賨人是板楯蛮的别称,为川东地区的土著民族之一。秦昭襄王时,因板

[①] 重庆市博物馆:《文物普查资料汇编》之《綦江区古墓葬调查表》,第29页。

楯蛮射杀白虎有功,秦"复(免除)夷人顷田不租,十妻不算"①。汉初,板楯蛮因"从高祖定秦有功,高祖因复之,专以射白虎为事,户岁出賨钱口四十,故世号'白虎复夷',一曰'板楯蛮'"②。称其为賨人,则如谯周《巴记》所说:"夷人岁出賨钱,口四十,谓之賨民。"本来由于交賨钱而得名,秦汉时开始逐渐演化为族称。板楯蛮之名,则来源于所使用的木盾,即胡三省所言"板楯蛮以木板为盾,故名"③,由使用木盾得名,后来遂成为族称。

板楯蛮古居嘉陵江中游和渠江两岸。《华阳国志·巴志》中记载:"阆中有渝水,賨民多居水左右,天性劲勇。"《华阳国志·巴志》在其"宕渠郡"下载:"长老言,宕渠盖为故賨国,今有賨城、卢城。"④《元和郡县志》:"古賨城在流江县东北七十里。"《太平寰宇记》:"古賨城在流江县东北七十四里,古之賨国都也。"《舆地纪胜》:"巴西宕渠,其人勇健好歌舞,邻山重叠,险比相次,古之賨国都。"⑤唐流江县为今渠县。盾在古代又称为渠,《国语·吴语》中有"奉文犀之渠",韦昭注曰"文犀之渠,谓木盾也"。宕渠、渠江及今之渠县等名称,当由板楯蛮所居以及对板楯蛮所用的木盾的称谓而得名。

在巴地除今川东北地区外,据《华阳国志》卷一《巴志》记载,巴东朐忍(今重庆市万州区、云阳县)和涪陵郡(今重庆市武隆县和黔江区)也有板楯蛮错居。《华阳国志》卷二《汉中志》、卷六《李特雄期寿势志》还记载在汉中亦有板楯蛮杂居。由此可见,板楯蛮分布甚广,整个川东地区,北及汉中东南(今陕西省安康地区和汉中地区东南)都是板楯蛮的活跃出没之地。

板楯蛮在族属上为百濮中的一支。西汉扬雄在《蜀都赋》中说"东有巴賨,绵亘百濮",为賨人(板楯蛮)是濮系民族的确证。

板楯蛮的经济成分比较复杂,表现出农业经济与狩猎经济相结合的复合型的经济特征。其社会组织上具有浓厚的部落制特点,正处于以血缘为纽带的大姓统治即部落联盟发展阶段。其俗信巫鬼,其风崇勇武。文化上最突出的特征是在秦汉时期仍然保留着著名的巴渝舞,表明在商末巴师参加武王伐纣之役时板楯蛮是巴师的重要组成部分,同时也表明巴人的风尚在历经近千

---

① 刘琳校注:《华阳国志》卷一《巴志》,巴蜀书社1984年版,第35页。
② 刘琳校注:《华阳国志》卷一《巴志》,巴蜀书社1984年版,第35页。
③ 《通鉴释文辨误》卷二。
④ 刘琳校注:《华阳国志》卷一《巴志》,巴蜀书社1984年版,第96页。
⑤ 《舆地纪胜》卷一百七十二。

年之后至少在板楯蛮一支中很少变异。

秦举巴蜀以后,巴和蜀所受的对待不同。蜀地因屡次叛乱,秦将司马错三度伐蜀,蜀的军事力量已经被摧毁殆尽,而秦却想利用巴的军事力量。《华阳国志·蜀志》说,司马错认为巴地"水通于楚,有巴之劲卒,浮大舶船以东向楚,楚地可得"。后来"司马错率巴蜀众十万,大舶船万艘,米六百万斛,浮江伐楚,取商於之地为黔中郡"①。在此次战役中,巴人应是秦军中的主力。秦昭襄王之所以与巴人刻石盟要,其主要是含有稳定其被视为战略后方的巴蜀地区的长远考虑,而不单纯是由于除虎害这一事件引发的短期行为。安抚民风骁悍的巴人,是巩固秦在巴蜀地区长久统治的重要条件。从云梦秦简中的《属邦律》及有关"臣邦人"、"隶臣妾"等带有浓厚奴隶制色彩的严酷条文,就可以知道秦给予巴人的优待幅度是何等的宽厚了(详见后文第三章第一节),故战国晚期的巴人在承认秦主权的前提下,仍然称雄于四川盆地。

三、苴人

苴人,为川东地区的著名民族之一,主要分布在今四川省广元市、南充市一带。苴古代读为巴。《史记·张仪列传》的《集解》引谯周《古史考》说:"益州'天苴',读为'苞黎'之苞,音与'巴'相近。"其《索引》曰,"苴音巴……今字作'苴'者,按巴苴是草名,今论巴,遂误作'苴'也。或巴人、巴郡本因巴苴得名,所以其字遂以'苴'为'巴'也。注'益州天苴读为芭黎',天苴即巴苴也。谯周,蜀人也,知'天苴'之音读为'芭黎'之'芭'。按:芭黎即织木葺为苇篱也,今江南亦谓苇篱曰芭篱也"。可见即使到汉魏时期,苴不仅读为苞、芭,而且意义也与巴同。据徐中舒先生、邓少琴先生考证,《汉书·司马相如列传》中载司马相如《喻蜀父老文》所说的"略斯榆,举苞蒲"中的"苞蒲"即"巴濮",苴即为巴,是百濮中的一支。

苴地据《华阳国志》记载:"蜀王别封弟葭萌于汉中,号苴侯,命其邑曰葭萌焉。"②又载:"晋寿县,本葭萌城,刘氏更曰汉寿。水通于巴西,又入汉川。"③其地在今广元市昭化镇。苴地本为巴所在地,因而地名苴。虽后为蜀

---

① 刘琳校注:《华阳国志》卷三《蜀志》,巴蜀书社1984年版,第191、194页。
② 刘琳校注:《华阳国志》卷三《蜀志》,巴蜀书社1984年版,第191页。
③ 刘琳校注:《华阳国志》卷二《汉中志》,巴蜀书社1984年版,第150页。

取,蜀王封侯于此,并以居为氏,故曰"苴侯",但此时苴地的被统治民族仍然为原居住在此地的苴人。1954年在昭化宝轮院出土的巴人船棺葬,无论是入主其地的蜀人遗存,还是巴国王族遗存,或者是秦灭巴后,为秦戍边的苴人遗存,但有一点是毋庸置疑的,即是地地道道的巴人墓葬,同时表明苴人就是巴人。

四、蜒人

蜒人,又作蜑人、疍人。据《华阳国志》记载,川东地区的蜒人主要分布在巴东郡、涪陵郡。涪陵郡"土地山险水滩,人多憨勇,多獽蜒之民"。巴东郡"有奴、獽、夷、蜒之蛮民"[1]。《世本》称:"廪君之先,故出巫蜒。"廪君主要活动的清江流域与涪陵郡、巴东郡相毗邻,这里所说的巫蜒,巫为地名,蜒为族称,巫蜒即为巫地之蜒,由此可见廪君也是蜒人。巫蜒据学者考证即句亶,其地在巫山山脉北端[2]。《盐铁论·险固》:"楚自巫山起方城,属巫、黔中,设捍关以拒秦。"方城即庸之方城。《晋书·地理志》记载上庸郡属县有北巫,为今湖北省竹山县。可见竹山以南至今巫山县,在古代皆属巫地。公元前611年,巴、楚、秦三国联合灭庸,巴国分到了庸国及其与国的西南部地区,楚国应当分到了东南部地区,《史记·楚世家》记载楚熊渠伐庸,封其长子康为句亶王,即应是以所得庸地分封,故其长子康,《世本》原作"庸"。廪君先世巫蜒原居句亶,即巫巴山地,后南下到清江流域。蜒人主要分布在巫巴山地及清江流域,《后汉书》记载:"及秦惠王并巴中,以巴氏(此处指廪君)为蛮夷君长。"[3]蜒人分布区域为古代巴中之地,而左思《蜀都赋》则说:"东则左绵巴中,百濮所充。"说明蜒人亦为濮系民族中的一支。秦汉以后史籍中对蜒人屡有记载,常与獽、夷、賨等杂居。《隋书·地理志》在叙述了梁州东部各州郡之后总述道:"又有獽、蜒、蛮、賨,其居处、风俗、衣冠、饮食,颇同于僚。"《蛮书》卷十引《夔府图经》:"夷、蜒居山谷,巴、夏居城郭,与中土风俗、礼乐不同。"说明到隋唐时期仍有相当的蜒人生活在巫巴山地一带。川东一带蜒人民风

---

[1] 刘琳校注:《华阳国志》卷一《巴志》,巴蜀书社1984年版,第76页。
[2]《四川通史》第一册,四川大学出版社1993年版,第254页。
[3]《后汉书》卷八十六《南蛮西南夷列传》。

勇悍,"人多戆勇……县邑阿党,斗讼必死。无蚕桑,少文学"①,社会经济发展水平很低,狩猎、捕鱼一直是重要的经济手段,部落组织长久存在,仅有粗耕农业而已。

廪君为巴王族之说,影响较大。廪君史迹出自《世本》,《后汉书·南蛮西南夷列传》引之如下:

> 巴郡南郡蛮,本有五姓:巴氏、樊氏、瞫氏、相氏、郑氏,皆出于武落钟离山。其山有赤、黑二穴,巴氏之子生于赤穴,四姓之子皆生黑穴。未有君长,俱事鬼神。乃共掷剑于石穴,约能中者,奉以为君。巴氏子务相乃独中之,众皆叹。又令各乘土船,约能浮者,当以为君。余姓悉沉,惟务相独浮。因共立之,是为廪君。乃乘土船,从夷水至盐阳。盐水有神女,谓廪君曰:"此地广大,鱼盐所出,愿留共居。"廪君不许。盐神暮辄来取宿,旦即化为虫,与诸虫群飞,掩蔽日光,天地晦冥。积十余日,廪君伺其便,因射杀之,天乃开明。廪君于是君乎夷城。

此故事反映了巴国灭亡后,原居巴中之地的巴人部族首领的确立,与明末白山黑水间的努尔哈赤重建女真有异曲同工之妙。

夷水,今湖北清江,古代又称盐水。武落钟离山,《水经·夷水注》谓佷山,在湖北省长阳县境。《后汉书·南蛮西南夷列传》李贤注引《世本》曰:"廪君之先,故出巫䘲。"巫䘲为生活在巫地的䘲人。䘲人属于百濮民族系统,故而廪君族属,实为濮人。

第三节 巴国社会经济

川东丘陵地区,物产较为丰富,巴族迁入以后,同土著民族一道,披荆斩棘,开垦土地,挖掘矿藏,原来较为落后的川东地区,发生了较大的变化。"土植五谷,牲具六畜。桑、蚕、麻、纻、鱼、盐、铜、铁、丹、漆、茶、蜜、灵龟、巨犀、山鸡、白雉、黄润、鲜粉,皆纳贡之。其果实之珍者,树有荔枝,蔓有辛蒟,园有芳

---

① 刘琳校注:《华阳国志》卷一《巴志》,巴蜀书社1984年版,第83页。

蒻、香茗、给客橙、葵。其药物之异者,有巴戟、天椒;竹木之瑰者,有桃支、灵寿。"①《华阳国志》所列的上述大多数农产品和矿产品,在先秦时代即已经开始出产,有的已经闻名于世,是巴国社会经济的丰硕之果。

一、农业与渔猎

巴地的农业经济,最显著的特点就是其差异性极大。由于地理的、历史的、民族的、文化的巨大差异,存在着不同的类型。在巴国入川以前,川东地区大部分区域仍然处在新石器时代中晚期的社会发展阶段。巴国入川以后,带来了原在汉水中游已经有所发展的农业生产技术,给当地原始的稻作农业以进一步的推动和促进。战国中期,农业逐渐成为川东地区主要的生产部门之一。巴国的农业生产水平差异很大,发展极不平衡。

在沿江台地和河谷冲积平坝地区,已经开辟成水田,种植稻谷。《华阳国志·巴志》记载,江州"县北有稻田,出御米"。这里所说的江州县北,应为今天的重庆市江北区、渝北区长江、嘉陵江沿江地区,秦汉时期当地出产的稻米因为质地优良,已经贡奉京师。这当与巴国入川,促进了其统治的中心地区农业生产的发展有关。江州出产的优质米,还用于研粉,用以涂面。《华阳国志·巴志》载,江州"下有清水穴,巴人以此水为粉,则膏晖鲜芳,贡粉京师,因名粉水,故世谓江州堕林粉也"②。刘熙曰:"粉,分也,研米使分散也。"③说明堕林粉是巴人以优质米制作而成的。

以重庆为中心的川东地区,除西部一小块地区属于川中方山丘陵区,以浅丘为主外,中部和东部在地理上主要属于川东岭谷区,以单斜丘陵为主,间有一些面积不大的山间平坝,农耕条件比川西平原、川中丘陵差。古代川东地区的稻作农业并不发达,广大丘陵地带和山区,农业生产技术仍很落后。在深山区,主要以开垦畲田为主,耕作形式仍然处在刀耕火种阶段。《华阳国志·巴志》中有巴人歌谣,可以看出当时的浅丘平坝地区和单斜低山区的生产的情况:

---

① 刘琳校注:《华阳国志》卷一《巴志》,巴蜀书社1984年版,第25页。
② 刘琳校注:《华阳国志》卷一《巴志》,巴蜀书社1984年版,第64—65页。清水穴,在重庆市南岸区,今名清水溪,到20世纪初仍以水质好、景色秀丽而著称。
③ 刘熙:《释名》卷四《释首饰》。

> 川崖惟平，其稼多黍。
> 旨酒嘉谷，可以养父。
> 野惟阜丘，彼稷多有。
> 嘉谷旨酒，可以养母。①

在其川崖平地，即今日所说的浅丘平坝，多种黍类作物，所获甚丰。野惟阜丘，即今日所说的深丘岭岗，则多种植稷谷类作物，亦多有所获。用嘉谷酿成的旨酒，正是巴渝农业生产有了一定程度的发展，粮食有了剩余的反映。

巴国虽然农业取得了一定进展，但若干偏僻落后地区仍然存在以田猎为生的情况，即经营狩猎或渔猎，或与粗放农业相结合的经济。

战国至秦汉时期生活在渝水（今嘉陵江中游）流域的板楯蛮，即以狩猎为主，世以射杀白虎而著称。《后汉书·南蛮西南夷列传》记载："板楯蛮夷者，秦昭襄王时有一白虎，常从群虎数游秦、蜀、巴、汉之境，伤害数千人。昭王乃重募国中有能杀虎者，赏邑万家，金百镒。时有巴郡阆中夷人，能作白竹之弩，乃登楼射杀白虎。"《华阳国志》在作了大致相同的记载之后，写道："于是夷胸忍廖仲药、何射虎、秦精等乃作白竹弩于高楼上，射虎，中头三节。"其书又载："板楯七姓以射白虎为业。"后板楯蛮"世号白虎复夷"，"所谓弜（强）头虎子者也"，直到汉初仍"专以射白虎为事"②。其狩猎活动一直在其经济生活中居于主要地位。其兵器比较落后，箭弩系用白竹制作，盾牌系用木板制作——板楯一名来自木盾，均表明尚未进入青铜时代，仍处在以竹木为兵阶段。

板楯蛮也有原始的锄耕经济。秦昭襄王因板楯蛮射杀白虎有功而"复夷人顷田不租，十妻不算"，且双方盟词曰："秦犯夷，输黄龙一双，夷犯秦，输清酒一钟。"秦给与板楯蛮"顷田不租、十妻不算"的宽松待遇，说明板楯蛮的农业虽然发展缓慢，但也应当是有一点基础的。另外，生活在鄂西南清江流域邻近巴人腹心地带的廪君蛮，则是以农业与渔猎相结合，由渔猎经济逐步向农业经济过渡的巴地民族。

巴人善酿酒，其所酿"巴乡清酒"颇负名气，为其酒之代表。《水经·江

---

① 刘琳校注：《华阳国志》卷一《巴志》，巴蜀书社 1984 年版，第 28 页。
② 刘琳校注：《华阳国志》卷一《巴志》，巴蜀书社 1984 年版，第 35 页。

水注》记载:"江之左岸有巴乡村,村人善酿,故俗称巴乡清,郡出名酒。"《郡国志》亦曰:"南山峡峡西八十里有巴乡村,善酿酒,故俗称巴乡村酒也。"[①]从秦昭襄王与板楯蛮所订盟约来看,一钟清酒值黄龙一双,足见酒质之优。巴人善酿清酒,说明其技术甚高,酿酒业发达,也说明所产粮食丰盛有余,且粮食品质较好。

巴地富于鱼盐之利,煮盐业自古就很发达,为主要产盐区之一,川东长江及其支流沿江一带多有盐泉和盐石,尤其是下川东一带。

在农业发展的基础上,经济林木、经济作物种植也发展起来,"其果实之珍者,树有荔枝,蔓有辛蒟,园有芳蒻、香茗,给客橙、葵;其药物之异者,有巴戟、天椒;竹木之瑰者,有桃支、灵寿"[②],并盛产桑、麻、苎、漆等物。

二、手工业

巴国古代手工业的成就颇多,通过考古发掘可以知其梗概。1954年在重庆巴县冬笋坝(今重庆市九龙坡区铜罐驿镇)、四川广元昭化宝轮院发现的大批墓葬[③]和1972年及以后在涪陵小田溪清理发掘的7座墓葬[④],都是巴族墓葬。此外,在鄂西、湘西、黔东北以及滇东北等地出土的巴国遗物,都是研究巴国手工业的珍贵实物资料。

巴国青铜器出土较多,年代从春秋至秦汉时期不等。巴国的铜矿产地已不能确知,但据典籍记载,垫江(今重庆市合川区)之铜梁山应为巴国晚期的重要铜矿产地之一。据今人研究,战国时期巴国工匠在掌握铜器合金比例方面,已经达到中原先进地区的水平。根据对1972年在涪陵小田溪出土的矛、剑的化验分析,巴国青铜合金配方与《考工记》"六齐"基本相合,但又具有自己的特点。

巴国青铜器主要有礼器(容器)、兵器、工具及乐器、杂器等四大类。礼器主要有鍪、釜、甑,多成套,另有豆、盘、盆、壶、盒、缶、罍、勺等器形;兵器主要

[①] 转引自《太平御览》卷五十三。
[②] 刘琳校注:《华阳国志》卷一《巴志》,巴蜀书社1984年版,第25页。
[③] 冯汉骥、杨有润、王家佑:《四川古代的船棺葬》,载《考古学报》1958年第2期;《四川船棺葬发掘报告》,文物出版社1960年版。
[④]《四川涪陵小田溪战国土坑墓清理简报》,载《文物》1974年第5期;《四川涪陵小田溪四座战国墓》,载《文物》1985年第1期。

有巴式剑、钺、矛、戟、弩机、箭镞等；工具主要有斧、凿、斤等；杂器主要是一些用于生活的铜镜、灯台及各种饰件；乐器以錞于、钲、编钟为主。錞于在以重庆为中心的川东地区以及湘西、鄂西、黔北均有发现。巴式錞于因其纽作虎形，习称虎纽錞于。钲和錞于主要用于战阵，为号令士众进退之节。编钟出土于重庆市涪陵区小田溪，共计 14 枚，为小架所用①。编钟为古代乐器中的重器，居于"钟鼓管磬羽籥干戚"之首。从小田溪 1 号墓出土的编钟为小架，可知其墓主不是作为诸侯国君的巴王，而应是巴王子。

巴人制造的青铜器风格独特，器上纹饰与众不同，民族特色浓郁，制作技术十分熟练。如脊薄刃宽扁径无格而形似柳叶的巴式剑、圆刃折腰式或月刃式的钺、平顶带虎纽的錞于及错金装饰的编钟等都是巴青铜器艺术成就的典型代表。

在经济开发过程中，巴人充分利用其丰富的自然资源，发展矿冶业和手工业，取得了一些成就。巴之矿冶业，一为冶铜，一为采丹。丹砂即硫化汞，古人常用作药物或染料，丹砂产于枳县。今重庆市的涪陵区、武隆县、彭水县、酉阳县、秀山县等地，西南与贵州省铜仁地区、东南与湖南省辰溪一带相邻，自古以来就是重要的汞矿（丹砂）分布区。"巴寡妇清，其先得丹穴而擅其利数世，家亦不訾。清，寡妇也，能守其业，用财自卫，不见侵犯。秦皇帝以为贞妇而客之，为筑女怀清台。"②秦筑怀清台遗址，相传在今重庆市长寿区与涪陵区交界处一带。

巴人的制陶技术已有提高。从出土的陶器看，轮制方法已较普遍，陶器的器形也比较复杂，炊器、食器、装饰品都有并能根据器物的用途和大小适当掺砂，以满足耐用或美观等不同层次的要求。在巴县、涪陵等地出土的文物中，漆器器形种类较多，主要有盒、盘、奁、梳等，多为生活器具。色彩多为黑、红二色。多以木为胎，但也有使用竹编胎骨的。有的漆器还加有铜足、铜盖或铜箍，精美异常。巴的竹草编织技术有悠久的传统。巴县冬笋坝（今重庆市九龙坡区铜罐驿镇）出土的巴人船棺，其棺底有六棱孔眼的篾垫痕迹。在有的巴墓中还出土了残存篾器。《华阳国志》记载，江州还盛产蒲蒻（一种水

---

① 邓少琴：《四川涪陵小田溪新出土的错金编钟》，载《文物》1974 年第 12 期。
② 《史记》卷一百二十九《货殖列传》；《汉书》卷九十一《货殖传》。

草,产于江州一带)、蔺(灯心草)编制的草席。

巴的纺织业也较发达。利用其广产的蚕丝、麻、苎等织造绢、布,其中的"黄润"细布,以麻织成,轻细柔软,被列为贡品。巴县冬笋坝巴人墓葬中曾发现麻布和绢的痕迹。战国晚期巴境内一些民户(主要为賨人)以布代赋,称为賨布或㠿布。其交纳量或一匹、或两丈、或八尺。纳布量之大,说明布的产量亦很大。賨人自古以来长于织布。《说文》:"賨,南蛮赋也。"賨布也被称为㠿。《说文》:"㠿,南郡蛮夷賨布也。"賨布是賨人(板楯蛮)所生产,以布代赋,賨人之名即来源于所织賨布。賨人在殷商之际即很活跃,可见賨布的产生历史久远,分布区域亦遍及巴地。

三、城市、商业与交通

巴国是一个文明古国,也是一个以征战、播迁闻名于世的国家。按照通例,建有城市当无可疑,但在西迁入川以前的情况已于史无征,战国初期巴在川东立国后,"巴子时虽都江州(今重庆市江北区),或治垫江(今重庆市合川区),或治平都(今重庆市丰都县),后治阆中(今四川省阆中市),其先王陵墓多在枳(今重庆市涪陵区)"[1]。此为巴国西迁入川以后先后建立的五个都城。国都是一国的政治、经济、文化中心,虽有其千差万别,但都应当是城市,则无可怀疑。

巴国五都的详情如城市规模、布局等虽无法征考,但从巴国西迁川东,政局动荡,徙都频繁,内乱迭起,百余年间竟五易其都的情况来分析,不太可能大兴城筑。其五都应均无土筑城垣,只是利用其天然沟壑和城周一定范围树立樊篱以为防御。巴国以江州为首的五都及其他城市、居民点,政治军事性质最为突出,尤具军事重镇的特征,其经济作用并不突出,巴国的中心市场龟亭即距江州城近百里之遥,另一说之中心市场新市里(今重庆市奉节县安坪乡西)距其入川早期的政治中心之一的故陵(今重庆市云阳县故陵镇)亦近百里。

有关巴国商业的资料相当贫乏。但仍可得知在农业、手工业的推动下,巴的商品交换有了发展,已经出现了集市。史籍在记载了巴子五都之后即述

---

[1] 刘琳校注:《华阳国志》卷一《巴志》,巴蜀书社1984年版,第58页。

"又立市于龟亭北岸,今新市里是也"①。而《水经·江水注》则记载,"江水又东,左径新市里南。常璩曰:巴旧立市于江上,今新市里是也"。龟亭其位置据邓少琴先生考证即今九龙坡区铜罐驿镇小南海附近的冬笋坝②。巴在龟亭所立之市,当为政府所设的官市,是巴国的中心市场,作为巴的最主要的物资集散地。其他的市和一般庶民互通有无所形成的市,则未见记载。

巴的交通运输以水路为主,巴人是长于舟楫的民族,居民多依山傍水而居,在沿江之处形成大小不等的居民点,江州处长江、嘉陵江汇流之处,成为巴水路运输的枢纽。巴国在迁入川东,建都江州之后,沿江地区已经得到开发,建立了一些作为行政中心和军事据点的城邑,形成了一批大小不等的居民点,出现了集市,有了商品交换。在平坝和河谷冲积低地,开始普遍植桑养蚕,种植水稻和各种经济作物,部分丘陵地带也陆续开垦,播种黍稷,但广大山区内地,依然是莽莽原野,荆棘满眼,点点畲田,星落稀疏。

第四节 巴文化

所谓巴文化,是指古代巴国各族所创造的丰富多彩的具有浓郁地方特色、民族特色和时代特征的古代地域文化,是巴人在其历史发展过程中所创造的物质财富和精神财富的总和。巴文化的分布地域十分广大,按照不同的历史时期来加以考察,存在着若干问题和困难,这里所述的巴文化,以重庆、川东地区为主,同时述及鄂西南地区和汉水流域。以长江、嘉陵江汇合处为中心的重庆西部地区在先秦时代并非巴文化的起源地,而仅仅是其浸润之地,外来的巴文化在与当地的土著文化的撞击中,吸收、包容了土著文化,发展成为独具特色、地方色彩浓郁的巴渝文化。

一、神话、宗教与巫术

古代巴人有着极为丰富的神话、独树一帜的宗教信仰和产生于巫巴山地的各种巫术,这是巴文化中最为神奇的组成部分之一。

---

① 刘琳校注:《华阳国志》卷一《巴志》,巴蜀书社1984年版,第58页。
② 邓少琴:《巴蜀史迹探索》,四川人民出版社1983年版。但据《水经注》记载,新市里应在今奉节县西安坪乡西长江北岸。

巴人的神话分为自然神话和社会神话两大类。社会神话较有特色,主要有起源神话、英雄神话、神女传说和巫医传说,尤以神女传说影响最大、最负盛名。

起源神话中最重要的有"太皞起源说"和"丹山之巴说"(均见于前第一章第三节)。"太皞起源说"是巴与东方民族交流的产物,反映了巴人在与中原诸夏的频繁交流后,开始认为自己与中原诸夏一样,是中原某著名氏族之后。"丹山起源说"则形成于巫巴山地。丹山古属秭归,即夔巫之地,为巫巴山地之东翼,夏商时期其地称巴,西周晚期为楚熊挚红居国,春秋中叶(鲁僖公二十六年,公元前634年)灭于楚,春秋战国之际巴国南下后,即属巴国地。

英雄神话中以清江流域廪君传奇最为著名。廪君在巴人中的地位类似于努尔哈赤在女真中的地位,他是统一各部落的英雄人物。廪君从夷水至盐阳,盐水女神愿留共居,廪君不许。于是盐水女神每夜辄来取宿,早即化为虫,与诸虫群飞,掩蔽日光,天地晦冥,一连十余日。廪君伺其便,射而杀之,天乃开明。盐水女神是居于清江流域的比廪君部落联盟发展水平更低的母系部落的首领。这则神话实际反映了廪君在清江流域对其他部落的征服战争。

大禹治水和禹娶涂山氏的传说是江州地区巴人的英雄神话。但该神话是战国时代巴国移都江州以后才产生的神话,至少反映出两点:一是涂山氏(徐氏)的后裔已经融入巴国上层社会,因而将有关涂山的神话带入江州;二是巴人在吸收若干外来成分以后,其民族神话母题开始发生了较大的变异。

在巫巴山地,有许多的关于神女的传说,神女也因此成为千百年来文人骚客吟唱传颂的对象。屈原《离骚》中的"女嬃婵媛",即取材于此。《水经·江水注》引袁山松《宜都山川记》说:"屈原有贤姊,闻原放逐,亦来归,喻令自竟,全乡人冀其见从,因名曰秭归。"屈原故居以西的巫山,相传是"帝女所居",有著名的瑶姬传说。古人所谓"天帝之季女,名曰瑶姬,未行而亡,封于巫山之台",即指此。此"巫山之女,高唐之姬",屡见于宋玉赋中。宋玉《高唐赋》叙述如下:

> 昔者楚襄王与宋玉游于云梦之台,望高唐之观,其上独有云气,崒兮直上,忽兮改容。须臾之间,变化无穷。王问宋玉曰:"何谓朝云?"玉曰:"昔者先王尝游高唐,怠而昼寝,梦一妇人曰:'妾,巫山

之女也,为高唐之客。闻君游高唐,愿荐枕席。'王因而幸之。去而辞曰:'妾在巫山之阳,高丘之阻,旦为朝云,暮为行雨,朝朝暮暮,阳台之下。'旦朝视之,如言。故立为庙,号为朝云。"

类似传说还见于宋玉《神女赋序》、《襄阳耆旧传》、《集仙录》等文献。瑶姬又被传为"云华夫人"。据陆游《入蜀记》:

(巫山)真人,即世所谓巫山神女也。(真人)祠正对巫山,峰峦上入霄汉,山脚直插江中,议者谓太华、衡庐,皆无此奇。然十二峰者,不可悉见。所见八九峰,惟神女峰最为纤丽奇峭,宜为仙真所托。祝史云:每八月十五夜月明时,有丝竹之音,往来峰顶,山猿皆鸣,达旦方渐止。庙后山半,有石坛平旷,传云夏禹见神女,授符书于此。①

这些传说形成于巫巴山地,流传于巴蜀、楚国,广布于华夏大地,是古代巴人对中华神话传说的一大贡献。巴地的神女传说的最大特点,就是与封建时代的烈女贞妇全然无关,其基本内容,不是盐水神女中的"愿留共居……暮辄来取宿,旦即化为虫",就是巫山神女的"愿荐枕席……旦为朝云,暮为行雨",反映了巫巴山地母系社会的遗韵长期存在,与其他地区以男性人物为中心的英雄神话迥然不同,确为史前风流的典型,华夏女儿的千古绝唱。

巴人的宗教信仰体系中,以泛灵信仰、祖宗崇拜最为重要。泛灵信仰又称万物有灵论,是对超自然存在物最普遍的信仰之一,它认为各种精灵使自然有了生命,而各种自然物也同时被赋予了灵魂。动物是巴人泛灵信仰中的最常见的主题之一,诸如虎、蛇、鱼、鹰、鸟等,以及人们想象中的夔、凤、龙和其他怪兽等,都是其崇拜的对象。这些神灵,有的见之于殷商、西周乃至春秋战国时期的出土青铜器、漆器上,有的见诸《山海经》及其他文献记载。

曾控制清江流域的廪君部巴人部落联盟的祖先崇拜,以祭祀白虎为中心。"廪君死,魂魄世为白虎。巴氏以虎饮人血,遂以人祠焉。"②此即白虎崇拜的由来。樊绰《蛮书》记载:"巴氏祭其祖,击鼓为祭,白虎之后也。"③《世本》认为"廪君之先,故出巫蜒",古廪君部巴人应是由巫巴山地南下进入清

---

① 陆游:《入蜀记》卷六。
② 《后汉书》卷八十六《南蛮西南夷列传》。
③ 樊绰:《蛮书》卷十。

江流域的,在其原居地的廪君部祭祖仪式,《蛮书》引《夔府图经》云:"夷事道,蛮事鬼。初丧,鼙鼓以道哀,其歌必号,其众必跳,此乃槃瓠、白虎之勇也。"[①]白虎即是指廪君部巴人之后。这里所记的祭仪,应是从其先祖那里继承下来的。

在有关白虎的神话中,有一影响重大的事件,即《华阳国志·巴志》和《后汉书·南蛮西南夷列传》中所记载的白虎率群虎搏击,横行于秦、巴、汉诸郡,后为板楯蛮所射杀。这反映了公元前3世纪廪君部巴人在巴国灭亡后南下清江流域,征服盐水部落,力图再西进,重新在川东地区建立统治,但被已与秦结盟的板楯蛮(賨人)所击败的史实。此当为文献记载的廪君化为白虎的神话所由来。

崇奉"乌鬼",也是巴人中主要的宗教崇拜形式之一,亦是一种起源甚古的祖先崇拜形式。所谓鬼即"鬼主",即先祖神灵,略同于上层统治阶级所奉的神主,"庶人庶士无庙,死曰鬼"[②]。《汉书·地理志》记载,江汉"信巫鬼,重淫祀"。此处的"巫鬼"正是巴人等崇奉的乌鬼,巫、乌音近义通。巴地东部北部分属江汉之域,"而汉中淫失支柱,与巴蜀同俗"[③],其信"巫(乌)鬼",重淫祀,正是巴地自古以来的宗教遗风,与东面的楚地一致。秦汉时巴西宕渠賨民仍"俗好鬼巫"[④],此处的"鬼巫"即是"巫鬼"的倒文。所谓"巫(乌)鬼",只是一般民众所崇奉的先祖神灵而已。唐代杜甫居夔州时所写的《戏作俳谐体遣闷》一诗中提到的巴人"家家养乌鬼",正是一般民众无庙,只得于家中自立祖先神主的情形。

二、文学艺术

巴人的艺术成就主要表现在文学、乐舞上。文学主要是口头文学,乐舞则以影响中国古代近千年的巴渝舞最为有名。

巴人丰富的神话、传说,是巴人、巴地诸民族口头文学取之不竭的源泉,不仅在巴人中世代相传,而且在春秋战国时期就已经东传荆楚,对楚文化中

---

① 转引自樊绰:《蛮书》卷十。
② 《礼记·祭法》。
③ 《汉书》卷二十八《地理志》下。
④ 刘琳校注:《华阳国志》卷九《李特雄期寿势志》,巴蜀书社1984年版,第661页。

的巫文化成分产生了重要的影响,以至部分学者认为楚文化应称为巴楚文化。在楚辞中到处可以看到巴人神话、传说的原型和印痕,巴人神话、传说是楚辞题材的重要来源之一,并在秦汉以来被陆续润色整理记入各种书籍之中,流传数千年。

《华阳国志·巴志》中记录保留了巴人的一些诗歌作品,其中有祭祀诗、农事诗、好古乐道之诗。

其祭祀诗曰:

> 惟月孟春,獭祭彼崖。
> 永言孝思,享祀孔嘉。
> 彼黍既洁,彼牺惟泽。
> 蒸命良辰,祖考来格。

其农事诗曰:

> 川崖惟平,其稼多黍。
> 旨酒嘉谷,可以养父。
> 野惟阜丘,彼稷多有。
> 嘉谷旨酒,可以养母。

其好古乐道之诗曰:

> 日月明明,亦惟其名(夕)。
> 谁能长生,不朽难获。

又曰:

> 惟德宝实,富贵何常。
> 我思古人,令问令望。[1]

这些诗歌风格清新流畅,韵律十分优美,其中祭祀诗应为巴人上层甚至巴王族(姬姓巴人)所作,农事诗和好古乐道之诗都经过后代文人的润色整理,使得其风格、韵律等与《诗经》诸篇如出一辙。

巴渝舞之名屡见于文献。《华阳国志·巴志》记载,"阆中有渝水,賨民常居水左右,天性劲勇,初为汉前锋,陷阵锐气喜舞。帝善之,曰:'此武王伐纣

---

[1] 刘琳校注:《华阳国志》卷一《巴志》,巴蜀书社1984年版,第28页。

之歌也。'乃令乐人习学之，今所谓巴渝舞也"①。《史记·司马相如列传》载《上林赋》中有"巴俞宋蔡，淮南于遮"，其集解引郭璞曰："巴西阆中有俞水，僚人居其上，皆刚勇好舞，汉高募取以平三秦。后使乐府习之，因名巴渝舞也。"

巴渝舞的乐舞形式在殷商之世即已见称，汉高祖刘邦称之为"武王伐纣之歌"。据《尚书大传》："武王伐纣，至于南郊，停止宿夜，士卒皆欢乐歌舞以待旦。"又载："惟丙午，王逮师，前师乃鼓譟噪，师乃临，前歌后舞。"说明"巴师勇锐，歌舞以凌殷人，前徒倒戈，故世称之曰：'武王伐纣，前歌后舞'也"，并非向壁虚构。

根据巴师在伐纣之役和賨人从刘邦定三秦之役陷阵前歌后舞的特点，巴渝舞属于古代武舞，其舞风刚烈，音乐铿锵有力。汉司马相如在其《上林赋》中对其描述道："金鼓迭起，铿锵铛鏧，洞心骇耳。"②左思《蜀都赋》亦曰："若乃刚悍生其方，风淫尚其武。奋之则賨旅，玩之则渝舞。锐气剽于中叶，蹻容世于乐府。"

巴渝舞舞曲的情况，《晋书·乐志》上有较为详细的记载："舞曲有《矛渝本歌曲》、《安弩渝本歌曲》、《安召本歌曲》、《行辞本歌曲》，总四篇。其辞既古，莫能晓其句度。魏初，乃使军谋祭酒王粲改创其词。"由于曲词是用巴人自己的语言来描写武王伐纣的往事，其歌词华夏人士已经不知其词义，最后迫使魏文帝曹丕命军谋祭酒王粲改创其词，即用汉魏时代的现代语言进行改编，使人们既能进行表演，也能听懂。

巴渝舞据《隋书·音乐志》记载为"执杖而舞"，杖即兵杖。根据南朝时人对王粲改作的巴渝舞的进一步的改变之作——《宣武舞歌》的辞曰，"乃作《巴渝》，肆武士。剑弩齐列，戈矛为之始。进退疾鹰鹞，龙战而弱起"，"疾逾飞电，回旋应规。武节齐声，或合或离"，"退若激；进若飞。五音协，八音谐"③。

源于古代巴人的争战杀伐的战歌战舞——巴渝舞，对后世产生了深远的影响。据历代史籍所载，周初为纪念武王伐纣而创作的大武舞，系武王亲自

---

① 刘琳校注：《华阳国志》卷一《巴志》，巴蜀书社1984年版，第37页。
② 《史记》卷一百一十七《司马相如列传》。
③ 《宋书》卷二十二《礼乐志》。

指定,周公直接主持编导而成,其动作设计却直接取之于歌舞以凌殷人的巴师的武舞——巴渝舞[①]。大武舞是中国古代舞蹈中祭祀及重大庆典时的盛大宫廷舞蹈,它的动作却模拟巴渝舞,这说明巴渝舞对西周的乐舞产生了重要的影响。从汉代起,巴渝舞不仅作为燕乐,进入了宫廷,直到隋代,成为封建皇族宗庙祭祀的大曲,而且在民间也有着强大的生命力。隋唐时期,巴渝舞逐渐在宫廷清商乐中丧失了地位,但在民间一直是流传较广的民族舞蹈。巴渝舞在西南地区历代相传,长久保存并有所发展,形成了众多的流派。从考古出土及传世的铜鼓上的羽人舞图像、綦江区横山乡二磴岩崖墓内发现的多人联手而舞的画像并结合文献考察,西南地区的僚人一直相袭巴渝舞。重庆学者考证,江南地区的盾牌舞、湘西地区土家族的摆手舞、重庆地区巴人后裔的踏蹄舞,都是巴渝舞的变种[②]。

巴人好歌舞,战国时代巴人歌曲传入楚国都郢中,成为最流行的歌曲,以至"客有歌于郢中者,其始曰下里巴人,国中属而和者数千人"[③]。

巴人的乐器主要为打击乐器,有錞于、钲、编钟及鼓等,錞于和钲及鼓常用于古代战阵,与其武舞的风格合拍。编钟则是王室所用。

三、语言文字

一般认为巴王族出自姬姓或赐与姬姓,其语言与中原地区诸夏相同或通华夏语言。《左传·桓公九年》载,巴子使韩服告于楚,韩服为巴行人,韩为中原诸夏的姓氏之一,其所操语言当为中夏语言。据近代以来研究,楚王族是中原语言系统,因而巴楚在春秋时期的长期交往中,如《左传》中载,桓公九年,庄公十八年、十九年,文公十六年和哀公十八年等多次交往中,全无语言障碍。《左传》、《华阳国志》均记载巴楚在春秋战国时互通婚姻,这都表明巴楚王族语言相近,同属华夏语言体系。

在巴地,除王族外,活动着众多不同的族类,有"濮、賨、苴、共、奴、獽、夷、蜑之蛮"[④],其语言亦有所差别,各族大多操本部族语言。据邓少琴先生收集

[①] 汪宁生:《释"武王伐纣前歌后舞"》,载《历史研究》1981年第4期。
[②] 董其祥:《巴渝舞源流考》,载《重庆师范学院学报》1984年第4期。
[③] 《文选·宋玉〈对楚王问〉》。
[④] 刘琳校注:《华阳国志》卷一《巴志》,巴蜀书社1984年版,第28页。

考证,各族语言中有部分词汇被译成汉语,略举一二:

务相【廪君】、阿㺯【巴濮人自称】、朐忍【蚯蚓】、螨【山鸡】、灵叉【大龟】、娵隅【鱼】、桃笙【簟】、彭排【木楯】、冒絮【头巾】、不律【笔】、穆护【木瓠】、灵寿【树木名】。①

上述词汇中,有的属蜑人语言如"务相",有的属賨人语言如"彭排",有的属濮人语言如"阿㺯",但由于文献资料的严重不足,在语言分类上已经无法确定。

与语言类似,巴国内文字亦应分成两种情况:一是上层王族,一是巴地各部族。

巴王族既是姬姓,应当使用中原诸夏文字,或在与中原诸夏的交往中使用诸夏文字,即汉语古文字。从近年来出土的大量西周甲骨文中已经得到确切的证实,周人使用殷商文字,同为姬姓或赐与姬姓的巴王族,亦应当使用殷商文字。由湖南省博物馆在长沙收集到的一件战国晚期的巴式虎纹青铜戈,其戈的援脊上方有一行铭文11字,释为"偲命曰:献与楚君监王孙袖"。其铭文则是完全的汉语古文字②。据考证,做戈者偲是巴王族的成员之一,在战国晚期楚国推行的军事监国制下统领当时已经被楚国占领的巴国故地上的巴人③。该戈的援脊下方有"泪滴纹"一行3字,与在川东万州出土的戈形制完全相同,是典型的战国晚期巴式兵器,说明到战国时代,巴王族仍然在对外和对下方面通用汉语古文字。

另一方面,在川东、鄂西、湘西、黔北等地发现的巴国青铜器和印章上,更大量的是有着许多的与诸夏文字不同的文字,即通常所说的"巴蜀符号"。在川西地区的巴蜀式青铜器上也常有发现。这种巴蜀古文字,从文字结构上来考察,是方块字而非拼音字,是直行而非横行,属于表意文字范畴④。其字体已经达到简化、定型、省略的水平,偏旁结构与汉字有别。由于出土的材料还不多,缺乏进一步比较研究的条件,目前还不能释读。从现有的考古材料来看,巴蜀古文字最早见于三星堆遗址,但由于在川西地区的巴蜀文化,应是蜀

---

① 邓少琴:《巴蜀史迹探索》,四川人民出版社1983年版,第36—38页。
② 李学勤:《湖南战国兵器铭文选释》,载《古文字研究》第12辑,中华书局出版。
③ 何浩:《周初监国制与战国时的楚监巴》,载《历史知识》1989年第6期。
④ 童恩正:《古代的巴蜀》,四川人民出版社1979年版。

人和包括一部分巴人在内的其他川西地区的民族共同创造的复合性很强的文化,尚不能因此而认为巴蜀古文字起源于蜀人。

四、巴人的社会生活

巴地民风古朴,巴人"质直好义,土风敦厚","重迟鲁钝,俗素朴,无造次辨丽之气"[①]。其民风淳朴,性直好义,不随便造次,语言直率,无巧言华丽之辞。

由于自然环境的差异,巴人的风俗习惯还是有所区别。"江州以东,滨江山险,其人半楚,姿态敦重。垫江以西,土地平敞,精敏轻疾,上下殊俗,情性不同。"[②]《华阳国志·巴志》在这里不仅描绘了自然环境对巴人性情的造就和影响,而且由于在巴地内部的经济形态上,江州以东地区以渔猎经济和粗耕农业为主的情形与垫江以西地区以农业为主情形上的差异,从根本上决定了两地民风上和行为方式上的巨大区别。江州以东之民,《华阳国志·巴志》之《涪陵郡》下载,"土地山险水滩,人多戆勇,多獽、蜑之民。县邑阿党,斗讼必死,无蚕桑,少文学",即便是后世被强移异乡,"其人性质直,虽徙他所,风俗不变"[③]。民俗淳朴而尚武好勇,于《巴东郡》下载:"郡与楚接,人多劲勇,少文学,有将帅才。"[④]

"巴师勇锐,歌舞以凌殷人,前徒倒戈","阆中有渝水,賨民多居水左右。天性劲勇……陷阵锐气喜舞"。尚武而少文学,是巴人民风和行为方式的标准模式,也是巴人和蜀人的根本差别所在。巴人墓葬中一般都有剑、矛、钺、戈等兵器随葬,大墓中兵器更多,而蜀人墓葬则相对较少,与文献记载巴人悍勇尚武相合,因而《华阳国志》总结说:"故曰'巴有将,蜀有相'也。"[⑤]

陕南、鄂西、川东地区,群山叠嶂,岭高谷深,河流众多,水流湍急,气候、植被、地貌同属一个"地理单元",巴人在此多居河流两岸和岭谷,其居住方式主要就是便于水居的干栏,根据重庆博物馆所藏一件巴族錞于上所刻房屋图案来看,这种房屋为竹木结构,分上下两层,下层为底架,人居住在上层,因而

[①] 刘琳校注:《华阳国志》卷一《巴志》,巴蜀书社1984年版,第28页。
[②] 刘琳校注:《华阳国志》卷一《巴志》,巴蜀书社1984年版,第49页。
[③] 刘琳校注:《华阳国志》卷一《巴志》,巴蜀书社1984年版,第83—84页。
[④] 刘琳校注:《华阳国志》卷一《巴志》,巴蜀书社1984年版,第83页。
[⑤] 刘琳校注:《华阳国志》卷一《巴志》,巴蜀书社1984年版,第90页。

既能防御南方的湿热,又能避免毒蛇猛兽的侵害,其实也是山区巢居(构木为巢)的方式之一。

《华阳国志·巴志》记载:"郡治江州……地势侧险,皆重屋累居,数有火害,又不相容。结舫水居五百余家,承两江之会……"①这里的"重屋累居"实际上就是干栏,亦即今日山城重庆仍能见到的吊脚楼的原型,在山地水边因构木抬高居住面,居室在上,其下用于养畜或其他,故称重屋。"结舫水居",即在船上居住,形成水上居住邑落,此应为蜑人的生活方式。

在岭谷间的巴人也以居住干栏为主,就是到了南北朝时代,巴濮后裔僚人依然"散居山谷……依树积木,以居其上,名曰干阑(栏)。干阑(栏)大小,随其家口之数"②。唐代的南平僚"人并楼居,登梯而上,号为干栏"③。就是到了明清时期以至现代,仍然能在重庆地区看到各种不同风格的干栏式建筑物。

巴人的经济生活多与渔猎有关,故而在丧葬习俗上使用船棺葬具的占有相当的比例。在巴人聚居区如巴县冬笋坝(今重庆市九龙坡区铜罐驿镇)和广元昭化宝轮院发掘的大批船棺葬,可以从中看出巴人丧葬的大致情况。巴人的船棺葬,是以巨大的楠木掏空制成船形棺具,将船棺置于土坑中,其船头正对河流。或将尸体和随葬物品直接置于船舱中,或在船舱内向河一端另置一木制小棺,以收殓尸体并置小型随葬品,在船舱中则放置陶器、铜器等稍大的随葬品。随葬品主要是陶器和青铜器,少数船棺中发现有竹木漆器和纺织品痕迹,多为生活用器、工具和兵器。从出土物来看,墓主都不是上层统治者,而以武士阶层为主④。

巴国王族使用土坑木棺椁墓。故陵、涪陵为巴王族前后期陵墓所在地,故陵应为巴之东枳,其前期王族的陵墓所在地,1994年到1996年,四川大学、中国科学院等单位对位于云阳县故陵镇西侧的墓群进行了多学科的勘探调查,认定是三峡地区已经探明的封土最大的古墓葬。涪陵为巴王族后期陵墓所在地。在涪陵小田溪先后七次发掘出7座土坑墓,而且在小田溪附近及溪

---

① 刘琳校注:《华阳国志》卷一《巴志》,巴蜀书社1984年版,第49页。
② 《魏书》卷一百零一《獠(僚)传》。
③ 《旧唐书》卷一百九十七《南蛮传》。
④ 《四川船棺葬发掘报告》,文物出版社1960年版。

河对岸,仍有面积达数万平方米的大片巴族墓葬区。在小田溪已经发掘的7座土坑墓中,棺具均非船棺,而是漆棺椁。王族陵墓区内的这种葬制与其他地区船棺葬的区别,既反映了巴国王族、巴族上层贵族与中下层人士在死后墓葬习俗上的差异,也反映了两者在生前的世俗生活中其习俗上的差异。从另一角度表明,巴王族已经中原诸夏化或本身即来自中原诸夏,与巴族社会中武士阶层和其他中下层人士存在着较大的差异。

在三峡地区,巴人流行悬棺葬,其中又有悬棺葬、幽岩葬、岩穴葬之别。相当数量的悬棺葬中出有巴式青铜剑和陶器,表明是古代巴人的文化遗存。

巴人在举行丧葬仪式时,多击鼓、跳歌,场面或庄重而悲怆,或隆重而热烈[①]。这些古老的风俗,对重庆及川东地区数千年以来的送往迎来活动产生了极为深刻而久远的影响,直到近代,流行于重庆及川东地区的大河锣鼓、小河锣鼓应该说就是巴人迎送活动流变至今的遗韵,也是巴渝文化的重要组成部分。

[①]《蛮书》卷十所引《夔府图经》,其文曰:"夷事道,蛮事鬼,初丧,鼙鼓以为道哀,其歌必号,其众必跳,此乃槃瓠白虎之勇也。"《蛮书》又谓:"巴氏祭其祖,击鼓为祭,白虎之后也。"

第三章　巴渝地区的初步发展

第一节　秦举巴蜀

战国时期,巴国的北方有秦国,东方有楚国,均为拥有地方数千里、带甲百万众的头等强国,并且都有统一宇内的雄心,不断地向外扩张。经济文化已经高度发展的关东(中原)地区固然是两国争夺的焦点,具有重要战略地位的侧翼——巴蜀地区,同样也是两国争夺的对象。

楚早在战国初期就北上与巴争战于汉水一带,以巴之故地建汉中郡。楚随后又南下与巴争战于鱼复、巫一带,战国中期(公元前361年)"楚自汉中,南有巴、黔中",巴国奉节以东的长江地区及以南的清江流域一带尽入楚之版图,楚国将之置为巫郡和黔中郡。秦惠文王时期(公元前4世纪末—前3世纪初)秦国南下灭掉了巴国,占领了川北、上川东地区。稍后的楚顷襄王时期(公元前3世纪初),楚国更西进攻占了巴国先王陵寝所在的枳,与秦国发生了激烈的正面冲突,史称"楚得枳而国亡"[①]。在秦国的强力反击下,秦将白起攻占楚都郢(今湖北省荆州市纪南城),楚顷襄王退保陈,秦国夺取了楚国的黔中郡,秦在巴蜀的统治才最后巩固下来。

秦在全国的统治仅15年(公元前221—前206年),但在巴地的统治却长达110年(公元前316—前206年),巴蜀地区对秦统一六国起了重要的作用。秦举巴蜀,既使得巴蜀地区在不太长的时间内大部分地区在政治、经济、文化等方面达到或超过全国平均水平;又使得秦国有了一个地大物博、有一定经

[①]《战国策·燕策》二。

济实力的战略后方,从而为其统一天下奠定了基础。秦在占领了巴之后,根据巴的实际情况,逐步制定了一整套特殊的政策,成功地巩固了在巴的统治。

秦灭巴、蜀国后,首先在巴国北部地区设置了巴郡,巴郡初期的范围比后来小得多,南不过江州、符县,中心区域在今川东北,治所可能在阆中县。秦昭襄王二十七年(公元前280年),"司马错率巴蜀众十万,大舶船万艘,米六百万斛,浮江伐楚,取商於之地为黔中郡"[①]。司马错此次作战,军次江州,沿长江而下,收取枳城(今重庆市涪陵区),首先夺回"黔中"中的巴地,然后溯巴涪水(乌江下游)而上,沿郁水东进夺取了楚黔中的临沅等地。但随后楚军大举反攻,夺回黔中。司马错经历了这次惨痛的失败后,再不见其带兵打仗了。秦昭襄王二十八年(公元前279年),秦大将白起由秦本土攻楚,秦将张若率巴蜀士卒从侧翼配合,钳制楚军,并切断西进的楚军庄蹻部的归路。秦昭襄王三十年(公元前277年)取楚的巫郡和江南地为黔中郡[②],秦并任命张若为黔中郡守。其后,楚虽于次年又调集10万大军进行反攻,夺回了江东十五邑[③],即楚黔中的东部地区,但随着秦黔中郡的建立,巴郡逐步脱离战争前线,秦在巴地的统治得以进一步巩固下来。

史称"仪城江州",认为江州城为张仪所筑,但《史记·张仪列传》记载张仪攻下阆中后不久,至迟在次年即返回咸阳,对史称所筑的阆中、江州城至多可能有一处为其督造,但江州城为秦代所筑是无疑问的。秦昭襄王二十六年至三十年(公元前281—前277年)为准备夺取原巴国的黔中地区,巴郡的郡治在此期间迁移到了江州城。

巴郡在建置上的最大特点是郡县制与巴人原有的部落、氏族组织并存。巴郡的部分县下不再设乡、里,仍保留着部落、氏族组织,即战国时期所称的"渠"。秦保留了巴族和其他少数民族的大姓及其首领的部分权力,让他们以"君长"、"渠帅"之名,继续统治土著巴人和其他少数民族,主管派遣公差、徭役等事务,实际上成为秦县以下基层政权的官吏,这些"君长"、"渠帅"必须受郡县官吏的管辖,郡县官吏则通过"君长"、"渠帅"治事。为了安抚巴郡的

[①] 刘琳校注:《华阳国志》卷三《蜀志》,巴蜀书社1984年版,第194页。但据《史记》卷五《秦本纪》记载"使司马错发陇西,因蜀攻楚黔中,拔之",表明现今的川南及长江沿线当时属蜀地,巴郡之南沿尚未到达长江。

[②]《史记》卷五《秦本纪》。

[③]《史记》卷四十《楚世家》。

大姓首领,促进民族融合,秦还规定,这些"君长"世代娶秦女为妻。秦政府还放巴王归巴地,让其充当"蛮夷君长",统率各族。这种特殊的郡县制即通过部落、氏族统治各族百姓的政治制度,终秦之世未有改变。楚汉相争时,刘邦请賨人出击三秦时,賨人依然是以"姓"即以部落为组成单位。

巴郡的区域范围大于秦灭巴国时的疆域,但小于战国初期的巴国。秦置巴郡后,巴郡的东界日益东移,秦将司马错、张若先后夺取了枳城、朐忍、鱼邑,设枳县、朐忍县、鱼复县,归巴郡。对于巴国的故地——巫巴山地,由于战略地位的重要,秦将其分别划归了巴、南、黔中三郡,西面的鱼复县属巴郡,东面的巫县属南郡,南面的清江地区则划归了黔中郡。秦代巴郡诸县是陆续设置的,综合史籍,其属县有11县,各县的范围和治地状况见表3–1。

表3–1　秦代巴郡属县一览表

县名	今地范围①	史料依据	治地及备注
江州	重庆市城市六区、北碚区、渝北区、巴南区、綦江区、江津区、永川区、璧山县、南川区(部分)、荣昌县(部分)	《华阳国志·巴志》:周赧王元年"置巴郡";《水经注·江水》:张仪"置巴郡,治江州"。	江州县治所在重庆市江北区江北老城。
垫江	合川区、铜梁县、大足县、潼南县(部分)、武胜县、岳池县、华蓥市、广安县(部分)、安岳县(部分)	《汉书·地理志》言为汉县,当为秦县。	垫江县治所在今重庆市合川区南屏乡。
阆中	阆中市、南充市顺庆等三区、西充县、仪陇县、苍溪县、遂宁市中区(部分)、蓬溪县(部分)、巴中市(部分)、营山县(部分)	《元和郡县志》:阆中"秦为巴郡阆中县"。	阆中县治所在今四川省阆中市白沙镇。巴郡初治阆中。
宕渠	渠县、达川市、宣汉县、万源市、城口县、南江县、通江县、平昌县、蓬安县、大竹县、邻水县(部分)、营山县(部分)、广安县(部分)、巴中市(部分)	《蜀王本纪》:"秦襄王时,宕渠郡[县]献长人。"《华阳国志·巴志》:"秦始皇时,有长人二十五丈见宕渠。"	宕渠县治所在今四川省渠县土溪镇。
江阳	泸州市市中区、泸县、纳溪县、富顺县、隆昌县、内江市东兴区、荣昌县(部分)、江安县(部分)、南溪县(部分)	《太平寰宇记》:泸州"秦为巴郡,汉为犍为郡之江阳、符二县"。	江阳县治所在今四川省泸州市市中区。

①除注明省份者外,均为四川省、重庆市。

续表

县名	今地范围	史料依据	治地及备注
符县	合江县、叙永县、古蔺县、贵州省赤水县（部分）、仁怀县（部分）	《太平寰宇记》；《史记·西南夷列传》：武帝开西南夷前已有符关，为秦旧关，汉初闭关。	符县治所在今四川省合江县境内。
枳县	涪陵区、长寿区、丰都县、南川区（部分）、武隆县（部分）、垫江县（部分）、石柱县（部分）、邻水县（部分）	《史记·苏秦列传·正义》："今涪州城，在〔乃〕秦枳县，在江南。"《元和郡县志》《太平寰宇记》均记为秦县。	枳县治所在今重庆市涪陵区乌江东岸。
朐忍	云阳县、万州区、开江县、忠县、梁平县、开县（大部）、石柱县（部分）、垫江县（部分）	《太平寰宇记》：开州"秦代为巴郡朐忍县"。	朐忍县治所在今重庆市云阳县双江镇。
鱼复	奉节县、巫溪县	《方舆纪要》："秦置鱼复县，属巴郡。"	鱼复县治所在今重庆市奉节县白帝城。
夜郎	贵州省石阡县以东	《史记·西南夷列传》："秦时常頞略通五尺道，诸此国颇置吏焉。"	治地不详。
鳖	贵州省遵义市一带	同上	治地不详。

另：巫县，战国后期为楚国巫郡，秦昭襄王三十年（公元前 277 年）秦攻占后省郡置县（治所在今重庆市巫山县巫峡镇），属南郡。

秦在原巴国地区执行的民族政策既不同于秦本土，也不同于秦后来对关东六国所执行的政策，并且与西面的原蜀国地区也有着较大的差异。由于秦灭巴后，立志"霸天下"，欲利用巴地的人力、物力；同时由于巴地民族成分十分复杂，多数为农牧并重或农牧猎并重，依山据水而居，易守难攻，且巴国武装仍然大部保存，巴王子仍据守枳城，正是在此特定的环境下，产生了秦在巴地的以"优宠"[1]为基本倾向的民族政策，其要点主要有政治上的刑罚从轻、民族分封制和经济上的赋税从轻、封建土地私有制的推行。通过这些政治、

---

[1]《后汉书》卷八十六《南蛮西南夷列传》李贤注。李贤在"复夷人顷田不租，十妻不算"之后注曰："优宠之，故免其一户顷田之税，虽有十妻不输口算之钱。"

经济措施,巴地"夷人安之"①,秦在巴地的统治取得了较大的成功。

秦自商鞅变法以来,以法制为治国之本,"灭礼仪之官,专任刑罚",但对于原巴国地区的巴郡及南郡西部等地的巴地民族实行刑罚从轻的政策。《后汉书·南蛮西南夷列传》载:"及秦惠王并巴中,以巴氏为蛮夷君长,世尚秦女,其民爵比不更,有罪得以爵除。""不更"为秦二十级爵中的第四等,据刘劭《爵制》曰:"自一爵以上至不更等,皆士也。"②巴族民众无功而爵不更,其优待是前所未有的。秦王室的"内公孙"所受的优待权仅相当于"公士"(第一等),一般少数民族部落首领所受到的优待亦仅相当于"上造"(第二等),而巴族民众却享受到相当于"不更"的优待,比秦王室"内公孙"高三等,比包括蜀地在内的其他少数民族部落首领高二等,其优宠程度可见一斑。秦代刑罚苛严,但巴族百姓却享受到"有罪得以爵除"的待遇,比之秦给予一般少数民族部落首领的儿子可赎"耐罪"以上刑,一般少数民族部落首领可减刑的有关规定还宽一等到二等。秦对巴族中的板楯蛮尤为宽厚,规定:"伤人者论,杀人者得以倓钱赎死。"并与板楯蛮盟曰:"秦犯夷,输黄龙一双,夷犯秦,输清酒一钟。"③

秦在原巴国地区实行了广泛的民族分封制,分封巴人各部之"君长",即汉代文献中所称的"蛮夷君长",沿用了巴国原有的各民族(部族)结构形式,即"君长"〔巴王→侯(部族首领)〕→"渠帅"(部落联盟首领,即大姓)→"酋首"(部落首领)。20世纪70年代至90年代在重庆市涪陵区小田溪发现的秦代土坑墓就有学者认为当系巴"君长"的家族墓地。民族分封与秦在本土上分封的"食邑"性的封君有着本质上的差异。这些"君长"、"渠帅"大都控制着本族武装,其典型的如板楯蛮(賨人)助秦汉政府东向射杀"白虎",北御西羌来犯,南平益州叛乱。在考古中发现,土著墓葬中多随葬兵器。而且这些"君长"、"渠帅"对本部成员大都握有生杀予夺的特权。秦及以后的两汉政府对这些民族的统治,须通过这些"君长"、"渠帅"来实现,除此则别无他法。如有公差、徭役,也只能摊给部落。在秦汉时期郡县均曾大量征调部落成员从事筑城、修路等徭役。

---

① 《后汉书》卷八十六《南蛮西南夷列传》。
② 《后汉书》志第二十八《百官》关"内侯"条梁刘劭注。
③ 《后汉书》卷八十六《南蛮西南夷列传》。

秦规定巴地境内各族:"其君长岁出赋二千一十六钱,三岁一出义赋千八百钱。其民户出幏布八丈二尺,鸡羽三十镞。"①按照《秦律》计算,幏布八丈二尺约兑换113钱,三十镞鸡羽即用作箭尾的野鸡翎30羽,对渔猎为主或农耕渔猎并重的巴地各族而言,并非难为之事;巴地百姓的户赋相对于其他地区百姓的"岁率户二百"要轻将近一半。巴地各族"君长"的岁赋和义赋实际上只是一种承认秦王朝统治的形式,即一种封君的朝贡。秦对巴族中的板楯蛮的赋税尤轻,"复夷人顷田不租,十妻不算"②,即"一户免其一顷之租,虽有十妻,不输口算之钱"。而秦在除巴地以外的其他地区则赋税繁重,"一岁力役,三十倍于古;田租、口赋、盐铁之利二十倍于古",以至史籍记载:"收泰半之赋,发闾左之戍,男子力耕不足粮饷,女子纺绩不足衣服。"相比之下,秦对巴地各族的确优宠有加。

秦灭巴蜀后,开始逐步将在秦由商鞅变法时执行的废井田、开阡陌的办法推行于巴蜀地区,并对实行于巴蜀地区的《田律》作了适合于当地的更改。在巴郡推行的《田律》,由于1979年在四川省青川县的一战国墓中出土了秦更修的《田律》木牍一件而得知其梗概。木牍全文如下:

> (秦武王)二年(公元前309年)十一月己酉朔日,王命丞相戊(即甘茂),内史匽取譬更修为田律:田广一步,袤八为畛。亩一畛,一佰(陌)道。百亩为顷,一千(阡)道,道广三步,封,高四尺,大称其高。埒(埒)高尺,下厚二尺。以秋八月,修封埒(埒),正疆畔、及芟千(阡)百(陌)之大草。九月,大除道及除郒(浍),十月为桥,修坡堤,利津隘。鲜草,虽非除道之时,而有陷败不可行,辄为之。③

青川秦牍《田律》不仅按秦制以240步(每步6尺)为一亩,每100亩为一顷,统一了田亩的大小,还规定了芟除杂草,整治农村道路桥梁,以及兴修水利的时限。另一方面,亦对于情况特殊的巴蜀地区作了一定的有利于巴蜀农业生产的更修,如与出土于湖北省的云梦秦简《田律》两相比较,云梦秦简中仅适合于中原地区的部分已经删去,而着重规定了在八、九、十这3个月内有

---

① 《后汉书》卷八十六《南蛮西南夷列传》。
② 《后汉书》卷八十六《南蛮西南夷列传》。
③ 四川省博物馆、青川县文化馆:《青川县出土秦更修田律木牍——四川青川县战国墓发掘简报》,载《文物》1982年第1期。

关的农事,如修治封埒疆畔、除草、治道、治沟、整修坡堤等,将中原地区在来年初春做的农事根据南方的实际情况提到当年秋天进行。在秦武王二年(公元前309年),秦国的南方之地只有巴蜀地区,因而可以肯定青川秦牍《田律》是专为或主要为巴蜀地区而制定的。随着封建土地私有制的逐渐确立,先进耕作制度的逐步推广,巴郡的农业生产进入了第一个快速发展时期。最后,秦终于利用巴蜀的粟米布帛和其他经济资源,以巴蜀为劲旅,攻取楚黔中及江南之地,最后完成了统一。

第二节 秦汉时期的巴渝经济

秦汉统治400余年中,巴郡的社会相对比较安定,经过广大劳动人民的辛勤劳作,社会生产不断向前发展。秦入巴蜀,随着秦对西南边地的开拓,巴蜀内地经济对周围边地的影响,一时空前强烈,开始孕育以蜀郡为核心,巴郡为佐辅,四川盆地为内圈,辐射整个西南地区的巴蜀经济区。到西汉晚期,全国已经形成十大经济区,巴蜀地区是公认的单独经济区之一,人称"天府之国"。

秦汉巴蜀经济区的内部发展极不平衡,差异极大。这种差异主要呈地域性差异,民族性相较于地域性差异而言,只占次要地位。秦汉巴郡各地,按其经济发展情况,除北部阆中地区外,可以具体分为江州、峡江黔中两个经济亚区,到汉末三巴分置时分别成为巴郡、巴东、巴东属国三部分。两经济亚区的地貌,《华阳国志》正确地将其表述为"土地平敞"(江州农业经济亚区)和"滨江山险"(峡江黔中渔猎农并重亚区)[①]。

江州农业经济亚区,包括江州、垫江、枳县、平都、临江等5县,相当于今天的重庆市内的城市各区、合川区、永川区、江津区、大足县、綦江区、长寿区、涪陵区、南川区、垫江县、丰都县、忠县等区县。该区在秦汉时期主要是巴人的板楯部族和廪君部族活动区,西北为板楯部族,东南为廪君部族。该区平坝海拔高度不超过350米,通常在200米至300米之间;丘陵海拔高度一般不超过500米,相对高度都在200米以下,通常只有30米至80米,地表多由

[①] 刘琳校注:《华阳国志》卷一《巴志》,巴蜀书社1984年版,第49页。

较平缓的紫色砂岩与页岩组成,较易风化,多被河流小溪侵蚀切割成方山状、浑圆状、垅岗状浅丘,起伏和缓,有若干冲积小坝分布其间,和丘前洼地、河边台地一起构成水稻田的主要分布区,坡丘则可种植旱季作物。区内分布着一些背斜构造低山,海拔多在1000米以下,多呈北东—南北向,并向西突出成弧状的平行排列,从东至西有黄草山、明月山、华蓥山、中梁山、缙云山、云雾山、巴岳山和箕山,这些山脉大都呈"一山一岭"或"一山一槽两岭"的地貌组合形态,海拔高度由北向南逐级降低。区内气候冬暖夏热,雨量丰沛,适宜农作物的生长。本区农作物主要有水稻、麦黍、豆类、姜、芋、藕等。秦汉时期本区除以农业为主外,还以渔猎业为辅助经济。渔业除在江河溪流中捕捞外,从东汉的画像砖上反映出也有来自塘堰的家养鱼。在合川区发现的相传为濮王墓的东汉墓雕刻中,有张弓射虎的形象,表明狩猎仍为人们的经济生活之一。

峡江黔中渔猎农并重亚区,包括朐忍、鱼复、涪陵、汉葭、丹兴和南郡巫县等6县,相当于今天的万州、梁平、开县、云阳、奉节、巫山、巫溪、武隆、彭水、黔江、石柱、酉阳、秀山等区县。该区在秦汉时期主要是巴人板楯部族、廪君部族和五溪部族的活动区,西北部为板楯部族,东部为廪君部族,东南部为五溪部族。该区地处川东岭谷区,东部是四川盆地东缘山地——巫巴山地,海拔约1000米至2000米,深谷峻岭,南部主要是武陵山区,海拔约800米至1700米,河谷深切,长江、乌江沿江一带地势稍低,东南属湘江流域的今秀山、酉阳部分地区有一些浅丘、平坝。本区地域辽阔,气候差异极大,部分地区高差显著,气温呈垂直分布。除部分平坝、谷地仍能种植水稻外,广大浅山地带多种旱地杂粮,深山区则千余年来一直处于刀耕火种、广种薄收阶段。秦汉时期,本区正处在以渔猎经济为主向渔猎、农耕经济并重阶段转变的过程之中。

秦汉巴郡的农业,在兴修水利的基础上有所进步。从出土的一些土陶水田、水塘模型看,水塘和水田之间已经有渠道相连,有的水塘出口处已安装了闸门。在重庆市江北区出土的土陶水田模型中,田中有埂,有田缺或引水道,还有鱼、鸭、莲花、菱角、螺、蛙、团鱼等。江津区出土的画像砖中,有太阳纹、山峦、池塘、游鱼组合的画面。这些都表明汉代巴郡农村已经开凿陂塘,含蓄水源,灌溉周围的农田;有的水田,已经不单独种植水稻,而是同时养鱼,进行综合利用。新型的铁制农具开始使用、推广,牛耕已经比较普遍。水稻在巴郡的平坝地区已广泛种植,巴郡所产的大米米质甚佳,江州"县北有稻田,出御米"①,所产稻米还被列为贡品。巴郡的粮食除满足本地需要外,还时常有少量的输出。

经济作物方面,巴国时代的主要作物秦汉时有了进一步的发展,盛产于巴郡一带的蒟酱,远销到岭南一带,并为当地居民所珍爱。同时,莲藕、菱角等水生蔬菜也已种植。水果方面,巴郡一带柑橘盛产,以至司马迁认为,巴蜀、江陵一带,户有千树橘,则人与千户侯等②。西汉时在朐忍(今重庆市云阳县)、鱼复(今重庆市奉节县),东汉又在江州设置专门管理柑橘生产、销售的官署。荔枝在巴郡种植也较为普遍,江州、枳县(今重庆市涪陵区、长寿区)、垫江(今重庆市合川区)均产。江州的荔枝园,每到成熟之时,郡太守在其园中设厨膳,与士大夫共会树下食之。

秦汉巴郡随着农业的发展、交通的兴盛和商业的繁茂,人口有了较大幅度的增长。西汉元始二年(2年)有158634户,708148人;东汉永和五年(140年)有310691户,1086049人。而据《华阳国志·巴志》,东汉永兴二年(154年)更达464780户,1875535人,比西汉晚期增加了1倍左右。西汉时期的巴郡人口主要分布在西汉水(今嘉陵江)、潜水(今渠江)一带,西汉在此设立了垫江、安汉、充国、阆中、宕渠5县,占西汉巴郡11县的1/2,而面积仅占巴郡的1/3左右,人口则占2/3左右,有大约45万人分布在此区域内;其次是长江沿线河谷平坝地区,包括江州、枳县、临江、朐忍、鱼复等县,散居着大约15万人口;其他地区人烟稀少,除延江水(今乌江)中游涪陵县外,西汉未设一县级治所。东汉时,在西汉水、潜水中游一带地区新置了宣汉(今四川省达川市)、汉昌(今四川省巴中市),两县皆分宕渠县置,说明这一带的人口有了较大幅度的增加。汉末,在江州西面今江津区油溪镇一带增置了乐城县,在江州附近又置了常安县(治所在今重庆市长寿区凤城镇东),说明江州地区人口亦有所增加。此外,东汉还分枳县置平都县(今重庆市丰都县),分涪陵县置汉葭县(治所在今重庆市彭水县郁山镇)、丹兴县(今重庆市黔江区)。增置

---

① 刘琳校注:《华阳国志》卷一《巴志》,巴蜀书社1984年版,第65页。
② 《史记》卷一百二十九《货殖列传》。

县除分涪陵县所置的汉葭、丹兴外均位于沿江地区,尚未深入内地,终汉之世,内地置县甚少,这种状况表明此时内地开发程度甚低,有的地方尚未开发,人烟稀少。汉代巴郡的人口密度为每平方公里 5 人至 10 人,但分布的差异很大,其中,今嘉陵江中游地区在 15 人至 30 人左右,沿江河谷平坝地区在 10 人至 20 人左右,其余地区大都在 1 人至 5 人左右,远低于川西蜀郡、广汉郡,甚至比全国每平方公里 14 人左右的平均水平还低,巴郡大部仍然是当时的不发达地区之一。史籍虽常巴蜀并称,但在秦汉时代,巴郡的经济发展水平则远远低于蜀郡。

第三节 江州城的兴筑与扩展

巴国在进入川东地区后,陆续建立了一些作为行政中心和军事据点的城邑,著名的有江州、枳、垫江、平都、阆中等。长江、嘉陵江沿江地区逐渐得到开发,形成了一批大小不等的居民点,这些城邑均位于长江、嘉陵江沿岸,其中,江州、枳、垫江分别位于干流和支流交汇处附近。江州作为巴国的政治和军事中心,应当筑有城,但是,文献和考古均未发现。

战国周慎靓王五年(公元前 316 年),秦灭巴,史称"仪城江州",认为江州城为张仪所筑,而《史记·张仪列传》记载张仪攻下阆中后不久,至迟在次年即返回咸阳,对史称所筑的阆中、江州城至多可能有一处为其督造,但江州城为秦代所筑是无疑问的。秦昭襄王二十六年至三十年(公元前 281—前 277 年),为准备夺取原巴国的黔中地区,巴郡的郡治在此期间从阆中迁移到了江州城。秦筑城江州,主要是作为行政中心和镇守的据点。由于两千余年风雨销蚀和近代城市的叠压、发展,秦所筑江州城(史称张仪城)的确切位置、大小等情况已无法确知。其大致方位,据史籍记载,"分川并注,合乎江州"[1],"巴水(今嘉陵江)……又径巴郡故城南,李严所筑大城北,西南入江"[2],"汉世,郡治江州,巴水北,有甘橘宫,今北府城是也,后乃还[迁]南

---

[1] 扬雄:《蜀都赋》。
[2] 《水经注》王国维校本,上海人民出版社 1984 年版,第 1051 页。

城"①。晋人庾仲雍曰:"江州县对二水口,右则涪内水(今嘉陵江),左则蜀外水(今长江)。"②综合隋唐以前史籍考察,秦所筑江州城位于今长江、嘉陵江交汇处的嘉陵江北岸江北嘴一带。秦汉时代,一般城邑的城垣范围都不大,以布置行政管理机构为主,大部分居民散居城外,不像战国时期的城邑拥有大量的居民。许多秦汉城往往是就在前代城圈内围筑一较小的土城,或是另筑一座较小的别城以居官寺。如秦汉定襄郡治成乐县,其城东南两壁各长550米,西北两壁各长440米,其面积仅0.22平方公里;辽东郡治襄城县,其城遗址仅300米见方,面积不到0.1平方公里;蜀郡治成都县,分筑太城、少城,两城合计不过4平方公里,郡治少城仅1平方公里余。巴郡、江州与定襄、辽东两郡和其治县一样,同属僻远郡县,江州城的城垣范围估计和成乐、襄城两城相当而小于成都少城。

秦汉江州,仍是一座较为繁荣的城邑,据现有的考古发掘材料推测,除嘉陵江北岸的江州城外,在今江北区刘家台、香国寺,渝中区两江半岛,南岸区涂山脚下一带已有街市、村庄。另外,今渝中区、沙坪坝区沿江的化龙桥、土湾、沙坪坝,九龙坡区、巴南区的长江两岸也有一些居民点。江州城居民较多,人口稠密,"地势侧险,皆重屋累居,数有火害,又不相容。结舫水居五百余家,承二江之会,夏水涨盛,坏散颠溺,死者无数"③,城邑已有相当的规模,今日重庆山城景观的雏形已经呈现,不是一般的江边小邑可以相比。同时,江州城正处于长江、嘉陵江交汇之处,是巴郡对外交通的枢纽。

秦汉时期的巴郡交通,以水路为主。北面溯西汉水(今嘉陵江)至葭萌(今四川省广元市昭化镇)、南郑(今陕西省汉中市),再经褒斜道越秦岭而至咸阳、长安(今陕西省西安市);或溯潜水(今渠江)经宕渠(今四川省渠县)而上经米仓道越旱山(今米仓山)至南郑,汉末张鲁与板楯蛮常由此道相通。西面沿涪水(今涪江)经涪城(今四川省绵阳市市中区)至成都,或由江水(今长江)而上,经江阳(今四川省泸州市市中区)、僰道(今四川省宜宾市)、南安(今四川省乐山市市中区)、武阳(今四川省彭山县)而至成都。汉末,刘备取

---

① 刘琳校注:《华阳国志》卷一《巴志》,巴蜀书社1984年版,第61页;《水经注》王国维校本,上海人民出版社1984年版,第1052页作:"巴汉世郡治江州,巴水北,北府城是也,后乃徙南城。"
② 转引自《水经注》王国维校本,上海人民出版社1984年版,第1051页。
③ 刘琳校注:《华阳国志》卷一《巴志》,巴蜀书社1984年版,第49页。

西川，即自率大军由江州溯垫江水(今涪江)诣涪城、葭萌后南下成都。诸葛亮分遣赵云由江水经江阳、犍为，北上成都。东面可沿江而下至荆州的南郡(今湖北省江陵市)，东南方则可由枳县(今重庆市涪陵区)入延江水(今乌江)经涪陵(今重庆市彭水县)入荆州武陵郡(今黔东、湘西一带)。其南可由江州溯江水而上，经符县(今四川省合江县)沿太涉水(今赤水河)而上，或沿唐蒙所修"南夷道"至鳖县(今贵州省遵义市)和夜郎地区(今黔西北一带)。更可沿牂柯江而下，达于岭南地区，巴郡一带的蒟酱，即由此路运至番禺(今广东省广州市)。

蜀汉时期，江州因蜀汉政权偏居西南一隅，其地位更加重要。刘备取得益州政权后立即以费观为巴郡太守，领江州都督，在江州东北的巴子梁(石洞峡，今重庆市江北区铜锣峡)置阳关[1]，作为重兵屯守之地。"建兴四年(226年)春，都护李严自永安还江州"[2]，"更城大城，周回十六里，欲穿城后山，自汶江(今长江)通水入巴江(今嘉陵江)，使城为州(洲)，求以五郡置巴……造苍龙、白虎门，别郡县，仓皆有城"[3]。李严筑城并欲穿城后山(今重庆市渝中区鹅项颈)，使城为洲，以江为池，以崖岩为墙，这在当时确实是一个大胆的设想。地形上两江半岛易守难攻，三面环江，交通方便，而且自秦汉以来城市发展较快，无疑是当时修筑大城及迁移郡治的主要考虑。但是由于李严筑城怀有个人目的，以求五郡置巴州，求为巴州刺史，以期取得与领益州牧的诸葛亮分庭抗礼的地位。同时，李严与诸葛亮同为刘备永安(今重庆市奉节县)托孤的顾命重臣，在蜀汉的大政方针上存在着不可调和的矛盾，因此，诸葛亮未同意其请求并召李严到汉中军中，穿凿城后山之事遂告搁浅。李严大城是江州(重庆)城市发展史上的第二处城址。其城周围为汉制16里，约今7公里，顺山势布局，东西宽长，南北狭短。其方位，南线大致相当于今朝天门以南起西南沿江至南纪门，北线约在今新华路、人民公园、较场口一线，面积约2平方公里多。李严大城修筑后，巴郡及江州县即迁治于此，原为行政机关驻地的旧城(即史籍所称张仪城、北府城)便逐渐荒废。

---

[1]《水经注》，第1053页："江水东径阳关巴子梁，江之两岸犹有梁处，巴之三关，斯为一也。延熙(后主年号)中蜀车骑将军邓芝为江州都督治此。"《太平寰宇记》卷一百三十六下有："州(渝州)东北有石洞峡，即刘备置关之处，东西长约两里。"其下又言"涂山……东接石洞峡"，石洞峡即今铜锣峡。

[2]《三国志·蜀志》卷三十三《后主传》第三。

[3]刘琳校注：《华阳国志》卷一《巴志》，巴蜀书社1984年版，第61页。

第四章　巴渝地区的社会动荡

第一节　东汉晚期的阶级压迫与农民起义

东汉王朝是依靠南阳、颍川、河北等地的豪强地主集团的支持,才得以建立起来的。东汉王朝建立后,依靠豪强地主集团维护其统治,因此,给予豪强世族各种优待,他们不仅拥有大量的土地和人手,而且还利用政治特权和宗法关系形成了盘根错节的强大势力,成为当地的豪强大姓。《华阳国志》载,江州"冠族有波、铩、毋、谢、然、懔、杨、白、上官、程、常,世有大官";枳县"特多人士,有章、常、连、黎、牟、阳,郡冠首也";临江"其豪门亦家有盐井。又严、甘、文、杨、杜为大姓……甘宁,亦县人,在吴为孙氏虎臣也"[1]。平都、垫江、朐忍及涪陵郡亦列其在朝为官及大姓者,这都反映了巴郡豪强势力的强大。

在政治上,这些豪强地主控制着地方政权,东汉时期郡县属吏——郡掾、县吏多由当地人担任,这些人主要是当地的豪族子弟。乡里的乡吏,则由豪族直接担任。汉代规定,"中产"之家以上,才有做官的资格。东汉乡里设三老、里典、伍老等,担任者须有一定家产(实际多系乡里首户)、老年(60岁以上)、德高望重(一般原系族长)等,结果便只有豪强地主才有资格参与乡、里统治,而里的统治者,绝大多数为族长。东汉时期选举的孝悌、孝廉、秀才、力田等,除极少数由郡指定外,主要由乡里推举,其结果必然是豪族们依照权势、财产轮流被举;郡县的郡掾、县吏一般就在这些被举者中选拔。由郡而下,各级地方政权便在豪门的把持之下。豪强地主们把持乡议,州郡官吏往

---

[1] 刘琳校注:《华阳国志》卷一《巴志》,巴蜀书社1984年版,第65—67页。

往得根据他们的意见行事。汉末巴郡分为"三巴"就是刘璋时地方豪族一再要求的结果。先是安汉(今四川省南充市)豪强大吏赵韪要求巴郡三分,赵韪想为本县(安汉)争得巴郡的旧名。刘璋将巴郡分为三郡,以垫江以上(即今重庆市合川区及以北,包括四川省南充市、广安地区、达川地区、巴中地区)为巴郡,治安汉;以江州至临江(今重庆市永川区至忠县、梁平一带)为永宁郡,治所在江州;以朐忍至鱼复(今重庆市万州区及云阳县至奉节一带)为固陵郡。但后来鱼复大姓蹇胤因为本县失去了巴名,向刘璋力争,刘璋又只好改永宁郡为巴郡,改固陵郡为巴东郡,改垫江以上的巴郡为巴西郡。三郡都有巴名,因而就叫作"三巴"。设置郡县这样的首要大事在东汉晚期都为地方大姓所左右,其他地方事务也就可想而知。

在经济上,他们拥有大量的土地,有的还占有盐井、橘园等。《华阳国志》记载,临江县(今重庆市忠县)"其豪门亦家有盐井"。左思《蜀都赋》说:"家有盐泉之利,户有橘柚之园。"一个豪强地主的田庄就是一个自给自足的经济单位,由依附的农民和奴婢为他们生产各种生活所需的物品。东汉农民的人身依附关系严重,许多农民失去土地沦为"徒附"(依附农民)和奴婢。豪强地主将其视为家兵,编为部曲,以保护他们的财产。东汉末年,临江县的豪强地主甘宁带800僮客由巴郡去荆州投奔刘表,这些僮客就成了他的家兵,甘宁后又投东吴孙氏,这些僮客仍只能随他投孙氏。东汉时期,一般以"家"、"族"、"姓"、"宗"为纽带,少则几十户,多则几百户、几千户聚族而居。如前述的临江甘氏家族,涪陵的徐、蔺、谢、范等家族。豪强地主凭借经济力量,兼任族长,也有的族长依靠宗族的力量,发展成为豪强地主。重大活动,如服役、迁徙、械斗等,不仅宗族自身,就是社会、国家也多是以"姓"、"族"为单位征调、摊派。这都反映了豪强势力对宗族和部众的控制。

在当时,文化教育也几乎为豪强地主所垄断,虽然东汉巴郡民间教育比前代有所进展,但教育者和受教育者都以豪强地主为主,普通百姓受教育者很少。巴郡宕渠人、幽州刺史冯焕"家富好施",其子冯绲,少耽学问,习父业,治《春秋》、《韩诗》、《仓氏》等,子冯元,能理《尚书》,善推步之术。巴郡豪族大姓,普遍把教书育人视为立身扬名的主要途径之一,把受教育视为发展家族势力,兼并他人,乃至出仕做官的重要途径之一。文化的垄断,加上经济上、政治上的权势,因此只有他们才有做官,特别是做高官的基本条件,再加上东汉中期以来,每个县的大姓只有那么几个,所以世代为官的自然就限于这少数大姓。

东汉时期,宦官外戚专权,政治日益腐败,贪官污吏,聚敛公行。安帝时期(107—125年),前后几任巴郡太守皆以腐败无能而著称,江州百姓以诗讽之:

　　明明上天,下土是观。

　　帝选元后,求定民安。

　　孰可不念?祸福由人。

　　愿君奉诏,惟德日亲〔新〕。①

巴郡官吏多贪财受贿,利用职权在任上的几年时间内大敛其财,搞得百姓苦不堪言。桓帝时(147—167年),李盛为巴郡太守,贪财重赋,江州人民作诗讽刺道:

　　狗吠何喧喧,有吏来在门。

　　披衣出门应,府记欲得钱。

　　语穷乞请期,吏怒反见尤。

　　旋步顾家中,家中无可与。

　　思往从邻贷,邻人已言匮。

　　钱钱何难得,令我独憔悴。②

此诗揭露了当时的贪官污吏夜晚上门逼钱,巧取豪夺之态,巴郡群众所受的苦难,由此可见。汉末政衰,牧守自擅。民人思治,作诗曰:

　　混混浊沼鱼,习习激清流。

　　温温乱国民,业业仰前修。③

巴郡少数民族在东汉中期以来所受的苦难迫害,尤为严重。东汉之世,巴郡板楯蛮不仅被派遣去镇压各地"叛乱",而且身受贪官污吏的压迫剥削,以至连当时的地方官也认为,板楯蛮"本为义民……本无恶心。长吏乡亭,更赋至重,仆役过于奴婢,箠楚降于囚虏,至乃嫁妻卖子,或自刭割。陈冤州郡,牧守不理;去阙廷遥远,不能自闻。含冤呼天,叩心穷谷,愁于赋役,困乎刑

---

① 刘琳校注:《华阳国志》卷一《巴志》,巴蜀书社1984年版,第41页。
② 刘琳校注:《华阳国志》卷一《巴志》,巴蜀书社1984年版,第43页。
③ 刘琳校注:《华阳国志》卷一《巴志》,巴蜀书社1984年版,第44页。

酷,邑域相聚,以致叛戾"①,在地方势力的贪暴威逼下,不得不起来造反。

东汉中晚期,政治极为腐败,社会矛盾日益激化,民族矛盾极端尖锐。巴郡农民和少数民族起义不断,"顺、桓之世(126—167年),板楯数反"②;永嘉元年(145年)巴郡人服直起义,聚党数千人,称天王,散布千里,杀伤官兵甚众。当时的益州太守嚣和巴郡太守应承都亲率大军前往镇压,被义军打得大败而归。义军又乘胜追击,整个起义持续了一年多时间,攻占了巴郡数县之地。服直自称"天王",与早期道教有一定关系。光和二年(179年)巴郡板楯蛮再次起义,攻打巴、蜀、汉中、广汉4郡,东汉遣御史中丞萧瑗督益州刺史率领大军征讨,官军屡战屡败,疲于奔命。直到光和五年(182年),东汉采纳益州计曹掾程苞的建议,派巴郡太守曹谦前去讲和,答应其条件,战斗才告结束。两年后即中平元年(184年),张角在北方利用太平道发动领导黄巾大起义。七月,张修在巴郡发动五斗米道起义,攻打郡县,起义军一度攻占了郡治江州城及一些县城,贪官污吏落荒而逃。后张鲁、张修率五斗米道在汉中及巴郡北部一带建立政教合一的政权达20余年。中平五年(188年),绵竹黄巾马相自称"天子",攻破广汉、蜀郡、犍为,又东攻巴郡,杀死郡守赵部。十一月,板楯蛮又起义,和巴郡黄巾军联合攻郡夺县。这些起义在豪强地主武装和州郡官兵的镇压下虽先后失败,但给予东汉巴郡统治者以沉重的打击。

第二节 三国两晋南北朝时期的政治

一、政权的频繁更迭

东汉建安十六年(211年),东汉皇族刘备引兵入川,三年后攻下成都,取得益州政权。建安二十四年(219年)刘备取得汉中,是年秋自立为汉中王。关羽自江陵北上,包围曹军占领的樊城,取得大胜。孙权乘机派兵袭取江陵,俘杀关羽,夺取荆州。建安二十六年(221年),刘备称帝,国号汉,史称蜀汉,都成都,改年号章武,刘备史称先主。刘备称帝后,即出兵伐吴,力图夺回荆

---

① 刘琳校注:《华阳国志》卷一《巴志》,巴蜀书社1984年版,第52—53页。
② 刘琳校注:《华阳国志》卷一《巴志》,巴蜀书社1984年版,第52页。

州战略基地并为关羽报仇。七月,刘备亲率大军4万人,沿江而下先后收复了吴军占领的巫县、秭归,次年一月,蜀军推进到夷陵(今湖北省宜昌市东),吴军坚守不战,蜀军只好从建平(今重庆市巫山县、湖北省巴东县)到猇亭(今湖北省宜昌市西南)一线五六百里,沿江南岸,依山屯军,"树栅连营七百余里"。六月,吴军火烧连营,蜀军土崩,死者数万。刘备只得突围从陆路逃回鱼复。章武三年(223年)三月,刘备在永安宫托孤,将蜀国的军政大权委托给了诸葛亮。

蜀汉在江州置江州都督(驻江州阳关,今重庆市江北区铜锣峡),领巴郡、黔安、涪陵3郡;在永安置永安都督(驻永安江关,今重庆市奉节县白帝镇),领巴东、建平2郡。蜀国辖境小,在边疆及重要地区设置都督,领兵屯守,负责军事;为纳行政于军事轨道,都督一般又领或兼刺史、太守,全面负责该地区的军政要务。都督府直属朝廷。都督府所领各郡的行政、经济,通过都督府与朝廷发生关系。都督府成为事实上的与州平行的一级政区机构。

后主晚期,朝廷腐败,大将避祸外屯,宫中宦官干政,炎兴元年(263年),即魏景元四年八月,魏派大将钟会、邓艾东西夹击,五路伐蜀。十一月灭蜀汉。两年后(265年),魏相国、晋王司马炎篡魏自立,建立晋朝。晋太康元年(280年),晋灭吴,统一中国。

经历了长期战乱的巴郡,人口锐减。蜀灭时,蜀汉在册人口、带甲将士及吏共108万人,蜀汉22郡,巴郡人口不到1/20,约3万人至5万人。晋太康初年(280年左右)统计,巴郡仅3300余户,不到2万人,加上相当于东汉巴郡的巴西、巴东、涪陵等郡合计,亦仅26000户,不超过14万人,比之东汉永兴二年(154年)的464780户,1875535人,真是十不存一。

曹魏灭蜀汉后,司马炎采取了一系列措施,加强了对巴蜀的控制。分益州置梁州,以此削弱州刺史的权力。将蜀汉统治集团中跟随刘备入蜀的荆州人士及其子孙3万余家,迁于关中、河东。晋朝建立后,泰始八年(272年)以王濬为益州刺史,"武帝(司马炎)谋伐吴,诏濬修舟舰。濬乃作大船连舫,方百二十步,受二千余人,以木为城,起楼橹,开四出门,其上皆得驰马来往"[1]。咸宁五年(279年)十一月,晋武帝发兵20余万伐吴,王濬率水陆军及梁州三

---

[1]《晋书》卷四十二《王濬传》。

水胡共7万余人,自巴郡出发,顺长江而下。王濬在魏灭蜀后任巴郡太守。巴郡东与吴国临近,兵役劳苦,百姓生子多不养育。他既严禁弃养男婴,又减轻百姓的徭役赋税,使生育者得到休养,数千男婴得以活命。伐吴时,十余年前被其活命的男婴大都被征为兵士。太康元年(280年)二月,王濬率军攻克西陵,进占夷道,平定武昌。随后又乘胜东下,直趋建业。三月,巴蜀劲卒占领石头城,吴主孙皓投降,东吴灭亡。在平定东吴的战争中,巴蜀军队起到了决定性的作用。

西晋统一仅十余年,又酿成统治阶级内部争斗的"八王之乱"。动乱严重破坏了社会生产,加深了各民族人民的痛苦,致使大量北方人民流向南方。元康八年(298年),关中大旱,略阳、天水等六郡賨、汉、氐族流民十余万口,流入汉中平原就食。不久,又南下涌入益州,为当地地主佣耕。饥荒过后,西晋政府下令强制遣返流民,限期出境,激起流民的反抗。永康二年(301年)流民推巴氐人李特为首领,公开与西晋对抗。李特及其宗族亲党来自略阳,其先祖为嘉陵江流域的板楯蛮,汉代又被称为賨人,东汉末年张修、张鲁率五斗米道信徒北上汉中时追随内迁,后又随张鲁降曹操,"散在陇右诸郡及三辅弘农,所在北土,复号之为巴氐"①。永安元年(304年),李特的儿子李雄攻下成都,称成都王,两年后即皇帝位,建立成国。永嘉五年(311年),攻下梓潼、巴西两郡,接着东下江阳,攻占巴郡,建兴元年(313年)向东攻占巴东、涪陵两郡,北上控制汉中,彻底消灭晋朝在梁州的残余势力。成国在李寿时改称汉,史称成汉,是十六国中最早建立的政权。成汉统治巴蜀近半个世纪,前期为政宽和,刑不滥施,注意休养生息,减轻人民的负担,阶级矛盾、民族矛盾相对缓和;后期广修宫室,务于奢侈,百姓疲敝不堪,怨声载道,内部分崩离析,永和三年(347年)成汉为东晋所灭。

李特起义之初,西晋任命罗尚为益州刺史,镇压流民起义。罗尚生性贪残,蜀人曾创作歌谣说:"尚之所爱,非邪则佞;尚之所憎,非忠则正。富拟鲁卫,家成市里;贪如豺狼,无复极已。"②李特攻下成都后,"与蜀人约法三章,施舍振贷,礼贤拔襟,军政肃然"。因而民谣曰"蜀贼(指李雄)尚可,罗尚杀

---

① 《十六国春秋补辑》卷七十六《蜀录》。
② 《晋书》卷五十七《罗尚传》。

我,平西将军(指罗尚,时罗领平西将军),反更为祸"①。成汉立国之初,西晋益州刺史罗尚以巴郡江州为据点,与成争夺于垫江(今重庆市合川区)、汉安(今四川省内江市)一带,"遣军掠蜀中",一路烧杀抢掠,双方在巴郡西部一带争夺近五年。永嘉五年(311年)成国攻下巴郡,晋军又以巴东、涪陵二郡为据点,成汉则以巴郡为前进基地,展开拉锯战,攻城略地,反复争夺,长达数年。巴郡江州一带战火不断,成汉一度控制涪陵、巴东二郡。咸康元年(335年),李雄死,子侄间争夺帝位,不惜兵戎相见。咸康四年(338年),其从弟李寿夺取政权,改国号为汉。这时,川东、巴郡一带常为割据者所控制,咸康五年(339年),又曾为晋军攻占,政权屡变,战事不断。川东、巴郡一带居民,大量迁徙,流入荆湘,当地人口锐减,城邑空虚,村落萧条,郡县治所迁徙不定。

自东晋永和三年(347年)成汉灭亡到公元581年隋朝建立,200余年间巴渝地区先后经历了东晋,前秦,南朝的宋、齐、梁,北朝的西魏、北周等七个政权的统治,其间还有如谯纵、萧纪等割据势力,有的统治几十年,有的仅几年。由于政权更替频繁,政局更为动荡。战争连绵不断,社会经济更为凋敝,人民生活更加困苦,巴渝人口进一步减少。

从东晋收复巴渝地区至东晋灭亡共74年,但东晋实际完全控制巴渝地区仅54年。东晋太和五年(370年),十六国前秦君主苻坚灭前燕,渐次统一北方,准备南侵东晋,一统天下。他准备先取益、梁二州及襄阳,占据长江上游,削弱东晋力量。东晋宁康元年(373年)冬,前秦军队攻占益州和梁州大部,占领了巴郡。晋派兵进屯巴东郡与前秦争蜀。直到东晋太元八年(383年)秦晋淝水之战,苻坚大败,晋军次年西上收复巴郡及蜀地,前秦占领巴郡凡12年。

东晋末年又有谯纵在梁、益二州的割据。谯纵曾任晋安西将军参军,巴西郡南充(今四川省南部县)人,谯氏世为巴西大姓。谯纵东晋元兴三年(404年)控制梁益二州直到义熙九年(413年)被平定,前后共9年。

公元420年,刘裕代晋,进入南北朝时期。巴渝地区先属南朝的疆土,刘宋统治共59年(420—479年),南齐统治23年(479—502年),梁朝统治55年(502—557年)。梁末,由北魏来的降将侯景发动叛乱,攻陷建康,梁武帝

---

① 《晋书》卷一百二十一《李雄载记》。

被囚而死。梁大宝三年（552年），梁武帝子、益州刺史萧纪称帝于成都，随之起兵东下，与梁孝元帝萧绎争夺帝位。双方对峙于巴东、西陵一线，萧纪不得东进。西魏乘梁发生内乱，巴蜀空虚，于废帝二年（553年）派尉迟迥从散关攻蜀，数月后控制巴蜀。四年后，西魏被北周取代。公元581年，隋代北周，北周在巴渝统治共24年。

三国两晋南北朝时期，巴渝地区由于长期频繁的战乱，社会经济遭到很大破坏，导致农业、手工业和商业的凋敝，人民大量流徙死亡，汉族人口继续锐减。东晋常璩在《华阳国志》的《序志》中对西晋以来战争对巴蜀造成的破坏作了总结性描述："李氏据蜀，兵连战结，三州倾坠，生民歼尽。府庭化为狐狸之窟，城郭蔚为熊罴之宿，宅游雉鹿，田栖虎豹，平原鲜麦黍之苗，千里蔑鸡狗之响，丘城芜邑，莫有名者。嗟乎三州，近为荒裔，桑梓之域，旷为长野。"①东晋晚期，荆州刺史殷仲堪在谈到巴西、宕渠（今四川省南充市、广安市等）及邻近地区时说："为群僚所覆，城邑空虚，士庶流亡，要害膏腴皆为僚有……俘没蛮僚，十不遗二；加逐食鸟散，资生未立。"②人口的流徙丧亡已经达到"十不遗二"的地步。近百年后的刘宋时期，载于《宋书·州郡志》的宋孝武帝大明八年（464年）的在籍人口，梁州的巴渝地区和川东地区一共仅4000余户，人口不足20000。仅相当于东汉巴郡人口的1/70，西晋太康初年同一区域人口的1/7。"十不遗二"的记载虽然粗略，但大致是可信的。

二、政区的纷繁变动

蜀汉时，巴渝地区建置有属于益州的巴郡、巴东郡、涪陵郡等3郡和属于孙吴所辖的荆州宜都郡（建平郡）的巫县。设江州都督驻江州阳关巴子梁（今重庆市江北区铜锣峡一带），设永安都督驻永安江关（今重庆市奉节白帝城）。魏元帝景元四年（263年）魏灭蜀汉，郡县建置未变；灭蜀之次月，分益州置梁州，统汉中、梓潼、广汉、巴、巴西、巴东、涪陵7郡；州治初在沔阳，晋太康中移南郑（今陕西省汉中市）。益州一分为二，以便相互牵制，分而治之。

西晋初期，巴渝地区置有属于梁州的巴郡、巴东郡、涪陵郡和西晋新建立

---

①刘琳校注：《华阳国志》卷十二《序志并士女目录》，巴蜀书社1984年版，第894页。
②《晋书》卷六十《殷仲堪传》。

的建平郡、武陵郡。西晋统一全国后,有属于梁州的巴郡、巴东郡、涪陵郡和属于荆州的建平郡的部分地区。

西晋永兴元年(304年),以巴氐少数民族为核心的成汉政权在成都建立,先后控制了川渝滇黔大部地区。成玉衡元年(311年)成汉政权在巴渝地区置荆州,辖巴郡、涪陵郡、巴东郡。此为历史上第二次在巴渝地区设置一级政区。

东晋永和三年(347年),桓温伐蜀,成汉灭亡,巴渝地区又入东晋版图。在东晋控制巴渝的74年中,战乱频仍,郡县建置变化较大。置有属于梁州的巴郡、涪郡(枳城郡),属于荆州的巴东郡、建平郡。原涪陵郡地区实际处于少数民族大姓的统治之下,东晋政权已经放弃。

刘宋时(420—479年),州郡日小,侨置郡县增多,侨实杂置,荒实难分。巴渝地区置有属于益州的巴郡、属于荆州的巴东郡、建平郡及属于梁州的侨郡——东宕渠郡。

南齐(479—502年)初年,巴渝地区置有属益州的巴郡、东宕渠僚郡,属于荆州的巴东郡、建平郡。南齐高帝建元二年(480年)以荆州巴东郡、建平郡、益州巴郡置巴州,又复置涪陵郡属之。巴州治在巴东郡,辖4郡。武帝永明二年(484年)州废,各郡还旧属。

梁朝(502—557年)时,各地纷纷建州分郡,多数郡仅辖1县至2县。武帝普通四年(523年)以巴东郡、建平郡、归乡郡置信州。简文帝大宝元年(550年),武陵王萧纪改巴郡置楚州。

西魏在巴渝的统治仅五年而已,但政区改易变化最大。在巴渝地区先后设有巴州、合州、临州、信州及邻州的容山、容川郡。

北周(557—581年)时,巴渝地区置有楚州、合州、奉州、临州、南州、开州、容州、信州等8州,多数州仅辖1郡至2郡,郡辖1县至2县,有的州甚至无郡无县。

三国两晋南北朝时期,巴渝地区从东汉初年的一郡之地发展到北周时的8州之地,政区变动纷乱,真是空前绝后。其主要表现在三个方面:一是州郡越分越多,越划越小;二是侨置郡县的设置;三是政区划分十分混乱。

在巴渝地区,政区的变动可以分为三个阶段:

一是蜀汉、魏、西晋时期,其特点是郡县的设置尚能根据国家政局和行政管理的实际需要来设置。如西晋初年置建平郡和武陵郡,以此来同孙吴争夺人口和扩大对边境地区少数民族的号召力,完成统一后即随之省并。

二是从东晋到南齐。在巴渝地区亦设置了一些侨郡、侨县,如在属益州巴郡的垫江县境内即侨置了属梁州的东宕渠郡和宕渠县;南齐还在僚人集中的地区设置了僚郡,在今合川区境内即置有东宕渠僚郡。

三是从梁朝至北周。经过东晋以来的多次"土断"(即外来侨人著籍于所在郡县,以所居之土为断,同旧有户籍户一样供赋服役),侨置郡县逐渐减少,到西魏时基本结束,但州郡的变动更大,特别是州一级。蜀汉时巴渝地区无一州之设,成汉时始置荆州,到梁朝时置有楚州、信州等 2 州,西魏时已有巴州、合州、临州、信州等 4 州,到北周时更有楚州、合州、奉州、临州、南州、开州、容州、信州等 8 州之多。大抵梁朝一州的疆土相当于东汉末年的一郡之地,楚州相当于巴郡,信州相当于巴东郡。北周之时,一州的疆土仅相当于东汉中期的一县之地,一郡之地不抵半县。有的一州只辖一郡,一郡只领一县,如临州只领临江一郡,辖临江一县;甚至有州而无郡县,如北周保定四年(564年)所置的奉州,即无郡无县。

表 4-1　巴渝地区三国两晋南北朝时期所置州郡县表

时期	州	郡	县
东汉中	—	1	8
蜀汉	—	3	16
西晋	—	4	15
成汉	1	3	12
东晋	—	4	14
宋	—	4	16
齐	1	6	20
梁	2	7	17
西魏	4	11	20
北周	8	15	21

第三节　巴渝地区民族的迁徙与融合

　　秦灭巴蜀后,迁"秦氏万家"入巴蜀,汉族民众陆续移居巴渝地区,逐渐成为当地的主体民族。部分巴人也逐渐汉化,融入上流社会。汉末以来,长期战乱,中土人口锐减,少数民族逐渐内迁。在巴渝地区,则是徙出与迁入交织在一起。两晋南北朝时期,巴渝地区民族间既存在着少数民族融入汉族的汉化现象,又存在着汉族融入少数民族的蛮化现象。

　　蜀汉时,诸葛亮征发涪陵劲卒 3000 人为连弩手,移驻汉中,并迁其家。延熙十一年(248 年)涪陵豪族杀都尉反叛,蜀汉派车骑将军江州都督邓芝前往镇压,讨平后,"移其豪徐、蔺、谢、范五千家于蜀"①,居川西青城山一带,这对巴渝地区的人口分布产生了较大的影响。后来,这部分巴人在范长生的率领下,成为成汉统治的重要力量。

　　建立成汉政权的巴氏人李特,其祖原是板楯蛮的一支,由宕渠移入汉中、略阳一带。西晋时李特又挟氐、叟、青羌数万家入川,散居在川西北一带。流民入川,主客不能相容,土著居民与流民之间存在着不可调和的矛盾,在流民及以后建立的成汉军队攻占的地方,土著居民几乎全部随西晋军队东逃,以致"城邑皆空,野无烟火"②。川西、川东地区东迁至荆湘(今湖北、湖南)地区的土著达十余万户,东迁的土著世家,大都为汉族,也有部分巴人。

　　成汉后期,战乱不断,人口锐减,原来居住在深山丘陵地区的僚人,从贵州及川南山区大量涌出,迁居到川东、川中丘陵,川西平原一带。"蜀本无僚,至是始出巴西、渠川、广汉、阳安、资中、犍为、梓潼,布满山谷,十万余家。"③后来,迁入的僚人为土著居民的数倍,以至统治阶级不得不在僚人聚居地改置僚郡。巴渝西部多为僚居。今合川、铜梁一带因僚人甚多,南齐改置为东宕渠僚郡。今日綦江,古称僰溪,应是因僚人居住而得名,南齐永明五年(487年)迁江州县于僰溪口(今重庆市江津区顺江镇),以管理当地僚人,而移垫江县治于原江州。这一带的僚人广泛分布在今重庆市长江以南乌江以西地

---

①刘琳校注:《华阳国志》卷一《巴志》,巴蜀书社 1984 年版,第 83 页。
②《资治通鉴》卷八十五《惠帝太安二年七月》。
③《蜀鉴》卷四引李膺《益州记》。

区,被称为南平僚。今大足、荣昌一带,更是僚人的世界,直到唐代仍为僚人所居,有僚母城。

进入巴蜀的僚人没有形成国家,也无统一的机构,私有制有所发展,已经产生了阶级,但其奴隶制仍较原始。僚人的生产以农业为主,"与夏人(汉族)参居者颇输租赋"①。不过,僚人大多散居山谷,其农业相当粗放,大都还是原始的刀耕火种,渔猎在僚人的生活中还占有重要的地位。僚人的手工业,最著名的是"僚布",这是一种织成花纹的细麻布,又称"斑布",直到唐宋时仍被列为贡品或著名土特产。僚人还擅长铸造铜鼓,既薄且轻,技艺高超。僚人在汉族民众大量死亡或流亡的时期进入,成为当地的主要生产者,对巴渝西部,特别是丘陵地带的开发和垦殖,对扩大耕地面积都作出了一定的贡献。

僚人迁入后,深入内地,普遍与汉人杂居,逐渐融合于汉族或其他民族之中。僚汉的融合从僚人进入巴蜀时就开始了。特别是西魏废帝二年(553年)平蜀之后,汉人重新生息或东来,人口增多,汉族民众不断迁入僚区定居,僚汉交往大为增加,僚人逐渐接受汉族先进的生产技术和文化,与汉人通婚,生活方式和风俗习惯逐渐汉化,最终大都融合于汉族之中。除自然融合外,汉族封建统治阶级采取的同化政策也促进了僚人的汉化。巴渝地区内,最早汉化的僚人为长江以北地区。今合川及以北地区,隋代"杂有僚户"②,到唐代已不见僚人记载。昌州(今重庆市大足、荣昌、永川)是中唐因僚人甚众而置的州,至宋初仍然是"无夏风,有僚风,悉住丛青,悬虚构屋,号阁栏。男则蓬头跣足,女则锥髻穿耳。以生处山水为姓名,以杀为能事,父母丧不立几筵"③。但到北宋中叶除留下僚母城、铜鼓山一类地名外,也不见僚人的记载。长江以南乌江以西的僚人,即南平僚,由于山深地僻,融合较晚,北宋初期才逐渐与汉族相融合,然风俗习惯仍与汉族差异很大,被称为熟夷,直到南宋中期(13世纪初)才基本同化,个别地区到清初仍有土僚,后融合于当地的苗族。

巴渝东部,即长江三峡及其以南的夔黔地区,在两晋南北朝时期为多民

---

①《北史》卷九十五《僚传》。
②《隋书》卷二十九《地理志》。
③《太平寰宇记》卷八十八《昌州》。

族杂居之地,成汉时期处于成汉、东晋争夺之中。东晋永和二年(346年)桓温伐蜀,次年灭成汉,巴渝地区重归东晋统治,但原涪陵郡地区实际处于少数民族大姓的统治之下,东晋政权已经放弃。与之接壤的鄂西南、湘西北、黔东北一带,即武陵山区,是湘江支流沅江的上源,有酉、辰、巫、武、沅等5条山区水道,分属湘西、黔东、鄂西和巴渝。这里是秦的黔中郡,也是巴人的故居之一。《十道志》记载,"故老云:楚子灭巴,巴子兄弟五人流入黔中。汉有天下,名曰酉、辰、巫、武、沅等五溪,为一溪之长,故号五溪",在汉代这些少数民族被称为武陵蛮或五溪蛮。武陵蛮不是一个单一民族,但其中主要是槃瓠蛮,由于其居支配地位,因而《后汉书·南蛮西南夷列传》称槃瓠蛮为长沙、武陵蛮。武陵山以北为夔黔山区,东有著名的清江,古称夷水,是廪君蛮的主要活动地区。

两晋之际各民族迁徙频繁,廪君蛮的大姓向氏、樊氏和槃瓠蛮的大姓田氏在这一地区相当活跃。南北朝时期,田氏、向氏和槃瓠蛮的另一大姓冉氏"畈落尤盛,余则大者万家、小者千户,更相崇树,僭号王侯,屯据三峡,断遏水路,荆、蜀行人至有假道者"①。向氏最初活动在三峡地区的建平郡(郡治所在今重庆市巫山县)一带。田氏自秦汉以来就是五溪蛮(武陵蛮)中的大姓,两晋时期主要活动在涪陵郡及其东南黔阳一带(今重庆市黔江、酉阳、秀山及湖北省龙山、来凤一带),又被称为黔阳蛮。冉氏是巴东郡的蛮夷首帅,其活动中心在朐忍(北周、隋唐时为云安,故唐宋典籍称为"云安冉氏"②)。

在史籍记载中,向氏在巴渝地区出现最早。东晋元帝大兴三年(320年),以建平夷王向弘为折冲将军、当平乡侯。刘宋孝武帝时(454—464年),三峡地区的巴东、建平、宜都、天门4郡蛮夷为患,向氏遂向西发展,大明年间(457—464年),建平蛮向光后西进峡川,被巴东(治所在今重庆市奉节县白帝镇)太守王济等击退。刘宋明帝"泰始(465—471年)以来,巴建蛮向宗头反,刺史沈攸之断其盐米,连讨不克"③。20年后,南齐武帝永明(483—493年)初年,向宗头又联合黔阳蛮田氏入侵,巴东太守王图南遣将击退之。此处的向宗头就是东晋元帝时期建平夷王向弘的后裔。此后,向氏就一直活动在

---

①《周书》卷四十九《异域上·蛮传》。
②《元和姓纂》卷七。
③《南齐书》卷四十七《蛮传》。

三峡地区,时间长达百余年。刘宋时期,黔阳蛮田氏逐渐由黔阳向北发展,进入长江三峡地区。宋后废帝元徽四年(476年),荆州刺史沈攸之"遣军入峡讨蛮帅田五郡等"①。此后,田氏与向氏多次联合行动,活跃在三峡地区。南朝萧齐时期,冉氏接受梁朝的招抚,冉道周尚南康公主,其子冉伽珍自号巴东王,仕梁为南康太守,冉伽珍之子冉伯犁为梁云麾将军、湖州太守。东晋南朝时期,廪君、槃瓠大姓或接受朝廷给予的官爵,或公开与朝廷对抗,活跃在三峡一带。

西魏废帝二年(553年)尉迟迥伐蜀,攻占成都,梁大将谯淹退守南梁州,"扇(煽)动群蛮,以附于梁。蛮帅向镇侯、向白彪应之。向五子王又攻陷信州,田乌度、田都唐等抄断江路"②,冉氏亦一道起兵反抗。西魏恭帝三年(556年),李迁哲、贺若敦率兵还攻信州,向五子王弃城遁走。宇文泰以李迁哲为信州刺史,镇守白帝城。北周武成元年(559年),李迁哲入朝京师,"冉令贤、向五子王又攻陷白帝,杀开府杨华,遂相率作乱"③。北周多次发兵进讨均未得手。天和元年(566年)"信州蛮蜑据江峡反叛,连接二千余里,自称王侯,杀刺史守令等"④。北周武帝令陆腾督兵进讨。时陆腾顺江东下,"水陆俱进,次于汤口,先喻之。而冉令贤方增浚城池,严设捍御,遣其长子西黎、次子南王领支属,于江南险要之地置立十城,远结涔阳蛮为其声援。令贤率其精卒,固守水逻城。腾乃……遣开府王亮率众渡江,旬日攻拔其八城,凶党奔散,获贼帅冉承公并生口三千人,降其部众一千户"⑤。接着,陆腾又利用诸冉间的矛盾,招降冉伯犁,使之为其充当向导;又用厚利诱使冉令贤兄子冉龙真归降,于是"蛮众大溃,斩首万余级,虏获一万口"⑥,冉令贤及其子弟皆被擒斩。时向五子王退守石默城,其子向宝胜守双城。石默城和双城相距十里。石默城,亦作石墨城,在今奉节县永安镇东北;双城在今永安镇以北。两城均相传为三国时期所筑,为向氏的大本营。陆腾率军围之,"擒向五子王于石

---

① 《宋书》卷七十四《沈攸之传》。
② 《周书》卷四十九《异域上·蛮传》。
③ 《周书》卷四十九《异域上·蛮传》。
④ 《周书》卷二十八《陆腾传》。
⑤ 《周书》卷四十九《异域上·蛮传》。
⑥ 《周书》卷四十九《异域上·蛮传》。

默,获宝胜于双城。悉斩诸向首领,生擒万余口"①。此战之后,向氏在长江三峡地区的势力受到沉重的打击,向氏的活动南移到清江流域和武陵山区;田氏也退缩到黔阳一带;冉氏中冉令贤一支被消灭,但降附北周的诸冉仍相当活跃。"天和六年(571年),蛮渠冉祖喜、冉龙骧又反,诏大将军赵阎讨平之。"②诸冉中的冉伯犁自归降陆腾以后始终与北周保持着较好的关系,历仕周、隋二朝,其子冉安昌亦"为巴东蛮帅"③。

到北周时,活跃在长江三峡地区已历一个半世纪之久的廪君、槃瓠大姓向氏、田氏、冉氏在东晋南北朝历代君主的或剿或抚或剿抚并行的谋略之下,势力逐渐消退,汉人重新控制了这一地区。但廪君、槃瓠民众早已广布在三峡地区,并与汉族民众逐渐融合,生活方式和风俗习惯逐渐汉化。蛮帅大姓或留居,或率众南下。北周保定四年(564年)"涪陵蛮帅田思鹤以地内附,因置奉州,建德三年(574年)改为黔州"④。奉(黔)州治所在今彭水县郁山镇。建德三年(574年)向邹四兄弟率众内附,置施州,治所在今湖北省恩施市。隋开皇十三年(593年)黔阳田氏亦内附,置彭水县。汉人势力进一步向南推进,为隋唐时期在这一区域开辟州县,对武陵山区及黔东北、湘西北、鄂西南一带实施羁縻统治奠定了基础。

---

① 《周书》卷四十九《异域上·蛮传》。
② 《周书》卷四十九《异域上·蛮传》。
③ 《太平御览》卷八百七十五引《唐书》。
④ 《元和郡县志》卷三十《江南道·黔州》。

第五章　隋唐五代时期的巴渝诸州(郡)

第一节　区域的建置与开发

一、区域建置

公元581年,杨坚代北周,建立隋朝。9年后隋又灭陈,结束了长达3个世纪的动荡、对峙局面,中国重新归于统一。20余年后,农民起义的狂飙推翻了隋的统治,唐王朝建立。隋唐300余年,巴渝地区一直较为安定,战乱较少,经济获得了长足的发展,区域开发进入了一个新的阶段。

开皇三年(583年),隋朝因"当前郡县,倍多于古,或地无百里,数县并置;或户不满千,两郡分领……民少官多,十羊九牧",对东晋以来的滥设州县加以空前规模整顿,悉罢全国诸郡,以州直接统县,形成州县二级制。在巴渝地区设有渝州、合州(涪州)、信州、南州、临州、开州、黔州、庸州,另有遂州、资州、渠州、通州的部分地区,并在冲要之地的信州,设置总管府。大业三年(607年),效法秦制,罢总管府,又改州为郡,推行郡县二级制。对所置州县又大加省并、裁减。巴渝地区存巴郡、涪陵郡、巴东郡、黔安郡4郡和宕渠郡、遂宁郡、资阳郡、通川郡的部分地区。义宁二年(618年)先后置临江、万世2郡。

唐朝统治长达289年,在政区建置上变革很大。有唐一代先后在巴渝地区置县50余个,政区建置历经数变。武德元年(618年)改郡为州,恢复开皇旧制;贞观元年(627年)开始整顿地方行政区划,对州县大加省并,为解决地方州县事务纷繁的问题并集权中央,乃就山川形势之便,划分全国为10道。

巴渝地区贞观年间分属山南道和江南道。开元年间,州县析置已多,为便于统治,于开元二十一年(733年)又分全国为15道。巴渝地区开元年间分属山南西道、山南东道和黔中道,其中黔中道驻黔州(治所在今重庆市彭水县汉葭镇)。至德年间,政区建置又有变化,分剑南道为东西两川,分置西川和东川两节度使司。随后,方镇大兴,至元和年间(约820年),巴渝地区已分属剑南东川、山南西道、黔中道、荆南节度4使司。唐代州县建置较多,许多县名沿用至今。

唐代,开始在少数民族地区和边疆地区设置羁縻州县,以其首领为州刺史,仅加以羁縻而已,隶属于各所在地区的都督府。巴渝地区的黔州都督府所领的羁縻州就达40余个。唐代所置的羁縻州变动很大,中唐以后兴废不常,无力羁縻,多存虚名而已。

黔中道,唐开元二十一年(733年),分江南道西部置,为全国15道之一。道治所在黔州,贞元元年(785年)迁治所在辰州(今湖南省沅陵县),三年(787年)还治所于黔州。领黔州、施州、溪州、辰州、思州、珍州、南州、溱州、播州、夷州、费州、充州、业州、巫州、矩州、应州、锦州、涪州等50余州,其中相当数量为羁縻州。初设采访使,天宝以来先后设观察处置选补使、经略观察使、观察处置使、经略使、节度观察使、宣慰使、节度使等。

五代十国时期,巴蜀地区先后建立前蜀、后唐、后蜀政权。巴渝地区的地方政区建置,一切遵循唐制,无所变更,先后设置有渝州、合州、昌州、夔州、开州、万州、忠州、涪州、黔州、南州、溱州。

二、区域开发

南北朝时期,巴渝地区多数地方还是僚人、巴人后裔为主的少数民族聚居区,农业生产较为落后,刀耕火种仍较普遍,有的地方甚至还是以渔猎经济为主。随着西北部僚人等少数民族的逐步汉化,农业经济逐步成为当地的主要生产方式,丘陵地区开始得到开发,大批汉族居民不断迁入丘陵地区定居,先进的农耕技术逐渐得到普及,从而极大地推动了区域开发,促进了农业生产的发展。

隋唐时期,巴渝地区区域开发的最重要体现就是县的广泛设置,但主要体现在西部地区,东部的情况有所不同。从下附的巴渝地区历代置县一览表中可以看到,隋初在西部渝涪地区属长期稳定的县仅巴(治所在今重庆市渝中区)、江津(今重庆市江津区)、石镜(今重庆市合川区)、青石(今重庆市潼南县)4县而已。东部夔黔地区则不同,由于地控峡江,处在西南地区与长江中下游联系的唯一通道上,东晋以来成为汉族政权与蛮夷渠帅争夺的重点区域,也成为历代统治者为加强统治而广置州县的重点地区。到隋朝初年已有民复(今重庆市奉节县)、万川、武宁(均在今重庆市万州区)、永宁、新浦、万世(均在今重庆市开县)、梁山(今重庆市梁平县)、垫江、临江(今重庆市忠县)、云安(今重庆市云阳县)、巫山、大昌(今重庆市巫山县)、彭水、石城(今重庆市黔江区)、信宁(今重庆市武隆县)等15县,尤其是夔峡地区在隋初大加省并郡县以后仍然还有12县,比民国时期的9县还多3县。这表明东晋南北朝及隋的统治者在这一经济并不发达的区域广设郡县的目的主要是为了强化其统治。

在西部渝涪地区,唐代有31县星罗棋布,遍及渝涪各地,深入丘陵地带,占历代所置35县的78%,是近代15县的两倍,标志着渝涪地区区域开发进入了一个前所未有的新时期。

一个地区区域开发程度如何,在古代可以从其政权机构的设置来加以考察。我国历代的行政区划不尽相同,但县始终是最基本的政权单位。一、二级政区,如两汉六朝的州和郡,唐宋的道、路和府、州,元、明、清的行省和府、州,虽然也和地区的开发有着一定的相关性,但由于设置的标准和区域差异性太大,完全无法作为区域开发的比较尺度。县的增设则与一、二级政区不同,从秦至清两千余年,历代设县的标准也存在着较大的差异,但其下限都是在一定区域内人口能达到一定数量,赋税能基本保证其行政机构履行职能,人口的起码标准在清中叶以前大致是1000户。知道了一个地方是从什么时间开始设县的,就大致可以确定那个时候该地区的开发水平已经达到一定的高度;弄清了一个新县是从哪个或哪几个老县分置出来的,也就大致可以肯定开发该县的动力,即最早来这里开垦的民众是从哪里来的。我们就渝涪地区所有的县的设立时代和它的析置所自作一番综合考察、分析,可以大致弄清渝涪地区开发过程的基本脉络。

下面对渝涪地区历代设置的县,从设置的年代、析置所自、分布区域三方面进行考察。这里所说的渝涪地区是指唐代的渝州、合州、涪州、昌州、南州、渝州,即清中叶的重庆府。

这一区域,秦县仅3个,即江州、垫江、枳县,3县均位于长江、嘉陵江干流。江州位于长江、嘉陵江交汇处,垫江位于嘉陵江、涪江、渠江交汇处,枳县位于长江、乌江交汇处。由于长江、嘉陵江、乌江流经川东褶皱带,形成了不少的峡谷和宽谷地,沿江宽谷,江面宽广,水势平缓,两岸台地有丰富的冲积土,土质疏松肥沃,地势缓平低下,即使是使用木石一类的比较原始的工具也能加以开发,因而成为渝涪先民较早劳动、生息的地区。同时,舟楫之利又为干流沿江地区的开发提供了优越的交通条件。因此,沿江干流地区能够成为渝涪地区最早的农业区域。战国、秦汉时期的开发主要集中在干流地区,呈点线状,江州、垫江、枳县3县是渝涪地区先民筚路蓝缕、以启山林的结果。三江支流及广大内地,地广人稀,榛莽草莱遍地,尚无一县之设。

三国两晋南北朝时期,渝涪地区先后设置、徙置了6县,主要仍位于长江、嘉陵江、乌江干流地区。江州、枳县间的长江北岸,蜀汉置常安县(治所在今重庆市长寿区凤城镇东)[①],但时间不长即废;江州以上长江沿岸,蜀汉先主置乐城县(治所在今重庆市江津区油溪镇),蜀汉后主延熙十七年(254年)即废弃。这说明位于江州上下的两地的开发程度尚低,一地之赋不足以供一地之费,离晋宋巴郡每县800户至900户的平均数还有一定的距离,未达到置县的标准,单纯的政治、行政需要虽然能使县衙支撑一时,但缺乏起码的经济基础,最终导致即置即废。乌江下游,蜀汉延熙十三年(250年)置汉平县(治所在今重庆市武隆县鸭江镇);长江、綦江交汇处,南齐永明五年(487年)移江州县于此,因僚人而治。嘉陵江垫江以上,南齐时(479—502年)置汉初县;江州、垫江之间,南齐建武元年(494年)置丹阳县(治所在今重庆市北碚区东阳镇),数十年后,终因人口太少而废。另外,枳县的治地长期不固定,东西迁徙,最终废县为镇。三国两晋南北朝时期,渝涪地区虽先后新置了6县,但长期稳定的仅汉平、汉初和移于僰溪口的江州,加上治地常徙的枳县和垫江(原江州县)、宕渠(原垫江县)。其余地区大都仍未开发,或虽有所开发而未达到置县标准,或虽置县而"户不满千"[②],先后废弃。总的说来,这一时期

---

① 任乃强:《华阳国志校注图补》。
② 《隋书》卷四十六《杨尚希传》。

动乱接踵,战争频繁,人民流散,劳力严重缺乏,境内萧条残破,大片土地空荒,少数民族内迁,郡县政府仅能控制城镇周围之地,南部区域出现大片王朝弃土,已有的经济开发成果丧失殆尽。直到南北朝晚期,情况才发生变化,在汉僚民众的共同努力下,渝涪地区才重新开始了经济开发的新进程。

隋唐时期,渝涪地区先后所置县中,长期稳定的就达 20 个,占封建社会时期渝涪地区置县的 3/4,其中唐代就有 19 个。唐代渝涪地区 26 县中近 4/5 为新置县。隋唐时期是渝涪地区开发最为迅速的时期。在以后千余年里,直到清末,仅置 4 县,除清代因巴县生齿日繁,辖区广大,地位重要,长江、嘉陵江分割县境,管理不便分置江北厅外,其余 3 县,或是原置县的重置,或是旧置县的徙地重置。民国时期渝涪地区中所置的潼南县、武隆县仍然是唐遂宁县、武龙县的重置。这种情况反映了唐代的区域开发已经达到了一定的程度,未开发的大面积地区已基本不存在了。

隋朝建立后,鉴于南北朝增设的郡县多虚妄不实,"或地无百里,数县并置;或户不满千,两郡分领"①,乃力求匡正,大加省并。隋在渝涪地区也推行了这一政策,撤销了设在渝涪地区的 7 个郡,实行州县两级制。在撤并过程中,以至将一些汉晋旧县也省并了。如省裁涪陵郡时,省涪陵县为镇,徙汉平县来治,十年后更名涪陵,随之又省涪陵县为镇。即便如此,渝涪地区的涪江流域还在开皇八年(588 年)增设了赤水县(治所在今重庆市合川区赤水乡北),说明涪江流域在隋时已经得到了相当充分的开发,所以在全国推行省并政策的情况下,仍设置了这个新县。

隋唐之际,巴蜀境内比较安定。李唐王朝建立后,迅速控制了该地区,巴渝的经济和社会没有遭到大的破坏,且继续向前发展。唐代先后在渝涪地区设置了 30 多个县,长期稳定的达 19 个,这些县多数位于长江、嘉陵江、乌江的支流及附近地带。初唐主要在渝涪地区东部、南部一带置县,武周以降,置县则以西部、中北部地区为主。

东部地区,即今日重庆市涪陵区、长寿区、武隆县、南川区一带。唐初武德元年(618 年)以渝州涪陵镇及巴县地置涪州。同时,分巴县地置温山县(治所在今重庆市长寿区境内)。次年,升涪陵镇为涪陵县,分涪陵县置武龙

---

① 《隋书》卷四十六《杨尚希传》。

县(治所在今重庆市武隆县土坎乡),分巴县地置乐温县(治所在今重庆市长寿区境内),分巴县、涪陵县置永安县(治所在今重庆市长寿区东南)。贞观十一年(637年)分巴县地置隆化县(治所在今重庆市南川区隆化镇)。时涪州6县,除涪陵1县为旧县新置外,其余均为武德、贞观年间新置。

南部地区,即今日重庆市巴南区、綦江区、江津区一带。武德二年(619年)分江津县置南州(在今重庆市綦江区境);同时置隆阳县、扶化县、隆巫县、丹溪县、灵水县。贞观五年(631年)置三溪县;贞观七年(633年)置当山、岚山、归德、汶溪4县,南州辖县达到10个,次年撤销当山、岚山、归德、汶溪4县;贞观十一年(637年)撤销扶化、隆巫、灵水3县;贞观十七年(643年)又撤销丹溪县。此后,南州仅辖2县:隆阳(治所在今重庆市綦江区古南镇北),先天元年(712年)改为南川、三溪(治所在今重庆市綦江区三溪镇)。武德三年(620年)在今江津区西部和永川区东南一带分江津县地置万春县(治所在今重庆市永川区朱沱镇,武德五年改名万寿)。贞观四年(630年)分巴县置南平县,"于县南界置南平州,领南平、清谷、周泉、昆川、和山、白溪、瀛山七县(均在今重庆市巴南区、南川区之间)"[①]。贞观十六年(642年)因南平僚内附置溱州,并置荣懿、扶欢、乐来3县。

渝涪东南地区,唐代为汉族、少数民族混居区,"其俗有夏、巴、蛮、夷,夏则中夏之人,巴则廪君之后,蛮则槃瓠之种,夷则白虎之裔,巴、夏居城郭,蛮、夷居山谷"[②],开发程度参差不齐,总体水平不高。南部地区刀耕火种较为普遍,唐代初期建州设县最主要是出于加强对归顺的少数民族的统治的需要,并未完全按照设县的基本标准。特别是今綦江区一带,由于南平僚的归附,陆续设置了南州、南平州、溱州和20多个县。数年后,随着控制的强化,又实行省并紧缩政策,保留部分州县,省并的州县有南平州和下设的除南平县以外的6县及南州的当山、岚山、归德、汶溪、丹溪、隆巫、灵水、扶化等8县,30年后又撤销溱州的乐来县。南部地区出于控制的需要,县的设置超过其他地区,实际发展水平仍然很低。

中北部地区,指唐代渝州西北、合州西部的重壁山、巴岳山地区即今璧

[①]《旧唐书》卷三十九《地理志》。
[②]《舆地纪胜》卷一百七十四。

山、铜梁等县。初唐时这里仍是山林丘陵,少数地区有所开发,呈点线状分布。随着唐代社会经济的发展,人口的增长,均田制的瓦解,周围无地的农民逐渐涌入,巴岳山及其以东以北地区开始了大规模的土地开发。到武周时,移入之民已经上万,"诸州逃走户有三万余,在蓬、渠、果、合、遂等州山林之中,不属州县"[1]。长安四年(701年),合州刺史陈靖意以"大足川侨户辐凑"[2],分石镜县(秦汉垫江县)置铜梁县,开元二十三年(735年)又分石镜之南、铜梁之东置巴川县(治所在今重庆市铜梁县旧县镇)。天宝年间(742—756年)各地移民又大量进入江津、万寿、巴县3县交界的东西山阻、中央平田的重壁山地区,十数年后,至德二载(757年)分上述3县地置壁山县[3](清代复置后,始称璧山)。安史之乱爆发后,巴蜀人口大量流亡,其主要去向,仍然是边远山区,尤其是数州交界之处。

西部地区,即今大足、永川、荣昌等市县,这里原是渝州、合州、普州、泸州、资州、荣州6州交界地区,隋以前主要是僚夷聚居之地,资、普、泸、荣等地均"夷僚居之"[4],今大足县境内唐宋有僚母城[5]。唐代这里的僚人和周围地区移入此地的无地农民逐渐融合。乾元元年(758年)即壁山置县的次年,因这一地区"山川阔远"为"镇押夷僚"置昌州。同时,分周围各州地置3县,其中大足县分自合州巴川县绥仁乡,其地"侨户辐凑",人口较多;昌元县分自泸州泸川县和资州内江县;静南县析自普州普康县。大历十一年(776年),又分渝州壁山县置永川县。昌州设立后,"风俗大变","士愿而劝学,民勤而力穑","有桑麻粳稌之饶"[6],很快成为东川要郡,唐末并在此设昌普渝合四州都指挥使。

隋唐之际和唐代前中期,渝涪地区没有经历大的社会动荡,战乱较少,社会秩序比较安定,人口增长较迅速,大量的无地农民纷纷涌入统治力量比较薄弱的州县交界的深山莽原,开垦土地,开发山林,形成一股股移民浪潮。原来一直未设县的渝涪中北部、西部地区尤其首当其冲,成为移民的乐土。移

---

[1] 陈子昂:《陈伯玉文集》卷八。
[2]《元和郡县志》卷三十三《合州·铜梁县》。
[3]《元和郡县志》卷三十三《渝州·壁山县》。
[4]《元和郡县志》卷三十一、卷三十三。
[5]《元丰九域志》卷七。
[6]《舆地纪胜》卷一百六十一。

民的增加,区域的开发,加强行政管理的需要,控制服役人口和增加政府赋税收入的驱动,成为这一时期设县的主要原因。

通过以上考察,可以看到渝涪地区区域开发的进程及其规律:

一是干流开发早于支流及其他地区。秦汉所置县和三国两晋南北朝所置县均位于长江、嘉陵江及乌江干流。

二是支流开发中,先下游、后上游,逆流而上进行开发。僰溪水(今重庆市綦江区)流域较为典型。南齐永明五年(478年)移江州治于僰溪口(今重庆市江津区顺江镇);唐武德二年(619年)、贞观三年(629年)先后在僰溪水中游置隆阳、丹溪、三溪等县;贞观十六年(642年)又在其上游置荣懿、扶欢、乐来等县。在渝涪地区的中北部、西部也是这样,隋代在涪江支流上置赤水县,武周时在涪江的另一支流安居水(今琼江)附近置铜梁县,盛唐又在支流小安南溪(今大安溪)上置巴川县,随后又经小安南溪支流大足川越过分界线进入沱江支流赤水(今濑溪河)置大足县。其西南部,初唐先在长江干流置万春县,随后在长江的小支流乐城溪(今璧南河)上置璧山县,后又在另一支流朱杨溪上置永川县。总之,是陆续溯源进行开发,由溪河下游向上游,由平坝、浅丘向深丘发展。

三是东南部置县、开发约早于中北部、西部地区。渝涪地区东南部各县都创设于初唐,虽迭有省并但仍有十余县保存下来;中北部、西部地区各县都置于武周及以后。到唐代晚期,渝涪地区的区域开发已推进到丘陵山区,县的设置已相当密集,虽然南部地区置县主要是对少数民族实行羁縻政策的结果,开发还是初步的,但毕竟为宋代经济的进一步发展奠定了基础,创造了条件。

表 5-1　巴渝地区历代置县一览表

所析秦县	秦汉	蜀	晋	南北朝	隋	唐	宋	元(夏)	明	清	民国
江州	江州	有	有	垫江(巴县)(枳县)	巴县	有 南平	有	有	有	有 江北厅	巴县 江北
		乐城		江州(江阳)	江津	江津 万寿	江津	有	有	有	江津
						丹溪 三溪 南川 荣懿 扶欢	南川 有 有	綦江	有	有	綦江
						璧山	有		璧山	璧山	璧山
						永川	有		永川	有	永川
垫江	垫江	有	有	宕渠 丹阳	石镜 赤水 (宕渠 县地)	有 有	石照 有	石照	合州	有	合川
						巴川 铜梁	有 有	有	铜梁 安居	铜梁	铜梁
						大足 静南	有	有	大足	有	大足
江阳						昌元	有	昌宁	荣昌	有	荣昌
郪县			晋兴	青石	有 隆龛	有 遂宁 崇龛	有				潼南
枳县	有	有	有	有	涪陵	有	涪州	有	有	涪陵
		汉平	有	有	信宁	武龙 信安	有	有	有	有	武隆
						隆化	有	南川	有	有	南川
	平都			丰都	有	有	有	有	丰都	丰都
						南宾	有	有	石砫司	石砫厅	石砫
	常安				温山 乐温 永安	有	长寿	有	有	长寿
				垫江 魏安	有	有 桂溪	有	垫江	有	有	垫江

续表

所析秦县	秦汉	蜀	晋	南北朝	隋	唐	宋	元(夏)	明	清	民国
黔中郡地	涪陵	涪陵汉葭	有	有 汉葭	彭水	有 盈隆洋水	有	有	有	有	彭水
		丹兴 汉复 酉阳 黔阳	有		石城	黔江 洪杜	有	有 酉阳州	黔江 酉阳司	有 酉阳	黔江 酉阳
								石郁洞司 溶江芝子平茶司 邑梅沿边司	有 溶溪芝麻子坪司 平茶洞司 邑梅洞司 麻兔洞司	秀山	秀山
朐忍	朐忍	有	有	云安	有	有	有	云阳	有	有	云阳
		羊渠 南浦	有 有	有 有 鱼泉 武陵	万川 武宁	南浦 有	有 龙渠 有	万州 有	万县	有	万县
		汉丰	有	有 新浦 巴渠	永宁 有 万世	开江 有 万岁	有 清水	开州	开县	有	开县
	临江	有	有	有 梁山	有	有	有	有	忠州	有	忠县 梁平
鱼复	鱼复	永安	鱼复 泰昌	民复 大昌	有	奉节 有	有 大宁	有 大宁州	有 大宁 大昌	有	奉节 巫溪
巫县	巫县	巫县 北井	有 有 南陵	有 有 有 龟阳 阳口	巫山	有	有	有	有	有	巫山
宕渠								太平县地	城口厅	城口	

表 5-2 巴渝地区历代置县及其分布区域一览表

时期	置县数量	置县位置		
		长江嘉陵江乌江干流	三江一级支流	三江二级支流
秦汉	8	江州、垫江、枳县、朐忍、鱼复、巫县、涪陵、平都、临江		
三国两晋	12	乐城、常安、汉平、汉复、南陵	汉葭、晋兴(青石)、羊渠、南浦、北井、泰昌(大昌)、汉丰	
南北朝	9	江州(江阳)¹、丹阳、武陵	魏安、鱼泉、梁山	垫江²、新浦、巴渠
隋唐	28	丰都、万春(万寿)、武龙、洪杜	永安、乐温、温山、南川、隆化、三溪、遂宁、璧山、丹溪、永川、南宾、信宁、盈隆	石城(黔江)、赤水、隆龛、铜梁、巴川、南平、荣懿、扶欢、昌元、大足、静南
宋	3		龙渠、大宁	南平军
元(夏)	3	长寿	綦江	酉阳
明清	5	江北	安居、石砫厅	城口、秀山
民国	2	武隆	潼南	
合计	70	23	29	18

注:

1 南齐永明五年徙江州县治于梜溪口,又移垫江县治于原江州县治地,原垫江县地时已置东宕渠獠郡及宕渠县,因而,相当于在梜溪口新置一县。

2 巴渝地区历史上有 3 个垫江县:一秦置,治所在今重庆市合川区;一南齐徙置,治所在今重庆市渝中区;一西魏置,治所在今重庆市垫江县桂溪镇。

3 本表所列各县均为置县后稳定的县,即置即废的县均剔除;废县 50 年以后重置各县均按新置县统计。

第二节 政治与社会

隋唐时期,巴渝地区始终处于中原王朝的统治之下。巴蜀地区北邻关中,东控荆湘,一旦朝廷有变,皇帝往往避乱蜀中。隋唐王朝一直注意加强对巴蜀地区的控制。隋代北周之后,在巴渝地区的信州(今重庆市奉节县)和蜀中的益州(今四川省成都市)、利州、潼州等置总管府,以加强对夔峡地区和蜀中的监控,并互相牵制。后又因"巴蜀阻险,人好为乱",隋文帝封第四子杨秀为蜀王,置西南道行台尚书省于益州,以杨秀为尚书令,镇守巴蜀。后来,隋炀帝的暴政对巴蜀影响不大,巴蜀社会相对稳定,隋末的大动乱中,巴蜀既没有形成割据政权,也没有爆发大规模的战乱。流寓之民,往往入巴蜀避乱。郡县长官大都保境自守,坐观形势。

李渊起兵后,为抢夺富庶的巴蜀地区,迅速决策招抚巴蜀。大业十三年(617年),他派李孝恭为山南招慰大使,经略巴蜀。李孝恭"自金川出巴蜀,檄书所至,降附者三十余州"①。李渊又派云阳县令詹俊、武功县正李仲衮再次出使巴蜀,招抚尚未归顺的郡县。巴蜀各地的郡县长官、豪族大姓、蛮夷酋帅,纷纷表示归顺,"竞遣子弟献款,络绎而至,所司报答,日有百余,梁益之间宴如也"②。巴蜀地区很快就被纳入了李唐的势力范围,成为其统一中原的重要基地。

隋初和唐初,其开国之君进行统一战争时,都曾把巴渝地区作为战略基地,分兵自此东下,平定南方政权。隋初杨素自永安(今重庆市奉节县)而下攻陈,唐初李靖自夔州(今重庆市奉节县)出兵灭萧铣。在唐王朝中央政局动乱、地方势力反叛或农民起义军逼近之时,巴蜀地区往往又成为逃亡皇帝的避难之地,唐玄宗、唐僖宗先后"幸蜀"。

唐末乾符三年(876年),山东爆发王仙芝、黄巢起义,广明元年(880年)十二月,黄巢大军攻占潼关,唐僖宗仓皇出逃,次年初抵成都。僖宗"幸蜀"带来了大量的官员、随从,对巴蜀人民的剥削更加变本加厉,巴蜀人民怨声载道。中和二年(882年)巴蜀地区的邛州(今四川省邛崃市)、涪州(今重庆市涪陵区)先后爆发了阡能、韩秀升的武装反唐斗争。

阡能原为邛州牙官,因事迟期,又因派来的捕盗使凶残,估计大祸将至,于是起兵反唐,并很快攻占了邛州、蜀州等地。当年七月,韩秀升也在涪州起兵反唐。韩秀升原为涪州刺史,他已经看到唐朝统治出现了严重的危机,难以继续维持了,曾深刻地指出:"自大中皇帝(唐宣宗)晏驾,天下无复公道,纽解纲绝。"③它的归宿就是覆灭。在此情况下,韩秀升起兵反唐,起兵后据州城,在峡路(川江航道)上活动的"峡路贼"屈行从也起兵响应,加入韩秀升

---

① 《资治通鉴》卷一百八十四《恭帝义宁元年十月》。
② 温大雅:《大唐创业起居注》卷三。
③ 《资治通鉴》卷二百五十五《唐僖宗中和三年》。

军。韩军首先向黔州(治所在今重庆市彭水县)进军,"劫害黔府,俘掠帅臣"①,取得重大胜利,控制了黔州地区,解决了涪州的后顾之忧。韩军随之返回涪州,进而截断峡江路。史载:"江淮贡赋皆为贼所阻,百官无俸;云安、浣井路不通,民间乏盐。"②严重地威胁到了流亡在西蜀的唐朝廷的生存。西川节度使陈敬瑄急忙派西川押牙庄梦蝶为峡路招讨指挥使,率兵三千镇压。中和三年(883年),庄梦蝶被韩军击破,退守忠州,应援使胡弘略战亦不利,三峡以西,大片地区都在韩军的控制之下。为进一步扩大战果,韩军又溯流西上,攻打渝州,遭到了渝州地区的地主武装——韦君靖义军的阻遏。韦君靖"统率义旅,讨除逆党,值秀升尽抛舟楫,围逼郡城,公乃详度机宜,上下拦截,依山排阵,背水布兵,两面夹攻,齐心剪扑,贼势大败"③,韩军被迫退回到涪州。

随后西川(节度使)方面派出了高仁厚,黔南(观察使)方面又派出了毛忾,从西、南两个方向向韩军夹击。高仁厚来到渝涪前线,侦知韩军精锐尽在舟中,游动作战,资粮存放在寨中,由老弱看守。于是故意扬兵江上,做渡江状,牵制韩军,夜发精锐由间道攻焚韩军营寨,同时又遣善游者凿韩军舟船,韩军首尾不能相顾,高仁厚趁机派兵于要路邀击,韩军瓦解,韩秀升被俘,涪州城则被毛忾攻破④。韩秀升的反唐斗争在西川、黔南官军的联合夹击之下归于失败。

在巴蜀的唐末混乱中,各地土豪纷纷组织乡兵,"凭高立寨,刑讼生杀,得以自专"⑤。这些以镇寨为据点的乡兵,通常被称为义军,在剑南三川的所谓义军中以昌州的韦君靖部队最为典型,成为巴渝乃至巴蜀政治军事中的特异个案。

僖宗乾符年间(874—879年),"天下骚然,蝗旱相仍,兵戈四起",民不聊生,韦君靖在昌州、渝州间"合集义军,招安户口,抑强抚弱,务织劝农,足食足

---

① 《资治通鉴考异》引《郑畋集》所载的《复黔南观察使陈佑奏涪州韩秀升谋乱,已收管在州候敕旨状》。
② 《资治通鉴》卷二百五十五《唐僖宗中和三年》。
③ 新编《大足县志》第25篇《大足石刻》,《唐韦君靖碑碑文》。
④ 《资治通鉴考异》引《郑畋集》所载的《复黔南观察使陈佑奏涪州韩秀升谋乱,已收管在州候敕旨状》中有:"陈佑爰命毛忾部领甲士,直趋巢穴,便破城池,迫逐渠帅,剿除逆党。"
⑤ 《北梦琐言》卷四《赵师儒与柳大夫唱和》。

兵,以煞去煞"①。僖宗中和二年(882年),涪州刺史韩秀升反唐,攻围渝州城。韦君靖"统率义军,讨除逆党",大败韩秀升。渝州刺史田泂备录奏闻,韦君靖以功授普州刺史。中和四年(884年)韦君靖乘东、西两川混战之机,攻占合州,恩旨除拜合州刺史。光启二年(886年),东、西川战事再起。西川节度使发维、茂羌军,攻杀东川节度使高仁厚。光启三年(887年)正月,以顾彦朗为东川节度使,"至剑门,陈敬瑄使吏夺其节,彦朗不得入,保利州"②,顾彦朗于是频招韦君靖起兵。文德元年(888年)诏讨陈敬瑄抗旨,朝廷以韦昭度为招讨使。王建与东川顾彦朗联兵攻西川,韦君靖率精锐2万余人从征。龙纪元年(889年)腊月,王建、韦君靖大破西川大将山行章部于广都(今四川省双流县),"并破二十七寨,杀戮五万余人,大振威声"③。顾彦朗奏闻,遂以韦君靖为使持节、都督昌州诸军事、守昌州刺史、充昌普渝合四州都指挥、静南军使。昭宗景福元年(892年),韦君靖在昌州大足县西北的龙岗山建永昌寨。乾宁二年(895年),前静南县令胡密撰文记其事,锲之贞石。其碑今存大足县北山,其上部为正文,下部为韦君靖麾下的将校题名,其将校分为四类:当州军府官节级、应管诸镇寨节级、军曹司孔目院、县官。

当州军府官节级,此为昌州军府的将校题名。昌州于乾元元年(758年)因其地"山川阔远",为"镇押夷僚"置,同时置昌元县、静南县、大足县。大历六年(771年)州治为"狂贼"张朝攻破,昌州及3县撤销,其地各还旧属;大历十年(775年)州、县复置,昌州的治所自大历十年复置以来在静南县,静南军亦在静南县,州治和军府同治一地。景福元年(892年)州治移于濑婆溪北,以大足县为倚郭,州治与静南军遂各在一方。同年并在县北龙岗山筑永昌寨。此碑文中的"当州军府"应是由静南军府演变而来的昌州军府。昌州军府统领的军队是韦君靖的主力。从题名中可以看出昌州军府部队是由两部分组成。一是韦君靖自己亲率的牙兵,包括左右两厢、左右后院、左右内院、左右亲近、左右元随,和军府都勾、军州都押衙、宴设将、后曹将、修造将、知市将、知客将、横冲将、拥阵将以及主兵十将、主客十将、牢城使、牢城都虞侯、壕寨将等率领的部队。二是从下属镇寨中划拨来的由义军将、义勇军将、龙水

---

① 新编《大足县志》第25篇《大足石刻》,《唐韦君靖碑碑文》。
② 《新唐书》卷一百八十六《顾彦朗传》。
③ 新编《大足县志》第25篇《大足石刻》,《唐韦君靖碑碑文》。

镇将等率领的土豪武装,由义军使韦君□、王彦芝统领。由于昌州州治由静南移到大足的永昌寨,静南军府实际上已经不复存在,所以在当州军府节级中没有静南军的将校。而在下面将要述及的应管诸镇寨节级中却有"节度押衙、充静南军先锋都知兵马使、兼三州捕盗使韦君政",静南已经成为四州重要的镇寨之一了。

应管诸镇寨节级,是分布在昌普渝合四州的各镇寨义军将校题名,共41名。其中最大的镇寨为进云寨,主将为四州指挥都虞侯,进云寨都团练义军镇遏使韦君迁,副贰为进云镇副兵马使韦君意,部属有进云寨判官毋从政、赵乾浼,进云寨镇义军都虞侯罗从顺、韦义迁。其次为安溪镇,主将为四州都指挥兵马副使、安溪镇遏使贾文洁,部属有安溪义镇副将王公进、安溪义军将袁公会。其余各镇寨,大的为义军镇遏使,其次为义军镇遏将,更次的为镇将、义军将。

军曹司孔目院,是昌州军府的文职人员。孔目院的长官是厅头开拆书状孔目官,副贰为书状孔目官、厅头开拆孔目官,僚属有军事押衙专知回易务、驱使官。

县官,有前守静南县令胡密、前守录事参军裴镇、前摄录事参军文廊、试左武卫兵曹参军赵处谦。这一部分题名基本上就是唐代后期一个县的主要官员。这些官员可能就是景福元年(892年)昌州治所移至大足县后,乾宁二年十二月(896年初)"韦君靖碑"树立前一月至数月才由静南县调到大足县的官员。由于他们还没有被任命为大足县的官员,因而在题名中仍用静南县的官衔,只是加上一个"前"字,以示区别。昌州四县的县令中,已无一人为正式任命之现职,昌元县令为充牢城使韦□宝摄,永川县令为充义军使杜元立摄,静南县令已调而仅为前守,大足县令已无而为虚悬,四县令两空两摄,而且摄县令者一为当州军府官节级中的充牢城使,一为应管诸镇寨节级中的充义军使。此种状况说明昌州各县都已经镇寨化了。就是大足这个昌州治地之县中,也仅有龙水镇将王伯章为从下属镇寨中划拨来的土豪将领在当州军府官节级中,连充龙水义军镇遏使罗宗权、充□□〔河楼〕滩镇将梁得昌也在应管诸镇寨节级中,因此韦君靖要从静南县调来官员,重新组建大足县。唐末,巴蜀地区的土豪武装大量出现,州县的镇寨化十分明显。"韦君靖碑"题名中的四州镇寨达20多个,除去8处完全湮灭无法辨别的外,有:

　　　　小井(昌元、巴川)、来凤(壁山)、〔函〕谷(壁山)、来苏(永川、石照)、龙归(永川、普康)、龙水(大足)、柳溪(巴川)、东流(铜梁)、董市(石照)、云门(石照)、龙会(石照)、〔河楼〕滩(大足)、葛仙寨(昌元)、安溪(巴川)、进云镇(寨)、凌云寨、千囗、赖甘斜岩、历山、南峰等20个镇寨。

　　这些镇寨根据宋代典籍可以考定其所属州县的有14处,内有3处为两可之间。其中属于昌州的有大足1处至2处、昌元2处、永川1处至2处,属于合州的有石照2处至3处、巴川2处至3处、铜梁1处,属于普州的有普康1处,属于渝州的有壁山2处。四州中韦君靖起家之处的昌州和控制时间最长的合州(884—889年)镇寨最多,均为4处至6处,说明他对昌州、合州控制最牢,渝州和普州则主要控制与昌州、合州相邻部分,即渝州之壁山县、普州之普康县,其余各县控制力度稍次,镇寨设置亦少[①]。这些镇寨中的部分到宋代发展成为具有相当经济职能的集镇。上述20个镇寨中有11个《元丰九域志》对其作了记载,表明宋代巴蜀地区各县的镇,相当一部分就是在晚唐时期形成的。

　　韦君靖以纠集义军起家,以家族成员控制军队,从乾符年间到乾宁二年,先后十余年,最后被朝廷任命为使持节、都督昌州诸军事、守昌州刺史、充昌普渝合四州都指挥、静南军使,实际上就是节度使,从而成为割据昌普渝合四州的方镇。但在巴蜀各县都已经镇寨化的当时,韦君靖所控制的昌州、合州、普州、渝州的镇寨头目除个别外,均未曾在"韦君靖碑"上列名。这种情况表明韦君靖对普州、渝州的控制,更多的是名义上的,这从"韦君靖碑"题名中四州刺史除韦自领的当州(昌州)刺史外,其余三州刺史均未列名其间亦可间接感觉到。

[①] 新编《大足县志》第25篇《大足石刻》,《唐韦君靖碑碑文》。

第六章 巴渝社会的初步繁荣

第一节 两宋时期的政区建置

后周恭帝显德七年(960年)正月,赵匡胤在陈桥发动兵变,推翻后周,建立宋朝。乾德三年(965年),灭掉巴蜀的后蜀政权。南宋祥兴二年(1279年)正月,合州安抚使王立降元,元军平定四川诸城之未下者。两宋王朝在巴渝(川东)地区的统治长达314年。

在巴蜀地区,宋朝设"路"的建置,宋太祖于乾德三年(965年)平定后蜀后,在原剑南东川、剑南西川两节度使范围设置西川路,开宝六年(973年)又在原山南西道及山南东道部分地区设置峡西路,正式确认了唐天宝以来的三级政区制,即路(道)、州(府、军、监)、县。咸平四年(1001年)分西川、峡西两路为益州路、梓州路、利州路、夔州路等四路,总称川峡四路,后简称四川。咸平四年(1001年)以峡西路南部地区分置为夔州路。夔州路辖夔州、黔州、施州(今湖北省恩施地区)、忠州、万州、开州、达州(今四川省达川地区)、涪州、渝州、云安军、梁山军、大宁监。熙宁八年(1075年)建南平军,隶夔州路。大观二年(1108年)置珍州、播州,隶夔州路。政和八年(1118年)置思州,隶夔州路。夔州路驻夔州奉节县。

渝州,宋初仍置。崇宁元年(1102年),宋国子博士、渝州人赵谂回乡省亲之时,被人告发"与其党李造、贾士成等宣言欲诛君侧之奸,其语颇肆狂悖","狱具遂与反逆伏诛,父母妻子悉皆流窜"①。因赵谂家族为渝州南部少

---

① 《玉照新志》,转引自董其祥:《巴史新考》。

数民族,"其族党来降,赐以国姓"①,然而竟敢口出狂言,擅议朝政,有狂悖反逆之言,尤为大汉族思想严重的北宋王朝所不容。在处理这一事件之后,北宋统治者仍然厌恶其乡里——渝州之字义不祥,取"恭行天罚"之意,改渝州为恭州。

南宋初,宋高宗赵构因无子,于绍兴三十年(1160年)立宋太祖七世孙赵昚为嗣子。绍兴三十二年(1162年)六月,宋高宗禅位于昚,自己做太上皇。昚即南宋孝宗。孝宗即位后,于当年九月,封其第三子赵惇为恭王。惇后知临安府尹②。淳熙十六年(1189年)二月,孝宗禅位于赵惇。惇即南宋光宗。光宗即位后,依照潜藩升府的惯例,于当年八月甲午(1189年9月18日),升其潜藩之地恭州为重庆府③。此为"重庆"这一地名的由来。自此以后,重庆地区地名始定,再无更易。

北宋庆历年间(1041—1048年),夔州路提点刑狱司由万州(今重庆市万州区)移驻渝州;南宋建炎年间(1127—1130年)因战争需要,设川峡四路制置司于成都,南宋嘉熙三年(1239年)起重庆府为四川制置副司驻地,淳祐二年(1242年)起重庆府为四川制置司驻地,管辖成都府路、潼川府路、利州路、夔州路。重庆首次成为四川地区行政军事的中心。

两宋时期,巴渝地区置有夔州路和梓州路(潼川府路)部分州军,即属于夔州路的渝州、夔州、万州、忠州、开州、涪州、黔州和南平军、梁山军、云安军、大宁监,属于梓州路的合州、昌州。

第二节　少数民族区域的发展

唐宋时期,居住在巴渝及其周边区域的少数民族开始以定居生活为主,迁徙变动不大,主要分布在四川盆地沿边地区,"自黔(黔州,治所在今重庆市彭水县)、恭(渝州、重庆府)以西,至涪(涪州)、泸(泸州,今四川省泸州市)、嘉(嘉定府,今四川省乐山市)、叙(今四川省宜宾市)……被边十余郡,绵亘

---

① 《玉照新志》,转引自董其祥:《巴史新考》。
② 《宋史》卷三十六;《续资治通鉴》卷一百三十三记载同。
③ 《宋史》卷三十六;《续资治通鉴》卷一百五十一记载同。

数千里,刚夷恶僚,殆千万计"①。由于唐代对巴渝南部地区的开拓成果需要巩固,五代两蜀政权亦未对民族地区进行开拓,宋朝又实行"恃文教而略武卫",划地为界,弃不毛之地,对少数民族大姓统治地区施行以防御为主的政策。在巴渝地区,宋朝基本上实行了对少数民族在政治上树其酋长,赐爵封官的羁縻政策;军事上则筑寨守卫,建立义军土兵,设险御敌,镇压少数民族大姓的武装反叛;经济上发展蕃汉贸易,互市通商,加强经济交往。在此基本状况下,沿边州军蕃汉民众往来密切,互通婚姻,少数民族与中央王朝的政治、经济、文化联系进一步加强,民族地区的经济文化和社会状况有了很大的改变,部分少数民族的汉化速度明显加快。

宋初渝州南部"蛮界乡村有僚户","山谷中有狼猺乡,俗构屋高树,谓之阁栏。惟坎铜鼓,视木叶以别四时。父子同讳,夫妻同名,祭鬼神以祈福"②。昌州则是"无夏风,有僚风,悉住丛青,悬虚构屋,号阁栏。男则蓬头跣足,女则椎髻穿耳。以生处山水为姓名,以杀为能事,父母丧不立几筵"③。黔州又是一番景象,"杂居溪洞,都是蛮僚。其性犷悍,其风俗淫祀,礼法之道,故不知之"④。忠州"夷僚颇类黔中"⑤。渝州之南的唐南平州、溱州一带(今重庆市綦江区、南川区及贵州省桐梓县及以南)更是僚人的天下。

随着北宋社会经济的发展,巴渝长江以北地区的僚人迅速地汉化,到北宋中期昌州地区的僚人除了留下一些表示其地曾有僚人居住的地名以外,已经不再见诸记载。经济文化的全面发展使昌州出现了"极目稻塍平浩渺,一川麦陇翠蒙茸"的丰饶景象,汉僚民众和睦相处。

巴渝长江以南地区的僚人主要分布在唐南平州(后为南平县)及以南地区,"渝州蛮者,古板楯七姓蛮,唐南平僚也。其地西南接乌蛮、昆明、哥蛮、大小播州,部族数十居之"⑥。到北宋中期,由于长期与汉族民众交往,逐渐融合,汉化程度高,已被称为熟夷。治平中(1064—1067年),熟夷李光吉、王衮、梁承秀三族在宾化寨(今重庆市南川区一带)"据其地,各有众数千家。

---

① 《宋史》卷四百九十六《蛮夷四》。
② 《太平寰宇记》卷一百三十六《渝州》。
③ 《太平寰宇记》卷八十八《昌州》。
④ 《太平寰宇记》卷一百二十《黔州》。
⑤ 《太平寰宇记》卷一百四十九《忠州》。
⑥ 《宋史》卷四百九十六《蛮夷四》。

间以威势胁诱汉户,有不从者屠之,没入土田。往往投充客户,谓之纳身,税赋皆里胥代偿。藏匿亡命,数以其徒伪为生僚劫边民,官军追捕,辄遁去,习以为常,密赂黠民觇守令动静,稍筑城堡,缮器甲,远近患之"①。他们与宋朝廷为敌,使宋廷难以容忍。熙宁三年(1070年),夔州路转运使孙固(一作构)等决定兴师讨伐,"复宾化寨,平荡三族。以其地赋民,凡得租三万五千石,丝棉一万六千两,以宾化寨为隆化县(今重庆市南川区),隶涪州,建荣懿、扶欢两寨"②,纳入州县体系直接统治。随后,又将隆化西南的铜佛坝(今重庆市綦江区赶水镇)一带直接控制起来,设置南平军(治所在今重庆市綦江区古南镇),以渝州的南川县和涪州的隆化县隶之。大观二年(1108年)木攀族首领赵泰、播州夷族首领杨光荣各自以其统辖之地内附,宋廷以其地建溱州(治所在今重庆市綦江区)、播州(治所在今贵州省桐梓县)。宣和三年(1121年)废溱州、播州,以其地属南平军。长江以南、乌江以西的南平僚地区基本在宋廷的直接统治之下。

南平军建立后,经过熙宁、元丰年间的开拓巩固,大批汉人随着宋朝军队的挺进而迁入,结束了当地大姓酋帅割据称雄、独霸一方、相互掠夺、世代仇杀的混乱局面,逐步废除了当地旧有的豪强大姓强迫农民"纳身"的农奴制生产关系,"以其地赋民",解放了社会生产力,迁入的汉人又带来了先进的生产技术和科学文化,加速了这一地区的开发,促进了当地的社会经济的发展。农业是渝南地区的主要经济支柱,"南川县地皆膏腴"③,适宜于农业生产,大姓豪族统治时农业就已经有了一定的基础,很多地方都建有谷仓,储藏稻谷。熙宁、元丰年间大批汉人迁来从事农业生产,更促进了农业生产的发展。到南宋中晚期,南平军的水稻生产与巴渝西部的昌州、合州、渝州一带不相上下。今日南川区南平镇古称陈家场,有木地坝即宋代五弟坝旧址,相传为北宋熙宁年间南平军设立之初,有任氏五兄弟自巴蜀内地前来当地开荒种地,安家落户,故名五弟坝④。南平军是渝南地区的主要茶区,茶叶生产已有一定的规模,宾化茶为巴渝名茶之一;军北的南平旧县"狼揉山茶黄黑色,渝人重

---

① 《宋史》卷四百九十六《蛮夷四》。
② 《宋史》卷四百九十六《蛮夷四》。
③ 《舆地纪胜》卷一百八十。
④ 民国版《南川县志》之《古迹》。

之,十月采贡"[1],是著名的秋季采摘的品种之一。南平军地区盛产铁矿,熙宁年间建军后,宋朝在其地建广惠监,铸造铁钱。熙宁设监初期,岁铸钱 4 万贯,元丰二年(1079 年)达到 6 万贯。由于南平军地处巴渝地区与南部"西南七藩"和田氏大姓间的交通要冲,所以商业在熙宁年间也逐渐发展起来。宋朝在南平军设商税务 3 个,征收商税 3447 贯,并设市马场,每年买马 50 匹。社会经济的发展也促使文化事业的相应进步。宋人评价道,南平军自"开拓为郡,今衣冠宫室,一皆中国。四民迭居,冠婚相袭,耕桑被野,化为中华"[2],是巴渝地区社会经济发展速度最快的区域之一。

南平军东面的涪州、黔州、夔州、施州一带沿边地区也主要是少数民族聚居区,居住着土家族、苗族的先民。宋朝对这些少数民族在政治上实行羁縻统治,在黔州设羁縻州 49 个(南宋为 56 个,绝大部分在今贵州省境内),由各少数民族首领统治所属各部,宋朝一般不干涉其内部事务,但在必要时也对重要事务加以决断。军事上主要以防御为主,在黔州及其邻近地区广设镇寨,捍卫内地,抵御少数民族的进侵。黔州彭水县就设有洪杜、小洞、界山、难溪 4 寨,黔江县设有白石、马栏、佐水、永安、安乐、双洪、射营、古水、蛮冢、浴水、潜平、鹿角、万就、六保、白水、土溪、小溪、石硅、高往、木孔、东流、李昌、仆射、相阳、小村、石门、茆田、木栅、虎眼等 29 寨;在忠州设有南宾尉司;在施州清江县设有歌罗、细沙、宁边、尖木、夷平、行廊、安碓等 7 寨;在南平军南部地区也设有荣懿、开边、通安、安稳、归正等 5 寨,溱川 1 堡,作为军事据点。同时还将这些地区内附投归的少数民族组成义军、土丁,给予一定的待遇,"遇蛮入寇,遣使讨袭,官军但据险策应"。这些少数民族义军和部分内附少数民族大姓"渠帅"的部曲,不但维护了巴渝沿边地区的安宁,而且成为两宋王朝手中用以镇压其他地区少数民族反叛的重要军事力量,并在南宋晚期抵御蒙元的战争中发挥了重要的作用。

第三节 宋代经济的兴盛

宋王朝的建立,结束了五代十国的分裂状态,创造了和平安定的政治局

---

[1]《太平寰宇记》卷一百三十六《渝州》。
[2]《舆地纪胜》卷一百八十。

面。在宋代300余年的统治中，巴渝地区除晚期外，基本上未发生动乱，社会经济得到了迅速的发展。梯田的开垦，农业的进步，商业的活跃，城镇的兴起，人口的增加，使宋代巴渝经济尤其是西部渝涪地区的经济发展到一个新的高峰。

一、农业

宋代巴渝地区农业较前代有所发展，主要表现在梯田的开垦，农业生产的进步，粮食和经济作物品种的增加等方面。巴渝地区已经成为旱地粮食作物的重要产区，同时也是多种经济作物的重要产地，尤以麻、桑种植最为广泛，几乎遍及西部各州。但这种发展又是极其不平衡的。

在宋代，巴渝农民对土地开发利用的最大功绩就是在丘陵及中山区建造了大量的梯田，把山坡改造成为了耕地。我国梯田的开垦是在宋代才开始普遍发展起来的。梯田建在山坡上，田面随山坡的斜度，筑成阶埂，层层开发，种植禾稻，形似阶梯状，故称梯田，又称为层田、塝田、山田。南宋范成大即在《骖鸾录》中说："岭板上皆禾田，层层而上至顶，名梯田。"巴渝地区的梯田主要分布在梓州路的合州、昌州及其附近的渝州、涪州、忠州、梁山军一带。梓州一路因梯田甚多，以至在宋代的田亩统计上记为"田为山崖，难计顷亩"[①]。巴渝地区没有水利灌溉的丘陵和山区，主要利用水塘、池堰等潴水地灌溉稻田，即"稻田以水为本，故无渠堰而田宜稻者，则有潴水之地以待灌溉"。有的潴水地是天荒公地，则有地方豪强游手与州县官吏勾结，乘南宋绍兴年间推行经界法之机，请佃、承买，泄其水为耕种之地，独擅其利，使附近的稻田无水，岁失播种。知涪州程敦书于绍兴二十八年（1158年）上书朝廷，请求禁止承买、请佃潴水地，已经请佃、承买的应立即收回。此建议得到了朝廷的同意，保护了丘陵和山区的水利灌溉设施[②]。"合州等处无平田，农人于山坡起伏间为防，潴雨水，用植粳糯稻，谓之(赠)田，俗名雷鸣田，盖言待雷鸣而后有水也。"[③]宋代有水源灌溉的梯田，一般都能种植水稻。陆游有《岳池田家》

---

① 《文献通考》卷四《田赋》考四。
② 《宋会要辑稿·食货》七之五十四。
③ 叶适圭：《海录碎事》卷十七。

诗:"春深农家耕未足,原头叱叱两黄犊,泥融无块水初浑,雨细水痕秧正绿。"①此诗写的虽是广安军岳池农村,但至少应是邻近的合州一带有水源的丘陵地带水稻种植较为普遍的反映。范成大在游历万州、梁山、忠州、垫江等地时所写的诗句中说,"山骨鳞皴火种难,山下流泉却宜稻","人间只见秧田润,唤作蟠龙洞里泉","旧雨云招新雨至,高田水入下田鸣"②。没有池堰、水塘灌溉的雷鸣田(即今望天田),由于有田埂,本身也能蓄些水,也有的种植水稻,不过由于没有水源保证,如巴川(今重庆市铜梁县东部)一带"五日不雨枯,十日不雨槁,丰年常少,而凶年常多"③,收成无法保证而已。总之,梯田的兴建和梯田潴水种植水稻,使得巴渝地区的土地在宋代得到进一步的开发利用。

巴渝地区水稻的种植已较广泛。在长江沿江台地一带,地热早熟,很多地方种植早稻和中稻。如涪州的涪陵、乐温、温山等县,每年五月半早稻已熟,便可食新,直到七八月水稻才收割完毕,因而"民食稻鱼,凶年不忧,俗无愁苦"④。盆地边缘的梁山军也是"间有稻田"⑤,"稻田蕃庑,常多丰年"⑥。就是在农业落后的夔州地区,农民也能根据当地的自然地理条件,种植各种农作物。范成大的《夔州竹枝歌》中描述了当地的农作物种植与分布状况,"东屯平田粳米软",沿江小平坝以种植水稻为主;"百衲畲田青间红,粟茎成穗豆成丛",山地则开垦畲田,种植杂粮为主;"榴花满山红似火,荔枝天凉未肯红。新城果园连瀼西,枇杷压枝杏子肥",在夔州城郊的草堂一带适宜种植水果的地方则果园不少。此外,农民有的还"背上儿眠上山去,采桑已闲当采茶"⑦。当地农民因地制宜,使粮食作物和经济作物都能合理种植。

应当指出,巴渝地区的农业差异性很大,西部尤其是西北部方山丘陵地区,由于土地的开发利用,梯田的兴建,人民勤于耕作,农业生产相当发达;但东部和东南部的盆地边缘和少数民族地区的农业则仍处在刀耕火种的粗放

---

① 陆游:《剑南诗稿》卷三。
② 范成大:《范石湖集·诗集》卷十六。
③ 《全蜀艺文志》卷三十四下;度正《巴川社仓记》。
④ 《舆地纪胜》卷一百七十四。
⑤ 范成大:《范石湖集·诗集》卷十六。
⑥ 《舆地纪胜》卷一百七十九。
⑦ 范成大:《范石湖集·诗集》卷十六。

农业阶段;就是恭州(渝州)南部一带,也是"荦山硗确强田畴,村落熙然粟豆秋"①,农业生产也比较粗放。夔峡地区更是普遍实行刀耕火种,范成大曾记载说:"畲田,峡中刀耕火种之地也。春初斫山,众木尽蹶。至当种时,伺有雨候,则前一夕火之,藉其灰以粪。明日雨作,乘热土下种,即苗盛倍收。无雨反是。山多硗确,地力薄,则一再斫烧始可蓺。春种豆麦,作饼饵以度夏;秋则粟熟矣。官输甚微;巫山民以收粟三百斛为率,财用三、四斛了二税,食三物以终年,虽平生不识粳稻,而未尝苦饥。"②但"峡农生甚艰,斫畲大山颠,赤埴无土膏,三刀才一田"③,生活仍然非常贫苦。陆游在回忆其夔峡的经历时有诗句曰:"峡中天下最穷处,万州萧条谁肯顾。"④宋人自己亦称:"夔峡之间,土狭民贫,面皆菜色,衣不蔽体。"⑤

经济作物中,水果和茶叶尤负盛名。水果中,柑橘主要产于合州、渝州、涪州和开州、夔州等地,夔州甚至有"黄柑亦自香,一株三百颗"之称⑥;巫山的大溪"出美梨,大如升"⑦。位于今潼南县境内的普州崇龛镇出产的崇龛梨,相传为宋初著名道教思想家陈抟所植,亦特别有名。荔枝则主要产于涪州、渝州、合州等地沿江一带。巴渝地区是四川茶叶的主产地之一。茶叶主要产于渝州南部(北宋熙宁以后的南平军)、涪州和合州一带的丘陵地带以及夔州、忠州等地。涪州的宾化茶在宋代就很有名,渝州"南平县狼揉山茶黄黑色,渝人重之,十月采贡"⑧,尤其是产于合州涪江之南的巴岳山水南茶,宋人评价甚高,"蜀茶之细者……惟广汉之赵坡,合州之水南,峨眉之白芽,雅安之蒙顶"⑨,与蒙顶茶相提并论。

二、手工业

巴渝手工业在宋代有了进一步的发展,主要表现在纺织业、井盐业、瓷器

---

① 范成大:《范石湖集·诗集》卷十六。
② 范成大:《范石湖集·诗集》卷十六《劳畲耕·并序》。
③ 范成大:《范石湖集·诗集》卷十六《劳畲耕》。
④ 陆游:《剑南诗稿》卷三《忆万州戏作短歌》。
⑤ 王十朋:《梅溪王先生文集》卷四《夔州论马纲状》。
⑥ 王十朋:《梅溪王先生文集·后集》卷十三。
⑦ 陆游:《入蜀记》卷六。
⑧ 《太平寰宇记》卷一百三十六《渝州》。
⑨ 《文献通考》卷十八《征榷考》五。

业、酿酒业和冶金业等方面。

纺织业在巴渝地区分布广,产量较大。唐代时,渝州、南州、溱州、昌州均出产布并向朝廷进贡布,昌州的筒布及各州的斑布已成为著名的纺织物。特别是由于种桑养蚕、缫丝织缣的发展,宋代的渝州、昌州、合州、南平军等已和北面的梓州、遂州、果州、阆州等成为四川丝织业的又一中心。斑布产于巴渝地区的昌州、涪州,是用木棉所织的布[1]。

井盐业秦汉以来就是巴渝地区的手工业之一。安史之乱后,为了增加财税收入,唐政府实行食盐榷管政策,划定四川为井盐销售地区,限制外盐进入,促进了井盐的发展。唐代后期,渝州、昌州、合州、夔州、黔州、忠州已成为井盐产地之一。宋代巴渝地区的井盐产区主要分布在昌州、合州、夔州、忠州、万州、黔州、开州、涪州、渝州、云安军、大宁监等 11 州军监[2]。川峡四路的井盐生产与其他地区的食盐产品全部都归官有、任何人不得私卖的体制有所不同,仍是继续作为一个单一销售区域进行管理而不设茶盐制置使,由各路转运使和州县官兼管。井盐的生产是"大为监,小为井。监则官掌,井则土民干鬻,如其数输课,听往旁境贩卖,唯不得出川峡"[3]。设监的大井由官府直接经营,称为官井官盐;一般的小井则由当地的民众经营,按照官定的数额交纳课税,允许在川峡四路境内贩卖。宋代在重要的产盐之地设有以经营管理工矿生产为主的监,类似于今日的南桐矿区(今重庆市綦江区)、双桥区(现已并入大足区)这类现代在重要工矿地区设立的市或区。在夔州路,相当于州的有大宁监,相当于县的有云安军的云安监、夔州的永安监[4]。此外,还有县辖的盐场,如涪州涪陵县的白马盐场[5]。

在宋代,产盐之地往往是社会经济较为发达的地区。北宋康定年间(1040—1041 年),涪州涪陵县白马津东 30 里发现盐泉,"于忠州迁井灶户十余家,教以煮盐之法,未几,四百余灶,由是两山林木芟薙悉成童山"[6],白马津

---

[1]《农政全书·蚕桑广类》引《异物志》云:"木棉之为布曰斑布。"
[2] 散见于《文献通考》卷十八《征榷考》五、《宋史·食货志》、《宋史·地理志》、《元丰九域志》、《宋会要辑稿》、《舆地纪胜》等。
[3]《宋史·食货志》。
[4]《宋史·地理志》;《文献通考》卷十五《征榷考》二。
[5]《元丰九域志》卷八。
[6]《舆地纪胜》卷一百七十四。

很快就发展成为川东重要的食盐产地,昔日的穷山野岭,顷为繁华街市。由于南平军地处交通要道,宋朝政府还在白马津设立税务,年收商税有4151贯①。云安监(今重庆市云阳县云安镇)"旧传三牛对马岭,不出贵人出盐井,土人用是不以仕进为业,惟货利之从"②。大宁监由于产盐,"一泉之利,足以奔走四方"③。使地处深山绝壁,山多硗确,僻在夔峡深处,土地物产不及他郡的大宁(今重庆市巫溪县),成为巴渝最富之地。"田赋不满六百石,藉商贾以为国"④,"民家子弟,壮则逐鱼盐之利,富有余资,辄以奉祀鬼神,他则不暇知耳"⑤。井盐产地的生产和经营者们,既是商品的生产者,又是商品的消费者。他们不耕不织,以盐贸易衣食用具,当地居民吃穿用全靠外地贩运而来,"吴蜀之货,咸萃于此"⑥。这就突破了为满足自己需要而进行生产的自给自足的藩篱,促进了农副产品及区域间工农业产品的商品交换,加速了商品经济的发展,对封建社会内部商品经济的发展起了重大的推进作用。

据史料记载,宋代井盐的产量有了很大的提高,大宁监年产盐250万斤⑦。宋初,昌州的7口盐井,实际盐课额23060斤;开宝三年(970年),又额外增加虚额盐18500斤,盐民甚以为苦而流移他地;到太平兴国三年(978年)才将虚额盐减免⑧。这种情况反映了宋初昌州井盐产量仍然有限,增加产量十分困难。北宋中叶以后,昌州盐井已增加了许多,据《舆地纪胜》记载,昌州盐井已达130余口,月盐额已达10.8万斤,年额已达130余万斤,昌州的井盐业有了很大的发展。

宋代的井盐生产除官府直接管理的外,先后经历了课民煮盐、令民买扑承包盐课、改官营为民营等三个经营阶段。

课民煮盐,是以规定课额,发给柴薪或柴薪钱,令民煮盐上缴的一种经营方式。超产的食盐可以归井户所有,有利于调动生产者的积极性,提高井盐产量。但在实际执行中往往由于定额过高,超过了盐井的实际产量,虚额过

---

① 《宋会要辑稿·食货》十六之二十。
② 《宋代蜀文辑存》卷六十四,王日挈:《云安监劝学诗序》。
③ 《舆地纪胜》卷一百八十一。
④ 《舆地纪胜》卷一百八十一。
⑤ 《蜀中广记》卷五十七。
⑥ 《舆地纪胜》卷一百八十一。
⑦ 《文献通考》卷十五《征榷考》二。
⑧ 《舆地记胜》卷一百六十一;《宋史》卷二百八十八《任布传》。

多，法定的煮盐柴薪或柴薪钱"吏多侵牟"①，生产者以致破产也不能按照定额完纳盐课。宋初昌州盐民逃亡流移就是其典型事例。

令民买扑承包盐课，是一种官有民营的经营方式。买扑承包是双方自愿，立标承包的租佃契约关系。盐课额数量在盐井实际产盐能力的基础上考虑了承佃盐井者的实际利益，既调动了井盐生产者的积极性，又在一定程度上保证了国家的盐课收入。熙宁四年（1071年），文同首先提出废除官府煮盐，召人买扑承包，当时未被采纳②。熙宁七年（1074年），梓夔路察访使熊本召人买扑承包③。到元丰年间（1078—1085年），包括昌州、合州在内的梓州路各地的官井普遍施行令人买扑承包的制度，官方在统计盐课收入时也明确记载为"本路州军，百姓买扑盐井，系认定年额收数，并与年额一般，别无增亏"④。

改盐井官营为民营。买扑承包盐井后，由于盐井的所有权并不属于生产者，使用权并不固定，而是处于变动之中。生产者往往只考虑当年的经济效益，而不考虑对盐井的爱护和井盐资源的长期开发利用，短期行为非常明显。效益收入好时，官府亦经常夺佃转包；经营效益差时又要召人承包。南宋初期，赵开变盐法时对所有民井食盐增收专卖税的尽榷蜀盐办法在川峡四路施行；四路官府大量出卖官井，改官营为民营，改承包盐课为按产量来缴纳盐税。以前令人承煎的官井，自建炎军兴后，四路总领所就将巴渝地区除设监管理的产量高而稳的大井继续由官府经营外，其余一般官井全部召人投买，转官井官营为民井民营⑤。

宋代，巴渝地区的驻军的食盐和部分钱帛粮秣都是以盐利开支的。真宗景德年间（1004—1007年），丁渭知夔州，见峡路各处屯兵资粮的调发甚为扰民，而夔峡地区积盐甚多，乃募商贾输粟，按市价以盐抵偿，解决了巴渝地区军粮缺乏的困难。后任者相沿为例，将大宁监的盐利收入作为籴本，用以应付夔州路军粮⑥。

---

① 《宋史》卷二百七十六《臧丙传》。
② 文同：《丹渊集》卷三十四《奏为乞免陵州井纳柴状》。
③ 《宋会要辑稿·食货》二十四之六。
④ 《宋会要辑稿·食货》二十三之十二。
⑤ 《建炎以来朝野杂记》乙集卷十六《四川总制司争夔盐井》。
⑥ 《宋会要辑稿·食货》二十五之十三至十四。

井盐在巴渝地区还是维系中央政府与施黔蛮、南平僚的重要物资手段。盆地周边的少数民族的食盐在巴渝地区必须依赖大宁监、永安监、云安监、涪州的白马盐场，黔州的玉山镇（今重庆市彭水县郁山镇）、盐井镇的井盐。宋初，施州、黔州一带的少数民族为了争得对夔州、黔州地区盐井的控制权，在太宗、真宗时期都经常骚扰边境，杀害官民，迫使宋朝只得陈兵于施州、黔州，加强控制，以防不测。"岁仰他州馈饷，峡民甚苦之。"[1]真宗咸平五年（1002年），知施州寇瑊、夔州路转运使丁谓决定满足施黔地区少数民族的食盐需要，"诏以盐与之，且许其以粟转易"[2]，较为妥善地处理了井盐纠纷。此后，夔州路井盐"则并给诸蛮，记所入盐直，岁输缗钱五分，银、绸绢五分。又募人入钱货诸州，即产盐厚处取盐，而施、黔并边诸郡，并募人入米"[3]，解决沿边诸州军食。数十年后，宋朝政府还在夔州路施黔一带实行以井盐作为支付手段来招募当地汉人和少数民族充当义军、土丁、壮丁，镇守边寨，并对"有为恶蛮人能率属归投者，署其首领职名，月给食盐"[4]，将食盐作为对少数民族进行羁縻和招抚的物质手段，开放食盐贸易，招募兵丁，对担任宋朝官职的少数民族首领，定期无偿馈赠食盐。北宋中期以来，夔州路沿边基本上再也没有为争夺盐井而发生民族冲突，维持了夔州路施黔地区的民族友好和边区安宁。

宋代渝州是巴蜀瓷业重要生产地之一，主要生产黑釉瓷（即全国闻名的天目瓷[Temmokh]），以供民间日用为主。器物种类繁多，有食器、陈设器及玩具等，其釉色以黑、褐二色为主，包括漆黑、绀黑、黑褐、棕褐、柿色等色泽；其纹饰有釉中装饰、釉下绘画、胚胎刻划、压印纹装饰等。渝州黑釉瓷器中以辐射状的菊花纹和曜变纹最为珍贵。由于曜变是在非常有限的条件下产生的，往往万余件产品中才有一件，故被视为神技。

巴渝瓷业生产主要分布在渝州州城对岸的涂山、合州、巴县姜家、清溪等地。其中，涂山窑广布在今南岸黄桷垭一带，共10余处地点，长达5公里，另外在今南岸区鸡冠石一带也有分布。涂山一带，临近长江，产品运销十分方便，而且附近原料丰富，可以就地取材，因而瓷器生产发展迅速，窑场密布，成

---

[1]《续资治通鉴长编》卷五十二。
[2]《宋史》卷四百九十四《蛮夷》四。
[3]《续资治通鉴长编》卷五十二。
[4]《续资治通鉴长编》卷七十六。

为宋代川渝瓷器的生产中心之一。此外,瓷器生产也是家庭手工业之一。一家一户烧造瓷器,除满足生活的需要外估计尚有部分出售。这种家庭小窑在今重庆境内也时有发现[①]。

宋代巴渝地区的酿酒业也有一定程度的发展。酿酒需要粮食,巴渝地区农业的发展为酿酒业的发展提供了必要的条件。巴渝地区酿酒有悠久的历史,巴乡清酒自秦汉以来即名闻天下。但直到南宋末年以前,巴渝地区的酿酒还是古法,尚未采取蒸馏技术。因而巴渝地区酿酒业的发展,还主要表现在酿酒区域的扩大和数量的增加。

宋代把酒作为专卖物品来控制,官府设置酒务,管理酒的酿造、贩卖和酒课收入。但在巴渝地区的东部、东南部,如夔州、开州、黔州、云安军、梁山军等地,或因经济尚不发达,或因"汉夷杂居,故弛其禁,以惠远人"[②],没有实行酒禁和设置酒务,也不固定征收酒课。

一般而言,酒务的设置多寡和酒课收入的多少与经济发达程度成正比,但由于宋王朝在夔州路实行了"川峡不榷酒"[③]的特殊政策,在熙宁十年(1077年)前,夔州路仅渝州、万州、忠州、大宁监等4州监设有酒务,但也仅有7务,酒课额也只有5240贯。与渝州相邻、经济社会发展水平大致相当的昌州、合州则分别为10451贯和80837贯。相比之下,渝州等4州监的酒课额仅具象征意义。熙宁十年(1077年)则完全废除了夔州路的酒禁,不立课额。南宋建炎三年(1129年)后,赵开为增加酒课收入,大变酒法,行隔槽法,又在夔州路实行榷酒,岁收钱42900余贯,但20余年后又于绍兴二十六年(1156年)废除夔州路酒禁,不征酒课。这一方面表明,夔州路酿酒业的发展程度仍然相当有限,不宜估计过高;另一方面,夔州路部分地区的酿酒业也的确还相当发达。夔州一带的粟酒就非常有名,云安军的酿酒业亦较发达,范成大在夔州竹枝词中就说:"云安酒浓曲米贱,家家扶得醉人回。"[④]

[①] 陈丽琼:《四川古代陶瓷》,重庆出版社1987年版,第97页。
[②]《宋史》卷三百五十三《蒲卤传》。
[③]《宋史》卷二百九十八《燕肃传》附《燕度传》。
[④] 范成大:《范石湖集·诗集》卷十六《夔州竹枝词九首》。

表6-1　巴渝地区部分州监酒务、酒课数额表

州监名	熙宁十年前 酒务数	熙宁十年前 课额(贯)	熙宁十年 酒务数	熙宁十年 课额(贯)
昌州	4	10451	4	1162
合州	9	80837	9	8135
渝州	4	1736		无额
万州	1	1347		无额
忠州	1	1736		无额
大宁监	1	421		无额
合计	20	96528	13	9297

綦江铁矿宋代已经开采,宋朝在南平军设置铸钱监,铸造铁钱,名广惠监。熙宁时年铸钱4万贯,元丰三年(1080年)达到6万余贯。另外,唐代《元和郡县志》记载合州铜梁山出铁,北宋则在合州设有铁冶和铸铁监。

三、商业

宋代巴渝地区的商业比之前代有所发展,并在历史上第一次有了商税收入的具体记载。同时,宋代场镇集市也普遍涌现。通过对商税和场镇的考察,可以看到宋代巴渝经济发展的另一侧面。

封建社会征收商税由来已久,宋代商税收入已成为国家重要的财政收入之一,并开始有了各地商税收入的具体数字。"商税,凡州县皆置务,关镇亦或有之","行者赍货,谓之过税,每千钱算二十;居则市鬻,谓之住税,每千钱算三十"[①],税率为2%至3%。商税的征收是建立在商品交换发展的基础上,商税数量在一定程度上反映了商业发展的情况。现将巴渝地区北宋熙宁十年(1077年)税额和旧有税额制为表6-2和表6-3。

---

① 《宋史》卷一百八十六《食货志》。

表6-2 北宋巴渝地区旧统计和熙宁十年税额一览表

州军监	县数	旧统计 税务	旧统计 税额（贯）	熙宁十年 税务	熙宁十年 税额（贯）	州军监 税务	州军监 税额（贯）	县 税务	县 税额（贯）	场镇 税务	场镇 税额（贯）
渝州	3	3	48365	3	39161	1	31615	2	7546		
昌州	3	38	51507	3	11745	1	11456	2	289		
合州	5	1	137206	1	37597	1	37597				
南平军	2	未	置	3	3447	1	1433	2	2014		
涪州	3	6	71320	5	34885	1	28385	1	2329	3	4171
忠州	4			5	18982	1	14420	4	4562		
梁山军	1			1	2517	1	2517				
黔州	2			5	12744	1	10185	1	799	3	1760
夔州	2			2	35442	1	21292	1	14150		
万州	2			2	17075	1	17062	1	13		
开州	2			2	7368	1	5834			1	1534
云安军	1			2	18537	1	17836	1	701		
大宁监	1			1	12939	1	12939				

注：旧统计为铁钱，熙宁十年应为铜钱数。

表6-3 部分州军城镇熙宁十年税额表

州军	税额（贯）	税务数	务名	税额（贯）
昌州	11745	3	在城 昌元 永川	11456.285 134.4 154.834
渝州	39161	3	在城 江津 璧山	31615.9 5995.5 1551.22
南平军	3447	3	在城 南川 隆化	1433.927 1258.581 756.412
夔州	35442	2	在城 巫山	21292 14150
涪州	34885	5	在城 乐温 白马津 温山 陵江场	28385.456 2329.045 4145.937 10.301 10.696

从税额中可以看到,巴渝地区同邻近地区相比处于中等或中下水平,但内部的差异很大。渝州、合州、涪州、夔州熙宁十年(1077年)税额都超过3万贯;忠州、万州、云安军都超过了1.7万贯;昌州、黔州、大宁监也在万贯之上;南平军因新置不久,商业尚不发达,仅3000余贯;其他州军税额不多。商税收入主要集中在城市(州城),部分县虽设税务,但商税收入大都偏低。城市是税收的主要来源地,商业活动主要集中在城市。交通条件是影响商税收入的重要因素。渝州、合州、涪州、忠州都在江边,地处水陆交通要道,均比经济发展水平相当而非交通要冲的昌州高出不少;夔州、云安军、大宁监、黔州或因地处水运要冲,或因其为井盐产地,商税收入均在1万贯以上;巫山县、江津县亦因水运方便,税额高于其他各县,巫山县为14150贯,江津县为5995.5贯,说明交通要道的商品交换和商品流通比交通不便和僻远地区发达。商品经济和交换发达的场镇,如涪州白马津,也有较高的商税收入。

巴渝西部地区渝、合、昌、涪四州和南平军熙宁十年(1077年)总税额为126826贯,如按平均税率2.5%估计,则渝涪五州军年商品成交额或流通额达507万贯;元丰三年(1080年)五州军共13.4万余户,每户参加商品交换的平均额为38贯,两者都是比较可观的贸易数字。熙宁十年(1077年),全国商税总额为804万贯,渝涪五州军占1.58%,元丰三年(1080年)全国人户为1673万余户,渝涪人户仅占0.801%;全国户均商税为0.481贯,川峡四路户均商税为0.768贯,渝涪五州军户均商税则为0.946贯,几乎是全国户均商税的2倍,并略高于川峡四路的户均水平。但比之川西平原的成都府和成都府路仍有较大的差距,成都府的商税额高达171631贯。这反映了巴渝西部地区的商业在全国范围内尚可,但在经济发达的川峡四路内仍属中等水平。

第四节 重庆城市与区域城镇的发展

农业生产的发展,商品交换的兴旺,促进了人口集中、交通方便、商品生产较发达地区场镇的兴起。宋代巴渝地区场镇甚多,据宋代史籍的不完全记载就达188处,现列于表6-4。

这些场镇,遍布巴渝各地,其中位于渝涪地区的有147个,位于夔黔地区的仅31个。尤其是西部地区的渝州、南平军、涪州、合州、昌州和黔州的场镇数量较多,又以昌州的大足、昌元、永川,合州的铜梁、巴川、石照,渝州的巴县、江津县和南平军的南川9县为甚,涪州3县仅温山等7镇。东部的夔峡地区场镇数量较少,其中夔州除2县城外无一场镇,万州除2县城外仅4场镇,开州除2县城外仅3场镇,忠州除4县城外仅3场镇。场镇的分布呈北多南少、西密东疏的特点,场镇的多寡并与区域的海拔高度成反比。南部的南川县因地处巴渝与播州和少数民族聚居的黔州所领各羁縻州的交通要道上,又有綦江的水运之便,场镇分布也较密集。这些场镇中以市、店或场命名的就达30个,占全部场镇的1/6,说明有相当的一部分场镇是直接从贸易集市和路边店发展起来的。有35个场镇名中含有川、溪、滩、津、江、水、浦、源、汤、池等名称,说明有一部分场镇是因水运的发展而出现的。还有一些场镇是随着井盐的开采而发展起来的,如临江县的涂井、盐井,彭水县的盐井、玉山,开州万岁县的温汤、井场,云安军的晁阳、高阳、章井,大宁监的大昌等。场镇的多寡,在一定的程度上反映了农村商品交换的发展水平。

表6-4 宋代巴渝地区各州军市镇名

州别	县别	市镇	市 镇 名
渝州（重庆府）	巴县	11	石英、峰玉、蓝溪、新兴、(泥坝、木洞、安仁市、白崖市、鱼洞、双石、东阳)
	江津	15	(马鬃)、伏市、白沙、长池、圣钟、石羊、汉东、玉栏、灵感、石鼓、沙溪、仙池、平滩、石洞、三槌
	壁山	6	双溪、多昆、含谷、王来、依来、(来凤)
昌州	大足	14	大足、龙水、陔山、米粮、李店、龙安、刘安、安仁、静南、河楼滩、永康、三驱磨、僚母城、(颇川)
	昌元	18	宝盖、龙会、清滩、归仁、垱子、小井、滩子、赖川、安民、安仁、罗市、鸭子池、延滩水、垱滩、(永安、赵市、龙门、旧州)
	永川	12	永昌、铁山、龙归、来苏、候溪、永祥、牛尾、永兴、欢乐、咸昌[成昌]、罗市、(榷子)
合州	石照	9	云门、龙会、安坝、来滩、来苏、扶山、铜期、董市、茆市
	汉初	7	沙溪、羊口、新兴、新民、龙泉、鹤鸣、太平
	赤水	6	独柏、长利、小张市、白崖、明山、龙门
	巴川	11	曲水、雍溪、小罗市、柳溪、铜鼓、高庄、大井、楼滩、小井、乐活、安乐
	铜梁	12	大安、武金、彭市、咸通、石盆、李店、东流、营市、谢市、安居、羊溪

续表

州别	县别	市镇	市　镇　名
涪州	涪陵	4	温山、陵江、(蔺市、石门)
	乐温	2	(龙女、新丰)
	武龙	1	(白马津)
南平军	南川	10	(铜佛市、汤寨市、东溪市、新王市、南川、荣懿市、扶欢市、大㯲市、土门市、合实市)
忠州	临江	2	涂井、盐井
	垫江	1	争米市
	丰都		
	南宾		
梁山军	梁山	4	杨市、桂溪市、峡石市、龙西
黔州	彭水	9	盐井、玉山、洋水、信宁、都濡、南州、龙门、双牌、龙合
	黔江	2	新兴、沣源
夔州	奉节		
	巫山		
万州	南浦	4	渔阳、同宁、巴阳、北洍
	武宁		
开州	开江	1	新浦
	万岁	2	温汤、井场
云安军	云安	3	晁阳、高阳、章井
大宁监	大昌	3	江离、大昌、安居
合计		188	

资料来源　《元丰九域志》;括号内据《宋会要辑稿·食货》、《舆地纪胜》和其他典籍。

但是,这些场镇仅是初级商业活动场所,各个场镇的大小、经济繁荣的程度、商业贸易的差异性都很大。同时,巴渝地处浅丘地带,方山丘陵将广大地区分割成众多的小平坝(即小盆地)。一平坝到另一平坝并不十分方便,这些相互处于半封闭状态的小平坝的适当地点,很容易产生进行初级产品交换的场镇。这种状态使得包括巴渝地区在内的川中丘陵地带成为宋代场镇最密集的区域。大多数场镇所能辐射和吸引的范围显然偏小,而且不易发展成为具有大量商业活动、有较强的辐射和吸引能力、拥有较多人口的商业场镇。北宋早期,在昌州3县各场镇设有38个税务;熙宁十年(1077年)因税额过少,除县城外全部省并。这表明除县城所在的场镇外,其余场镇的商业贸易仍然是初步的。同时,部分县城,如合州的铜梁、巴川、汉初、赤水4县均未设税务,商业活动亦是有限。

农村商品交换的初步发展和场镇的兴起,促进了城市商业的发展。渝州地处长江、嘉陵江汇合之处,"两江商贩,舟楫旁午"①,已经成为四川东部的交通要道和商业贸易中心之一。

随着巴渝地区农业、手工业的发展,场镇的兴起和商业的活跃,作为巴渝中心的渝州(重庆府)城在宋代逐渐有了一些新的变化。宋代川峡四路的对外交通仍以水路为主。长江、岷江水系,嘉陵江、涪江、渠江水系仍是当时四川水路的交通动脉。川峡四路中的成都府路、梓州路、利州路境内河流,大都经渝州(重庆府)、夔州才能出川。由于水路运输省费、省时,险阻较少,故无论官府、民间,大都选择从水路运输客货物资。渝州是长江、嘉陵江两江水路运输的汇集地,川峡四路运往京都(开封、临安)和东南一带的官商物资,都由长江、嘉陵江运至渝州(重庆府),然后再转运至下江各地。重庆长江干流"商贾之往来,货泉之流行,沿溯而上下者,又不知几"②。宋代经由重庆运输的大宗货物主要有绢帛、粮食、食盐、茶马、药材等。

川峡四路仅由官府漕运的布匹一项,宋初每年就达百万匹,至真宗"咸平中,定岁运六十六万匹,分为十纲"③。另外,四川每年两税收入中的绢绸即达45万余匹,其中的相当部分亦经川江外运,"两川……水路纲运,不可胜纪"④。南宋时期,1/3的军粮仰赖于川峡四路,每年调运川粮达150万石。绍兴初年在合州设置转船仓,川西、川南的嘉、眉、蜀、泸、叙诸州所输粟米,都

---

① 《舆地纪胜》卷一百七十四。
② 冉木:《心舟亭记》,转引自道光版《重庆府志》卷一《舆地志》。
③ 《宋会要辑稿·食货》四十六之十五。
④ 《宋史·食货志》。

由长江运至重庆,再溯嘉陵江而达合州,集中储于转船仓;复由合州陆续运至阆州、利州,到夏季水盛再北运至川陕前线。这种转漕办法,一直持续了30余年。同时,南宋还利用茶叶来交换川西北边境少数民族的战马,将战马由利州经阆州、果州、合州、恭州(原渝州)用船载运至荆南,形成了"商贩溯嘉陵而上,马纲顺流而下"[①]的繁忙景象。宋代川江的民间运输也很兴旺,每年外运数额,不下于官府。巴蜀"士大夫之贪黩者,为之巨舰西下,舳舻相衔,捆载客货,安然如山",他们利用一定范围内的免税特权,进行贩运,致使"沿江场务,所至萧条"[②]。

对于水道中的险水恶滩,宋王朝曾加以整饬,如江津县境长江有大小糯米滩,处江之冲,由泸州"舳舻衔尾而来,一或不戒,则与石相遇",舟覆人亡之事时常发生。淳熙十二年(1185年),江津地方官"出金捐粟",募人疏凿,"至于砥平"。于是,"舟船之下,安然顺流,以达吴楚,无复龃龉"[③]。

随着川江水运的兴盛,处在其枢纽位置的渝州(重庆府)在转口贸易中逐渐成为区域间商业贸易的重要场所;同时,随着巴渝地区农业、手工业的发展,区域内的商品交换也日益频繁,这时的渝州已经不再是单纯的封建的政治性中心,开始成为经济中心,从单一功能的城邑发展成为多种功能的城市。宋代渝州的商业活动日渐活跃,11世纪中,其商税税额不过4万余贯铁钱(折合铜钱4000余贯),尚不抵川西一大县,到熙宁十年(1077年)州城税额已达3.1万贯,数十年间增长七八倍,说明其商业发展非常迅速。"两江商贩,舟楫旁午"[④],一派繁忙景象。

晋宋以降,巴郡(渝州)的政治地位并不高,与益州(四川省成都)已不可同日而语,自隋唐五代迄北宋为朝廷贬谪官员、流放罪犯之地。宋代随着经济的发展,其政治地位逐渐提高,北宋庆历年间(1041—1048年),夔州路提点刑狱司由万州(今重庆市万州区)移驻渝州[⑤];南宋淳熙十六年(1189年),升恭州为重庆府;嘉熙三年(1239年),在重庆府置四川安抚制置副使司;淳祐二年(1242年),移四川安抚制置使司于重庆府,次年又命四川制置使余玠

[①]《宋会要辑稿·兵》二十三之三十六。
[②]《宋会要辑稿·食货》二十八之二十五。
[③] 嘉庆版《江津县志》卷十三。
[④]《舆地纪胜》卷一百七十四。
[⑤]《宋史》卷三百三十一《程师孟传》。

兼四川总领财赋、夔州路转运使,将四川的政治、军事、财政、司法等主要机构都集中到重庆。重庆凭借其逐渐增长的经济实力再次成为四川的大都会和川东地区的军政经济中心。

南宋晚期,重庆城区也有所扩大,嘉熙三年(1239年)彭大雅筑重庆城时,城墙西线已由李严旧城的今大、小梁子,较场口一线移至今通远门、临江门一线,其城区范围已较李严旧城扩大近两倍。彭大雅筑城时固然要考虑防御上的需要,但旧城外已发展的街市的安全保障、城外新区对城市的作用也是扩城时的考虑因素之一。

宋代是重庆城市成长过程中承前启后的关键时期。秦汉江州作为巴郡的首府一直发挥着川东地区军政中心的作用;晋宋以降,随着信州(夔州)地位的提高,巴郡(渝州)的川东地区的军政中心地位逐渐丧失,隋唐五代已成为一个普通的州郡,其政治地位甚至在昌州、合州之下。秦汉至隋唐五代,巴郡(渝州)这个有城垣的都邑是一座以政治、军事为中心的城,而且其政治、军事地位日渐衰微。宋代由于区域农业、手工业、商业的发展,州府城工商业的日益繁荣,渝州(重庆府)从以政治、军事为中心的城,向以政治、军事、经济、文化为中心的城市发展,原已丧失的政治、军事功能逐渐回归。也就是说,渝州(重庆府)在宋代完成了从有城垣的城市向人口密集、工商业日益发展的城市的演进过程。这样,渝州(重庆府)便由只有行政、军事功能的城市成为一座兼有交通、行政、军事、经济、文化等多种功能的城市。

第七章 宋元战争与元代重庆

第一节 彭大雅、余玠时期的抗蒙斗争

一、南宋晚期的四川形势

南宋宁宗开禧二年(金章宗泰和六年,1206年)铁木真在斡难河头被拥立为全蒙古的大汗,号"成吉思",正式宣告蒙古国的建立。接着,成吉思汗指挥蒙古军挥戈南下,开始进入中原地区。当时,整个中国正处于四分五裂的状况,南宋与金互相对峙,中分南北,西夏和西辽割据西北,吐蕃和大理分立于西南。在13世纪初至20年代,蒙古贵族都在进行频繁的、大规模的军事活动,先后与金、西夏展开了激烈的争夺战,几年工夫就将金朝的势力从河北、山东驱赶到黄河以南,并与金朝在关陇一带激战。嘉定十五年到十六年(1222—1223年),蒙古军队开始越过秦岭南下,掳掠南宋利州路的凤州一带,将战火烧到了四川地区。

早在南宋初期的宋金对峙时期,南宋王朝为了巩固其西部防线,保卫西蜀地区,在今陇南、陕南一带加强战备,派重兵扼守位于秦岭与大巴山、剑门关间的三个重要关隘,即利州路的武休关(今陕西省留坝县南武关河)、仙人关(今甘肃省徽县西南)和七方关(今甘肃省徽县与陕西省略阳县之间)。为了固守三关,南宋政府设置了五州军,作为三关的外围防线。这五州军是岷州(西和州,今甘肃省西和县西)、天水军(今甘肃省天水市西南)、阶州(今甘肃省武都县东)、成州(今甘肃省成县)、凤州(今陕西省凤县东)。三关、五州有着十分重要的战略意义,控制着四川内地的安危,"蜀以三关为门户,五州

为藩篱"①。南宋政府为了守御这一战略地区,先后在这一地区部署了四支御前诸军,即"蜀之四统军司",或称四大戎司。这四大戎司及驻地如下:

沔戎司——驻沔州(今陕西省略阳县),守仙人关,并成州、天水军;

利戎司——驻利州(今四川省广元市),守七方关,并阶州、西和州;

兴元戎司——驻兴元府(今陕西省汉中市),守武休关,并凤州;

金戎司——驻金州(今陕西省安康县),守饶凤关(今陕西省西乡县东北),并洋州。

蜀边兵马直接由该四大戎司掌管,但其节制调配大权则统归四川安抚制置使。当宋金战争激烈时,四川安抚制置使的驻地曾由成都府移治利州、兴元府。宋金对峙时的蜀边防御体系曾有效地保卫了四川内郡的安全,但在其中后期时逐渐遭到破坏,特别是宋将吴曦叛乱及嘉定十二年(1219年)金军再次攻破大散关以后,宋在蜀边的防御关隘已经被摧毁殆尽。此时,蒙古军队开始南下,由北而南的进入四川地区,逐渐由藩篱而门户而内郡。

宋宁宗嘉定十五年(1222年)十月,蒙古太师国王木华黎率领大军进攻金朝凤翔府(今陕西省凤翔县)时,即遣蒙古不花南越秦岭的牛岭关,循宋利州路的凤州而还。

宋理宗宝庆三年(1227年)春,成吉思汗率领大军渡黄河,攻陷金的临洮府(今甘肃省临洮县)。其中的一支蒙古骑兵奉命打着"灭金夏"的旗号向南抄掠,进攻屏蔽西蜀的五州之地。这支军队进入宋境后,很快就攻陷阶州,随后又包围了西和州,南攻文州石靴关。南宋四川安抚制置使郑损惊慌失措,慌忙作出了放弃五州、退保三关的决定。四川安抚制置使司所在的利州一带震动,人们纷纷入山躲避;郑损也由沔州逃回利州。只是由于成吉思汗于当年七月死于清水(今甘肃省清水县),蒙古军才自行撤退。

由于金朝的中原心腹之地难以攻破,宋绍定四年(1231年)蒙古窝阔台汗一面派兵南下,一面与宋朝交涉,威逼南宋让蒙古军进入汉中,以便东进唐(今河南省唐河县)、邓(今河南省邓县),直接进攻金朝都城汴梁(今河南省开封市)。蒙古军计划分三路进兵合围,左、中两军分别由济南、洛阳东西而进;皇弟拖雷"总右军自凤翔渡渭水,过宝鸡,入小潼关,涉宋人之境,沿汉水

---

① 《宋史》卷四百四十九《高稼传》。

而下",三支军队相约明年春天会师汴梁①。

南宋四川制置使桂如渊既不认真与蒙古使者谈判,又压制部将,放松戒备,严令部将不得擅自出兵,并将位于西和州、天水军一带的"并边之师"一律后撤到七方关。宋理宗绍定四年(1231年)秋天,拖雷率蒙古骑兵3万,从宝鸡入大散关,以武力假道汉中。由于桂如渊自撤藩篱,蒙古军很快越过沿边五州,直抵三关。八九月间,武休、仙人、七方三关相继溃陷②。随后,拖雷又派使者入宋境,正式向四川军政当局提出"假道,且约合兵"的要求③,后拖雷以其使者被杀为借口,大兴问罪之师。拖雷兵分两路:一路强行借道,"分兵攻宋城堡,长驱入汉中";一路"进袭四川",以图报复④。终以军事力量威胁的手段,迫使宋朝政府答应假道,拖雷顺利通过汉中辖境,如期与窝阔台军会师。进袭四川的蒙古军,"由别路入沔州,取大安军(今陕西省宁强县大安镇)","陷阆州","略第至西水县(今四川省南部县西北),破寨百四十而还"⑤。

经过蒙古军队理宗宝庆三年(1227年)的抄掠和绍定四年(1231年)武力假道的进袭,四川地区的屏障与门户的三关、五州已经相继被破坏,只是由于蒙古军队的主要进攻目标是金朝,而且尚需要联合宋朝一道灭亡金朝,因而攻袭四川的蒙古军队的主要目的是向宋朝示以军威。蒙古军队于端平元年(1234年)会同宋朝军队灭金之后,随即便发动了对南宋的军事进攻。七月,"遣达海绀卜征蜀"⑥,从此揭开了长达40余年的宋蒙(元)战争的序幕。次年春,蒙古军队正式发动了对南宋的大规模战争。

四川是宋蒙战争的主要战场。蒙古窝阔台汗从交战之初就制定了首先攻取四川,然后顺流而下灭亡南宋的战略。端平二年(1235年),窝阔台汗遣次子阔端率西路军攻四川,第三子曲出率东路军攻襄汉(今湖北),兴兵两路灭宋。阔端军于当年八月由凤州入河池,直逼沔州。九月,宋知州高稼战死,沔州陷落。复围宋四川制置使赵颜呐于青野原,为宋将曹友闻救出。曹友闻

---

① 《宋史全文》卷三十二;《宋史》卷四十一《理宗纪》。
② 《宋史全文》卷三十二;《宋史》卷四十一《理宗纪》。
③ 《元史》卷一百一十五《睿宗传》。
④ 《元史》卷一百一十五《睿宗传》。
⑤ 《元史》卷一百一十五《睿宗传》;《宋史》卷四十一《理宗纪》;《续资治通鉴》卷一百六十五。
⑥ 《元史》卷二《太宗纪》。

随后凭险坚守阳平关后隘岭,与攻隘的万余蒙古军决战,"喋血十余里,蒙古军退去"①。次年,阔端以塔海为元帅、汪世显为先锋,率兵50万,由大散关入凤州,攻武休关,遂入兴元,进攻大安,企图沿金牛道入攻四川内郡。宋将曹友闻决定以阳平关为战场,并设伏敌后,内外夹击,与之决战。九月下旬两军在这一带展开激战,宋军寡不敌众,曹友闻战死,其所部全军壮烈战殁②,阳平关失守。至此,通往四川内郡的"蜀口",完全为蒙古所控制。蒙古军大举入蜀,十月攻入成都,随后横扫四川全境,相继攻破成都府路、利州路、潼川府路所属许多州县,"五十四州俱陷没,独夔州一路及泸、果、合数州仅存"③。蒙古军剽掠之后,旋即退出四川。嘉熙元年(1237年),蒙古都元帅塔海复率军侵蜀,自金州(今陕西省安康地区)越大巴山,剽掠至开(州)、达(州)、梁山(军)、忠(州)、万(州)等州军,远际瞿塘、夔府、巫山之界,所向无敌。嘉熙三年(1239年),塔海率兵再次入犯,一路沿嘉陵江南下,攻重庆未下;一路沿渠江而东,经达州而下开州,随后相继攻下万州、夔州,沿三峡东进,后在归州为宋将孟珙所部击败。蒙古军在四川长驱直入,轮番对四川后方进行剽掠与破坏,四川军民不得安宁,南宋长江上游防线岌岌可危。

二、彭大雅建司重庆与筑重庆城

为巩固四川防线,扭转危局,南宋政府从嘉熙元年(1237年)起先后派遣几批官员到四川重新修补长江上游防线。嘉熙元年(1237年)任命杨恢为四川安抚制置使;次年(1238年)又改派王履正为四川安抚制置使,负责经营西川一带防务;嘉熙三年(1239年)又改派陈隆之为四川安抚制置使兼知成都府,驻节成都,在川西成都、汉州一带复立其城。嘉熙元年(1237后)秋,任命彭大雅为四川安抚制置副使兼知重庆府,驻节重庆,经营东川防务;嘉熙四年(1240年)又任命孟珙为四川宣抚使兼知夔州,在夔州一线屯田积粮,择险立寨,巩固二线防地。时蜀地残破,要阻挡蒙古军的进攻,必须加强成都、重庆的城防,而成都已经多次遭蒙古军破城,民众流散,土地荒芜。就地形而言,川西、川北之水,均交汇于嘉陵江与长江,而两江又汇流于重庆,重庆城实为

---

① 《宋史》卷四百四十九《曹友闻传》。
② 《宋史》卷四百四十九《曹友闻传》;《昭忠录·曹友闻》。
③ 《宋季三朝政要》卷一。

封锁全蜀水流的锁钥。在军事上,无论攻守,都必须经营重庆,因此,重庆实为扼守全川咽喉的军事要地。当时,南宋的西部锁钥为扼守三峡的夔州,重庆有居高临下之势,如重庆失守,蒙古军必高屋建瓴,顺流东下,因此,加强重庆的防务,具有保卫南宋"国之西门"的特殊意义,关系整个四川以及南宋政权的生死存亡。

彭大雅,字子文,鄱阳(今江西省鄱阳县)人,宁宗嘉定甲戌进士,曾为史嵩之幕属。绍定年间曾出使蒙古,著有《黑鞑记略》一书。嘉熙元年(1237年)夏秋之交,蒙古军有进袭夔州模样,蜀中告急。彭大雅受命驰援,除四川安抚制置副使,随后兼知重庆府。彭大雅入蜀时,蒙古都元帅塔海所属郝和尚拔都及梁秉钧部,自凤州出兵金州,越大巴山小道进抵达州、开州,逼近瞿塘①,川东一带万分危急。彭大雅在蜀地残破、败局不可收拾的危急形势下就任,上任时就认识到重庆防务对于支撑全蜀所具有的战略地位,抵渝视事后,亟谋修葺重庆城池,增垒置险,屯驻制司,以利运楫诸军作长远计。

同时,彭大雅上任后即在安抚制置副司管辖的东川范围内,命郡县图险保民。为了进一步加强重庆的防御力量,他又派遣都统甘润前往合州进行视察,根据当地的山川形势,在合州城东的位于嘉陵江、涪江、渠江三江交汇之冲的钓鱼山上修建了驻兵的城寨,派兵驻守,作为重庆的屏障。

此外,彭大雅还联络长江以南的少数民族,征调播州(今贵州省遵义市)一带的少数民族杨氏统率的军队于嘉熙元年(1237年)、三年(1239年)两次赴援东川,屯守江南,"通蜀声势,北兵不敢犯"②,保卫和巩固了重庆以南大后方的安全。

嘉熙三年(1239年)夏,蒙古军大举进攻东川地区,彭大雅在应付蒙古按竺迩部的进攻之后,毅然决定,不惜一切代价,"披荆棘,冒矢石",抢筑重庆城防。嘉熙四年(1240年)春,重庆城修筑完毕,彭大雅命人在四门立四大石,

---

①《元史》卷十五《郝和尚拔都传》。
②宋濂:《宋文宪公全集》卷十八《杨氏家传》言:"嘉熙初,制置使彭大雅镇渝,檄价(播州土司第十四世)赴援。价督万兵屯江南,通蜀声势,北兵不敢犯……嘉熙中,北兵窥江,彭大雅复来征师。价命裨将赵暹帅万兵赴战石洞峡,击破之。"另ambpere播州沿边安抚使《十五世杨文神道碑》碑文中有:"嘉熙间,虏酋达罕(塔海)举兵饮江,制使彭君大雅调播军戍江面。"(见《文物》1974年第1期《遵义高坪舶土司杨文等四座墓葬发掘记》)

上刻"大宋嘉熙庚子,制臣彭大雅城渝为蜀根本"①。

此次筑城,是在蒙古军大兵压境的情况下进行的。彭大雅抵渝前的嘉熙元年(1237年)及到重庆府后不久的嘉熙三年(1239年),蒙古军均曾大规模地进攻过重庆。因此在修筑重庆城池的时候,首先考虑的是防御的要求和需要。城池西线由李严旧城的金碧山后今大梁子、较场口一线西移,北拓到今临江门、通远门一线,原城外西部的制高点(今重庆市自来水公司水池区)已筑入城内,其城池范围已较李严旧城扩大了近两倍,初步奠定了明清重庆城的基础。扩筑重庆城主要是由于防御上的需要。金碧山后的大梁子、较场口一线,城外一带地势缓平,城墙内侧坡势陡峻,防御较为困难;而利用北部小梁子以北的天然陡坎构筑城墙,不但可以将原城北的大片已经发展起来的街市筑入城内保护起来,而且可以顺山势筑城节约大量的人力、物力。由于工程量大,时间紧迫,尽管部属反对,朝廷猜疑,政敌攻击,阻力很大,但彭大雅不愧通晓兵略,洞察敌情,刚毅坚韧,果敢有为,在众人的反对面前,忿然曰"不把钱当钱看,不把人当人看,无不可筑之理",数月后,终于完成了这一工程。

彭大雅将重庆建设成为制置副司的基地,经营东川、改善重庆防务的种种努力,赢得了有识之士的称赞。同时代的右正言刘晋之高度评价彭大雅城渝的功劳,说:"蜀祸五六年(1236—1242年),历三四制臣,无地屯驻,独彭大雅城渝为蜀根本,不然蜀事去矣。"②宋末元初学者胡三省亦说:"自绍定(1128—1233年)失蜀,彭大雅遂城渝为制府,支持西蜀且四十年。"③但彭大雅的作为,也遭到当时的一些目光短浅的人的指责和攻击,加之他与制置使陈隆之不和,彼此交章于朝,互相私斗,有损抗敌大局。在修建重庆城的过程中,他又操之过急,"取办促迫,人多怨之"④,以致"催笞甚急,自机而笞,笞而杖,杖而徒并用"⑤。这都为他的政敌提供了口实,在种种谗言的迫害下,宋理

---

① 罗志仁:《姑苏日记》。《宋季三朝政要》卷二,彭大雅题文作:"某年某月某日,守臣彭大雅筑此为国西门。"民国版《巴县志》引元王仲晖《雪舟脞语》中作:"某年某月某日,彭大雅筑此城为西蜀根本。"
② 《宋史全文》卷三十三。
③ 《资治通鉴》卷一百四十六,胡三省注。
④ 《宋季三朝政要》卷二。
⑤ 史绳祖:《学斋占毕》卷四,转引自当代史家张政烺:《宋故四川安抚制置副使知重庆府彭忠烈公事辑》。

宗认为他"险谲变诈,殊费防闲",嘉熙四年(1240年)三月辛未(初七)"诏四川安抚制置副使彭大雅削三秩"。淳祐元年(1241年)秋,南宋朝廷改以利州路、潼川府路、成都府路三路隶四川制置司,仍置司于成都;以夔州路隶夔路制置司,置司于夔州,重庆改置夔路分司,以孟珙任京湖安抚制置大使兼夔路安抚制置大使。彭大雅以四川安抚制置副使既罢,去四川安抚制置副使兼知重庆府职,得请致仕,归鄱阳乡里。随后,宋廷又以"贪黩残忍,蜀人衔怨,罪重罚轻"将其除名,贬往赣州①。有功于国的彭大雅竟其事业不谅于生前,声名无闻于后世,令人不禁扼腕而叹。

三、余玠领导的抗击蒙古的斗争

彭大雅筑城为南宋的西部国防奠定了基础,但由于南宋王朝鉴于历史上蜀将拥兵擅制以成大变的教训,采取了频繁调动、互相牵制等措施,虽然削弱了蜀帅专制的基础,但动辄变更,制臣任职短暂,措施缺乏连续性和稳定性,四川防务并无改善。淳祐元年(1241年),蒙古军塔海部复侵四川,十一月攻下成都,四川制置使陈隆之被擒,押往汉州劝降,不屈被杀。蒙古军四向攻掠,先后攻破成都、汉州、嘉定、泸州、叙州等20余城。次年初,蒙古军耶律末哥部又由陕西取道鄂西入川,进抵两川"东西腰膂"之地的泸州,全蜀为之震动;蒙古军按竺迩部先后攻陷川中要地遂宁、泸州两府,又一举袭破了号称控扼"南棘"险塞的叙州,四川仅存重庆一带尚可据守。川西、川中惨遭蒙古军的残酷蹂躏,"江阳(今四川省泸州市)失险,泸、叙以往,穷幽极远,搜杀不遗。僵尸满野,良为寒心"②。四川形势已经是"命脉垂绝,形神俱离,仅存一缕之气息"③。在川蜀危急,京湖震动的形势下,宋廷于淳祐二年(1242年)六月拜余玠为权工部侍郎、四川宣谕使,入川主持四川防务。十二月,又改任余玠为权兵部侍郎、四川安抚制置使兼知重庆府,晓谕他"任责全蜀,应军行调度,权许便宜施行"④。余玠受任于败军之际、全蜀危亡之时,但仍满怀壮志,报效朝廷,"愿假十年,手挈四蜀之地,还之朝廷"⑤。

---

① 《宋史》卷四十二《理宗本纪》。
② 阳枋:《字溪集》卷一《上宣谕余樵隐书》。
③ 吴昌裔:《论救蜀四事疏》,载《宋代蜀文辑存》卷八十四。
④ 《宋史全文》卷三十三。
⑤ 《宋季三朝政要》卷二。

余玠,字义夫,号樵隐,祖籍淮西蕲州蕲春县(今湖北省蕲春县)人,宋室南渡后其祖流寓浙东、江西等地,后复返原籍定居。余玠家道中落,少时家贫但"喜功名,好大言",曾就读于庐山附近的白鹿洞书院,后从军淮东,为制置使赵葵幕属。淳祐元年(1241年)升任淮东制置副使。

淳祐三年(1243年)春,余玠设四川制置使司于金碧山下重庆府衙,修筑招贤馆于衙东,挂其榜曰:"集众思,广忠益,诸葛孔明所以用蜀也。欲有谋以告我者,近则径诣公府,远则自言于郡,所在以礼遣之,高爵重赏,朝廷不吝以报功,豪杰之士趋期立事,今其时矣。"①余玠的招贤榜明确宣布要以诸葛亮为效法榜样,强调要"集众思,广忠益",把民众的智慧、力量集中起来,增强救蜀的信心,并表示将对前来献计献策的人士给予重奖。招贤榜的文字体现了余玠施政的风格与特点,一经公布,很快传遍四川,引起强烈的反响。巴川(今重庆市铜梁县东)举人阳枋,避难外地,得知余玠谕蜀,发榜召贤,开诚布公,礼贤下士,慨然赴重庆,被尊为上宾,先后数次上书,协助余玠革新蜀政,成为余玠的重要谋士之一②。播州(今贵州省遵义市)冉琎、冉璞兄弟"有文武才,隐居蛮中,前后阃帅辟召,坚不肯起",余玠谕蜀后,听说余玠有贤德,欣然来到重庆,住进余玠的招贤馆。他们经过数月的细心观察,最后才将其反复推敲的徙合州(今重庆市合川区)于钓鱼山、设险守蜀之计献了出来。余玠在接受冉氏兄弟的守蜀之计的同时,又申报并经朝廷批准,派冉氏兄弟主持徙城防务,冉氏兄弟成为余玠领导建立四川山城防御体系的得力助手。

余玠置司重庆,经营四川,方针得宜,很快就扭转了四川的危难局面。据史籍记载,余玠到四川后,曾作《经理四蜀图》③,这是余玠置司重庆后,集思广益,在众多的豪杰之士所献的方略、计谋的基础之上,亲自主持制定的以"图"的形式来表述的治蜀大纲。这份大纲的详细内容现已无从查考,但如果从余玠在蜀十年的主要军政活动来看,则至少有以下三个方面:

一是利用四川形势,建立山城防御体系。该体系的防御要点则采纳了冉氏兄弟提出的迁合州于钓鱼山,以守巴蜀的方略。蒙古以四川为进攻的战略要点,采取顺流东下的路线进攻南宋。时蜀门洞开,屏蔽长江中下游的夔门

---

①《宋史》卷四百一十六《余玠传》。
②阳枋:《字溪集》。
③《宋季三朝政要》卷二。

则已经成为南宋王朝之西门。同时,四川制置司已经东移,重庆成为全川指挥中心。合州由于地处三江(嘉陵江、涪江、渠江)汇合处,上通三江,下达长江,成为重庆的天然屏障;同时,合州又位于川西、川北经过陆路以达夔门的必经孔道,占有渝、夔藩篱和残破后的全蜀屏障的战略地位;再加上钓鱼山位于三江环绕的半岛之上,土地肥沃,地势险要,宜于长期恃险据守。而且从彭大雅派部将甘润在此修筑城寨以来,已经初步具备了防御的规模,只要在此基础上进一步扩充,即可成为支撑局面的"蜀口"要地。

播州都统杨文(字全斌)曾致书余玠,建守蜀上、中、下三计:"比年北师如蹈无人之境,由不能御敌于门户故也。曷移镇利、阆间、经理三关,为久驻谋,此上计也。今纵未能大举,择诸路要险,建城濠,以为根柢,此中计也。下则保江自守,纵敌去来耳。"①余玠非常赞赏杨文的高见,但由于蜀门洞开,西蜀残破,利州、剑门关已经无法成为全蜀战略防御系统的支撑,而位居蜀中冲要的阆州(今四川省阆中市)、潼川府(今四川省三台县),无险可守。余玠考虑再三,认为四川山城防御系统只能以合州为其战略支撑。

余玠利用山城防御阵地,以重庆为统帅部,合州钓鱼城为防御支撑,借助长江天堑,以长江南岸为后方依托,将长江北部作为防御正面,南部为防御纵深,先后筑城20余座,徙州治于山城。这20余座山城可以分为两组:

一组为前沿线,以合州钓鱼城为支柱,由汇注于合州的三江及其支流上的11座城和沱江云顶、梁山赤牛等城组成。其中嘉陵江沿线有苦竹隘(隆庆府)、大获城(利州、阆州)、运山城(蓬州)、青居城(顺庆府)、钓鱼城(合州)、重庆府多功城(今重庆市渝北区翠云乡),渠江沿线有得汉城(洋州)、平梁城、小宁城(巴州)、大良城(广安军、渠州),涪江沿线有铁峰城(普州),沱江沿线有云顶城(潼川府、成都府、怀安军)以及位于长江支流上的梁山赤牛城。余玠在筑城的同时,逐渐调整防区,收缩兵力,把各军屯驻在重要据点,当时的四大戎司的驻地及防区范围如下:

沔戎司——驻青居城,备内水(嘉陵江);

利戎司——驻云顶城,备外水(岷江、沱江);

兴戎司——驻钓鱼城,备内水(嘉陵江);

---

① 宋濂:《宋文宪公全集》卷十八《杨氏家传》。

金戎司——驻大获城,守护蜀口钓鱼城。①

这 13 座山城形成了一道以合州钓鱼城为支柱的天然叉状防御网。网上各城有水运可以沟通联系,各城似网上之目;而网纲钓鱼城,恰为全川防御重点、重庆的屏障,通过钓鱼城,帅府(制置司)可以如臂使指,纲举目张。

一组为后卫线,以制置司所在地重庆府为中心,西起嘉定府(今四川省乐山市),东抵夔门,横贯岷江、长江沿线,包括凌云城(嘉定府)、紫云城、神臂城(泸州府)、重庆城、天生城(万州)、白帝城(夔州)、瞿塘城,共 7 座城。其中,"重庆为保蜀根本,嘉定为镇西之根本,夔门为蔽吴之根本"②,三城鼎立,东西声援,前后呼应,其势巩固。

余玠挑选了一批精明能干的官员分赴各地去主持筑城徙治工作,对于制置司所在的重庆城因为是全川的政治、军事中心,其武备防御事宜一直置于余玠的直接领导之下。现存重庆市博物馆的"淳祐乙巳东窑城砖"、"淳祐乙巳西窑城砖",出土于制置司附近(今重庆市渝中区太平门至望龙门一带)的老鼓楼,是当年(淳祐乙巳,即淳祐五年,1245 年)加强重庆城防的历史见证。

两组山城,交相掩翼,蜀江为之连接,重庆调度指挥居中,钓鱼屏障于前,形成一个完整的防御体系。"凡地险势胜,尽起而筑之:大获、大梁(大良)、运山、梁山、钓鱼,峙莫逾之势在前;古渝(重庆)、凌云(嘉定)、神臂、天生、白帝,隆不拔之基于后"③,支撑着南宋半壁河山。"军得守而战,民安业而耕,士有处而学。"④

二是健全整顿四川行政机构,改进用人制度及奖惩措施;坚决除掉专横跋扈的军官以肃军纪,努力提高在川宋军的指挥效能与战斗力。南宋中期以来,四川因兵祸扰攘,州官县吏或死或散,缺额非常普遍,行政机构很不健全⑤。在蒙古军队大举入侵四川以前,重庆府及其附近州军内的某些官职几年不授已经司空见惯,即使有的官职授予,也因官员流寓而形成虚位。如嘉定年间,巴县已七八年无正官,十余年无县尉;江津县尉其缺额已达十四五

---

① 《宋史》卷四百一十六《余玠传》。
② 牟子才:《论救蜀急著六事疏》,载《宋代蜀文辑存》卷八十七。
③ 阳枋:《字溪集》卷八。
④ 度正:《性善堂稿》卷六《重庆府到任条奏便民五事》。
⑤ 《宋史全文》卷三十三。

年①。这种状况在蒙古入侵之后更加严重,各级行政机构很难运转并行使其职能。余玠赴任后,请示朝廷,授权四川制置司任命适当人选,补足各级机构的缺额,注销流寓内地的四川文武官员的虚位。

在遴选官员时,余玠坚持随其才而任之。对在当时战争中涌现出来的文武之才,他敢于突破宋王朝的一些旧的"格法",使大批仁人志士在抗击蒙古军队的战争中脱颖而出,从而使南宋四川战场的文武大员代不乏人,王坚、张珏、张实、俞兴、韩宣等都成为后期的军政大员或杰出将领。在遴选得力守宰的同时,对不称职的官员和残害百姓的将领,余玠果断地进行了处置。淳祐四年至七年(1244—1247年),先后对接到出戍涪州、坚守城防的命令后不敢出战、以致弃城的寿昌飞虎军统制郑大成,在成都纵兵抢夺民财、杀伤百姓并公然袭夺龙州、石泉军印信的沔州都统制权知遂宁府云拱,驭军无纪、放纵军士掠杀平民的权知潼川府张涓,利用监考职权、"鹗举"舞弊的遂宁府观察支使赵希湄等,经朝廷批准,分别给予处分。

三是发展屯田,劝课农桑,复苏商业,恢复四川经济。离乱之后,四川人口锐减,田畴荒芜,"昔之通都大邑,今为瓦砾之场;昔之沃壤奥区,今为膏血之野。青烟弥路,白骨成丘,哀恫贯新,疮痏满目"②,商业萧条,财用匮乏,余玠根据四川的实际情况,在川西一带大兴军屯,派驻守嘉定府的俞兴率军进入成都平原,开发荒芜的田土,所产粮食使西川驻军军粮能就地满足外尚有剩余,"田亩之利,尽归军屯"③。余玠派俞兴开屯田于成都后,"蜀以富实"④。在川东地区,他利用已经建立和正在建立的山城防御体系,按照旧有的规定,度土授田,募民佃种,官给牛、种,其收获所得,官民按照一定的比例进行分配。在部分地区他派遣军队加以保护,使营田措施得以推行。同时他委派官吏,深入僻远山区,抓紧劝课农桑。为使商业复苏,余玠决定由政府统一管理商业,减轻商税,放宽政策,减免州县盐酒榷额。由于实行了"轻徭以宽民力,薄征以通商贾"⑤的政策,巴蜀经济逐步恢复,改变了过去依靠京湖粮饷,每年荆湖大军入戍防秋的被动局面。

---

① 度正:《性善堂稿》卷六《重庆府到任条奏便民五事》。
② 吴昌裔:《论救蜀四事疏》,载《宋代蜀文辑存》卷八十四。
③ 牟子才:《论救蜀急著六十疏》,载《宋代蜀文辑存》卷八十七。
④《宋史》卷四百一十六《余玠传》。
⑤《宋史》卷四百一十六《余玠传》。

余玠在建立山城防御体系,发展四川经济的同时,积极开展攻防战,抗击蒙古军的不断侵扰。淳祐三年(1243年)蒙古军入侵,大小36战,宋军大都取得了胜利;除无险可守的资州(今四川省资中县)以及沦为敌后的大安军以外,其余地区皆得保全,一改过去丧师破城的败绩,初步扭转了蜀中战场多年溃败的趋势。淳祐六年(1246年)春,又取得粉碎蒙古军四路入蜀的大捷。淳祐八年(1248年),为阻止蒙古军开拓蜀之西边,沿今松潘、泸定一带四川少数民族地区向南发动侧翼进攻,迂回包抄,余玠命令驻守嘉定府的俞兴出兵五千进行西征。蒙古军在今泸定县以北遭到西征军的迎头痛击。西征军的主力、三千播州少数民族步骑兵与蒙古军相遇,三战三捷,生擒蒙军将领秃满心于大渡河。蒙古军被迫退走。西征军粉碎了其绕道云南,夹击四川、荆湖南路(今湖南省)、广南西路(今广西壮族自治区)的战略计划。

淳祐十年(1250年),余玠亲率大军与蒙古军大战于兴元府(今陕西省汉中市)、文州(今甘肃省文县)一带,击败蒙古利州主帅王进,形成了对兴元府的包围态势,并烧毁栈道,切断了兴元府与大散关外蒙古统治区的联系[①]。余玠率大军轮番攻城,后因蒙古援军来到,兴元府久攻不下,全军后撤,功亏一篑。

淳祐十二年(1252年)十月,蒙古军由汪德臣率领南下抄掠,经成都府进抵嘉定府,全川震动。余玠利用嘉定城依山傍水、外围城堡甚多的有利因素,调集全川精锐部队赶赴增援,与蒙古军会战。以播州劲旅坚守外围要塞,余玠亲率守将俞兴和各路援军,多次使用"潜军夜出"的战术,袭扰敌营,最后击败蒙古军队,粉碎其对嘉定的围困。

余玠镇蜀十年,功勋卓著。随着蜀中军事、经济、政治状况的全面好转,余玠个人的声望日益提高。在十年间(1243—1253年),由兵部侍郎、四川制置使晋升为兵部尚书、四川制置大使,经华文阁待制,进徽猷阁学士,再进而龙图阁学士、端明殿学士,可谓功高一时,官盖一世。然功高震主,权臣妒恨。宝祐元年(1253年)五月,宋廷解除了余玠的兵权,召"余玠赴阙"。余玠在病重的情况下以死抗争,服毒自杀[②]。一代英雄抱恨而死,在重庆悲壮地结束了

[①] 姚燧:《兴元行省夹谷公神道碑》,载《元文类》卷六十二。
[②]《宋史》卷四十三《理宗纪》;《宋史》卷四百一十六《余玠传》;《宋季三朝政要》卷二。

自己的一生。次年,余玠被削去生前职务。宋廷继续掀起了诋毁余玠声名、迫害其亲属与部将的恶浪,后在贾似道当政时期其子余如孙被杀害,余玠竟被发冢暴尸。

余玠虽然死后受此迫害,但是他留给后世的影响却继续存在。他领导修建的东川山城防御体系,在其后的抗击蒙元的战争中继续发挥着巨大的作用;在国难当头、民族危机严重的关键时刻,他的"手擎四蜀之地,还之朝廷"的豪迈气概,力挽狂澜的高尚品格和勇于进取、矢志不移的坚强信念,成为后来蜀中将士效法的榜样,受到巴渝人民世世代代的敬仰,也得到同时代的宋人、蒙元人以及后代人们的广泛赞扬和推崇。连其战场上的对手,也对他推崇敬重。曾参与元军在巴蜀作战的元代学者姚燧就曾充满敬意地说:"宋臣余玠议弃平土,即云顶、运山、大获、得汉、白帝、钓鱼、青居、苦竹筑垒,号为八柱,不战而自守矣。蹙蜀之本,实张于斯。"①

第二节 王坚、张珏时期的抗击蒙元的斗争

一、钓鱼城之战

淳祐十一年(1251年),蒙哥继任蒙古可汗位,结束了三年汗位空虚的局面。蒙哥积极准备灭宋战争,制订了先取巴蜀、后顺流而下图取江南的计划。他派汪德臣率秦、巩军队于宝祐元年(1253年)攻取了沔州(今陕西省略阳县)和利州(今四川省广元市),筑城屯田,控制了川峡四路的咽喉要地,"欲为取蜀之计";派其弟忽必烈统率兀良合台等部蒙古军,向西绕过蜀境,远征大理,于宝祐四年(1256年)占领大理地区(今云南省),开辟了自南而北、南北夹击的作战局面。自此南宋四川战场便陷入"南北相合,上下分哨,腹背受敌,咽喉中梗"②的困难境地。为了防备蒙古军队从大理发起侧翼攻击,南宋政府于当年命令"筑南郡四城",南平军(今重庆市綦江区、南川区一带)、珍州(今贵州省正安县)、黔州(今重庆市彭水县)、施州(今湖北省恩施市)等四州郡皆据险置司,其中最为紧要的南平军由守臣史切举迁治于龙崖城(今重

---

① 姚燧:《中书左丞李忠宣公行状》,载《元文类》卷四十九。
② 李曾伯:《可斋续稿》卷三《边报事宜乞加奏》。

庆市南川区东南马脑山)。同时,南宋政府还命令川南诸郡筑城寨,并多次派官员到恩、播境内去督办修筑城寨,"成兵守备,以备云南"①。

宝祐六年(1258年),蒙古发动大规模灭宋战争,兵分三路,中路由忽必烈率张柔等部攻鄂州(今湖北省武汉市);东路由塔察尔进攻荆山(今安徽省怀远县)以分散宋军兵力;又令云南的兀良合台从交(今越南北部)、广(今广西壮族自治区)引兵北上,到鄂州与忽必烈会师;西路由蒙哥亲自率领主力进攻四川,待攻下四川之后,数路会师攻灭南宋。

宝祐六年(1258年)四月,蒙哥汗所率蒙古军分三道侵蜀。蒙哥亲率蒙古军四万,号称十万,由陇州(今甘肃省陇县)入大散关,进至汉中;十月,自利州渡嘉陵江攻苦竹隘(隆庆府治,今四川省剑阁县北)等城寨。在蒙古军主力迫攻之下,因救援不至,苦竹隘、长宁山(今四川省苍溪县西北)、鹅顶堡(今四川省剑阁县东南)相继陷落。十一月,蒙古军先后降嘉陵江、渠江沿线大获城(阆州治,今四川省苍溪县东南)、运山城(营山、相如、仪陇等县治,今四川省蓬安县东南)、青居城(顺庆府治,今四川省南充市青居区南)、大良城(渠州治、广安军治,今四川省广安市市中区东北)等四座坚城,于是年冬抵达合州钓鱼城下。

在蒙哥率蒙古军侵蜀的数月中,蒙古军新攻占了"龙、剑、阆、蓬、巴、达、果、渠、长宁、大安(良)诸城"②。加上蒙古军原先占领的川北、川西州县在内,巴蜀之地大约有2/3已经归于蒙古,"所未附者,巴江以下(重庆府沿江以下)数十州而已"③。

蒙哥大举攻蜀时,合州钓鱼城守将为王坚。王坚,京湖路邓州(今河南省邓州市)人,原为南宋名将孟珙的部将。孟珙任四川宣抚使时,王坚随孟珙进入川东。入蜀后,王坚曾参与余玠指挥的北伐汉中之役,战功卓著,宝祐二年(1254年)被宋廷任命为兴元都统兼知合州。王坚在二冉创筑钓鱼城的基础上,进一步加强了对钓鱼城的防御,"发郡所属石照、铜梁、巴川、汉初、赤水五县之民,计口八万,丁一十七万,以完其城……春则出屯田野,以耕与耘,秋则收粮运薪,以战以守",使钓鱼城终于成为一座集聚秦、陇、蜀民,"人物愈繁,

---

① 《宋季三朝政要》卷三。
② 道光版《保宁府志》卷五十八《广元府记》。
③ 《元史》卷一百二十九《来阿八赤传》。

兵精食足,兼获池地之利"①的军事重镇。

蒙哥派南宋降将蒲国宝到钓鱼城招降。合州守将王坚拒绝,并将蒙使在城内阅武场处死,明确表示了合州军民坚决抗击蒙古的决心。开庆元年(1259年)正月,蒙哥决意攻取钓鱼城,首先切断了钓鱼城与外界的联系,命纽璘部蒙军加紧向重庆下游江面进攻,占领长江沿岸一带,在涪州蔺市(今重庆市涪陵区蔺市镇)架设浮桥,以切断由长江下游西上的南宋援军必经的川鄂交通线,又在重庆下游铜锣峡夹江据崖为垒,威胁牵制重庆的宋军。蒙哥派遣诸王莫哥都攻渠州礼义城(今四川省渠县东北),曳剌秃鲁雄攻巴州平梁城(今四川省巴中市西),以切断钓鱼城与渠江流域诸城的联系;派遣降将杨大渊攻合州旧城,俘走男女居民8万,以切断钓鱼城与旧城的联系,陷钓鱼城于孤悬之中。二月初至三月底,蒙哥亲临前线,冒着交加的矢石指挥蒙军主力进攻钓鱼城,均被宋军击退,只得将城团团围住,企图迫使守城宋军投降。但钓鱼城军民在王坚的统率下顽强抵抗蒙军的不断进攻。四月,接连出现20天的大雷雨,攻城暂停。下旬,蒙军曾一度攻入外城,但终被宋军打退。五月,钓鱼城军民在王坚的统率下负险固守,斗志高昂,不时利用夜间开城突击,袭扰蒙军,终使蒙军不敢越雷池一步。

这时,驻在重庆的四川制置使蒲泽之,帅蜀无功,屡战屡败,四川的大部分地区已被蒙军占领,仅余夔州一路。四川制置司所在地重庆处在蒙军大兵压境之下,加之川鄂交通线又被蒙军切断,形势十分危急。三月,宋廷以吕文德为四川制置副使,代替蒲泽之,不久,宋廷命他兼湖北安抚使,又命兼知重庆府,派他率军入川,以解合州之围。五月下旬,吕文德率舟师溯江而上,乘顺风攻破涪州蔺市浮桥,冲破夹江为营、长达数十里的蒙军的封锁,进入重庆。随后,吕文德又率船队沿嘉陵江北上进援钓鱼城,在钓鱼城南的嘉陵江江面遭蒙军史天泽部夹击,不得前进,后退回重庆。吕文德援军虽未进入钓鱼城,但极大地提高了钓鱼城军民的士气。

钓鱼城军民在外援断绝多时的情况下,顶住了蒙哥多次亲自督战的轮番进攻。六月五日,蒙将汪德臣率突击队乘夜攻入钓鱼城外城,王坚、张珏率宋军与蒙军激战至天明。汪德臣喊话招降。王坚下令发炮石还击,摧毁蒙军攻

---

①万历版《合州志》卷一《钓鱼城记》。

城云梯,后继的蒙军为炮石封锁不能前进,汪德臣也中石负伤。王坚率军民出城追击。蒙军在大雨中败退。汪德臣回到营中,不久即因伤重死去。蒙哥接连损兵折将,气急败坏,仍强攻不舍。七月初,他又亲至钓鱼城下督战,"为炮风所震,因成疾"①。事已至此,他不得不承认合州战役的失败,决定只留兵三千围困钓鱼城,而将蒙军主力专攻重庆,自己则到金剑山温汤峡(今重庆市铜梁县东西温泉,一说为重庆市北碚区北温泉)养伤。不久,蒙哥终因伤重而死。进攻重庆、钓鱼城的蒙军主力只得退走。

与此同时,长江南岸的蒙古军的进攻也被粉碎。年初,纽璘部蒙古军从涪州渡江,沿乌江向南深入,江南局势一度紧张。纽璘军沿乌江经黔州(今重庆市彭水县)攻思州(今贵州省务川县)、播州(今贵州省遵义市北),擒获宋勇胜军统制官詹钧②。随后,又分兵包围了南平军的治地——龙崖城。自吕文德六月率兵进入重庆以后,南平军也挫败了蒙古军的进攻,"来报战功"③;七月,龙崖城勒石纪功④,宣告长江南岸战事基本平定。随后,宋廷先后宣布"合州围解","蜀道稍宁"。

这次蒙哥和其弟忽必烈分率蒙军全力南侵,目的在于灭亡南宋。但因钓鱼城军民在王坚、张珏的率领下,英勇抗击蒙军主力长达半年之久的猛烈进攻,使得蒙军受阻于坚城之下,一再损兵折将,最后蒙哥本人也因为炮风所震,死于钓鱼城附近。钓鱼城之战的胜利在一定程度上扭转了战局,推迟了南宋王朝的灭亡。

二、后期以重庆为中心的四川沿江诸城争夺战

南宋景定元年(1260年),忽必烈即汗位。景定二年(1261年)南宋潼川府路安抚使兼知泸州刘整挈城叛降蒙古,四川制置使俞兴、宣抚使吕文德先后奉命讨伐。经数月激战,至次年正月,吕文德收复泸州神臂城。蒙、宋两军围绕川东、川南要冲山寨又展开了激烈的争夺。到咸淳四年(1268年),南宋川峡四路60余州仅存夔州一路及潼川府路、利州路少许州府,共20余州,

---

① 万历版《合州志》卷一《钓鱼城记》。
② 《元史》卷一百二十九《纽璘传》。
③ 《宋史》卷四十四《理宗纪》。
④ 民国版《南川县志》卷一《御鞑纪功碑》。

2/3的土地已经为蒙古军队所占领。但宋军利用四川的山城防御体系由水运连接的有利因素,在蒙古重兵围困川东、川南的情况下,保持主要城堡粮饷道路的基本畅通,继续坚守川东、川南沿江一线的阵地,并不断向蒙古重兵驻守的据点和川西的后方基地发起攻袭。景定五年(1264年),四川制置使夏贵由荆湖溯江进入四川,随后又沿渠江而上,率军数万进围蒙古军在川东地区的驻军要塞——虎啸城(今四川省广安市市中区北),给蒙军以很大的威胁。咸淳元年(1265年),夏贵集中兵力向西川蒙古军发起进攻,沿沱江西进,在怀安军(今成都市青白江区淮口镇)与蒙军激战;同年九月,夏贵率军五万,沿涪江而上,直逼蒙古军的后方军事重镇——潼川城(今四川省三台县)。咸淳二年(1266年),夏贵又沿沱江而上,偷袭怀安,大败刘整所部。咸淳三年(1267年),夏贵又率部收复广安。宋军在此期间曾三次进袭蒙元西川行院、四川行省驻地的成都。咸淳二年(1266年),宋军曾逼近成都;咸淳七年(1271年),宋军兵临成都城下;咸淳八年(1272年),宋将昝万寿乘四川行省也速儿进攻建都(今四川省西昌市)内部空虚之际,从嘉定沿岷江而上,进袭成都,攻占成都后,率众毁其大城。

咸淳三年(1267年),忽必烈接受降将刘整的建议,将战略进攻的重点由四川地区转移到荆襄地区,改变以往以主力进攻四川地区的做法,仅以部分兵力进攻四川,牵制四川宋军,主力进攻襄阳和樊城。咸淳七年(1271年),忽必烈改蒙古国号为元,在大都(今北京市)建立元朝。咸淳九年(1273年),元军攻占襄樊,隔断了四川地区与东南腹地的联系。接着,忽必烈指挥元军从长江中游向南宋王朝发起全面进攻。德祐元年(1275年),四川境内的西川、东川元军大举出动,相继攻占了嘉定、泸州和云安、渠州、达州、开州等城寨。东、西川元军分五路进围重庆,要重庆守将赵定应投降,被赵拒绝。德祐二年(1276年),元军主力进入临安(今浙江省杭州市),谢太后带恭帝出降。文天祥、陆秀夫拥戴益王赵昰、广王赵昺流亡福建、广东,继续坚持抗战。

在钓鱼城,合州守将张珏拒绝元军的招降,遣军先后收复泸州、涪州,东下连续攻破18城寨,解除了大宁城之围,然后率军进入重庆城,就任四川制置使。张珏领导重庆、泸州、合州、涪州、万州等城军民继续坚守,并派人寻访昰、昺下落,积极在钓鱼城营建宫殿,以图在四川重建赵宋王朝。

为了摧毁张珏在四川的抵抗,元军更换将帅,增派军队,以精锐之师,对四川抗元堡垒各个击破。景炎二年(1277年)六月,元军攻占了涪州;十月,元军攻占万州,守将上官夔自杀;十一月,泸州再次被元军攻占;十二月,元军破梁山军(今重庆市梁平县)、咸淳府(今重庆市忠县),全部切断了重庆和长江上下游间的联系。随后,元军用强大的兵力再次包围重庆。景炎三年(1278年)正月,元军对重庆发起总攻,张珏率领部队出城与元军塔海、帖木儿、汪良臣部鏖战,打败塔海、帖木儿,射中元军大将汪良臣四矢。二月,张珏又率兵出薰风门,在城东扶桑坝与元军大将也速答儿大战,遭元军前后夹击;宋军大溃,张珏被迫退回城中。城中宋军兵少粮尽,势穷援绝。部将赵安开镇西门纳元军入城。张珏率亲兵巷战,又遭失利,只好弃城而走,乘小舟东下,欲到夔州,重整旗鼓,在涪州被元军俘获,后遭元军杀害。

重庆城破之后,绍庆府(今重庆市彭水县)、南平军、夔州、施州(今湖北省恩施市)、思州(今贵州省务川县)、播州(今贵州省遵义市)等"诸山壁水皆下"①。元至元十六年(1279年)正月,合州钓鱼城守将王立挈城降元。至此,元朝最后平定四川诸城。二月,陆秀夫在广东厓山负昺投海而死,南宋政权灭亡。

从南宋宝庆三年(1227年)蒙古军队攻掠蜀中边郡,到元至元十六年(1279年)正月合州钓鱼城降,四川军民抗击蒙元的战争长达52年之久;从端平二年(1235年)蒙古军队进入四川内郡的巴渝地区,到四川为元朝统一,巴渝军民抗蒙元战争也长达44年之久,重庆成为南宋抗击蒙元战争最久和最后的基地。巴渝人民万众一心,不怕牺牲,反对蒙古军队野蛮杀掠和民族压迫。巴渝人民前仆后继、不屈不挠的抗争精神,成为激励巴渝儿女奋发向上、顽强拼搏的力量源泉。

第三节 元代重庆的政治与经济

至元十五年(1278年)八月,元朝宣布"川蜀悉平"②,开始全面建立新的统治。九月,元朝撤销了在战争时期设置的东川、西川行枢密院。元朝在大

---

① 《元史》卷一百六十三《李德辉传》。
② 《元史》卷十《世祖纪》。

都设中书省,各主要地区设行中书省,代行中枢职权,作为中央政府与地方州县之间的承转机构。这便是后代行省制的起源。中统三年(1262年),元设陕西四川行中书省,治所在京兆(今陕西省西安市)。至元三年(1266年)移治于利州(今四川省广元市),至元十七年(1280年)还治于京兆。至元二十三年(1286年)决定将陕西四川行中书省分治。出于加强统治、割撤四川外围屏障的考虑,将原属宋川峡四路中的利州路大巴山以北地区(今陕西省汉中、安康地区)割属陕西行省,设立四川等处行中书省,简称四川行省。四川行省治所在成都。因重庆战略地位重要,至元二十五年至二十七年(1288—1290年)四川行省一度移驻重庆,后因川东经济残破,物资供应全赖从川西地区调运,有所不便,又迁回成都。

元朝实行省、路、府(州)、县四级政区制。元朝在行省之下,分道设立宣慰司,至元十六年(1279年)在重庆设四川南道宣慰司,掌管军民事务,作为陕西四川等处行中书省与四川东南路、府之间的承转机关。宣慰司管辖重庆路、夔州路(治所在今重庆市奉节县),绍庆府(治所在今重庆市彭水县)、怀德府(一说治所在今湖北省来凤县东北)。

由于兵后地荒、人烟稀少,元朝对州县进行了省并,于南宋重庆府置重庆路,并先后割忠州、涪州、泸州、合州等四州属重庆路。在夔州置夔州路,在施黔少数民族地区置绍庆府、怀德府。重庆路辖录事司,巴县、江津二县和泸州(辖江安、纳溪、合江等三县)、忠州(辖临江、南宾、丰都等三县)、合州(辖铜梁、定远、石照等三县)、涪州(辖武隆一县)。宋代重庆府、合州、昌州、涪州、南平军等五州军之地除巴县、江津县、铜梁县、石照县等四县和南平綦江长官司(属湖广行省),其余宋朝所设州县,如昌州及永川县、大足县、昌元县和合州的巴川县,重庆府的璧山县,涪州的乐温县,遂宁府的青石县、遂宁县等州县全部省并。今潼南县境所在的区域,唐宋有属于遂州(遂宁府)的青石县、遂宁县及合州铜梁县、普州崇龛县的一部分,四座县衙并立,是巴渝西部地区社会经济较为发达的区域,每平方公里人口密度在40人至50人左右,是整个巴渝地区人口密度最大的区域。宋末的连年战争使数百年的繁华毁于一旦,元初青石、遂宁、崇龛三县被废弃。直到清代,今潼南县境内再无一县之设,清末光绪年间才有设县之议,民国二年(1913年)置东安县,次年更名为潼南县。

夔州路，又称夔路，至元十五年(1278年)置，辖施州、万州、云安监、大宁监等。至元二十二年(1285年)又以开州、达州、梁山州来属。路治在夔州奉节县。直辖录事司(治所在今重庆市奉节县永安镇)及奉节县、巫山县。夔州路辖施州、达州、梁山州、万州、云阳州、大宁州、开州等。

施州，至元二十二年(1285年)省清江县入州，除州直辖地(治所在今湖北省恩施市)外辖建始县(治所在今湖北省建始县业州镇)。

达州，至元十五年(1278年)隶重庆路，二十二年(1285年)改隶夔州路，废永穆、东乡、通明3县。辖通川县(治所在今四川省达川市)、新宁县(治所在今四川省开江县新宁镇)。

梁山州，至元二十年(1283年)升南宋梁山军为梁山州。辖梁山县。

万州，至元二十年(1283年)省南浦县入州。除州直辖地(治所在今重庆市万州区)外，辖武宁县(治所在重庆市万州区武陵镇)。

云阳州，至元十五年(1278年)仍置云安军。二十年(1283年)升为云阳州。省云安县、云安监入州，以云安县治故城治所(今重庆市云阳县云阳镇)为州治。除州直辖地外不辖县。

大宁州，至元十五年(1278年)仍置大宁监。二十年(1283年)升为大宁州。省大昌县入州。除州直辖地(治所在今重庆市巫溪县城厢镇)外不辖县。

开州，元仍置。清水县已于宋末荒废。省开江县入州。除州直辖地(治所在今重庆市开县汉丰镇)外不辖县。

绍庆府，至元二十二年(1285年)仍置绍庆府。至元二十八年(1291年)升总管府。至顺元年(1330年)改称绍庆路。领有羁縻土所不计。属四川行省。路治在彭水县。辖彭水县、黔江县。

怀德府，元置。辖来宁州、柔远州、酉阳州、服州等四州。至顺二年(1331年)二月，"四川行省招谕驴谷什用等四洞及生蛮十二洞，皆内附，诏升怀德府为宣抚司以镇之。诸洞各设长官司及巡检司"。府司治所一说在湖北省来凤县东北。

酉阳州，南宋思州务川县地，元置为州。无辖县，属怀德府。州治所在今酉阳县联合镇。

石耶洞司，属怀德宣抚司。治所在今秀山县石耶镇。

元代行政区划比较混乱，如巫山东面的归州，四面为河南行省和四川行省,却划归不相连接的湖广行省;宋代南平军南川县(今重庆市綦江区)元代置为南平綦江长官司,三面均为重庆路地,却划归湖南行省所属的播州安抚司。

为了维护蒙古贵族的统治,元朝人为地制造民族矛盾,将全国的人分为蒙古、色目、汉人、南人四个等级。根据不同的等级,给予政治、法律和经济上的不同待遇。与南宋江南地区的人民被划为南人略有不同,四川、重庆人民被划为汉人。汉人、南人都同样遭受元朝的民族压迫和民族歧视。元朝对原南宋地区又实行镇戍制度,派军队分驻各地,设万户府,对人民进行防范和镇压。元朝在重庆路、夔州路境内均设有万户府。元朝在重庆的统治时间不长,从至元十六年(1279年)平定合州到至正十七年(1357年)明玉珍攻下重庆,仅80年而已。

至元十一年(1274年),为了消灭巴渝地区南宋力量的需要,元朝政权在巴蜀各地实行屯田,有军屯和民屯。灭亡南宋后,元朝政府继续实行屯田,重庆路和夔州路所辖地区均设有民屯,其中重庆路民屯有屯民3566户,夔州路民屯有屯民5083户[①]。四川平章赵世延在江津县置屯田700余顷,岁收粟11700石[②]。同时,各地仍然保留着军屯,重庆五路守镇万户府有屯军1200名、屯田420顷,分布在重庆路三堆、中嶲、赵市等处;夔路万户府军屯有屯军351名、屯田56.7顷,主要分布在奉节县。据《元史·地理志》记载,重庆路屯田主要集中在长江沿线的泸州、江津、巴县、忠州一带,位于川中丘陵的原遂州、昌州地区。这里"地荒民散",州县废并,并无设屯开耕,普遍荒芜。元代重庆路有编户22395户、93535口,夔州路有20024户、99598口,巴渝地区总计20余万人口。与宋代巴渝地区约33万户、150余万口相比,减少了80%以上。

元朝后期,随着统治阶级的腐朽和内部矛盾的加剧,元朝的统治力量日渐衰落,社会矛盾进一步激化,自然灾害频仍,全国各地相继爆发了规模较大的人民反抗斗争。元末至元三年(1337年)四月,合州铜梁县大足邑民韩法师自称南朝赵王,发动起义,活动于铜梁县境,焚铜梁双山。铜梁县尹张文德

[①]《元史》卷一百《兵志》。
[②]《元史》卷二十五《仁宗纪》,卷一百八十《赵世延传》。

派兵镇压,虽曾捕杀其众百余人,而其势更炽①,对四川影响很大。五月,元朝四川行省参知政事举理派兵镇压,韩法师被捕就义,起义失败。然而,全国性的反元大起义正在酝酿之中,元朝灭亡的日子已经不远了。

元代重庆已经成为四川地区的重要区域军政中心和第二大城市。唐宋时代,重庆仅为山南西道、剑南东川或夔州路下的一个普通的州府,直到南宋晚期,在四川残破、蒙古大军压境的新形势下,重庆才成为川峡四路(四川)制置司的驻节之地。在元朝,重庆则一直是四川南道宣慰司和重庆路总管府的驻节之地,并一度成为四川行省的驻地。

---

① 民国版《巴县志》卷二十一。

第八章　明玉珍与大夏政权

第一节　明玉珍入川与大夏国的建立

元至正十一年（1351年）五月，一场全国规模的农民起义在颍州（今安徽省阜阳市）爆发，起义军以红巾、红旗为号，故称红巾军。红巾军很快占领了黄河以南、江淮一带，分为若干支，四路出击，给元朝统治者以沉重的打击。红巾军中，由韩林儿、刘福通领导的为东系红巾军，由徐寿辉、彭莹玉领导的为西系红巾军。徐寿辉领导的西系红巾军于至正十一年（1351年）在湖北建立了"大宋"政权①，此后主要活动于长江中下游地区。进入四川，推翻元朝在四川统治的明玉珍，即为徐寿辉西系红巾军部将之一。

明玉珍（1331—1366），本姓"旻"（mín），因崇信明教改姓"明"，湖广行省随州（今湖北省随州市）人。"家以农亩为业，珍素有大志"②，"不嗜声色货利，善骑射"③。至正十一年（1351年），徐寿辉、彭莹玉领导的红巾军占领蕲州（今湖北省浠水县）、黄州（今湖北省黄冈市）；十月，徐寿辉称帝，国号"宋"，建元治平。明玉珍在其家乡招集乡兵千余人，结寨自保，被众人推举为屯长。次年，徐寿辉派人招降；明玉珍参加了红巾军，被徐寿辉授予统兵征房大元帅，隶属倪文俊部，屡有战功。

至正十五年（1355年）倪文俊部再次攻占沔阳。时沔阳连遭涝灾，军民粮食发生困难。倪文俊命明玉珍镇守沔阳，并负责在川鄂交界地区筹集军

---

①此处据明玉珍墓《玄宫之碑》记载，旧史籍大都记载其国号为"天完"。
②杨学可：《明氏实录》。
③重庆明玉珍墓《玄宫之碑》碑文。

粮。明玉珍统数千将士,驾斗船50余艘,溯江西上,到川东巫峡一带筹粮。明玉珍部纪律严明,满载而归,蜀人不觉有扰。

至正十六年(1356年)底,四川的元朝统治者发生内讧,四川行省右丞完者都、左丞哈麻秃在重庆募兵,杀死重庆地方地主武装头子杨汉,吞并其部。杨汉部将谋思复仇,流船东下,在三峡一带遇见了明玉珍,告之原委及重庆地区虚实。明玉珍得知镇守重庆的元朝官员四川行省右丞和左丞间矛盾重重,各怀异志,互不相让;重庆城兵备单弱,无强兵厚贮。如果出其不意地进攻这一地区,则四川可以很快攻下。对杨汉部将提出的溯江而上进攻重庆的建议,明玉珍犹豫不决。部将戴寿力劝道:"明公修兵沔阳,为民也;哨粮于蜀,亦为民也。不若发粮十之三回沔以济荒;存其余,同(杨)汉兵以取重庆,事济则有为,否则掠其财物而归,何损也?"明玉珍为了"窥陇蜀,据上游,保荆湘,开粮道"①,决定以部分斗船载粮返回沔阳,自率大兵西上。

至正十七年(1357年),明玉珍西征,首定夔州、万州等川东州县。四月,明玉珍兵抵重庆,斗船云集,元朝守将大为震惊,右丞完者都连夜北逃果州(今四川省南充市),左丞哈麻秃仓促出城作战被擒。重庆父老夹道欢迎起义军入城。明玉珍军纪严明,禁止侵掠,部队秋毫无犯,城中安堵如故。附近州县纷纷向起义军投降,明玉珍遣使献俘虏哈麻秃于汉阳徐寿辉。随后,明玉珍出兵川南,是年秋冬,先后攻下泸州(今四川省泸州市)和叙南(今四川省宜宾市)等地,初步巩固了以重庆为中心的川东南地区。

至正十八年(1358年),明玉珍率军溯涪江西上,六月,在普州(今四川省安岳县)击败了元朝廷派遣来四川的李仲贤、王虎、郭成等率领的元军主力部队,李、王、郭等败还成都②。明玉珍还军重庆,拜陇蜀四川行省参议。

正当明玉珍进军四川之时,西系红巾军发生了分裂。倪文俊在掌握了军政大权之后,骄横跋扈,图谋杀害徐寿辉,事情败露之后,逃往黄州,被其部将陈友谅杀掉。至正十九年(1359年)陈友谅又趁徐寿辉迁都之际,杀掉徐寿辉的随行人员,挟持徐寿辉,自称汉王。至正二十年(1360年)闰五月,他又将徐寿辉杀害于采石矶。陈友谅假传徐寿辉的命令,要明玉珍撤出四川,东

---

① 杨学可:《明氏实录》。
② 重庆明玉珍墓《玄宫之碑》碑文。

下建康(今江苏省南京市)会兵。

此时,元朝前一年由陕西派遣进入四川的军队主力虽已经于至正十九年(1359年)春溃退至兴元(今陕西省汉中市)一带,但元在四川的军队仍然不少。完者都自重庆逃到果州后,率军趋嘉定(今四川省乐山市),与元四川行省平章朗革歹、参政赵成等纠集在一起,企图反扑。同时,川西成都等富庶地区也仍然在元军手中。明玉珍一面派大将莫仁寿屯兵夔门,加强防守三峡,断绝与陈友谅的往来;一面派部将万胜率军西征嘉定,粉碎川西元军的反扑。万胜很快攻下了嘉定城,但元军凭借险要的九顶山负隅顽抗,久攻不下。至正二十一年(1361年),明玉珍自泸州亲率大军前来,命万胜率精兵突袭成都,夺其声势。万胜在攻取成都之后,顺流而下,与明玉珍左右夹击九顶山,最后生擒完者都、朗革歹、赵成,元朝在四川的兵力基本被消灭。随后,明玉珍军一举平定成都、隆庆(今四川省剑阁县)、潼川(今四川省三台县),于是四川未下郡县纷纷来附,元朝在四川的统治被摧毁殆尽,明玉珍确立了对四川大部分地区的控制。

至正二十一年(1361年)七月,明玉珍在重庆称陇蜀王,"不易国号,不改元"①,仍奉"宋"为国号,以徐寿辉年号为年号,对徐寿辉建立的"宋"政权表示遵从和拥护,并发表文告说:"顾此蜀地,久被青衣之乱,莫有为之翦除者。予奉天诛罪,岂能自安,已经殄灭凶徒,幸而坐收全蜀,此乃天意。"②在疆土日渐开拓、巴蜀局面日益稳定的基础上,建立政权的时机逐渐成熟了。谋士刘祯向明玉珍进言道:"西蜀形势,虽小,沃野千里。北有剑门可以窥陇西,东有夔塘可以达江左……此时若不称大号,以系人心,军士俱四方之人,思其乡土而去,明君虽自保全蜀尚难,况欲天下乎!"③在此形势下,至正二十三年(1363年)正月,明玉珍在重庆称皇帝,国号"夏",改元"天统",以重庆为国都,正式建立了大夏政权。

---

① 重庆明玉珍墓《玄宫之碑》碑文。
② 杨学可:《明氏实录》。
③ 杨学可:《明氏实录》。

第二节　大夏政权的政治与社会经济

明玉珍称帝后,建立了较为完善的行政机构,开始在中央仿周朝制度,设六卿,冢宰戴寿,司马万胜,司空张文炳,司寇向大亨、莫仁寿,司徒吴友仁、邹兴,宗伯刘桢,又任命百官辅佐。次年,"更六卿为中书省、枢密院,戴寿为左丞相(明夏以左为尊),万胜为右丞相,向大亨、张文炳为知院;邹兴为平章俾镇成都,吴友仁为平章俾镇保宁,莫仁寿为平章俾镇夔关,邓元帅为平章俾镇通江,江英为参政俾镇播州,荆玉为宣慰俾镇永宁,商希孟为宣慰俾镇黔南"①。又置翰林院,设国子监,实行科举制,开进士科。去释、老二教,专奉弥勒,仍然尊奉西系红巾军所推崇的白莲教。以元朝的重庆路署为宫,以长安寺为六卿府署。

明夏政权在地方建置上,对元朝的四川地方政区做了一些调整,"分蜀地为八道,更置府、州、县官名","府置官曰刺史,州置官曰太守,县置官曰县令"②。其八道为:上川东道、下川东道、上川西道、下川西道、上川南道、下川南道、上川北道、下川北道,范围包括今重庆市、四川大部、湖北西部、贵州北部和陕西南部。据《明氏实录》记载,明升降明后,明军"得路府七,元帅府八,宣慰、宣抚司二十五,州三十七,县六十七"。明夏政权的疆域四至,最盛时东至彝陵(今湖北省宜昌市),西南至云南中庆(今云南省昆明市),虽然八道的具体区划和管辖州县已经很难详考,但根据今天能见到的一些零星材料,还是可以多少了解一点:

一、重庆府作为国都,其管辖范围进一步扩大,元朝废置的资州复置后由重庆府管辖。重庆路总管府驻巴县。先后置长寿、昌宁二县,复置大足、垫江、内江三县。改元朝湖广行省播州安抚司所属的南平綦江长官司为綦江县,由重庆路管辖。重庆路直辖四县:巴县、江津、綦江(治所在今重庆市綦江区古南镇)、南川(治所在今重庆市南川区隆化镇)。所辖五州为:合州(治所在今重庆市合川区合阳镇),省石照县入州,除州直辖地(今重庆市合川区)

---

① 杨学可:《明氏实录》。
② 《明史》卷一百二十三《明玉珍传》。

外,辖铜梁、大足、昌宁(治所在今重庆市荣昌县西北)、定远(治所在今四川省武胜县旧县乡)四县;涪州,除州直辖地(今重庆市涪陵区)外,辖长寿(治所在今重庆市长寿区境内)、武龙(治所在今重庆市武隆县土坎乡)二县;忠州,明夏复置垫江县,州辖临江、南宾、丰都、垫江四县;泸州(治所在今四川省泸州市市中区),除州直辖地外,辖江安、纳溪、合江三县;资州,宋为资州,元省州、县入简州。明夏复置资州(治所在今四川省资中县),无辖县。

二、元朝废罢的州县有所复置。除重庆府合州的大足县、资州外,还有遂宁州的安岳县,成都府的井研县,崇庆州的永康县、江源县,汉州的雒县,威州的保宁县,龙州宣慰司的江油县等。

三、新置了部分州县。如在重庆府境内就新置了昌宁县、长寿县。

四、改置了部分政区。如将元南平綦江长官司改为綦江县,改下落布长官司为珙州,改佛乡洞长官司为邑梅沿边溪洞军民府,改酉阳州为沿边溪洞军民宣慰司。

五、省并一些州治县和少数县。如省合州州治石照县入合州,省遂宁州州治小溪县入遂宁州,省荥经县入严道县。

明夏政权的管军机构,除在中央设有枢密院外,地方则设万户府。1981年在湖北省恩施地区发现了明夏开熙年间铸发的"屯田万户府印"、"施南万户镇抚司印"、"清江施南道总管军民万户府印"共三方,是明夏政权在鄂西辖境建立管军机构的历史见证,充分表明明夏政权在其辖区内能完整行使施政权。

大夏建国前后,明玉珍始终坚持反元斗争,努力扩大军事成果。称王以后,他即派兵平定了播南(今贵州省北部地区)、巴州(今四川省巴中市)、牛头寨(今重庆市梁平县西)、长宁(今四川省长宁县)等地。至正二十二年(1362年)夏,他又遣将攻龙州(今四川省江油县西北)、青川(今四川省青川县),进兵兴元(今陕西省汉中市)、巩昌(今甘肃省陇县)等路。冬,他命万胜领兵出兴元,击败元军,俘获上万人马。称帝后,明玉珍又命万胜统率十万红巾军,由万胜、邹兴、指挥李某兵分三路进攻云南。三月,万胜军攻下了云南行省驻地中庆路(今云南省昆明市),元朝在云南的头子梁王和军政大员逃至威楚路(今云南省楚雄县)。万胜遣人四方告谕,元朝将官多来投降,云南震动。后因邹兴和指挥李某两路兵不至,万胜孤军深入,在进攻大理时遭元军和大理段氏地方武装的夹击,多次败退,遂于四月在留下少数兵力之后,退回四川。明夏政权设置奉天征虏大将军府于兴元,以进取陕右;置奉天征蛮大将军府于彝陵(今湖北省宜昌市),以进取陈友谅,始终以"北出汉中,东下荆楚,期清残虏,以安黎庶"①为其目标。明玉珍曾多次派兵北伐,攻略巴州、兴元、秦州(今甘肃省天水市)等地,但终因兵力单弱,未能取得大的成果。

明夏政权建立后,采取了若干措施,废除了元朝的苛重徭役,鼓励农民发展生产。"赋税十取其一,农家无力役之征。"②同时,在部分地区还利用军队实行屯田,以赡军用,天统三年(1365年)徐寿辉原部将"姜珏来朝,仍令守彝陵,就彼屯种置仓,以赡军用"③。为改变元朝钞币泛滥、商贾路绝、民疲财匮的局面,明夏政权还重新铸造钱币,以供流通,稳定物价。现已发现的明夏钱币有两种:一种是隶书体的"天统通宝",一种是篆书体的"天统元宝",俱为小平钱。元朝初年直至中期,四川大量州县废弃,至明玉珍入蜀后,渐次有所复置或新置。随着区域政局的安定,生产的发展,人口有所恢复,原来的荒弃之地有的已经能设官治理了。由于明玉珍"躬行俭约",实行"兴文教,辟异端,禁侵掠,薄税敛"的政策,致使"一方咸赖小康焉"④。

明夏天统四年(1366年)二月六日,明玉珍殁。临死前仍以"中原未平,元虏未逐"为念,谕其臣僚:"中原未平,元虏未逐,予志不能遂也……汝等同心协力,但可自守,慎勿妄窥中原,亦不可与各邻国构隙。"⑤其年九月,明玉珍被葬于江北宝盖山睿陵。1982年3月,重庆市博物馆在重庆市江北区上横街的重庆织布厂工地,清理并发掘出明玉珍墓(睿陵)。墓中出土了一些文物,其中《玄宫之碑》和部分丝织品,具有重要的价值,为我们研究明玉珍及当时的社会,提供了宝贵的资料⑥。1990年在其陵墓原址建起了纪念馆。

明玉珍病逝后,其子明升即位,改元开熙。明升年仅10岁,年幼庸懦,母后听政,"诸大臣皆粗暴不肯相下"⑦,争权夺利,互相攻伐,或以阴谋杀人,或

---

① 杨学可:《明氏实录》。
② 杨学可:《明氏实录》。
③ 杨学可:《明氏实录》。
④ 杨学可:《明氏实录》引方孝孺语。
⑤ 杨学可:《明氏实录》。
⑥ 重庆市博物馆:《重庆明玉珍墓(睿陵)发掘报告》,载重庆市博物馆编:《明玉珍墓葬及其研究》,重庆地方史资料组1982年印行。
⑦ 《明史》卷一百二十三《明玉珍传》。

者兵刃相见,成天忙于内战。丞相万胜与司空张文炳有隙,万胜密遣人杀之。岂料内府舍人明昭抢先下手,矫后旨缢杀万胜。平章吴友仁以"清君侧为名",踞保宁(今四川省阆中市)公开反夏,并与控制川北一带的元朝地主武装李思齐、张良弼互通声息。丞相戴寿率军八万讨伐吴友仁,吴友仁请诛明昭。戴寿即奏诛明昭,吴友仁遂入朝谢罪,由此得专朝政。后"友仁尤专恣,国柄旁落,遂益不振"[1],政权渐趋衰落。

朱元璋于1368年建立明朝后,派兵南征北伐,讨平割据势力。洪武四年(1371年)正月,明朝出兵伐夏,兵分两路:一路由汤和率领,统舟师自东由瞿塘峡攻蜀;一路由傅友德率领,统步骑自北由秦陇入川。六月,傅友德军攻下汉州(今四川省广汉市),汤和军进至重庆,明升奉表投降。明夏政权灭亡,四川遂归于明朝统治。次年初,朱元璋安置明升及家属于高丽,至今明氏仍有后裔留在韩国和朝鲜。

明玉珍自至正十七年(1357年)入川,建立夏国,至洪武四年(1371年)夏亡,十余年间坚持抗元斗争,废除元代苛政,恢复发展生产,使四川、重庆得到安定,对当时和明朝初年的社会生产的发展起了一定的作用。同时,明玉珍率数万湖广农民入川,是历史上"湖广填四川"的一个重要时期,对四川人口迁徙和分布产生了一定的影响。

---

[1]《明史》卷一百二十三《明玉珍传》。

第九章　明清时期的重庆——区域中心的形成

第一节　明代政治与民族关系

一、政区建置与土司制度

明王朝控制重庆和四川后,在重庆地区置重庆府、夔州府。重庆府,下辖3州:合州、忠州、涪州;15县:巴县、江津县、永川县、荣昌县、大足县、綦江县、南川县、长寿县、黔江县、铜梁县、定远县、丰都县、垫江县、武隆县、彭水县。夔州府,辖10县:奉节、巫山、大宁、云阳、万县、开县、梁山、新宁、达县、建始。随后又置重庆卫、瞿塘卫,辖石砫、酉阳二宣抚司;成化年间又复置璧山县、安居县,建立起地方各级政权机构。明朝廷进行了进一步扩大重庆辖区,由重庆府管理整个巴渝地区的尝试。洪武四年(1371年)新宁县(今四川省开江县)由达州改属重庆府,洪武九年(1376年)四月降夔州府为夔州,由重庆府管辖;将重庆府的辖区向东扩大到夔巫地区,向北扩大到达县,时重庆府辖4州:合州、涪州、忠州、夔州。直辖及州辖县共达24个,辖区范围西起荣昌、大足,南到綦江、南川、彭水,东到巫山、建始、黔江,北到达县、大宁。仅及一年,由于交通不便,管辖范围过大,洪武十年(1377年)五月,夔州改由四川承宣布政使司直辖,结束了这次扩大政区管辖范围的尝试。洪武十三年(1380年),明王朝在全国推行里甲制度,在重庆各州县普遍建立里、甲等基层统治机构;在重庆城内建立坊、厢(近城曰厢,城中曰坊)统治机构。里、甲、坊、厢制度的推行,使明王朝的赋税徭役征调得到了保证;城乡居民必须按照规定轮流供役,并由基层统治机构加以督促管理。以110户为里、坊、厢。从110

户中选出丁粮多10户为里长,坊、厢长,余100户组成10甲,甲设甲首,每甲10户。明代重庆城编有8坊2厢,8坊为:太平、仁寿、壁仙、安静、通远、龙台、忠孝、宣化;2厢为:内江、外江。巴县乡村分为72里。明时重庆城坊、厢长及甲首的职责未见记载,但从全国情况来看,里长及甲首要负责赋役及劳役税的征收,地方治安的维持,征收上供给祭祀之费用及主持地方上的乡饮酒礼等,城市中的坊、厢当与此同。同时,明初指挥戴鼎又在南宋晚期城址旧基之上砌筑石城,其城壁或顺山势或沿江而筑,居高临深,孤峙江中,险厄天成,有"天生重庆,铁打泸州"①之称。为了加强对川东地区和贵州等地的统治,明王朝还于洪武年间在重庆设立兵备道,管辖重庆府、卫和各州县以及贵州、酉阳等处土司②,并在重庆府一带驻扎大量军队。明代重庆已经成为控制川东、贵州等地,监视川黔少数民族的首要军事重镇和兵家必争之地。

明代的巴渝、川南及贵州地区仍为少数民族杂居区。明王朝为了统治这一广袤的地区,在此大力推行土司制度。土司制度是由封建王朝采用册封的方式,任命少数民族的首领、豪酋充任地方官吏,对本地区或本部落实行世袭统治的一种政治制度。这种政治制度是由唐宋时期的羁縻政策发展而来的,元代已经在四川地区实行,明代则更加完备。土司的设置,从根本上来讲,是"以土官治土民"这一政策的制度化,它既要照顾民族地区的特殊性,又要不影响中央王朝的统一管理,更要有利于逐步将民族地区纳入郡县制的轨道。明王朝在腹地设土官,在边远设土司,各有品级,但无官俸。土官如土知府、土知州等,在地方属布政司,在中央属吏部;土司如宣慰司、宣抚司等,在地方属都司,在中央属兵部,"文武相维,比于中土"③。土司对中央王朝的隶属关系是明确而固定的,各地土司都要对中央王朝承担一定的义务。首先是定期朝贡;其次是征调,凡遇战事,中央王朝可以调遣土兵出征;另外土司还要承担交纳赋税的义务。明王朝在四川元朝设置土司制的基础之上,相继在川东、川南分别建立了宣慰司、宣抚司以及直隶于四川布政使司的长官司等各种名目的6个土司地区,它们分别是:

播州宣慰司(治所在今贵州省遵义市东北),辖瓮水安抚司、草塘安抚司、

---

① 《蜀辅日记》卷三。
② 《明会典》。
③ 《明史》卷三百一十《土司传》。

黄平安抚司和播州长官司、真州长官司、容山长官司、余庆长官司、白泥长官司、重安长官司等，属四川布政使司。

酉阳宣慰司，洪武五年（1372年）改明夏沿边溪洞军民宣慰司复置为酉阳州，并兼置酉阳宣慰司。洪武八年（1375年）废酉阳州，改宣慰司为宣抚司，以元溶江芝子平茶等处长官司地置平茶洞长官司，改元石耶军民府为石耶洞长官司，改明夏邑梅沿边溪洞军民府为邑梅洞长官司，置麻兔洞长官司。洪武十七年（1384年）平茶洞长官司升为安抚司，改由布政司直辖。酉阳宣抚司属四川都指挥司，永乐十六年（1417年）改属重庆卫。天启元年（1621年）升为宣慰司。司驻今酉阳县钟多镇。洪武八年（1375年）辖四长官司：平茶洞（治所在今重庆市秀山县美妙乡司城村）、石耶洞（治所在今重庆市秀山县石耶镇）、邑梅洞（治所在今重庆市秀山县梅江乡）、麻兔洞（治所在今重庆市秀山县峻岭乡西南）。

石砫宣慰司，"宋末置石砫安抚司，元改石砫军民府，寻仍为安抚司"。洪武八年（1375年）改为石砫宣抚司，属重庆卫。嘉靖四十二年（1563年）改属夔州卫。天启元年（1621年）升宣慰司。司治所在今石柱土家族自治县南宾镇。

永宁宣抚司（治所在今四川省叙永县东），辖九姓长官司、太平长官司，属四川布政使司。

平茶洞安抚司，洪武八年（1375年）以元溶江芝子平茶等处长官司地置平茶洞长官司，属酉阳宣抚司。十七年（1384年）升为平茶洞安抚司，直隶四川布政司。万历二十四年（1597年）降为千户所，直隶四川都指挥司。司、千户所治所在今秀山县美妙乡司城村。

溶溪芝麻子坪长官司，洪武八年（1375年）以元溶江芝子平茶等处长官司地置，属湖广行省思南宣慰司。洪武十七年（1384年）直隶四川布政司。司治所在今秀山县溶溪乡。

土司制度施行的前提，是承认少数民族首领对其辖区拥有世袭的管辖权，但这种各自独立的世袭权力与高度集中的专制集权主义是根本对立的。由于彻底改变土司制度的历史条件在明代尚不成熟，明王朝还只能在个别邻近汉族居住区的少数民族地区改设流官，而在其余的大部分地区采取其他措施，以求矛盾的逐步解决。明朝初年在少数民族地区广立卫所，并把部分土司置于卫所的统属之下。如在播州宣慰司的南部则设有平越卫、清平卫。有的地区则土流兼治,为以后条件成熟时改土归流作准备。

土司制度的推行,有助于明王朝在这一地区统治的巩固和加强,有利于各民族地区经济、文化的交流和社会的发展。由于土司制度遏制了一些有割据野心的世袭势力的扩张,遭到了他们的反对。万历年间播州杨应龙的叛乱和天启年间永宁奢崇明及贵州水西安邦彦的叛乱,便是这一时期重庆和全国的重大事件。

二、杨应龙之乱与奢、安之乱

杨应龙是播州(今贵州省遵义市)宣慰使。杨氏家族自唐乾符三年(876年)从泸州南部率军入据播州,历经五代、两宋、元朝,世为播州地方长官,拥有其地,到明初已经21世。杨氏家族拥有一支地方武装,恣意横行,称王称霸,并不断向四川内地扩张领土,蚕食土地,其势力深入重庆府的綦江、南川一带,以至于明朝廷不得不于成化年间在这一带勘定界址,限制其发展[①]。隆庆初(1567—1572年),杨应龙执掌播州以后,更加残暴地压迫播州及邻近地区的各族人民,"酷杀树威,益结关外生苗为翼,肆行劫掠"[②]。万历十七年(1589年),有人揭发杨应龙谋反,但由于播州介于四川、贵州两省之间,各有利害,因而贵州主剿,四川主抚,步调不一。直到万历二十一年(1593年),明军才仓促出师,行至娄山关,为土兵诱杀,伤亡过半。事后,明王朝决策阶层中剿、抚两派仍然各执一词,争论不休,议而不决,后因用兵朝鲜,无暇过问,不了了之。万历二十四年(1596年),杨应龙兴兵攻扰邻近土司,焚劫草塘、余庆二长官司以及兴隆、都匀各卫,到处搜捕曾经检举过他的仇家,"戮其父母,淫其妻女,备极惨酷"[③],并于万历二十五年(1597年),"劫江津及南川,临合江"[④],并侵及湖广,阻塞驿站,公然僭称"千岁",企图称霸西南。万历二十七年(1599年),杨应龙发动了大规模武装叛乱,败明军于草塘安抚司附近之飞练堡(今贵州省瓮安县东北),明贵州都司杨国柱、指挥李廷栋战死[⑤]。五

---

① 刘豫川:《重庆市文物普查收获综述》,载《巴渝文化》第2辑。
② 《明史》卷三百一十二《四川土司传》。
③ 《明史》卷三百一十二《四川土司传》。
④ 《明史》卷三百一十二《四川土司传》。
⑤ 《明史》卷二百二十八《李化龙传》。

月,杨应龙又以"朝廷不容我,只得舍命出綦江"①为由,率兵六万由播州北上,攻綦江城,放火烧城,明王朝参将房嘉宠、游击张良贤先后战死。綦江县城被攻陷时,杨应龙"尽杀城中人,投尸敝江,水为赤"②,气焰十分嚣张,并声言江津、合江也是播州故土,流劫江津、南川、合江,准备"直取重庆,捣成都"③,另一支叛军则侵入湖广,断绝了楚、黔两省通道。一时间,重庆告急,川、黔、楚数省震动。

明王朝急命李化龙为兵部右侍郎,总督湖广、四川、贵州军务兼巡抚四川,调集曾在朝鲜作战的将领刘綎、麻贵、陈璘、董一元等火速入川,集四川、湖广、贵州三省兵力,分八路征讨杨应龙。在四川境内,一出綦江,一出南川,一出合江,一出永宁。贵州方面的明军和土司军队,则分别从乌江、沙溪和兴隆卫出发。湖广偏桥一路,又分两翼挺进。明军和明王朝调集的土司军队以酉阳、石砫、永宁等土司军队为主,约占七成,明军约占三成。李化龙以重庆为指挥中心,总兵刘綎由重庆率主力进綦江,主攻播州天险娄山关,与杨应龙决战。

杨应龙也勒兵数万,五道并出,与明军决战,但皆为各路土司兵所挫。万历二十八年(1600年)四月,刘綎率明军主力袭破娄山关,各路明军前后合围,杨应龙"散金募死士拒战,无应者"④。官军斩首二万余,缴获器械无算。杨应龙兵败自杀,明军取得全胜,叛乱始平。明王朝将杨氏所据七百余年之播州,改土归流,设遵义、平越两府,分属四川、贵州管辖。遵义府辖真安州和遵义、桐梓、绥阳、仁怀四县。到清朝雍正五年(1727年),四川所属之遵义府、县,改由贵州管辖。

20年后,在重庆西南的四川永宁地区和贵州水西地区又爆发了土司奢崇明和土司安邦彦的反明叛乱。

在明代,永宁是四川境内彝族聚居区之一,其地南连赤水、毕节,是通往贵州和当时属四川的镇雄府、乌蒙府、乌撒府、东川府(今滇北地区)的交通要冲,与位居黔西北的水西土司(贵州宣慰司水西地)南北相连。水西安氏与播

---

① 《平播全书》卷四。
② 《明史》卷三百一十二《四川土司传》。
③ 《明史》卷二百二十八《李化龙传》。
④ 《明史》卷三百一十二《四川土司传》。

州杨氏一样,是贵州的四大土司之一。在平播战役中,永宁和水西土司兵均为其所谓八路大军之一,但永宁土司与中央朝廷为其壤地相接的叙州府兴文、珙县、筠连等地的土流问题而闹矛盾,明王朝对永宁地区也有改土归流的意向;水西土司则企图在平定播州之后,取得其部分领土,但当播州分置为遵义、平越两府时,川湖总督则命水西土司归还其所占据的部分地区。晚明时期,永宁、水西土司和明王朝的关系已经恶化。

万历、天启年间,辽东战局日益紧迫,明王朝的辽阳总兵刘𬘡曾参与指挥了平播战役,因而极力主张征调彝族土兵驰援辽东。天启元年(1621年)九月,四川永宁宣慰使奢崇明趁明军在辽东连遭败绩,名将杜松、刘𬘡先后阵亡,后金大军攻陷沈阳之际,以援边赴辽为借口,派遣其婿樊龙、部将张彤等率领土兵三万,乘进驻重庆之机,以"增行粮"为名,突然发动反明武装叛乱。重庆的明朝驻军措手不及,四川巡抚徐可求与道、府、总兵等官20余人皆被杀。奢崇明以重庆为东京,号"大梁",改元瑞应,设丞相、五府等官。同时,他又分兵控扼夔门水口,截断西川栈道,以重庆及老巢永宁为据点,焚掠璧山、永川、荣昌、隆昌、资县、资阳、纳溪、泸州、江安、兴文、长宁、合江等州县,占领遵义,全川震动。十月,奢崇明兵进围成都,明四川布政使朱燮元等率兵坚守成都,明军被迫决都江堰水以护卫成都城壕,争取时间,等待援兵。石砫土司秦良玉派兵4000潜渡重庆,营南坪关(今重庆市南岸区南坪)。秦良玉亲率6000精兵,沿江上趋成都救援。成都明军被围102天,秦良玉援军赶到,奢崇明军始解围遁去。明军乘势东下,秦良玉等率军夺取巴县西部的二郎关(今重庆市九龙坡区西),总兵杜文焕破佛图关,攻下重庆,斩樊龙、张彤,并先后收复川东、川南一带及遵义府。

在奢崇明起兵的同时,水西土司安邦彦也兴兵包围了贵阳府,遥为声援。贵阳守军不过数千,而水西土司兵号称十万之众,"沿城扎营,四面伏路把截,以断城中出入",又"置木栅,垒户墙,鸟雀不能飞渡"①,但贵阳城中军民坚守阵地,顽强抵抗。贵阳被围近300日,贵州巡抚王三善率领的援军才从清水江、都匀分路抵达贵阳外围。水西土司军队上下普遍厌战,闻援军至,乃纷纷溃退。

---

① 《明史纪事本末》卷六十九。

天启三年(1623年)五月,四川明军攻入蔺州(今四川省古蔺县),奢崇明永宁宣抚司地大部为明军占领,奢崇明穷蹙,败逃水西龙场(今贵州省修文县)依附安邦彦。明朝廷宣布废除永宁宣抚司,其地分别由泸州府和叙州府管理。四川总督朱燮元"以赤水河为界,河东龙场属黔,河西赤水、永宁属蜀,永宁设道府,与遵义、建武(今四川省兴文县建武镇)声势联络"①。贵阳解围之后,明军渡过乌江,于天启四年(1624年)进军至水西中心地区,贵州巡抚王三善遇伏阵亡,明军损失惨重,安邦彦与奢崇明合兵,分犯遵义、永宁②,原杨应龙叛军余部王伦、石胜也起而响应。安邦彦一时拥众数十万,奢崇明势力死灰复燃,全川鼎沸。直到崇祯二年(1629年),在朱燮元的主持下,明军诱敌深入,故意引导永宁、水西土司兵向永宁移动,然后四面合围。八月,明监军刘可训、总兵侯良柱率部在五峰山红坝一带与奢、安叛军决战,歼其众十余万人,奢崇明、安邦彦皆受伤被杀,才最后结束了这场长达八年的战乱。崇祯三年(1630年),永宁改土归流,而水西地区仍旧维持原来的土司制度。

三、张献忠攻占重庆及抗清斗争

明朝晚期,巴渝地区阶级矛盾非常尖锐,社会危机十分严重。广大农民不仅要承担规定缴纳的租赋,还要承担超过正赋数倍的加派、杂税和力役。仅万历四十六年(1618年)因骤增辽饷,年亩就增银3.5厘,次年又复加3.5厘,又以兵、工二部请,复加2厘,前后共加9厘,增赋502万,遂为岁额③。在此之前,援助朝鲜、征伐播州时已先后加派过地亩银。杨应龙、奢崇明之乱又使重庆遭受极大的破坏。同时,灾荒不断,瘟疫流行,万历十六年至十七年(1588—1589年),荣昌"大旱频仍"④;万历三十八年(1610年),全蜀荒旱,田无收获,赤地千里,城野半空。崇祯年间,长寿、綦江、巴县一带相继大旱,民变、起义不断发生。崇祯七年(1634年),摇黄农民军起义于川东北,有众十余万,活动于重庆、夔州、顺庆府(今四川省南充市)一带,曾南下进入合州、巴县、长寿,给封建统治者以沉重的打击,配合了张献忠起义军入川作战。

---

① 《明史》卷三百一十二《四川土司传》。
② 《明史》卷三百一十二《四川土司传》。
③ 《明史》卷七十八《食货志》。
④ 光绪版《荣昌县志》卷十九。

张献忠，陕西延安人，出身贫苦，当过捕快、边兵。崇祯三年（1630年），他率众起义，号"八大王"，又称"西营八大王"，所率军队后称大西军。长期转战于陕西、山西、河南、四川、湖广等省，曾先后五次入川作战。崇祯十七年（1644年）当李自成起义军北上推翻明王朝的同时，张献忠率军自湖广第五次进入四川，号称60万，打着"澄清川岳"的旗帜，溯江而上，一路节节胜利。正月，大西军攻占夔州、云阳；二月夺取万县；经休整补给后，五月至六月，连克忠州、丰都、涪州等沿江州县；六月中旬进抵重庆下游之铜锣峡，形成对重庆的进攻态势。

当时卸任的四川巡抚陈士奇路经重庆，凭借重庆的险要地势和"有饷数十万"①的物质条件，设防抵抗。陈士奇一面派重兵把守铜锣峡，一面又在长江南北水陆两路派兵夹击张献忠。在此情况下，张献忠放弃强攻，率精骑由小道向西疾驰150里，破江津县，然后顺流而下夹攻重庆。六月二十二日，张献忠攻下重庆，处死了逃到重庆的明瑞王朱常浩、原四川巡抚陈士奇、关南兵备副使陈纁（王纁）、重庆知府王行俭、重庆卫指挥顾景、巴县知县王锡等官僚。

张献忠起义军占领重庆后，公开宣布打击的对象是朱明宗室和官僚地主，"能杀王府乡绅，封府以待，则秋毫无犯"。因此义军所至，势如破竹，四川各州县，皆望风送款。七月初四，张献忠留下将领刘廷举戍守重庆，大西军则兵分两路向川西进军，水路沿长江而上，直取川南重镇泸州；陆路沿永川、隆昌成渝驿道直指成都。八月，攻克成都，明蜀王朱由澍投井自杀，明王朝在四川的统治结束。十一月，张献忠在成都建立政权，国号大西，改元大顺，以成都为西京，自称大西王。

大西大顺三年（清顺治三年，1646年）清军从陕西攻入四川。张献忠率军从成都出发，前往川北迎击清军，在西充县凤凰山遭到清军的突然袭击，中箭身亡。张献忠余部在孙可望、李定国等率领下，决定收缩部队，撤到川南、贵州、云南一带，继续坚持抗清斗争。年底，张献忠余部再度攻占重庆，消灭了盘踞重庆的明军曾英部队，取得了大量作战物资，为进军川南提供了物质条件。随后，大西农民军南走綦江，攻克了贵州、云南，建立了巩固的抗清根

---

①《明季南略》卷十二。

据地。

清军入川后,同大西军、南明永历政权及李自成起义军余部等在川东、川南及贵州一带展开了长期的拉锯战,大西军曾在顺治七年(1650年)、顺治九年(1652年)春和七月,先后三次攻占重庆,并以重庆为基地,北上保宁(今四川省阆中市)与清军激战,击走吴三桂。直到清康熙二年(1663年)清总督李国英在重庆补筑通远门城墙,加强城防,清王朝在重庆的统治才得以初步巩固。

第二节 清代的政区与政治

一、巴渝政区

明末清初,张献忠农民起义军控制四川,建立大西政权,但未能建立巩固的根据地,对地方政区,少有建置变动。

清初顺治末年,四川大部分地区被清军控制,但直到康熙二年(1663年)清总督在重庆补筑通远门城墙,加强城防,清在重庆的统治才得以巩固。

清仍置四川行省,设巡抚驻成都。顺治十四年(1657年)又增设总督,驻阆中;康熙元年(1662年)移驻重庆;康熙七年(1668年)改设为川湖总督,移驻荆州(今湖北省荆州市);康熙九年(1670年)川湖总督移驻重庆;康熙十九年(1680年)又改为川陕甘总督,移驻西安(今陕西省西安市)。

清代在巴渝地区先后设置有重庆府、夔州府、忠州直隶州、黔彭直隶厅(酉阳直隶州)、石砫直隶厅。清初,进一步扩大了重庆府的辖区范围,康熙年间确定由重庆府控制酉阳、石砫、邑梅、平茶、石耶、地坝等处土司,并将平茶、邑梅两长官司改由重庆府直接管理。

重庆府,隶属四川行省。康熙元年(1662年),省铜梁县、安居县入合州,省璧山县入永川县,省大足县入荣昌县,省武隆县入涪州。康熙八年(1669年),省定远县入合州。康熙六十年(1721年)以原铜梁县、安居县地复置铜梁县。雍正四年(1726年)以黔江县置黔江厅,重庆府同知移驻黔江厅,雍正十二年(1734年)改为黔彭直隶厅,由省直辖。雍正六年(1728年)复置大足县、定远县、璧山县(璧山县复置时,县名由壁山改为璧山),由重庆府直辖。雍正十三年(1735年)升忠州为直隶州,由省直辖,丰都、垫江两县改属忠州。

乾隆十九年(1754年)重庆府同知移驻江北城,分巴县嘉陵江以北和朝天门以下的长江以北地置江北厅。重庆府治所在巴县。康熙十年(1671年),重庆府直辖11县:巴县、江津、长寿、綦江、永川、荣昌、南川、丰都、垫江、黔江、彭水;辖3州:合州(今重庆市合川区)、忠州(今重庆市忠县)、涪州(今重庆市涪陵区)。乾隆二十年(1755年),重庆府直辖1厅:江北厅(治所在今重庆市江北区江北老城);11县:巴县、江津、长寿、綦江、永川、璧山、铜梁、大足、荣昌、南川、定远(治所在今四川省武胜县中心镇);辖2州:合州(今重庆市合川区)、涪州(今重庆市涪陵区)。

夔州府,隶属四川行省。康熙六年(1667年),省大宁县入奉节县。康熙七年(1668年),省新宁县入梁山县(今重庆市梁平县)。康熙九年(1669年),省大昌县入巫山县。雍正六年(1728年)升达州为直隶州,由省直辖,东乡、太平两县改属达州。雍正七年(1729年)复置新宁、大宁两县,旋改新宁县属达州,改梁山县属忠州。乾隆元年(1736年)改建始县属湖北省施南府,府治在奉节县。康熙十年(1671年),夔州府直辖8县:奉节、巫山、云阳、万县、开县、东乡、太平、建始;辖1州:达州(治所在今四川省达川市)。乾隆二十年(1755年),夔州府辖6县:奉节、大宁(治所在今重庆市巫溪县城厢镇)、巫山、云阳、万县、开县。

忠州直隶州,原为忠州,属重庆府。雍正十二年(1734年)升为忠州直隶州,由省直辖,以重庆府的丰都、垫江两县和夔州府的梁山县属之。州治所在今忠县忠州镇。辖3县:丰都、垫江、梁山。

酉阳直隶州,清初仍维持明朝旧制,为酉阳宣慰司,属重庆府。康熙七年(1668年)其下属平茶、邑梅两长官司改由重庆府直接管理。雍正四年(1726年)九月,重庆府同知移驻黔江县,改黔江县为黔江厅。雍正十二年(1734年)改黔江厅、彭水县为黔彭直隶厅,由省直辖。雍正十三年(1735年)改土归流,废酉阳宣慰司和邑梅、平茶、石耶、地坝四"小土司",以其地置酉阳县,属黔彭直隶厅。乾隆元年(1736年)废黔彭直隶厅,改置酉阳直隶州,分酉阳县置秀山县,以黔江、彭水、秀山三县属之。州治所在今酉阳县钟多镇,辖3县:黔江(治所在今重庆市黔江区联合镇)、彭水(治所在今重庆市彭水县汉葭镇)、秀山(治所在今重庆市秀山县中和镇)。

石砫直隶厅,清顺治十六年(1659年)石砫土司内附,仍置石砫宣慰司,属夔州府。乾隆六年(1741年)后,石砫宣慰司由夔州府同知兼辖。乾隆二十二年(1758年)夔州府同知移驻石砫,改土归流,置石砫厅,仍属夔州府。乾隆二十六年(1761年)升为直隶厅,由省直辖。厅治所在今石柱土家族自治县南宾镇。

清代继续在巴渝城乡实行里甲制,重庆城内外仍按坊厢编制。清康熙四十六年(1707年),巴县知县孔毓忠将重庆城内编为29坊,即太平、宣化、巴字、东水、翠微、朝天、金沙、西水、千斯、治平、崇因、华光、洪崖、临江、定远、杨柳、神仙、渝中、莲花、通远、金汤、双烈、太善、南纪、凤凰、灵壁、金紫、储奇、人和;城外编为15厢,即太平、太安、东水、丰碑、朝天、西水、千斯、洪崖、临江、定远、望江、南纪、金紫、储奇、人和。同年,巴县乡村改编为12里。从现存资料看,清代重庆城内的坊之上还设有朝天党和储奇党等党。

二、改土归流

明代在巴渝及其周边地区普遍推行的土司制度,清代开始出现了较为严重的危机。土司控制地区由于其残酷的压迫统治,阶级矛盾尖锐,不断激起少数民族的反抗斗争;有的土司互相攻掠,制造事端,严重影响清王朝对这些地区的统治。同时,随着在巴渝地区统治的巩固,清王朝在巴渝地区开始了逐步削弱土司力量的努力。

早在康熙七年(1668年)七月,清圣祖玄烨就批准了四川总督苗澄关于分隶酉阳土司的奏疏:"酉阳一司,兼石耶、平茶、邑梅三长官司,封畛过侈,不得不为先事之防。考名胜志,明永乐初,平茶、邑梅二司改隶渝州。渝州即今重庆府也。宜照此例,将平茶、邑梅二司改隶重庆,以消蛮司土广民众之势。"[1]将其下属的平茶、邑梅两长官司改由重庆府直接管理。

雍正四年(1726年)九月,清王朝决定将重庆府同知移驻邻近酉阳宣慰司的黔江县,以对土司就近控制,同时,裁减酉阳宣慰司属员[2]。雍正十一年(1733年),将由重庆府直辖的黔江县改隶重庆府分驻黔江同知管辖,称黔江厅,同时兼辖彭水县,进一步扩大其管理权限[3],以待时机成熟时对酉阳土司

---

[1]《大清圣祖仁皇帝实录》卷二十六。
[2]《大清世宗宪皇帝实录》卷四十八。
[3]《大清世宗宪皇帝实录》卷一百三十六。

进行改土归流。

雍正十二年(1734年)五月,四川总督黄廷桂、巡抚鄂昌奏请对酉阳土司实行改土归流。酉阳土司冉元龄,年老患病,以庶出第三子冉广烜捏报嫡长子袭代其职。冉广烜"恃远自恣","加派贪食,奸恶残暴,以致族目人等,情急叠控,俱愿改归内地。众口同声……土民等苦其虐累,久已离心,渴望改归,如出汤火"①。对酉阳土司实行改土归流,确实是刻不容缓,以顺民情而振声势的大好事。雍正批准了四川的奏请,以其地改设酉阳县,并谕令黄廷桂将土司冉广烜贪虐各款,具本参究。次年,酉阳宣慰司正式改置为酉阳县,由黔彭直隶厅管辖。改土归流后,"酉阳土司旧治……设知县一员、典史一员,分管西、北二路。所属之龙潭镇,设县丞一员;龚滩镇,设巡检一员,以资稽察。酉阳三合场地方……设知县一员、典史一员,分管东、南二路。所属之石堤,设巡检一员,专司查缉……设游击、千总各一员,把总三员、马步兵五百名,在三合场驻扎。拨把总三员,分防邑梅、洪安;外委二员,分防石堤、滥泥湾;设守备、千总、把总各一员,马步兵三百名,在酉阳司治驻扎。拨千总一员,分防龙潭;外委二员,分防龚滩、大溪口。俱隶重庆镇统辖……重庆镇属黔彭营,另设都司一员、管辖千总一员、把总二员、兵三百名"②。对原酉阳土司及邑梅、平茶、石耶、地坝四"小土司"地均由所派官员进行管理。

雍正十二年(1734年),酉阳土司改土归流时,胤禛即要求四川总督黄廷桂、四川巡抚鄂昌对在酉阳东南一隅的邑梅、平茶、石耶、地坝四"小土司""乘机改流,以改全局"③。次年(1735年),该四长官司改土归流,并入酉阳县,设置流官管理,对石耶、平荣、邑梅土长官司给予土千总职衔,地坝土副长官司则给予土把总职衔。乾隆元年(1736年),废黔彭直隶厅,置酉阳直隶州,分酉阳县东南地方(即邑梅、平茶、石耶、地坝四"小土司"地)置秀山县,最后完成对酉阳土司等的改土归流。

乾隆二十二年(1757年)四月,四川总督开泰根据石砫土司马孔昭于乾隆十九年(1754年)缘事革职,无合例应袭之人,当时所委马光仁护理,办事又不公平,亦应革退,马孔昭之子又年幼不能理事,而石砫司地方,介于川楚

---

①《大清世宗宪皇帝实录》卷一百四十三。
②《大清世宗宪皇帝实录》卷一百五十八。
③《大清世宗宪皇帝实录》卷一百四十三。

间,与内地毗连,幅员千里,土著、流寓混杂,不好管理的情况,奏请将夔州府分驻云安厂盐务同知及万县市郭里巡检移驻该地。原颁土司印信暂缴司库,俟马孔昭子长成可以承袭时,"再为遵例请给"①。以夔州府云安厂同知移驻石砫,代理土司事,迈出了改土归流的第一步。到乾隆二十六年(1761年),开泰发现该地官民究不无观望,奏请"不若竟设流官,俾归划一"②。兵部等批准了开泰的奏请,"将该土司改为直隶石砫同知,量设佐杂汛防分管。其应袭世职,照苗疆例,改授土通判,不许干预民事。该土司原有另征草籽、秋粮等银,即定为正额,以抵同知增添养廉"③,正式废除了石砫土司,置石砫直隶厅,由省直辖。

石砫土司改土归流后,田地征粮仍循土司旧习,不计亩数,随意认纳草籽、秋粮二项,并无科则,轻重不等,不符合改流要求。乾隆三十一年(1766年)十二月,四川总督阿尔泰议准,此后"该地方补首及垦荒成熟田地,令该厅亲赴勘丈,照附近之丰都县科则承粮。其原纳秋粮及草籽粮各户,遇有争占讦讼,即一律勘丈,按则升粮。如伊等虑执业无据,情愿升粮者,准其报管查丈"④。

经过清代雍正、乾隆年间30余年的努力,在巴渝地区存在了1000余年的羁縻、土司制度最后完成了历史使命,土司区域不复存在,巴渝地区两府(重庆、夔州)、两直隶州(忠州、酉阳)的政区格局最后形成。

第三节 区域经济的波浪式发展

元朝时期,随着重庆政治地位的上升和辖区的扩大,重庆开始成为四川仅次于成都的重要城市。元末,明玉珍在四川建立政权,以重庆为都城。明王朝控制重庆后,在重庆地区置重庆府和重庆卫。明代中期,重庆的工商业有了进一步的发展,成为全国著名的30几个城市之一,其木税收入尤具特色。明清时期,农业的进一步发展,人口比重的上升,手工业的繁荣,促进了

---

① 《大清高宗纯皇帝实录》卷五百三十七。
② 《大清高宗纯皇帝实录》卷六百五十一。
③ 《大清高宗纯皇帝实录》卷六百五十一。
④ 《大清高宗纯皇帝实录》卷七百七十五。

重庆商业的发展,重庆已成为嘉陵江流域的物资集散地、四川水路交通中心和商业繁盛的区域性中心城市。

明万历六年(1578年),四川全省有耕地13.4万余顷,人口310余万,而重庆府的耕地和人口就分别占全省的1/3左右,重庆已成为四川最重要的区域。明朝晚期,随着玉米、红苕等高产旱地作物的传入,重庆成了四川粮食的最主要产区。万历年间四川田赋粮额为1028545石[1],重庆府20州县及5土司为344497石[2],而巴县一县就有60300余石[3],省内其余地区除成都府31州县为157729石[4],叙州府为100000石,顺庆府为72000石外,其余地区都很少。重庆一府即占全省粮额的1/3,巴县一县就抵数州(见表9-1)。重庆已成为四川生产发达、经济繁荣、田赋最多之地。这种状况,终明之世没有太大的变化。

表9-1 明代中期四川各府州粮额、里数和户数估计表

府　州	田赋粮额	里　数	由里数估计之户数
成都府	166000	234	26730
保宁府	20000	63	7480
顺庆府	72000	106	11660
叙州府	100000	224	24640
重庆府	350000	414	45540
夔州府	20000	74	8180
马湖府	2000	16	1760
龙安府[5]	8700	14	1540
镇雄府	—	—	—
潼川州	20000	66	7260
眉州	30000	34	3740
嘉庆州	40000	53	5830

[1] 雍正版《四川通志》卷五《田赋》。
[2] 嘉庆版《四川通志》卷六十三《食货》。
[3] 民国版《巴县志》卷四《赋役》。
[4] 嘉庆版《四川通志》卷六十三《食货》。
[5] 原缺,引自道光版《龙安府志》卷三。

续表

府　州	田赋粮额	里　数	由里数估计之户数
泸州	20000	100	12100
雅州	8000	12	1320
邛州	20000	24	2640
合计	876700	—	—

资料来源　田赋粮额引自《大明一统志》，里数因《大明一统志》残缺过多，引自《读史方舆纪要》。

明朝晚期，重庆地区阶级矛盾非常尖锐，社会危机十分严重。广大农民不仅要承担规定缴纳的租赋，还要承担超过正赋数倍的加派、杂税和力役。杨应龙、奢崇明之乱又使重庆遭受极大的破坏。同时，灾荒不断，瘟疫流行。万历十六年至十七年（1588—1589年），荣昌"大旱频仍"①；万历三十八年（1610年），全蜀荒旱，田无收获，赤地千里，城野半空。崇祯年间，长寿、綦江、巴县一带相继大旱，民变、起义不断发生。崇祯十七年（1644年），张献忠农民起义军进入四川，攻占重庆，在成都建立政权。清顺治三年（1646年），清军入川后，同大西军、南明永历政权及李自成起义军余部等在重庆及川东、川南、黔北一带展开了长期的拉锯战，直到清康熙二年（1663年）清总督李国英在重庆补筑通远门城墙，加强城防，清王朝在重庆的统治地位才得以初步巩固。

明末清初的长期战乱，造成重庆及四川人口的大量死亡和逃迁，"丁户稀若晨星"②，直到康熙二十四年（1685年），全省在籍人口也仅18090户，约9万余人。土地大量荒芜，粮食奇缺，物价飞涨。重庆地区战乱之后，重庆城"为督臣驻节之地，哀鸿稍集，然不过数百家；此外州县，或数十家，或十数家，更有止一二家者"③。合州"时州领三县，兵火后合计遗黎才百余人"④；"永川、璧山、铜梁、定远、安居等县，或无民无赋，城邑并湮；或哀鸿新集，百堵未

---

①光绪版《荣昌县志》卷十九。
②康熙版《四川总志》卷十《贡赋》。
③康熙版《四川总志》卷十《贡赋》。
④嘉庆版《四川通志》卷一百一十六《职官》。

就","一目荒凉,萧条百里,惟见万岭云连,不闻鸡鸣犬吠"[1];巴县"民靡有遗"[2];江津"人烟断绝凡十余年"[3];"大足县止逃存一、二姓,余无孑遗"[4]。人口的严重下降,使得社会生产力降低到最低水平,成为重庆及四川最严重、最现实的社会危机。

为了恢复四川和重庆经济,清王朝实行了一系列休养生息和鼓励移民的措施。清朝前期,在四川和重庆的历史上出现了空前规模的移民浪潮。清初统治者一再强调"以安民为首务",多次蠲免应征钱粮;为节省开支,清朝廷在重庆还对行政区划进行了调整和省并,实行并县管理,或者合数县为一县。康熙元年(1662年),裁安居、璧山、铜梁、定远等县。康熙七年(1668年)省并武隆县;或令一官兼摄二县事,如令荣昌县令兼摄大足县事,精简了许多不必要的行政机构,提高了管理的效率。

为促使四川的人口增加,顺治十年(1653年)准四川荒地听民开垦,官给牛、种,酌量补还价值。康熙、雍正时期,进一步采取一系列具体措施,规定抛荒土地,仍凭开垦,永占为业,五年起科。川民逃亡外省者,给付引照和路费,准其返回原籍。为鼓励湖广、江西、陕西、福建、广东等省无地少地农民入川开垦荒地,明确规定"各省贫民携带妻子入蜀开垦者,准其入籍","凡他省民人在川垦荒居住者,准其子弟入籍考试"[5]。清朝鼓励移民入川的政策,收到了显著效果。

经过广大移民和当地居民的辛勤劳作,重庆府的耕地面积逐渐扩大,康熙十年(1671年)仅12.4万亩[6],至康熙六十一年(1722年)已达到584.39万亩,到雍正六年(1728年)清丈土地后更达1259.76万亩[7],以后一直保持在1100万亩至1200万亩之间。粮食生产也得到迅速的发展,稻谷亩产量达二三石或者更高,玉米、红苕等也普遍种植,并形成了"田种禾稻,山种杂粮,相资为用"[8]的农业生产格局。经济作物如蚕桑、苎麻、柑橘等的种植面积不断扩大,产量也增加很多。农业生产也由单一经营向多种经营的方式过渡。如

---

[1] 康熙版《四川总志》卷十《贡赋》。
[2] 民国版《巴县志》卷四《赋役》。
[3] 民国版《江津县志》卷三《前事志》。
[4] 乾隆版《大足县志》卷十《杂记》。
[5] 嘉庆版《四川通志》卷六十四《食货》。
[6] 康熙版《四川总志》卷十《贡赋》。
[7] 雍正版《四川通志》卷五。
[8] 乾隆版《涪州志》卷五。

康熙时,萧何复知永川、璧山,"永、璧无荞麦,捐俸买种,令民播植。无池塘,示以开凿,灌田养鱼。不务蚕缫,教树桑柘。不重茶茗,示以种植。民利悉兴"[1],充分利用了土地资源。东部的夔州府中开县一带是当时主要稻谷产区,水利设施较多,特别是用筒车较普遍,"东溪曲折其中,两岸俱用筒车灌溉沃田数百顷,而县西临江距县城九十里,西邻新宁(今四川省开江县)水田数百顷,膏沃更胜于东里,故开县在夔府粮米最裕,云(阳)奉(节)亦资其接济也"[2]。万县则是"临大江,多溪河,里甲塘堰之数不可胜计,其他大半山田,而为鱼米之乡则水利为闾阎,争水如争谷"[3]。夔巫地区农田灌溉水平与其他地区相比仍是十分不足,"虽水田不少,而堰渠之利不逮川西川北平坦再收之田"[4]。对自然的依赖仍较严重,抗御自然灾害的能力十分有限,有些地区根本尚无可提及的水利设施。"虽有沟浍溪涧,雨行则涨,雨停则涸。"[5]受自然左右的程度仍然相当大,往往是"奔赴不及横决四漫,平畴陆地,概被淹没",或"一经暴涨,泛滥无归",多是"沟洫不深,一遇猛雨,山地辄多冲刷之患"[6],一遇干旱往往"各家守护水堰,争水不休"[7],在旱魔面前往往仍是稻田水竭,草木大都枯萎。直到清朝晚期巫山县仍是"全赖上游开(县)万(县)之米接济"[8],万县"小有荒歉上游惟仰给重庆合川,下游惟仰给忠县"[9]。

　　经济作物中,重庆地区大宗生产的主要有蚕桑、苎麻、桐油、柑橘等。不仅种类和产量比之前代有所增加,而且经营面貌也显示出若干商品经济的新特点。

　　重庆地区的蚕桑种植主要分布在北部、西部地区,以合州为中心,包括铜梁、璧山、永川等县,巴县邻近合州的西里一带也有种植[10]。南部的綦江县则为柞蚕的重要产地,"其种岁前贩于汉中、川北,四月丝即上市"[11],主要销往

---

[1] 同治版《崇阳县志》卷七。
[2] 严如熤:《三省边防备览》卷八。
[3] 同治版《增修万县志》卷十《水利》。
[4] 严如熤:《三省边防备览》卷八。
[5] 道光版《夔州府志》卷七《水利》。
[6] 光绪版《大宁县志》卷一《水利》。
[7] 光绪版《巫山县志》卷七《水利》。
[8] 赵树吉:《郁邬山房疏草》卷二。
[9] 同治版《增修万县志》卷十《水利》。
[10] 民国版《巴县志》卷十一《农桑》。
[11] 道光版《綦江县志》卷十。

山东、陕西一带。

重庆地区的苎麻主要产于西部的荣昌及隆昌一带,另外,东北方邻近的大竹"产苎,行巴渝,四方之商,辐辏来集"①。荣隆地区以麻为原料,织成夏布,行销各地,是巴渝著名的特产之一。

桐油是川东的重要土特产之一,除作为照明用外,还是造船的重要涂料。重庆府的桐油产地主要在南部綦江、南川、江津等县山区及其他各县的高丘陵地区。綦江尤多,"桐子到处皆有……八九月间,挑负盈路,收者积之如山,油房声相应。贫富点灯外,皆载出外河,为捻船油漆之用。屯户有岁获万金者"②。

重庆府所产水果以柑橘为大宗,主产于江津、合州、綦江及铜梁一带。所产红橘,俗称"大红袍",品质较好,江津、合州所产尤负盛名。江津柑橘"白者一名土柑,只可作糖饼,不能远载;红者于秋末冬初时,夔关内外客商到境贩运,本地亦有装运至汉口、沙市、宜昌发卖者,颇获利焉"③。道光中叶,江津、綦江一带经营水果的农户中,有的已经经营一些专业性的果园,"家或数百株,或数千株","有一园值五七百,或千贯者"④,具有一定的生产规模,并在技术上和管理上都有相当的要求,因而"甚费人工,非材干之人不能有之"⑤。另外,綦江县还产柑橘科药材枳壳,其种在明代从江西引进,长期因价低物贱而自生自灭,"乾隆中,忽昂贵,遂获厚利","小贩收买,商人捆包,船载渝行,或径至楚",每年常获利万金以上⑥。

清代重庆地区的手工业有了进一步的发展。纺纱织布已成为重庆农村的家庭手工业。巴县一带"纺花手摇车家皆有之,每过农村,轧轧之声不绝于耳"⑦;涪陵一带"产木棉,故妇女多勤纺织……机声轧轧,不绝于耳"⑧。合州一带丝织业发达,成为以顺庆府为中心的嘉陵江流域丝织地带的一部分,合州大河坝(太和镇)到清中叶已发展成为以丝织业为主的专业场镇。陶瓷业

---

① 道光版《大竹县志》卷十九。
② 道光版《綦江县志》卷十。
③ 道光版《江津县志》卷六。
④ 道光版《綦江县志》卷十。
⑤ 道光版《綦江县志》卷十。
⑥ 道光版《綦江县志》卷十。
⑦ 民国版《巴县志》卷十二《工业》。
⑧ 乾隆版《涪州志》卷五。

因大量外地工匠进入而得以重新发展。巴县的磁器口瓷窑规模进一步扩大，成为巴渝民瓷的重要供应窑场。湖广入川的文姓陶瓷工匠创办的陶瓷厂，后发展为巴县水碓碗厂。清初入川的广东杨、朱、蔡三姓在大足县创办陶瓷厂，被称为三合碗厂。綦江一带竹林资源丰富，造纸业有一定的基础，最初以产于平坝的水竹为原料，后因平坝渐次开垦，逐渐采用产于丘陵地区的慈竹为原料。道光年间，当地府纸每担值银4钱，乡纸每担值银2钱，产纸岁入高达数千金，估计其产量在6000担至10000担之间，其纸厂多系合资经营，"穷民费工不费本，纸户以夥"①。綦江一带的煤、铁已经大量开采，产品销往附近州县；荣昌、大足一带的煤也开始开采；大足县的龙水镇利用附近丰富的煤、铁资源，逐渐发展成为远近闻名的"五金之乡"。雕版印刷业发展较快，重庆府及州县已有商业性书坊十数家，其中的书成山房已有一定的规模，所印书籍较为精美，部分书坊已能进行套色印刷。

在农业、手工业发展的基础上，重庆地区一些县城和场镇逐渐成为繁茂的商业集镇。綦江县城，每年二三月间，三峡之客云集，贩运货物，马驮舟载，熙来攘往，极为热闹。綦江南部的扶欢场，每年夏秋之际，本县及黔北各县所产柞蚕丝皆在此集散。场上著名商号有聚顺成、三和公、祥心昌、石家店、协和公、普顺和等6家，所收之丝，大都售予山东、陕西商人。每年成交额约100余万两②。江津县的白沙镇地处川东南与黔北的通道上，黔北的大量的土特产由此运往重庆，川盐、苏广货等则由此销往黔北。白沙镇逐渐发展到万余人家，成为四川的四大名镇之一。江北厅的大洪江镇（今重庆市渝北区洛碛镇），地处大洪江口，是邻水、大竹两县的口岸，客商云集，极为繁盛。夔巫地区随着山地农垦的迅速发展，沿江城镇逐渐成为山区农副产品的集散地。大宁县则"官民屋宇，多复茅竹及板，以瓦者无几……至高山老林，（镇市）散若星辰"③。一些以煮盐业为主的中心地带因商贾云集，城镇建设的规模大，建筑相对较好。清代大宁盐厂（今重庆市巫溪县宁厂镇）其规模"自溪口至灶所沿河山坡俱居民铺户，接连六七里不断"④，"居屋完美，街市井井，夏屋如

---

① 道光版《綦江县志》卷十。
② 新修《綦江县志》第十一篇《商业》。
③ 光绪版《大宁县志》卷一。
④ 陈明申：《夔行纪程》。

云……（盐厂）花屋甚多"[1]，故清代王尚彬《大宁场题壁》曰："岩疆继续四五里，石筑屋居人稠。"清代大宁县城（今重庆市巫溪县城厢镇）仅 600 余户人家，而当时大宁盐厂则有 1000 多户。巴渝地区城镇呈现出"场镇滨江者繁盛，山市小而寂"的局面[2]。一般而言，长江两岸的城镇优于支流上的城镇，大支流的城镇优于小支流的城镇，开阔江岸的城镇优于峡谷江岸的城镇。

清代重庆地区的区域开发、农业的发展、手工业的兴盛、交通运输业的兴起以及吸引和辐射区域的扩大，为重庆城市商业的繁荣奠定了基础、提供了条件。

第四节　川江航运与转口贸易

重庆城市的发展与其所处的地理位置有着重要的关系。就重庆城市发展走过的道路来考察其城市类型，古代重庆是一个商业城市。它的成长与发展的重要条件之一是拥有良好的水上交通运输网络，它从地理上形成的水运优势是四川其他任何城市所不能比拟的。

四川地处我国西南内陆腹地，与全国主要经济区东障巫山，北隔大巴山、秦岭，仅一线长江与外部相通，成为一个相对独立的自然经济区。这种封闭的自然地理环境，使得四川与外部的联系比较困难，"蜀道难，难于上青天"。然而，正是这种封闭的自然地理环境，造成了重庆在四川的地理优势。重庆位于横穿四川全境的长江与纵贯盆地的嘉陵江的交汇处。长江在四川境内有近千公里可以通航，以重庆为枢纽，直接沟通了奉节、万州、忠县、涪陵、江津、合江、泸州、南溪、宜宾以及金沙江下游、云南东川以北地区。以此为主干，川江在涪陵接纳乌江，在重庆接纳嘉陵江，在江津接纳綦江，在泸州接纳沱江，在宜宾接纳岷江，从而使重庆与川东南的涪陵、黔江地区，川南的泸州、宜宾地区，川中的内江地区，川西的乐山、成都、德阳、雅安地区发生联系。然而，在众多的支流中与重庆地区关系最为密切的还是在四川盆地内流域面积最大、通航里程最长的嘉陵江。在 800 公里长、16.3 万平方公里的嘉陵江流

---

[1]光绪版《大宁县志》卷一。
[2]民国版《丰都县志》卷十。

域内,连接着川北的合川、武胜、南充、蓬安、南部、阆中、苍溪、剑阁、广元以及陕南、甘南地区,其支流涪江和渠江又分别连接着川西北的潼南、遂宁、蓬溪、射洪、盐亭、三台、中江、绵阳、江油,川东北的广安、渠县、达县、宣汉、平昌、通江、巴中、南江等广大地区。重庆与四川盆地内的绝大部分州县都有着河流联系,因而是四川盆地水系的枢纽。四川盆地的大部分州县(除下川东的三峡地区外)可以通过与重庆通航的大小河流,将输出的物资源源不断地运往重庆,并由此输往长江中下游地区。

优越的地理位置与环境是城市发展的一个基本条件。然而,重庆的地理优势要转化为经济优势还有赖于川江及其大小支流航运的开拓、长江沿线间经济交往的发展、盆地内尤其是中东部嘉陵江流域地区商品经济的活跃。

中唐以前,中国的经济、政治、文化中心在关中及黄河中下游地区。四川盆地内除川西平原外,区域开发程度很低,商品经济十分微弱。四川区域内的经济交流以富庶的川西和其周边地区间为主,与外部经济交往规模不大,主要以川西平原地区通过川北的栈道和直接经过长江顺流而下同外部往来的方式进行。在此状态下,巴郡(重庆)仅起着过境驿站的作用。因而,在川中、川东经济未成长起来,取得与川西分庭抗礼的地位之前,这种交往形式越是发展,则巴郡(重庆)的地位越是衰微。自南北朝迄隋唐而至北宋,挟夔门之险而拥有"西川锁钥"之称的夔州(今重庆市奉节县)逐渐取代了渝州(重庆)而成为川东地区的军政中心。

中唐以降,随着川中、川东地区的经济发展,嘉陵江流域及沱江流域逐渐成为四川的最重要的粮、棉、麻、丝产区。到宋代,川峡四路(四川)已经成为中国西部最发达的经济区,商品经济有了较大的发展。整个四川经济区而不仅仅是川西平原地区,通过长江加强与长江中下游地区的经济联系,逐渐成为一种历史发展的必然趋势。同时,随着长江中下游地区的日益开发,中国的经济中心逐渐由黄河流域转移到长江流域,其政治中心也由偏西的长安、洛阳东移到开封、北京、临安(杭州)一线,而依靠大运河同经济中心相连接。经济中心的南移和政治中心的东迁,使得四川同国家的政治、经济中心的往来线路由原来的北、东(长江)两线,转到以东线为主,进一步促进了川江及其支流航运的发展。北宋中晚期,随着嘉陵江流域与外部经济交往的增多,随着川江水运的发展,重庆的川江枢纽地位逐渐成为现实,地理优势日趋明显。

宋代四川经济的发展,促进了长江、嘉陵江水运的兴起。岷江、长江水系仍是当时四川水路交通的动脉,嘉陵江及其支流涪江、渠江的航运获得了长足的发展,梓州、遂州、利州、果州、阆州、合州成为舟楫出入频繁的水码头。大量的物资顺流而下,通过重庆运往长江中下游地区。南宋时期,秦岭一带成为抗金前线,大量的粮食、军需物资通过长江、嘉陵江运往川陕前线。频繁的水路运输使重庆到南宋时已发展成为"两江商贩,舟楫旁午"的集运输出大港。

经重庆转运的大宗物资主要有布帛、丝绸、粮食、食盐、药材等。宋在四川所征布帛,宋初每年达百万匹,至真宗"咸平中,定岁运六十六万匹"[1];每年在四川征收和购买的丝绸亦在百万匹以上。宋代在梓州路征收、购买的布帛、丝绸则通过嘉陵江经重庆转运江陵或川南少数民族地区;川西地区的都集中到嘉州,由水路经重庆转运至江陵。南宋绍兴年间,1/3 的军粮仰赖于四川,每年调运川粮达 150 万石,其中大部分运往秦岭一带的川陕前线。川西,川南嘉、眉、泸、叙诸州民所输粟米,由长江运至重庆,再溯嘉陵江而达合州,储于设置在此的转船仓,然后陆续水运至利阆一带而最后达于川陕前线。川盐主要产于东川、夔峡一带,成都府路主要食用梓州、大宁盐和山西解盐。神宗熙宁年间,解盐岁运西川 10 万席,由山西陆至利州,然后通过嘉陵江运往川西各地。大宁盐则溯长江、岷江而运往成都。梓州是川峡四路最大的药市,诸路各种不同的药材、药品都集中到此交易,"货物山集,香溢市廛"[2]。荆湘、江南一带的商贾也到此收购;大量药材沿涪江、嘉陵江而下,东运出川。南宋时期,长江重庆段已是"商贾之往来,货泉之流行,沿溯而上下者,又不知几"[3],嘉陵江上也是"商贩溯嘉陵而上,马纲顺流而下"[4],两江水运一派繁忙景象。

元朝时期,四川经济凋敝,货源减少,川江航运日趋衰退。到了明代,四川经济有所恢复,川江木船已逐渐定型,沟通滇东北的永宁河也整治开通,四川长江、嘉陵江、岷江沿江水驿得以重新设置,川江航运逐渐复兴。整个明代

---

[1]《宋史》卷一百七十五《食货志》。
[2] 宋祁:《益部方物略》。
[3] 道光版《重庆府志》卷一《舆地志》。
[4]《宋会要辑稿·兵》二十三之三十六。

以饷边粮运、易马川茶、东运蜀锦川丝及北运之大木为水运大宗。

进入清代,为适应川粮、川盐、滇铜、黔铅的调运和进一步沟通云贵与内地的联系,各地对川江、嘉陵江、岷江及其支流河道进行了整治,长江南岸的一些支流小河和金沙江也渐次开发通航。同时,四川境内长江流域的保宁(今四川省阆中市)、顺庆(今四川省南充市)、合州(今重庆市合川区)、绥定(今四川省达川市)、绵州(今四川省绵阳市)、潼川(今四川省三台县)、遂宁、泸州、内江、资州(今四川省资中县)、嘉定(今四川省乐山市)、叙府(今四川省宜宾市)等地逐渐成为地区性商业中心城镇,沿江沿河的一大批城镇工商业普遍兴旺,商品流通日趋频繁。这就为清代川江航运的大发展,为重庆转口贸易的兴盛和川江航运枢纽地位的最后确立创造了条件。

川江航运的兴盛和发达,首先表现为以重庆为中心的船帮组织的扩大。清代中晚期,这种船帮组织发展到3个河帮和1个揽载帮,共24个小帮。

19世纪,进出重庆港的船只与货运量的大幅度增加。转口贸易的发展推动了交通运输发展。重庆与长江中下游之间的航运占有最大的分量,清光绪十八年(1892年),即重庆开埠的第二年,从宜昌到重庆的"上行船只数翻了四番,吨位增加将近五倍"[①]。重庆与嘉陵江流域的航运和重庆与长江上游的航运相比,以嘉陵江流域为主。直到19世纪末,长年往返重庆和当地的嘉陵江上的货运民船约5000只,运载总量共约8万吨,而由长江上游一带往返重庆和当地的货运民船约750只,运载总量共约1.5万吨,两者之间大约为5∶1[②]。

雍正年间,川江的水运已相当繁忙。外运出川的以川粮为第一大宗,据估计四川每年沿江东下的商品米粮约有150万石。重庆为四川运粮船"换船总运之所"[③],城区上下的津渡大都为转运粮食的"米口",嘉陵江沿岸的炭坝渡等16处津渡成为"米口"的就有9处,长江的溉澜溪等9处津渡则全为"米口"[④]。外运川米主要来自嘉陵江流域的保宁、顺庆、潼川、绵州、绥定等府及

[①] 周勇、刘景修译编:《近代重庆经济与社会发展:1876—1949》,四川大学出版社1987年版,第167页。
[②] 周勇、刘景修译编:《近代重庆经济与社会发展:1876—1949》,四川大学出版社1987年版,第140页。
[③] 乾隆版《巴县志》卷三。
[④] 乾隆版《巴县志》卷二。

川南的嘉定、叙州、泸州等府，顺江而下集中于重庆再外运出川。重庆是川米外运的集散地和转输港。

清代川盐年产量到乾隆年间达到1.6亿余斤，大量食盐运抵重庆，除在本地销售外，主要通过綦江、乌江运至贵州，也有部分运往湖北西部销售。嘉庆以后，沱江流域逐渐成为新兴的产糖区。川糖除省内销售的外，主要沿长江经重庆转口到湖北一带。经重庆外运的滇铜、黔铅每年数额亦相当大，部分年间在数百万斤以上。另外，大量的丝绸、夏布、山货、药材等传统外销品经重庆出口也有所增加。江浙、湖广一带的原棉、土布、苏广杂货等也运抵重庆，转销四川各地及云南、贵州，甚至有远销到缅甸北部一带者。

乾嘉时期，重庆已是"商贾云集，百物萃聚"，"或贩至剑南、川西、藏卫之地，或运至滇、黔、秦、楚、吴、越、闽、豫、两粤间，水牵运转，万里贸迁"①。重庆凭借其优越的地理条件，集四方之物于一地，贩进卖出。这种转口贸易的发展，造成了重庆城"九门舟集如蚁，陆则受廛，水则结舫"②的繁荣景象，促进了重庆城市商业的兴旺，吸引了大量的商业性移民，省外之民仅"大江拉把者"，"每年逗留川中者不下十余万人"③。城市已突破城墙限制，两江沿岸随水运而发展起来的街市有15厢之多，"濒江之家，编竹为屋，架木为砦，以防暴涨"④。嘉陵江北岸原江州城旧址到明代中期逐渐发展成为一个较大的集镇——江北镇，乾隆十九年(1754年)重庆府同知移驻于此，分巴县江北镇置江北厅⑤，城区始跨嘉陵江南北。

嘉庆年间，重庆的运货木船已形成了大河(上河)、小河、下河20余帮，大河即航行于重庆以上长江、岷江、沱江的船帮，有嘉定、叙府、金堂、泸富、合江、江津、綦江、长宁、犍富等9帮，小河即专航嘉陵江、涪江、渠江水运的船帮，因而又称为三河船帮，有三峡、合州、遂宁、渠县、保宁、安居等6帮；下河则为运送于重庆以下直至两湖的船帮，计有长涪、忠丰、夔丰、归州峡内、归州峡外、宜昌、宜昌黄陵庙、辰(州)、宝庆、湘乡等10帮⑥。据道光二十五年

---

① 乾隆版《巴县志》卷三。
② 乾隆版《巴县志》卷二。
③ 严如熤：《三省边防备览》卷九。
④ 民国版《巴县志》附《文征》。
⑤ 《乾隆十九年闰四月初四朱批傅煊题奏》，故宫博物院藏档案。
⑥ 《清代乾嘉道巴县档案选编》，四川大学出版社1989年版，第403—404页。

(1845年)的一次不完全统计,仅下河各帮就有船748只[①],时大、小、下三河各帮常年在渝船只约2000余只,"沿江上下数千里无业者募充水手,大艘四五十人,小亦不下二三十人"[②],充任水手者当在4万人左右。常年的货运进出量粗略估计应在20万吨至30万吨左右。至迟到乾隆年间,重庆已成为一个水运极为繁盛、商业网络极为辽阔的商业都市。

嘉陵江无疑是重庆水运和商业上的最重要的连接线,它沟通了重庆与其腹地间的直接的经济联系,将其丰富的物产和广大的市场纳入了重庆的商业范围。长江是重庆对外交往的主干,它将重庆与长江中下游各省连接起来,大大缩短了重庆与这些地区的空间距离,便利了相互间的贸易往来。长江、嘉陵江各支流也在相当广的范围内起着经济纽带的作用,进一步拓展了重庆的水运腹地。川江枢纽的地理优势带来了交通运输的便利,而便利的水路交通又拓展了重庆的商业网络,广开其市场的货源,从而强化了商业贸易能量,促进了重庆商业的繁荣和城市的发展。

第五节 川东商业都会

重庆是一座因商而兴的城市。区域商品经济的发展是重庆城市发展的基础。重庆城市在清代的兴起和发展,首先建立在农业经济之上,而后依赖其交通条件发展成为一个贸易性的中继站。重庆城市商业的发展是以整个四川商品经济的发展,特别是从嘉陵江流域的川中、川北、川东北地区的经济发展为依托。区域商品经济的发展高度在很大程度上决定了重庆城市发展的程度。下面我们以粮食作为对象,看其商品化程度如何。粮食并非经济作物,其大量进入流通领域的顺序应在经济作物之后。如果城市和农村两个方面的商品经济没有得到较大的发展,长距离的大规模粮食贩运和区域性粮食市场都不太可能出现。

米粮贸易兴起于清康熙晚期,这是四川广大地区耕地增加,粮食产量迅速增长的结果。雍正三年(1725年),川陕总督岳钟琪曾言,川省运贩米船,

---

① 《清代乾嘉道巴县档案选编》,四川大学出版社1989年版,第417—418页。
② 乾隆版《巴县志》卷三。

向无船科等，则在此之前米粮贸易已经兴起，至雍正初年，由于贸易量大而始定川省船科报税。由于长江中下游地区，特别是江浙一带，大量改种经济作物，以致粮食产量严重不足，常需由外地，主要是长江中游及以上地区运粮接济。四川仅官府用征收的田赋粮碾米运出的，每年即达20万石至30万石。同时，据《清朝文献通考》记载，每年长江下游一带的米贩"接踵而至"，到重庆购米"外贩又运下江，络绎不绝"。重庆是川米出口的大码头，是四川外运粮船"换船总运之所"①，集中本府及川省其他地区之米，实行再输出，加速着农产品的商品化进程。

川米外运，据嘉庆版《四川通志》记载，雍正至嘉庆年间的11次官运出川的米粮即达787万石，商运出川者尚在其外。嘉庆八年（1803年），夔州、涪州二处关卡征收的米税银为1.47万两，以三十税一计算，其输出的米粮值达40万两以上。估计四川省常年沿江东下，外运出川的商品米粮大约有150万石，约占四川粮食总产量的1/60至1/50，加上重庆、自流井、成都等城市的消费，四川常年提供的商品粮约占其粮食总产量的7%至10%，总体商品化程度并不高。但提供商品粮的主要州县如涪江流域的江油、三台、遂宁，嘉陵江流域的合州（今重庆市合川区）、岳池，渠江流域的渠县、巴州（今四川省巴中市）、新宁（今四川省开江县），长江沿线的叙府（今四川省宜宾市）、泸州、合江、江津等州县，其粮食的商品化程度要高得多。如绥定府的新宁县"收稻最富，一岁所入，计口足供十年，而究少窖藏者，邻封若开县、万县皆仰给焉"②。保宁府之巴州"秋成以后，倾囷出籴，邻境享其利而本境转少盖藏"③。这些产粮县除当地民众的基本口粮外，其余的粮食大都作为商品粮而提供外运了。从四川的总体而言，就粮食所反映出的情况看，四川广大区域的商品化程度并不高，自给自足的自然经济仍占主导地位，以重庆为中心的川东地区也是如此。同时也要看到，长江、嘉陵江沿岸及两江支流的水运便利地区的商品经济有所发展，部分农副产品的商品化程度比较高，这些地区已经纳入以重庆为中心的区域性商品市场以至于全国商品流通的大市场。

清代随着四川农业的发展，川江航运的兴盛，重庆逐渐成为各种商品的

---

① 乾隆版《巴县志》卷三。
② 道光版《新宁县志》卷四。
③ 道光版《巴州志》卷一。

集散地。许多产于邻近地区的商品首先集中于此,然后经商人转销各地。省外的部分商品也转运到此,然后在这里零售或转销四川各地。到康熙末年重庆城市商业逐渐有所发展。康熙二十二年(1683 年)平定三藩之乱后裁缺的牙课司也于雍正二年(1724 年)恢复,向重庆城内各商颁帖 152 张,"并谓巴(重庆)为泉货薮,商贾丛集,行帖一项,十倍他邑"①,重庆商业贸易已有一定程度的繁荣。牙帖中山货 55 帖、广货 20 帖、杂粮 12 帖、药材 8 帖、青靛 8 帖、铁锅 7 帖、竹木 6 帖,7 项合计达 116 帖,占所发 152 帖的 76.3%。清代前期重庆商业贸易以山货、广货、杂粮为大宗。山货外运、广货入川、粮食调剂是当时贸易的主要形式。

  城市贸易,必须具备一定的商品市场。清代重庆商品市场的形成与西南区域经济尤其是四川商品经济的发展具有同步性。商品市场随着商品经济的发展而逐渐扩大。到清代中期,重庆商品贸易除四川地区外,开始吸收西南地区的黔北、滇北、藏卫和陕南、甘南及东部长江中下游各地农副产品投入。经商贸易者或以地域关系组成会馆(帮),或以营业相约而组成公所、行帮。商人间、商业团体(会馆、公所、行帮)间相互利用、相互补充以获取利润。清代重庆较著名的市贸有棉花、棉纱、食盐、山货、广货及船帮等行帮。重庆的商业行帮最早建立年代在康熙年间,到乾隆年间,商业行帮已有 25 个,而大量的是在嘉庆以后才兴起的。公所间、行帮间及公所与行帮之间的相互协调和利用,组成了重庆商业的骨架,它们各具实力,汇集各地农副产品于一地,而以市场机制为主体的价值规律同时制约和调节着它们之间的价格与产销比例。重庆以转口贸易为其商业主体的性质决定了它的输出品包括向省外输出(主要是长江中下游地区,同时有少量的输出到国外)和省内之外地输出两重意义,它的输入品同样由省外和省内外地两部分组成。各地商人云集重庆,以此作为贸易的中继站,集四方之物于一地,贩进运出,扩大着重庆的商业贸易规模。

  清代重庆的商业贸易以粮食、食盐、棉花、棉纱、山货、广货为大宗。雍正初年,浙江一带出现粮食短缺,开始派员赴川"采买米石,以备浙、闽两省缓急"。乾隆初年起大米逐渐成为贸易大宗,省内各地米粮汇集于渝,"渝州每

---

① 民国版《巴县志》卷四《赋役》。

岁下楚米石数十万计"①,经沙市、汉口等地远销到江南、闽浙一带。四川外运大米数量之大,以致汉口米市出现了"待川米来而后减价"②的新情况。乾隆十八年(1753年)的上谕也认为"川省产米素称饶裕,向由湖广一带贩运而下,东南各省均赖其利"③。

雍正年间,四川食盐的运销实行引岸制度。销于省内者称之为计岸,计户口之多寡,定运销之数额;产地与销区固定挂钩,销区招商发引,商人凭盐引往规定的产盐区购买食盐运回销区出售。重庆府仅巴县(乾隆二十四年后的江、巴二县)就有盐引水引626、陆引2106,年销盐合计3864200斤。当时巴县共招商12名,于千厮门外和临江门外各设埠6处,又于四乡设"子店"(分号)12处,这些都是食盐的专卖商人④。四川食盐销于贵州的称边岸,销于湖北的称楚岸。川盐销黔,有相当部分经过重庆地区的綦江县、涪州、江津县白沙镇等地,销行贵州遵义、思南、镇远、平越、都匀等府州,其中经綦江、乌江运达綦江县、涪州彭水县等处盐引销行地区,岁额运盐1655万斤。乾隆时,川盐销楚,重庆为"三江总汇,商贾辐辏之区,川西北各井盐一水舟来,鳞集江岸,盐之薮也"⑤,主要销往鄂西地区。此外,食盐的走私贩运也十分活跃。18世纪初,雍正曾下谕责斥"湖广省向多川广私盐"。到19世纪中叶的咸丰、同治年间,川盐再次济楚,"无论有无官引,完厘放行,始而船户稍带,继而全船兼私"⑥,走私贩运在盐运中比例越来越大。

四川棉花主要产于川北的潼川府的三台、遂宁、蓬溪,川西的简州,川南的荣县、威远等县,尤以川北涪江一带"多膏腴地,民相习植棉,其利倍谷"⑦。但在清代中前期的康雍乾时,"川民不谙纺织,地间产棉,种植失宜,或商贩贱售至江楚成布,运川重售"⑧,四川相当地区的纺织手工业并不发达。这时候的川棉大都外流出川于楚地织布,沙市一带"蜀客贾布,沙津抱贸者,群相踵

---

①乾隆版《巴县志》卷三。
②朱伦瀚:《截留漕粮以充积贮剳子》,见《清经世文编》卷三十九。
③嘉庆版《四川通志》卷七十二。
④民国版《巴县志》卷四《赋役》。
⑤乾隆版《巴县志》卷三。
⑥民国版《巴县志》卷四《赋役》。
⑦道光版《蓬溪县志》卷十五。
⑧《大清高宗纯皇帝实录》卷七百四十七,第22页。

接"①。棉花贸易以川棉出川—楚布入川的双向形式进行。清代中期以后,四川的纺织手工业有了很大的发展,川棉已经不能满足其纺织的需要,大量的楚棉、楚纱随同楚布一道入川,棉花贸易以花、纱、布输入为主的单向方式进行。

随着商业贸易的发展,重庆作为以转运贸易为主的商业都会,更多地集中了外地商人,他们或是暂居,或移籍重庆,成为重庆的永久性居民。据嘉庆初年的调查统计,当时重庆城领有或"转鬻代充"牙帖的商人共109行。其行业和原籍分布如表9-2。

表9-2 嘉庆初年重庆"牙帖"商人行业及籍贯表

类别	湖广	江西	福建	陕西	江南	广东	保宁府	合计
山货	7	22	7	1		1		38
棉花	12							12
药材		11						11
靛行	8							8
铁锅	3	2						5
布行	2	2		1				5
烟行			4					4
麻行	2	1						3
酒行	3							3
糖行					3			3
毛货				3				3
油行		1		1				2
瓷器	1				1			2
花板	2							2
猪行	2							2
丝行							2	2
铜铅		1						1

---

①光绪版《江陵县志》卷二十二《物产》。

续表

类别	湖广	江西	福建	陕西	江南	广东	保宁府	合计
杂粮	1							1
纸行					1			1
纱缎						1		1
合计	43	40	11	6	5	2	2	109

资料来源　《清代乾嘉道巴县档案选编》，四川大学出版社1989年版，第253—256页。

从其商人的原籍分布看，几乎全部为外省人，湖广43行、江西40行、福建11行、陕西6行、江南5行、广东2行，四川省籍仅保宁府2行，只占总数的1.8%。从行业分布来看，以山货38行、棉花12行、药材11行、靛青8行的经营者为最多，四行业共计69行，占总行数的62%。各省籍商人的经营行业相对集中，上述四行业主要集中在湖广（山货、棉花、靛青）、江西（山货、药材）三省商人手中。商人在重庆的大批出现，其成分相当复杂，既有力田致富以经商者，也有力田破产而受雇于人后来逐渐起家者，这类商人首先以出卖体力为基础。同时，也存在从经营小型手工业作坊开始而致富者。他们中间除一部分一跃成为巨商外，更多的则处于商人阶层的中下层，成为巨商手下的零售商。这些小商品生产者和小商贩直接受大商人的剥削。大商人同时和重庆的地方官僚、绅士地主勾结，形成稳固的"市豪"，其头面人物之"八省首事"甚至于取得了对重庆地方事务的相当大的决定权和参与权，清代的重庆地方事务，若没有他们的参与是难以进行的。

重庆城市的兴盛首先是从商品贸易开始的。重庆以其发达的交通运输体系吸收着川东地区以至四川各地的物资，贩进卖出，成为川东地区的商业都会。清代中期，重庆城市的发展，以其较雄厚的资本，较先进的经营方式，集中着各地人口、商品与货币，扩大着城市的规模和辐射范围，开始向着川东、黔北的区域经济中心迈进。

第六节　城郊手工业

重庆城市的发展离不开区域农业、手工业的发展。但清代重庆的城乡手工业直到开埠之前,并没有形成足以使城市自立的手工工场、大型的专门化手工业市场,也没有促使商业资本向产业资本转化,重庆仍然处在商业城市的中间阶段,即转口贸易阶段。清光绪十八年(1892年),刚开关不久的重庆海关税务司好博逊在其报告中正确地指出,由于"具有宽裕的银行便利,作为集散中心地,重庆城的重要性是无可否认的,但就当地的工艺制造而言,它却处于真正的第二级地位"[①]。重庆城乡手工业在城市以手工小作坊为主,在乡村则主要是家庭手工业。同其发达的转口贸易相比较,重庆的手工业处于从属地位。

重庆城市手工业主要有以下几项:

一是纺织业,包括棉织、毛织、丝织、麻织等项。棉织大都用来自湖广一带的棉花。到开埠前后其产品"包括仿毛哔叽、棉线带子、纱线;用孟买纱线和进口花以及北方各省的棉花来纺织";毛织"用来自打箭炉和西藏边境的绵羊毛和山羊毛"[②],产品主要是粗毛毯;丝织主要生产日常使用的绸布、纱帕及花边、丝线等;麻织则用本地产的麻纺织夏布。"丝麻织,县(重庆城)亦有之,然丝织不逮成都、嘉定,麻织不逮荣昌、隆昌,巴缎虽有名,实亦成都织品耳。"[③]

一是陶瓷业。清代重庆陶瓷业因大量技术工匠进入而得以进一步的发展。巴县龙隐乡为民瓷的主产地,"磁器口碗厂坡并以此得名。其质视江西瓷为粗,近亦略施红、蓝彩釉,尤为乡民乐用,远道来此贩鬻者,往往不绝也"[④]。

一是雕版印刷业。清代重庆府城嘉庆、道光时有商业性书坊数十百家,其"操剞劂之业者,多为广安、岳池人",其中的书成山房已有一定规模,所刻书籍较为精美;部分书坊已能进行套色印刷,"然坊刻之书,实少佳本"[⑤]。

一是酿酒业。有以大麦、玉米为原料蒸制的绍酒,有以高粱为原料蒸制的烧酒,有稻米蒸制的老酒。城区酒坊中允丰正最为著名,允丰正"方仍传之

[①] 周勇、刘景修译编:《近代重庆经济与社会发展:1876—1949》,四川大学出版社1987年版。
[②] 周勇、刘景修译编:《近代重庆经济与社会发展:1876—1949》,四川大学出版社1987年版。
[③] 民国版《巴县志》卷十二。
[④] 民国版《巴县志》卷十二。
[⑤] 民国版《巴县志》卷十二。

浙中,然以绍酒与渝酒较,而渝酒味尤浓厚,岂水谷之异,迁地而弥为良耶"①。城郊"各乡皆有酒户,尤盛于人和、马王二乡,酿者各数十家,输送入城,接于道路。酒材以高粱为最佳,东南两里亦有用玉蜀黍者,酒味差劣"②。

其他手工业还有铜、铁、锡器制作,玻璃制造,皮货加工等等。铜和锡来自云南,主要制作杯、壶、锁、手镯、耳环、首饰、水烟筒等。铁器主要打造农具、斧、刀、剪、锁等,原料为本地采掘并冶炼的土铁。玻璃制品包括窗玻璃、亮瓦及鸦片烟灯罩等。同治元年(1862年),一个广东人在南纪门外开办了重庆第一家玻璃作坊,以珊瑚坝上的白色鹅卵石为原料进行烧制。皮货包括革制品和裘制品,以土法进行鞣制。革制品有衣箱、烟口袋、钱包、马鞍等;裘制品主要为皮衣、皮褥等,原料大都由川西藏区及云南、贵州等地输入。

城郊的家庭手工业在19世纪主要有纺纱织布,磨粉,榨油,制纸,编制草帽、竹席、蒲扇及纺制丝弦等项。

纺纱织布是重庆城郊及附近州县的一项主要的家庭手工业。城郊"西里走马、白市、龙凤各乡,凡农家妇女,多操是业,机声轧轧,比户相闻,茅屋篝灯,恒至夜半,手足捷快者,一日之获,可得钱七八千,贫乏之家,赖以为食"③。这些农家所织之布大都流入了城市,是与农业结合的简单商品生产。重庆地区基本不产棉花,所需之棉大都由湖北贩运而来,织成之布再销往南部的滇、黔两省。如永川县"种棉者少,贸广花成布",而后"行销滇、黔各省"④。

磨粉是乡村殷实之家才能开办的一项手工业,以胡豆、豌豆磨粉、澄浆,制作豆粉、粉丝以供销售;有的粉坊还以小麦加工面粉,制作面丝;粉渣、麦麸则用以养猪。有相当的农户开办粉坊,不在于粉丝、面丝能赚钱,而在于用制作粉丝、面丝剩下的渣麸饲猪,以猪粪肥田而谋农业的好收成。

榨油坊多在农村的各场镇开设。"油分菜油、桐油、麻油三种,榨油者各乡皆有之",稍大一点的场镇均有数家油坊。巴县"桐油产额以东南二里最多,麻油产额以白市镇为最多"⑤。綦江县是桐油的主产地之一,每到夏秋之季,桐子"挑负盈路,收者积之如山,油房声相应。贫者点灯之外,皆载出外

---

① 民国版《巴县志》卷十二。
② 民国版《巴县志》卷十一。
③ 民国版《巴县志》卷十一。
④ 光绪版《永川县志》卷二。
⑤ 民国版《巴县志》卷十一。

河,为捻船油漆之用。屯户有岁获万金者"①。

造纸也是农村的重要手工业。原料以新竹为主,有的则以新竹杂稻草舀制。巴县"各乡皆产竹,新篁既多,故各乡皆能制纸。西里之石板、跳蹬、歇马、北碚;南里之龙岗、一品、永盛;东里之清和、接龙等乡,产纸尤多"②。綦江县也是造纸业极盛之区,其产品有府纸、乡纸、书纸、黄纸等,道光二十年前后,年产纸量高达15000担左右,产纸岁入达数千金③。

手工编织是巴县西里一带的家庭手工业之一。编织材料有竹子、麦草等,品种有竹席、蒲(竹)扇、草帽及竹器等。"白市镇居民多以织蒲为业,缀为卧席,结为团扇"④,蒲扇还远销到宜昌、沙市、汉口一带。"西里兴隆、土主、虎溪等乡,农家妇女,多以编制草帽为业,手麦秸一束,终年为之,日集月累,塞屋充栋。每年春夏,由贩运者输出永川、璧(山)、铜(梁)、合(州)等县。兴隆一乡,岁获利约值万金,虎溪、土主两乡,获利亦可数千金。"⑤

重庆城乡手工业从总体上看,其发展程度仍然十分低下,产品主要是供本地居民使用,除纺织品和部分在此进行粗加工再转输的山货外,真正能输往下江一带的重庆手工业制成品较少。从其分工程度、经营形式和生产规模来看,重庆城乡手工业相当数量的还是家庭手工业,不过有的家庭已经从农业中脱离出来,按照社会分工的条件各自独立发展,有的还基本上保持着农村副业的特点。作坊手工业已有一定的数量,大都分布在城区。在乡村的主要是一些需要专门的劳动场地和相应的生产设施才能进行的手工业,如陶瓷、酿酒、磨坊、造纸、榨油等。到重庆开埠前夕,作坊手工业中的一部分已经开始向工场手工业转化,促使自然经济进一步瓦解。但是,这种解体仅仅是相对的、初步的,它没有突破封建自然经济的母体,而是处在促使新的经济因素萌芽的这种状态中。因此,重庆城乡手工业在开埠前的发展仍然是初步的、不成熟的。

---

① 道光版《綦江县志》卷十。
② 民国版《巴县志》卷十一。
③ 道光版《綦江县志》卷十。
④ 民国版《巴县志》卷十一。
⑤ 民国版《巴县志》卷十一。

第七节 城市社会

随着重庆城市经济的发展,重庆城市社会也出现了许多新的变化。从城市人口的结构上看,从事各种经济活动的非消费人口的数量逐渐增加。到清朝中期,仅往来于重庆及两江上下游以"大江拉把手"为职业的水手、纤夫常年在万人以上。城内的部分街区工商业人口的比重已经超过了其他人口的比重,全市的工商业人口大致占人口总数的1/3。

清代重庆商人的活动能量明显增强。长期以来的抑商传统压抑了中国商人的政治活动能量,委身于封建统治的庇护之下更促成了他们唯唯诺诺的性格。同西方封建末期的市民阶层相比,中国商人缺乏积极的政治进取意识,更少谋求政治权力的举动。清代重庆商人在社会生活的一些方面已经比较活跃,显示出相当的活动能量。乾隆年间,重庆以商人为主体和核心的移民组织——会馆已普遍建立,主要设有湖广、江西、福建、广东、江南、浙江、山西、陕西等八省会馆。各会馆设有主持馆务并与地方政府进行公务联系的"首事",即重庆的所谓"八省首事"。他们逐步参与了重庆的税捐征收、地方保甲、城市消防、组织团练、重大债务清理以及地方公益慈善事业的管理、商业行帮规则的制定等。到清代晚期,若没有他们的参与,某些地方事务甚至于难以进行处理。

行会制度是传统城市的主要经济形式之一。封建社会中的城市,人口大量来自农村的各个角落。随着城市经济的发展,城市手工业作坊和铺户有了显著的增加,需要一个对同行业的参与者进行调节、管理、自律的社会组织,并具有某些与工商业者利益相联系的经济职能,以消除同业者之间的内部彼此竞争,防止外来竞争者侵犯其利益,稳定已经形成的商品经济的既成秩序。

清代重庆城市中存在着许多同业行会,制定有严格的行规。重庆城市中用人最多的搬运行业,既划定了若干个地区,又制定有严格的行规,以防止既成的秩序被打乱。嘉庆年间,为维持朝天门码头的生意和秩序,防止"无聊流痞混聚码头恃强抢搬",制订了条规:(1)推举"年力精壮,忠实才干"者为"领首";(2)领首每日在码头照管,一遇货物拢岸,随即派拨搬运夫上船,"轮挨次搬运,不得恃强争夺";(3)领首负责查点货物;(4)领首置买雨篷,以遇雨遮盖货物;(5)搬运夫所抬货物从码头至各行栈,路途若不远,不得歇肩,以"杜其掏摸"和免"拥塞官街";(6)搬运货物运价"原有定规,不得以天时晴雨早晚任意勒索";(7)领首不得恃权"侵蚀散夫血汗";(8)码头每逢官员往来,一切差务仍照旧规;(9)每日搬运货物从辰时至申时,这期间不得"推诿不运"。若因此造成客货堆积码头,损坏遗失,由"领首赔还"①。道光年间,重庆城烟帮又订《担子公议章程》,规定凡入会者,只准有烟担子一副,若新添烟担子一副,要缴"庄银四两",未入会的烟担子上街,要出厘金 1000 文;烟担子上街若"乱卖","紊乱章程",一经查出,责罚戏一台,酒席四桌②。重庆川、茶两帮力行分帮亦订运货章程,"以杜竞争"。因为过去两帮力行因"争运客货","互斗横讼",为免纠纷而达成协议,互划运货区域。道光年间,重庆城众商又就度量衡订立"成规",由"客帮爰集同公议整理旧规",若有违反,则"照公议章程受罚"。其中对"银水平砝"、"斗斛"、"时市议价"、"行主提盘"、"课差"等作了明确规定③。

  重庆货物主要依靠水上运输,城区上下 20 余里是各地船只和船夫汇集之处,以此为生者无计其数,于是各路船帮林立。按清官府规定,各船帮都应支河差,各船帮一般以缴钱作抵。但有差役乘机勒索船户,"朋分肥囊,扰累难堪"。为杜这一弊端,重庆八省局绅公议了大河、小河差役及征钱办法,这样既应付了公差,亦保护了自己的利益。其中的大河船帮征钱办法,整理如表9-3。

---

① 《巴县档案》,嘉庆财政卷二,27-2-4,《嘉庆十六年四月廿八日抄粘条规》。
② 《巴县档案》,道光财政卷二,65-3。
③ 《重庆海关 1892—1901 年十年调查报告》。

表 9-3 重庆大河船帮征钱项目表

类别 船帮	抵渝船只收钱数(文)			离渝船只运货出港收银数(分)			
	大船	中船	小船	棉花(包)	杂货药材(件)	广布(卷)	瓷器(子)
嘉定帮	1200	800	600	3	2	1.5	5
叙府帮	800	600	400	5	2	1	0.5
金堂帮	1000	800	600	8		2	0.5
泸富帮	600	400	200	3	2	1	0.5
合江帮	1200	800	500	3	1.5	1	5
江津帮	600	300	100	1.5	1	0.5	0.3
綦江帮	1200	600	100	1.5			
长宁帮		1000		3	1.5	1	0.5

资料来源 《巴县档案》,嘉庆财政卷二,卷号 8,《八省局绅公议大河船帮差务规(嘉庆八年三月二十四日)》。

重庆的行会,即同业关系组织,主要根据商号的性质和大小分别组成,如布匹业中的大宗号是"四圣会",广货铺是"齐行会",京缎宗号和大布店是"财神会",小布店和零剪铺是"永庆会"。

"四圣会"成立于光绪初年,行规有赊期和扣头两种。赊期即先赊出货,然后规定时限收款;扣头即按比例给广货铺折扣,以打开销路,促使广货铺多向宗号进货。"四圣会"规定只有"走水"的字号才有资格加入,最初的入会费为白银 12 两。每年农历的三、六月办会唱戏,祭祀"四圣"[①],故名"四圣会"。

"齐行会"是广货铺的行会。光绪初随着字号的增多,居间的广货铺便出现了。字号的货船一到即通知广货铺开盘。广货铺一次把货买完,然后再卖给大布店和大水客,从中渔利。广货铺为猎取利润,就事先共同商议货价,并推举能认货、议价的老把式与字号周旋,达到步调整齐,行市划一,故定名曰"齐行会"。它以"四圣会"的行规作为自己的行规。"齐行会"因为不"走水",故只祭祀福禄财神。

---

① 卓德全:《洋布倾销和重庆布匹业的形成》,载《重庆工商史料》第 1 辑,重庆出版社 1982 年版。

"财神会"具体成立时间不详,但在19世纪中叶的同治年间就已经存在,由京缎铺组织。京缎铺主要做丝发(绸缎)生意,丝绸的行规开始与上述布匹的行规不同,到京缎帮兼营布匹生意后在布匹方面也要同时按"四圣会"的行规进行交易。

"永庆会"亦成立于光绪时期。光绪中期,重庆出现了一些整匹开零的小布店。这些小布店感到受布匹帮内其他行会的歧视,遂自行成立"永庆会",取永久庆幸生意兴隆之意。入会名曰"上庄"。每年四月借三圣殿办一次会,祭祀刘备、关羽、张飞"三圣",其用意是要效法他们的"义气",彼此不要勾心斗角,尔虞我诈[①]。

重庆城区承担短途客货运输的肩舆行业也有若干帮口。各轿行为承接婚嫁丧事业务,也时有争执。光绪中叶,为避免各轿行之间的纠纷,经协商,决定了业务划分和经营地区。将当时的肩舆行业,分为花轿、小轿和信行等三个帮口,业务上互不相抢。规定:花轿行经营吹(吹鼓手)、扎(扎牌坊、孝堂、亭子等)、抬(抬花轿、抬袤)、小工(红、白喜事用的执事)等业务;小轿行经营小轿(短途的街轿和长途的长路轿子)、"洞洞丧"(八人以下抬的不用吹鼓手和执事的丧事)、"难收拾"(搬家)、小牌子(送信送东西的零星小工)等。并划定属于下半城储奇门地区的花轿行业由三合会承接,属于上半城朝天门地区的花轿行业务由通行号承接;小轿行营业地区则按当时重庆的行政区域29坊、15厢划定营业范围,除规定甲区不得到乙区承揽生意外,即在同一地区内的小轿行,也不准在他家轿行左右三家铺户以内兜揽生意。对信行和轿行的业务也作了明确划分,规定信行只能经营货运,不能经营客运。

这些行帮、行会在协调同行之间的利益,维护本行业的信誉,应付官差官役等方面都发挥了一定的作用,但其浓厚的封建性也在相当程度上阻碍了经济社会的进一步发展。

城市经济的发展,给重庆民俗、民生等方面也带来了较大的影响。民俗方面,较为突出的是存在"奢侈相尚"的倾向。乾隆时期是社会风尚的一个重要的转折阶段,重庆"乾隆初,士庶家不轻衣帛,后商家以奢侈相尚,人皆效

[①] 卓德全:《洋布倾销和重庆布匹业的形成》,载《重庆工商史料》第1辑,重庆出版社1982年版。

尤"①。人们刻意讲究饮食服饰,"奢侈相尚,人皆效尤",蔚为风尚,以至于川东地区各州县均以重庆为效法对象。如重庆府东面的忠州,乾隆初年,"人多自食其力,市廛之民,布散田野","饮食碗盏,大半出自垫江高滩,金银首饰,非仕宦之家不能制";到了乾隆中期以后,忠州之民"或袜尚通海,鞋尚镶边,烟袋则饰以牙骨,熬糖煮酒,皆效法重庆"②。一般来讲,人们从自己的经济状况出发,改善衣食住行条件是理所当然,无可厚非的。如果"奢侈相尚",刻意追求则未足称道,但对于封建社会晚期重庆出现的服饰华侈的倾向,仅仅这样看是不够的。众所周知,恣意奢靡是历代封建统治阶级罕有例外的生活态度和拥有的特权,而崇尚节俭则是他们对下层民众的一贯不变的要求,其实质是统治者在自己追求享受的同时,让芸芸众生以艰辛、困苦的现实生活为满足,不再有所追求。在封建社会晚期的历史条件下,人们由俭入奢,追求享受,既有统治阶级奢靡之习的濡染,又包含着对统治阶级倡导的生活原则与封建统治教条的背离和冲击。

民生方面,重庆城市经济的发展给重庆及其附近的民众以经商、下力的谋生的条件。重庆城市位于两江地带,坡度较大,市区饮水缺乏,全靠饮用两江之水,又为人们提供了比一般城市更多的搬运工作机会,为一些生活来源不广,在农村破产而丧失其生活来源的民众提供了谋生的机会,使得一部分民众仅凭自己的力气也能在重庆城市生存下去。这类以搬运货物、担水为生者不在少数,并逐年增多,以致沿江主要码头区常发生新来者"混聚码头恃强抢搬"的情况。城郊乡民除种田外,也有种蔬菜者。通远、南纪二门外长江、嘉陵江边以菜园地为主,多"租佃与人播种菜蔬发卖"③;不少人靠佃种菜园地,卖菜为生。亦有以织布、酿酒为生者。织者"以人力用旧式木机织之,除乡人服用外,多数运销滇、黔",以西里各乡为盛,"一日之获,可得钱七八千,贫乏之家,赖以为食"④。巴县"各乡皆有酒户,尤甚于人和、马王二乡,酿者各数十家,输送入城,接于道路"⑤。

重庆城市经济的发展和社会的进步促进了重庆文化的发展和进步,但这

---

① 道光版《重庆府志》卷一《舆地志·风俗》。
② 道光版《忠州志》卷一。
③ 《清代乾嘉道巴县档案选编》,四川大学出版社1989年版,第19页。
④ 民国版《巴县志》卷十一《农桑》。
⑤ 民国版《巴县志》卷十一《农桑》。

种发展和进步仍然是初步的,重庆文化落后的局面并未根本改变。随着重庆城市经济的发展,重庆城市社会也出现了许多新的变化。从事各种经济活动的非消费人口的数量逐渐增加,其社会上层力量——商人的活动能量明显增强,头面人物"八省首事"并取得了重庆地方事务的相当大的参与权和决定权。在民俗方面,乾隆中期以来,"奢侈相尚"的倾向日趋明显,并对巴渝地区产生了较大的影响。这种现象的出现,既有统治阶级奢靡之习的濡染,又包含着对统治阶级倡导的生活原则与封建统治教条的背离和冲击。

第八节 区域人口与城市人口

清初,重庆府人口数不详,只有个别州县能找到记载,其中清康熙六年(1667年)合州507户、1013口[1];江津县版籍户114、丁口990[2]。重庆府13县,如以江津县作为中等水平,以合州作为中上水平来估计,全府不过3000户,不到2万人。当然,这种估计是不准确的,但和实际情况相差不会太远。到康熙六十一年(1722年),重庆府的人口已达到111854户,约56万人[3],占全省57万余户的1/5,经济已经逐渐恢复。到嘉庆二十五年(1820年),重庆人口空前增多,已经达到230余万,人口密度每平方公里已经超过70人,成为四川的重要人口稠密区。

清代重庆府人口数,初期起点之低和后期绝对数量之大,都是空前的;人口的恢复和发展主要是外省移民的结果。民国版《巴县志》在分析重庆府城和巴县人口时指出,"自晚明献乱而土著为之一空"[4],现居民主要是外来移民。由于清代的人口统计资料极少,且更缺乏有关移民的材料,但对局部地区还是可以通过一些史料,间接推知其大概。下面以地处三江交汇处的合州为例,考察移民状况。

民国版《合川县志·士族志》记载了合州士族94姓、253家的一些情况。这253家可以近似地看作合州社会的缩影。经过排比分析,可以列为表9-4。

---

[1]《古今图书集成》之《重庆府部》。
[2] 嘉庆版《江津县志》卷四。
[3] 嘉庆版《四川通志》卷六十四《食货》。
[4] 民国版《巴县志》卷十《人物列传》。

表9-4　原籍及原居住地状况一览表

原籍省份	家数	75家不明原籍中已知原居住地省份者	分区域小计
湖南[1]	75	4	79
湖北	37	1	38
江西	28		28
贵州	7	20	27
四川[2]	4	5	9
福建	4		4
安徽	3		3
山东	2		2
河南	2		2
广东	2		2
陕西	1		1
江苏	1		1
广西	1		1
土著	9		9
巴蛮旧姓	2		2
不详	75		
合计	253	30	

注：

1 其中有数家仅言"湖广"，今计入湖南。

2 指不包括合州的四川其他各县。

表9-5　迁入合州时代及迁入家数表

始迁时代	家数	再迁时代及家数
宋	5	0
明	11	1
明末清初[1]	10	1
清初[2]	80	17
雍正	2	0
乾隆	6	3

续表

始迁时代	家数	再迁时代及家数
嘉庆	1	0
不详	110	6
合计	225	28

注：

1 仅个别明末，其余均言明末清初。

2 仅包括确指顺治、康熙年间及仅言清初者。

表9-6 原籍始迁年代不详者"发名之世"已住合州年代表

显名时代	家数
宋	22
元	0
明	29
清初	3
乾隆	14
不详	7
合计	75

注：原籍不详者共75家，到清代仍在合州居住者51家，明亡后无人留下者20家，其余无法考证。

通过表9-4可以看到，253家中确知其原籍及原居住地在四川以外的有188家，我们将土著9家、巴蛮旧姓2家、原籍和原居住地为四川的9家以及原籍及原居住地不详的45家都当作合州的原住居民，共65家。则原住居民约占25.1%，外来移民约占74.9%。这种估计是最保守的。如果考虑到原居住地不详者也有部分系由外地迁入，实际上的外来移民至少在80%以上。

根据表9-5、表9-6对迁徙时代的统计，确知其迁徙年代者共137家，不详迁徙时代的110家，但如果将其"发名之世"近似地看作迁徙时代的话，则基本上可以确定大部分家庭的迁徙时代。综合表9-5、表9-6，从明末清初到乾隆年间，迁入合州的移民家庭共136家；明及明以前共78家，但其中20家在明亡以后实际已绝香火，应予排除，排除后共58家；另嘉庆年间迁入合州者 1 家,总计确知迁徙时代者 195 家。在清代中期,确知迁徙时代的外来移民中,明及明代以前迁入的占 29.74%,明末清初迁入的占 69.74%,嘉庆年间迁入的仅占 0.52%。

从移民的原居住地来看,湖南(包括言湖广者)有 79 家,湖北有 38 家,江西有 28 家,贵州有 27 家,4 省共计 172 家,占确知原籍及原居住地的移民总数的 87%,其他各省迁入的移民较少。

通过对合州清代中期上层社会人士的来源的考察,可以看到移民占了其中的绝大部分,土著居民(包括明代及以前的移民和四川其他各县来合人士)不到 1/4;移民中 70%左右是清代前期迁徙进入合州的;移民以从湖广(即湖南、湖北)迁入的为主,占确知迁出地的移民总数的一半左右,因而一般言及外来移民,均以"湖广填四川"而概之,其次为江西和贵州,占 2/7,其他省份较少。当然,合州一地的移民状况并不能说明重庆府所有地区的移民状况,一般而言,上层社会人士中本地居民的比例也相对大于社会下层中本地居民的比例。但是,合州的移民状况至少代表了重庆府北部地区的一般移民状况。

重庆地区的移民浪潮,主要在清初康熙年间,雍正、乾隆前期次之;移民的来源地以湖广、江西为主,广东、福建、陕西次之。来自贵州的有相当数量是原四川居民明末避乱迁入,康熙年间政局稳定后又迁回四川的[①]。清代的重庆居民以外来移民为主,旧有土著极少,以致在重庆"求一二宋元旧族益亦寥寥"[②]。

通过对清代重庆府人口增长的极限数的估计与分析,也能间接地得出移民数量。根据近年来对清代人口的研究,清前期康熙二十四年(1685 年)到嘉庆十七年(1812 年)的 127 年间的人口自然增长率为 9.5‰,以此作为我们计算的基准。康熙六年(1667 年)重庆府的人口大约为 3 万;随后重庆经历了三藩之乱,在此期间人口有所减少;直到康熙二十年(1681 年)平定叛乱,人口才开始恢复,康熙二十四年也只有 3 万人左右。我们将此数全部当作土著居民,并以 5 万为计算的起点数。即使按 17‰的自然增长率来计算,重庆

[①] 民国版《合川县志》。
[②] 同治版《巴县志》卷四《艺文》。

府在清代前期的人口,如除去移民因素,到康熙六十一(1722年)年不过10万人左右,到嘉庆十七年也不过42万余,分别仅占该年人口的16.66%和18.17%,80%以上的人口为移民或移民的后代。由于清代前期重庆府人口的自然增长率不可能达到17‰这么高,所以这个移民的比例数是比较保守的[①]。

如果我们将康熙六十一年(1722年)的人口数全部看作土著,就可以推知雍、乾两朝及嘉庆初的移民数量。增长率按10‰,到嘉庆十七年(1812年)有137万,占58.6%,雍、乾以来移民或移民后代为97万,约占41.4%。这一时期的移民绝对数量超过康熙年间,但这一时期移民在重庆府人口总数中所占比例有所下降。

嘉庆中期和清末巴渝地区各府州的人口统计数较为详尽、可靠,经过整理可以制成表9-7。

表9-7 清代重庆府面积人口情况表

地区	面积(平方公里)	人口数量 嘉庆中(1812年)	人口数量 清末(1910年)	增长率(嘉庆中为100)	人口密度 嘉庆中	人口密度 清末
巴县	3312.04	218779	990474	453	66	299
江津县	3252.59	199115	800930	398	62	247
长寿区	1138.00	154023	385071	250	135	338
綦江县	1830.07	108215	378127	347	59	205
南川县	3028.01	149562	225852	151	49	74
涪州	5520.56	260746	853116	323	48	155
合州	2839.61	187357	727974	395	65	257
铜梁县	1478.50	297264	433246	147	200	293
璧山县	810.93	151022	383072	254	186	472
大足县	1315.86	117561	361232	309	89	275
永川县	1288.38	107702	276503	258	83	214
荣昌县	899.28	93598	312950	335	104	348
定远县	1079.37	168823	275478	163	156	255

---

① 胡道修:《清初到开埠前后重庆区域人口与城市人口》,载《一个世纪的历程——重庆开埠100周年》,重庆出版社1992年版,第225页。

续表

地 区	面积(平方公里)	人口数量		增长率(嘉庆中为100)	人口密度	
		嘉庆中(1812年)	清末(1910年)		嘉庆中	清末
江北厅	2472.02	152039	524426	348	61	212
重庆府	30276.0	2365806	6928451	297	77	229
夔州府	21600.0	861059			40	
忠州直隶州	7800.00	496648			64	
酉阳直隶州	12000.00	461579			38	
石砫直隶厅	3000.00	93569			31	
太平直隶厅	3300.00	82196			25	
总 计	77976.00	4360857			56	

资料来源　嘉庆人口数见嘉庆版《四川通志》卷六十五《食货志》；清末人口数见施居父《四川人口数字研究之新资料》表十。

从表9-7可以看到清代中期重庆府的人口分布的基本概况，同宋代相比较，没有太大的变化。宋代渝涪地区各州军的人口分布中以合州人口密度最大，昌州次之，渝州又次之，涪州位居第四，南平军位居最后。清中期仍然是宋代合州地区各县密度最大，铜梁县为每平方公里200人、定远县156人、合州65人，三州县中有两个在150人以上；宋代昌州地区各县次之，荣昌县104人、大足县89人、永川县83人，三县都在80人以上；宋代渝州地区各县又次之，璧山县因处在成渝之间的交通要冲——东大路上，东西山之间地势平旷，可耕种面积比例大，人口密度达到每平方公里186人，巴县为66人、江津县62人、江北厅61人；宋代涪州地区位居第四，但长寿区已达到135人，涪州因包含康熙元年(1662年)省并的武隆县仅48人；宋代南平军各县仍位于最后，綦江县59人、南川县49人。清中期的人口稠密区除东部长寿外，仍是西北部各县。

清末重庆府的人口除普遍增长外，在分布上出现了一个值得注意的新现象，就是重庆城周围各县的人口增长率普遍高于其他地区。巴县清末人口是清中期人口的453%，江津县为398%，合州为395%，江北厅为348%，綦江县为347%，都比重庆府各州县平均增长近2倍(297%)，尤其是巴县的年平均增长率达 15.5‰,这个增长率超过了四川省同期 7.8‰ 的人口年增长率,也超过了重庆府同期 11‰ 的年人口增长率,这在全川是非常罕见的。这种现象说明周围地区的人口向重庆城市或城市周围各县聚集,也反映了以重庆城为中心的城乡人口膨胀。我们知道清代前期的四川人口迁徙,多是为了土地而进行的农村之间的迁移,到了清代中晚期,随着人均占有土地的减少和城镇经济的发展,农村向城市特别是像重庆这种区域中心城市的迁移逐渐增多。人口的聚集是渐进的,那么外地迁移到重庆周围的人口究竟有多少,由于资料的缺乏而无法确定,但其大致数量还是可以间接推知。通过对四川清代中晚期人口的分析,由于四川未遭到大的战乱和灾荒,其人口增长率在全国仍然较高,98 年增加了 1 倍,比全国平均增长率高 1 倍左右。同时,省内各地区的人口增长率西部低而东部高,人口重心向东部转移。考虑到这些因素,我们以重庆府的年平均增长率 11‰ 作为重庆的排除了移民因素的净人口年增长率,超过部分近似地看作迁移人口。根据上述原则,巴县的清末的迁移人口有 33 万、江北厅 7 万、江津县 20 万、合州县 15 万、綦江县 5 万左右,合计共 80 万。利用插入法求得重庆城及周围各县 19 世纪 70 年代的迁移人口有 40 万左右,其中巴县 16 万、江北厅 4 万左右,江、巴二县的迁移人口中有相当的数量(估计约一半左右)流入了城市。为保险起见,我们确定的 11‰ 的净人口增长率是相当高的,因而 40 万左右的迁移人口数还是比较保守的。

清代中晚期,周围地区的人口向重庆城市及附近地区聚集,是重庆城市和区域经济发展的结果,是与四川经济重心的逐渐东移相辅相成、互为推动的。这种人口向中心城市的聚集,加速了重庆地区的城市化进程。

重庆清代以前的城市人口史籍无载,只能根据其他材料大致估计。东汉中期,江州城"重屋累居","结舫水居,五百余家"[①],城内外人口应在 2000 户至 3000 户左右。北宋中晚期渝州有户 41080,时渝州 3 县,巴县为其首县,且面积近 6000 平方公里,璧山仅为其不足 1000 平方公里的小县,江津县面积约有巴县的一半,巴县至少拥有 2/3 以上的人口,即 3 万户左右。根据近年来对宋代人口的研究,有一定程度工商业的中等城市,附廓县人口大约有 1/10 到 1/8 居住城内或附城厢、坊,取其低值,为 3000 户,取其高值则近 4000 户,当

---

① 刘琳校注:《华阳国志》卷一《巴志》,巴蜀书社 1984 年版。

时的重庆城市人口大约有 3500 户。到南宋中期有 5000 户左右。明代则仅知巴县人丁为 14926,重庆城市人口比之宋代有所减少,但大致数目无法推算。

清初,重庆城人口"不过数百家"①。经过康熙时期的大规模移民和几十年的发展,到雍正年间,重庆城已是"兵民聚处,户口实繁"②;乾隆年间城区大街小巷更是"攘攘者肩摩踵接"③。然而,困难的是清朝各时期有关重庆地区的人口统计,均未列有重庆城区的人口数。目前,除清初数百家和重庆海关署理税务司花荪于清光绪二十七年(1901 年)底在其报告中提到的"重庆人口现时估计约为 30 万人"④这两个估计数外,仅见到道光四年(1824 年)《巴县保甲烟户男丁女口花名总册》的当时重庆城共 18750 户、65286 人的记载。故只能利用该数和前后两估计数综合其他有关资料,利用插入法进行推算,其结果可以制成表 9-8。

表 9-8 清代重庆城市人口增长表

年代	城区[1] 人口数(万人)	市区[2] 人口数(万人)	递增年率(‰)
1665	0.3	0.42	
1700	0.63	0.84	
1725	1.03	1.38	
1750	1.8	2.26	
1755	2.0	2.5	21.30
1775	2.8	3.5	
1800	4.3	5.3	
1812	5.3	6.5	
1820	6.1	7.4	
1824	6.5	8.0	17.00
1830	7.2	8.9	
1840	8.6	10.6	

① 康熙版《四川总志》卷十《贡赋》。
②《朱批谕旨》第八函第二册《任国荣册》,雍正五年十二月十三日。
③ 乾隆版《巴县志》卷二。
④ 周勇、刘景修译编:《近代重庆经济与社会发展:1876—1949》,四川大学出版社 1987 年版,第 131 页。

续表

年代	城区人口数(万人)	市区人口数(万人)	递增年率(‰)
1850	10.3	12.6	
1860	12.3	15.0	
1870	14.7	17.8	
1880	17.5	21.2	
1890	20.9	25.2	17.54
1900	25	30	

注：
1 城区指两江半岛重庆府城。
2 市区系借用近代概念，指重庆府城和江北厅城及南岸沿江一线地区。

清代初期到重庆开埠前夕的200余年可以划分为三个阶段：第一阶段自康熙初年到乾隆前期，这一时期是大规模的移民时期，迁入人口大都是以"插占为业"为目标的无地农民，主要是农村之间的迁移，故城市人口增加不多。本阶段重庆府的人口增长率高达40‰，但移民主要迁入重庆地区农村，城市人口的增长率要低得多；城市人口在区域总人口中所占比例呈下降趋势，重庆城的人口由康熙初年的占区域总人口的1/10左右下降到1/40左右，其年增长率约22‰。康熙初年重庆城有数百户，大约3000人，康熙六十一年(1722年)重庆府共有户口111854户、56万人，这时估计重庆城人口在万人上下。乾隆十九年(1754年)重庆府同知移驻江北镇，分巴县江北地区置江北厅，其时江北镇应有一般县城的人口数量，故估计为3000余人，重庆城已是街巷240余条，"酒楼茶舍与市囤铺房鳞次绣错，攘攘者肩摩踵接"的繁荣商业城市，以每一街巷居住100人计，也在2万人以上。乾隆中期到道光初年为第二阶段，这一阶段重庆人口的增加以商业性移民为主，随着区域人均占有耕地的减少，部分无地农民陆续流入城市，重庆府城人口达到6.5万余人，重庆城市的人口增长率约高于区域的增长率。道光初年到重庆被迫开埠前夕为第三阶段，这一时期的人口增加以流入城市的破产农民和过剩的农村劳动力为主、商业移民为辅。根据1900年重庆海关的估计，当时重庆城市人口约30万人，按西方的城市概念重庆城还应包括江北厅城和南岸地区，照此数逆推,开埠前夕重庆城区大约有25万人口。19世纪是重庆封建社会城市人口增长最迅速的时期,1810年到1850年,重庆城市人口从5万增加到10万人,大约用了40年的时间;从10万增加到20万也仅用了40年时间;人口增加的趋势越来越快,城市的人口增长率比之区域人口增长率越来越高。这主要是由于区域人口增长过快,重庆府的人均占有耕地面积逐年下降,嘉庆初期人均耕地还有5亩左右,到开埠前夕已下降到不足3亩,19世纪中期农村过剩人口开始大量流入城市,加速了重庆城市化的进程。

重庆城市的人口在数量增加的同时,人口的结构也有所变化。随着重庆城市人口的增加,商业人口所占的比重越来越大。城外沿江一带,明代为内江、外江两厢,到清代已发展为21厢,其中嘉陵江北岸的6厢又分置为江北厅。沿江一带是随着转口贸易的发展而兴盛起来的,居民中从事工商业的占相当大的比例。据《巴县档案》记载,乾隆三十八年(1773年),重庆城通远门至临江门间的定远门(为设有城门洞而未开的闭门)外一带的定远厢共300户,其中从事工商业的有208户,占总户数的2/3。定远厢还不是商业贸易的重要之区,工商业人口尚有如此比例,由此可以推知沿江各厢工商业人口比例或更大或相当。城内下半城既是重庆的政治中心,也是重庆的主要商业区,重庆的主要码头、交易市场、著名店铺都位于此。嘉庆十八年(1813年),重庆城西南金紫门与凤凰门(亦为闭门)之间的金紫坊、灵壁坊共534户,其中从事工商业的362户,占总数的2/3左右。二坊均为小坊,人口不多,合计占重庆城内29坊人口的1/30,仅相当于1坊的平均人口。金紫门外主要为上游的柑橘等水果集散地。二坊一带尚非繁华之区,千厮、朝天、东水、太平、储奇、南纪各门一带的重庆主要贸易区各坊人口中的工商业人口比例肯定在金紫、灵壁二坊之上。虽然由于资料缺乏,其具体情况已不清楚,但上面坊、厢的数字说明,到清代中期,重庆的工商业人口比重至少在部分街区已经超过了一半,人口中的以从事各种经济活动为生者在这些街区已占主导地位。另外,从事商业活动的人口中,主要是来自外省的移民,嘉庆年间,重庆的109个商行,除两个是四川保宁府来的商人开办的外,其余的商行都是由外省移民开设的[①]。各地商人是重庆商业活动的主体。

---

① 《清代乾嘉道巴县档案选编》,四川大学出版社1989年版,第252—256页。

重庆城市人口数量发生变化的同时,家庭结构及人口的性别比例也发生着变化。在封建社会,人口一般较少移动,世世代代居于一隅,除通常大家族外,一般家庭人口也在5人至7人之间。清代的重庆人口由于移民的数量巨大,家庭的人口普遍偏少,青壮年人口占了相当大的比例。城市所在的巴县、江北厅的户均人口仅3人左右,不仅低于四川的户均人口,而且比重庆府的平均人口还低得多。由于相当多的移民是单身迁入的男性青壮年,人口的性别比例也差异较大,根据嘉庆服《四川通志》的记载分析,男性比例高达140至160左右。男性如此高的比例甚至于超过了近代的若干初建时的工业城市,说明移民中孤身一人前往重庆的人在重庆城市中占有相当大的比例。

重庆古代区域人口的增长经历了一个曲折的历程,同中国人口增长的轨迹大致一致。两汉时期是重庆人口的第一个高峰,东汉晚期人口数量为25万左右,南宋时期达到80万左右,清代中期突破200万大关,清末则近700万。重庆区域人口的增减与其区域开发的程度保持着高度的一致性,同样经历了一个"三盛两衰"的曲折过程:战国秦汉时期、隋唐五代两宋时期、明清时期是区域开发的高潮,也是人口增长的高峰;汉末两晋南北朝、宋末至明初及明末清初,既是社会动荡、区域开发停滞和经济发展倒退时期,也是人口大量流散和丧亡的时期。

重庆古代先民以汉族为主的格局,自战国时期开始经历了千余年到唐末才形成,居住于此的少数民族到南宋时大部分已融合于汉族之中。原居于此的巴人和迁居于此的僚人等少数民族对开发重庆、促进重庆的经济发展和社会进步、创造具有浓郁地方特色的物质文化和精神文化都作出了巨大的贡献。

封建时期重庆区域人口分布的总趋势有两点:一是长江、嘉陵江沿江河谷、平坝地区的人口密度最大;一是从分布的地区来看,呈北高南低、西密东疏之势,其密度由西北向东南递减。这种状况从两汉到清代基本如此,只有量的增减而无质的变化。

清代重庆人口的迅速膨胀,是大规模移民的结果。清中期的重庆人口中,绝大部分是清初以来的移民或移民的后代。清初重庆的移民浪潮,主要在康熙年间,雍正、乾隆前期次之;到乾隆中期,大规模的移民活动已告结束。移民的来源地以湖广、江西为主,广东、福建、陕西次之,其他各省较少。

宋代以前的重庆城市人口数量较少,一直在万人上下徘徊,南宋中期始突破2万人。在建城的千余年历史中,重庆一直是以行政、军事职能为主体;到南宋中期,随着人口的增长、城市工商业的发展,始完成由单一职能向多种职能的转变。清代中晚期,重庆城市人口已超过20万;城市人口中,从事各种经济职业的人口在相当地区已占据主导地位,商业人口所占比例越来越大;重庆已成为一个以转口贸易为其首要职能、以商业为主的城市。清代是封建社会重庆地区人口起点数最低而后期绝对数量最大、人口增长率亦最大的时期。清朝中前期重庆地区和城市人口的迅速增长主要是移民的结果;到中后期,周围地区的人口向重庆城市及附近地区聚集,则是重庆城市和区域经济发展的结果,并与四川经济重心的逐渐东移相辅相成、互为推动的。中后期的这种人口向中心城市的聚集,加速了重庆地区的城市化进程。

第十章　古代文化

第一节　教　育

教育是人类文化传播和延续的重要事业。秦统治巴渝期间,教育仍是传统的民间私授方式,主要传习巴渝传统的巫觋之术,在汉族移民之中也有私学讲授先秦诸子学说及文字的。西汉景帝时期,文翁在蜀郡大力倡导教育。在他的影响下,巴郡也办起了学校。其西部、北部地区的文化教育水准很快达到与蜀郡和齐鲁并驾齐驱的水平。从东汉末年开始,战乱迭起,教育衰退,官学(郡县)基本关闭,民间私学也因战乱而普遍停辍。其后数百年间,巴渝地区的教育事业倒退到汉初的水平上,私学成为主要的文化传授方式。

宋代,官学、私学和书院在巴渝大地上蓬勃兴起。官学在巴渝地区的昌州、合州、渝州、夔州、涪州、忠州、黔州等州县纷纷开办,就是地处僻远之处的黔州黔江县也兴办了官学,只是"旧有学,学者不减旁近,郡不以教养为急,故散居郊野"①,当局不够重视而已。书院大多数是私人创办的讲习场所,也有一些是官助或官办的,如南宋晚期夔州的竹林书院、南阳书院,由夔州制置使兼知夔州孟珙创建,属于官办。书院是中国古代高层次的教育机构。它以传习儒学为主,同时又教授生员(学生)学习时文。《文献通考》载:"是时(宋代)有州县之学,有乡党之学。盖州县之学有司奉旨所建也,故或作或辍,不免具文;乡党之学贤士大夫留意斯文者所建也,故前规后随,皆务兴起,后来所至,书院尤多。而其田土之锡,教养之规,往往过于州县之学……"书院本

---

① 嘉庆版《四川通志》卷七十八《学校·艺文》。

身而言,作为一种教育机构在当时有其优越性,巴渝地区的书院大多为南宋所建,据现有史料,有如下一些:

少陵书院,夔州(今重庆市奉节县)东,即杜甫草堂(西瀼草堂)处。

静晖书院,在大宁县(今重庆市巫溪县),一说在夔州州治后,宋建,"王十朋有诗"。

竹林书院,"在奉节县东,宋嘉熙中郡守孟珙建,以处襄汉流寓之士"。

莲峰书院,"夔州府治后卧龙山麓,宋知府王十朋建"。其设置时间当在宋孝宗时。

北岩书院,又名钩深书院,在涪州(今重庆市涪陵区)州治大江北岸,嘉定十年(1217年)建。"程颐注《易》于此","黄庭坚榜曰'钩深'","嘉定中,范正武改为书院,塑(程)颐像祀之"。

濂溪书院,在合州(今重庆市合川区),"旧在瑞应山侧,宋嘉祐间濂溪(周敦颐)判合,后人为建书院,任逢有记"。任逢为宋孝宗淳熙年间进士,眉州人,则濂溪书院的建立时间当不迟于南宋孝宗淳熙年间。

巴渝地区的书院以涪州的北岩书院、合州的濂溪书院最为著名。

考试制度是与教育相关的,在宋代它与官办的学校紧密联系。南宋初期在四川地区曾实行过类省试(简称类试)的考试制度,即通过类试合格就承认应试者得到相当于省试的资格。

宋高宗建炎元年(1127年)十二月,因战乱道路阻梗,许多地方的举人难以赴应省试,"遂命诸道提刑司选官,即漕司所在州类试,率十四人而取一人"。绍兴五年(1135年)恢复省试,仅四川仍实行类试,先是在宣抚司所在州举行,绍兴七年(1137年)移于制置司所在州举行。类试合格的举人,可以不再经过省试而直接参加殿试。直到宋理宗时四川仍实行类试。巴渝地区的夔州和昌州先后作过类省试的考试地。

经过长期的发展演变,到了明清时期,重庆的教育,已形成了书院、义学和私塾等形式并行的格局。明代书院大多为私人开办。清代官办书院逐渐增多,到乾隆年间,官办书院已占据主要地位。仅巴县就有书院两所。当时,重庆府著名的书院有东川书院、江津聚奎书院、江津书院、长寿凤山书院、永川东皋书院、綦江瀛山书院、南川隆化书院、铜梁巴川书院、合州合宗书院、涪州钩深书院、璧山重璧书院、夔州莲峰书院、梁山桂香书院、石砫南宾书院等。

这些书院一般都置有田产,称为学田。学田主要来源为官绅士民捐资购田、捐资垦荒或捐以田土。各院学田岁收租银几百两至上千两不等,保证了书院的常年教育经费。

表 10-1 乾嘉时期巴渝部分府州县书院学田情况

府州县书院名	创建或重建年代	面积(亩)	岁收地租额
重庆府东川书院	乾隆三年		银 1000 两
江津县江津书院	乾隆六年		银 750 两
长寿区凤山书院	乾隆三十一年		银 240 两
永川县东皋书院	乾隆五十三年	400	
綦江县瀛山书院	康熙四十九年	263	
南川县隆化书院	乾隆二十一年		谷 240 石
铜梁县巴川书院	乾隆二十五年		谷 320 石
合州合宗书院	康熙四十四年		谷 500 石
璧山县重璧书院	乾隆元年		银 430 两
夔州府莲峰书院	乾隆初年		学田井灶银 880 两
梁山县桂香书院	康熙二十三年	240	
石砫厅南宾书院	乾隆三十八年		钱 450 千文

资料来源　嘉庆版《四川通志》卷六十九《学校·书院》。

清代重庆书院规模较大者不少。书院的房舍,一般都建有讲堂三五间,东西两斋各三五间,大门三间,院长、教师和学生宿舍十数间以及庖(厨房)、湢(浴室)等房,并围以围墙。建筑规模大者,往往有房舍数十间,堂、厅、阁、舍、厢、屏、厨样样俱全。如乾隆时的渝州书院(后改称东川书院)"造讲堂五间、前堂五间、左右厢二间,院墙重门,前屏后厨皆具"。

书院设院长主持其事,教师均由书院开支脩金,其数额视书院的收入和教师水平而定。入书院就学的士子有生员、童生、内外诸生、附课生等,年龄差异很大。凡考入书院的生员,可以享受书院为之开支的膏火银、餐银等生活费用及住宿服务。各书院都制定有规章制度,还设有藏书楼以供参阅。清政府还在各州县设有学政等教职人员,督导各州县的教育。书院院长,亦称山长,由地方政府派学问渊博、声望较高、热心教育、为人正派且有组织领导能力的学者担任。院长为管理方便,还在内课(住读)、外课(走读)分别聘设斋长各一人,负责管理学生、收发课卷、支给膏火银等事。院长(山长)、师长的薪俸待遇称束脩或脩金,各书院多寡不一,但普遍比府、州、县学的教师高,有的直接支付银两,有的支付实物。

东川书院院长的脩金,一年多达银 800 两,相当于清朝四川一个知州全年的薪俸、养廉银的总和。巴县三益书院则只发实物,院长岁俸租谷 40 石。书院培养人才的具体目的,首先是要满足任命官员的需要。乾隆三年(1738年),重庆知府李厚望经常到渝州书院视察,"讲诸生于前,恳恳为言其所期于多士者,惟饬身修行,多识古人之立功德者,以求得于心,庶几今为良士,异时为名臣"。士子读书,不是为了研究学问,而是为了准备应考中举,成为举人、进士,完成作为政府官吏的预备任务。

明代书院传习陆、王心学,清代则崇尚汉学,文章主要学习八股文,将传习儒学与为科举制度输送人才结合起来,因此,擅长时文、中试率高就成为评价书院成就的重要标志。据统计,重庆府在清代就有秀才名额 198 名,在四川各府州中名列第二。这个数字虽落后于江浙地区,但在四川尚能名列前茅,它反映了重庆古代教育的发展水平。

通过书院的教学、研究,向人民群众宣传封建统治阶级的思想,只有培养出大批知识分子,才能把"教化"的任务完成得更好。"欲美其风俗,而以士为倡。"

巴渝的书院还为搜集和保存文化典籍作出了重要贡献。不少书院藏书甚多,为提高教育质量、繁荣学术提供了条件。如重庆渝州书院名声大、经济实力又较雄厚,既可得到赐、赠书籍,又有较多经费购书、刻书。所以书院的书室实际上成了全府最大的图书馆。学者们经常往来讲学,又使书院成了全府的学术中心。

康熙五年(1666 年)忠州知州刘肇孔,下车即以建学为首务。石砫直隶厅义学,就是嘉庆八年(1803 年)署同知刘大经捐建。巴县三益书院也是于乾隆四十一年(1776 年)由邑人张超凡等捐建,置学田岁收谷 40 石。

清代巴渝还出现了许多卓有眼光的教育家。康熙丰都进士、翰林院检讨易简,出掌渝州书院。他深感重庆为巴蜀之大都会,人才太少,很不相称。他十分赞赏乾隆三年(1738年)重庆新任知府李厚望倡学的眼光:"聚一军于场,而教之击刺,未必人人能战也,然而善战者出焉;聚百工于肆,而教之制器,未必人人皆巧也,然而最巧者出鄢矣。今诚欲教育诸士,使得为才,且良其在建书院乎!"①乾隆永川举人李天英,其诗文为袁枚、蒋士铨、王文治、翁方纲所推重。他主讲东川书院时,"一时登甲、乙科者,多出其门。著《居蜀诗钞》十卷"②。

明清时期,重庆府私塾、义学遍及城乡,仅巴县即有义学15所。私塾大致分为专馆、散馆两种。专馆为一家或数家人专聘教师给子弟授课;散馆则为教师自己设馆授徒。私塾教师大多是未仕的知识分子,讲授内容多属基础国文和算学知识。义学是由地方官员、乡绅等捐资兴办的一种初级教育组织,其规模大小视房舍多寡而定,主要教授四书、六经注疏和书法等。义学一般也有较严格的规章制度,生徒七岁始准入学。义学对传播文化,培养人才具有一定作用。

第二节 文学艺术

一、诗歌

在古代重庆历史上,文学相对处于后进地位。其间虽有秦汉时期巴人和下层民众的诗歌,有历代文人骚客对重庆和巴渝大地的赞美歌吟,其中虽不乏名篇佳作,但有关文学活动的记载和较有影响的文学作品流传至今的并不多见。历代著名的文化人物也较为鲜见。

汉晋时期,巴渝民众好用诗来表述心怀、赞美人事、贬斥丑恶。东汉时,宦官外戚专权,政治日益腐败,贪官污吏,聚敛公行。安帝时期(107—125年),前后几任巴郡太守皆以腐败无能而著称,江州百姓以诗讽之:

> 明明上天,下土是观。
> 帝选元后,求定民安。

---

① 嘉庆版《四川通志》卷八十。
② 民国版《巴县志》卷九。

孰可不念？祸福由人。

愿君奉诏，惟德日亲[新]。①

巴郡官吏多贪财受贿，利用职权在任上的几年时间内大敛其财，搞得百姓苦不堪言。桓帝时(147—167年)，李盛为巴郡太守，贪财重赋，江州人民作诗讽刺道：

狗吠何喧喧，有吏来在门。

披衣出门应，府记欲得钱。

语穷乞请期，吏怒反见尤。

旋步顾家中，家中无可与。

思往从邻贷，邻人已言匮。

钱钱何难得，令我独憔悴。②

此诗揭露了当时的贪官污吏夜晚上门逼钱，巧取豪夺之态，巴郡群众所受的苦难，由此可见。

巴郡谯君黄，数进忠言，国人作诗曰：

肃肃清节士，执德寔固贞。

违恶以授命，没世遗令声。③

巴郡陈纪山为汉司隶校尉，严明正直。巴人歌曰：

筑室载直梁，国人以贞真。

邪娱不扬目，枉行不动身。

奸轨辟乎远，理义协乎民。④

永建中，泰山吴资元约为郡守，屡获丰年，民歌之曰：

习习晨风动，澍雨润乎苗。

我后恤时务，我民以优饶。

及资迁去，民人思慕，又曰：

望远忽不见，惆怅尝徘徊。

恩泽实难忘，悠悠心永怀。⑤

---

① 刘琳校注：《华阳国志》卷一《巴志》，巴蜀书社1984年版，第41页。
② 刘琳校注：《华阳国志》卷一《巴志》，巴蜀书社1984年版，第43页。
③ 刘琳校注：《华阳国志》卷一《巴志》，巴蜀书社1984年版，第40页。
④ 刘琳校注：《华阳国志》卷一《巴志》，巴蜀书社1984年版，第40页。
⑤ 刘琳校注：《华阳国志》卷一《巴志》，巴蜀书社1984年版，第43页。

汉末政衰,牧守自擅,民人思治,作诗曰:
> 混混浊沼鱼,习习激清流。
> 温温乱国民,业业仰前修。[1]

南朝时,流传在三峡地区的民谣很多,至今仍有影响的有《三峡谣》、《巴东三峡歌》等。

《三峡谣》曰:
> 朝发黄牛,暮宿黄牛。
> 三朝三暮,黄牛如故。

《巴东三峡歌》曰:
> 巴东三峡巫峡长,猿鸣三声泪沾裳。
> 巴东三峡猿鸣悲,猿鸣三声泪沾衣。

唐代,著名诗人王维、李白、杜甫、白居易、刘禹锡等或生长在巴蜀,或先后流寓巴蜀,留下了许多歌咏巴渝、脍炙人口的诗篇。

李白青年时代漫游巴蜀,留下了许多以巴渝为题材的名篇佳作。他的《峨嵋山月歌》,全篇不假雕饰而生动自然。诗曰:
> 峨嵋山月半轮秋,影入平羌江水流。
> 夜发清溪向三峡,思君不见下渝州。

他的《早发白帝城》更成千古绝唱:
> 朝辞白帝彩云间,千里江陵一日还。
> 两岸猿声啼不住,轻舟已过万重山。

王维有《晓行巴峡》一诗,描述渝州山城风貌,其中5句到8句,尤为传神。诗曰:
> 际晓投巴峡,余春忆帝京。
> 晴江一女浣,朝日众鸡鸣。
> 水国舟中市,山桥树杪行。
> 登高万井出,眺迥二流明。
> 人作殊方语,莺为旧国声。
> 赖多山水趣,稍解别离情。

---

[1] 刘琳校注:《华阳国志》卷一《巴志》,巴蜀书社1984年版,第44页。

杜甫长期流寓蜀中，后曾经渝州移夔州居住，今存《渝州候严六侍御不到先下峡》。诗曰：

  闻道乘骢发，沙边待至今。
  不知云雨散，虚费短长吟。
  山带乌蛮阔，江连白帝深。
  船经一柱观，留眼共登临。

在夔州时，杜甫写下了大量诗篇，描绘夔州风物和劳动人民生活以及回忆往昔、感慨兴亡，其中最突出的成就是所作《秋兴八首》、《咏怀古迹五首》、《登高》等，在艺术造诣上达到很高的境界。其《登高》曰：

  风急天高猿啸哀，渚清沙白鸟飞回。
  无边落木萧萧下，不尽长江滚滚来。
  万里悲秋常作客，百年多病独登台。
  艰难苦恨繁霜鬓，潦倒新停浊酒杯。

白居易、刘禹锡一度宦游巴渝，接近人民，学习当地曲调清新、意味深长的古代民歌竹枝词，并仿而进行诗歌创作。白居易的《竹枝词》四首之二，描写在忠州刺史任上经常听到当地儿女讴歌这种民歌的盛况：

  竹枝苦怨怨何人？夜静山空歇又闻。
  蛮儿巴女齐声唱，愁杀江楼病使君。

白居易在渝州曾有《涂山寺独游》诗，描绘了游历涂山的感受。诗曰：

  野径行无伴，僧房宿有期。
  涂山来往熟，惟是马蹄知。

刘禹锡在被权贵排斥放逐夔州以后，对竹枝词也十分欣赏，并"能唱竹枝，听者愁绝"，自己写了11首竹枝词，其中有千古传唱的，如：

  杨柳青青江水平，闻郎江上唱歌声。
  东边日出西边雨，道是无晴却有晴。

他在诗中还借瞿塘江上滩堆，讽刺那些随波逐流和搬弄是非的小人：

  城西门前滟滪堆，年年波浪不能摧。
  懊恼人心不如石，少时东去复西来。
  瞿塘嘈嘈十二滩，人言道路古来难。
  长恨人心不如水，等闲平地起波澜。

宋代,范成大、陆游等也先后游历恭州(重庆府),对当时的风土人情作了较深刻的描述。其中范成大《恭州夜泊》曰:

　　草山碛确强田畴,村落熙然粟豆收。
　　翠竹江村非锦里,青溪夜月已渝州。
　　小楼高下依礐石,弱缆东西战急流。
　　入峡初程风物异,布裙跣足总垂瘿。

南宋晚期著名将帅余玠在重庆主持抗元斗争时,在戎马倥偬的间歇也写了一些诗篇,现流传下来的仅两首。

《黄葛晚渡》曰:

　　龙门东去水和天,待渡行人暂息肩。
　　自是晚来归兴急,江头争上夕阳船。

《觉林寺晓钟》曰:

　　木鱼敲罢起钟声,透出丛林万户惊,
　　一百八声方始尽,六街三市有人行。

明代诗人张佳胤,字肖甫,铜梁人。其军事才干曾受到首辅张居正的赏识,而文学创作又深受当时文坛领袖王世贞的推重。张佳胤"才高贵仕,兼而得之"①,诗歌风格"庄雅",有《居来山房集》65卷。其诗歌代表作《宿黄牛峡》曰:

　　春到黄牛峡,江辞白帝城。
　　楚云高不落,巴水去无声。
　　绝塞书难得,孤舟月更明。
　　棹歌听自短,几处夜猿鸣。

二、石刻艺术

巴渝石刻艺术中最瑰丽的珍宝是大足石刻。大足石刻肇始于初唐,兴于晚唐、五代(前后蜀),鼎盛于两宋,余绪延及明清及民国,前后绵延1200余年,多为佛教造像,亦有儒、释、道三教造像,总数达5万余躯。其中有全国重点文物保护单位两处:北山石窟(含南山、石篆山)、宝顶石窟(含石门山)。市(省)级文物保护单位四处:尖山子、妙高山、舒成岩、千佛岩。

---

①钱谦益:《列朝诗集小传》丁集上。

从目前所发现的史料来看,宝山乡尖山子摩崖造像,有唐高宗永徽(650—655年)、乾封元年(666年)纪年的残存题记,为大足石刻的最早造像。其时该地属普州隆康县(今四川省安岳县),乾元元年(758年)分置昌州后为静南县地。晚唐景福元年(892年)昌州刺史、充昌普渝合四州都指挥、静南军使韦君靖在北山建永昌寨,"凿出金仙,现千手千眼之威神,具八十种之相好",开创了北山石窟,并于乾宁二年(895年)刊碑记事,即极具史学价值的"韦君靖碑"。继而前后蜀承晚唐造像风气,于北山开凿100余龛窟,成为现存全国五代摩崖造像最多、最集中之处。至宋代,大足邑人赵智凤建宝顶密宗道场,终使大足石刻成为我国晚期摩崖造像中的优秀艺术代表作。

昌州静南县分自普州,大足石刻也是在毗邻的普州(今四川省安岳县)石刻的影响下发展起来并又给予安岳石刻以巨大的艺术影响。安岳全县有摩崖造像数十处,尤以千佛寨、卧佛沟、圆觉洞、毗卢洞、华岩洞等最为有名。安岳石刻一般早于大足。由于在开凿过程中毗邻石窟互为影响、互为借鉴,因而在艺术风格、题材内容等方面均比较接近。

大足石刻造像中,密宗、道教、三教题材占据显要地位。北山、宝顶的密宗造像多而完整。南山宋代道教造像是巴蜀道教造像的典范,其三清洞完备的道教神系,为他处所罕见。石篆山有北宋分龛并列三教造像,妙高山则有南宋三教同窟造像,均为我国较早的三教造像。石篆山北宋孔子及十哲人像,亦为宋以前石窟之所未见。宋代大足石刻使佛教造像更加民族化、世俗化,具体表现为引儒入佛,宣传孝道,神像人性化,经文经义通俗化,祷告祈求入世化,服饰器物写实化,尤其是宝顶造像中的"醉酒图"、"牧牛图"、"十恩图"已是完整意义上的世俗作品,是世俗生活的真实再现。

五代两宋时期,我国的石刻艺术从总体上看,难与盛唐媲美。然而,就巴渝和四川地区而言,则在前代基础上有所发展。前后蜀的石刻艺术,起了承前启后的作用。宋代巴渝的宗教石刻,不仅是巴渝和四川历史上石刻的最佳作品,而且代表了宋代的最高水平,在中国雕塑史上具有极其重要的历史地位。总体而言,宝顶造像生活气息浓郁,而北山造像尤具艺术魅力。

大足从唐代至明清一千年间建造的5万余尊石刻造像中,唐末前后蜀时期建造的现有110余龛,它们绝大多数集中在北山佛湾。这些造像除第1号"韦君靖像"和"韦君靖碑"之外,全部为佛教造像。其中"东方药师净土变相",共刻有大小佛像及侍者像70余尊,供养人像9身;千手观音像龛,主像为千手观音,端坐于金刚座上,观音共刻有40只手,另外,还刻有侍者、波斯仙、小佛及饿鬼像。值得注意的是,在北山佛湾造像中,还出现了几处十六罗汉像,这是巴渝和四川现存的较早的十六罗汉石刻像。

宋代巴渝和四川石窟艺术的杰作,首推大足北山的佛湾、宝顶山的大佛湾。

北山,位于大足县城以北4华里,其造像分布在佛湾、观音岩、佛耳岩、营盘坡、北塔坡等5处。从唐末开始,经五代至南宋绍兴年间,历时250余年,形成一个拥有龛窟370个,大小造像近万躯的石窟像群。北山石窟以佛湾造像最为集中、精美,规模最大,历史和艺术价值最高,有"唐宋石刻陈列馆"之誉。其中以宋代造像最为突出,而宋代造像中又以菩萨像最杰出。

佛湾第125号龛的"数珠手观音",因手持一串念珠而得名。早年为土所掩,民国二十二年(1933年)出土。雕像立于莲座上,头戴花冠,裙带飘拂,璎珞满身,袒胸露臂,风姿婀娜,面带微笑,俏丽妩媚,亭亭玉立,仿佛是一位仪态娇妍的少女,所以人们又称之为"媚态观音"。第113号龛的"水月观音",坐金刚台上,头戴金花冠,脸庞丰满端庄,表情温柔,上身围荷叶形短披肩,袒胸露背,浑身密饰璎珞,巾带迎风飘舞。"数珠手观音"和"水月观音"是宋代石刻中最杰出的作品。

佛湾第136号龛是"转轮经藏窟",为北山宋代造像中水平最高的作品之一。窟室平面分为前后两级,后级高,中央为八角亭式转轮车,正壁中央释迦佛趺坐在莲座上,左旁内侧侍立迦叶,外侧立观音,右旁内侧侍立阿难,外侧立大势至。右壁自外而内为数珠手观音、六臂观音(旧说日月观音)和普贤。左壁自外而内为如意珠观音、玉印观音和文殊。窟内各菩萨均极秀美,面貌圆润,体态窈窕,粉臂玉肌,端庄温柔,文静典雅,其中文殊、普贤像尤其显得工整细致,造型完美。

宝顶山,位于大足县城东北15公里。宝顶山石刻造像,是南宋僧人赵智凤从淳熙六年到淳祐九年(1179—1249年)的70年间,建立规模巨大的密宗道场所形成的。其山独秀,岩谷深幽,寺院雄伟,呈现一派"佛国仙境"气象。它以大佛湾为中心,其余的如众星拱月地分布在小佛湾、倒塔坡、龙头山等18处。大佛湾是利用了一个"U"字形的天然山谷,先把山谷两岸开凿整理成20

米高的悬崖峭壁,然后在此长达 500 米的崖壁上有计划地雕造摩崖龛窟。大佛湾大小造像共约万余躯,大体可分为 30 个大的组群。内容有"佛涅槃经变"、"佛报恩经变"、"父母恩重经变"、"阿弥陀西方净土经变"、"地狱变"以及象征佛家调伏心性的"牧牛道场"等。

第 18 号"观无量寿佛经变相",全像高 8.10 米,宽 20.20 米,上层刻西方三圣,中为阿弥陀佛(即无量寿佛),左右为观音、大势至。其下雕出极乐世界七宝楼阁等天堂净土景象,中有许多荷花童子,欢愉活泼,天真可爱。作者以造像和缩写经文劝导人们信奉佛教,以期死后往生进入西方极乐世界。

第 20 号"地狱变相",是规模最大的经变组雕,顶高 13.80 米,全像宽19.40米。全图主像为地藏,最上面为十方诸神,中间为十殿阎王,他们正在审查人们的"业",以判定所应下的地狱,最下面为"地狱变相",分别是刀山、油锅、寒冰、剑树、拔舌、毒蛇、剉碓、锯解、铁床、黑暗、截膝、铁围山阿鼻、饿鬼、刀船、铁轮、汤镬、镬戟、粪秽等 18 种地狱的可怕惨状[①]。又刻了人世生活中饮酒、食肉等情景与地狱作对照,以恐吓人们皈依佛法。在"地狱变相"上方,又刻有一"养鸡女放生像",作为免下地狱的榜样。第 18 号"天堂"与第 20 号"地狱变相"相邻,形成鲜明的对照,作者运用对比手法,劝导人们皈依佛教。

第 29 号"圆觉道场",为大足石刻中最大的洞窟造像,高 6.02 米,宽 9.55 米,深 12.13 米,窟内空间达 610 立方米。正壁刻三身佛坐像,左右壁各刻六尊圆觉菩萨坐像。窟中一菩萨面佛跪于莲座上,表十二圆觉轮流向佛问法,佛分别作答情景。洞窟的采光、排水、支撑等的处理十分科学,被誉为"宋代造像顶峰之作"。

第 21 号"柳本尊行化图",全图宽 24.80 米,顶高 13.80 米,内容为柳本尊通过十炼修道成佛,为劝诱人们信奉密宗的道场。第 15 号"父母恩重经变",以父母养育子女的种种辛劳的生动情景,告诫人们不孝要受下地狱的惩罚。第 17 号"大方便佛报恩经变",则以释迦牟尼作为行孝的榜样。两相对照,提倡孝道。

第 30 号"牧牛图",全图依山势雕造,长 27 米,共分十组,每一组为一牛一牧童,从右至左依次为未牧、初调、受制、回首、驯服、无碍、任运、相忘、独

[①]《大足县志》第 25 篇《大足石刻》。

照、双泯。作者是欲通过"牧牛图"来比喻修行禅观、锻炼思想的过程。"牧牛道场"虽为佛教造像,但它却生动地展现了当地人民的生活情景,具有浓厚的乡土气息。牧牛有的在田间昂首狂奔、有的在溪边饮水、有的卧地休息,形象逼真生动。牧童们则随牛的动作姿态各异,有的休息、有的唱歌、有的互相嬉戏。

宝顶造像产生于我国石窟艺术已见衰落的宋代,其规模浩大,艺术能独树一帜,代表了我国晚期石窟艺术的最高水平。

除大足外,宋代巴渝还有多处著名的摩崖大佛造像。如潼南大佛,始凿于唐代咸通年间,到南宋建炎元年(1127年)才完工,佛像高约27米。此外,合川涞滩大佛造像高度也在10米以上。

宋代是我国道教发展的重要时期。巴渝和四川地区的道教十分活跃,以道教为题材的石刻艺术,盛于前代。宋代的道教石窟,主要分布在巴渝的大足和四川的安岳、江油等地,尤以大足石窟最为突出。大足境内的道教石窟,主要集中在南山、石门山和舒成岩、石篆山,妙高山等处也有一些。南山和舒成岩主要是道教造像,其他几处则是儒、释、道三教杂陈。

南山,古称广华山,位于大足县城东北方向2公里,山之巅有玉皇观。观内有石刻造像。南山现存的第5号"三清古洞"和第4号"后土三圣母像"为宋代石窟。"三清古洞"是南山规模最大的一个洞,大约开凿于南宋绍兴年间,洞高3.91米,宽5.58米。洞内正中凿直连窟顶的方柱,全龛分为两层,上层主像为玉清元始天尊、上清灵宝天尊、太清道德天尊三像。三像坐身高0.5米,均面南,各盘膝坐于一束腰矩形台上。三像均身着道袍,头戴莲花形束发冠,面有三绺长须,颈后饰火焰形身光与头光,头上方悬圆形珠帘宝盖。左右两龛壁上的上下层分别为"四辅"及王妃侍者像。"四辅"是昊天金阙至尊上帝、中天紫微北极大帝、勾陈上宫天皇上帝和后土皇祇。中心柱左壁上开二龛,上龛为"天尊巡游图",下龛为"春龙起蛰图"。在洞的左、右、后壁上,分6层雕有360尊应感天尊像,皆为立式。各像高0.46米,其姿态各异,冠服不同。"三清古洞"规模巨大,内容丰富,造像众多,是国内少见的道教石窟,是现存在世的有系统的"三清"造像。第4号"后土三圣母像",大约开龛于南宋绍兴年间,龛高3.15米,宽2.75米,深1.63米。主像为注生后土圣母,面西偏南,端坐于双背四龙头靠椅上,坐高1.09米。圣母头戴凤冠,身着华服。主像左右侧各有一圣母,头戴孔雀金钗,身着华服,坐于单背二龙靠椅上,坐高1.05米。龛内还刻有侍女、武士、九天送生夫人等神像。

石门山,位于大足县东20公里。此处造像释、道二教均有,道教造像共6龛,全部为宋代凿造。规模最大的是第10号"三皇洞",窟高3.01米,宽3.90米,深7.80米。三皇洞的顶壁及右壁在清代已崩坍。该龛主像为三皇,面南,端坐于双龙头靠背椅上。天皇居中,地皇及人皇居其两侧。三皇均戴平顶高方冠,身着宽袖大袍。三皇像两侧左右壁前,各立一护法神像。窟左壁造像,可分为上下两层,为6尊立像,皆高1.94米。另外五窟分别是"玉皇大帝龛"、"独脚五通大帝"、"诃利帝母像"、"炳灵公夫妇龛"和"山王地母龛"。

舒成岩,古名云从岩,又名半边庙,位于大足县城西10公里处。此处现存5龛造像,分别是"淑明皇后像龛"、"东岳大帝龛"、"紫微大帝龛"、"三清像龛"和"玉皇大帝龛",均属道教神系。它们大多凿造于南宋绍兴年间。第5号"玉皇大帝",高1.86米,宽2.30米,深1.40米。主像为玉皇大帝,面西偏南,端坐于双钩云头靠椅上。玉皇头戴冕旒,面带微笑,身着对襟宽袖长袍。全岩造像共13躯,据凿造者题记仅用时13天,速度之快,令人惊叹。舒成岩造像中,以紫微、玉皇、东岳三龛的造像最佳。三龛造像雕工圆熟,衣纹转折自然,冠冕衣饰质感很强,效果如同泥塑。

妙高山,位于大足县城西南37公里,主要是佛教造像,但有一窟为释、道、儒三教合一造像。"三教合一窟"大约开凿于南宋绍兴年间,作者为文仲璋、文珆、文珠。窟高3.14米,宽2.80米,深3.22米。主像为释迦牟尼佛,面北,结跏趺坐于莲座上;窟左壁中坐老君;窟右壁,孔子坐四方台上。孔子头戴冕旒,身着宽袖大袍,双手持笏。此像风格略似北方造像,衣纹运用平面压缩法,多块面,线条锋利,但形象略嫌呆板,表情生硬。"三教合一窟"的出现,正反映了宋代三教合一思想对宗教界的影响。

石篆山,位于大足县城西南20公里,此处造像,儒、释、道三家杂陈。属于道教的有第8号"老君像"。该龛开凿于北宋元丰六年(1083年),主像为老君,他头戴莲花束发冠,脸型圆长,身着翻圆领宽袖道袍。第6号为"孔子及十哲像",为岳阳处士文惟简于北宋元祐三年(1088)开凿。主像为孔子,面方稍长,发向顶拢,头扎束发软巾,身着翻边圆领斜襟宽袖长袍,左手放膝上,右手握一羽扇置于胸前。孔子两侧,各排列五弟子。此像在造型上一般,艺术上缺少石刻艺术应有的厚度和力度,失之纤弱。以石窟形式表现孔子和十哲,很难见到。因此,此造像仍然是十分有价值的。

在大足宝顶大佛湾也有道教摩崖造像,如第 1 号"十二生肖神",第 11 号"玉皇及四御臣"、"王母娘娘及八宫女"。

三、绘画与戏剧

清代巴渝绘画,以人物山水画成就最大。被画界誉为"二龚"的巴县龚有融、龚有晖弟兄,均是山水画名家。龚有融擅长泼墨画。其画怪石兀立,绿蕉映天,得意急就,妙如神品。龚有晖的绘画,有石田格韵,间于着色。其花鸟画流传多于龚有融。另外,梁山(今重庆市梁平县)双桂堂的破山海明和尚也是一位知名的书画家。

川剧在地方剧中是一个大型剧种,除四川外,还流行于云南、贵州及陕南地区。从它继承的宋元南戏的某些传统剧目推测,其萌生已有二三百年历史,但直到清代咸丰、同治年间才以川中地区为中心形成一个完整的剧种。川剧的腔调是四川原有声腔基础上吸收外来声腔发展而来,由昆(曲)、高(腔)、胡(琴)、弹(戏)、灯(调)五种声腔综合而成,以高腔为主。

重庆川剧萌芽于清代乾隆年间。乾隆四十四年(1799年)巴县艺人马九儿同金堂魏长生以及弟子陈银官赴北京演出,名震一时,以致"京师梨园以川旦为优人,几不知有姑苏矣"。道光年间,合州大河坝(今重庆市合川区太和镇)出现高腔戏班"燕春班",活动于合州、铜梁、潼南、遂宁及嘉陵江沿岸场镇。"燕春班"历时百余年,成为川剧的著名戏班,培养了一大批著名演员,为川剧的形成和发展作出了较大的贡献。咸丰年间,湖北汉调戏流传入川,长期在重庆陕西街一带演出,后来形成胡琴戏班"泰和班"。与此同时,川北一带传入的弹戏班"义泰班",由合州和资阳河(今四川省内江市)传入的高腔戏班"燕春班",也长期在重庆演出。

被称为"四川土戏"的灯戏,在清初由巴渝南部进入城市,在全川流播,日趋繁荣,并在酉阳州一带继续流传、发展。

第三节 民 俗

巴地之人"其民质直好义,土风敦厚,有先民之流"①。这是巫巴山地赋予巴人忠直好义的性格,巴地有如蔓子、严颜、甘宁那样的忠臣义士确为不少,但当这种忠勇之气成为一个民族普遍的风气时,却不利于社会经济的发展。《华阳国志》作者常璩已注意到这一特点,故不无遗憾地叹曰:"而其失在于重迟鲁钝,俗素朴,无造次辨丽之气。"②直到隋唐,时人对巴人评价亦是"质朴无文,不甚趋利,性嗜口腹,多事田渔,虽蓬室柴门,食必兼肉"③。就是到了明清时期,除"五方杂处"的重庆城外,其他地方的民众"质朴无文,不甚趋利","性嗜口腹","食必兼肉"的习性依然存在。

一、巫术与祭祀

秦汉魏晋南北朝时期,巴渝巫术在广大农村、山区一直居于主导地位。在城市,虽然它与阴阳五行、道教等联系较多,不断受到阴阳五行、儒家学说、道教、佛教等学说和宗教的挑战,但尚有一定的地位。

巴渝地区巫觋信仰,源远流长,到两宋时期,仍然十分流行。史称"巴俗尚鬼","惟巫言是用"④,"涪陵之民尤尚鬼俗"⑤。实际上,宋代巴渝许多地方都流行尚鬼信巫的风俗。在夔州路及一些边远州军,人们凡遇天灾人祸、病痛疾苦,都求救于鬼神,而巫觋是沟通人鬼间的桥梁,因而尚鬼就必然信巫,惟巫言是用。在夔巫地区,还流行集体祭鬼的活动,"夔峡之人,岁正月百十为曹,设牲酒于田间,已而众操兵大噪,谓之'养乌鬼'。长老言:地近乌蛮战场,多与人为厉,用以禳之"⑥。祭鬼时,还流行杀人祭鬼的陋俗,这些活动,往往由大巫倡导和主持。北宋初年,宋廷就下令严行禁止,并采取措施惩治巫师,捣毁淫祠,但收效不大。到南宋初年,杀人祭鬼的陋俗不但没有根除,反

---

① 刘琳校注:《华阳国志》卷一《巴志》,巴蜀书社1984年版,第28页。
② 刘琳校注:《华阳国志》卷一《巴志》,巴蜀书社1984年版,第28页。
③ 《隋书》卷二十九《地理志》。
④ 《宋史》卷四百五十六《侯可传》。
⑤ 《宋史》卷七十九《地理志》。
⑥ 《邵氏闻见后录》卷十九。

而有扩大蔓延之势,宋廷不得不三令五申严加禁止,但仍然收效甚微。尚鬼信巫的风俗,终宋之世未能改变。

巴文化、巴渝文化的特征之一,便是以野祭(即设祭神于野外丛林之中、坟墓之旁、山洞之中)为主,少有立庙祭祀的。秦汉魏晋南北朝时期,巴渝地区的庙里祭祀的主要为远古帝王、圣人,如江州县(今重庆城区)涂山上有禹王祠、涂后祠;其次是忠烈志士、四方神祇,以及凶神。

巴蔓子神,宋时在忠州为此神立永顺祠,每年三月上旬,当地居民准备"千均蜡"祭之,三月七日,太守以豕帛致祭。东岳为五岳之首,其神为历代统治者所崇奉。巴渝地区民间也普遍信仰东岳神,当时上自通川大邑,下至偏远小镇都有东岳庙。民间普遍认为,岁无凶祸,家无夭札,皆此神所赐。凡有雨旸疾病之类的灾祸,祷之必应,因此,其庙貌比其他神庙更为雄丽。

宋代合州壁山神,当地乡民甚惧之,祭必以太牢,不然将遭灾祸。州里每年用于祭祀之物,不知其数。

求雨是古代巴渝地区普遍流行的一种宗教活动。此外,当时还流行求子、求偶、求官、祈风调雨顺、祈庄稼丰收、祈六畜兴旺等宗教活动。

古代巴渝盛行占卜,较流行的形式有龟卜、灵叉、占书等。《异物志》说,涪陵多大龟,其甲可以卜。这是以龟壳占卜。当时还流行以活龟占卜,称其为"灵龟",以朐忍县盛产。巴渝土著在选择城址、寨址、房址时常用"灵龟"卜。灵叉,即以一种大龟壳边缘作成的发钗,俗称"灵钗",当时涪陵一带妇女多用此压发避邪。占书,是在纸笺上书写古语,通过一定仪式后抽笺卜凶吉,至迟在西汉末年已流行于巴蜀。

古代巴渝盛行"风水术"。官府民间、官吏百姓在兴建府宅、房屋、桥梁、道路,挖塘,开堰,修坟建墓时都要请巫师看"风水"。当时各地勘探盐井,挖掘铜矿、锡矿,种植大面积的果树、桑树等,往往也请巫师看"风水"。当时的"风水术"往往与地理、地势、风向、雨水、阳光照射、土壤地层等自然条件有关,并通过长期的、往往是若干代人的观察总结,掌握了一定的规律。与更老的"天命观"相比,"风水术"使人感到凭主观努力可以改变天命,这在当时尚具有进步意义;"风水术"宣扬父母墓地决定儿孙命运,具有维系家族的纽带作用。当时土著巴人中流行的船棺葬,与他们认为灵魂应顺流或溯江而上至故乡的观念有关。战国秦汉时的巴渝民族,包括外来移民,一般都流行各种各样的"送魂"仪式。该仪式既反映了对死者的关怀,又反映出生者欲摆脱死者灵魂的控制、干扰的普遍愿望。魏晋南北朝时期,固定的"鬼城"观念已开始出现,巴人以平都山(今重庆市丰都县)为鬼聚之处。这种把死者灵魂固定在一个特定的区域之中不到一定节日不准回家见后代的观念,也是生者、后代欲摆脱死者灵魂、前辈意志干扰控制的反映。宋明时期,丰都作为"鬼城"、"地狱"的所在地已普遍为人们所接受,影响遍及华夏大地。

二、民居

重庆是一座山城,城市建筑具有自己所特有的一些特点。重庆城区依山傍水,地势险要,重屋累居,依山为城,坡多巷多,城市房屋中吊脚楼占有相当的比例。濒江人家编竹为屋,架木为砦,以防江水暴涨,依江水涨退而迁徙,逐渐形成了沿江的棚户区。吊脚楼与棚户区成为重庆明清时期城市建筑的两大特色。

吊脚楼是遍布重庆大街小巷,表现重庆城市的体型结构和社会特征的住宅建筑。由于重庆城内的相当部分区域的坡度大于30度,且陡坡、峭壁、悬崖之处,比比皆是,根本无法按照一般常规比例修建房屋、街道,而吊脚楼则最大限度地利用了空间,在有限的范围内,争取了较大的居住空间,征服并利用了其他建筑形式无法利用的陡坡、峭壁、悬崖及大范围坡地。

吊脚楼主要分布在重庆上下半城之间的过渡区域、码头与下半城之间的沿江坡地这样一些坡陡崖深的区域,如临江门、千厮门、南纪门、望龙门、十八梯、石板坡、燕子岩、七星岗、华一坡一带。吊脚楼可分为陡坡附崖式与中坡分台式两大类。最具特色的陡坡附崖式由于道路、坡向与建筑的不同关系,又可以分为下落式和上爬式两种。下落式一般在道路或街巷的靠崖一侧,由支撑重量的木柱往陡坡下跌落一层至三层不等,露在街面上的部分大都为一层至二层。上爬式则位于街巷或道路的面壁一侧,一般利用街巷或道路一侧的陡坡部分的崖壁空间,建筑依附于崖壁往上爬,把裸露在外的陡坡予以遮挡。此外,在有些坡度起伏变化较为复杂的地方,吊脚楼往往是上爬下落,各种形式兼而有之。为了更好地利用空间,求得更大的居住面积,除向崖坡的上下发展外,有的往往还在建筑的一面或几面出挑,其格式包括居室出挑、走廊或阳台出挑等,以最大限度地增加居住和活动面积。甚至于有的在悬崖上用一根杉杆支撑着整栋建筑。

吊脚楼大都一面临街,一面依山或傍水,临街面作为店铺营业或出租与人营业,依山或临水面则逐层出挑、跌落或上爬,屋内的各个楼层之间,或利用内部的,或利用挑出在外的,或利用屋外的梯道相连接。整个建筑较好地发挥了旧式房屋的穿斗结构和重庆大量的竹木器材建筑的捆绑方式,充分利用了重庆地区的杉木、楠竹等廉价建筑材料;在花费不大的情况下,建筑的上下左右各个楼层悬收自如,阳台凹廊里出外进,屋檐及挑檐互相参差,屋顶的变化形态任意安排,横向组合平面在山势起伏变化下呈现出较强的竖向力度感。吊脚楼使人感到人与自然的充分默契与配合,感到人定胜天的英雄气概和奋斗向上的乐观精神。

吊脚楼的居民大都是社会的下层人士,在外观上大多没有任何人为的装饰,形貌直率、朴实,产生于重庆城市开拓初期,由干栏式建筑演变而来。后来也出现了一些采用这种建筑格调的社会上层人士居室,成为重庆城市中最具地方特色的建筑形式。

重庆城市的另一大类住宅即棚户区,主要位于两江沿岸一带,亦有分布于市内各地的。棚户以竹架竹席为主,而构成稍避风雨之住所,并同时经营小本商业及手工业。此类建筑散见于城内外,尤以两江河滩上,如朝天门、海棠溪、珊瑚坝等处最多。每过秋后水浅,滩上棚户常增至万户左右,栉比而居,俨然市区;待夏季水涨,则迁至岸上路旁作短期之席棚居住。棚户居民的居住条件十分恶劣,以竹类为其主要原料的席棚不蔽风雨,且缺乏最起码的卫生条件,疾病极易蔓延。沿江棚户在夏季洪水上涨时被迫搬迁于高处,露宿街头,居住条件更加恶劣,境遇更加凄惨。

除上述两种居住建筑外,重庆城市住宅尚有木壁砖墙屋、普通木架屋。另外,还有以破旧木船停泊河滩渡口,居住于此的船户。

城市民舍,富户大家都甚讲究。由于传统的封建宗法思想影响和朝廷的提倡,以多世同堂的聚居大家庭为美满荣耀。如重庆城的五世同堂院子、江北的"尹半城"等。这些住宅多为一个和多个四合院组成的院落群体,房屋多达数十百间。天井、华台,错落有致。住宅的建筑较为考究,雕梁画栋,层次分明,很有气派。清代重庆总兵韩成的宅第,称韩府大堂,规模甚大。大堂、花园一应俱全。

城市普通居民的房舍则多临街而建,大多为排列式土木结构或穿木结构的瓦房。一楼一底,前后二间至四间,中有一小天井。街中建凉棚,晴天遮太阳,雨天避雨水。这些房舍毗连而建,除正街而外,组成大量的小街小巷,其建筑结构多为木架、竹篱泥灰墙,门面用编号铺板组成,既便于经营,又可居家。许多临街民舍还兼作工场、居家两用,前店后宅。也有的为单开间,长进身,外为店铺,内为居屋,一楼一底。

乡村富庶之家的房屋建筑,一般为三大头,一正两横,一楼一底。中间为堂屋,供奉神龛和迎宾待客。两侧为居屋,横房为住室或厨房,亦为堆放什物之用。官绅之家则"走马转阁楼",四合院、三重堂、大槽门、高院墙。多为砖木结构的瓦房,有一个四合院者,也有多个四合院组成的居住群体。宅院正侧分明,很有气势,设施齐全。有自家独用的水井、厨房、猪圈、牛屋、储藏间等。

乡村社会下层的居屋,在平坝地区,多木架结构或土墙版筑的草房,隔墙亦用竹篱灰泥糊制。房屋修建容易,大量稻草、泥灰可以就地取材,费用不多。其布局多为方马蹄形,正面为堂屋,左右有厢房。中间为一小坝,作为晒谷打场或放置柴草之用。即通常所说的贫苦人家平房茅舍,土木结构。在丘陵山区,多为依山而建的房舍,以木为架,以板为隔,其布局亦多属正方马蹄形三合院。中砌石坝,以利晒谷打场。有的顶覆以瓦,也有用草盖者。部分山区还有少量的二层式木架楼房。

会馆是同乡人士在异乡城镇建立的活动场所,目的主要是为联谊同乡,互通信息,救济贫病,为进行工商业和文化活动提供住宿场所。重庆会馆主要建于清代,乾隆年间主要会馆有湖广会馆、江南会馆、陕西会馆、浙江会馆、福建会馆,后又陆续建有江西会馆、山西会馆、广东会馆、云贵公所等,合称"八省会馆"。这些会馆一般是祀神的庙宇式建筑,坐落在当时繁华的下半城。

湖广会馆,位于重庆城区东水门内,称禹王宫,始建于清乾隆二十四年(1759年),道光年间又加以扩建。会馆建筑面积达5000平方米以上。会馆由大辕门(庙门)、大殿廊房和戏楼庭院三部分组成。大辕门为仿木结构重檐石牌楼,面阔5米,高6米,有人物、鸟兽、花木浮雕,门前峙石狮一对。馆内两侧为文星阁、望江楼。祭祀大禹的禹王宫建筑在石斜坡上,大殿为木结构屋顶,抬梁式梁架。现主体建筑尚存。

广东会馆,即南华宫,紧邻湖广会馆,四合院布局,主体建筑面阔 22 米,进深 33 米,屋面盖琉璃瓦。戏楼和两边走廊雕梁画栋,涂朱鎏金。戏台顶呈六角形,共四层,自下而上,层层收小,彩漆金碧辉煌。戏台至今保存较好。

除了重庆城区外,场镇中也有不少会馆建筑,有的至今保存完好。荣昌县安富镇的湖广会馆,为小型封闭四合院式建筑,正面临街,前有平台,大门为五滴水牌坊式 3 间,后面伸出院坝,成为戏台,屋面为歇山顶,左右各为居住屋 3 间,上设走廊栏杆。戏台前为院坝,经踏步 11 级而上,院坝后为正殿 5 间,硬山顶,中央 3 间连通,前有主廊,下为平台,柱廊及平台上都有石栏,雕刻几何形空花,精巧玲珑。正殿左右各有小院,中置天井,以"工"字形三合院与正殿山墙相连,非常紧凑。

江津区黄泥镇的江西会馆,复四合院布局,建筑面积 1000 平方米,正厅砖石木结构,硬山式顶,抬梁式梁架,面阔 5 间(42.5 米),进深 2 间(8 米),通高 6 米,厅前阶梯式踏道 5 级,馆内尚有戏楼、厢房、后院等。

保存较好、较有特色的清代民居一为彭瑞川庄园,一为会龙庄。

彭瑞川庄园位于巴南区南泉镇白鹤林,建于道光初年(1822—1830 年),占地 10 余亩,建筑面积 2482 平方米,耗银 3 万多两。大门内天井 5 个,周围共有大小客房卧室 20 余间。主体建筑采用抱拢式柱础,单檐歇山式穿斗木结构,檐下设卷棚,装潮水纹天花板。门窗板壁雕刻戏曲人物,翎毛花卉,栩栩如生,雕梁画栋,彩漆贴金。各小院偏房也是玲珑雅致,匠心独具。庭院有巴渝建筑特色,其上厅、过厅及下厅建筑都在同一中轴线上,并且逐阶升高;厅为单檐悬山式结构,过厅为穿斗木结构,所有栏杆额枋雀替均有人物花草等浮雕装饰;正中设一宝顶,浅浮雕瓦当滴水瓦鳌鱼鸱吻,檐下设筒体斗拱。园内林木繁茂,白鹤成群,故又名白鹤林庄园。庄园内楼台亭阁,金碧辉煌,古雅精美。庄园设厅堂、戏楼、居室及其他用房共 55 间,屋间隙地及后院有花园,右侧墙内有一株大黄葛树。有天井 15 个。整座建筑由青砖砌成 5 米高的封火墙围成一体,有前大门和左右侧门出入。现为重庆市重点文物保护单位。

会龙庄位于江津区风场乡,为一碉楼式民居。建于清光绪九年(1883年),会龙庄规模宏大、功能齐全,有各类厅堂 9 处,天井院落 12 个,有戏楼、桥亭、后园、花园、居室、碉楼、仓库等各种用房60多间。中部是以戏楼、前厅抱厅、正厅为轴线的两个宽敞的四合院。中轴线两侧有庭院多重，并严格分为前后两部分，前部为公共杂务院落，后部为幽静的居住庭院院落。整个庄园布局规整、防卫严密，四周高墙围合，设有碉楼两座，一立于前部，供储藏、外客使用，一立于后部，供上房内眷使用。

第二卷　近代史(上)

(1876 年至 1918 年)

第一章　重庆开埠

第一节　英国势力的伸入

一、英国对中国西部市场的觊觎

　　1840年英国发动了侵略中国的鸦片战争，强迫清政府签订了不平等的中英《南京条约》，强将广州、上海、福州、厦门、宁波开辟为通商口岸。之后，英国对华商品输出总值有了昙花一现的增加。然而，由于中国自给自足的自然经济的顽强抵抗和鸦片的大量输入吸收了中国市场的购买力，英国对华商品输出总值很快徘徊不前，到1856年前始终没有突破1845年230余万英镑的水平[①]。这远远没有达到战前英国资产阶级所期望的效果。

　　为了进一步打开广大的中国市场，1856年至1860年，英、法两国联合向中国发动了第二次鸦片战争，强迫清政府签订了不平等的《天津条约》和《北京条约》。英国由此取得了天津、牛庄（后改营口）、登州（后改烟台）、南京、汉口等11个通商口岸，把侵略势力伸向了长江流域。中国的海关也落入英国侵略分子手中，确立了值百抽五的关税税则和值百抽二点五的子口税税则等一系列特权。特别是19世纪40年代到60年代，外国侵略者严重破坏了中国领水主权，外商在中国内河经营的轮运业也普遍发展起来，这就大大便利了他们对华商品输出。因此，进入60年代，英国对华商品输出总值又直线上升，从1864年的1049万两上升到1872年的2625万两，八年间增长了1.5

---

①吴雁南编：《中国近代史纲》（上），福建人民出版社1982年版，第93页。

倍,在中国进口贸易总值中的比例也由 19.9% 上升到 37.4%[①]。

1870 年至 1871 年,苏伊士运河的通航和海底电缆的敷设,引起了中西贸易方式的巨大变化。一方面,便利的交通吸引了更多的外商参与对华贸易,外商们进一步要求扩大市场,发展轮船航运业;另一方面,又加剧了洋商之间的竞争,促使部分洋商转营航运业。特别是 1873 年爆发的世界资本主义经济危机,给英国工商业以沉重打击,英国对外贸易也极不景气,对华商品输出总值开始下降,1873 年降为 2099 万两[②],进而停滞,一直延续到 90 年代。这在英国资产阶级中产生了深深的忧虑。一个专门从事对华贸易的英国爵士汉密尔顿说,商业是"我们的生命源泉,是我们的生存气息,没有它,英国就会成为北海中最贫困、苦恼、人口过多的一个小岛"。英国政府认为,造成这种状况的主要原因是"(中国)内地市场没有开辟"[③]。因此,把对中国的侵略从沿海推向内地,开辟广大的中国西部市场,进一步扩大对华贸易,就成为英国资产阶级的普遍要求。

对于中国西部市场,尤其是对四川、云南市场,列强早已跃跃欲试,积极准备在长江上游地区实现通航和通商。1861 年,一批外国冒险家乘帆船入川。原计划顺江而上前往西藏,后行至夔府而止。此次航行共达 5 个月之久,他们一路千方百计搜集水流险滩和帆船航行的资料,然后公开提出了入川轮船应该具备的结构和特点,鼓动外国侵略者利用先进的水上交通工具,深入四川[④]。

19 世纪 60 年代,英国的毛织品正在失掉美洲和欧洲市场,因此,英国工商界格外焦急,不断上书政府。1869 年,哈德兹斐德市商会的建议书鼓吹,"必须取得中国西部有潜力的市场来补救"。布莱德福市商会也"已经准备好了一份关于四川和云南的详细报告"。哈利法克斯市商会代表威廉·莫利斯立刻附议,"他把中国西部几千万的主顾说成是最大的未开辟的市场"[⑤]。年底,上海的英商商会在给英国外交部的备忘录里强调说:"除非汉口以上的

[①]《中国近代对外贸易史资料》第 3 册,中华书局 1962 年版,第 1594 页。以下所用"两",除注明者外,均为海关两。
[②]《中国近代对外贸易史资料》第 3 册,中华书局 1962 年版,第 1594 页。
[③] [英]伯尔考维茨著,江载华等译:《中国通与英国外交部》,商务印书馆 1962 年版,第 127 页。
[④] 聂宝璋:《川江航运权是怎样丧失的?》,载《历史研究》1962 年第 5 期,第 131 页。
[⑤] [英]伯尔考维茨著,江载华等译:《中国通与英国外交部》,商务印书馆 1962 年版,第 147 页。

长江航线开放通航,对华贸易就不能扩张。"①因此,英国资产阶级便把入侵汉口,上溯重庆,强迫重庆开埠,进而夺取长江上游,作为开辟中国西部市场的首要目标。

1869年,受英国政府的指派,上海英商商会的代表密琪和弗朗西斯来到重庆。他们的任务是,"制定在长江上游开放更多口岸的策略和意见"。根据此行的调查,他们向英国政府提出了一份详细的报告,记述了他们在重庆市场上看到的进口洋货和四川土产,印证了一些外国人写下的四川、重庆富饶状况的材料。报告认为,鉴于轮船只能到达宜昌,而宜昌以上的川江航行条件太险,短期内无法实现轮运,因此,英国的近期目标只能是迫使宜昌开埠,并设立领事馆。至于重庆,留待今后解决。

与此同时,英国政府指派驻汉口领事带领一行人于1869年5月12日到达重庆。抵渝之前,随行的英国海军小组勘测了宜昌以上的川江航道。终因行船太难,半途而返。这一行人在重庆逗留了一周,结识了一大批重庆商人,全力以赴地从各方面搜集情报,结合沿途情况,对重庆的市场及其发展前景进行了充分研究。他们的报告认为,密琪等人提出的仅仅开放宜昌的意见是不够的。因为宜昌不过是四川与长江中下游贸易的转运地,只起到把进川货物从轮船运输转为木船运输的作用,而宜昌本地并无贸易而言。因此,对于英国来说,在宜昌设置领事馆,既无多少利益,目前也不急需。他们提出的计划是直接"开放四川重庆"。因为"重庆贸易相当著名……它地处长江上游的分岔口,位置十分有利",它既能吸收大量的英国消费品和纺织品,又能输出英国急需的四川土产②。这两份报告都受到英国政府的高度重视。后来的历史证明:英国政府既没有因为宜昌仅仅是洋货入川的转运地而放弃夺取宜昌的企图,更没有因为宜渝之间不能行轮而放弃重庆这个"垂涎已久的口岸"③,而是兼采二者,先夺取了宜昌,进而夺取了重庆。

---

① 聂宝璋:《川江航运权是怎样丧失的?》,载《历史研究》1962年第5期,第131页。
② 以上材料均见《英国驻华各口领事商务报告·汉口·1869》,译载聂宝璋编:《中国近代航运史资料》第1辑(上),上海人民出版社1983年版,第374—376页。
③ 立德乐:《在中国五十年见闻》,译载聂宝璋编:《中国近代航运史资料》第1辑(上),上海人民出版社1983年版,第416页。

二、中英《烟台条约》——英国夺取"驻寓"重庆的特权

纵观近代以来英国侵华的历史,我们可以发现一个规律,即英国总是利用中英之间的某种冲突,乘机掠夺通商特权。用英国外交部的话来说,就是"以逐渐接近和不惹人注意的外交方式,可以解决一些最令人烦恼的通商问题,如厘金和扬子江上游的航行等"①。英国对重庆的侵略,正是采取了这样的方式。

鸦片战争以后,洋货逐渐进入四川内地市场。其运输方式,一般为四川商人经长江到上海、汉口,或经陆路到湖南、广东等地,与当地经销洋货的商人进行交易,运入四川;也有一批外地商人携带洋货,入川销售。不过,总的说来,数量不大。直到 1875 年,经重庆进口的洋货总值,才只有 15.6 万两②。如此广大的四川市场,仅销售这样一点洋货,当然不能令列强满意,因而他们决定自带洋货,闯入四川。

1874 年夏,英、法洋行雇用 69 艘民船私载洋货上驶重庆,途经万县,被四川夔关扣留。以此为借口,英、法、美三国公使先后照会总理各国事务衙门,声称被扣的英商信和洋行、法商泰昌洋行、美商公泰洋行的船只及货物均有损失,要求中国政府赔偿。1875 年初,英国公使威妥玛进一步威胁清政府,如不赔偿,英国将扣缴一半厘金,他本人也将亲自前往湖北、四川两省截留应该上交中国政府的海关关税,以作抵押。法国公使罗淑亚公然宣称,如谈判不成,将派法国水师提督带兵前往万县武力解决。

据四川总督吴棠调查,所谓美国公泰行,其实是渝商魁盛隆各字号假冒,与美国并无关系,另案处理,而英商信和洋行、法商泰昌洋行的船只及货物,全无损坏。因此清政府拒绝了英、法、美三国的无理赔偿要求。美国公使自知理亏,只好作罢。而英国公使威妥玛和法国公使罗淑亚仍然坚持索赔,气焰十分嚣张。清政府慑于英、法经济和军事压力,被迫于 1875 年 3 月,以上谕的形式命令四川总督吴棠、成都将军魁玉亲自办理此案,迅速发还了货物,

---

① [英]伯尔考维茨著,江载华等译:《中国通与英国外交部》,商务印书馆 1962 年版,第 128 页。
② 《耐维耶报告》,第 106 页,转引自聂宝璋:《中国买办资产阶级的发生》,中国社会科学出版社 1979 年版,第 133 页。

以中国的妥协换取了中英矛盾的缓解,也使英国无法提出其他无理要求①。尽管如此,这一事件进一步鼓起了英国政府挑起冲突,以售其奸的欲望。

正当夔关事件未了之时,英国又制造了"马嘉理事件"(亦称滇案)。1875年初,一支由英军上校柏郎率领的近200人的英国武装"探路队"由缅甸进入我云南腾越地区,遭到当地军民的阻止,击毙专程由北京前往迎接的英国公使馆翻译官马嘉理。英国认为,这比夔关扣货事件更有意义,因此,借解决滇案之机,又一次对中国进行敲诈勒索。

1875年3月19日,英国公使威妥玛正式向清政府总理衙门提出解决滇案的六条要求,其中就包括了与滇案无关的通商要求。同时他又交替使用军事、外交、政治手段,威逼清政府。由于各国列强在这个问题上具有共同利益,英国的举动得到了美、俄、法、德等国不同程度的支持。而此时的中国,西北边境受到沙俄的侵略,东南沿海又受到日本的挑战,清政府在处理伊犁和台湾事件上的教训,记忆犹新。为了预防西南边境再起战火,清政府持审慎态度,寻求谈判解决。

英国见清政府软弱可欺,要价越来越高。1876年6月2日,威妥玛将英国的侵略要求列为八条,其中第五条是允许英国在云南大理和滇省其他地方派驻领事,而且特别注明"四川重庆府亦然"②。同时,还要求中国在沿海、沿江地区开放若干通商口岸。对这八条中与滇案有关的条文,清政府表示原则同意,但拒绝了与滇案无关的通商条款,明确指出,大理和重庆均非中外通商口岸,英国无权在此派驻领事。至于通商口岸,只能开宜昌一口。英国见谈判不成,转而求助中国海关英籍总税务司赫德出面"调停",清政府又允开了温州、北海两口,但对重庆、大理仍未让步。加之,在赔款数目上双方差距太大,英国动辄索赔数百万至数千万,而且态度蛮横,因而谈判终于破裂。

其实,当时英国早已力不从心。在欧洲,它在土耳其问题上正发生国际危机,军事力量根本无法东顾;在中国,美、俄、德、法等国也不希望英国得利太多,均不同意威妥玛提出的那些与滇案无关的侵略要求,有的还企图出面干预,使英国在华处于比较孤立的境地。因此,英国非常希望尽快了结滇案,

---

① 《清季外交史料》第1卷,第5—8页。
② 《清季外交史料》第6卷,第8页。

避免两面出击,以摆脱危机。清政府如果能够审时度势,在外理滇案问题上,是能够有所作为的。

但是,事态的发展却出人意料。清政府对英国与在华列强之间关系的变化缺乏了解,对英国在欧洲的危机,更是若明若暗,特别是防止西南再起战火的主张在内部占了上风,因此,反而采取了妥协退让以求苟安的方针。

与清政府的昏昏然形成鲜明对照的是,威妥玛对中国问题了如指掌。他与赫德相互勾结,颠倒黑白,凭借虚假的武力对清政府进行恫吓。7月17日,赫德致书李鸿章说,英国认为解决滇案,至关重要,决不肯轻易了结。尽管英国在土耳其问题上碰到一些麻烦,但英国有足够的军事实力来应付目前的事态,"既能在西洋作主,又可以东方用兵,随便办事"。同时,指名要求李鸿章去烟台与威妥玛重开谈判[①]。为了保证李鸿章就范,赫德还要求清朝政府赋予李鸿章"全权便宜行事之谕旨";警告中国方面决不能再固执己见,"必有新样主意,商办事件要大方"[②]。由于赫德深受清政府信赖,因此他的主张很容易便得到了清政府的同意。7月28日,清政府派李鸿章去烟台与威妥玛谈判。在这种情况下去烟台,李鸿章只能听任威妥玛的摆布,有招架之功而无还手之力了。

烟台谈判于8月21日开始。威妥玛的副手是海军上将雷德尔和兰波特,另有几艘军舰在港"陪同",一开始就摆出了以武力为后盾放肆要挟的架势,因而所提条件也比以往苛刻得多。对于重庆,过去只提出比照云南大理等地派驻领事,并未要求开为通商口岸;而在烟台谈判中,威妥玛首次要求将重庆开为通商口岸,同时,英国可向重庆、宜昌、温州、芜湖、北海五处派驻领事官。李鸿章认为,在6月谈判中,双方已商定重庆暂不作为通商口岸;况且,川江峡滩险阻,航行条件恶劣,无法行驶轮船,可待条件有所改善,轮船能够行驶以后,再谈重庆开埠问题。

对于川江险阻,威妥玛是早就知道的。1869年,英国就曾派了一个海军小组,勘测宜昌到重庆的航道,为重庆开埠进行可行性论证。但因滩多水急,行船太难,致使勘测工作被迫停止。自那以后,英国还多次窥探川江,均未成

[①]《清季外交史料》第6卷,第20—21页。
[②]《清季外交史料》第6卷,第20页。

功。既然开埠以行轮为先决条件,那么轮船无法上驶重庆,重庆开埠就失去意义,特别是英国需要尽快摆脱危机,不宜在此问题上多作纠缠。因此,在9月5日的谈判中,威妥玛答应把重庆问题留待今后解决。他说,英国本来可以向重庆派驻领事官,但在轮船得以上驶重庆之前,英国商民暂不在此开设商行,永久居住。对此,双方基本上达成妥协。

9月13日,在英国军舰的威胁下,李鸿章和威妥玛正式签署了中英《烟台条约》。条约很快获得清政府批准。条约分为"了结滇案"、"优待往来"、"通商事务"三大部分和一个"另议专条"。其中"通商事务"一节中规定:

> 湖北宜昌、安徽芜湖、浙江温州、广东北海四处,添开通商口岸,作为领事馆驻扎处所。

> 又四川重庆府可由英国派员驻寓,查看川省英商事宜。轮船未抵重庆以前,英国商民不得在彼居住,开设行栈,俟轮船能上驶后,再行议办。①

从表面上看,这个最后签订的条约文本与9月5日双方的协议并无多大差别,但实际上,英国用以退为进的手段,在条约中塞进了一个重要的内容,即允许英国"派员驻寓"重庆。由于条约并未明确"员"的身份,这就为英国领事在重庆开埠之前若干年就进驻重庆埋下了伏笔。

纵观两年来的中英谈判,英国处心积虑地向中国内河、内地扩张,欲将重庆开为通商口岸。尽管这一目标并未完全实现,但它通过《烟台条约》取得了"派员驻寓"重庆和宜昌开埠等特权,规定了重庆开埠的先决条件——轮船上驶重庆,其最终迫使重庆开埠的计划取得了重要的进展。

对此,威妥玛是相当满意的。他认为,实际上,重庆已经"在特殊条件下开放"了。因此,他立即指派倍伯尔作为英商代理人,常驻重庆,任期四年。"驻寓官"们由此遍访川省,调查土产,采风问俗,为开埠设领积极准备。大约在1882年,英国就干脆直接向重庆派驻领事了②。按照外交惯例,只有在某地开设领事馆后,方可向该地派驻领事。英国在未设重庆领事馆的情况下,向重庆派驻领事的事实表明,重庆在英国侵华战略中具有极为重要的地位。

---

①王铁崖:《中外旧约章汇编》第1册,三联书店1957年版,第349页。
②隗瀛涛、周勇:《重庆开埠史》,重庆出版社1983年版,第11页。

从那时起,英国就开始控制重庆的对外贸易,使英国的对华贸易取得了重要的进展。1875年,重庆进口洋货仅15.6万两,且很少有外商直接插手洋货进口。从《烟台条约》后,由于外商插手,1877年,输入重庆的洋货就达到115.7万两,比两年前猛增6.4倍。到1881年,又增加2.5倍,突破了400万两。土货出口,1876年以前几乎没有重庆直接出口的记载,直到1879年才第一次有了以子口方式对宜昌的出口,价值24万两,到1890年突破200万两,增加了7倍多[1]。

《烟台条约》给中国近代历史以多方面的影响,但就基本的来说:一是使英国在扩大对华贸易的道路上前进了一大步;二是英国通过"派员驻寓"重庆的特殊方式,打开了四川乃至西南的大门。因此,西方资产阶级给予"高度评价",认为它开始了"中国对外关系史中的第三阶段,重要程度仅次于1842年和1858年的条约(即《南京条约》、《天津条约》)"[2]。也正是由于这个条约,重庆艰难地开始了它的近代史。

第二节 重庆被迫开埠

一、中英《烟台条约续增专条》——英国强迫重庆开埠

进入19世纪70年代,世界资本主义开始了向帝国主义过渡的新时期,列强之间争夺殖民地的斗争达到了极其尖锐的程度。随着世界性资本主义经济危机的爆发,资本主义国家之间的矛盾进一步激化。在这场利益重新分配的斗争中,英国这个老牌殖民帝国开始显露出衰落的征兆。仅1873年,英国对华贸易就较上年大幅度下降了20%。经过近10年的努力,仍未通达到危机前的水平,落后于对印度、澳洲、比利时的贸易,只相当于对南非输出值的水平[3]。在中国长江上游的西南地区,法国也不甘示弱,通过发动中法战争,法国在西南的势力逐步扩张,取得了关税方面的优惠条件,强迫中国将云

---

[1] 英国驻重庆领事禄福礼给索尔斯伯里侯爵的报告(1892年4月29日),见英国议会档案《关于中国问题的文件》。
[2] [美]马士著,张汇文等译:《中华帝国对外关系史》第2卷,商务印书馆1958年版,第333页。
[3] 《中国近代对外贸易史资料》第3册,中华书局1962年版,第1549页。

南蒙自和广西龙州开为边境贸易商埠,大张旗鼓地在英国势力范围内伸进了一只脚。

一向视长江流域为其势力范围的英国虽已力不从心,但仍不肯善罢甘休,重新制订了一个东西夹击、囊括中国西南的战略计划。在东南面,加快由长江水道进入四川,控制重庆直趋云南、西藏,与在缅甸、印度的侵略势力相呼应;在西面,加紧从印度侵略西藏,进而侵入四川。对此,四川总督丁宝桢在给中央政府的一份奏折中曾有所揭露,他说:"此举洋人决非注意于西藏,迨暗借此通四川大道耳……欲于重庆后路别开一隙,以逞其谋。"①这个计划的战略重点仍在东南面,因此,重庆开埠的意义就越出了四川一省的市场开拓,而成为英国借以实现其囊括中国整个西南的庞大战略计划的重要步骤。

为了促使更多的英国商人投入中国西部市场的开发,1886年,英国驻重庆领事回到英国,游说鼓动。5月12日,他在曼彻斯特商会作了一次关于重庆问题的报告。他全面地介绍了重庆和四川的丰富资源和市场潜力,着重论证了重庆对外开埠和轮船通航重庆的迫切性和可能性。他指出,重庆开埠将导致英国对华贸易的扩大,这种扩大将不仅限于重庆,也不仅限于四川,而是遍及贵州、云南在内的整个中国西南地区。与此同时,英国派驻重庆的领事谢立三则悄悄往来于川江和四川水系,勘测水道。他在一份报告中指出,只要宜昌至重庆通航,则汉口一路洋货可自重庆转运至贵州、云南和广西,以及四川的泸州、叙府、嘉定、合州。他认为,川江上最大的障碍只是"新滩",但即使在冬季,吃水三四英尺的帆船也可通过。因此,他的结论是:"有什么理由会堵住一艘同样吃水、利用蒸汽动力而又有特殊构造的轮船上驶呢?"②

有鉴于此,英国政府认为,实施轮船上驶重庆,强迫重庆开埠的时机已经成熟,现在需要的是实际行动了。因此,英国驻华公使暗中怂恿英国轮船主把轮船径直开到重庆去。英国驻京代办公开鼓励说,对待中国人,提抽象的问题毫无用处,"你只管把船造好,然后开来提出要求,保管没有问题"③。这对于因《烟台条约》没有实现重庆开埠而耿耿于怀的英国商人们来说,实在是一大"福音",他们欢呼:"英国国旗随着中国西部的这个伟大的曼彻斯特城

---

① 《清季外交史料》第62卷,第21页。
② 聂宝璋:《川江航运权是怎样丧失的?》,载《历史研究》1962年第5期,第133页。
③ 聂宝璋:《川江航运权是怎样丧失的?》,载《历史研究》1962年第5期,第135页。

(重庆)的制造品而四处飘扬的日子,已经不远了。"①

最早实施宜渝通航计划的是英国商人阿绮波德·约翰·立德乐。立德乐,英国人,生于1838年,1859年来到中国从事茶叶贸易。1861年,在上海参加洋枪队,帮助清政府镇压太平天国。从1882年起,他致力于侵略四川,先后著有《经过扬子江三峡游记》、《峨眉山》、《远东》等书。由于他的冒险经历和对四川无孔不入的侵略活动,因此被外国侵略者誉为"西部中国的英国开路先锋"②。

1883年初,立德乐以游历内地为名,由上海乘轮船到达汉口,然后换木船溯江而上,侦察川江航道,经40日到达重庆。第二年,为了取得枯水季节川江行轮的经验,以便将航线向重庆扩展,他开始经营汉口至宜昌间的冬季轮船运输业务。1885年,他正式向清政府申请宜昌至重庆之间行驶轮船的执照。1887年,组成川江轮船公司。同年,他在英国特制的"固陵"号轮船运抵上海,1888年装配完成,次年2月,驶抵宜昌待发。

就在立德乐加紧准备的同时,1887年7月23日,英国驻华公使华尔身照会清政府总理衙门,要求清政府根据《烟台条约》立即向立德乐颁发宜昌到重庆之间的行轮执照,并转饬沿途地方官弹压保护。由于轮船运输既快又安全,运价也低,因此,外商船只进入中国领水以后,造成中国木船业的凋零与衰败。况且川江险滩林立,航道狭窄,轮船极易碰撞木船,即使木船迂回避让,也易触礁,后果不堪设想。因而英国政府的这一举动,立即遭到宜昌至重庆之间仰赖木船运输为生的百万人民的强烈反对,民众纷纷集议,打算聚众堵截。四川总督刘秉璋见四川民情忿然,急电湖广总督张之洞,商议对付办法。但是,由于有《烟台条约》的规定在前,清政府毫无回旋余地,只得一面安抚百姓,一面命令四川总督派员到宜昌与英国领事谈判解决。

1888年,谈判开始。代表中国方面的是重庆府巴县知县国璋,李鸿章在幕后操纵。代表英方的是英国驻宜昌领事和立德乐本人。海关总税务司赫德企图插手"调停",但因中国官员反对而未遂。由于双方差距很大,因而谈了一年,没有结果。

---

①见《北华捷报》1886年6月25日,转引自聂宝璋编:《中国近代航运史资料》第1辑(上),上海人民出版社1983年版,第401页。
②《重庆工商史料选辑》第1辑,第3页。

到 1889 年 3 月,中方与立德乐终于达成了一项协议:中国出资 12 万两白银,买下立德乐的"固陵"号轮船及其在宜昌的码头设施等全部财产;英国轮船 10 年之内不上驶重庆。但英国公使坚持要通航重庆,不赞成这项协议。因此,这个谈了一年才达成的协议只好告吹。

按照英国公使的要求,双方转而就如何防止轮船与木船碰撞的问题进行谈判。中国方面提出:为了避免发生事故,实行"分日行走"的办法,即一个月中,划出两天木船停运,专供轮船行驶。英方当然不会同意这个办法,因为轮船从宜昌出发,两天之内无论如何到不了重庆,因此,"分日行走"实际上意味着对外国轮船封锁川江。所以,英方提出"悬旗示警,停靠相让"的办法与之对抗:就是当轮船行驶之时,于岸旁悬挂旗帜,通知民船,停靠相让;而当民船行驶之时,轮船则在水流平缓之处停驶相让。这个办法中方也不会同意,因为停靠相让的结果是由外国轮船独占川江航道,并且碰破木船,不予赔偿。

进入 7 月,防碰问题搁浅,转而又谈碰撞以后轮船对木船的赔偿问题。中方态度非常明确:"碰即全赔","船货全赔"。英方态度则十分蛮横,提出:若中国木船损失 500 两以内者,英方立即全部赔偿;损失 500 两至 1000 两者,则需由英国驻宜领事与中国有关官员会审后,按一般行船章程办理,该赔则赔。而且声明,这个办法只限于此项川江行船,至于以后英轮行驶川江办法,由两国另行议办。这个荒谬的主张又理所当然地遭到中国方面的拒绝。谈判再度陷入僵局。至此,我们不难看出,英方坚持的无非是将川江向帝国主义全面彻底开放,这才是他们谈判的唯一原则。

为了打破僵局,7 月 18 日,总理衙门向李鸿章私下提出一项解决办法,认为,英国人所以纠缠不休,全在于要求重庆开埠通商,行轮只是通商的条件。如果允许重庆开埠,但轮船不得上驶,来往通商"专用华船",即运货一律使用中国木船,似可求得问题的解决。至于立德乐那里,仍依最初双方议定的"价银 12 万,10 年为限,停止行轮,限满另议"为条件。李鸿章明白这样能使立德乐赚一大笔钱(立德乐的川江轮船公司资本仅为 1 万英镑,而中国赔款 12 万两白银约合 2.34 万英镑),但因他早已抱定"姑求十年无事"[①]的方针,因而立即同意了这项办法,指示中方代表在谈判中提出来。这个办法首先受到

[①]《清季外交史料》第 79 卷,第 27 页。

了四川总督刘秉璋的反对。他认为,表面上看专用木船往来通商保护了木船业的利益,平息了船户的众怒,但是洋人照样可能自造木船往来于川江之上,矛盾并没有因此而解决。更何况,由于洋人的大量涌入,侵犯了川人利益,也很难保证不因此而发生冲突,故提出"秉璋不敢不允,亦不敢保其无事"①。英国方面并不因中方如此重大的妥协而满足,不同意"专用华船",而要求"英商或雇用华船,或自造华式之船,应听其便"。李鸿章再度让步,并指责刘秉璋。

与此同时,总理衙门又将这一办法转告英国外交部,希望他们促成谈判的进行。英国的愿望是通过赫德插手,从中得到更多的利益,因而表示可以促成,但需将谈判地点从宜昌迁到北京,以便直接向清政府施加压力。果然一到北京,经赫德"调停",中方只得再次妥协。

1890年3月31日,中英两国在北京订立了《烟台条约续增专条》,其主要内容是:

一、重庆即准作为通商口岸无异;

二、英商自宜昌至重庆往来运货,或雇佣华船,或自备华式之船,均听其便。②

至此,英国正式取得了重庆开埠的条约权利。4月7日,伦敦《泰晤士报》以《重庆地位升级,取得商埠特权》为题,报道了中英订立《烟台条约续增专条》的消息,受到英国工商界的普遍欢迎。立德乐在谈判后期就回到了英国。他是在伊斯特本得知这一消息的。尽管对没能实现航行川江表示遗憾,但他还是按捺不住激动的心情致信《泰晤士报》:"无论如何我们满意地获悉在(中国)已经开放的19处商埠之外,又增加了第20个口岸(重庆),而且是位于中国最富庶、最有利可图的地区之一的口岸。经过14年的努力,《烟台条约》关于开放重庆的条款不再是一纸空文。"③

之后,英国立即着手建立在其控制之下的重庆海关。1890年7月22日,海关总税务司赫德任命时任宜昌海关税务司的好博逊为重庆海关首任税务司。好博逊,英国人,1862年进入中国海关供职,一直担任长江沿线海关要

---

① 《清季外交史料》第81卷,第15页。
② 《中外条约汇编》,商务印书馆1935年版,第1617页。
③ 聂宝璋编:《中国近代航运史资料》第1辑(上),上海人民出版社1983年版,第410页。

职,热衷于中国西部市场的开辟,长期从事对重庆贸易,因而极受赫德的赏识。同时,他也深得清政府的宠爱,青云直上。1869 年受封五品衔,到 1889 年已官至二品。此次前往重庆,赫德给他的主要任务是筹建重庆海关,彻底掌握有关重庆的一切情况,培养并维持与所有华洋官员的关系,尽可能帮助外国商人在重庆、四川的贸易活动。同时,赫德还要求他定期汇报重庆及其附近地区的重要情报[1]。

1890 年 11 月 4 日,好博逊带领三等帮办罗士恒、头等总巡鲁富、铃字手史多恩等海关官员到达重庆。与他们同日到达的还有英国驻重庆常任领事富尔富德、公务司马歇尔,以及伦敦布道团的达文波特[2]。经过一段时间的勘测选址、制定章程,1891 年 3 月 1 日,重庆海关正式成立[3],标志着重庆正式开埠。

英国终于实现了夺取重庆以实现其扩大商务的战略目标,将其侵略势力延伸至长江上游最末端的一个通商口岸,并牢固地控制了重庆。英国在长江上游的势力范围就最终固定下来。

历史已经证明:英国通过重庆开埠,和其他列强一起,把重庆作为侵略四川和西南的据点;它们和重庆地方政府相勾结,侵夺中国主权,镇压人民革命。因此,重庆开埠和英国税务司、领事、教会领袖同时抵达重庆,就意味着以英国为代表的西方列强侵略中国西南四川、重庆新时期的到来,从而揭开了重庆半殖民地半封建历史的篇章。

二、中日《马关条约》——日本强迫重庆开埠

重庆优越的地理位置和日益重要的经济地位,不仅为西方列强垂涎,也为东方日本觊觎。然而,日本是一个后起的资本主义国家,它以强者的姿态进入列强在中国的争夺之战的时间较晚。当英国取得重庆开埠的特权时,日本还没有从中国取得片面最惠国待遇,还不能和已经取得这一侵略特权的英、法、美等国平起平坐。因此,从法律上讲,重庆开埠对日本来说,仍是可望

---

[1]《海关总税务司致重庆关第 1 号令》(1890 年 7 月 22 日),海关总署档案,中国第二历史档案馆藏。
[2]《字林西报》1890 年 11 月 24 日,转引自聂宝璋编:《中国近代航运史资料》第 1 辑(上),上海人民出版社 1983 年版,第 398 页。
[3] 川督刘秉璋奏折,故宫博物院藏档案。

而不可即的。这显然又是日本极不甘心的,所以,它处心积虑地要达到自己的目的。

早在1871年4月,日本即遣使来华谈判,要求按照"西人成例,一体订约"①。在其提案中"荟萃西约取益各款,而择其尤"②,特别要求取得"一体均沾"的特权。然而,因其羽翼未丰,力量不够,还不足以使清政府就范。双方于1871年9月13日议定的《中日修好条款》和《中日通商章程》关于通商口岸一节规定:两国商民准在对方指定的通商口岸贸易(中国开放14个,即上海、镇江、宁波、九江、汉口、天津、牛庄、芝罘、广州、汕头、琼州、福州、厦门、台湾淡水;日本开放8个,即横滨、箱馆、大阪、神户、新潟、夷港、长崎、筑地)。但明定不得进入内地③。日本自然不会甘心,不久即在提出修约的同时武装侵略中国的台湾以及中国的邻邦朝鲜、琉球,妄图以武力来达到经济侵略的目的。

1894年,日本悍然发动了侵略中国的甲午战争。在给腐败的清政府以极其沉重的军事打击之后,日本乘机大肆勒索中国。帝国主义列强根据各自在东方和中国的利益,对于日本的侵略行径既有某种默契,又有矛盾斗争。而在清政府内部,后党主政,实行一贯的妥协投降政策。清政府在日本军队的沉重打击下,完全听任美、日摆布,只得屈辱求和。

清政府全权议和大臣(侍郎张荫桓、巡抚邵友濂)被日本政府驱除回国后,清政府按照日本政府的旨意派李鸿章为全权大臣,于1895年3月13日前往日本政府指定的马关(今下关)求和,美国前国务卿科士达以"私人"身份作为清方全权大臣顾问随同前往。

3月19日,李鸿章一行到达日本马关。次日,与日方代表、首相伊藤博文和外相陆奥宗光开始谈判。首先谈判休战问题。日本提出了十分苛刻的四项条件,逼迫中方接受。24日,李鸿章遇刺。28日,日方声明休战21天。30日,双方签署休战条约,转入媾和谈判。

4月1日,日方提出媾和草案10款,条件十分苛刻,以武力胁迫李鸿章就范。其中"通商行轮"一节规定:

---

① 《李文忠公全集·奏稿》第18卷,第44页。
② 《筹办夷务始末》同治朝第82卷,第6页。
③ 《同治条约》第20卷,第2634页,引自王芸生:《六十年来中国与日本》第1卷,第47—49页。

第一章　重庆开埠

第一，现今中国已开通商口岸之外，应准添设下开各处，立为通商口岸，以便日本臣民往来侨寓，从事商业工艺制作等，所有添设口岸，均照向开通商海口或开内地镇市章程一体办理，应该优例及利益等亦当一体享受：一、直隶省顺天府；二、湖北省荆州府沙市；三、湖南省长沙府湘潭县；四、四川省重庆府；五、广西省梧州府；六、江苏省苏州府；七、浙江省杭州府。日本国政府得派遣领事官于前开各口驻扎。

第二，日本国轮船得驶入下开各口，附搭行客，装运货物：一、从湖北省宜昌溯长江以至四川省重庆府；二、从长江驶进洞庭湖溯入湘江以至湘潭县；三、从广东省溯西江以至梧州府；四、从上海驶进吴淞江及运河以至苏州府、杭州府。日中两国未经商定行船章程以前，上开各口行船，务依外国船只驶入中国内地水路现行章程照行。①

当天，李鸿章电告总理衙门，请将其中承认朝鲜自主独立、割地、赔款三项转告英、俄、法三国公使，企图使三国对日本施加压力；同时要求不得透露日本关于增开北京、沙市、湘潭、重庆、梧州、苏州、杭州七处为商埠的要求，以免各国串通。他并于4月5日向日方递交说帖，就割地、赔偿、通商三项进行辩论。

日方采取"胜于力而屈于理"的办法，根本不与中方论理，蛮横坚持无理要求。而此时清政府内部，对日方的敲诈勒索，议论不决，互相推诿。4月8日，李鸿章复电总理衙门，决定"添口仅先允重庆一处，余俟会议时再酌"②。当天又答复日方，其他六口皆不开为通商口岸，惟"重庆日商向不准到，现在援优待之例，准其前往"③。重庆遂成为马关谈判中，日本得到的第一个通商口岸。

4月10日，在中日双方第四次谈判中，日方提出了与《马关条约》大致相同的"修正案"并声称不得更改一字，否则将扩大战争。任凭李鸿章等如何坚持，日本绝不松口。清政府无可奈何，只好电告李鸿章："倘事至无可再商，应

---

①《增补中日议和纪略》原刻本，第39页，转引自王芸生：《六十年来中国与日本》第2卷，第252—253页。

②《李文忠公全集·电稿》第20卷，第34页。

③《增补日中议和纪略》，第1014页，转引自王芸生：《六十年来中国和日本》第2卷，第269页。

由该大臣一面电闻,一面即与订约。"①

4月17日,李鸿章及其子李经芳与日本首相伊藤博文、外相陆奥宗光签订了丧权辱国的中日《马关条约》。根据这项条约,日本在中国获得了广泛的侵略特权,其第六款规定:

> 第一,现今中国已开通商口岸之外,应准添设下开各处立为通商口岸,以便日本臣民往来侨寓,从事商业、工艺制作;所有添设口岸,均照向开通商海口或向开内地镇市章程一体办理,应得优例及利益等,亦当一律享受:
>
> 一、湖北省荆州府沙市;
>
> 二、四川省重庆府;
>
> 三、江苏省苏州府;
>
> 四、浙江省杭州府。
>
> 日本政府得派遣领事官于前开各口驻扎。
>
> 第二,日本轮船得驶入下开各口,附搭行客,装运货物:
>
> 一、从湖北省宜昌溯长江以至四川省重庆府;
>
> 二、从上海驶进吴淞江及运河以至苏州府、杭州府;②
>
> ……

据此,日本和英国一样,取得了重庆开埠的特权。

另外,《马关条约》较之《烟台条约续增专条》,还大大扩展了日本侵略重庆的特权。它规定日本轮船可以从湖北宜昌溯长江而上至四川重庆,这就实现了几十年来英国人梦想通航川江、上驶重庆的夙愿。至于允许列强在中国通商口岸设立工厂的特权,更是符合帝国主义向中国输出资本的共同愿望,反映了英国向中国西部大举扩张的迫切要求。因此,英国完全支持日本发动侵略战争。作为回报,日本则把《马关条约》的商务条款写得像英国商会报告书,因此英国又毫无例外地享受了条约规定的一切特权。

《马关条约》使日本侵略势力继英、法等老牌资本主义国家之后伸入中国西南地区,从此,帝国主义在西南的勾结和争夺也进入了新的时期。

---

① 《清季外交史料》第109卷,第8页。
② 《中外条约汇编》,商务印书馆1935年版,第151页。

第二章 西方政治势力的入侵

第一节 各国领事馆的建立

一、各国领事馆的建立

早在重庆开埠之前,英国就派谢立三(贺西)等为驻重庆领事,执行英国政府的指令。但由于没有法律依据,英国不能在重庆正式建立领事馆。1890年中英订立《烟台条约续增专条》,英国取得了重庆开埠的条约权利,亦就同时具备了建立领事馆的法律依据。同年,英国驻重庆领事馆正式建立,以禄福礼为首任领事[①]。起初馆址设在方家什字麦家院(今重庆宾馆附近),1900年后移至领事巷。这是西方国家在重庆设立的第一个领事馆。其管辖范围初为四川全省,后扩展到贵州地区。它的主要任务是:按照英国政府指令,管理英国在四川的事务;通过英国在重庆的公司、商行、教堂、学校、医院,以及商人等获取情报,由领事加工整理后,定期向英国政府报告。迄今尚存的这些报告,其搜罗之富、叙述之详,令人惊叹。1896年以前,英国领事馆一直独霸重庆,在近代重庆历史上起着重要作用。

甲午战争以后,西方列强掀起了瓜分中国的狂潮,处于中国腹心地带的重庆也不能幸免。1896年,法国、日本、美国纷至沓来,要求在重庆建立领事馆。

经过与清政府议定,法国政府于1896年3月设立了重庆领事馆,任命驻

[①] 民国版《巴县志》卷十六。

汉口副领事哈士为驻重庆首任领事，馆址设在城内二仙庵。法国领事馆的控制范围较其他各国都大得多，凡四川、贵州、甘肃、新疆、青海、西藏的事务，皆在其管辖之下。清政府对法国领事也特别关照，特令四川总督、川东道台对法国领事"相帮照拂"，其他所辖各省地方官也须"一体知悉照办"。哈士乘船刚入四川，巴县知县国璋就选派官员，前往迎护。到达重庆那天，他自己还亲自前往参拜[1]。

《马关条约》规定日本得在重庆设立领事馆。1896年5月，日本首任驻渝领事加藤义三到达重庆。同月，领事馆开办。馆址设在城内小梁子五公馆。为了巩固日本刚刚取得的和欧美列强的平等地位，强化日本领事的特权，同年7月，日本又通过订立《中日通商行船条约》，对领事特权作进一步规定。根据条约，中国官员对日本领事必须"相当礼貌接待"，不得怠慢无理，必须保证领事职权的完全实施。至于裁判管辖权和优例豁免利益等，一律和其他各国同等享受最惠国待遇[2]。尽管作为一个后起的资本主义国家，日本领事起初常常受到英、法等国的轻慢，但是这些条约毫无疑问地提高了日本领事馆的地位，增强了它与西方国家竞争的能力。

1896年12月，美国也在重庆开设了领事馆，首任领事石密特。馆址在城内五福宫前。

到20世纪初年，德国的势力也打入重庆。1904年，德国驻重庆领事馆成立，办理四川一省的交涉事务。由副领事米雷尔驻重庆负责处理日常事务，另一副领事卜思常驻成都[3]。

各国领事馆的相继建立，使西方国家在重庆成为一股新的巨大的政治势力。在半殖民地半封建社会的旧中国，这些领事馆不是国家之间平等交往的外交使团，而是根据不平等条约而设立的侵略中国的分支机构。如果说，驻在北京的公使馆是清朝中央政府唯命是从的"太上皇"的话，那么各级地方政府对凌驾于他们之上的各国领事馆的遵从和敬畏，更是有过之而无不及。清朝政府听命于帝国主义，帝国主义通过清朝政府来实施对中国的统治，这正是20世纪初中国政治的显著特点。

---

[1]《法国在重庆设领事案》，见巴县档案，四川大学历史系原藏抄件。
[2]《东华续录》光绪一百三十四。
[3]《四川官报》1904年第29册。

二、各国领事馆与重庆地方政府的勾结

各国领事馆的建立,是帝国主义列强侵略重庆的结果。重庆地方政府和各国领事馆之间在一定程度上存在着矛盾和斗争。但是,在镇压人民革命这一点上,他们则是相互勾结、狼狈为奸,出现少有的一致。

1900年,当义和团反帝风暴席卷北方之时,四川人民深受鼓舞,纷纷行动起来,四川大邑、邛崃、大足、永川等20几个州县都爆发了反洋教起义和声援北方义和团的斗争。重庆城内秘密会党的首领频繁会晤,虽然还未公开对外国人采取敌对行动,但重庆周围已经爆发的打教斗争,和在川洋人纷纷逃往重庆避难的事实,已令驻在重庆的外国人和清朝官吏十分不安。6月下旬,为了稳定局势,保护外国在重庆的利益,英国领事电请政府火速派军舰前往重庆震慑,并将在渝的英国商轮"先行"号留作临时撤退之用。

随着反帝情绪的日益高涨,清政府对重庆局势的控制已经捉襟见肘,川东道台打算撤出重庆城。消息传出,更加剧了城内外国人的恐慌。由各国领事组成的领事团意识到,道台离城必然导致反帝风潮的全面爆发,因此必须全力支持重庆政府把这场即将发生的反帝斗争镇压下去。法国领事立即派人致函川东道台,要他暂缓离城。随后,重庆领事团联名向道台发出了一份公函,严厉指责道台的逃跑行为,命令他在当前局势极为动荡的情况下,必须谨守职位。同时,领事团又致电四川总督,要他保护在川外国人的利益,督促川东道台控制局势,不得擅离职守。

由于有外国政府的坚决支持,重庆地方政府恐慌的心情才略为安定;再者,一旦大规模反帝斗争在重庆爆发,影响极大,作为地方官,必负玩忽职守之责,受到严厉惩罚。地方官员们稍微清醒过来,就投入了严厉弹压的行动中。四川总督发布告示,重申对在四川的各国官员、商人、游寓洋人"一体保护",各级官员不得懈怠。在重庆,重庆镇总兵、重庆知府、巴县知县也纷纷重整军队,加强巡逻盘查,随时准备对一切可能导致骚乱的危险举动实行武力镇压。7月底,一个秘密会门在城内一个庙内举行集会,商议行动,有80多人参加。巴县知县闻知此事,亲自率领部队前往围捕,当场逮捕了该会门首领,庙内住持和尚也被施以重刑。在帝国主义与重庆政府的共同压制下,重庆城内的局势逐渐得以控制。

但是,形势并不乐观,散处四川各地的外国教士、商人在各地群众的打击下,纷纷逃往重庆避难,人数与日俱增,重庆仍是岌岌可危。8月2日,英国外交部下令立即撤退在重庆的全体英国侨民,而不必等候那些尚未逃到重庆的传教士。英领事将这一消息同时告诉了在渝的其他外国官员。第二天,全体在渝的外国人,包括英、法、日领事,外国教士、商人以及海关洋员,纷纷登上英国轮船"先行"号,在英国军舰的保护下,仓皇逃离重庆。

8月26日,英国驻渝领事又乘"先行"号返回重庆,随行的还有一艘英国军舰"怒气"号和一支海军部队。各国领事、主教又通过法国政府,电令驻华公使对中国政府进行武力恫吓。清廷急令各省督抚严加防范,就地了结。由于领事团与地方政府的相互勾结,大大加强了反动统治的力量,终于扼杀了重庆人民酝酿的这场反帝斗争。同年,四川人民声援北方义和团的斗争也失败了。

如果说,1900年中外反动派联合绞杀了义和团反帝爱国运动,是为了扶持清政府,强化它们的统治的话,那么,1911年他们相互"合作"抵抗辛亥革命的冲击,则是为了挽救风雨飘摇中的爱新觉罗家族的统治,为保护他们的既得利益而作最后的努力。

1911年5月,为了反对帝国主义对川汉铁路的侵夺,抗议清政府祸国殃民的卖国政策,四川人民掀起了声势浩大的保路运动。6月3日,重庆几千群众召开大会,抗议铁路国有政策。6月28日,重庆又召开铁路股东分会,继省会成都之后,在全省各道府州县中率先成立了"重庆保路同志协会"。4000名到会群众激昂慷慨,纷纷表示愿为挽救国家民族危亡拼死以争。在同盟会支部的领导下,反帝爱国的保路运动逐渐发展成为反帝反封建的民主革命运动。

保路运动的深入发展,引起西方列强和重庆地方政府的严重不安。日本驻重庆代理领事河西认为,自6月初群众大会以来,重庆局势动荡,而现时重庆兵力单薄,难以应付突然事变。因而他致函川东道朱有基,要求迅速增加驻渝清兵,切实保护在渝外国人的生命财产;同时,应严令禁止群众集会,以防意外。对于河西的要求,朱有基不敢稍有怠慢,小心谨慎地回函河西说,所嘱各事,自当不动声色地迅速办理,严密注视防范,"断不敢稍事大意,请释廑注"①。不久,清政府也命令朱有基,对于在重庆发生的任何运动,"立即予以镇压"②。从此,重庆大街上白天黑夜都有军队巡逻,戒备森严,以对付随时可能发生的暴动。

当革命时机日渐成熟的时候,革命运动并不因为中外反动派的阻挠而放慢自己的步伐。到9月份,重庆地方政府已完全丧失了他们的影响。在走投无路的情况下,川东道请求各国领事在保路同志军进攻重庆时,由各国军舰协助保卫重庆。事态表明,对局势的控制权已经完全落到革命党的手中,重庆处在一场革命风暴的前夜。这种状况使欧洲的外交官们很自然地想起了1789年法国人民进攻巴士底狱推翻波旁王朝的伟大壮举,他们对重庆人民连绵几十年的反洋教斗争也还记忆犹新。他们看来,在中国这个东方大国内爆发一场资产阶级革命,决不会比1789年的法国大革命逊色,而肯定会成为"一篇小巴士底监狱诗篇"③。英国政府决定作最后的努力。英国公使威胁清政府,如果不能迅速镇压四川保路运动,英国将从印度派兵去四川进行干涉。英国驻重庆领事为此还发布了一项最后通牒文告。

在熊熊燃烧的革命烈火面前,英国的这些举动不过是虚张声势,杯水车薪。10月10日,武昌起义爆发,全国响应。11月22日,在重庆同盟会支部的领导下,重庆宣布独立,成立蜀军政府,推翻了清王朝在重庆的统治。重庆领事团见大势已去,美国领事潘士恩、德国领事魏斯、英国代领事布朗、日本领事馆负责人河西于11月25日联名发布通告,敦促在渝的全体外国人立即乘各国炮舰撤离重庆。

清朝末年,中外反动势力在重庆的勾结,曾经强化了他们的反动统治,但是,最终的结果却是他们自己在辛亥革命的风暴中灰飞烟灭。尽管数年之后,西方各国的领事官员又陆陆续续回到了重庆,他们和四川军阀政府勾结起来,继续与中国人民为敌。但是,他们清朝末年在重庆的行径,已经以失败的记录而载入史册。

---

① 宓汝成编:《中国近代铁路史资料》第3册,中华书局1963年版,第1289页。
②《中国海关与辛亥革命》,中华书局1964年版,第56页。
③《四川保路运动档案选编》,四川人民出版社1981年版,第333页。

第二节 租界和租借地的建立

一、王家沱日本租界的建立

鸦片战争以后，英、法等列强通过不平等条约，在中国通商口岸强划了一片片租界。这是中国半殖民地的显著标志。但是，到甲午战争爆发为止，租界仅限于沿海地区和东南部沿江口岸，列强虽然企图深入中国西部腹心地区，但并未得逞。甲午战争以后，日本凭借其战胜国的有利地位，大举向中国内地扩张，首先在重庆取得了第一块租界。

1891年，英人好博逊前来重庆开办海关时就曾企图在重庆南岸王家沱划定租界，作为海关关地及中外商人通商场所。只因当时开关在即，该处又无现成房屋可供租用，才在城内糖帮公所租赁房屋，准时开关。海关欲划租界的事也就搁置了下来。

1895年，通过中日《马关条约》日本强迫重庆对日开埠。当时，重庆早已根据中英《烟台条约续增专条》于1891年正式开埠，中日《马关条约》的规定，不过是日本取得与英、法平等地位的手段而已。为了攫取更多的好处，《马关条约》签订后不久，日本就乘势向中国提出了在重庆开设租借地的要求。

1895年底，四川总督鹿传霖风闻日本将派人来重庆强索租界，立即奏请清朝政府委派建昌道张华奎接署川东道。因张华奎办理过重庆开埠、开关事宜，多少有些洋务经验，因而鹿传霖把与日本谈判租界问题的任务交给了他。张华奎接手以后，禀报李鸿章说，1891年重庆开关时，就曾拟定王家沱为通商界地，这次日本索要租界，不如就把此处给它，请李鸿章定夺。李鸿章立即征求日本驻华公使林董的意见。林董当时正在谈判于苏州、杭州开办租界之事，未置可否。

1896年2月，日本政府指派驻上海总领事珍田舍已为建立租界一事到达重庆。谈判一开始，珍田就提出要在较为富庶的江北厅建立租界。由于已经内定划王家沱为租界，张华奎不敢改变，予以拒绝，珍田也就不再提及此事。继而珍田又在租界内场界管辖权、日本商人商行在城内和租界内的比例、工厂的设置,以及轮船航行川江等问题上纠缠。张华奎虚与周旋。珍田见租界到手,目的达到,就和张华奎于1896年3月就重庆日本租界地的主要问题达成了原则协定。

同年10月1日,日本驻华公使林董正式向恭亲王奕䜣提出,在《马关条约》新开的苏、杭、沙(市)、渝四口开办租界,要求就此与中方订立条约。10月17日,他又照会总理衙门,限定在"明日正午时"前答复。在日本公使威胁下,10月19日,清政府与日本政府签订了《中日公立文凭》,其中规定:"添设通商口岸,专为日本商民妥定租界,其管理道路以及稽查地面之权,专属该国领事。"①三天以后,总理衙门就照会日本公使,中方已通知苏、杭、沙、渝四口地方官办理租界之事,均以杭州租界订立办法为例,中方保证条约的实施。《中日公立文凭》便成为日本向清朝各地方政府索要租界的法律依据。

又经过几年的交涉,1901年9月24日,日本驻重庆领事山崎桂和中国川东道宝棻在重庆正式签订了《重庆日本商民专界约书》(简称《专界约书》),日本终于取得了在重庆设立租界的特权。《专界约书》共22条。主要内容包括:

(1)中国准许日本在重庆府城朝天门外南岸王家沱设立专管租界。

(2)专界,指专为日本商民之界;专管,指日本领事官专管界内商民之事。

(3)租界面积长400丈,宽105.2丈,约合420亩(466550平方米)。

(4)租用方法为,中国方面负责向地主收买界内土地,然后交给日本领事馆,专供日本商民承租执业。

(5)凡欲承租的日本人须同时向日本领事官和中国地方官禀报,并向中方缴纳租价和一年地税后,由中方颁发租契。其他各国人士,只能居住,不能租地。

(6)租契30年更换一次,可以连续永远租用,不得限制。

这是近代重庆历史上又一个不平条约,是掠夺重庆人民权益的严重事件。

首先,它在政治上严重地侵犯了中国的主权②。《专界约书》第4条规定,

---

① 《光绪条约》,第47页。
② 民国版《巴县志》卷十六。

日本商民可以无限期地"永远承租"界内土地。中国近代史上有不少的租界条约,但大都定有租期,如香港租期99年。这在法律上讲,还收回有望。而王家沱租给日本后,中国只有每隔30年换一次租契的权利,却永无收回之期。因而日本较之英国更显贪得无厌,这在中国近代史上是不多见的。第3条规定,租界内警察之权、道路管辖之权,以及一切施政事宜,全归日本领事管理;第17条规定,凡未向重庆派驻领事的国家的公民和日本人对中国人的诉讼,以及中国人在租界内违法犯罪,一律由日本领事和重庆地方政府官员或他们的代表会同审判,若对重庆地方官员的判决不服,由日本领事官照会重庆海关监督复审。尽管条约中也有"道路仍是中国道路,土地仍是中国土地"的言语,但上述内容的规定实际上使重庆地方政府对王家沱地区的行政管理权、司法审判权等丧失殆尽。

其次,条约在经济上也尽力盘剥中国人民。条约规定,租界土地悉分上、中、下三等,地价分别为每亩150元、145元、140元;土地税分别为2.25元、2.175元、2.1元,"永以为率"。在这个条约里,中国方面将租界一次性交给日本,日本政府却并不需要一次性交纳租价,而是由每一个承租土地的日本人,在承租土地的时候才向中国政府交纳。如日商宫坂九郎1913年承租上等地10亩,每亩租价150元,故共交地租1500元。此时离规定地价的时间已经过去12年之久。而条约毫不顾及这个因素,确定一个较低的地价,并"永以为率",让中国方面损失巨大,而日本商民则占了很大的便宜。此外,条约还规定,租界内码头修好以后,凡在码头停泊、揽载界内货物的船只,一律要交纳捐税,税率由日本领事馆"随时酌定"。而日本商民承租土地以后,却"不另缴纳钱粮捐饷"。对日本人是"永以为率"、"不另缴纳",对中国人却是"随时酌定",日本政府对重庆人民的敲骨吸髓、巧取豪夺,昭然若揭。

最后,条约还为日本租界的进一步扩展和日本取得更多的侵略特权埋下了伏笔。订立条约时,租界面积约为420亩,而日本真正出租用的部分却很少,到1915年止,总共才租用了约30亩,占租界总面积的7%。但日本并不满足,却借口租界狭隘,要中国方面再无偿提供墓地10亩,还规定若不敷使用,今后还可继续"扩充"。特别应该指出的是,在条约最后部分,竟规定中国给予其他各国的一切优例和豁免利益,"日本商民亦自一律享受",这就大大超出了租界条约的范围,日本后来居上,不让英、法的用心暴露无遗。

日本取得王家沱租界以后,迅速将它变成了"一个四川内地的小日本国"①。首先进行经济掠夺,倾销商品,抢夺原料,垄断市场,开办工厂。租界内开设了友邻公司、大阪洋行、又新丝厂、武林洋行、日清公司,大批日本军舰、商轮、挂旗船停泊在王家沱江面,大量日货涌入重庆。第一次世界大战爆发以后,重庆市场基本上为日本商品垄断。

日本人对租界内的中国商民,亦蛮横无理,胡作非为。条约规定,不准将火药及有害身家财产的物品私自带入。但日本商民竟公然常带武器,横行市街,毒打华人。搬运工人杨顺发被日本水兵纵马踏伤,其妻又遭日本警察毒打,一家四口,命在旦夕。日本水兵还狂醉裸体,窜扰四乡,任意凌辱中国妇女。对在日本工厂里的中国工人,则肆意压榨,克扣剥削,"将骨榨油,坐享其成"②。

日本在王家沱租界的侵略行径,引起了重庆人民的强烈抗议,从20世纪20年代起,重庆人民就掀起了声势浩大的收回王家沱租界的斗争。

二、打枪坝各国租借地的建立

鸦片战争以后,西方列强在中国大肆建立租界的同时,还以各种借口索取租借地。租界和租借地都是西方列强侵略中国的据点,是中国国内的"国中之国"。在重庆,除日本取得了王家沱租界以外,帝国主义还在城内强索租借地,竭力加强其侵略势力。

重庆开埠以后,随着外国领事馆的增加,清政府专门划出通远门内的一片地区作为外国使馆区,名为领事巷。在它后面有一片高地叫打枪坝。打枪坝是清军操场,清军间或在此进行射击训练。这里是重庆市中心区的制高点,俯瞰长江,军事位置十分重要。

1901年王家沱租界刚刚建立,重庆海关英籍税务司花苏就以建造税务司公所为名,向川东道宝棻索要打枪坝。但经向四川总督申请,未获批准。1902年,清军又在此操演,外国领事乘机怂恿税务司索要打枪坝。1903年12月,花苏再次要求开放此地。川督锡良当即札令川东道贺元彬会同花苏办

---

① 《新蜀报》1913年10月21日。
② 《四川人民反帝斗争档案资料》,四川人民出版社1962年版,第164页。

理。经重庆镇章高元、中营游击翁焕章、左营游击赵国士、右营都司陈步云等与花苏进行谈判,1904年1月15日,贺元彬与花苏订立了《永租打枪坝约》,内容包括:

(1)重庆清军三营将通远门内打枪坝三营公地永远租与重庆新关自行建造税务司公所。其公所即系将来历任税务司公所。

(2)三营认租打枪坝公地,议定于光绪三十年正月初一起租,按每年正月支取,其余一切修造事宜,概由重庆新关税务司自行建造,重庆军方不得干涉。

(3)税务司承租打枪坝三营公地,每年议定库平租银200两。以光绪三十年正月一日为始,每年正月由重庆关监督备文移重庆镇署照收。

(4)打枪坝系重庆三营公地,现租与重庆新关建造公所,应由三营会同川东兵备道、重庆关监督贺元彬,后补道刘兆庚,重庆府知府张铎,巴县知县傅松龄禀请四川总督部堂立案,并由税务司禀请总税务司立案,所有租约彼此遵守。[①]

从表面上看,重庆海关租用打枪坝作税务司公所,似乎是中国的内部事务,但海关税务司一职向来就为洋人窃居;虽说税务司在清朝官制中仅是中国政府的雇员,受中国海关监督(重庆关监督由川东道兼任)领导,然而在实际上,从中央的海关总署到各地的海关关署,都由外籍税务司操纵关务大权,他们是帝国主义的代理人。因此,花苏强租打枪坝代表了在渝各国列强的利益,而"永租"后的打枪坝实际上也就为各国所共有了。

第三节 外国教会势力的扩展

一、西方宗教的广泛传播

在近代重庆的历史上,外国教会是一股十分重要的政治势力。正是由于西方宗教的不断传播,与中外民族文化之间相互摩擦,重庆历史上才出现了民教冲突、教案迭起的现象。

---

① 民国版《巴县志》卷十六。

最早传入四川的西方宗教是天主教。1640年,法国耶稣会传教士利类思率先入川。两年之后,司铎安文思也从杭州来到四川传教。1713年,更有司铎费隐(日耳曼人)、潘如(法国人)奉康熙皇帝之命,前往四川绘图,受到地方官绅的盛大欢迎。此后,天主教在四川得以传播。除此以外,由湖广迁入四川的一些教民,也推动了天主教在四川、重庆的传播。如康熙时迁来重庆的张姓大族,到渝之前,就已奉教;到渝之后,又世代相传。巴县何深海一家,不分老幼,也皆为教徒。1702年,重庆第一座天主教堂——光华楼圣堂开办[1]。以重庆为中心的川东地区,逐渐成为四川天主教传播最盛的地区。

天主教的传播带来了一系列社会问题,尤其是教民不祭祖宗、不守传统道德,成为引起社会动荡的原因之一。因此,从康熙年间就开始打击不法教民。到雍正、乾隆两朝,则严令禁除。到嘉庆年间,就开展了大规模的打击天主教在川势力的活动。

天主教在四川传播的最大特点是以户为单位,集体信教,世代相传。当时的四川总督常明以"视教若仇"著称。他认为天主教"最为人心风气之害",严厉处罚了一批外国教士,同时札示重庆府严厉查禁。当时禁教的主要措施是认悔与刑律并用。认悔,即教民当众出示悔词,跨越十字架,保证不再信教即可。刑律,则用于不肯悔过之教徒,重庆就曾采取坐监、为奴、充军等严厉措施惩治教徒。禁教收到了一定效果,仅1811年,巴县就有215户教民具结认悔,基本上肃清了城乡市镇公开传教活动[2]。法国天主教势力受到沉重打击,只得将川、云、贵三省教务缩归驻重庆的四川主教区管辖。

鸦片战争以后,清政府被迫取消了对天主教的禁令,从而导致内地天主教势力的再度活跃。为了分而治之,云南、贵州两省分别脱离重庆,自建教区。在渝的四川主教区本部决定重建机构,重建的四川主教区,下辖川东南、川西北、西藏三个教区。1843年6月,四川主教区第一次在重庆为贝罗书就任四川主教区主教举行了隆重的加冕礼,完成了以重庆为中心的天主教四川主教区的重建工作。

天主教代表的是法国的势力。眼见天主教势力在四川的发展,英、美等

---

[1] 古洛东:《圣教入川记》,四川人民出版社1981年版。
[2] 《重庆府遵饬实力查禁天主教札》,载《四川大学学报》1985年第4期。

国教会势力也不甘落后,纷纷来到重庆,与法国教会角逐,争夺四川和西南。1864年,英国牧师石琢之在巴县强建福音堂;1865年,英国迫使法国四川主教区放弃对西藏教区的管辖;1877年,英国基督教内地会传教士麦加利到巴县赁房传教;1881年,美国美以美教会组织华西大会,以巴县为传教据点;1888年,英国伦敦会在巴县建立传教据点。除此之外,英吉利教堂传教会、加拿大卫理公会也都盼望早日到川传教。

这些教会在重庆寒家桥、小什字、石板街、九块桥、凉风垭、丛树碑、戴家巷、鹅项颈、深坑子、白果树等地,建立了真元堂、天主堂、随雅堂、福音堂、培德堂、体心堂、存心堂等教堂。在城内教堂中,以寒家桥附近的天主教真元堂气势最为壮观(今五四路市公安局),该堂于1863年被重庆人民捣毁。1879年法国教会又在方家什字重建若瑟堂,经历年培修,若瑟堂成为重庆乃至川东一带最大的天主教堂。

由于重庆在四川主教区居于中心地位,随着教会势力的不断扩展,教堂教徒的不断增多,仅靠外籍神父传教已经不够,急需大批专业神职人员。四川主教区请法籍传教士古洛东在沙坪坝四公馆同时开办了大、中、小神职修道院,招收一批聪明伶俐的中国青少年,进行系统的天主教理论、历史及外语的学习,培养了一大批华籍神职人员。

经过几十年的扩展,外国教会获得了很大的发展,终于成为能对重庆社会产生巨大影响的社会势力。

二、教会的侵略活动及其特点

西方宗教最初传入中国时还是一种文化交往的手段。明末清初,当中华帝国开始走向衰落时,大批传教士的东来,确实带来了欣欣向荣的西方文明,为中西文化的交流作出过积极的贡献。但是,鸦片战争以后,随着西方资本主义对中国的大举入侵,洋教也就参与了其政治、经济侵略的行动。因此,重庆开埠以前,洋教在重庆的活动就已具有明显的侵略性。

首先,法国天主教势力向重庆迅速扩展,重庆主教取得天主教在四川的领袖地位。据重庆海关统计,1891年重庆开埠时,正式登记的在渝外国教会共有7个,外国传教士175人,教徒10.05万人。其中以法国天主教巴黎外方传教会势力最大,计有传教士100人,占在川传教士总数的57%;有教徒

10万,占全川教徒99%以上。在川7个教会中共有4名主教,全部都属巴黎外方传教会,其最高领袖四川主教就住在重庆。由于天主教在四川的巩固和发展,川东地区设堂传教"有似雨后春笋"①。联系到西方列强长期筹划,梦寐以求夺取重庆的事实,他们确实看中了重庆在中国西部地区重要的经济、政治地位,并力图以宗教势力为其经济、政治侵略服务。

其次,教堂成为列强侵略的庇护所,在重庆的英国驻寓官、领事等,多与教堂关系密切。《烟台条约》签订以后,英国派贝德禄"驻寓"重庆。贝德禄与"法国教士往来甚密",常往四川嘉定、峨边、越西、打箭炉等地游历②。沿途行迹诡秘,专走人迹罕至或曾经封禁之路,实则详绘地图,搜集情报。由于法国天主教会遍及全川穷乡僻壤,重庆教区为他在四川各地的非法活动提供了极大的方便。重庆尚未开埠以前,通过教堂将大批洋货偷运入川,是西方国家商品输出的一个途径。川东主教范若瑟每年都以教堂应用物品的名义,从上海运输大量洋货入川销售。他还与巴县同含斋合伙开设"西法公号",做西药和煤油生意。重庆真元堂甚至利用特权,向鸦片烟贩提供贮存鸦片烟的场所,收取高额储存费和保险费,包庇鸦片走私。1880年7月,巴县衙门派员持公文前往教堂查验,居然遭到教堂无理拒绝③。重庆真元堂更是"俨若官署",私设公堂监牢,不把重庆政府放在眼里④。

再次,强占土地,修建教堂。强占土地是洋教在中国非法活动的普遍现象,是教案发生的重要原因。1858年,法国天主教霸占重庆长安寺,改建教堂。1886年,美国在城西鹅项颈、英国在南岸丛树碑强行占地,修建教堂。由此触发了两次重庆教案。教堂或在强占的土地上修建房屋,1860年,在重庆的教会就已有房产480多处;或佃给农民,收取高额地租,因而农民又称天主教为"地主教"。

又次,教堂接收了大量地痞、流氓、恶霸入教,成为其侵略活动的工具。这些人入教以后,即以习教为护符,有恃无恐,惹是生非,强化洋教势力,这种情况在四川表现得尤为突出。巴县团民何大发与教民刘明钊因此发生冲突,

---

① 《四川传教士》第2册,转引自张力:《四川义和团运动》,四川人民出版社1983年版,第2页。
② 《丁文诚公奏稿》卷十四。
③ 胡齐畏:《大足人民反洋教斗争》,大足县政协文史资料委员会编印,第19—20页。
④ 《重庆教区历史资料》,重庆市博物馆藏。

致死6人,迁延6年之久。刘明钊入教后,指责何氏父子阻碍了他的传教活动,因而捏造罪名,借助于外国主教的势力,查抄了何大发的家财,并勒令何大发之父去教堂赔罪,遭到吊打。地方官以刘明钊打人致伤,将其逮捕。但由于法国主教的干涉,地方官被迫将其释放,刘明钊"从此得势,更肆行无忌"。1868年1月,刘明钊率百余教民打至何家,杀死何大发之父等5人,又将何妻"轮奸毙命",仅何大发一人脱生。刘明钊还不足意,叫嚷要绝灭何氏宗祠,将何家全部田产归教堂所有方才罢休[①]。

重庆开埠以后,西方教会势力又和帝国主义的政治、经济、军事侵略紧密结合,宗教活动进入了一个新时期。仅以重庆开埠最初10年(1891—1901年)为例,就可看到教会势力的全面扩张势头(见表2-1)[②]。

表2-1　1891年西方教会势力侵入重庆情况表

教会名称	成立时期	男女教士人数	现时信徒约数	医院、药房、救济院数
美以美会	1882	8	教友35 受洗者40	医院1 药房1 救济院1
浸礼会	1890	9	受洗者12	药房1
内地会	1877	48	教友176 受洗者224	医院1 药房2 救济院3
公谊会	1890	7	会员2 信徒11	药房1
伦敦会	1889	2	教友9	医院1 药房1
巴黎外方传教会	1696	100	教徒100000	
圣书公会	1879	1	卖书人6	

这一时期外国宗教势力的侵略活动主要表现为以下特点:

(1)教会势力全面扩张。1901年,在重庆的外国教会由开埠前的7个增

[①]《团民何大发控告教士教民暴行禀状》,巴县档案。
[②]周勇,刘景修译编:《近代重庆经济与社会发展:1876—1949》,四川大学出版社1987年版,第70页。

加到 9 个,增长近 30%;在川外籍传教士由 175 个增长到 315 个,增长了 80%,医院、学校等由 13 个增加到 673 个,增长 51 倍[①]。请看重庆开埠最初 10 年(1891—1901)教会势力比较表 2-2。

表 2-2 1891 年至 1901 年西方教会势力侵入重庆情况表

	教会组织数	传教士人数	医院、学校数
1891	7	175	13
1901	9	315	673
增长百分比	30%	80%	5100%

除了数量的增加以外,教会对中国事务的干涉更加肆无忌惮。1898 年大足发生教案,天主教司铎华芳济被起义军绑架。法国传教士借口护教,公然向四川总督提出,拟从安南(时为法国保护国的越南)派 2000 军队前来镇压起义,而且费用还要中国政府负担。法国公使也公开威胁四川总督,如果华芳济被害,"将惟他是问"[②]。

教会的房地产也迅速增加。到 1909 年,外国教会在川 135 县占有教产,其中,法国教会占有房屋 627 所、土地 16680 亩,英国教会占有房屋 181 所、土地 700 亩[③]。

(2)从地区上看,宗教侵略势力已由重庆等沿江城市向穷乡僻壤扩展,遍布四川各地。全省当时有 138 个县,到 20 世纪初,已是县县有教堂,甚至有些场镇,如大足龙水镇、跑马场,金堂苏家湾、七堆瓦等,都修建了较大规模的教堂。到 1901 年,势力最大的巴黎外方传教会在四川已有教堂 221 所。为数众多的传教士散布更广,钻营更深,开始深入边远地区传教。1897 年,英国传教士到达茂州。1898 年,法国传教士到达马边,1901 年到达理县。天主教还设立了川边教区,副主教华朗廷 1897 年到达打箭炉。

(3)英、美耶稣教势力迅速赶上和超过法国天主教势力。在 20 世纪的最初 9 年中,法国传教士只增加 2%,而英国传教士却增加了 52%,美国传教士

[①] 根据重庆海关 1891—1901 年海关报告统计,重庆海关档案。
[②] 周勇、刘景修译编:《近代重庆经济与社会发展:1876—1949》,四川大学出版社 1987 年版,第 132 页。
[③] 四川洋务局编:《四川全省教产表》。

增加了137％。英国传教士总数达到275人,开始超过法国在川传教士数。另据统计,在川的13个外国教会中,属于法国天主教系统的仍为4个,他们是巴黎外方传教会、公倍会、圣教会、公谊会,共有教士183人。而属于英、美耶稣教系统的增加到9个,除原有的内地会、美以美会、浸礼会、英美会、伦敦会外,新增加了基督会、安玄甘会、永安公会、监督会,教士总数达到332人。耶稣教会数是天主教会的2.25倍,传教士数是天主教的1.71倍①。耶稣教后来居上,成为与天主教分庭抗礼的西方宗教。这表明,英国在夺取重庆这一通商口岸以后,也加紧了从宗教方面对四川的侵略,与法国争夺对四川的宗教侵略特权,以便更好地为其政治、经济、军事侵略服务。

(4)文化慈善机构的迅速增加,是一个十分显著的特点。西方传教士东来时,其宗教和文化活动是联系在一起的。重庆开埠前,只有天主教办有几所修道院,培养宗教神职人员。开埠以后情况有了很大变化。这一时期建立的学校以传授科学文化、传播西方文明为主,而且数量相当大。美国教会在重庆开办了求精中学、启明小学,英国教会办了广益中学,法国教会办了重庆法文学堂。1910年美国教会又在成都开办了著名的华西协合大学。仅据1901年的统计,外国教会在四川就办了各级各类学校460所。这些学校不仅办在重庆、成都等通衢大邑,也深入到偏远小县,全省平均每县有洋人办的学堂达3.3所。除学校以外,医院、药房、救济院、孤儿院等慈善机构的增加也十分迅速。1891年时,四川全省仅有这类机构13个,然而只10年工夫,到1901年就已猛增到213个,净增15倍。

造成文化、慈善机构迅速增加的原因,是法国天主教发展方向的转移。重庆开埠以前,天主教着力于教徒人数的增加和传教地域的扩大。英、美教会势力崛起以后,法国在人数和地域上的优势逐渐丧失,转而利用其已经建立起来的庞大的传教网络,大量建立文化、慈善机构。到1901年,仅巴黎外方传教会就办了学校425所,是其他教会学校的12倍;办了医院、药房190所,是其他教会医院的9倍。除此之外,1904年该会川东教区还创办了机关报《崇实报》,创办了公义书院(后改为圣家书局),印刷发行宗教书刊供应四川地区,兼及湖北、贵州、云南等地。

---

① 四川洋务局编:《外国主教暨传教士统计表》。

尽管教会创办这些学校、医院等的直接目的不是为了"侵略"中国,而是为了借此接近更多的中国人,以便更广泛地传播西方宗教。但是,从客观效果看:一方面,它确实起到了传播科学、文明的作用;另一方面,它又培养了一批为帝国主义侵略服务的洋奴。再联系到帝国主义对重庆、对四川的全面深入的侵略,以及洋教在重庆、四川历史上曾发生的恶劣作用,不能不认为,教会的文化活动客观上乃是帝国主义侵华活动的一个部分。

第三章　西方势力对重庆的经济侵略

1891年重庆开埠标志着西方势力开始最大限度地从中国沿海和长江中下游地区推进到了中国的西南腹心地带,而西方势力渗透进中国内陆则主要表现为经济侵略。随着西方列强政治、军事秩序在重庆的陆续建立,经济入侵开始有计划大规模地向重庆渗透进来,并由此深入到重庆周围地区乃至整个四川。从历史上看,重庆开埠时期西方势力对重庆的经济侵略主要表现在控制重庆海关、夺取川江航运权、攫取路矿权以及增加商品输出和资本输出。

第一节　西方势力对重庆海关、川江航运权、路矿权的控制

一、西方势力对重庆海关的控制

重庆开埠后,帝国主义首先控制重庆海关。

海关是一个国家设在通商口岸管理进出国境的人员、货物、货币、运输工具以及征收关税、查禁走私等有关事务的行政管理机关。它对外代表国家行使主权,对内代表中央政府行使权力。鸦片战争前,中国海关行政管理权一直由中国政府自己掌握。鸦片战争以后,由于西方列强入侵,帝国主义强迫清政府订立了一系列不平等条约,这种情况才发生了根本性变化,中国海关变成了由帝国主义列强控制的半封建半殖民地性质的海关。

1842年中英《南京条约》和1844年中美《望厦条约》,导致了中国清政府首先丧失关税自主权。根据中英《南京条约》的规定,进出口中国货物交纳之税"均宜秉公议定则例"。中美《望厦条约》规定,修改税则须得到"领事等官

议允"。1843年税则(即第一个不平等的关税税则)将进出口货物的税率规定为5%左右。1858年税则进一步明确规定,除丝、茶、鸦片三种物品外,所有进出口货物一律值百抽五。《天津条约》还规定了"子口半税"制度,即凡洋货进口后运往内地,或洋商承运的土货由内地出口,交纳5%的进出口税后,再向海关交纳2.5%的"子口半税"即可任意通行。

随着关税自主权的丧失,中国的海关行政大权也逐步为西方殖民者所攫夺。1853年,英、美、法驻沪领事乘上海小刀会起义之机,又夺取了海关(上海关)行政管理权。接着,列强又通过1858年《天津条约》附约,正式规定海关"邀请"外国人"帮办"税务,由英国人独掌中国海关大权,使列强夺取中国海关行政管理权的侵略行径合法化。1860年,中国海关总署成立,总税务司直属总理衙门。随后,以总税务司赫德为首的帝国主义分子进行了一系列篡夺我国海关主权的活动。他们不仅建立了洋人控制的海关的人事制度和行政制度,而且确立了半殖民地性质的海关业务制度,形成了中国半封建半殖民地海关体系。从19世纪70年代至90年代,随着西方资本主义向帝国主义过渡,海关在中国财政、经济、邮政、军事,尤其是在外交领域中的活动,为帝国主义侵华势力开辟了广阔的道路,加速了中国半殖民地化,加深了中华民族的危机。重庆海关的建立和帝国主义对它的控制,是适应帝国主义入侵我国西南地区的需要,也是半殖民地海关疯狂扩张的结果。

开办商埠的头等大事和首要标志就是开设海关、征收关税。《烟台条约续增专条》刚刚签订,清政府就开始了筹建重庆海关的工作。但"川省向无通商口岸,于征收支发一切章程,均未熟悉",清朝四川地方政府中"亦少谙习商务之员",于海关事务更是一窍不通,因此四川总督刘秉璋呈请总理衙门,按已经开埠的宁波、江汉(汉口)、宜昌三处海关开办时的章程办理,制定重庆海关章程。鉴于惯例,改川东道为海关道,以川东道台为海关监督。因此在章程订妥之前,请先铸四川重庆海关监督关防一枚咨发来川,"以便届时转发应用"[①]。早在《烟台条约续增专条》签订前,控制中国海关的总税务司赫德等人已在积极筹划,他选择当时任宜昌海关税务司的英国人好博逊负责重庆海关的筹建工作。1890年7月22日,赫德正式任命好博逊自9月1日起担任

[①]《东华续录》光绪一百,第1页。

重庆海关税务司,负责重庆海关的全部工作[①]。赫德还同时任命奥地利人罗士恒为三等帮办后班,任命英国人鲁富为头等总巡(即以后的监察长),美国人史多恩为三等铃字手(即以后的稽查员)。这些人就是重庆海关的创办人。1890年11月4日好博逊抵达重庆,重庆海关的筹建工作正式开始。

但是,建关工作并非易事。1887年立德乐提出轮船上驶重庆以来就遭到川东沿江船民的反抗。尽管通过谈判阻止了轮船入川,稍微平息了船户的骚动,但重庆开埠通商的规定,又损害了重庆和四川商民的利益,因而川东地区仍处在民情浮动之中。与反对轮船入川斗争平行发展的是川东人民的反洋教斗争。1886年重庆发生了第二次教案,造成了川东地区普遍的反洋教斗争。其中最为突出的是大足县龙水镇人民在1886年、1887年、1890年连续发生三次打教事件。因此,1890年的重庆,政治气氛是相当紧张的。既因《烟台条约续增专条》的签订面临着英国的巨大压力,又因重庆商民对开埠通商的反对和抵制,再加上大足教案不断发生,屡禁不止,重庆政府左右为难。所以,当重庆准备开埠的消息传出以后,各方反对都非常激烈,海关筹建工作严重受阻。

川东道张华奎此时已兼任重庆海关监督一职,与好博逊共同筹建重庆海关。

对于这一时期重庆"民教滋事",海关选址工作受阻,李鸿章一面专此转告好博逊"但便商民,勿泥成见";一面则指令川东道兼海关监督张华奎"开关自互换日为始,经奉谕旨,并载约章,断难商缓。民教滋事,乃地方官之责,该道不得因暂行署理,借词延宕",而应"早报开关"[②]。由于有李鸿章的督促和支持,重庆府和川东道"放胆"地镇压了大足人民的起义斗争,重庆海关得以于1891年3月1日正式开关。

重庆海关最初设在朝天门糖帮公所,1905年迁到太平门顺城街。它分为外班和内班。内班由税务司为总管,下设帮办、税务员、监察员、邮局包裹房供事、司书、文案等。后设巡江司、理船厅等职。外班在南岸狮子山设验关囤船,在城外设卡子房,在唐家沱设分卡。重庆关在地理上管理范围是长江上起于南岸黄桷渡土地庙和北岸的城墙西端,下止于南岸窍角沱铁厂和北岸的安溪石桥,全长3英里;嘉陵江从江口上溯1英里的地区。

[①] 总税务司致重庆关第1号令,海关总署档案,中国第二历史档案馆藏。
[②] 民国版《巴县志》卷十六。

重庆海关 1891 年建立，1949 年结束，在旧中国存在了 58 年。其间，1891 年至 1926 年为外国人控制，为帝国主义侵华政策服务，呈现出半殖民地半封建社会海关的若干特点。

(一) 建立起洋员为主、等级森严的人事制度

1858 年《中外通商章程》就明确规定，中国海关"任凭总理大臣请邀英(法美)人帮办税务"，从此，洋人掌握海关的制度在全国各地海关中推广开来。重庆海关中，税务司、帮办两个要职几乎全被洋人包揽。总税务司赫德为了更有效地控制各地海关，采取频繁换人的办法，不断调换税务司等高级职员。税务司一职向来都由总税务司任命，到 1911 年为止，历任税务司均由洋人担任。这一时期先后在重庆关任税务司职的有 20 人，分别来自英、法、德、丹麦、西班牙、挪威等国，其中英国人占了一半以上。还有各级帮办约 50 人，其中洋人 47 人，占 93%。只是从 1912 年起，才有华人童继达等 4 人成为帮办[①]，大量华员只能担任一般辅助性职务。

海关内等级森严，华洋职员待遇悬殊。仅帮办一职就分为特、超、一、二、三、四共 6 等，每等又分为前后班。洋员一般都身居高职，即使华洋同级，洋员也有诸多特权。在行政上，洋员专任主要职务，华员只能担任辅助性职务。在等级上，内班洋员可由稽查员升至总监察长，而内班华员最高只能担任超等帮办，外班华员只能担任稽查员。事实上这一时期华员最高职务才为二等帮办前班。在薪俸上，华洋差别相当大。税务司好博逊年薪 6000 两，而华人帮办年薪不过 120 两，相差 50 倍。即使华洋同级，也是洋高华低。内班洋员月薪 125 两至 1500 两，同级华员仅为 60 两至 400 两，约差 1 倍至 3 倍。从"恩俸"上看，洋员每 7 年给"恩俸"(另外年薪) 1 年，华员却要 10 年才能得到。从假期上看，洋员每 10 年给长假 1 年，照发薪金及全家全部旅费，华员要 24 年才可以休假 1 年(每 8 年休 4 个月)，且发半薪，无旅费。洋员及其家属全部享受免费医疗，病假半年内发全薪，而华员只能本人就诊，病假 4 个月以上即停薪停职。从住宿条件上看，海关为洋员备置了花园别墅，而华员则根本没有宿舍，只是由海关发给少许的住房费。这个制度体现了帝国主义对中国人的歧视，更保证了洋人在组织上对海关权力的绝对控制。

[①] 海关总署编：《中国海关职员录》。

（二）架空中国海关监督，夺取海关行政管理权，勾结重庆地方政府，进一步侵夺中国主权

海关的最高行政长官是清政府委派的海关监督，而作为清政府雇员的税务司是海关监督的从属人员，这本来十分明确。即使按照不平等条约，洋税务司也只是清政府请来帮助办理税务的职员，而不是长官。但是，自赫德窃取总税务司后，他就一直致力于把海关办成把中国改造成为帝国主义殖民地的核心组织。首先是夺取实际控制权。他通过把整体的海关职能权限进行分割来实现这个目的。将行政管理、征收关税两项主要职权由税务司执行，而海关监督只管登录和设置档案两项权利。

在重庆，海关监督由川东道台兼任。他表面上是海关的最高首长，实际上由于职权的分割，道台不懂关务，海关洋员根本不把他放在眼里，只听命于税务司，所以一切实权均由洋税务司独断。如开关初期制定《重庆新关试办章程》、《重庆新关船只往来宜昌重庆通商船只、货物、征税、停泊试办章程》及1908年制定的《重庆关停泊章程》，1902年颁布的《重庆关理船章程》，都是由洋税务司拟订，报总税务司赫德批准后生效执行的。进入20世纪以后，随着税务司对重庆关务控制的加强和在重庆地位的巩固，他们根本不把海关监督当成海关首长看待，而只是看成和他们自己对等的两国代表了。如海关强索打枪坝修建税务司公所，本该由兼任重庆关监督的川东道台与重庆政府交涉，但洋税务司花荪俨然以海关主人自居，偏要通过外交谈判，用条约的方式来解决，而谈判的对手就是自己的上司——海关监督（川东道）贺元彬。这件事一方面表现了清政府作为帝国主义走狗地位的卑下，更重要的是显示了海关这个侵华势力的急剧膨胀。

（三）挪用关税，偿还战争赔款和外债

关税是一种可靠的税源，是国家财政的一笔稳定收入。因此，在近代史上，凡是与中国有赔款和借款关系的帝国主义国家，大多都要求以关税作为抵押，并以海关作为担保机关。1896年清政府为了偿还英德、俄法两项借款，指定各海关在关税和鸦片烟税（有海关处由海关征收）项下支拨，重庆海关摊派12万两[①]。而重庆海关当年全部税收才31.48万两，光偿还借款就耗去

[①]《清季外交史料》第122卷，第16—17页。

38%,而英德一项又占其中的60%①。中国的财政收入就这样流入了帝国主义的腰包。

（四）无孔不入地搜集中国政治、经济、文化、社会情报,为帝国主义进一步侵略出谋划策

重庆海关的洋员除办理一般性的海关业务外,还奉命广泛搜集重庆、四川乃至西南地区的政治、经济、军事和社会文化等各方面情报,勾结地方官吏参与镇压群众反洋教斗争和抵制洋货入川运动。他们特别注意收集川江水文地理情报,为列强军舰闯进重庆大开绿灯。

早在赫德任命好博逊为重庆关税务司的时候就指示他"仔细彻底地熟悉重庆的情况,并付出特别的努力按照通令的指示来指导你进行工作",并要求好博逊"每两周……写一封半官性函或私函作为……呈文的补充",以便赫德"了解该口或附近地区发生的有趣的或重大的事件"②。1891年,重庆设关不久,好博逊即按其吩咐,对重庆进行了详尽的情报搜集工作。凡重庆地区鸦片、贸易、人口、科举、教育、地势、出产、民船、本国钱号钱庄、大帮信局、都会、会馆、航业、税收、金融、财政、河道、邮局、电报、行政、谘议局、司法、警察、监狱、农业、矿山、制造业、市政、医院、物价、工资、陆海军、铁路、省议会、灾荒等,均在搜集之列。即使四川省以及湖北、贵州、云南、西藏、甘肃、陕西的有关内容也囊括其中。这些情报的搜罗范围之广泛、内容之详尽、地域之宽广,到了令人难以置信的程度。他们将这些情报制成了洋洋数万言的调查报告,每月、每季、每年向总税务司和英驻渝领事呈报。以后形成惯例,每十年编制一份综合性的"十年报告",直到1931年才停止。重庆海关对重庆、四川乃至西南地区情报的搜集,可谓无孔不入、不遗余力。

（五）不断发展和扩张

辛亥革命前约20年里,由于清政府腐败无能,帝国主义加紧了对海关的控制。重庆海关作为帝国主义侵略西南的工具,其组织和行政日趋健全,海关业务范围逐步扩大,税收稳步增加,大批税银源源流进帝国主义腰包。辛亥革命以后,重庆海关已经具有一定规模,建立起相当正规的包括理船、验

---

①根据《重庆海关1892—1901年十年调查报告》,《清季外交史料》第122卷统计。
②总税务司致重庆关第1号令,海关总署档案,中国第二历史档案馆藏。

值、验货、稽查、税务、巡江等在内的一整套组织机构。海关职员队伍扩大到110人,而且还建立了一支由20多人组成的海关警卫队。

关产也得以大规模增加。到1920年时,重庆海关已在打枪坝、二仙庵、太平门、太平渡、王家沱、狮子山等十来处拥有房地产。仅南岸、太平渡关地就占近40万平方英尺。税务司住宅经历年培修,成为重庆城内拥有花园、网球场、发电设备、马厩的豪华别墅。

港务职能不断加强。港务本非海关管辖,然而自赫德在海关总署设置港务股以后,各地海关也建立了相应机构,港务管理权又落入海关手中。重庆海关先后于1918年、1921年制定了《长江上游行轮免碰章程》和《长江上游领港事务总章》,加强了对川江轮船的安全检查工作。1916年,重庆海关认为华商"庆安"号轮船因船体结构有问题,不适合在川江行驶,因而禁止其航行。这就大大加强了重庆海关对川江港务的控制,以确保帝国主义的军舰、商船畅行无阻。

重庆开埠建关以后,列强并不以此为满足。英国驻渝领事烈顿极力怂恿英国政府强迫成都开埠。1898年5月27日,英国首相沙士伯雷训令驻华公使窦纳乐"在将来对清政府交涉中必须提出开放成都问题"[①]。1906年,法商也到成都向川督锡良提出成都开埠的要求。与此同时,重庆海关则盯上了下川东门户万县。1891年,重庆关税务司就在给总税务司赫德的报告中表示了控制万县、扼守长江的意愿,报告指出:"除重庆外,川东重要商业城市首数万县。万县除了本地相当大的商业可以自豪外,县城控着大江和通到四川西部的各重要陆路。"[②]1902年通过中英《续议通商行船条约》,英国强迫增开万县为商埠,将万县划归重庆海关管理。1917年3月6日,重庆海关在万县设立了分关,以英人阿斯克尔为首任代理税务司[③]。至此,重庆海关就控制了四川境内的全部川江。

二、西方势力对川江航运权的掠夺

长江上游的川江水道,尽管滩险浪恶,但在近代,却是外界与四川交往贸

[①]《蓝皮书》中国卷一,引自《历史研究》1962年第5期,第138页。
[②]《重庆海关1891年调查报告》。
[③]《万县分关1917—1921年调查报告》。

易最便捷的途径,也是当年帝国主义入侵四川的唯一通道。列强深知,要在四川站稳脚跟,首先必须打通川江通道,夺取川江航运权益。早在重庆开埠前,西方殖民者就急于打通长江上游的轮船航道,英国资产阶级充当了急先锋。扩大对外贸易,进行经济掠夺,是近代英国资产阶级的既定国策;政治和军事侵略乃是其向外扩张的手段;轮船则是必不可少的工具。航运与英国海外殖民史有着密不可分的关系。

19世纪60年代末,英国在和其他西方国家争夺已经开辟的中国沿海航线的同时,又带头向中国内河水域扩张,特别是致力于开辟自汉口上溯重庆的川江轮船运输线。1869年,英国政府派遣上海英商商会代表密琪、弗朗西斯和英国驻汉口领事,沿川江到达重庆,进行实地考察,制定通航和开埠的方案。1876年,英国又企图借签署中英《烟台条约》之际强迫中方交出川江航运权。但当时英国轮船在技术方面还不具备在险恶的川江航线上行驶的条件,这一企图未能得逞。

进入19世纪80年代,随着帝国主义对中国西南争夺的加剧,英国驻重庆领事对重庆通航的迫切性和可能性再次进行了全面的论证,并于1886年5月在英国掀起了开航重庆的鼓噪。就技术条件而言,轮船通行川江的条件已经具备,因而英国驻华公使便暗中怂恿"(英国)船东采取步骤"将轮船径直开到重庆去①,强迫实行川江通航。

承担这项侵略任务的是被称为"西部中国的英国开路先锋"②的立德乐。他于1883年侦察川江航道,到过重庆。1884年,他开始经营汉口至宜昌间各季航运业务,为上驶重庆作技术性准备。在英国驻华公使的指使下,立德乐有恃无恐,于1885年正式向清政府申请宜昌至重庆间的行轮执照。1887年他组成川江轮船公司,并根据川江水情与航道特点,在英国特制了"固陵"号轮船。1889年,该轮驶抵宜昌,准备上驶重庆。

立德乐的行径激起了长江沿岸船工的愤怒。清政府一面安抚百姓,一面命令四川总督派员与英方谈判。在长达两年的谈判中,英方出尔反尔,坚持要全面彻底地开放川江,致使谈判几度陷入僵局。由于主持清政府外交事务

---

① 《北华捷报》1886年6月25日,转引自聂宝璋编:《中国近代航业史资料》第1辑(上),上海人民出版社1983年版,第399—401页。
② 《重庆工商史料选辑》第1辑,第3页。

的李鸿章抱定"姑求十年无事"①的方针,在他的干预下,重庆地方政府以出资12万两白银,全部买下立德乐"固陵"号轮船及附属设备的高昂代价,换取英方保证10年之内轮船不上驶重庆的承诺。

1890年3月31日,英国又强迫中国签订了《烟台条约续增专条》。英国不仅强开重庆为商埠,而且根据《烟台条约续增专条》的规定,英商可以自己制造木船或雇用中国木船,挂外国旗由川江上驶重庆,享有轮船在其他口岸和水域所享有的优待和权益。据此,川江航运权从法律上已开始丧失。1891年6月18日,重庆开埠后出口的第一艘挂旗船即是由英商太古洋行租用的中国木船,装载白蜡、黄丝离开重庆,驶往宜昌。7月2日,英商立德乐洋行也租用木船,装载煤油、海带抵达重庆,成为进口重庆的第一艘挂旗船。从此,米字旗、三色旗、星条旗、太阳旗开始在川江上飘扬。

由于木制帆船装载货物有限,在三峡各险滩常有覆没的危险,而且运价较高,往返时间太长,无法满足帝国主义倾销商品、输出资本的欲壑,因此,列强仍把轮船上驶川江当作扩大和巩固侵川势力的当务之急。

甲午战争后,日本通过《马关条约》迫使清政府同意轮船可以从宜昌溯长江驶至重庆。根据片面最惠国待遇的特权,其他帝国主义国家亦同时取得了与日本同样的权益。此后,各国列强在继续采用华式木船航行于川江的同时,更加紧在川江试航探险、整治险滩,尽快开办川江轮运,以加强对四川的控制和掠夺。

借助《马关条约》第一个侵入川江的还是立德乐。1897年,他在上海又订制了一艘载重量为7吨的小轮船"利川"号,由于有不平等条约的庇护,中国政府不但不敢阻拦,反而还派出炮船和士兵等护送"利川"号西上。1898年2月15日,立德乐自任船长与大副,带领"利川"号开始了川江轮船运输的处女航。经过20多天的航行,"利川"号于3月8日晚抵达重庆下游10里的唐家沱。3月9日清晨,"利川"号起锚驶往重庆。在渝的英、美、日领事获悉,即组织中外人士50多人,乘船前往迎接。重庆地方政府则遣炮船张灯结彩,于江中列队等候。"利川"号驶抵朝天门时,欢迎船队向它鸣炮致意,以示

---

① 《清季外交史料》第79卷,第27页。

祝贺[①]。

"利川"号只是一条 7 吨小轮,无法担负宜渝航行运输的任务,只能在重庆江面拖带小船,转运货物。但是"利川"号试航重庆的成功标志着中国川江航运权的完全丧失,同时它极大鼓起了帝国主义大规模入侵川江的狂热情绪,迅速掀起了新的侵略高潮。

1899 年 5 月 7 日,英国军舰"山鸡"、"山莺"号闯至重庆江面,泊于南岸海关趸船旁,开创了外国军舰侵入川江的先例[②]。

6 月 20 日,立德乐又和英国船长普兰田一起,驾驶英国商船"先行"号(又称"肇通"号)到达重庆,它在叶滩将两只中国木船撞翻,淹死两名中国人。这是外国轮船在川江上横冲直撞的第一个血腥记录。

1900 年 12 月 27 日,德国"瑞祥"号商轮由宜昌开出,但甫行 40 公里,至川江崆岭滩触礁沉没,成为葬身川江的第一艘外国轮船。

同年,立德乐又纠合四川的官僚买办商人在重庆组织岷江轮船公司,计划专门行驶重庆以上直至成都的川江。并在上海购有载重 200 吨、速率 12 英里、吃水 4 英尺的暗车式小轮。后因义和团运动发生而未能得逞[③]。

1901 年 8 月,英国炮艇"山鸡"号更驶至叙府和嘉定江面。11 月,法国炮艇"奥立"号也到重庆威胁四川义和团运动。另有法舰"大江"、"阿纳利"号来川[④]。

1901 年至 1902 年,德国美最时洋行和日本大阪轮船公司先行在重庆开设行栈,雇用木船运货[⑤]。

1902 年,法兵舰第一次测量川江险滩[⑥]。日清汽船会社设立于重庆[⑦]。

1903 年 6 月,法舰"阿纳利"号上驶叙府,于南溪附近锅炉爆裂[⑧]。

1904 年,英国在长江的兵舰有 6 艘,其中 3 艘泊在重庆。法国也有 1 艘

[①] 立德乐:《在中国西部贸易和旅行》第 14 章《轮船的第一次上驶》,1898 年伦敦版。
[②]《川江航运史稿·年表》(未刊稿)称:两兵舰 1900 年抵渝。我们采用的是《重庆海关 1892—1901 年十年调查报告》记载的时间。
[③] 光绪二十六年《东西商报》商 57,第 11 页,引自《历史研究》1962 年第 5 期,第 142 页。
[④]《川江航运史稿·年表》(未刊稿)。
[⑤]《关册》光绪二十六年下卷,重庆口,第 16 页,引自《历史研究》1962 年第 5 期,第 143 页。
[⑥]《川江航运史稿·年表》(未刊稿)。
[⑦]《重庆海关 1902—1911 年十年调查报告》。
[⑧]《川江航运史稿·年表》(未刊稿)。

兵舰驻重庆①。

1905年4月,英兵舰"威进"号抵渝②。

1907年,德国兵舰"华特兰"号入川,英国水师提督入川游历③。

1909年,法国兵舰"都大"号入川④。是年,英国军舰停泊嘉定城外数日不走,强词夺理,"英国师船,别无他意,或因捕盗驻入中国","每年兵舰皆来嘉定等处游弋……彼(指川督赵尔丰——作者注)无权解决"⑤。

20世纪初,列强为争夺川江航运权益,以"巡查贸易"、"保护商船"、"捕盗"等名义,相继派军舰长驱入川(见表3-1)。

表3-1　1909年停泊重庆外国军舰表

国名	舰数(艘)	舰 名	舰上人数
英国	3	"威进"、"武克"、"武喇"(钢甲舰)	101
法国	1	"阿纳利"(铁甲舰)	23
德国	1	"协脱"(铁甲舰)	22
合计	5		146

资料来源　据《四川通省外国官员商民统计表》。

1910年,日本军舰"优见"号入川。法舰第二次测量宜渝水道⑥。

1911年,美国华孚煤油公司油船拖轮"美滩"、"美沪"、"美川"号运煤油入川。其后,英国亚细亚火油公司的油船"真光"、"明光"、"蜀光"、"安南"号等船驶入四川⑦。

综上所述,帝国主义掠夺川江航运权是和他们在川江上的侵略活动密切相关的。其侵略活动以1898年第一艘洋轮到重庆为界,分为前后两个时期。

---

①胡昭曦:《从甲午战争到辛亥革命时期帝国主义对四川的经济侵略》,载《历史教学》1961年第11、12期合刊,第18页。

②《川江航运史稿·年表》(未刊稿)。

③《川江航运史稿·年表》(未刊稿)。

④《川江航运史稿·年表》(未刊稿)。

⑤胡昭曦:《从甲午战争到辛亥革命时期帝国主义对四川的经济侵略》,载《历史教学》1961年第11、12期合刊,第18页。

⑥《川江航运史稿·年表》(未刊稿)。

⑦重庆港务局辑:《川江航运发展史参考资料》。

前一时期,主要通过挂旗船以及挂旗船与民船争利来实现;后一时期,则是外国军舰的大规模入侵,为挂旗船护航,用武力为其商轮开路。

而值得注意的是,从1891年重庆开埠到1911年辛亥革命爆发的20年间,西方列强在川江轮运方面并没有取得商业利益。侵入川江的商业性轮船只有1899年的"先行"号和1911年的一些油船,而在川江上航行的外国轮船主要还是各国军舰。很显然,它们不是这20年间洋货入川的重要承担者。这主要是由于川江航道的险恶。由于商轮载重量大,吃水较深,无法通过川江险滩,客货运输风险很大,因而洋商普遍认为长江上游的轮船运输无利可图。这在当时的技术条件下,成为帝国主义无法克服的困难。因此,1890年至1911年,帝国主义夺取川江航运权的活动,只是为后来各国商船纷纷闯入川江铺平了道路。同时,大量兵舰在重庆及川江活动,旨在以其军事力量威胁川、鄂两省中国官民,保证其在川江上的商业利益。

那么,20年来入川洋货的主要承运者是谁呢?那就是《烟台条约续增专条》所规定的挂旗船和民船。所谓挂旗船,即悬挂外国国旗、在中国领水航行、享受外国侵华特权的船只。在这里提到的川江挂旗船,特指挂外国旗航行在川江上的中国式木船,这是帝国主义入侵川江、掠夺川人权益的特殊手段。挂旗船分两种类型:一是外国船挂外国旗,约占76%;一是中国船挂外国旗,约占24%。在1891年至1911年的20年间,外国在渝的洋行、公司、工厂几乎无一例外地以挂旗船在川江上运输,即使日本大阪轮船公司在渝设行后,也不得不雇用木船运货。1891年重庆开埠时,进出重庆港的挂旗船为607艘,1892年更达到了1879艘,载货4.33万吨,1895年更达到了2117艘,载货量达5.41万吨。到1898年,已达2908艘,货运量高达10万吨以上。在这些挂旗船中,英国籍约占67%,中国籍约占24%,美国籍约占8%,其他国家不到1%[①]。由于辛亥革命以前外国商船极少进入川江承运货物,因此,挂旗船成了入川洋货的主要承运者。外国挂旗船数量和载货总量的增加,表明了帝国主义对川江航运权掠夺的加剧。

与此同时,洋人经营的木船入川,造成了川江木船运输业的激烈竞争。一方面,挂旗船揽货运输,造成民船运输萎缩;另一方面,挂旗船凭借特权优

[①] 根据英国领事1892—1898年给英国政府的报告统计,见英国议会档案。

势,打击官办运输业。重庆开埠以后,清政府经营的轮船招商局也在重庆开办分局,经营川江航运。当时,由于洋货涌入,外贸入超和经营川江航运机构权力增加,重庆商帮的下水客货就成了争夺的对象。而外商怡和、太古洋行依仗特权采取了一系列优待办法来拉拢商人,例如先运货、后付运费,不须支付保险费也愿分年偿还货物损失,运费打折等。这就比招商局先收款后运货,损失货物概不赔偿的办法更吸引人。同时,怡和、太古、公泰、立德乐4家洋行还大做挂旗买卖。只要中国船交给他们5两银,即准挂该洋行的旗帜,享受与洋货一样免交厘金的优待。而太古公司又暗中减半,在洋商内部竞争。挂旗船的侵夺,致使中国"官捐寥落,商务权利悉入西人掌握"。1893年5月,轮船招商局帮办郑观应到达重庆,目睹此情此景,感慨万端,大呼"此有心人所为痛哭流涕者也"①。

三、西方势力大肆攫取路矿权

甲午战争后,经过1895年至1898年的争夺,帝国主义在中国的"势力范围"大致已经确定下来了。在各自的势力范围内疯狂地掠夺中国铁路的修筑权和矿山的开采权,这是甲午战争后十余年各帝国主义国家对中国经济侵略的主要手段。川江航运权的丧失,为帝国主义全面侵略重庆、四川打通了航道,也更鼓舞了他们疯狂掠夺四川铁路修筑权、矿山开采权的欲望,这不仅使得四川的民族危机日益深重,而且使得长江上游内陆城市开始在半殖民地半封建的泥潭中越陷越深。

铁路是近代工业发展的产物。但在中国近代历史上,铁路也成为西方列强侵略掠夺中国的重要工具。在阴谋侵夺川江航运权的同时,帝国主义也企图把铁路筑进四川。早在1864年,英国麦克唐纳·斯蒂文生爵士来华游说,并拟定了一个在中国修筑铁路的庞大计划。这个计划包括建筑一条以长江流域的华中商业中心汉口为出发点,东通上海,西行经四川、云南等省直达印度的铁路干线②。

19世纪末,英、法、俄、德等国共同筹划侵夺四川铁路权。如果说那时他

---

① 郑观应:《长江日记》,见夏东元:《郑观应传》,华东师范大学出版社1983年版。
② 宓汝成编:《中国近代铁路史资料》第1册,中华书局1963年版,第6页。

们还只是在酝酿和进行勘测的话,那么进入 20 世纪,他们就百端纷扰,攘臂坐索了。此外由于川江水运的艰险及船舶技术的原因,在打通入川通道方面,列强普遍开始"舍轮船而就火车之利"①。他们一共提出了在四川修筑四条主要铁路的计划:(1)英国拟将滇缅铁路延长至重庆、成都;(2)法国拟将滇越铁路延长至重庆、成都;(3)英国拟筑川藏铁路(起自昌都,经康定、成都到重庆);(4)英、法、美、俄、德强索拟议中的川汉铁路修筑权。这些铁路,无论从东面由汉口入川,还是从南面经云南入川,抑或在四川境内修筑,其主要目的都是想控制四川,连接成渝两大城市,避开川江水运之险,打通横贯中国东部和西部的铁路通道。这些计划都与重庆有着十分密切和直接的关系。英国学者肯德在他的《中国铁路发展史》一书中非常明确地阐述了这种关系。他说,四川和重庆的财富和资源,是世界上任何地方都无法比拟的。而要得到这一切,就必须打开它的大门——使"条约港重庆","成为远东的圣路易"。正是由于帝国主义的百般侵夺和清政府的卖国政策,才导致了 1911 年四川人民为捍卫铁路主权而进行的声势浩大的四川保路运动。

富饶的四川矿产资源,早为外国侵略者觊觎。1865 年,法国就派出地质队由云南进入四川叙府、重庆等地探测矿藏,写出了《帅岗至叙州一带搜矿纪要》、《四川矿说》等书,详细刊载四川的矿产资源。1869 年英商商会代表到达重庆后在给政府的报告中,也记述了重庆附近的矿产资源。以后,凡到过重庆的英国驻寓官、领事,无不对重庆附近的煤、铁矿藏赞叹不已,回国以后便大肆鼓动英国实业家前来开采。

1891 年重庆开埠,为帝国主义国家掠夺四川,特别是重庆附近的矿产资源造成了现实的条件。1896 年,由法国驻渝领事哈士出面,伙同法商雷达利、矿师蒲武,勾结不法川商钟毓灵等,前往重庆、泸州、叙府、嘉定、自流井等处,勘察煤炭、石油资源。法商与川商私立合同,由法商出资开采。川东道得知以后,立即照会法国驻渝领事予以制止。哈士不但不听,反而以法国外交部的名义责难川东道,坚持夺矿。从此,开创了列强掠夺四川矿产的第一例。后来,哈士还逼迫四川总督奎俊将巴县、綦江、合川等 8 县的煤、铁矿开采权让与法国。由于有法国领事带头,1898 年起美国、法国商人、公司也先后来

---

① 《轨政纪要新编》轨三。

渝,索要真武山、老君山一带的煤矿。特别是英国金融家摩根竟于1899年1月勾结李鸿章签订了《四川矿权草约》,夺取了四川全省煤、铁、石油等矿50年开采权。

在重庆,掠夺矿权、开办矿山最为突出的还是英商立德乐。由于夺取川江航运权的计划受挫,他又转向矿产的开发。1898年,他踏勘了重庆郊区后,发现江北的煤、铁矿藏非常丰富,便买通当地私商,由他出资,当地私商出面申办煤、铁矿。到1904年9月,立德乐就开办了华英合办煤铁矿务有限公司,简称华英公司。立德乐以该公司名义与四川省矿务总局签订了《江北厅煤矿公司矿务合同》。同年12月,合同经清政府外务部批准生效,立德乐攫取了江北厅地方50年的煤、铁矿开采权。1905年3月华英公司在香港注册。该公司先占了龙王洞5窑6厂,随后开始扩展,由英国领事出面,取得了用于运煤的短程铁路修筑权,同时还私自违约开采石牛沟煤矿。清政府不但承认了华英公司的这些非法活动,而且还宣布将尽力保护英商权益,对当地滋闹事端者,一律严加惩办。于是华英公司凭借特权,大肆盗窃江北厅煤炭资源。该公司洋员和奴才又恃强为恶,与当地绅民屡生纠葛,矛盾十分尖锐。

1907年,华英公司将铁路设备运抵重庆,着手修筑龙王洞煤矿到嘉陵江边狮子口的运煤铁路。在勘察线路时,华英公司任意乱划范围,广插标竿,越界侵占了不少田地,滥伐竹木,践踏庐墓,污染水源。农民起来反对,与之讲理,公司根本不听。地方民团出面阻拦,公司也不予理睬。致使"激动公愤,万口沸腾"[1]。在忍无可忍的情况下,江北、巴县绅民联合起来,展开了收回矿权的斗争,终于在1909年将江北厅矿权收回。

在帝国主义掠夺四川矿权的历史上,1904年是极其重要的一年。除立德乐夺取江北煤、铁开采权外,法国人戴玛德与川省管解白腊委员、候补知县刘鹏在北京私立合同,合办夔州府属巫山、大宁、云阳、开县、万县等地铜、煤各矿,并由英、法领事出面支持[2]。法商与夔州高蕴玉合办华利公司。法日商人与万县刘某合议开矿。戴玛德还与四川矿务局合议开办巴万煤油[3]。江北厅

---

[1]《四川文史资料选辑》第4辑,第4页。
[2]《锡良遗稿》第1册,第373页。
[3]《东方杂志》第1年第6号,各省矿务汇志,实业,第99页。

杨某又与英商合伙开办南川煤油①。

在列强竞相掠夺下,时人惊叹"今吾蜀矿务落于他人手者已过半矣"②。

第二节　西方势力对重庆的商品输出和资本输出

一、西方势力对重庆的商品输出

商品输出是西方资本主义国家对殖民地半殖民地经济侵略的主要形式。

为打开中国西部陆路市场,将重庆乃至四川纳入世界资本主义市场的轨道,西方列强首先注意的是商业情报的搜集。商业情报至关重要。1876年《烟台条约》以后,英国就根据条约"派员驻渝查看英商事务",积极搜集重庆以至全川的经济情报,为英国商品的大举入侵准备条件。因此,1891年重庆开埠后,英国就很快地占领了重庆市场,居于霸主的地位。美国也接踵而来,但其势力还远逊于英国。通过1895年《马关条约》,日本获取了极大的侵略权益,其他列强也利益均沾。然而,日本毕竟是后来者,对四川市场了解不多,因此,他们首先派来重庆的就是商业考察团,为其扩展经济侵略作准备。

1896年1月,由日本农务部官员、商业专科学校校长、轮船公司代表、新闻记者、商人们组成的日本商业考察团"访问"重庆,详细调查票号、当铺和当铺利率、大帮信局、度量衡、运费、银钱兑换、地价和工资、火柴制造以及对日本货物的一般需要等经济情报。

3月,由法国商会代表、蚕丝专家、采矿工程师以及各方人士组成的"法国里昂开发中国商业考察团"经由成都、贵阳两处,到达重庆。"整个夏季在全省考察,再在打箭炉聚齐,于秋间回抵重庆。"③

对于日、法的竞争,英国寸步不让。同年三四月间,"经英政府派往各通商口岸调查英商贸易情况"的英国驻广州总领事白瑞兰"访问"了重庆。12月,又由英国领事署职员波恩率领的由纺织专家组成的"布拉克博恩考察团""访问"重庆,"不懈地收集情报"④,着重调查英国纺织品在重庆和四川的销

---

①《东方杂志》第1年第10号,各省矿务汇志,实业,第178页。
②隗瀛涛编著:《四川保路运动史料》,四川人民出版社1981年版,第21页。
③隗瀛涛、周勇:《重庆开埠史》,重庆出版社1983年版,第51页。
④《重庆海关1892—1901年十年调查报告》。

售情况，以便巩固扩大英国纺织品市场。

外商直接从事商品输出的重要机构是在重庆开设的洋行、公司、药房和酒店。外商洋行在重庆的活动，始于1874年，即美商公泰洋行在重庆设立分行，以后有英商协和和泰昌洋行到四川购销货物，但是数量不多。直到重庆开埠前后，才有大量洋行的设立。据不完全统计，1890年至1911年，各国先后在重庆设立的这一类机构有：

1890年，[英]立德乐洋行设于重庆下陕西街。这是重庆第一家外国洋行，专门经营进出口贸易，以及航运、煤矿、猪鬃等。起初雇用中国人陈锦颜、卢序东、阎春荪、周云浦为买办。1904年结束[1]。

1891年，[英]太古洋行经营航运、保险、进出口业务[2]；[英]怡和洋行经营航运、进出口业务[3]。

1892年，[英]重庆有限转运公司，英商立德乐设立，专门从事运输业[4]。

1893年，[英]利川保险公司，英商立德乐开设，"专保旗船货物"[5]。

1894年，[法]异新洋行[6]、[美]大美药房[7]。

1895年以前，[美]利泰洋行、[美]永丰洋行[8]。

1897年，[德]义昌洋行[9]。

1899年，[美]美孚洋行，经营进口洋纱、洋布、五金杂货，出口生丝、药材等土特产[10]。

1900年，[英]隆茂洋行，1905年该行在重庆正式挂牌，继立德乐洋行之后，垄断重庆猪鬃经营，以立德乐的帮办聂克省为大班，英人施坡伦、白耳理为帮办。1926年结束[11]。

---

[1]《重庆文史资料》第3辑，第55页。
[2]《四川省对外关系统计》，民国二年版。
[3]《四川省对外关系统计》，民国二年版。
[4]《川江航运史稿·年表》（未刊稿）。
[5]《关册》重庆口，1893年，第50页，引自《历史研究》1962年第5期，第137页。
[6]《四川省对外关系统计》，民国二年版。
[7]《四川省对外关系统计》，民国二年版。
[8]《巴县志》卷十六，第20页。
[9]《四川省对外关系统计》，民国二年版。
[10]《川江航运史稿·年表》（未刊稿）。
[11]《四川省对外关系统计》，民国二年版；《重庆工商史料选辑》第3辑，第61页。

第三章 西方势力对重庆的经济侵略

1901年,[德]亚诺洋行①。

1901年以前,[英]重庆贸易公司、[法]柯分立洋行、[德]瑞记洋行②。

1901年至1902年,[德]美最时洋行、[日]大阪轮船公司③。

1902年,[日]日清汽船公社④、[德]礼和洋行、[日]太阪洋行、[日]太和洋行、[日]大利洋行⑤、[日]友邻火柴公司⑥。

1903年,[德]惠利洋行、[英]卜内门洋碱公司、[英]保家水险公司、[日]新利洋行⑦(经营山货、皮毛,在各产地设立了48个分厂,深入农村收购土特产品)、[日]东华公司。

1904年,[法]利源洋行、[德]元亨洋行、[英]美英纸烟公司⑧。

1905年,[德]瑞记洋行,经营药材、肠衣;[德]谦信洋行⑨。

1906年,[英]英京火险公司,由英商隆茂洋行经理⑩;[英]永年人寿保险公司、[英]永明人寿保险公司⑪、[英]京伦敦李白洋行⑫;[日]福记洋行⑬。

1907年,[英]庆源洋行、[英]兵轮酒店、[日]若林洋行⑭、[日]聚福洋行⑮。

1908年以前,[德]丰茂洋行⑯。

1909年,[德]宝丰洋行、[德]爱礼洋行、[法]吉利洋行、[美]胜家缝纫

---

①《川江航运史稿·年表》(未刊稿)。
②《重庆海关1892—1901年十年调查报告》;另据《远东经济发展中的外国企业》,载汪敬虞编:《中国近代工业史资料》第2辑(上),科学出版社1957年版,第319页。
③聂宝璋:《川江航运权是怎样丧失的?》,载《历史研究》1962年第5期,第143页。
④《重庆海关1902—1911年十年调查报告》。
⑤《四川省对外关系统计》,民国二年版。
⑥汪敬虞编:《中国近代工业史资料》第2辑(下),科学出版社1957年版,第1127页。
⑦《四川省对外关系统计》,民国二年版。
⑧《四川省对外关系统计》,民国二年版。
⑨《四川省对外关系统计》,民国二年版。
⑩《广益丛报》光绪三十一年第32号。
⑪据《广益丛报》光绪三十二年第15号,记载两公司在渝设立分行的广告,以及川东道晓谕百姓,予以保护的告示;《四川省对外关系统计》分别载于1896年和1903年。
⑫《广益丛报》光绪三十二年第24号广告。
⑬《四川省对外关系统计》,民国二年版。
⑭《四川省对外关系统计》,民国二年版。
⑮《四川省对外关系统计》,民国二年版;另据《重庆文史资料选辑》第3辑,第75页,该行建于1909年,经营羊皮,股东全是重庆商人,他们勾结日本商人真庚于向日本政府注册为洋行,挂日本旗,冒充日商,每年由聚福给真庚以挂旗费白银1200两。
⑯《重庆文史资料选辑》第3辑,第66页。

公司、[英]韦廉士药房①。

1911年,[日]瑞华洋行②;[英]白理洋行,经营山货出口,为英商白耳理串通重庆买办古学渊设立③。

综上所述,从1890年至1911年,外国商人先后在重庆开办的这类商业机构达51家,有的经营较好,有的旋办旋灭,但到辛亥革命爆发时,在开办的仍有28家④。这些洋行公司虽设在重庆,但辐射全川,或倾销商品,或掠夺原料,组成了一个经济侵略的巨大网络,从而将四川纳入了资本主义的世界市场。

英国在对重庆的经济侵略中处于领先地位,日本的势力发展较快,并企图取代英国的地位。各国洋行、公司在重庆市场上进行激烈竞争,力求取得垄断地位,并竞相设立分支机构,把侵略的触角伸向全重庆及周围腹地。

综观1911年以前外国对重庆的商品输出,主要有以下特点(表3-2)⑤。

表3-2　1911年前重庆洋货、土货进出口货值统计表

年度	进口洋货值(海关两)	出口土货值(海关两)	入超额(海关两)
1875	156000	—	
1877	1157000	—	
1879	2659000	—	
1881	4059000	—	
1889	2724464		
1890	4815932	2036911	—
1892	5825474	2604500	3220974
1895	5618317	3521563	2096754
1897	8444081	4325713	4118368
1899	3075176	4610822	8464354
1902	16000000	8500000	7500000
1911	19000000	10000000	9000000

资料来源　根据1892—1898年英国领事报告和1892—1901年重庆海关报告统计。

①《四川省对外关系统计》,民国二年版。
②隗瀛涛、周勇:《重庆开埠史》,重庆出版社1983年版,第55页。
③《重庆文史资料选辑》第3辑,第71页。
④隗瀛涛、周勇:《重庆开埠史》,重庆出版社1983年版,第55页。
⑤根据重庆海关档案、英国议会档案等文件综合整理。

（1）重庆进口洋货的增长速度与中国近代历史的发展跳跃式地同步前进。《烟台条约》后，洋货入川速度持续增长，仅五六年时间，就增加了 26 倍，从 1875 年的 15.6 万两，增至 1881 年的 405.9 万两。重庆开埠后仅一年（1892 年）就达到 582.5 万两，较开埠前增长 20.9%。《马关条约》后日本侵入重庆。在列强的激烈竞争中，到 1899 年，重庆市场上的洋货就达到 1307.5 万两，较 1895 年增长了 132.7%。《辛丑条约》签订以后，1902 年的入川洋货已高达 1600 万两了。由此可见，随着外国势力向长江上游地区的扩张，中国半殖民地化危机的加深，列强对重庆的经济侵略就日益加剧，每一个不平等条约犹如一支加速剂，推动洋货向重庆市场呼啸而来。

（2）在进口洋货中居于垄断地位的是英国商品。以占进口洋货最大数量的纺织品为例。从 1892 年至 1901 年，进口洋布总共为 667.6 万匹，其中 69.2 万匹为土耳其和意大利产品，仅占 10.36%，其余 598.4 万匹均为英国出产，占进口洋布总额的 89.6%。又如，在这期间，进口洋纱为 183 万担，其中英国和它的殖民地印度制造的棉纱为 174 万担，占总数的 95% 以上。其余为日纱。直到第一次世界大战爆发，由于英国无暇东顾，日货乘机充斥重庆市场，英国商品垄断重庆市场的局面，才有了根本改变。

（3）由于帝国主义对重庆大规模的商品输出，重庆进出口贸易中出现逆差，并随着经济侵略的日益加深而逐步增长。重庆开埠以后，中外贸易逆差就呈现出不可遏止之势，1892 年达 322 万两，到 1900 年就已高达 952 万两了，不到 10 年，增长了近两倍，并一直保持在这个水平上[①]。这种逆差完全是由于帝国主义商品输出，进行不平等贸易带来的，它是殖民地式的对外贸易的重要标志，给重庆近代经济带来了严重的后果。

19 世纪 70 年代以来，由于外国商品的大量涌入，开始冲击重庆和四川自给自足的自然经济，破坏城市的手工业和农村的家庭手工业。重庆开埠以后，这种情况愈演愈烈，出现了马克思、恩格斯在《共产党宣言》中曾经指出的那种状况，即"旧的、靠国产品来满足的需要，被新的、要靠极其遥远的国家和地带的产品来满足的需要能代替"，"地方的和民族的自给自足和闭关自守状

---

① 由于资料的欠缺，逆差出现的具体年代尚待考证。以上数字见《重庆海关 1892—1901 年十年报告》。

态,被各民族的各方面的互相往来和各方面的互相依赖所代替"。重庆这种被动地痛苦地走向资本主义世界市场的过程,是中国近代社会半殖民地的显著特征。而最能反映这种特征的则是外国棉纺织对重庆和四川社会的巨大影响。

洋布和洋纱基本上同时进入重庆市场,但结果很不相同。洋布虽然细腻漂亮,但不耐磨,因而只为城里少数中等富裕人家穿用,销量很少。重庆开埠头10年,尽管洋货进口增长很快,但洋布却徘徊不前,平均年销售65万匹左右,几乎没有发展。

洋纱就有不同了。由于当时四川极少出产棉花,所需土棉均需从沿江各省进口,然后在重庆纺成土纱织土布,以供应市场。由于进口洋纱和土棉的售价几乎相等,不须加工即可直接织布,成本大大降低,且既白又细,操作方便,因此人们纷纷弃土棉而用洋纱,造成洋纱进口量的迅速增加。1893年,重庆进口洋纱仅7.7万担,到1899年达到32.5万担了,增加了3.2倍[1]。洋纱严重地冲击了重庆的家庭棉纱业。据记载,洋纱入川以前,重庆农村,家家都用手摇纺车纺织棉纱。每到乡下,纺车转动时的轧轧之声,不绝于耳,但是"棉(洋)纱畅行,此事尽废"[2]。就这样洋纱代替了土纱,手纺业被强行与手织业割离。洋纱织布又为织布业的机械化提供了条件,引起重庆附近机器织布工厂的兴起,这又在一定程度上破坏了乡村和城镇的手织业,进一步使农业与手织业割离,破坏了农业与家庭手工业相结合的自给自足的自然经济。在四川,这种纺织分离、耕织分离的过程,以重庆地区进行得最早和最快。

重庆开埠后,正值西方资本主义向帝国主义阶段过渡,列强商品输出激增,深入到内陆重庆,短短几年便逐渐控制了重庆的商品市场和原料市场,使四川、重庆乃至西南内地逐步变成西方殖民者的商品市场和原料供应地。重庆开始卷进了世界资本主义市场的漩涡,成为世界资本主义殖民地和半殖民地市场的组成部分。

二、西方势力对重庆的资本输出

资本输出是世界资本主义进入帝国主义阶段的一个重要特征。列强把

---

[1] 隗瀛涛、周勇:《重庆开埠史》,重庆出版社1983年版,第73页。
[2] 民国版《巴县志》卷十二《工业》。

重庆视为有利可图的投资场所,从 19 世纪末开始对重庆资本输出,利用重庆丰富的原材料和廉价的劳动力,赚取超额利润。

西方帝国主义列强对重庆的资本输出主要是通过直接投资近代交通、工矿实业来实现的。

开办工厂,是列强资本输出的主要方式。最早在重庆设厂的是 1896 年由英商立德乐的重庆贸易公司在重庆南岸设立的猪鬃厂。

1890 年,立德乐洋行建立后,立德乐为大肆掠夺重庆的土产原料,就以他的买办卢序东的名义,用"永租"的方式,将重庆南岸龙门浩地区 9 湾 18 堡连亘数里的地皮占为己有,准备办厂。当时,中国猪鬃业刚刚在沿海地区发展起来,以天津的质量为好,极为有利可图,而内地猪鬃市场则尚未开辟。1891 年,立德乐便从天津招募了一批技术工人到重庆,进行猪鬃加工和对外出口,工厂就设在城内。随着生产规模的逐步扩大,立德乐便在南岸修建了一座新的厂房,另从上海请了一批工人,建立起重庆第一家猪鬃工厂。

为了获取更多的利润,占领国际市场,立德乐对猪鬃成品的检验异常严格,因而质量大大超过了国际标准。在包装上他也十分考究,一律采用天津装潢式样。加之四川猪鬃本身质地优良,因此他生产的鸡牌猪鬃在伦敦、纽约市场上都赢得了很高的声誉,驰名欧美。鸡牌猪鬃尽管售价很高,但仍成为厂商争相订购的抢手货,立德乐因此而获得了高额利润。工厂规模也进一步扩大,很快由初期的 10 多人增加到 100 多人。猪鬃产量也由每月二三十斤,增加到万余斤。

立德乐经营猪鬃业的成功,也为其他外商垂涎。法商安利洋行,德商宝丰洋行,英商怡和洋行、隆茂洋行,以及日商新利洋行等,也先后投资经营猪鬃加工业。到 1903 年,重庆有 4 家洋商经营此业,到 1911 年止,共有 7 家外国工厂经营此业。由于外商争相投资猪鬃加工业,重庆和四川的猪鬃业从无到有,迅速发展,从 1891 年初创时的年出口 568 担、价值 5133 两,发展到 1911 年的 14477 担、价值 729815 两,其间价格也由每担 10.7 两,提高到每担 50.4 两。产量、产值、价格分别增长了 24.4 倍、131 倍和 4 倍[①]。从此,猪鬃

[①] 根据周勇、刘景修译编:《近代重庆经济与社会发展:1876—1949》,四川大学出版社 1987 年版和《中国近代手工业史资料》第 2 卷综合统计。

一直名列四川外贸出口货物前茅,成为四川最重要的出口产品。

《马关条约》使日本取得了在重庆开办工厂的特权。自此,日本更加公开地向重庆输出资本。日本驻渝领事加藤义三到重庆不久,就向重庆绅商提出中日商人共同投资,在沙市开办一个拥有10万纱锭的纺纱厂,所产棉纱全部供四川、陕西两省之用(未遂)。1902年,日商在重庆王家沱成立了中日合办的友邻公司,制造红头火柴,销售贵州。因获得厚利,又于1905年合办了惠利、东华、丰裕3家火柴企业。这是甲午战争后,中日最初合办的几个企业。到20世纪初年,日本掀起第一个资本输出的高潮,他们在王家沱租界又以中日合办名义开办了又新丝厂。该厂全套设备和主要负责人均来自日本,生产技术操作和一切管理制度也全部采用日本标准,在"合办事业"的幌子下,对中国进行资本输出,成为近代日本经济侵华的一大特点[①]。

在这些外国工厂里,重庆工人受着资本家的沉重压迫和残酷剥削。立德乐猪鬃厂规定,工人每人每天须扎毛6斤,月工资为银8两。而若少扎一斤,则要罚银7分。在合同期间,工人不能离开工厂另受雇于人,所学技术不能另教他人。本厂生意等情报,绝不能泄露。"倘违此条,罚银500两。"[②]立德乐采用了高压重罚的手段,把工人长期束缚在他的工厂里,任其榨取,并实行技术和经营管理的严格保密,以排斥其他外国竞争者,压制中国民族资本,垄断四川的猪鬃加工和贸易。工人的劳动条件也十分恶劣,工厂里又臭又脏,但劳资合同却规定,工人如有病痛祸患,自己负责,概与工厂无关。工人不但没有人身自由,没有劳动保护,而且时常遭受人身侮辱,挨打受骂。因而迫使工人不断反抗,以提高工资和改善待遇。

应该看到,西方帝国主义列强在重庆的投资完全是一种殖民地半殖民地性质的经济侵略活动,具有明显控制中国内陆城市的政治和经济的目的,严重危害了中国的独立和主权,因而西方势力对重庆资本输出又具体表现出以下特点:

(1)投资的掠夺性。凭借特权进行掠夺,这是帝国主义对华资本输出的最突出特点。

[①]《日本利用所谓"合办企业"侵华历史》,三联书店1958年版。
[②]《英商立德乐洋行黄升之等九人罢工案》,见巴县档案。

（2）直接投资的比重很高。直接投资（资本输出）一般是以在国外开设分公司或建立企业的形式出现，这是帝国主义剥削殖民地剩余劳动的直接和最初的形态。少数所谓"中外合资"也多半掌握在外国人手中。列宁在分析帝国主义时代的经济侵略时曾深刻地指出："资本输出总要影响到输入资本的国家的资本主义发展，大大加速那里资本主义的发展。"①

重庆开埠前，重庆城市的资本主义因素已经产生，如资本主义的手工作坊和工场，以及具有近代意义的进出口商业，但部门狭窄，力量微弱。开埠以后，帝国主义势力的侵入对重庆城市的近代化带来了不可忽视的影响。首先，上述这些外资企业，多是长江中下游的老牌外资侵略势力向内地重庆的延伸，尽管有些机构在重庆的规模还不大，但它们是在一个古老的封建城市建立起来的第一批近代企业，而且多有强大的后盾和雄厚的资本，有先进的技术设备与管理。它们的存在和发展，直接构成了重庆城市近代化的一个内容，从一个方面直接反映了重庆城市的新生产力和资本主义生产关系发展的过程和水平。同时，这些企业的出现，不仅为重庆培育了一批近代技术人才和管理人才，而且也训练了一批有经营近代企业能力的买办商人，积累了一定买办资本，对重庆城市近代化产生了重要的影响。其次，开埠后大量廉价的洋纱、洋布及其他日用机器制造品涌入重庆，促使重庆、川东一些地区农村自然经济开始解体，使这些地区的农民开始卷入国内和世界资本主义市场，促进了城乡商品经济的发展，也为重庆城市近代化资本主义经济的产生和发展创造了商品市场和劳动力市场。正如毛泽东同志所指出："外国资本主义的侵入……对于中国的社会经济起了很大的分解作用，一方面破坏了中国自给自足的自然经济的基础，破坏了城市的手工业和农民的家庭手工业，又一方面，则促进了中国城乡商品经济的发展。这些情形，不仅对中国封建经济的基础起了解体的作用，同时又给中国资本主义生产的发展造成了某些客观的条件和可能。"②在这里，帝国主义的侵入，对重庆的城市近代化，充当了"历史的不自觉的工具"③。

---

① 《列宁选集》第 2 卷，第 785 页。
② 《毛泽东选集》（合订本），第 589 页。
③ 《马克思恩格斯选集》第 2 卷，第 68 页。

第四章　近代重庆的第三产业——商业

第一节　开埠时期的重庆商业贸易

一、开埠前重庆的商业贸易

鸦片战争前,四川同外界贸易的主要商品是向湖北、江浙输出大米,又从江浙、湖北输入原棉、土布,所谓"川米易苏布,衣食各有惬"[①]。这种农民小生产者之间的交换,是典型的传统贸易。重庆作为这种贸易的主要集散地,开始发展了它同长江中下游地区的经济联系。这个时期,四川每年的对外贸易商品流通额约为2000万两,重庆则约为1200万两[②]。鸦片战争后,这种贸易格局发生变化,至开埠前,重庆对境外贸易,尤其是对长江中下游地区的贸易得到了较大的发展,且开始同国际市场发生经济联系。这些变化主要有:

(1) 食盐取代大米成重庆对外省贸易的主要商品。

(2) 自道光末年起已有洋布经重庆输入四川,宜昌开埠后洋布输入日增,开始取代四川市场上的部分湖北土布。

(3) 生丝、桐油、白蜡等土产逐步成为重庆出口贸易的主要商品。

(4) 湖北土布、棉花仍是由重庆输入四川的大宗商品,在四川市场上占有重要地位。

(5) 鸦片开始成为四川对国内埠际贸易的新的大宗商品,但经重庆出川

---

①李鼎元:《师竹斋集》卷六《重庆府》。
②谢放:《开埠前后四川和重庆进出口贸易额估计说明》,载《一个世纪的历程——重庆开埠100周年》,重庆出版社1992年版,第292页。

的数量甚少。

这些变化表明:一方面,从鸦片战争后到重庆正式开埠前,重庆的进出口贸易有了较大发展。这一时期,重庆每年对国内贸易总额约为 2430 万海关两,其中进口 1090 万海关两,出口约 1340 万海关两,分别占全川贸易总额的 59%,出口的 46%,进口的 77%[①]。这为重庆开埠后进出口贸易的进一步扩展创造了前提。另一方面,重庆开埠前的进出口贸易主要是与长江中下游地区的埠际贸易,对国外的进出口贸易只占次要地位。这一时期贸易的发展虽然已受到西方资本主义国家商品输出的影响,但洋货贸易只占贸易总额的 1/10,传统的贸易仍有较大的发展,重庆的市场还处于半封闭的状态,没有与世界市场发生直接的联系。

二、开埠初期的对外贸易

重庆开埠是重庆近代历史的起点。重庆开埠是一个历史过程,1876 年《烟台条约》规定宜昌开埠,英人"驻寓"重庆,是开埠过程的起点;中经 1890 年《烟台条约续增专条》的签订,1891 年重庆海关开办为终点[②]。重庆开埠时期对于近代重庆经济中心,特别是商业中心的形成,具有十分重要的意义。

《烟台条约》签订以后,宜昌海关即成立开关,由英国人控制关务。同时,英国也向重庆派出了英商代理人和驻重庆领事。这样,英国就控制了重庆的对外贸易,从而引起了重庆对外进出口贸易状况的根本变化,请见表 4 – 1。

表 4 – 1　1875—1895 年重庆进出口贸易表

单位:海关两

年　份	洋货进口值	土货出口值
1875	156000	—
1877	1157000	—
1879	2659000	240795

---

①根据周勇、刘景修译编:《近代重庆经济与社会发展:1876—1949》,四川大学出版社 1987 年版;《清国商业综览》中有关资料核算。参见谢放:《开埠前后重庆进出口贸易的演变》,载《一个世纪的历程——重庆开埠 100 周年》,重庆出版社 1992 年版。

②详见周勇主编:《重庆·一个内陆城市的崛起》,重庆出版社 1989 年版,第 2 章第 1 节。

续表

年　份	洋货进口值	土货出口值
1881	4059000	—
1885	3612718	1056790
1890	4815932	2036911
1891	4360557	2027367
1895	5618317	1066124

资料来源　英国议会档案《关于中国问题的文件·重庆贸易报告(1891—1898)》；《1892—1901年重庆海关十年报告》；聂宝璋：《中国买办资产阶级的发生》。

通过以上20年外贸状况的比较，可以说明：

(1)在重庆口岸，不论是洋货进口，还是土货出口，都以1876年《烟台条约》和1878年宜昌开埠为根本变化的标志。在对外贸易上，它们的作用都超过了后来1890年的《烟台条约续增专条》和1891年的重庆开埠。

(2)洋货进口值最突出地反映了《烟台条约》对重庆贸易的影响。1876年以前，很少有外商直接插手重庆洋货进口，1875年15.6万两的进口值即反映了当时的低水平。《烟台条约》后，由于外商插手，1877年经汉口、宜昌进入重庆的洋货就达到了115.7万两，比1875年猛增6.4倍。到1881年又增加2.5倍，突破了400万两，并保持在400万两至500万两之间，直到1895年。

(3)出口也大体反映了上述情况。所不同的是，1876年以前，重庆几乎没有直接出口土货的记载，直到1879年才第一次有了以子口方式对宜昌的出口，价值24万两，到1890年突破200万两，增加了7倍多，并大体保持在这个水平上。

三、开埠前后重庆进出口贸易的意义

重庆开埠前后进出口贸易的演变对近代重庆城市的崛起，尤其是对重庆城市近代经济的发展产生了重要影响。

首先，促进了重庆商业资本的迅速发展。

由于四川交通不便，长距离贸易使得地区差价很大，"邻省外洋来川之

品,价较产地十倍之昂"①。因而使得重庆商业资本的发展十分迅速。重庆布商在清咸丰、同治年间约有10余家,资本总额约银1万两以上。到光绪初年增至30家,资本额共9万两以上。到宣统时,更有90家,资本额至少在90万两以上②。重庆商人刘继陶在光绪时集股5万两银,组成"德生义"商号,经营山货、药材,不到两年积累增至10万两银以上。重庆开埠后,经营土货出川,又从湖北运入棉花布匹,一次即赢利20万两银,清末时已拥资五六十万两,号称"川帮字号第一家"③。另一商人杨文光从1886年起与他人合资1万两组成"聚兴仁"商号,从事出口贸易,1898年这一年便获净利达60万两,为其资本的60倍,清末时,他拥有资金已在100万两以上④。

其次,促进了重庆近代资本主义的产生和发展,并制约着近代工业的结构。

近代重庆资本主义工业的产生与重庆开埠同时,其产生和发展同重庆的进出口贸易关系密切。清末民初重庆近代工业以轻工业为主,大体分为两种类型:一种是从国外引进设备、技术而创办的近代工业,如火柴业、玻璃业;另一种则是随重庆进出口贸易发展而出现的近代工业,如棉织业、缫丝业、川江航运业。1900年至1908年重庆兴办了10多家织布厂,多以进口的机制棉纱为原料⑤。民国以后,1912年至1921年,重庆和四川其他城市"产生了为数众多的小厂。或用机器,或用木制织机,以输入的纱线,有时以输入生棉在本地纺成的纱线,织造各种棉布"⑥。缫丝业是重庆发展较快的行业,辛亥革命前重庆共有4家丝厂,是四川民族资本经营的第一个使用机器的工业行业。民国初年又发展至10家,雇佣工人约3000人。各厂"全属现代机器设备,每年能生产丝约1000担"⑦。随着进出口贸易而发展的近代工业又不能不受到对外贸易的制约,而显示出脆弱的特点⑧。如棉织业长期处于手工场阶段,其

---

① 《四川教育官报》光绪三十三年第七册,《奏议》。
② 卓德全等:《重庆布匹商业的早期概况》,载《重庆文史资料选辑》第3辑,重庆出版社1979年版。
③ 《重庆工商人物志》,第3—5页。
④ 《重庆工商人物志》,第19—30页。
⑤ 隗瀛涛、周勇:《重庆开埠史》,重庆出版社1983年版,第94—96页。
⑥ 《重庆海关1912—1921年十年报告》。
⑦ 周勇、刘景修译编:《近代重庆经济与社会发展:1876—1949》,四川大学出版社1987年版,第344页。
⑧ 谢放:《开埠前后重庆进出口贸易的演变》,载《一个世纪的历程——重庆开埠100周年》,重庆出版社1992年版,第289页。

重要原因之一,是因为大量棉纱的输入,使"棉织业遍及全省""各地手工织布业散布更广",难以形成集中的专业化机器生产。当时在四川考察的西方人也不得不承认对这种"不计工资代价"的"家庭工业","尽管有机器之利也不能与之竞争"①。缫丝工业也因受国际市场的制约而几经波折,"欧战期中,各国工业停顿,生丝销路,曾告中断。未几欧战停止,国外销额又逐年骤增,继适民国十二年日本大震灾之变,华丝缘此中断,供不应求,川丝输出量,亦因之倍增"②。但好景不长,20世纪30年代,受资本主义国家经济危机的影响和日本的排挤,销路锐减,于是"全川丝厂,相继倒闭"。

再次,影响着重庆近代资产阶级的构成及性格③。

进出口贸易的发展使重庆成为长江上游最大的商业中心城市。最早产生在这个城市中的资产阶级是商业资产阶级,并成为重庆资产阶级的主体。商人出身的资本家在重庆占有重要地位。如重庆苏货帮头面人物赵资生,不仅在重庆投资创办了许多近代企业,而且长期担任重庆总商会协理、总理、会长等职。重庆巨商李耀庭,也曾投资锦和丝厂、川江轮船公司、自来水公司、烛川电灯公司等近代企业,并担任重庆总商会的首任总理。

重庆开埠后,进出口贸易中传统的贸易方式和结构仍有着深刻影响。虽然对国外的贸易增长,已较大程度地改变着这种商业贸易传统,但除山货业外,洋人和买办很难控制其他行业的贸易。承担进出口贸易运输任务的川江航运业大部分由华商控制的民船承担。如1907年进出重庆的贸易船只中,洋商雇用并向海关登记的挂旗船仅2281艘,而重庆以下川江进出重庆的非挂旗木船就有11727艘,由重庆以上川江进出重庆的约750艘,由嘉陵江进出的约5000艘④。辛亥革命前,重庆的金融业主要是华商经营的票号、钱庄,"稳操金融市场之大权"。像重庆商人杨文光父子的聚兴诚商号,其兼营的存、放、汇兑总金额每年即超过920万两⑤。所以重庆商人控制着重庆对外贸

---

① 彭泽益:《中国近代手工业史资料》第2卷,三联书店1957年版,第248页。
② 江昌绪:《四川省之主要物产》,第2页。
③ 谢放:《开埠前后重庆进出口贸易的演变》,载《一个世纪的历程——重庆开埠100周年》,重庆出版社1992年版,第290页。
④ 周勇、刘景修译编:《近代重庆经济与社会发展:1876—1949》,四川大学出版社1987年版,第511页。
⑤《重庆工商人物志》,第30页。

易的大部分。1896年,法国商人便感叹道:"自重庆开埠通商以来,已阅五年,初惟有英商一人主持,而无官绅。如扬子江各口岸进口之货,皆由华商经手,而洋商不得过问。"①直到20世纪初,在进出口贸易额中仍然是"华籍商家得到了贸易扩张的最大的一份,洋商公司虽然从1902年的3家增为1911年的28家。他们做的生意却不曾照这个比例增加"②。这种状况,使随进出口贸易而崛起的商业资产阶级与帝国主义势力联系较少,而与封建主义势力联系较多。一方面他们较少买办色彩,一方面又同旧的传统有更多的血缘,从而形成了内陆地区资产阶级的性格特点。

第二节 近代重庆商业中心的形成

一、对外贸易的发展

从19世纪末到20世纪30年代,是近代重庆商业贸易中心形成的时期。商贸中心的作用,首先表现为商品交换、流通量的逐渐增加,而最能系统反映这一变化的是进出口贸易的扩大和贸易额的增加(见表4-2)。

表4-2 1875—1931年重庆进出口贸易额统计表

单位:万 海关两

年代	进口		出口	贸易总额	
	洋货进口值	进口总值	出口总值	贸易总值	增长率(%)
1875	15.6	—	—	—	—
1877	115.7	—	—	—	—
1879	256.9	—	24.1	—	—
1881	405.9	—	—	—	—
1885	361.2	361.2	105.6	466.8	—
1889	272.4	272.4	214.8	487.2	4.3
1890	481.5	481.5	203.6	685.1	40.6

①《重庆开埠情形》,载《渝报》。
②周勇、刘景修译编:《近代重庆经济与社会发展:1876—1949》,四川大学出版社1987年版,第148页。

续表

年代	进口 洋货进口值	进口 进口总值	出口 出口总值	贸易总额 贸易总值	贸易总额 增长率(%)
1891	436.0	445.4	202.7	648.1	-5.4
1892	582.5	622.4	302.1	924.5	42.6
1895	561.8	685.7	639.5	1325.2	43.3
1897	844.4	1122.0	675.1	1797.1	35.6
1898	769.7	1154.0	588.7	1742.7	-3.0
1899	1307.5	1695.8	883.2	2579.0	48.0
1901	1259.8	1515.4	911.4	2426.8	-5.9
1906	1482.3	1810.3	1089.2	2899.5	19.5
1910	1254.6	1681.8	1549.0	3230.8	11.4
1911	1255.9	1907.1	1006.9	2914.0	-9.8
1912	781.7	1579.4	1107.8	2687.2	-7.8
1913	1121.2	1798.3	1213.2	3011.5	12.1
1914	1252.8	2378.2	1385.9	3764.1	25.0
1915	910.2	1887.5	1653.7	3541.2	-5.9
1916	641.3	1517.0	1780.3	3297.3	-6.9
1918	488.4	1527.2	1478.2	3005.4	-8.6
1919	1039.1	2491.0	1666.6	4157.3	37.9
1921	1253.6	3365.1	1849.6	5214.7	25.4
1923	810.1	3636.1	2462.2	6098.3	16.9
1924	1280.2	3871.5	2708.6	6580.1	7.9
1927	934.0	3808.3	2801.4	6609.7	0.4
1928	1362.0	4397.4	2831.8	7229.2	9.3
1929	1453.5	4345.8	3491.4	7837.2	8.4
1930	1238.9	4950.4	3714.1	8664.5	10.5
1931	1349.8	4591.8	2947.4	7539.2	-13.0

资料来源　据《中国海关十年报告》、《英国驻华各领事商务报告》、《通商海关贸易总册》、《最近四十五年来四川省进出口贸易统计》，以及《中国海关统计年刊》、《海关中外贸易统计报告》等中英文资料编制。以下分析均用此表，不另注资料出处。

此表显示了1875年以来50多年间重庆进出口的完整状况。现略加分析。

(一)进口状况

重庆进口货物呈波浪式上升趋势。其中进口洋货值从1875年的15.6万两,增加到1906年的1482.3万两,增长了94倍,增长幅度之大,是十分惊人的。洋货不仅改变了进口商品的结构,而且在很大程度上影响进口,乃至整个外贸的发展。

具体而言,在这期间进口重庆的洋货经历了三个发展阶段:

1875年至1889年为第一阶段,其中以1875年至1881年为第一个高潮,进口洋货值由15.6万两上升到405.9万两,增加了25倍,是重庆洋货进口速度增长最快的时期,更是近代重庆商业中心形成的关键性时期,显示了宜昌开埠后洋货对重庆市场的第一次冲击。然而由于自然经济的顽强抵制,洋货进口值随后就跌落下来,1889年落到谷底,洋货进口值仅为272.4万海关两。

1889年至1918年为第二阶段,其中以1889年至1906年为第二个高潮。其间经历了重庆开埠(1891年)、《马关条约》的签订(1895年)等对重庆社会具有重大影响的事件,显示了外国资本对重庆、四川、中国内陆城市的持续猛烈的冲击,时间长达17年之久。进口洋货由272.4万两上升到1482.3万两,增长了4.42倍。此次冲击,对重庆社会和商品商场影响最大,它把近代重庆洋货进口值推向了顶峰。不论是洋货商品量,还是商品结构,都对重庆商业中心的形成产生了极大的作用。这次高潮持续到1907年,此后市场疲软。第一次世界大战期间,西方资本主义无暇东顾,重庆进口的洋货也于1918年达到了谷底,进口值为488.4万海关两。

1918年至1931年为第三阶段。第一次世界大战结束以后,西方势力重新东来,洋货再次冲击内地,很快从1918年的488.4万两,恢复到1921年的1253.6万两。而且20年代的大部分年份都保持在这个水平上。从1928年起,进口洋货再次持续上升,达到1300万两至1400万两的水平。它反映了重庆与世界市场从无到有、从稀疏到紧密的联系,也反映了在外资入侵的历史条件下,重庆在四川商业地位的迅速提高,其商贸中心的地位已经比较稳固了。

进口总值的增长和进口洋货的增长略有不同。1889 年为低谷,到 1906 年达到第一个高峰为 1810.3 万两,随后疲软。这次增长的主要份额还是进口洋货,占 81.88%,它是洋货进口第二个高潮冲击影响的结果。

到 1914 年,进口总值又达到一个高峰,超过了 1906 年的水平,达到 2378.2 万两。这一次的增长,洋货进口值已经下降到 1252.8 万两,只占 50.68%,而土货的份额已上升为 47.32%。它表示了在洋货进口下降的时候,为适应已经建立起来的四川内地市场的需要,仍然需要大量货物进口,因此土货进口量的增长代替了部分洋货。

第一次世界大战结束以后,随着近代重庆经济的发展,在洋货进口恢复的同时,土货进口增长更快。进口总值达到第三个高峰。1918 年进口总值为 1527.2 万两,1930 年就达到了 4950.4 万两,是 1918 年的 3.24 倍,年平均增长率为 10.3%,大大高于前 40 年的年平均增长率。而增加的份额主要是土货,1930 年进口总值中土货的份额已经占到 75%,洋货仅占 25% 了。

整个进口的状况表明:自 1876 年以来,重庆的进口贸易有明显的增长,20 世纪 20 年代以后进入迅速发展的高潮。它反映了重庆商业中心吸引、辐射能力从弱到强的发展过程。

(二) 出口状况

出口土货的发展呈持续稳定上升趋势,没有如进口洋货那样大起大落。其发展过程大体也分为三个阶段:

1879 年至 1903 年,即 19 世纪末年,为第一阶段。重庆的出口记载,最早见于海关的是 1879 年,重庆第一次以子口方式对宜昌出口 24.08 万两。比较连续的记载始于 1885 年,为 105.6 万两。在这期间,重庆出口土货最高达到 911.4 万两(1901 年)。

1904 年至 1921 年为第二阶段。土货的增长突破了 1000 万两水平,向 2000 万两水平发展。其间 1911 年下降得很厉害,这是前所未有的,那是辛亥革命引起的社会震荡所致。从第二年起又开始了持续稳定发展的势头。

1922 年至 1931 年为第三阶段。出口土货值于 1923 年突破了 2000 万两,1929 年又突破了 3000 万两,到 1930 年已达到 3714.1 两。这段时间,是土货出口增长最快的时期。

这种状况表明:重庆市场一旦与外部市场(国内、国外)建立起比较稳定的相互依存的关系以后,其内部商品经济就在流通中稳步发展,而重庆则担负起了四川商品流通中心的作用①。重庆的进出口贸易,既影响着四川经济,又反映出四川经济的发展和变化。

二、市场商品结构

四川和外界商品交换的传统方式和结构是土货与广货的交换,即以四川的粮食为大宗,兼及少量的丝绸、夏布、药材、山货,与江浙、湖广等地的原棉、土布以及手工业品交换。这是自然经济的产物。

近代以来,随着外国资本的入侵,商品经济的发展,这种商品交换的方式与结构有了很大变化。重庆市场的商品结构是这种变化的典型形态。而造成这种变化的关键时期是重庆开埠的初期,即1891年至1898年,这个变化的完成时期为20世纪30年代初。

(一)进口商品结构的变化

1891年至1898年间,进口货值年均为1321109英镑②,其中进口土货仅占15.9%,而进口洋货高达84.04%,进口土洋货值之比为1:4.27。

进口洋货主要包括棉货、呢绒、金属、杂货四大类40余个主要品种。八年间,这四大类洋货的平均率为:棉货67.42%、杂货24.27%、呢绒3.71%、金属0.36%。大量的棉货又以棉纱为最多,占29.6%,位居第二的是杂货,包括钟表、缝衣针、煤油、玻璃器皿等手工业品和海参、海带、西洋参等食品药品。

从上述进口商品结构(数量和品种)中可以看出,传统的湖广土布、手工业品已为洋纱、洋布、洋杂货取代,特别是作为生产资料的洋纱增长极快。它反映了在重庆和四川,洋纱正在迅速取代土纱,侵蚀着自然经济的基础。同时,洋纱大量涌入重庆市场,也为重庆机器棉织业的兴起准备了基本条件。

到1930年,重庆进口商品结构又有了一些新的变化,据对22种大宗商

---

①需要说明的是,以上进出口贸易分析使用的资料,主要来自《重庆海关报告》和《英国领事报告》(英国领事报告也来自海关),它所统计的数字小于重庆口岸的实际进出口值。因为,它不但扣除了海关应该统计的鸦片出口值,而且也未包括不属于海关管辖统计的进出口货值(如米、盐),以及偷税漏税、走私贩私,特别是民国以后,四川军阀因割据混战而进口的大量武器装备的货值。但是,由于上述未计入内的货物缺乏连续稳定的记载,难以据此进行系统分析,因此,在分析时未计入上述因素。重要的是,海关的统计已经能反映重庆口岸进出口贸易的主体和发展趋势。

②根据《英国国会关于中国文件》中的驻重庆领事馆商务报告数字统计。以下凡使用英镑单位者,均采自该报告,不另注。

品的统计,可分为五类,分别情形如表4-3。

表4-3　1930年重庆进口商品结构分析表

单位:万　海关两

棉货类					
棉　纱	2237.91	棉　布	439.82	棉　花	22.54
进口大宗商品总值	3651.48	棉货总值	2700.27	棉货比例	73.95%
绒绸类					
绒　货	22.89	绒　棉	14.08	丝绸	14.38
进口大宗商品总值	3651.48	绒绸总值	51.35	绒绸比例	1.41%
油料类					
煤　油	80.95	柴　油	5.97	润滑油	3.80
进口大宗商品总值	3651.48	油料总值	90.72	油料比例	2.49%
机电五金类					
五　金	113.15	机　器	33.80	电器	24.82
进口大宗商品总值	3651.48	机电总值	171.77	机电比例	4.70%
杂货类					
海　产	63.53	纸　烟	264.96	染　料	100.49
瓷　器	130.13	药材洋参	44.71	纸	21.04
化妆品	9.07	照相器材	3.33	水　泥	0.11
进口大宗商品总值	3651.48	杂货总值	637.37	杂货比例	17.49%

资料来源　据甘祠森编:《最近四十五年来四川省进出口贸易统计》中的《最近四十五年来重庆大宗进口货物数量与价值统计》编制,重庆民生实业公司经济研究所1936年版。

与开埠初期相比,1930年,棉货类所占比重由67.42%上升为73.95%(其中棉纱由29.6%上升为占棉货类的82.88%,占进口大宗商品总值的61.29%);杂货类由24.27%下降为17.49%,绒货类由3.71%下降为1.41%。进口商品比例的两升(棉货、机电)两降(杂货、绒货)反映出由于重庆近代工业的产生和缓慢发展,生产资料的进口占据了进口商品的主要地位,而生活资料则相应地下降了。

(二)出口商品结构的变化

1891年至1898年间,重庆平均年出口土货价值729237英镑。出口品种中,传统产品如丝、茧、白蜡、药材等仍保持着一定数量,其变化在于有一部分开始向国外出口。而新增的品种则进展很快,如猪鬃、羽毛、白亚铅、羊毛等,几乎是从无到有、从小到大。猪鬃出口价值从1891年的1491英镑,迅速上升到1898年的14668英镑,增加了8.85倍;数量则由1892年的3806担上升到1902年的8070担;价格也同时由每担10.70两上涨到19.80两[1]。这里特别需要指出的是鸦片的出口(川土为主,南土次之)。鸦片的大量种植和贸易是近代才开始的。四川鸦片出口数量较之开埠前增加,又因鸦片价格上涨使其贸易额在出口土货总值中占了很大比重。在1892年至1898年间,鸦片的出口价值由20804英镑,增加到333460英镑,在出口贸易额中的比例由4.17%增加到38.83%。另据1907年重庆海关调查估计,四川鸦片产量为17.5万海关担(每担100斤),出口5.5万海关担,较之开埠前出口数量增加了26%。按1906年平均价格计算,四川每年出产鸦片总值为3500万海关两,出口鸦片值1200万海关两[2]。以价值比较,则出口额比开埠前增加了53.8%。1908年经重庆出口的鸦片达16429担,按当年价格计算约为500万海关两[3]。如加上经厘金局出口的则为数甚巨。

至1930年,重庆的大宗出口货物结构已经完全改变了它原来的面貌,见表4-4。

---

[1]《1892—1901年重庆主要土产物价平均价格》,重庆海关档案。
[2] 周勇、刘景修译编:《近代重庆经济与社会发展:1876—1949》,四川大学出版社1987年版,第319页。
[3] 周勇、刘景修译编:《近代重庆经济与社会发展:1876—1949》,四川大学出版社1987年版,第309页。

表 4-4 1930 年重庆大宗出口商品统计表

单位:万 海关两

品名	价值	品名	价值	品名	价值
生丝	1187.56	夏布	554.24	白蜡	29.42
猪鬃	218.02	桐油	305.67	大黄	25.50
生牛皮	69.45	烟叶	106.45	羽毛	14.09
熟皮	5.97	糖	2.87	火麻	14.11
羊皮	142.82	木耳	86.68	姜黄	3.70
药材	411.73	五贝子	57.07	麝香	3.89
盐	103.99	生漆	49.83	牛油	0.51

资料来源 据甘祠森编:《最近四十五年来四川省进出口贸易统计》中的《最近四十五年重庆大宗出口货物数量与价值统计》编制,重庆民生实业公司经济研究所1936年版。

据抗战前夕的统计,从明代以来,重庆最重要的出口商品中,始于明代的有6种,始于民国的1种,始于清代的最多,有29种,占80%以上。其绝大部分都是为适应对外出口而新增的品种[1]。

与传统的进出口商品结构相比,重庆近代商品结构的变化主要有:

(1)进口商品中,机器制造的西方生产资料(棉纱)替代了土制生产资料(原棉),机制的日用品代替了土制的手工业品。

(2)出口商品以农产品、农产品加工品和轻工业原料为主的格局没有改变,但主要品种已完全变了,粮食、食盐的首要地位已让位于生丝、猪鬃、桐油、夏布和药材,输往地点也由内地转变为国外,服务对象也由国内的消费市场转变为国外的世界性生产市场。

(3)鸦片出口占很大比例。作为全国的一个产鸦片大区的四川,早在重庆开埠前鸦片种植已相当普遍。开埠以后,大量洋货输入,而输出的商品却十分有限,维持贸易平衡主要靠鸦片输出,因而,通过重庆海关出口的鸦片较之开埠前大大增长。鸦片出口一方面抵补了土货输出的大大不足,使进出口贸易暂时保持平衡而略有出超;另一方面也造成重庆进出口贸易结构的畸形和不稳定,这种毒品的泛滥不能为社会经济的发展提供有利条件。

---

[1]张肖梅:《四川经济参考资料》第20章T,四川省银行经济研究所1936年版,第28页。

如果说进口商品结构的主要变化是外国机制品替代了中国土产品的话，那么重庆口岸的出口商品，则完全改变了它原来的面貌。

重庆市场商品结构的变化表明，以重庆为枢纽的四川外贸商品结构，已基本改变了传统的面貌，商品经济开始代替了自然经济，成为新的外贸商品结构的基础，封闭的重庆和四川经济已经与国内外市场建立起新的联系。封建的重庆和四川开始屈从于西方资本主义。这是重庆、四川半殖民地半封建化的经济标志。虽然重庆是被动地卷入世界市场的，但在这样的历史格局下展开的对外贸易，在客观上对近代经济的发展具有促进作用。且重庆开埠使长江上游地区失去了与外国竞争的保护性屏障，对外贸易对这个封闭性的社会具有一种积极的刺激作用。但应看到，这种在世界资本主义市场体系背景下展开的对外贸易，作为一个后开发地区，不利因素十分明显：其一，外国棉纱等商品排斥了传统的手纺工业，导致了许多农民的破产。腹地市场卷入了世界资本主义市场以后，往往受世界市场的摆布。其二，由于缺乏关税的保护和自己民族工业的抵制，使入超数额越来越大，而且进口工业品和出口土货的交换中存在剪刀差，虽然鸦片的出口在一定程度上有所抵补，但仍未能阻止白银的外流。其三，在民族工业兴起后，其产品仍受到外国商品的激烈竞争。由于民族资本的薄弱，在竞争中常处不利的境地，民族工业产品受到了排挤，这又阻碍了重庆经济近代化的进程。

三、商品流通渠道

重庆商业流通渠道分为华商和洋商两个系统，而以华商为主。华商的经营又可以分为两个部分，即本地商人与外地商人。

随着商品经济的发展，华商各行业都普遍形成一定的组织，以维护各自的权益，协调本行业与社会有关方面的关系，因而形成了行帮。在清初，重庆就有"上下十三帮"之说。到近代，这种组织进一步发展成为比较规范、约束力更强的同业公会，到1901年底，重庆至少已成立了12个同业公会（见表4-5）。

表 4-5　1901 年重庆同业公会调查表

同业公会名称	经营种类
八省公所	棉花
买帮公所	棉花
行帮公所	棉花
盐帮公所	食盐
同庆公所	棉纱
纸帮公所	纸张
酒帮公所	酒类
糖帮公所	食糖
绸帮公所	丝货
书帮公所	书籍
河南公所	杂货
扣帮公所	纽扣

资料来源　《1892—1901 年重庆海关十年报告》。

上述 12 家同业公会经营的商品,基本上覆盖了重庆商业的主体。除此之外的其他行业,如运输业等,"虽未组成合格的公会,但他们都能够同样地保护他们自己的权益"[①]。

除本地商人的同业公会外,外地在重庆的会馆也起着组织流通的作用。在 1892 年,重庆已有广东、浙江、福建、湖广、江西、山西、陕西、云贵等 9 个外省会馆。这些会馆大约始建于乾隆年间,其主要职责在于保护外省商人和旅居重庆的外省人员的一般权益。到了近代,其经济职能进一步加强,前述经营棉花的八省公所的建立就是例证。同时会馆还参与当地捐税征收、重大债务清理等活动。会馆的活动相当频繁,如江西会馆每年各种活动 300 余次,最少的也有 70 次至 80 次,其中经济活动占相当部分。同时,会馆在政治、宗教、社会各个方面,还起着重要的作用。

重庆本地的同业公会、外地的各省会馆,以及他们所属的商行、字号、商

[①]《1892—1901 年重庆海关十年报告》。

人,构成了重庆商业流通的主渠道。

重庆商业流通还有一条渠道,即洋商开办的公司、洋行等机构。最早建立的是英国立德乐洋行(1890年),随后英商太古、怡和洋行(1891年),德国的义昌(1897年)、瑞记洋行(1905年)等先后开办,从1890年至1911年,洋商先后在重庆办有这类机构50余家。由于重庆商业主要部分是在华商手中,因而显得"外国公司……的营业既不大也不占重要"①。但他们"利用买办为其攒货,而买办又依靠字号,字号又依靠行栈,行栈依靠中路,中路依靠乡区贩商和各地山客,形成一个(土产)收购运销网"②。因此,它们仍是重庆商业流通中一条不可缺少的重要渠道。

四、完整的市场体系逐渐形成

市场的发达与商业的繁荣是相辅相成的。明清时期,随着四川商品经济的发展,一个以新兴的商业城镇和农村集市组成的商业市场体系已经形成。在这个体系中,重庆和成都已居于突出的地位和最高层次上。但是,这个市场体系的基础主要还是自然经济,商品经济只是它的补充。又由于自然地理环境的阻隔,四川处于相对独立的经济区域,因而商业市场主要是为盆地内部商品交换服务。在这个环境里,重庆所扮演的也仍然是传统的川东区域商业中心的角色,它所进行的与外省区的商业交流,不论是种类还是数量,也只是作为区域内部商品交易的补充,并没有居于主要地位(见图4-1)。

图4-1 重庆商界和市场体系关系图

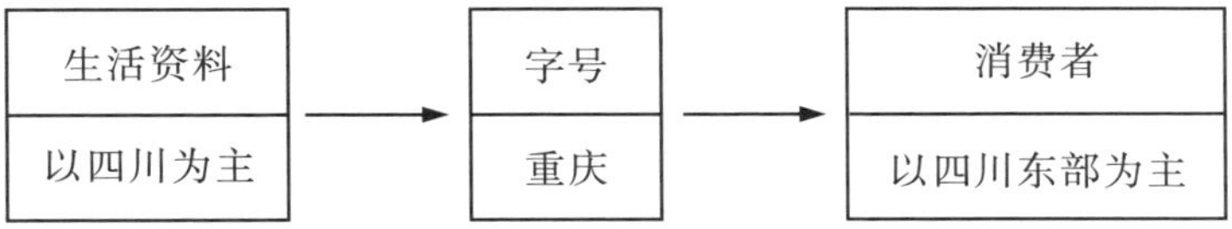

生活资料	→	字号	→	消费者
以四川为主		重庆		以四川东部为主

在这个体系中,商品的流动是单方向的。起点是四川各地出产的生活资料,经过重庆的分配,终点是供川东地区消费。其中起点也有外省的,也有非生活资料,终点也有外省的,也有生产厂家,但是,均处于非常次要的地位。

---

① 《中国近代对外贸易史资料》第3册,中华书局1962年版,第1549页。
② 《重庆文史资料选辑》第3辑,第82页。

上图着重反映重庆与四川市场体系的主要关系。

这种情况到清末开始发生变化。这首先是由于交通运输状况有明显的改变,以重庆为中心的川江航运业,在民船和轮船两个方面都有了很大发展;其次是商品经济在外资入侵的条件下加速发展,尤其是在重庆这个西南最大的贸易口岸城市里,商业和金融业十分兴旺;再次是在重庆等大城市发展的同时,周围的中小城镇和农村集市也日趋兴旺,"中心城市——一般城市—农村集镇"的城市体系开始出现;最后是商品的交易量大大地增加,四川的年商品流通量达到了6550万海关两左右[①]。

这种变化的最主要表现就是重庆商品市场的扩大和新的以重庆为中心的市场体系的形成(见图4-2)。

图4-2 重庆商界与市场体系图

厂家、消费者		字号		洋行、消费者
四川、国内、国外	→	重庆	→	国内、国外、四川

这个市场体系与上述传统市场体系最大的不同在于商品的流向由单向变为了双向,即既流向消费者,又流向生产者,商品既来自省内、国内,又来自国外,重庆占据进出转换的枢纽地位、中心地位。

作为半殖民地和半封建社会的产物,重庆商品市场不能不带有时代的特征。突出表现为:

(1)进出口商品的不等价交换。进出口商品价格的剪刀差在19世纪末还相对缓和,到20世纪以后进口工业价格猛升,出口农产品价格相对降低,剪刀差日益扩大。

(2)进出口重庆商品的价格都取决于国际市场,加上层层加价,运到重庆已相当高昂。如洋纱、洋布的进口批发价取决于上海洋行,要经过上海批发市场加价1.5%,到了重庆,毛利连同运费已高于原价10%至15%。重庆中转批发后,在重庆零售市场上就已高于进价30%至40%了。出口受的打击

---

① 王永年、谢放:《近代四川市场研究》,载《四川大学学报》1987年第1期。

更大,不但价格完全取决于口岸洋行的收购价,重庆必须大大低于此价才有利可图,而且国际市场的涨落严重影响国内的生产。如川丝曾占四川出口货值的第一位,最高时曾达 1800 万元。30 年代以后,由于日本丝充斥了世界市场,中国丝业受到打击,重庆的丝价大跌。普通丝 1931 年下半年每箱(100 斤)尚可卖到 1340 元,到 1932 年降到 1027 元,1933 年降到 648 元,1934 年更跌到 381 元,丝业已无法出口,产品大量积压,"四川丝业遂一落千丈"[①]。

(3)军阀割据混战,滥收捐税。如棉纱进口,在四川境内的万县——重庆段,就要缴纳万县乐捐、重庆内地税、剿赤费、马路捐、自来水捐、电力厂费,以及印花税等 7 项。重庆往西在销往四川各地的途中,还要交各种名目的乐捐、特税。这些又束缚着重庆商业的发展,妨碍着重庆商业中心作用的发挥。

经过几十年的发展,到 20 世纪 30 年代形成了以重庆为中心,连接我国中西部地区,辐射吸引四川和西南的完整的市场体系。

五、商业组织和商品活动的近代化

20 世纪初,清政府实行新政,大力提倡发展工商业,长江上游地区的重庆城市商业贸易有了很大的发展,商业组织方面出现了具有近代意义的股份制商业公司;商业活动也逐渐向近代化演变,如出现了模仿西方博览会的工商劝业会、赛会等一些商品交流和销售的形式,从而使商业的发展达到一个新阶段。

商业公司一般有商办、官商合办两种,以商办为主。官商合办的商业公司数量虽不很多,但规模较大、资金较丰,所起的作用亦大。以丝业保商公司为例。1907 年由四川商务总局奉川督批准,开设丝业保商公司,总公司设于成都,"以保商为义务"。重庆则设立丝业保商公所,"俾买卖丝商各得其所"。其作用:一是公所与地方官联系,运丝"沿途均有保护";二是统一使用官秤,"当面交易,无瞒价亦无塌买";三是"奸买不能入,拖骗不敢为,买卖两愿";四是公所可以在丝滞销时"量丝抵借,待价而沽";五是经纪费提取合理,而且有统一之规"毫不另取"[②]。这些公司虽依恃官府带有垄断性质,但

[①]《重庆经济调查·乙编》。
[②]《重庆丝业保商公所报告》,见巴县档案,转引自王笛:《跨出封闭的世界——长江上游区域社会研究(1644—1911)》,中华书局 1993 年版,第 265 页。

在一定程度上整顿了市场,规范了商业交易。

此外,商业发展还有一个重要标志,即在官方推动下普遍举办了工商劝业会、展览会、赛会。1910年重庆开办第一次工商劝业会,"征集川东三十六属之物品陈赛于南郊",而且"选其精美可式者送南洋以为出品协会之赞助"①。售货总额达28万余两。

1910年,清政府在南京举行盛大博览会——南洋劝业会,由四川工业协会征集参加物品送往赛会,重庆鹿蒿厂的玻璃器皿和江津的花麻布、璧山的蜀锦等"均皆改良制造"②。1911年劝业道又将鹿蒿玻璃厂制品选送巴拿马赛会,获一等奖③。

在明清时期重庆城市商业初步繁荣的基础上,经过开埠时期西方资本入侵的刺激,重庆城市的商业特征更加突出。1896年,英国布拉克博思考察团访问四川,在深入研究了四川的经济情况以后,认为重庆已成为"四川省贸易的主要市场和分销中心",重庆的这种地位"是永远不会受到严重威胁的"④。

又经过了40年的发展,到20世纪30年代中期,重庆市场上商品交易量比19世纪末又有数倍的增长,商品流通愈来愈频繁,新的商品结构已代替了传统的商品结构,新的流通渠道已建立起来,新的市场体系已经形成,市场不断扩大,新的管理体制也已出现,并日趋强化。至此,重庆的商业和贸易就告别了它的传统形态,而走入了近代发展的新时期,重庆商业贸易中心就完全形成,并成为近代重庆城市的最主要的特征。

---

① 《为渝埠遵办南洋劝业会之出品协会即推广为陈劝业会开会之期》,《广益丛报》第8年第1期。
② 《广益丛报》第7年第21期《纪闻》。
③ 《记重庆鹿蒿玻璃厂》,载《四川文史资料选辑》第15辑。
④ 《中国近代对外贸易史资料》第3册,中华书局1962年版,第1548—1549页。

第五章 近代重庆的第三产业——金融业

第一节 货币的初步统一和近代货币的出现

在商品经济条件下,商品流通必须伴随着货币流通。城市是商业中心,同时也是金融中心。商品流通的全过程就是商品和货币不断地互易其位并把产品从生产领域输送到消费领域的过程,它必须有相应的货币流通过程相配合。所以商品流通过程和货币流通过程是相互依赖、相互制约、相互促进的两大系统。城市金融业除了担负完成商品流通的功能外,还执行独立的金融功能,如建立资金的横向联系和流动、融通和筹集资金等。因此,随着重庆近代商业的繁荣,相应的城市近代金融业也发展起来,由票号、钱庄、典当逐步向银行演变,四川金融业出现了新的格局,重庆因此成了新的金融中心。

在清代,成都是四川的政治中心,同时也是金融中心,重庆则处于从属地位。当时使用的货币主要是银两和制钱。制钱在日常生活中作为支付手段而大量流通;银两则主要用于田赋征收和商业等活动的巨额支付。制钱的铸造权在成都——四川藩司所属的宝川局(雍正十年,1732年设)。它控制着四川的金融大权。

进入近代以后,银贵钱贱的现象日益严重,白银成为占优势的和普遍使用的货币,给作为通商口岸的重庆带来了日益增多的问题。这主要是由于国家对银两倾铸没有统一的规格,以致各省乃至各商业帮口都各铸银两,使得市面成色不齐、平砝不一。

当时在重庆市场上,除渝平银外,还有省内的成都、嘉定、叙府、泸州、西充、绵州、顺庆、夔府、自流井,省外的贵州、云南、北京、上海、天津、汉口、沙市、宜昌、长沙、广州、济南、福州、沈阳、长春、扬州、镇江、苏州、淮阴、南昌、杭州、保定、太原、开封、洛阳、许昌、烟台、张家口、大同、九龙等地数十种银两,以及本地盐业、杂货、广货、棉纱、缎子、棉花、水银等行业专用的银两[①]。每次交易之前,双方需先议定使用的银两及平砝,再谈价格成交,非常复杂。这种情况已很不适应商品经济的发展,特别是重庆开埠以后,贸易发达,急需统一货币。

1892年,巴县知县耿和丰宣布,重庆市场交易一律以"新票银"(即九七平10两或5两1锭的纹银)为准,"老票银"(其他各种外来银两)必须经改铸倾销后方能用于市场交易。这个办法划一了重庆市面流通的银两,便利了交易,促进了商品流通,稳定了市场,并逐渐为四川各地采用。1908年,四川劝业道以此为基础,将"九七平"作为全川银两的基准[②],使四川极端紊乱的银两制度开始走向规范化。

1892年"新票银"地位在重庆的确立,显露出开埠以后重庆开始朝着四川金融中心演变的发展趋势。从此,重庆金融在四川经济中发挥着越来越重要的作用。

与此同时,建立在商业贸易不发达的自然经济基础之上的制钱制度,则最先走向衰落。同治初年,四川的宝川局就停铸制钱。重庆市场上的制钱流通日益减少,最后为新起的近代货币所取代。民初以后,除少量质佳量足的制钱为民间作古币收藏外,其余多被销毁。1921年以后,制钱在重庆市场上完全消失[③]。

近代重庆市场上的货币主要有银圆、铜圆和纸币。

银圆的出现是为补制钱之乏。重庆开埠后,贸易的激增需要一种比银两更方便的货币。1896年,四川总督鹿传霖饬川东道,从湖北运回1万元当地铸造的龙洋投入重庆市场使用。后来,川东道、重庆府、巴县又数次引入湖北、安徽、福建的银圆。在银两为主币的情况下,银圆的流通便利了商品的交易。因此,1898年,四川省曾一度在成都设立银圆局铸造银圆,几经存废,始得保留。重庆没有银圆局,专办行销、回换及公布银钱牌价事宜。四川省厘

[①] 据《重庆海关报告》、《国内商业汇兑要览》、《国内兑汇算法》、《中国之金融》综合统计。
[②] 《1902—1911年重庆海关十年报告》。
[③] 《四川半殖民地半封建社会金融简史》(未刊稿),中国人民银行四川省分行金融研究所编印。

金局曾在重庆告示各方,对有碍银圆行销者,"查究决不牵延"①。从此,银圆被强制向全川推行。

民国以后,中央政府曾令以银圆为国币,取消银两制度,但因军阀混战而推行困难。直到1930年4月16日,在全国大部分地方已经实行的情况下,重庆才以银圆最后代替了银两。民国的前20余年中,重庆的银圆在军阀控制下无论在流通种类或铸造方面,均有较大变化,相当复杂,这是造成四川货币混乱的重要原因。

解决制钱不足的另一途径是流通铜圆。1900年广东开铸铜圆,以后逐渐向全国推广。重庆铜元局1905年创办,1913年5月投入生产,是重庆唯一铸币机构,也是军阀争夺的重要对象。铜圆的种类和价格也相当混乱,加剧了四川货币的紊乱②。

到辛亥革命前夕,重庆市场上以银两和制钱为基本货币的局面,变成了以银两为主,银两、制钱、银圆、铜圆并行流通的局面。

近代重庆市场上流通的货币中,各种纸币也是很重要的。清朝末年,清政府曾发行过以银两为本位的户部官票和以制钱为本位的大清宝钞,一度在四川流通。1899年中国通商银行重庆分行曾发行过银圆票和银两票两种纸币。1905年四川银圆局发行银圆票15万元,重庆是主要流通地区。1908年,大清银行重庆分行亦在渝发行银两票和银圆票③。但在清代,纸币发行数量不多,作用甚微,市场上流通的主要还是金属货币。民国以后纸币发行也成为军阀聚敛钱财、搜刮百姓的重要手段,因而纸币也同金属货币一样,种类繁多,十分紊乱。特别是发行既多且杂,有中央和地方的各级行发行的纸币,甚至某个驻渝军阀部队的金库也可发行纸币,以至于官票、宝钞、钱票、银两票、银圆票、军中票、兑换券、无息存单(存票)、儿童储蓄礼券等,五花八门,漫天乱飞。据不完全统计,从1912年到1935年,重庆发行的纸币就有20余种,10123万元以上④。许多都是既无准备金,又不能兑现的纸币。重庆货币的极度混乱,造成了四川金融的混乱、不可收拾。

---

① 《巴县档案》光绪财四《银币》二十。
② 《重庆铜元局局务纪实》,重庆铜元局1926年编印。
③ 张家骧:《中华币制史》,第122页。
④ 民国版《巴县志》卷四《赋役》下。

1935年,参谋团进驻重庆以后,即着手整理四川极度混乱的金融业。年底,国民政府颁布紧急法令,实施法币政策,令所有地方纸币一律停止发行,以中央、中国、交通三行发行的钞票为法币。一切公私款项的收付,概以法币为限,不得行使其他货币。重庆即以中央银行重庆分行发行的"兑换券"为法币,全川也以此为准,至此,四川货币才得以统一。

近代重庆经济中心的形成,要求有为这服务的统一的货币,"新票银"适应了这一要求。随着经济中心的进一步发展,金融与货币的混乱状况宣告结束,货币重新趋于统一。

第二节 金融组织的演变

重庆开埠以后,城市商业和社会的发展使重庆逐渐成为长江上游的金融中心,相继建立了许多金融组织。

一、票号的膨胀和衰落

票号是重庆最早的金融组织,又称汇兑庄。其业务是以汇票为信用工具,沟通异地汇兑。由于西南地区交通不便,银两运输非常困难和危险。为了解决商品流通与货币流通的矛盾,一些四川商号开始经营汇兑,成为早期票号。到了近代时期,由于社会剧烈动荡,官款的解交也发生困难,几乎全靠票号转汇,票号资金因而空前雄厚。到清末光绪、宣统年间,重庆票号已成为与四川藩司平起平坐、势力显赫的金融组织。

重庆票号分山西和云南、浙江两帮。山西帮又称为西帮、西号,历史悠久,力量雄厚;云南、浙江帮又称南帮,起步较晚,但后来居上。

重庆的票号在中国近代金融史上占有重要地位。山西票号发源于重庆,由山西平遥人雷履泰创建。18世纪末,雷在天津开设日升昌颜料铺,往四川贩卖铜绿。由于路途遥远,交通不便,地方不靖,银两运输困难,便以日升昌在重庆设有分店的有利条件,用汇票方式办理拨兑款项。随着汇兑业务的扩大,1831年,重庆的日升昌便由颜料铺改为了专营汇兑的票号[①]。自日升昌

[①] 卫聚贤:《山西票号史》,转引自《重庆金融研究》1985年第3期,第14页。

改营票号业务后,山西的平遥、祁县、太谷以及云南、浙江等地兴起了一大批票号,并纷纷在重庆开设分号,在为异地大宗贸易服务的同时,获取高额利润。

1891年开埠时,重庆已有16家山西票号(见表5-1)。

表5-1 1891年在渝山西票号统计表

票号名	资本(万两)	票号名	资本(万两)	票号名	资本(万两)	票号名	资本(万两)
日升昌	3.0	乾盛晋	13.7	天成亨	11.0	蔚长厚	10.0
新泰厚	12.0	大德恒	13.7	源丰玖	16.8	协同庆	13.7
蔚盛长	13.7	存义公	10.2	蔚才厚	16.8	晋昌升	16.8
乾盛亨	13.7	百川通	10.2	三晋源	16.8	宝丰隆	5.0

资料来源 《票号在四川的一些活动》,《四川文史资料选辑》第32辑。

到1894年,全川共有票号27家,其中大部分在重庆。重庆最盛时达28家[1]。这些票号每家都有10万两到30万两的资本,在广州、长沙、汉口、贵阳、南昌、北京、沙市、上海、天津、云南、芜湖等地设有汇兑代办处。其中最为雄厚的有西帮日升昌、蔚泰厚、蔚盛长、大德通,南帮天顺祥等。

票号的业务主要有:

(1)汇兑

早期票号主要限于商业和私人款项的埠际拨兑,后来发展到地方与中央政府,以及地方政府之间的汇兑。汇兑方式以票汇为主,也有少量的信汇。到清末光绪年,源丰玖票号曾经使用密码电报,进行电汇款项。票号按与汇款者当面议定的汇率收取汇费,汇率由3‰至8‰不等。由于山西票号的分支机构遍及全国,因此,有"西帮票号汇通天下"之说,每年汇兑总额极大。1891年至1911年间,整个西帮票号汇兑公款1.54亿两,每年平均700万两左右。至于私款则无从统计。重庆日升昌一家,1906年即汇兑164.58万两,在西帮票号中占有极其重要的位置[2]。

---

[1]《近代重庆货币与金融》(未刊稿),重庆市金融学会等1988年编印,第128页。
[2]卫聚贤:《山西票号史》,转引自《重庆金融研究》1985年第3期,第14页。

(2) 存放

票号存款分定、活两种,存期 3 个月至 1 年。存款大部分为各级官吏的私款,少数为公款。清代公款存储不计利息,私款因多系侵吞所得,存款只求稳妥、保密,也不计息之有无和多少,因而票号从中获利极大,存款金额也大大高于股本。放款期限也为 3 个月至 1 年,对象多为往来之官吏和殷实可靠的商号。放款方式只办信用放款,不办抵押放款。

(3) 代办业务

主要是代办捐献。清末国库空虚,捐官现象极为普遍。捐官者需向户部交纳一笔捐献款,再由户部发给凭证,由各省补缺实授。票号就承担了为捐官人汇拨捐款的任务。对一时短缺款项的,票号还可以先行借垫。此外,有些票号还为客户办理一些特殊款项的支付。

(4) 发行票据

"期票"是一种限期提现的票据,由于票号在商场上信用很好,"期票"的期限往往不被重视,在市面上可以当作现金流通。"小票"是票号开出的临时银两收据,有 10 两、50 两、100 两,甚至 1000 两一张的,作现金流通。重庆的票号还把迟期汇票卖给钱庄再转卖给上下货帮,凭此往上海进货。

通过汇兑、放款、发行票据等业务,重庆的票号作为商品货币经济发展的产物,承担了商业资金的调拨,渗透到了贸易和商业流通领域,几乎包办了省外贸易汇兑,"从而实际上垄断了一切邻省的主要银行业务"[①],票号老板也就成为重庆商场上最受人尊敬的"财神爷"。来自云南昭通的李耀庭,正是因为他有重庆天顺祥票号老板的头衔而成为重庆商界领袖,当上了清朝末年重庆总商会首任总理。

在清末,重庆票号势力急剧膨胀、盛极一时的原因,除它适应了商品经济的发展外,很大程度上取决于它和清政府建立的密不可分的经济关系。

从票号业务中我们得知,官款的汇兑是票号的主要业务。它包括下拨的军饷、账款,上输的赋税,以及横向的经济往来。例如 1910 年,清朝户部就发重庆天顺祥、百川通、宝丰隆票号汇往云南 80 万两白银、汇往贵州 17.3 万两

---

① 周勇、刘景修译编:《近代重庆经济与社会发展:1876—1949》,四川大学出版社 1987 年版,第 66 页。

白银。票号存款中,国库公款以无息、官吏私款以无息或低息的方式存入,以及捐献的代办,这对票号是极大的资助。因此,凡经营票号者,无不与官府、官吏有密切的来往,借此以壮声威,增加信誉,进而揽到更多的公私款项存汇,取得官方在业务上更多的便利和支持。1896年,重庆日升昌、天成亨、协同庆等10余家票号,因解付盐帮、土商(鸦片商人)的汇款额过大,一时头寸调拨不及。商之当地政府,巴县知县报请川东道批准,临时借国库公款12万两给几家票号,以应付场面①。这种优惠只有票号才能享受。

地方官府对票号的鼎力支持是与他们自身所能得到的巨大利益成正比的。票号作为一种民间性金融机构,对官吏最大的吸引力在于它的隐蔽。因此,上至王公重臣,下至各级官吏,无不视票号为他们所得赃款的安全存储和生息牟利的场所。如安徽芜湖道童谣圃卸任返川,就将搜刮的10万元赃款交重庆蔚丰厚票号汇回,并存在该号。当官府周转不灵时,票号也予以支持。1905年,官商合办的川汉铁路公司即向重庆票号借50万两②。

这种利益相交,融为一体,使票号具有了官方垄断性金融机构的性质。1891年,重庆海关首任税务司好博逊一到重庆就看出了这一点,他在给总税务司的报告中就说:"这16家票号足有一半可以认为是半官方机构。"③但是,也正是由于过分信赖于官府的支持,因此,当清政府被推翻以后,票号也就失去了生存的主要条件,在与钱庄、银行的竞争中处于明显的劣势。票号虽然在重庆的城市经济和生活中起着很重要的作用,但受到条件的限制,发展不快。因为票号一般不与外商发生联系,直到1895年《马关条约》签订后,"洋商购办土货须以现金交易……且重庆已无银行可通,洋商携带银洋,甚为可虞"④,在重庆"完全没有外国银行或其代替人经营的外国汇兑"⑤。重庆在近代成为重要的港口贸易城市,进出口贸易规模越来越大,但票号的业务范围和经营方法已不能适应经济和社会发展的需要。辛亥革命后,票号业务渐趋衰败(见表5-2)。可见票号的业务较之光绪时期已大大缩小。此后,各票号敌不过新兴的银行和有公会组织的钱庄而纷纷歇业。1916年,重庆票号日

---

① 《巴县档案》光绪财四《票号》五。
② 《四川官报》乙巳第2册,第1—6页。
③ 《重庆海关1892—1901年十年调查报告》。
④ 《渝报》第10册,1897年。
⑤ 《重庆海关1892—1901年十年调查报告》。

升昌等 14 家全部停止[①]。

表 5-2　1913 年重庆主要票号业务情况表

单位:两

票号名称	存款	放款	票号名称	存款	放款
天成亨	15000	763000	蔚盛长	10400	113095
日升昌	41988	95275	宝丰隆	105609	150948
蔚泰厚	501	47399	百川通	19326	283141
蔚丰厚	65000	126000	新泰厚	11880	42546
蔚长厚	107400	176500	协同庆	48326	58501
存义公	3000	172710			

资料来源　1913 年 1 月 1 日天成亨等票号呈北洋政府财政部文的清单,转引自《票号在四川的一些活动》,《四川文史资料选辑》第 32 辑。

二、钱庄的产生和迅速发展

钱庄业也是经营货币信用业务的旧式金融机构。近代以来,随着西方资本主义经济侵略的加剧,中国商品经济迅速发展,钱庄适应需要,在沿海和长江流域地区有了长足的发展。19 世纪 70 年代以后,洋货大量进入四川和西南,主要通过重庆的商人往上海、汉口等地进货。他们大都向当地钱庄取得 3 个月至 6 个月的信用,然后通过两地票号的汇划关系来结算,或者直接向钱庄融通资金。出口也是如此,商人大都在春季向通商口岸的钱庄贷款,然后回内地收购土产,运往口岸出售以后再将钱归还钱庄。因此,上海、汉口就成为四川进口货物的主要交易地,而当地的钱庄就起到了口岸洋行与内地商人交易的联结器的作用。可以说,重庆进出口商人之获利,很大程度上得益于上海、汉口的钱庄。

重庆开埠以前并无钱庄。开埠以后,商业交易数额的增大和频率的加快,要求与之相适应的金融业的支持。票号在商业流通方面主要为富商大贾的异地大宗汇兑服务,并不顾及本地和省内其他来渝的中小商人的小额存放问题,而后者的需要量也相当大。这种状况就为新的金融组织的产生提出了

[①]《四川公报》1916 年 3 月。

客观的要求,因此钱庄应运而生。

钱庄的前身是换钱铺和倾销店。换钱铺主要经营银钱兑换。它随商业的繁荣而兴旺,光绪初年,重庆已是换钱铺"满街林立"。倾销店则代客改铸银两。1892年重庆统一流通新票银后,倾销业务不断发展。但随着商业交易的扩大,商家需用的资金日益增加,借款利息也随之上涨。由于换钱铺和倾销店都握有一笔客商存于店中的款项,故乘机从事存款和放款。后来又向票号买进迟期汇票,再卖给上下货帮口(进出口),进而自己直接把钱放给下货帮(出口),借以得到上海汇票(申汇),然后再将申汇卖给上货帮(进口)。如此往复,资金积累日多,一般资本在几万两,多者已达一二十万两。以至于原来的换钱、改银的职能已微乎其微,最后完全放弃,变成了钱庄。1894年,重庆同升福倾销店易名钱庄,这就是重庆历史上的第一家钱庄。

从业务上看,钱庄可分为加入钱业公所的和未加入钱业公所的两种。其营业范围:

(1)存款(又称存账),分浮存(活期存款)与长存(定期存款)两种。浮存以现金及银钱票为原则。

(2)贷款(又称放款),普通分浮缺(活期透支)及往来缺款(普通贷款)两种。工商界与钱庄往来最密,即因为能发生这两种贷款关系。

(3)贴现。钱庄买入未到期的庄票(期票及汇票),从而获得贴现息(贴水)者。上海一埠最为通行。贴现息的高低,或以市面利率为标准,或由双方契约规定之。

(4)发行庄票。钱庄常发无名的期票(分两种:一、即票,一览支付;二、期票,定期支付),以为货款、贴现及支付活期存款之用。

(5)经营汇兑。

在清朝末年票号势力极度膨胀的情况下,钱庄作为纯粹的商业性金融机构,其汇兑只限于本国内地的汇兑,本小势单,业务范围亦极狭隘。重庆开埠后,随着商业贸易的发展,钱庄业也随之扩大,大有取代票号之势,"同业日增,业务日繁"。1909年成立钱帮公所,以处理同业纠纷,改善业务进行。重庆钱庄业规模初具,"全川金融赖以调剂省外汇兑,藉资周转,为钱业兴盛之初期"。待票号崩溃以后,广大的金融市场使钱庄如鱼得水,钱庄成为主要的金融机构。乘着第一次世界大战期间民族资本主义发展的高潮,重庆钱庄在民国七八年间,达于极盛,不仅换钱铺、倾销店已全部更名,而且又新成立了一批钱庄,总数达 50 余家[①]。1910 年重庆有银钱号 28 家[②],见表 5-3。

表 5-3 1910 年重庆银钱号统计表

号 名	营业分类	资本(万两)	号 名	营业分类	资本(万两)
至诚祥	账庄	1.0	瑞昌厚	账庄	0.4
谦祥益	账庄	1.0	德利源	账庄	0.6
信义复	银号	1.4	德生祥	账庄	0.6
德厚昌	账庄	1.1	聚成亨	账庄	1.0
裕源通	银号	1.0	协顺昌	银钱号	1.1
集成亨	账庄	1.0	同茂恒	银钱号	0.7
同升福	账庄	0.45	协庆隆	账庄	0.5
同泰丰	账庄	1.2	永盛祥	账庄	1.2
协顺文	账庄	1.0	源达长	账庄	0.5
惠和号	账庄	0.5	德泰明	银钱号	0.1
谦泰恒	账庄	1.2	裕源长	账庄	1.2
谦敬胜		1.0	协心和	账庄	1.0
和丰号		0.5	长生号	银钱号	1.0
义厚生	账庄	1.1			
福茂荣	账庄	0.5	合 计		23.85

28 家钱庄共有资本 23.85 万两,平均每家 8500 两左右,其中 5 家是独资,其余皆系合股。从营业情况看,1910 年无盈亏者 8 家,亏 1 家,盈利 19 家。

据《中华民国二年第二次农商统计表》"钱业"一栏的统计,1913 年四川全省有官银局 2 家、银号 9 家、票号 13 家、金店 7 家、炉房 11 家、钱庄 243 家,

---

[①] 张肖梅:《四川经济参考资料》"银钱业"D,上海中国国民经济研究所 1939 年刊,第 48 页。
[②] 据《四川第四次劝业统计表》,第 36 表统计。

总计 285 家,公积金总额 32.8 万元。其中重庆及重庆地区的情况见表 5-4。

表 5-4 1913 年重庆地区银钱业统计表

地区	官钱局	银号	票号	金店	炉房	钱庄	合计	资本金总额(元)	客户存款总额(元)	银币发行总额(元)	公积金总额(元)
巴县	1	3	3	3	5	18	33	568985	318431	123431	98720
江津								60000	60000	—	4000
长寿								20000	2500		
永川								10600	2196		
南川								41000	—		
合州								42500	12890	13680	3700
江北								13580	14585	—	—
计	1	3	3	3	5	18	33	756665	410602	137130	106420

从表中可见,重庆城有银钱业 33 家,资本金 56.9 万元,存款 31.8 万元,纸币发行 12.3 万元,公积金 9.8 万元。若加上整个重庆地区,则资本金有 75.7 万元。但是好景不长,军阀的混战和割据遏制了刚刚发展起来的民族资本主义经济,钱庄业受其冲击,数量逐年减少,到 1925 年重庆成立钱庄公会时,入会的会员只剩下了资力稍厚的 32 家[1]。俟刘湘的势力逐渐壮大,并控制了重庆,重庆经济才有所复苏,1927 年,钱庄又上升到 49 家[2]。

从 1927 年起,国内外局势相继发生一系列重大变化。先是 1927 年大革命失败,进入 30 年代又碰上世界资本主义经济危机,随之又发生"九一八"、"一·二八"事变,1931 年长江下游又发生大水灾。天灾人祸,接踵而至,全国经济濒于破碎。这种严重的局势同样深刻地影响着重庆经济,特别是进出口业的发展,威胁着钱庄的生存,致使相当部分钱庄破产。1932 年,重庆钱庄

---

[1]《重庆钱庄的兴起》,载《重庆金融研究》1985 年第 8 期。
[2]《重庆钱庄业沿革概况》,载张肖梅:《四川经济参考资料》"银钱业"D,上海中国国民经济研究所 1939 年刊,第 48 页。

仅存12家。到1934年,经济略有复苏,重庆钱庄又上升到18家[①]。1935年参谋团入川后,通过对四川财政金融的整理,使市场逐渐稳定,随即制定发展经济的政策,钱庄活动的条件进一步得以改善。到1937年,重庆的钱庄发展到23家,资本200.6万元,分别占四川钱庄(55家)和资本(322.6万元)的41.82%和62.18%[②]。

综观抗战以前重庆钱庄业的发展演变,其规模几经曲折,既经历了国内外经济、政治形势的冲击,又受到金融业内部银行迅猛发展的竞争,但从发展趋势上讲,尚能跟上城市经济成长的步伐,甚至在银行出现后的相当长时间里,其作用都在银行之上。其原因是多方面的:

首先,城市经济的发展需要与之相适应的金融机构。民国以后,银行作为一种新的资本主义性质的高级金融机构,对商界来说,毕竟是一件新事物,面对近代化初期的城市经济来说,钱庄具有很大的优越性:

(1)钱庄制度历史悠久,社会信用较高,而这正是银行的弱点。

(2)钱庄放款注重于人的信用,而银行放款多以抵押方式,这对于一般中国商人"重面子"的心理来讲,不易接受。

(3)钱庄手续较之银行简便,商人乐趋便利。

(4)钱庄老板和股东,或者本人就起于商业,或仍在兼营商业,他们对各业行号经营情况、人力财力等比较熟悉,放款有把握。

总之,钱庄与工商界有长期密切的关系,因而,在同样的经济、政治环境里,在和银行的竞争中,占有地利与人和的条件,以至于1935年以前,一些银行"对工商业放款,大都假手钱庄"[③]。

其次,钱庄的发展还得益于灵活独到的业务方法。

(1)存款期限短,周转快,利率灵活。3月即为长期,更多的是比期存款。比期是重庆工商金融界的特产,即半月为彼此结算期限。比期存款也即以月半或月底为存取期,到期凭单提取本息。不论长期还是比期,利率除视市场利率变化外,还要视与存户的关系而定,相当灵活。

[①]《重庆经济调查》甲编,1937年1月版,第8—9页。
[②]张肖梅:《四川经济参考资料》"银钱业"D,上海中国国民经济研究所1939年刊,第46页。
[③]平汉铁路管理局经济调查班编:《支那经济资料·2·重庆经济调查》(上卷),日本东京株式会社生活社1940年(昭和十五年)发行。

(2)放款凭信用和友谊,期限亦短。放款也分长期(3个月)和比期两种,到期可以续放。更重要的是决定放款规模的主要因素是信用和交情。在旧中国的商场上,向重信义,以事论事,不问其他。钱庄对放款对象和利率,都以个人情感为依据,常常是"杯酒之间,买卖于斯定交"。

(3)汇款主动上门服务,方便客商。钱庄的汇兑分为即期电汇、对期电汇、信汇、票汇四种,其对象主要为上下货帮。他们对门市柜台生意不太注意,因为数额较少,更多的是由主管业务的负责人和职员主动上街兜揽大宗款项交易。为了保证汇兑业务的保赚不赔,多多获利,钱庄职员对上下货帮的业务和经营情况、业务作风和习惯做法非常了解,对其每笔生意的盈亏也多方刺探,以此作为决定对其放款或收款的依据。这就是所谓的"排八字"。

(4)组织简单,手续方便。钱庄内分工较粗,往往一人身兼数职。不论存取,均以方便商家为前提,无一定之内规和章则,仅凭商场习惯办事[①]。

第三,不断地改进经营方式,扩大业务范围,也使钱庄能随时代而前进。经营钱庄者多为钱界老手,他们一般是学徒出身,在长期的经营活动中,经验丰富,畅晓商情。每经危机,均能总结经验,调整方针。

(1)不断扩大存放业务。清末民初,即使在票号极盛的情况下,钱庄也采人弃我取之法,通过涓涓细流来扩展业务,每年吸收存款已达1000万两,贷放款1500万两。

(2)代办收交和信用货币的使用。钱庄为避免客商现钱支付的麻烦,常代为交付,于是出现了"号片"、"收条"等互相过账使用的信用凭证。这样既免去了现银交割的笨重不便,又减少了鉴别和清点银两的麻烦。1910年,同升福、义厚生等钱庄仿照上海汇划钱庄的清算办法,创设了后来长期沿用的"划条"制度[②]。

(3)扩大代办汇兑。除了前述自己辟申汇来源外,民国初年,同升年、同升福、和济、福利等钱庄,首先在上海、汉口等地委托川帮庄客代办收交,并与上海钱庄开户来往,既取得银根上的周转,又便于自己开立汇票[③]。到20世纪30年代,在外地开设分庄已成为普遍现象,1935年,重庆18家钱庄中,有

[①]《重庆金融研究》1985年第8期。
[②]《重庆银钱业使用"划条"、本票的回忆》,载《重庆工商史料选辑》第4辑,第178页。
[③]《重庆钱庄公所的由来》,载《重庆工商史料选辑》第5辑,第121页。

14家都在上海开有分庄。重庆钱庄业务已由本地存放扩大到异地汇兑。

正是由于钱庄的上述特点,因此,它既能在银行出现后的相当时间内,其作用超过银行,又能在银行成为金融业主体以后,仍然保持一定地盘,稳步发展,直到1949年随着旧中国金融业的崩溃才最后消失。

三、银行成为金融业的主体

银行是近代资本主义商品经济发展的产物,它是经营存款、放款、汇兑、储蓄等业务,充当信用中介的一种特殊企业。在资本主义制度下,它主要依靠货币资本的经营,通过存放款间的利息差额分享剩余价值。远在1580年,威尼斯就诞生了世界最早的近代银行。而中国近代银行则迟于19世纪末年,在欧风美雨的迅猛吹打下才姗姗降生。

鸦片战争后,资本主义列强相继侵入中国,它们为了扩大商品倾销和加强对中国原料的掠夺,除了开设一系列的洋行、轮船公司和工厂商店外,还开设银行,从金融方面配合外国资本的各项经济侵略活动,通过国际汇兑、存放款、发行钞票、对华投资、借款给清政府等手段,获取高额利润,逐步控制中国金融市场,左右中国社会经济。外国银行在中国经济侵略活动的枢纽作用,诱发和启示了中国各方面人士认识自办银行的重要性。与此同时,随着商品经济的发展,必然要求金融业的发展。上述票号、钱庄的发展,就是四川金融中心东移、重庆金融中心形成的标志之一。到20世纪初年,这种发展进一步反映在政府对金融业的管理,以及金融组织的高级形式——银行的出现上。

银行在重庆的开办,是重庆金融中心形成过程中最重要的事件。它反映了重庆金融业近代化的重要进展,也标志着政府对重庆金融中心地位的认可。近代四川官办的地方性金融机构,肇始于咸丰四年(1854年)在成都建立的四川官钱局,旨在强制推广清中央政府为镇压太平天国筹措军饷而发行的不兑现纸币"户部官票"和"大清宝钞"。后因发行既滥,官吏营私,纸币急剧贬值,到1861年,"票纸(宝钞)一吊仅得铜钱52文"①,即只值面值的5%,终致官钱局垮台。到1897年,川督鹿传霖又在成都办蜀通官银钱局,推行石印官票,将成本及官票所换现银一并发商生息,榨取民财。当年即因鹿传霖

---

① 《越缦堂日记》辛集上。

调任而停办①。

在重庆最早出现的官办地方银行,是1905年10月成立的官办浚川源银行。该行隶属四川藩司,总部设重庆。其内部组织与票号相仿。成立时资本总额50万两,官三商二,年息5厘,主要业务为承汇公私款项,兼办私人存放业务。当时四川已大量铸造银圆、铜圆,钱荒有所缓和,浚川源银行本身业务也有较大发展,特别是它以藩库为后盾,资金可随时流用,故尚未发行纸币。1908年,因商股提用过多,故将商股一律退还,专用官本,成为地方官方银行。

四川官办金融机构向来以成都为中心,但自重庆浚川源银行的开办,重庆即与成都平分秋色(浚川源银行分为重庆、成都两行),这是与重庆金融业地位上升一致的。后来浚川源银行又在上海、北平、宜昌、汉口、沙市、万县、涪陵等地开设分行。

民国初年,由于军阀混战,地方军政首脑出入频繁,来者只为搜刮钱财,无暇顾及金融发展,只有华川银行(1912年,始办即终)、四川银行及重庆官银号(1923年军阀在交战中为敛财而设)如昙花一现。直到1926年四川防区制建立,刘湘(川军二十一军军长)占据重庆后,才建立了相对稳定的官方银行。先是由二十一军总金库代行地方政府银行职责,后于1934年1月由刘湘及重庆主要军政官员集资开办了四川地方银行。这是民国以来,四川第一个具有一定规模的地方政府银行。1935年后,参谋团入川,在重庆改组成立四川省政府。11月该行便正式更名为四川省银行总行,抗战前开设了2个分行和9个办事处。不久,四川省政府迁往成都,但该行则留在重庆,直到1946年抗战胜利后才搬走②。

重庆经济地位的提高和四川经济中心的东移,吸引了国家银行和外省银行来渝开办分支行。这进一步巩固了重庆金融中心的地位。1906年,上海中国通商银行首先在重庆开办分行,主要经营鸦片抵押放款和购运鸦片货款的汇兑,1902年撤销。1907年清朝户部银行在重庆筹建分行。1909年,户部银行改名大清银行,同年4月,大清银行重庆分行正式开业,不久,相继在成都、自流井、五通桥建立分号③,业务主要为代理国库,并发行了纸币约20万元。

---

① 《四川半殖民地半封建社会金融简史》(未刊稿),第16页。
② 《四川地方银行重庆总行开幕纪念册》,载《近代重庆货币与金融》(未刊稿),第280页。
③ 四川省银行金融研究所藏档案。

随后,铁道银行(1913年开设办事处)、晋丰银行(1913年设分行)、中国银行(1915年设分行)、殖边银行(1915年设支行)、交通银行(1915年设分行)、江海银行(1934年设分行)、金城银行(1926年设办事处)相继来渝,这些分支行又在各地开办了大批代办处、办事处等,形成具有一定势力的金融网络。到1935年,作为国民政府统一川政的一个重要措施,中央银行重庆分行正式开业①。到抗战爆发前夕,中央银行重庆分行完成了对混乱的四川金融业的统一,进一步巩固了重庆金融中心的地位,重庆金融中心也得以最终形成。

与此同时,重庆本地的商业银行获得了较大的发展。重庆银行业自民初以来最值得注意的是本地商业银行的普遍开设。到30年代,先后有聚兴诚(1915年)、大中(1919年)、中和(1922年)、富川(1922年)、美丰(1922年)、平民(1928年)、川康殖业(1930年)、四川盐业(1930年)、市民(1931年)、北碚农村(1931年)、川盐(1932年)、少年(1932年)、四川商业(1932年)、重庆(1934年)、新业(1934年)、四川建设(1934年)、和成(1937年)等相继开办②。其中最为有名的是聚兴诚银行。它是四川民族资本经营的第一家商业银行,后来发展成为川帮银行中实力最厚、信誉最高的全国性商业银行。此外,美丰是重庆第一家中外合资商业银行,川康殖业后来发展成为川康平民商业银行,市民银行发展成重庆商业银行,加上川盐、和成,这就是以聚兴诚为首的著名的川帮六大银行③。以此为主体,加上滇黔银行形成了华西集团,它与以江浙财阀为主体的华东集团、直鲁地区的华北集团、广帮为主体的华南集团共同构成了中国银行集团④。这是抗日战争以前,中国金融发展史上的一件大事。

上述地方银行、国家银行和商业银行的产生和发展,是一个相互关联的有机整体,共同构成了重庆银行业发展的潮流。大体分为三个阶段:

(1)清朝末年,银行发轫,与极盛的票号相比,银行在经济生活中居于非常次要的地位。

(2)民国初年到1930年,银行一度大量产生,但因受战乱的影响,不少银

---

① 魏建猷:《中国近代货币史》,群联出版社1955年版,第164页。
② 中国人民银行重庆金融研究所编制:《近代重庆金融市场调查表》。
③《重庆5家著名银行》,西南师范大学出版社1989年版。
④ 张郁兰:《中国银行业发展史》,上海人民出版社1957年版,第100页。

行又相继关闭。所剩下的银行大多被军阀控制,成为发行钞票,搜刮钱财,或大做金融投机的工具,致使货币紊乱、财政恐慌、经济畸形发展。因此,银行很少直接投资工商业。在与大发展的钱庄的竞争中,银行仍不占优势。

(3)1930年以后,重庆政局逐渐稳定,银行业得以发展。据1932年对全国157家主要银行及其资本在国内主要城市分布状况的调查,重庆有7家,排名第四,资本740万元,名列第五[①]。特别是1935年川政统一以后,四川和重庆经济开始走上正轨,重庆的银行(地方、国家、外省、本地商业银行)发展如雨后春笋,改变了重庆金融业的结构,也改变了四川传统货币体系。其中最重要的有1935年中央银行重庆分行的开办和四川省银行的改组成立,中央银行重庆分行的开办标志着四川金融业的统一。从此,金融混乱的局面大为改观,钱庄也衰落了。

到1937年为止,四川历年设银行33家,其中有22家设于重庆,占66%。经历年倒闭、改组,这一年实际上存在的还有18家,其中重庆12家,占66%。全川共有各种银行的总分支处130个,其中重庆和重庆银行的派出机构即为120个,占92.3%[②]。单从这一点看,重庆作为四川金融中心的地位已十分明显,重庆的银行真正成了四川金融业的主体,代表了近代四川金融发展的历史趋势。从票号、钱庄到银行的演变,适应了近代重庆工业和商业发展的需要,反映了金融机构和组织由传统向近代化的演变。

四、其他金融机构的兴办

(一)保险公司

保险业是近代城市商品经济发展的产物。重庆开埠以后,随着城市经济的发展,重庆又成为长江上游的保险中心。1891年创办的英商太古、怡和洋行就兼营保险业务。1893年第一家保险公司——英商利川保险公司创办,专保挂旗船运输业务。随后,英商在重庆开设了火灾、人寿等几家保险公司,其间虽有民间人士办有重庆探矿保险公司。经营地下采矿发生的水、火、风三

[①]《申报月刊》第3卷第2期,转引自张郁兰:《中国银行业发展史》,上海人民出版社1957年版,第68页。

[②]据《四川省历年开设银行地别统计》、《四川省现存各银行概况调查》、《四川省银行业之分布及其概况调查表》综合统计。

种险灾,但就保险市场而言,则主要为外商控制。

民国以后,华商保险业开始兴起。1913年,上海华洋人寿保险公司在重庆开设分号[①],不久又成立了金星等保险公司。1926年以后,保险机构逐步增多。1932年川盐银行开办保险部,专办盐载水险,促进四川盐业发展。1935年聚兴诚银行投资开办兴华保险公司。1937年该公司增资达100万元,并邀集重庆10家主要银行、钱庄、公司入股,同时在上海、汉口、长沙、南京等10多个城市设立分公司和代理处。该公司以川帮银行为后盾,信誉昭著,业务发达。1935年,该公司即盈利90万元,赔款20万元,分别占重庆保险业的60%和50%,成为四川的第一大保险公司[②]。这一时期,上海等地的保险公司也先后在重庆开设了一些分公司和代理处。到1937年,重庆已有专业保险公司11家,其中总公司6家,代理处4家,占有四川保险业的90%以上,除2家经营人寿保险以外,其余均经营财物保险[③]。

(二)信托公司

信托公司业务广泛,被称为金融百货公司,与银行、保险、储蓄并列为金融之四大支柱。重庆的专营信托公司产生于1932年,由重庆拍卖行改组增资而来,称重庆信托两合公司,既经营一般信托业务,又兼营储蓄存款和产业证券货物的抵押放款。

1935年11月1日,中央信托局在重庆设立分局。该局由中央银行拨款设立。由于以政府为后盾,该局业务范围遍及金融业的各个领域:(1)信托业务,包括信托存放款、个人及公司信托、信托投资、基金信托、证券买卖,以及经政府许可和法院指定的特约信托。(2)代理业务,包括代理收付、代买卖房地产、代经收房租、代理投资、代理征信、代政府核付外汇以及承销特种有奖储蓄等。(3)保险、购料、易货、运输、储蓄、印制钞票等其他金融业务[④]。

重庆的信托业兴起较晚,专营公司并不多,而银钱业兼营信托业务则是普遍现象。1932年聚兴诚银行率先成立代办部,随后,四川商业银行、平民银行、中央银行重庆分行、四川省银行、重庆商业银行、和成钱庄也分别成立了

---

① 《西蜀新闻》1913年1月19日。
② 《民国二十六年保险年鉴》(上篇),第169—171页。
③ 《民国二十六年保险年鉴》(上篇),第169—171页。
④ 《近代重庆货币与金融》(未刊稿),第240页。

信托部或代理部。

(三)储蓄会

储蓄会是专门办理有奖储蓄业务的金融机构,是与西方资本入侵分不开的。1920年,西班牙人在上海创办了东方储蓄会,不久即在重庆成立了分会。1927年因储蓄户存款无法收回,引起市民抗议,即告倒闭。1926年,中法合资的中法储蓄会重庆分会成立,1935年由国民政府中央储蓄会接管。

重庆真正较有影响的储蓄会是1920年成立的万国储蓄会重庆分会。该会利用部分国人对洋商的迷信和中奖致富的侥幸心理,采取巧取豪夺的手段,吸收了大量存款。1935年以前,重庆储蓄业务都为中法、万国把持。由于有奖储蓄极为有利可图,1936年,中央信托局设中央储蓄会,重庆设立分会,接办了重庆中法、万国的储蓄业务。该会先后开办了有奖储蓄和特种有奖储蓄,对于抵制外资的榨取、稳定物价起了一定作用[1]。

(四)典当业

典当是清末金融组织的重要组成部分。1912年官方统计的钱庄和典当资本共453.3万元,其中典当165.1万元,占36.4%[2]。清末四川省和重庆经营典当业者,大都系陕西帮,"组织严密,办事认真,加以当时人民朴素,十当九赎,不愿死当,以故每年皆有盈余"[3]。典当业有典当、代当之分。一般典当资本较多,营业规模较大,取息较低,当期较长;代当则散处乡曲各地,"为乡镇与城市当商之中介机关",这是各质店为扩充营业,特于各繁盛场镇设代押处。此种乡镇代押之质店,又称"小押当"。民间典当月息一般在三分以上,质物均多值十当五。典当铺也兼营存款业务,清后期各级地方政府多以官款存当,"发商生息",利息八厘至一分二,以补所谓行政经费的不足。典当多由本地富户创办,以独资经营者为多。经理之下,设坐柜、司柜、司账、库房、学徒等。

重庆的第一家当铺建于乾隆二十五年(1760年),最初由官办,资金多系地方政府挪用军饷。1765年官当撤销后,经政府批准,在渝经商的陕西商人继续经营。资金或为自筹,或为领借藩库银两,或吸收存款,或向票号借贷,

---

[1] 张肖梅:《四川经济参考资料》"银钱业"D,上海中国国民经济研究所1939年刊,第52页。
[2] 根据《中华民国元年第一次农商统计表》计算。
[3] 张肖梅:《四川经济参考资料》"银钱业"D,上海中国国民经济研究所1939年刊,第52页。

因而属官督商办。据巴县档案记载，1872 年重庆有当铺 5 家，1885 年 11 家，1910 年达到 166 家，年利率高达 20% 至 30%[①]。表 5-5 是 1913 年重庆地区典当业的一个统计。

表 5-5　1913 年重庆地区典当业统计表

地　区	典当家数	资本金总额(元)	一年间当出赎入金总额(元) 当　出	一年间当出赎入金总额(元) 赎　入	各户存额总额(元)
巴县	3	32000	112000	77000	85535
长寿	2	73200	20340	18260	3658
永川	2	6000	31000	36200	—
荣昌	2	44000	17500	15660	6660
铜梁	1	16000	14280	12130	7850
合川	2	5870	21396	18890	9500
大足	1	30000	281000	22000	—
璧山	1	10000	5480	7220	—
江北	2	14000	18838	—	—
合计	16	231070	521834	207360	113203

资料来源　《中华民国二年第二次农商统计表》，"当典"，第 248—285 页。

这个统计是已正式注册的那一部分，而实际数字还应大得多。仅表列已注册的典当业即 16 家，资本总额 23.1 万元，当出金总额 52.1 万元，赎入金总额 20.7 万元，各户存款总额 11.3 万元。重庆典当业的发展反映了一种不正常的社会现象，即工商业的不景气和下层人民生活的日益贫困。这种高利贷资本形式的发展，适应了当时城市社会经济的特殊条件。

20 世纪初年，商办的川帮典当业兴起。随着清政府的覆灭，票号的衰落，在钱庄、银行业发展的冲击下，陕帮因失去依托和资金来源而逐渐退出，让位于川帮。川帮典当因系商办，一般资本较少，经同业公议，当铺一律改称公质店。最盛时，重庆市区当铺即有 17 家之多，郊区还有 20 余家代质店或代押

[①] 转引自隗瀛涛编著：《四川保路运动史》，四川人民出版社 1981 年版，第 31 页。

店。民国以后,因军阀混战和割据,公质店一再减少,1935 年时仅剩 10 家。到抗战时期,进一步减少,以至消失①。

(五)汇兑号和银公司

异地汇兑是清末票号的主要业务。但票号一般都设在通商口岸,在城郊小镇和偏远乡村却无分支机构,而这正是民信局业务之所长,因此民信局始兼营汇兑。

重庆的民信业务首数"麻乡约大帮信轿行"。它于 1855 年创于昆明,1866 年迁到重庆,称"麻乡约民信总局",主要业务为客货运输和民信传递,同时兼办偏远地区的汇兑业务。由于它通汇地点广泛,重信用,守信誉,收费较低,手续简便,因此,着实兴旺了一段时间。1896 年政府邮局成立,开办汇兑业务,麻乡约受到很大冲击,业务逐渐收缩,汇兑业务大为减少②。

1927 年以后,除银行、钱庄以外,专营汇兑业务的金融机构再度出现。1928 年,汉口的长裕汇兑号来重庆开设分号。1934 年重庆华隆汇兑号开办。到 1935 年止,重庆共有汇兑号 6 家,资本 20.1 万元③。

四川兴业银公司 1937 年 3 月成立于重庆。它由四川省财政厅长刘航琛倡议,由四川省银行等 10 家银行、集议等数家银庄及私人若干,集资 500 万元组成,主要致力于地方工业投资④。

(六)证券交易所

证券交易是近代以来商品经济发展的产物。但是重庆证券交易所的建立及活动,却是军阀统治的产物。

重庆开埠以后,尽管商品经济有相当程度的发展,但是真正发达的只有商业,工业还相当落后,民间和官方均无发行证券和交易证券的需要。1932 年,驻守重庆的军阀刘湘为了筹措军费,以整理重庆、四川金融、盐税、军需、印花烟酒、田赋等名义发行公债库券,约 4120 万元⑤,向重庆行庄商家硬性摊派。由于当时政局不稳,债券无信用基础,发行相当困难。为使这些"死物"

---

① 《近代重庆货币与金融》,第 431 页;张肖梅:《四川经济参考资料》"银钱业"D,上海中国国民经济研究所 1939 年刊,第 51 页。
② 《重庆麻乡约民信局:经营汇兑情况》,见《重庆金融研究》1985 年第 8 期。
③ 《重庆经济调查》甲编,1937 年 1 月出版,第 9—10 页。
④ 张肖梅:《四川经济参考资料》"银钱业"D,上海中国国民经济研究所 1939 年刊,第 51 页。
⑤ 《四川之公债》(重庆中国银行 1934 年印行),《重庆地方志》1989 年第 6 期。

变活,刘湘的财政处长刘航琛便与银钱业商议,于1932年4月,成立了重庆证券交易所。

该所起初专营刘湘发行的地方债券,同时也兼营地方银行和公司的股票。但因人人都求债券脱手,常常只卖不买,以致有行无市。后经调整,公债以六七折推销,同时提高利率,故意造成哄抬认购局面,交易所才虚假地维持了下去。

1932年9月,重庆证券交易所开拍申汇。由于申汇的涨落与商业活动至关重要,因而经营申汇投机倒成了重庆证券交易所的主要业务。1933年2月,在交易所成交的申汇总额为3023万两,而债券交易仅1.2万元[①]。1934年底,因内战又起,申汇暴涨,市场震动,商界恐慌,迫于压力,政府于1935年1月下令关闭该所。

1935年10月,重庆证券交易所再度开业,由新组建的重庆证券交易所股份有限公司经营,资本扩大为20万元。其显著特点在于由重庆银钱业各行庄派出经纪人,挂牌经营。到1939年3月止,共有四川省银行、和成钱庄等50家[②]。该所仍以申汇为主要业务,同时经营债券。1938年因上海沦陷,申汇停止交易,重庆交易所再告停业。

重庆证券交易所是在非经济作用干预下成立起来的畸形的投机赌博场所,是造成重庆金融市场混乱的主要原因之一。

(七)票据交换所

票据交换是银行办理结算的重要方法,通过票据交换,可以避免大量使用现金,从而节省人力和时间,为推行转账结算提供方便。

开埠初期,本地商业往来均以现银交兑。商帮字号的收和交,均由钱庄代办。钱庄之间也用现钱交割。随着商业的繁荣,现银交易有诸多不便。钱庄之间便创造了若干票据用于彼此之间的结算,"划条"便是主要信用往来的工具之一。起初由持票单位上门办理,到20世纪初年,各行庄便自发集中于某一场所,办理多方票据交换。这种办法沿用到30年代。

1933年,重庆地方当局命银钱两业共组重庆银钱业同业公会联合公库,

[①]《近代重庆证券交易所的出笼及其夭折》,《重庆地方志》1989年第6期。
[②]《国民公报》1937年3月12日。

同时附设票据交换所,办理会员行庄的票据交换业务。为解决市面现金缺乏问题,决定由联合公库发行"定期公单",由所需现款的会员行庄以有价证券作担保品,向公库请领公单,加利行使,以代替现金作为行庄交换抵解之用。公库只开办了两年,即因公单发行过多(800万元),导致金融恐慌,当局即令全部收回,公库于1935年4月结束。票据交换所同时改组,业务只办抵解,不再负责转账。银钱两业各自另组转账机关。

1930年10月,银钱业经多次会商,并征得重庆中国银行的同意,由该行承担重庆票据交换业务,交换所再度成立。参加行庄有22家,交换制度进一步完善。

从1932年到1937年,重庆银钱业的票据交换额逐年上升,1933年为3300万元,1935年即达82680万元,1937年因抗战爆发有所影响,交换额仍达77555万元[①]。票据交换所为健全重庆金融体制,统一四川金融,发展城市经济,发挥了积极的作用。

第三节 金融业的联合

随着金融业务的发展,各种金融机构的普遍建立,以及在商业各帮联合起来的背景下,重庆金融业的联合也逐步提上了日程。

开埠以前,金融业尚无行业组织。开埠以后,银两倾销店发展到20多家。为了减少竞争,维护同业利益,银两倾销业组织的"老君会"便告成立。1894年,专营存放汇兑的钱铺也联合起来,成立了"至公会",以协商统一平砝成色,互通声息,维护同业利益。后来,银两倾销业衰落,"老君会"成员纷纷转入"至公会",该会便成为钱帮最大组织。

1909年,钱帮由于票号的膨胀和钱庄的兴起,成为各帮之首。原"至公会"已不适应,加之各商帮大都已成立公所,因而钱帮决定在"至公会"基础上扩大建立重庆钱帮公所,每年推选两家同业为值年会首,代表本帮出席总商会会议[②]。1926年政府颁布同业公会组织法,钱帮公所遂于同年改组成立

[①] 综合资料统计,转见《近代重庆货币金融》(未刊稿),第426页。
[②] 《重庆工商史料选辑》第5辑,第115页。

重庆钱业公会。

民国以后,金融业的发展以银行的普遍建立最为重要。由于银行是商品经济高度发展的产物,与旧式钱庄有较大的不同,因此,20年代中期,重庆的几家主要银行(中国、聚兴诚、中和、美丰)在参加钱业公会的同时,又定期集会,研讨银行业务,这种活动方式最初取名"联欢会"。随着银行在金融业的中心地位逐步形成,许多经济活动都要银行单独出面。1931年8月,地方军政当局邀集中国、聚兴诚、川康、美丰、重庆市民、重庆平民、川盐7家银行共同发起,成立了重庆市银行业同业公会[①]。抗战以前,重庆银钱业公会的建立,维护了银钱业的利益,沟通了政府与银钱业的关系,调剂了会员行庄的资金,为会员行庄提供了融通资金的场所。可以说,重庆钱业公会的成立,完成了重庆金融业的联合;而银行同业公会的建立,则标志着银行在金融业的中心地位的确立。

抗日战争以后,地方和国家金融机构在重庆的开设,本地和外省商业金融机构在重庆的兴起和迅速发展,银行的开办并成为金融业的主体,其他各种金融机构的普遍设立,金融业逐步走向联合,这一切改变了重庆金融的结构,改变了四川的传统货币体系,形成了以重庆为中心,在同一时间同一利率支配下资金借贷的完整的金融市场,从而最终完成了四川金融中心由西(成都)向东(重庆)的转移。

[①] 张肖梅:《四川经济参考资料》"银钱业"D,上海中国国民经济研究所1939年刊,第37页。

第六章 近代重庆的第三产业——交通业

第一节 以重庆为中心的川江航运体系

一、传统的木船运输业

重庆作为四川的商业贸易中心,必定有与之相应的交通运输系统。在清末民初,这个系统就是发达的木船运输,首先是传统的木船运输业。这是近代重庆交通中心的一个显著特点。

(一)古老的川江木船业

考察一下世界范围内各经济中心的形成,其原因可能千差万别,但都离不开一个条件,即优越的地理环境。在铁路、公路、航空等现代交通方式出现之前,地理的优势主要表现为地处大河流域两岸,以及便利的水上运输,而尤以大河交汇处为最重要的条件。重庆就处在长江和嘉陵江的交汇处。

长江在四川境内约2800公里,横贯四川全境。它以重庆为枢纽,直接沟通万县、涪陵、巴县、江津、合江、泸州、宜宾,以及金沙江以东、云南宣威以北地区。以长江为主干,在涪陵接纳乌江、在綦江接纳綦河、在泸州接纳沱江、在宜宾接纳岷江,从而使重庆与川东南和黔北地区,与川中特别是富饶的成都平原也发生联系。在众多支流中,嘉陵江与重庆关系最为密切。在800公里长、16.3万平方公里的嘉陵江流域内,连接着川北、陕南、甘南地区。其支流涪江、渠江又连接着川西北的广大地区。长江上游地区的交通运输以长江及支流木船航运为脉络,与此相联系的是散布在城乡各地的石板小路。长江为主干河流,全域众水归流,汇集于长江,形成一个天然而完整的水道交通网。可以说,重庆就是四川盆地水系的枢纽,川江大动脉的核心。中国西南的大部分物资通过与重庆通航的1万余公里水路[①],源源不断地供应重庆,并由此输往长江中下游地区。因此,随着四川和内地商品经济的不断发展,重庆的木船运输业也日臻发达。

宋元之际,四川经历了长期的战争,而重庆又居于战争的中心地带,在经济遭到破坏的同时,航运业也大伤元气。到了明清时期,政府实行休养生息的政策,着重对四川航道进行大规模疏浚和开发,特别是明清两代相继在三峡地区开凿纤路、设置航标、实施护航,川江航运又开始复苏。到清康雍乾时期,四川粮食产量迅速增加,大量调往长江中下游地区,每年仅官府运出的大米即达三四十万石。重庆云集了大量的米贩,设有米行、船行,成为川粮外运的枢纽,米粮运输亦成为川江木船航运业稳定的大宗货源。此外,川盐、滇铜、黔铅也由川南、黔北起运,从重庆过境大量出川。明清时期四川航运业的恢复和发展,为清末川江木船运输业的繁荣准备了条件。

(二)清末川江木船运输业的繁荣

近代以来,西方列强在侵入了中国沿海地区以后,又沿着长江向内地扩展。他们先后强迫宜昌、重庆开埠,打开了四川的大门,进而夺取了川江航行权,企图独霸川江。从此,川江成为西方列强侵略和掠夺中国西南地区的最主要的通道。随着洋货的大量涌入,土货的大量出口,以及太平天国时期的川盐济楚,使重庆到宜昌之间的川江航运发生了重大的变化。

这种变化主要表现为货运结构的改变、轮船运输的兴起,以及木船运输业的繁荣。对于货运结构的变化,我们已在商品结构分析时谈到;轮船运输问题,在下面还将专门论及。这里着重讨论木船运输业的繁荣。

川江木船业的兴盛和发达,首先表现为以重庆为中心的船帮组织的扩大。1878年,这种船帮组织发展到3个河帮和1个揽载帮,共24个小帮[②](见表6-1)。

[①]张肖梅:《四川经济参考资料》H,四川省银行经济研究所1936年印,第4页。
[②]《重庆交通大事记》,重庆市交通志编纂委员会1988年10月编印,第14页。

表6-1 1878年以重庆为中心的船帮一览表

下河帮	大红旗帮 长涪帮 忠石帮 万县帮 云开奉巫帮 长旗帮 短旗帮 庙宜帮
上河帮	富盐帮 金堂帮 嘉阳帮 叙渝帮 江合纳泸帮 津渝帮 綦江帮
小河帮	保合帮 洲帮 遂河帮 渠河帮
揽载帮	洛碛木洞帮 长寿帮 涪州帮 忠石帮 万县帮

上表中的下、上、小河帮,指以重庆为中心的四川境内的长江下游、上游和嘉陵江流域的木船帮。揽载帮主要从事货物运输的陆上承揽业务。从上述24个帮的地籍分析,东到万县、宜昌,西至乐山、金堂,北到南充、遂宁,也就是说,整个四川水系的船帮已组织起来,并云集重庆。

其次,进出重庆港船只的原发地也非常广泛。据重庆海关1892年的调查,进出重庆的木船有48种,分别来自湖南、湖北、贵州、云南和四川,其中四川各地的船只占80%(详见表6-2)。

表6-2 1892年重庆港木船种类一览表

船舶类别	载重(海关担)	原发地	用途	平时船夫数	上滩纤夫数
厂口麻秧子	500	涪州、万县	百货	9—11	31—39
辰州麻秧子	600	湖南	木料	7	25
辰边子	400	湖南	百货	7	29
辰驳子	300	宜昌	百货	16	61
辰条子	1200	辰州	百货	7	29
桥眼船	1400	竹根滩	盐	6	27
干担哥	800	遂宁小河	百货	6	28
金银锭	100	内江	糖、百货	2	4
秋秋船	100	内江	糖、百货	2	4
秋子船	30	内江	百货	2	3
冲盐棒	400	内江	百货	5	16
厚板	800	涪州小河	盐、百货	5	22
小辰驳子	400	巫山	百货	5	19

续表

船舶类别	载重（海关担）	原发地	用途	平时船夫数	上滩纤夫数
桡拐子	300	湘溪	百货	5	19
牯牛船	400	云南	盐	3	10
瓜皮舵	300	邓井关	米、盐	2	8
贯牛舵	2000	合川	盐	6	28
贵州麻秧子	800	贵州	百货	9	34
锅铲头	1600	泸州	盐、百货	6	24
老鸦秋	1200	遂宁	百货	5	22
柳叶帮	100	内江	糖、百货	2	4
榿板	300	开县	盐	3	8
马耳朵	300	重庆小河	百货	5	18
毛板	300	合川	百货	2	3
毛鱼秋	1200	泸州小河	盐	5	22
南河船	800	嘉定府根滩	盐、糖、药材	6	23
南板麻雀尾	1200	重庆宜阳	百货	18	73
鹅儿子	300	归州	百货	5	21
扒杆船	20	嘉定府	百货	3	—
扒窝子	200	落楼	百货	5	12
百甲头	200—300	小河	米	5	18
巨板麻雀尾	1000	重庆、宜昌	百货	12	50
牛头船	70	眉州	木料客运	2	3
三板船	1800	綦江	百货	5	21
牧口麻秧子	400	万县	百货	6	20
大河船	600	叙府	百货	5	17
大红船	200	落溪	百货	2	3
刀口船	600	云南	百货	5	17
提篮船	1200	五通桥	盐	6	24
钓钩子	1000	湖南	百货	4	10
舵龙	30—40	上游各处	客运杂货	2	4
舵龙子	400	长寿、涪州	米	5	18

续表

船舶类别	载重(海关担)	原发地	用途	平时船夫数	上滩纤夫数
草药船	300	白河	药材	6	—
东瓜船	400	泸州	糖	4	18
乌江子	40	湖南	米	6	—
乌龟壳	400	永宁	盐	4	13
烟火船	800	重庆小河	煤	15	—
阴阳合	200	遂宁小河	百货	3	4

资料来源　据《重庆关税务司好博逊给总税务司的报告》(1892年9月26日)。

再次,进出重庆港船只与货运量的大幅度增加。进出口贸易的发展推动了交通运输的发展。1892年,即重庆开埠的第二年,从宜昌到重庆的"上行船只数翻了四番,吨位增加将近五倍"[①]。

下表是川江民船历年进入重庆只数和吨位统计,见表6-3。

表6-3　1891—1912年进入重庆港的川江民船统计表

年度	木船只数	吨数	年度	木船只数	吨数
1891	607	81318	1902	2341	78549
1892	1879	43294	1903	2611	87210
1893	1761	39817	1904	2690	86238
1894	1993	47079	1905	2513	81126
1895	2117	54118	1906	2644	79409
1896	2058	52614	1907	2281	68659
1897	2211	68444	1908	2567	79708
1898	2115	65175	1909	2339	74300
1899	2908	100887	1910	2027	67065
1900	2681	84862	1911	2162	72394
1901	2420	75444	1912	2114	74861

[①] 周勇、刘景修译编:《近代重庆经济与社会发展:1876—1949》,四川大学出版社1987年版,第167页。

据表,1892年全年有民船1800余只、4.3万余吨入港;以后逐年增加,1898年为最高纪录,达2900余只、10余万吨。另有资料记载比上述统计大得多。有人估计,19世纪80年代在宜昌至重庆航线上,约有民船六七千只;80年代后半期,该线沿江的船户和纤工总计不少于20万人,若加上家属,川江上赖以木船为生者恐不下百万[①]。1894年重庆厘金局唐家沱验卡登记进出的厘金木船进口8000多只,出口1万余只,涪江有船5000多只,泸州港有船3000只,江北梁沱常泊船千只以上[②]。另据统计,19世纪末20世纪初,重庆常年抵埠和离埠的民船不下2万只,运载约50万吨。宣统年间川江上的民船纤夫估计约有200万之众[③]。

最后重庆开埠以后,外国轮船、军舰先后闯入川江,企图独霸川江航道。但由于川江航行条件的险恶,在辛亥革命以前,这些外国轮船、军舰并未获得商业利益。在重庆开埠到辛亥革命前的20年里,见诸记载的首轮运输是1909年,到1911年,轮船也不过只开了17个航次,运货3332吨[④],不到重庆港货运总量的1%,因此,川江木船以其独特的优势成为川江货物的主要承运者,在重庆交通运输中居于举足轻重的地位。

(三) 萎缩与停滞

民国以后,川江轮船业有了突飞猛进的发展。重庆到宜昌间不但开辟了固定的轮船航班,而且包揽了其间的大部分客货运输,并向重庆以上川江和嘉陵江延伸,由此引来了重庆木船运输的重大变化。以重庆以下川江木船运输为例:1912年,向海关登记的木船运输为2114艘,载货74861吨;1915年为1905艘,1919年为1619艘,1921年为949艘,1923年为246艘,到1924年已降到9艘,运货496吨了[⑤]。重庆以上的川江和嘉陵江,因为河道更窄,河床更浅,流量更小,可行轮船的河段更少,因此其木船运输业的衰落较之重庆以下川江有程度的差别。但是,就交通发展的总趋势而言,轮船业和木船业的发展呈反比,轮船业的猛进以木船业的萎缩与停滞为代价。这种变化一方面反映了社会进步引起的产业结构调整,另一方面是帝国主义侵略带来的惨

[①] 聂宝璋:《川江航运权是怎样丧失的?》,载《历史研究》1962年第5期。
[②] 《四川内河航运史料汇集》第1辑,第20页。
[③] 邓少琴:《近代川江航运简史》,第122页。
[④] 张肖梅:《四川经济参考资料》H,四川省银行经济研究所1936年印,第8页。
[⑤] 张肖梅:《四川经济参考资料》H,四川省银行经济研究所1936年印,第8页。

痛后果。

二、轮船运输业的兴起与发展

（一）轮船运输的出现

随着社会的发展，航运近代化的问题——开辟川江轮船航运——摆在人们的面前。重庆轮船运输业的兴起，与帝国主义的入侵和夺取川江航运权有直接关系。

近代时期，在川江上出现的第一艘轮船是英商立德乐的7吨小轮船"利川"号。"利川"号于1898年枯水期间由宜昌溯江而上，沿途险滩均雇用纤夫拉过滩，次年"利川"号返回上海。1899年5月，英国炮艇"山鸡"、"山莺"号到达重庆，"山莺"号上行经巴东附近牛口滩遇险。6月，英商轮"先行"号从宜昌出发，以72小时航行400英里抵重庆。先行号载重331吨，宽30英尺，它虽两度航行成功，但因船体太宽，在河道狭处运转不便，因而未正式投入商业性航运①。1900年6月，立德乐所办扬子江贸易公司商轮"肇通"号抵渝，后因义和团事起，被英国政府收买改为兵舰，更名"金沙"②。后立德乐又特制商轮"瑞生"号，载重358吨，于12月27日由宜昌开出，航行40英里到崆岭滩触礁沉没。但这并未阻止外国人开辟川江轮运的决心，历年仍不断有外轮冒险闯入。据不完全统计，1898年至1911年间进入川江的外轮计26艘，其中商业性轮船10艘、军舰16艘③。但是，这些商船、军舰并未带来商业利益。川江上航行的主要还是外国军舰，几乎没有商业性运输。由于川江航道的自然条件险恶，以及轮船本身技术条件的限制，致使川江轮船客货运输风险太大。洋商的轮运在一时无利可图的情况下，纷纷"舍轮舶而就火车之利"④，川江轮船航运业又徘徊了10年。应该指出的是，这些洋轮上驶川江固然是由于经济和军事侵略动机所驱使，但在客观上却成为开辟川江轮运的先锋，而且还刺激了川江民族轮运业的出现。

---

① 《重庆海关1892—1901年十年报告》。
② 《奏办川江行轮有限公司致武昌官绅士商船帮通启》，载《商务官报》己酉第34册《附录》。
③ 隗瀛涛、周勇：《重庆开埠史稿》，重庆地方史资料组编，1982年刊，第144—147页。
④ 《轨政纪要新编》轨三。

(二)民族轮运业的大发展

在川江航运史上具有划时代意义的事件是1908年官商合办的川江轮船有限公司的建立和1909年它的第一艘商轮"蜀通"号的开通。

帝国主义的侵略行径促使川人以成立川江轮船公司的办法来抵制外人对川江轮运权的侵略。1908年护理川督赵尔丰在《奏川省设立川江轮船有限公司折》中,道出了设立川江轮船公司的目的和迫切性:"川省民庶殷繁,物产饶富,行人估(贾)客,悉以大江为惯涂(途)。而江路奇险天成,节节皆滩,时时致损……各国商人亦深知此路航业余羡可图,十余年来未能惬置。近日法公司拟办宜渝拖船,经该公司苏梅斯拟定办法,送交税关参酌,复于本年已月由法公使照请外务部咨直到川,是其锐志办营,已可概见。奴才外瞻内顾,再四思维,惟有自行设立轮船公司,庶几通航使捷,杜绝觊觎。"①1907年赵尔丰便因法国强求开办宜昌到重庆拖轮而委托劝业道周善培调查川江航道,"外人既难终却,曷若鼓舞蜀中绅商自行创办。能行,则我占先着,主权自有;难行,则以此谢客,断其希望"。周善培由重庆搭乘英兵轮"上下行驶,测勘水道"。之后,周"缕晰禀陈,极言大江行轮,有利无害",于是川省当局决定成立川江轮船公司。起初,重庆绅商尚处疑虑,不肯"浪投巨资,轻试险业",周善培在重庆总商会演说数次,加以认真开导,"晓以外人兵轮日添,货轮再来,为地方深谋远虑,不可不隐寓筹防,利害攸关,大义所在,势难客已。若商力不足,公家愿以官款助成"②,并应允永归商办,"虽系加入官股,一切纯照商规,将来保护稽查,官任其责,此外自不必干涉,致令掣肘"③。1908年3月11日,川江轮船有限公司正式创办。当局给予公司特权和专利,凡川江运货"由各帮具结装载,民船听其自便"。若是装轮船,则"须先尽公司承运,不得有违"。如有官商继办川江航运,"准其附股添船,不准另立公司",以避免"倾夺两败"。公司所有"一切事务由众商公举",推总理一人,协理五人。川督又饬令各地方官"随时保护维护,藉期周密"④。

1909年川江轮船公司向武汉、宜昌绅商船帮发布通启,希望他们能"筹

---

① 《四川官报》戊申第2册《奏议》。
② 《奏办川江行轮有限公司致武汉宜昌官绅士商船帮通启》,载《商务官报》己酉第34册,第38页。
③ 《护督宪批商务局、重庆商会公举轮船公司总协理及拟呈简单请核咨文》,载《四川官报》戊申第2册《公牍》。
④ 《护督宪奏川省设立川江轮船有限公司折》,载《四川官报》戊申第2册《奏议》。

巨款入大股,派人同办公司",使四川、湖北联成一轮船大公司,"继起招商轮局,俾后先辉映,遍展龙旗,使外人无隙可入,无利可图"①。

川江轮船公司购置的第一艘船是"蜀通"号拖轮,旁带一载客货的平底货船,于1909年10月19日由英国薄蓝田船长率领由宜昌开航,于27日到达重庆。"蜀通"号长115英尺,宽15英尺,吃水3尺,载重37吨,拖驳159吨,装有600匹马力的水管式锅炉,时速13.5海里。因系专门为川江航行而设计,因此仅用65小时即由宜昌到达重庆②。公司很快便开辟了重庆到宜昌间的固定航班。"蜀通"轮除在冬季枯水期停航外,1910年共航行14次,1911年达到月均航行两次,"总是货物满载,乘客拥挤"。它保险费也低于民船,前者为货价的15‰,而后者要4%③。公司又以"夔府为川轮上下必由之路",于是在夔城设支店,"凡上下客商顾客搭川轮者,即可向该店写票前往"④。"蜀通"轮的运输规模不大,但它的通航开始了川江上商业性客货轮运的新时代。

由于"蜀通"轮的成功,极大地鼓舞了重庆商界,遂纷纷投资航运业。辛亥革命以后到"五四"以前,川江航运业开始了它的第一次大发展。"1914年是川江航运史上重要的一年"⑤,其轮船运输量由1913年的5096吨,提高到25447吨,是1913年的近5倍。这主要是由于有4艘轮船投入川江运输。川江轮船公司改组后,由李觐枫任公司经理,投资20万两,向英国订购一艘新船"蜀亨"号,1914年始投入川江行驶。由于该公司两船均未失事,上下货物畅行,始获厚利。1913年,川江铁路公司又决定以路款投资航运业,于当年成立了川路轮船公司。该公司向上海求新船厂订购两艘浅水轮船,取名"大川"、"利川",均为800马力,载重200吨,搭客200余人,1914年起即往来川江。后来又造有载重200吨的"巨川"、"济川"轮。民国初年,四川革命党人筹备成立华川轮船公司,后分瑞庆、利川、庆安三个公司。瑞庆公司经营宜昌至嘉定(乐山)航线。1914年"庆余"轮投入使用。后又有"瑞余"轮。利川公司有小轮"利骏"。庆安公司有木质小轮"庆安"号。1919年,华商轮船"洪福"、"洪江"号也投入川江运输。这一时期,英国亚细亚油行的"安澜"号、纽

---

① 《奏办川江行轮有限公司致武汉宜昌官绅士商船帮通启》,载《商务官报》己酉第34册《附录》。
② 《重庆海关署理税务司阿其苏给海关总署的年度报告》(1910年2月28日)。
③ 《重庆海关1902—1911年十年报告》。
④ 《成都商报》第4册《新闻》(1910)。
⑤ 《重庆海关署理税务司葛尼尔给海关总署的年度报告》(1915年2月28日)。

约美孚油行的"湄潭"号也开始挤入川江①。

1921年,重庆海关署理税务司古绿编在回顾重庆最近10年历史时曾这样评价川江航运的发展,他说:"大队商船在洪水季节经常往来于扬子江上游的宜昌、重庆之间,使四川省敞开商业小汽船航行,是目前这10年间的突出特点。"②1938年,张肖梅先生则称这一时期为"轮船事业,风起云涌"的"华轮独营时代"③。从表6-4重庆港统计的数字中我们可以看到这一具体过程④。

表6-4　1912—1922年重庆轮运发展统计表

年份	轮船进出艘次	货物装载量(吨)
1912	25	4900
1913	26	5096
1914	90	25447
1915	120	31627
1916	53	16374
1917	113	31117
1918	43	8694
1919	220	58728
1920	290	75386
1921	365	133098
1922	639	279009

这种川江航运发展中出现的新趋势,从生产力方面看,是船只的更替,即依靠风力和人力推动的帆船、舢板逐渐与以机器为动力的轮船并存;从生产关系方面来看,则是经营方式的改变,具有资本主义性质的轮船企业开始承担运输任务,这是川江航运近代化的开端。

促成川江民族航运业大发展的原因主要有:

①《1912—1921年重庆海关十年报告》。
②《1912—1921年重庆海关十年报告》。
③张肖梅:《四川经济参考资料》H,四川省银行经济研究所1936年印,第5页。
④张肖梅:《四川经济参考资料》H,四川省银行经济研究所1936年印,第8页。

（1）从外因来看，西方资本主义入侵川江，在客观上刺激了川江民轮运输业。轮船入侵川江，上驶重庆，是西方列强梦寐以求的愿望，列强从19世纪60年代以来就一直企图达到这一目标，并作了不懈的努力。同时，第一次世界大战爆发，给中国民族资本造成了进一步发展的千载难逢的机会。欧战的爆发，使西方列强无暇东顾，而民族资本乘机发展，遂出现了七八年"民轮独营时代"。

（2）从内因来看，重庆城市经济的发展直接推动并促成了川江民轮运输的大发展。有了清末较大发展的基础，加之欧战爆发的极好机会，重庆经济不论是工业、商业、金融业都有了进一步高涨，提出了加快川江航运业的客观要求。1921年，四川留法回国的飞机和机械制造工程师吴蜀奇就提出了《四川新交通计划书》。他认为，四川要发展必须首重交通，交通的发展，又首重川江水运。因此，他提出了以重庆为中心，以水面飞行船为手段，发展四川航运业的宏大计划。所谓水面飞行船，即用航空原理改造轮船，以提高航速。为此，他还专门在重庆成立了川江飞船公司[1]。这个计划虽然未能实施，但它反映了人民对发展川江航运的强烈愿望。

（3）在客观上，西方各国屡探川江航道，为打通川江航线奠定了物质与技术基础。从1861年西方人士进入川江开始，英、法、德、日的不少旅行者、商人、官员都勘测过川江航道。较为重要的有：1869年英国海军小组的勘测；1883年，英商立德乐的侦察；特别是从1902年开始，法国海军测量队先后4次入川，测绘了重庆—宜昌、重庆—宜宾、宜宾—乐山、重庆—合川的河道详图67幅，这是川江航道的第一次全面测绘[2]。这套图成为日后通用的川江航道图的基础。英国海军部的勘测资料，后来编成了《扬子江领航》一书[3]，作为培养领江的范本。

（4）航行管理机构的逐步完善和川江航行经验的初步总结，使川江航业逐步由无序向有序发展。川江航政管理长期无序，只有船帮对本帮船只有所约束。重庆海关建立以后，遂将航政权抓在手中。1915年3月，在川江轮运业发展的高潮中，第一个川江航道管理机构——长江上游巡江工司在宜昌成

---

[1]《四川新交通计划书》，1921年版。
[2] 邓少琴：《近代川江航运简史》，第65—66页。
[3]《1912—1921年重庆海关十年报告》。

立,其职责在于设立川江助航标志,以保航行安全。5月,重庆海关设立理船厅,由总巡麦联南兼理,这是重庆港第一个港务管理机构。这两个机构先后颁布制定了《长江上游行轮免碰章程》、《长江上游领港事务总章》、《长江上游大小轮船订造法》、《重庆关理船章程》、《长江上游引水分章》等一系列航行和管理规则,为川江航运的规范化奠定了基础。1926年,川江航务管理处在重庆成立,民生公司总经理卢作孚任处长,川江航行管理权开始操在国人手中。

在很长时期内,川江航道状况和航行经验都是心授口传,直到近代才编印成书。清末,宜昌镇兼水师贺缙著有《行川必要》、夔州知府汪镜湖著《峡中纤道图说》。重庆开埠时,巴县知县国璋对宜渝航道进行重新勘测,并参考上述二书,编成《峡江图考》上下两卷。1921年,薄蓝田所著《扬子江》一书出版,对川江航道、轮船等进行了详细而科学的分析。1923年,川江轮船公司的发起者杨宝珊将上述数书汇而校勘,复加参订,编成《最新川江图说集成》[1]。川江航行经验的初步总结,为航运业的进步发展提供了新的技术条件。

(5)著名的英国船长薄蓝田为川江航运的发展,作出过巨大的努力。重庆开埠以后,他就致力于川江航线的开辟,积累了丰富的经验。1899年,他为英商溥安公司驾驶川江上第一艘商轮"先行"号到达重庆。随后他经常引领外国军舰往来于重庆至宜昌之间。在长期川江航行实践中,他摸索出川江轮船应具备的结构特点。他指出:"只要有适当的船舰和熟练的领航人,扬子江上游蒸汽航行的困难是完全能够克服的。"[2]1909年,他受聘于川江轮船公司,参与设计了适合川江行驶的"蜀通"号轮船,并亲自驾驶首航重庆成功。根据他的建议,华商又建造了"蜀亨"、"大川"、"利川"、"庆余"轮,均成功地航行于川江之上。

1915年,为了进一步整治川江航道,薄蓝田出任长江上游巡江工司。在他主持下,在川江上兴办了28处信号站,设置了7只标志船、53处各种形式的指向标、12处水位标尺,还制定了新的《川江行轮免碰章程》;1917年设立川江第一所引水教练学校,薄蓝田亲自教授驾驶轮机之法,并担任主考,培养

---

[1]《最新川江图说集成》,重庆中西石印局1923年刊行。
[2]《1912—1921年重庆海关十年报告》。

出川江上第一批领有正式执照的领江。不久,薄蓝田去世。他根据川江驾驶经验写成了《船长指南》一书。该书因其对"航运界有巨大价值"而成为每一个希望晋升川江轮船船长、领江的人的必读之书①。

薄蓝田曾经参与过对四川的侵略活动。但作为一个航海家,他为开辟川江航线所作的努力也不可抹杀。特别是他在川江轮船设计、领江、航道整治、引水人才培养等方面进行的开拓性工作,对推动川江航运的发展,发挥过重要的作用。

(三)外轮独霸川江

随着第一次世界大战的结束,西方国家的轮船重新闯入川江,重庆民族轮船业发展的黄金时代也就结束了。

最先卷土重来的是英商隆茂洋行和美商大来轮船公司。

隆茂洋行是一家垄断重庆猪鬃经营的英商洋行,于1905年在重庆南纪门正式持牌经营②。经过10多年的发展,其经营范围除进出口贸易外,又充当了大英轮船公司在重庆的代理行。它在上海订制了一艘1000吨级的浅水轮船,取名为"隆茂"号,于1920年6月正式投入川江运输,经营渝(重庆)叙(宜宾)线。美商大来轮船公司于1920年将"大来裕"轮驶入川江,随后又添造了"大来喜"号,共同经营宜(昌)渝(重庆)航线。从此,外轮渗透到从宜昌到宜宾的全部川江航线。

当时的四川,军阀混战正酣。重庆作为各派军阀争夺的战略要地,民营轮运事业受到严重阻碍。商轮被拉兵差、运兵粮已司空见惯。沿江土匪猖獗,武装抢劫屡见不鲜。不少民轮付出高昂的"持旗费",改悬外国旗,以求庇护;或者停驶,以避兵匪之祸。在这种情况下,外轮乘机抬高运价,垄断营运,独占川江。以宜渝线为例,在短短的时间里,运费平均骤增50%③。而重庆进口物资棉花的运价则涨到骇人听闻的程度。1921年,打包棉花从上海至美国间的运价不过每吨12元,而运到重庆则被外轮抬到280元左右,是前者的23.33倍④。因而川江被外国人誉为"黄金航线",巨额的利润进一步吸引了

---

① 邓少琴:《近代川江航运简史》,第102—105页;《1912—1921年重庆海关十年报告》。
② 隗瀛涛、周勇:《重庆开埠史》,重庆出版社1983年版,第53页。
③ 王绍荃主编:《四川内河航运史》,四川人民出版社1989年版,第180页。
④ 聂宝璋:《川江航运权是怎样丧失的?》,载《历史研究》1962年第5期,第145页。

大批外轮的到来。

1921年起,英商太古公司、怡和公司、白理洋行、亚细亚洋行,美商捷江洋行、花旗洋行,日商日清汽船公社、天化公司,德商德太洋行,法商夹江轮船公司、聚福洋行,纷纷进入重庆,经营川江轮船运输,川江轮运有了重大进展,请见表6-5。

表6-5 1920—1931年重庆港轮船运输消长表

年份	航次	运输吨位
1920	290	75386
1921	365	133098
1922	639	279009
1923	628	253902
1924	858	339201
1925	1171	441478
1926	1091	393376
1927	660	220669
1928	1023	338368
1929	1110	376473
1930	—	—
1931	996	311507

资料来源 张肖梅:《四川经济参考资料》H,四川省银行经济研究所1936年印,第8页。

在上表中,增长的绝大多数都是外国轮船。以1928年为例,当年英、日、美等国轮船为909次,占88.15%,运量30.69万吨,占90.7%[1]。其中又以太古、怡和、日清、捷江为最。1932年太古公司在川江有"万通"、"万流"等8条轮船,总吨位4957吨,全部是1921年至1926年造,其中1000吨以上的2条;怡和公司有"嘉和"等3条船,总吨位2958吨,1000吨以上的1条;日清会社有"长阳丸"等5条,总吨位3992吨,1000吨以上的有2条;捷江公司有"宜昌"等8条,总吨位4363吨[2]。在这些外轮中,以太古实力最雄,既有适合洪

---

[1] 据邓少琴:《近代川江航运简史》,第179页统计。
[2]《申报年鉴》1933年4月。

水期间行驶的大船,又有专为枯水季节行驶的浅水船。外轮以其雄厚的资本和先进的船舶,很快便独霸了重庆对外的轮船运输。1930年,重庆至上海航线上共有轮船24艘,中国船仅1艘,只占4.17%,而95%以上的都是外国轮船[①]。

(四)在冲突与竞争中走向繁荣

面对外国轮船横行独霸川江的局面,卢作孚先生曾经指出:"扬子江上游宜渝一段,触目可见英、美、日、法、意、瑞典、挪威、芬兰等国旗,反而不容易见到本国国旗。"[②]为了改变这种状况,卢作孚倡议兴办航运业,主张实业救国。1925年,他集资5万,到上海订购了一只小客轮,1926年,在重庆创办了民生公司。他从开辟重庆到合川的短途航线起步,逐步联合了川江各民营轮船公司,与外国公司抗衡。进而向重庆上下游川江扩展航线,挤垮、收购了一些外国公司,将外国旗换成了中国旗。

到1936年年底止,在重庆的川江轮船公司共有16家,其中中国10家,外国6家;共有船只77艘,总吨位34756吨,其中,中国船58艘,21727吨,占75.32%和62.51%,外国船19艘,13029吨,占24.68%和37.49%;其中民生轮船公司一家,即有船48艘,19137吨,占总数的62.34%和55.06%[③],成为中国最大的民营轮船公司。至此,外国轮船横行川江、独霸川江的局面得以改变,开辟了川江航运的新时代。

第二节 近代重庆陆路交通及航空业的初步发展

一、民间传统陆路运输组织

四川境内多山,陆路交通甚为困难,但明清以来各种类型的道路仍形成了交通网络。除省的官道干路而外,县有县道,乡有乡道,小场则通小路。各大小路一般用石板培修。省道干线皆为两丈宽,其他大路概以一丈为标准,乡场之间小道宽五尺、二尺、一尺不等。省道干线主要用于政治、军事目的,历来由官家修筑,此外各路则概由私人捐修。

[①]《星槎》杂志第16期。
[②]张肖梅:《四川经济参考资料》H,四川省银行经济研究所1936年印,第21—23页。
[③]据张肖梅:《四川经济参考资料》H,四川省银行经济研究所1936年印,第21—23页统计。

省级大道是在驿站基础上建立起来的。驿道是自古相沿的官方交通路线,政府紧急公文由驿站递送,故当时视驿传为要政。川省因地域广阔,驿站甚多。明末清初全省共有 200 处之多,一般大者称驿,小者称铺。以后历次有所减少,到康熙年间,四川驿站分 10 路、64 处①。这 64 处驿站定员 772 人,驿马 763 匹②。这个格局一直持续到清末。

除以驿站为基础,以成都为中心向四方呈放射状的全省干路③系统外,省内还有许多交通支路诸如小川北道、小川东道、川南通路、南部沿江线、北部山麓线等。此外陆路交通还包括从各个方向出盆地到其他省的许多艰难道路。

由于四川盆地特有的自然条件,全省陆路交通呈现出若干特点:第一,各线以省会成都为轴心向四方放射,成都宛如车轮之轴,道路由一点而向四面八方呈放射状态,分布于成都周围的道路又成环状之配列。第二,盆地周围道路成环状。盆周靠近山地之边缘处,有道路围绕连接成环状。沿盆地东北边为万县、平武间的山麓线,沿西北境者即川北大道。盆地西南、东南两边缘为岷江、长江所环绕,所以成都、宜宾间路线(沿岷江)和宜宾、万县间的路线(沿长江)即环围盆地边的山麓线。第三,河川与道路交织。省内河道除长江干流外,多为南北方向,故陆路交通多以沟通东西为主,与河川的方向多成直交或斜交,除川东大路的西段略平行于沱江外,都不与河岸并行。因此,长江上游水陆交通相辅为用,沟通了整个区域联系网络。

重庆正是处于这个交通网络的东部。由于其地控长江上游,为四川水系枢纽,也决定了重庆在省内陆路交通线上的重要地位。清中期以后,重庆陆续建立起一些民间陆运组织,其中历史最长、业务最广、规模最大者是麻乡约大帮信轿行④。该信轿行于 1852 年由陈洪义创立⑤,专揽长途客运生意。清咸丰末年他又在重庆、成都、叙府等几个主要城市设轿行。长途运输有三种:

---

①金公亮:《清代康雍两朝的四川驿运》,载《驿运月刊》第 2 卷第 1 期(1941 年)。
②《清朝续文献通考》卷三百七十四《邮传》十五,第 11200 页。
③郑励俭编:《四川新地志》,[日]东亚同文会编:《新修支那省别全志·四川省》(上册)。转引自王笛:《跨出封闭的世界——长江上游区域社会研究(1644—1911)》,中华书局 1993 年版,第 46 页。
④以下关于麻乡约大帮信轿行资料见《麻乡约运输行的兴衰成败》,载《重庆工商史料选辑》第 2 辑;《西南民间运输巨擘麻乡约》,载《四川文史资料选辑》第 7 辑;《麻乡约大帮信轿行》,载《綦江新县志资料》1984 年第 2 辑。
⑤陈洪义系綦江人,据说其先辈当过"乡约"(保甲长之类),且他面有麻子,故有"麻乡约"之绰号。

直达、接站(即一站接一站)和转站打兑。同治初年,麻乡约在重庆到成都的走马岗、永川、荣昌、隆昌、内江、资中、简州、茶店、龙泉驿等地先后设立分行或分铺,以便一站接一站地运送旅客和供轿夫歇脚住宿,同时又利于转站打兑,做日头生意。麻乡约另外还承运货物,作为轿行的附带业务,对顾客携带的成批物品代雇驮马或代荐行帮运送。咸丰年间,川、滇、黔三省商业发达,商品贸易频繁,输出增多,急需运输业的扩大。咸丰末年,麻乡约在昆明正式挂货运招牌,1866年将招牌移交重庆,并先后在昆明、贵阳、成都等处设分店,后又在云南昭通,贵州遵义,四川綦江、泸州、叙府、梁山等处旱码头设立转运站。为使货物迅速到达,麻乡约制定了快慢站制度。其主要路线、日程及收费标准参见表6-6。

表6-6 重庆麻乡约主要路线、日程、收费标准表

路线	快站 日程(天)	快站 每百斤收费(元)	慢站 日程(天)	慢站 每百斤收费(元)
重庆—昆明	48	58	60	50
重庆—贵阳	18	23	23	20
重庆—成都	12	18	15	16
贵阳—昆明	21	29	26	25

这种陆路运输形式一直持续到整个民国时期,也成为沟通重庆与省内各地交往的桥梁。以后虽有公路运输出现,但其发展程度有限,并未能取代像大帮信轿行这种民间陆运组织[①]。

二、公路的初筑与汽车运输的出现

(一)四川公路计划的提出

民国以后,交通运输业得以发展的重要标志之一,是公路的修筑与汽车运输的出现。而这又与各派军阀之间的纷争以及中央与地方的矛盾紧密相连。

---

① 王笛:《跨出封闭的世界——长江上游区域社会研究(1644—1911)》,中华书局1993年版,第50页。

1920年,中华全国道路协会在上海创立,不久,即派人来川宣传公路建设,发展协会组织,四川分会随之出现。四川分会详编了《路政丛书》,传播筑路技术,同时倡导兵工筑路,把修筑公路当作促进四川交通、振兴经济的首要条件。当时四川正值军阀割据,防区林立,各地军政当局为了巩固统治,标榜"新政",纷纷在防区内鼓吹修路。

1921年,驻守重庆的川军总司令兼四川省长刘湘即命刘镜如为督办,筹修成渝马路。次年3月,刘湘又以四川省长的名义,在重庆成立了四川省省道局,自兼督办,委孙荣为局长。当时,中央政府将全国道路分为国、省、县、里四类,省道由各省规划修筑。因此,四川省省道局成立后即制订出以成都为中心,通向四川东西南北重庆、万县、乐山、康定、灌县、广元的六大干线的规划。当时决定,首修成都到重庆一线,具体制订了《成渝马路计划书》,在重庆成立了成渝路督办事宜处,还拟订了有关经费筹集的办法。不久,刘湘去省长职,邓锡侯继任,虽仍提倡修路,甚至计划亦经省议会通过,但因修路经费无法解决而长期搁置。

1924年9月1日,中华全国道路协会重庆分会在米亭子成立。该会以袁祖铭、刘存厚、刘湘、邓锡侯为名誉正会长,陈国栋、唐式遵、田颂尧等为名誉副会长,向成述为会长。这个名单基本上包括了在重庆的最高军政官员。重庆分会成立后,成渝马路的修筑再次提上了日程。

(二)成渝公路的兴修

最初提出修筑成渝公路的是四川总督兼民政长胡景伊。他于1913年委四川巡警总监戴洪畴为总办,先在警厅罚款项下拨款3000元用于路线勘测,后因胡景伊卸任而废。

1922年省道局曾聘匈牙利人肖飞和美国人贝克尔负责,组织一次实地踏勘,决定沿成渝间东大路,由成都经简阳、资阳、资中、内江、荣昌而达重庆。

1924年,鉴于经费无着,成渝路已拖几年之久,四川分会提议先以商办方式修筑成都到简阳段。当时,简阳为李家钰防区。该路段从1925年组成修路公司,1926年元旦从成都牛市口破土,历时6年才告完工,总长68公里。

重庆到简阳共377公里,是成渝的关键路段,当时属刘湘(二十一军)的防区。刘湘坐镇重庆,志在统一全川,渝简路是实现这一愿望的交通要道。因此,1927年,刘湘在重庆成立了渝简马路局,以唐式遵为总办,统筹渝简段修路事宜。该局确定以官督民办的方式,由沿途各县驻军组建马路分局,在统一计划下分段修筑。

1928年,刘湘与川内部分军阀矛盾加剧,杨森为首组成的同盟军合围重庆,爆发了下川东之战。刘湘为打破封锁线,划出资中、荣昌防区给刘文辉,形成二刘合作的局面,打败了杨森。由于防区易主,永川以上资中以下的修路事宜也交给了刘文辉。刘湘的地盘收缩到巴县、璧山一段,这样渝简公路就分别跨刘湘、陈鼎勋、刘文辉、李家钰4个防区。由于军阀间相互猜忌防范,路政无法统筹。

二刘合作只维持了4年,因二人都想当四川盟主而重启战端。1932年10月至1933年9月,二刘大战于四川中部,终以刘文辉的失败而告终。刘湘不但重新夺回了曾沦于刘文辉的永川以上的地盘,而且势力扩大到川东、川南、川西的80余县,实现了登上"四川霸主"的愿望。

随着刘湘军事胜利的取得,他也加快了成渝及四川公路建设的步伐。1932年7月,刘湘将成渝马路总局改为成渝路政总局。9月,二十一军召开建设会议,决定加快川东公路建设,将成渝路政总局改为四川公路总局,在上川东和下川东各设分局。同时计划修筑重庆通贵州的铁路,进而提出了西南交通计划。1933年初,渝简路修通,至此在经历了20余年的曲折之后,四川第一条公路干线——成渝路全部竣工通车。

从1925年起,四川各地掀起了第一次修路热潮。除成渝路最为重要外,成都到康定公路的成雅(安)段于1930年通车;四川到湖北的川鄂路的简(阳)渠(县)段,也在不同的防区中逐段修筑;成绵(阳)路于1928年完工;在四川南部盐区和川黔边界,也开始修路。

(三)刘湘对统一四川路政的尝试

1933年2月,刘湘在成渝公路通车和统一四川的军事战争节节胜利的情况下,将在渝的成渝路政总局改为四川公路总局,以唐式遵为总办,甘绩镛为会办,责令全川将"马路"一律改称"公路",凡已经修成的公路一律归公路总局统一管理。随即该局连续发布了《四川公路管理章程》、《四川公路总局管理章程》和《四川公路总局组织章程》,以规范对全省公路的管理。

1934年,该局提出了《四川陆上交通规划书》,这是四川省政府机构第一次提出的四川公路建设规划。该局认为,"成都为川西北中心,吾川省会",

"重庆,居川东南之中心,为水陆交通之总枢,诚属全川军事政治经济文化的集中点,故全体陆上交通当以成渝两市为总汇"[1]。根据这一认识,提出了四川建设8条公路干线的计划,即成渝、渝陕、渝鄂、渝黔、成陕、成万、成滇、成康。为统一公路,《规划书》附有《工程标准》,对四川公路的测量、设计、绘图、预算、定线、坡度、曲线半径、路基、路面、堡坎、桥涵、护栏、行道树等,都作了明确的规定。这个规划奠定了后来四川公路发展格局的基本框架,是四川公路规划和订立工程标准的开始。

(四)初期的汽车运输业

重庆汽车运输业始于1929年的市内公共汽车。随着成渝马路的逐段通车,经营汽车运输的日渐增多。1930年7月24日,重庆汽车业同业公会成立,参加大会的即有车行32家。同年,重庆女子汽车公司成立。1931年,璧山县汽车公司成立,经营璧山到重庆、永川的线路。1932年5月,民营巴县汽车股份有限公司成立,经营重庆至青木关的客运业务。同年,铜梁、大足、合川联合整顿区间交通,实际跨县联运。

1933年,卢作孚、何北衡等集资创办重庆市公共汽车股份公司,以何北衡为董事长、严铸九兼经理。成渝路政总局在重庆设立成渝通车营业管理处,安排汽车70辆,经营跨县段的客运。到1934年3月,签订重庆长途汽车运货邮件合约,开始了汽车邮件运输。

1934年,四川境内公路极少,零落散断,稍具规模的仅成渝路而已。该路全长450公里,其中50公里有石子路线,可以晴雨通车,余皆土路,下雨即无法行驶。工程方面,由于各军阀分段修筑,各自为政,无统一标准,无法相互衔接。管理方面,无统一机构。行车多由商办,行无定期,更无定价和养路组织。时人叹曰,此等公路"于社会经济之发展,政教之推行,效果既鲜","人民未蒙其利,而年须负担修补公路之义务,于是群视公路为附骨之疽,而深恶痛恨矣"[2]。

三、航空的发端和铁路的拟议

中国的航空业肇始于1921年,四川的航空业则以1930年重庆通航为发

---

[1]《四川陆上交通规划书》,四川省公路局工务处1934年印行。
[2]《川黔两省公路交通概况》。

端。中国航空公司于 1929 年 10 月 20 日开始它成立以来的第一次飞行,开辟了上海到汉口的航线;1930 年即将航线延展至重庆;1933 年又再经重庆延往成都。起初,沪汉、汉渝、渝蓉使用三种不同的飞机,分三段航行,费时不少。从 1936 年 7 月起,采用道格拉斯巨型机,免除了分段换机航行之弊,大大缩短了航行时间。

1935 年 5 月 4 日,中国航空公司又从重庆开辟了经贵阳达昆明的航线。1936 年春,因气候原因,该公司昆明号飞机失事,这条航线即告停业。直到 1936 年 9 月,该公司才恢复重庆到贵阳间的航班[①]。

交通的近代化是经济近代化的必要前提,随着重庆开埠及对外贸易发展和外国对长江上游交通开辟的觊觎,发展新式陆路交通便成为社会变革和进步的一个刻不容缓的任务。陆路交通近代化的第一个具有深远影响的行动,便是 1903 年修筑川汉铁路的提出。外国资本主义势力进入长江上游的一个巨大困难就是封闭的地理环境,这促使他们利用扩张势力最有用的工具——修筑铁路来达到这一目的。19 世纪末年,西方列强在夺取川江航运权、强迫重庆开埠的同时,也开始筹划在四川修筑铁路。1899 年,英国便派出考察队由重庆经贵州入云南勘测铁路线,并提出了修筑川汉铁路的要求。20 世纪初西方各国在中国的争夺加剧了,先后向清政府提出承修川汉铁路的要求。清廷为此进退两难。清外务部奏称:"川省特产充盈,必达汉口,销路始畅。惟其间山峡崎岖,滩流冲突,水陆转运,皆有节节阻滞之虞,非修铁路以利转输,恐商务难期畅旺。现在重庆业已通商,万县亦将开埠。外人经营商务,每以川江运道不便为言,必将设法开通,舍轮舶以就火车之利。"[②]1903 年 4 月锡良被授任四川总督,赴任途中在宜昌便"舍舟而陆,藉以查看由鄂之川之路"[③]。7 月便上奏清廷请设川汉铁路公司,自办铁路。川汉铁路公司初由官办,1907 年改为商办。

拟议中的川汉铁路东起汉口,经重庆而达成都,全长 1980 公里。修路经费主要来自官府向人民强行征收的租股。1911 年,清政府突然宣布铁路国有

[①]《重庆交通大事记》,重庆交通志编纂委员会 1988 年 10 月编印,第 267—268 页;张肖梅:《四川经济参考资料》"银钱业"Ⅰ,上海中国国民经济研究所 1939 年刊,第 1 页。
[②] 宓汝成编:《中国近代铁路史资料》第 3 册,中华书局 1963 年版,第 1058 页。
[③]《开办川汉铁路公司折》,载《锡良遗稿》第 1 册,第 389 页。

政策,不仅收去了人民的股款,而且转向帝国主义四国银行团借贷,出卖路权,由此引发了声势浩大的四川保路运动。

民国以后,孙中山出任全国铁路总办,提出全国修20万公里铁路计划。重庆和各地一样也热闹过一阵。1914年,政府又拟修钦渝铁路,计划从广东钦州出发,经广西南宁、百色到云南、四川叙府,直达重庆。当时,曾拟定由中法实业银行贷款6亿法郎。但是,在当时地方军阀统治下,此举很快就销声匿迹了。

20年以后,1935年初,国民党中央势力进入四川,为了"围剿"红军,统一川政,以重庆为中心,建立战略后方,国民党政府加快了交通建设,提出了三年建成成渝、宝成、川湘、成会、川滇、川康为干线的四川铁道网计划。

成渝铁路最先提上议事日程。1936年春,经行政院批准成立了川黔铁路特许股份有限公司。同时,铁道部新路建设委员会组成勘测队进行技术准备工作。6月,在重庆组成工程局,具体组织施工。1937年3月21日正式开工[1]。后因抗日战争爆发,修路工程又搁了下来。

与此同时,湖南到四川的长渝铁路也开始设计。该路东起长沙,经贵州铜仁入四川,经龚滩、涪陵,而达重庆。因长沙至铜仁段包括在湘黔线内,因而长渝线实指铜仁到重庆一段,约627公里。1936年,铁道部曾派队进行过实地和航空勘测[2]。同时拟议的还有川黔铁路(重庆到贵阳),都因抗战爆发而搁置。

抗战以前,在重庆建成的铁路只有一小段用于煤炭运输的矿区铁路——北川铁路,全长仅60公里,作用极为有限。

在铁路、公路出现以前,四川的交通以水上运输为主,交通中心就以水路运输的转移而转移。当以重庆为枢纽的四川轮船运输体系形成的时候,重庆也就成了近代四川的交通中心。

---

[1] 谢彬:《中国铁路史》,上海中华书局1929年版。
[2]《成渝路区之经济地理与经济建设》,四川省银行经济研究处1945年编印。

第七章 近代重庆的第二产业——近代工业

第一节 近代重庆工业的创立和初步发展

就全国而言,中国近代工业是在外资侵入后,中国自然经济开始解体的条件下,于19世纪60年代至70年代产生的。它首先出现在东南沿海商品经济发达的地区,然后逐渐向内地推移。

比较起来,近代重庆工业的产生,比沿海城市晚了20年至30年,它是19世纪90年代重庆开埠以后才开始的。到抗战前,其发展进程可分为两个时期:1891年重庆开埠到1912年民国的建立,为近代重庆工业产生时期;1912年到1937年全面抗战爆发是近代重庆工业微弱发展时期。

一、新兴的城市工场手工业

1876年以前的四川,还处在以自给自足的自然经济为基础的封建社会阶段。农业和家庭手工业为主要标志的自然经济,制约着城市经济的发展,而没有可能产生近代工业。即使像重庆这样繁荣的码头,在经济上也仅仅作为一个物资集散地而存在。

19世纪70年代以后,中国近代民族工业在沿海地区陆续产生。1891年重庆的正式开埠和川江轮船航运业的开辟,为国内外资本与商品涌入四川、重庆创造了条件。自此,四川、重庆进出口商品急剧增长,推动了城乡商品经济的发展,为重庆近代工业的产生提供了市场、资金和技术条件。而辛亥革命在四川的发展及中华民国的建立,又在一定程度上推动了近代重庆工业的发展进程,从而使近代重庆工业的产生从个别企业、个别行业推及到许多行业或部门。到 1936 年,已经在火柴、缫丝、采煤、水电、玻璃、棉织、皮革以及钢铁、机械、化学等许多部门出现了近代工厂。

1891 年,近代重庆工业产生,它最初的形态是新兴的城市工场手工业。

(一)火柴业

火柴,时称"洋火"、"自来火",19 世纪 60 年代开始输入中国,年入仅二三千箱,到 1894 年达 15 万箱左右,为国人广泛使用。但火柴生产和市场为日本所垄断,倾销于东北及沿海各省,民族火柴工业发展极为困难。由于四川开埠较晚,交通不便,受外资影响较小,加之四川木材便宜,广产硫黄原料,为火柴工业产生提供了条件。同时火柴生产设备简单,投资不大(一台排板机只须 500 元),于是火柴工业首先在四川商业发达的重庆发展起来。

1889 年,川商邓云笠、李南城、卢干臣前往日本,创办了一家火柴厂。因获利甚丰,遭日本人排挤,遂回到国内。经总理衙门批准,他们于 1891 年在重庆集股成立了森昌洋火公司,开设王家沱、大溪沟两厂[1]。两厂资本 8 万两,年产硫黄火柴 12.6 万箱,并获清政府赋予的售卖专利 25 年。火柴厂全部产品按固定价格售与火柴帮公所,供应本省以及邻省,据说每年出售总值超过 25 万两[2]。这是迄今见诸记载的重庆第一家近代工业企业,也是四川和西南的第一家民营工厂。1897 年,在森昌和聚昌两个火柴厂做工贫民逾万人,工人日获钱 300 文。火柴日渐畅销,入股者分息颇厚。制造土货,抵制外货为最有成效[3]。

尽管森昌火柴厂据有 25 年专利,但因生产火柴获利甚丰,日、英、德商纷纷在渝办厂。到 1911 年,四川共有 9 家火柴厂,其中 6 家在重庆,有 2 家是日商,1 家是德商,外商开设的占 50%[4]。据统计,1909 年至 1911 年,重庆东华、友邻、森昌泰、森昌正、丰裕和专利 6 家火柴公司,生产和销售火柴 102 万斤[5]。各火柴厂销额如表 7-1。

---

[1]《蜀学报》第 1 册残卷,《四川保路运动档案选编》,四川人民出版社 1981 年版,第 63 页。
[2]《重庆海关 1902—1911 年十年调查报告》。
[3]《渝报》第 4 册。
[4]《重庆海关 1902—1911 年十年调查报告》。
[5]《重庆矿务局调查近年官磺销额比较表》,载《四川实业杂志》第 1 年第 1 期《调查》(1912 年)。

表 7-1　1909—1911 年重庆火柴企业销售情况统计表

年度＼公司	东华公司（斤）	友邻公司（斤）	森昌泰公司（斤）	森昌正公司（斤）	丰裕公司（斤）	专利公司（斤）
1909	42000	40000	50000	50000	50000	40000
1910	40000	70000	70000	70000	50000	40000
1911	120000	72000	62000	63473	47000	45000
合计	202000	182000	182000	183473	147000	125000

1911 年重庆又拟中西合办一火柴公司，由商人"集股数万金"，"由领事照会关道准行立案"[①]。第一次世界大战期间，由于日本势力的退出，重庆火柴业又有较大发展，1914 年成立了华业、大明、华光 3 家火柴厂，1926 年以后又有江巴、福兴等火柴厂创立，这些厂资本都在 1 万元以上，每厂工人 140 人至 400 人不等。据国民政府经济委员会编《火柴工业报告书》记载，到 1935 年，全国已有近代火柴厂 99 家，其中山东 31 家，广东 17 家，江苏 13 家，四川 12 家，在四川 12 家火柴厂中，有 7 家设在重庆，所以战前重庆火柴工业在全国也有较高的地位[②]。到 1936 年时，重庆火柴业不但已能生产黑头安全火柴，抵制了部分洋火，而且厂家也具相当规模（见表 7-2）。

表 7-2　1936 年以前重庆所设火柴厂一览表

厂名	地址	成立时间	经理	资本（万元）	日产量（大箱）	工人
东华	市区	1905	卞小吾	2.0	—	—
华业	市区	1931.5	孙树培	3.0	600	640
诚信	南岸	1933.3	吴教诚	0.5	50	60
民生	巴县	1935.11 改组	李盈廷	0.6	60	118
福兴	市区	1919	徐成之	0.3	50	120
明明	市区	1935.12 改组	冯征麟	1.0	150	230
江巴	江北	1925.9	王令诚	0.5	40	100

---

① 《蜀报》第 10 册《蜀中近事》。
② 陈真：《中国近代工业史资料》第 4 辑，第 632 页。

续表

厂名	地址	成立时间	经理	资本(万元)	日产量(大箱)	工人
惠利	江北	1933.3	艾方谷	0.4	77	154
丰裕	江北	1902	尹焕廷	1.0	150	440
新明	合川	1930.5	赖季英	1.0	150	200
光明	合川	1935.12	艾松林	1.09	160	200
民济	合川	1928.5	郑集成	1.6	250	400
瑞星	合川	1935.3	向宁中	1.0	200	300
合裕	合川	1931	王鼎成	1.7	240	400
利济	长寿	1930.11	熊春林	1.0	60	200
民兴	永川	1929	傅吉安	1.0	110	75
合计	15厂	—	—	15.69	2347	3637

资料来源 《民国十一年至二十年重庆经济概况》第5章,中国重庆银行1943年印;《四川经济参考资料》第18章,中国国民经济研究所1939年版。

19世纪末20世纪初,正是中国火柴业初创的时期,形成了上海、天津等沿海火柴生产中心,重庆则是内地火柴业的代表。其创办资本仅次于沪、津两市[1],工人则占全国同行业工人总数的35%[2]。民国以后,随着民族火柴业的逐步发展,重庆火柴业在全国的份额有所下降,但在四川和西南仍然较高,居于中心地位。1936年,全川有火柴厂34家,其中15家在重庆,占44.1%;创办资本重庆为15.69万元,占四川的34.7%;年产量,重庆为2.72万箱,占四川的58.31%;工人,重庆为3637人,占四川的55.28%[3]。在火柴业里,产生出重庆最早的民族资本和近代工人。

(二)棉织业

重庆开埠之初,洋纱大量涌入,地方政府曾计划建造棉纺厂以谋抵制。1893年,川督刘秉璋拟在重庆建立一个"规模很大的纺织厂",定资本额为51万两。预计川督拨官款20万两,川东道出资10万两,招商局出资5万两,其

---

[1] 凌耀伦:《重庆市近代工业的发展述略》,载《重庆城市研究》,四川大学出版社1989年版。
[2] 陈真:《中国近代工业史资料》第1辑,第1200—1201页。
[3] 《合川火柴业概况》,见张肖梅:《四川经济参考资料》第18章R,第119页。

余是招股。该厂出产的纱可运至成都织布①。1895 年"这个计划才具体形成"。集资 40 万两买了地皮、备建厂房、购置机器。但重庆商人认股不踊跃。他们认为,一是重庆、成都之间虽有一些地方种植棉花,但供不应求。在当时种植鸦片获利很大的情况下,棉花产量绝无增加的可能。二是纱厂所用棉花,大部分需由外地运来,所恃唯一运输工具就是民船,船运任何时候都可能发生困难和危险,势必会影响原料供应。三是重庆的工资并不比武昌低,因而进口成品纱或许比重庆本地自造更便宜。1896 年官府在重庆设局招股,经多方劝说后,500 股被全部认购,并同一家外国洋行签订合同购置机器。但清户部不同意官方参与或官方入股,反对在渝设纱厂,故这个宏大计划胎死腹中②。

与官方推行机器纺纱织布厂的困难形成鲜明对照的是,由于洋纱大量涌入重庆,冲击了四川的手纺业;又由于洋纱便于使用机械织布,因而也刺激了重庆棉织业中工场手工业的勃兴。

光绪以前,重庆棉织均为农家副业,使用丢梭木机。光绪、宣统年间,较为先进的拉梭木机传入重庆。该机生产效益较高,又能仿造外洋宽布。到 20 世纪初年,重庆兴办的资本主义棉织手工工场有:

吉厚祥布厂:1900 年由印用卿独资创办于江北沙湾,使用 24 台木机织布③,用"五福商标"④。

纺织公社、裕源厂和裕济公司:1900 年,富顺举人泸州学正孙荣、职员傅英芝、文生何光祖、监生张柱臣、抱禀徐贵等人,为"维工商而挽利权",在重庆设立纺织公社,另造新式木机。1901 年又在渝设立裕源厂,"仿造洋葛巾,经纬匀净,毛绉齐整,货高价廉,各商争购"。1903 年,张柱臣"另创灵巧便捷之木机、梭机,往来不用手抛,运用自然,事半功倍。较中国旧有机头用力省而成功速,比外洋各种汽机成本少而功用并",所织宽布"线扣紧密,布片均洁。货色之佳与洋来者无稍辨,价值之廉较洋来者为尤减"。随着技术的改进,生产的发展,他们又打算在重庆设立裕济公司,并要求清政府给予裕济公司以

---

① North China Herald. Vol. 51. P. 350,转引自王笛:《跨出封闭的世界——长江上游区域社会研究(1644—1911)》,中华书局 1993 年版,第 320 页。
② 《重庆海关 1892—1901 年十年调查报告》。
③ 《重庆之棉织工业》,第 248 页。
④ 张肖梅:《四川经济参考资料》"银钱业"R,上海中国国民经济研究所 1939 年刊,第 4 页。

宽布专卖权,核定专利年限,发给凭照;报商部外部立案,照会各国领事存案备查。经巴县知县报请重庆府宪审批,认为"以挽利权,殊堪嘉尚",但因上海、汉口早已开机器纺纱织布之风,不能再给专利,只准公司受到地方官府保护[①]。

振华毛葛巾公司:1902年川商白汉周等"随带工匠二人游历日本,博采各国制造货物。遍览之下,惟织毛手巾一宗,易学易精","行销本国足以抵制外洋来货,则利源不致外溢"。于是将两工匠留日本学习,两工匠于1903年学成回渝。同时白汉周等"购买织毛巾机器运渝,照样制造二十余架。开设昌华公司,精工织造,货色比较东西洋无异,畅销获利,外洋之货无客贩办来渝"。后来,昌华公司易名为振华公司[②]。

从此,重庆的棉织工业蓬勃发展。根据《中国近代手工业史资料》统计,在初创期的1900年至1905年间,重庆的织布厂已占全国同类厂家的30%以上。直到1911年,四川其余地区也不见有这类布厂创办。光绪末年宣统初年,重庆引进了一批来自于日本和国内其他地区的铁轮织机。从木机到铁轮机的使用,不但是技术上的一大进步,而且生产效率显著提高,带动了整个重庆棉织业的大发展。经过第一次世界大战期间中国民族资本主义发展的黄金时期,重庆棉织业中铁轮机开始流行,逐渐完成了从木机到铁轮机的过渡。使用铁轮机的布厂与日俱增。

幼稚染织厂:1904年,高少农独资创办幼稚染织厂于南岸觉林寺,初用木机,民国后拥有铁轮机105台。该厂还拥有织袜机、织花机等[③]。

富川织布厂:1904年创办于南岸呼归石,拥有铁轮机30台[④]。

复原布厂:1905年由曾应之创办于江北簸箕石,拥有铁轮机105台[⑤]。

协利布厂:1908年由苏炳章创办于南岸弹子石,拥有铁轮机105台[⑥]。

据统计,重庆棉织业中使用铁轮机的布厂1919年为8家,1926年即达

[①] 以上引文均见《孙英等创制新式木质纺织机呈请专利设立公司禀文》,光绪二十九年十月三十日(1903年12月18日),载《四川保路运动档案选编》,四川人民出版社1981年版,第70—72页。
[②]《振华毛葛巾公司创议毛葛巾帮章程帮规呈巴县禀》,光绪三十二年十一月二十八日(1908年1月1日),载《四川保路运动档案选编》,四川人民出版社1981年版,第77页。
[③]《重庆之棉织工业》,第248页。
[④] 张肖梅:《四川经济参考资料》第18章R,第18页。
[⑤]《重庆之棉织工业》,第248页。
[⑥]《重庆之棉织工业》,第248页。

18家,1933年则为33家。其中拥有以规模最大著称的裕华布厂,试验电力织布的三峡染织厂,以及幼稚工厂等。

随着重庆棉织业生产技术的提高,产品品种上也显示出巨大的进步。1903年裕源厂使用自造木机开织宽布,并且品质优良,足以与洋布抗衡。到1904年已能织出头等、二等、三等粗布等种宽布,"均以华旗为牌,宝星为号。较之洋布,货美价廉,且无上胶筑粉等弊"。此后,其他厂商也开始织造宽布。与此同时,毛(洋)葛巾开始大量出品。毛葛巾即毛巾。它的大量使用,表明重庆人的日常生活用品构成也开始变化。

到1933年,重庆棉织业达于极盛,各种棉织工厂已达130家以上,其中铁轮机增至2000台,与木机数量等同,生产能力大于木机。这些厂家主要生产各色花布、市布、胶布、呢布,以及毛巾、袜子等。全市年产量100万匹以上,产值500万元以上。分别建有重庆市布业同业公会(铁机业)和江巴木机业同业公会。

随后,由于外则洋货倾销,内则兵匪相乘、税捐苛繁,许多管理和技术问题无法解决,重庆棉织业迅速衰落。抗战前夕,库存严重积压,生产过剩,产量降到年产布40万匹左右。尽管如此,据中国国民经济研究所对全川18家主要棉织厂的调查,重庆仍占四川的66.66%。

近代重庆棉织业是在半殖民地半封建的土壤中成长的,通过商业的作用,洋纱代替了土纱,把四川农村的手纺业和手织业割裂开来;接着又在重庆建立起大批用洋纱织布的棉织工厂,这就使乡村和城镇手织业遭到破坏。四川这种纺与织、耕与织的分离过程,在重庆进行得最早最快,而这正是中国社会半殖民地半封建化的显著特征。重庆棉织业的发展是近代重庆社会演进的重要成果,又给重庆经济以新的活力。

(三)猪鬃加工业

重庆开埠前,猪鬃仅由药材行帮附带经营,量少值低。而作为新兴的近代重庆猪鬃加工业,肇始于英商立德乐。1891年重庆开埠,他即在南岸创办了第一家洗房(猪鬃加工厂)。立德乐采取高于国际标准的质检标准,使用精装"鸡牌"商标,结果四川猪鬃在国际上一举成名,"博得善价"[①]。立德乐因

[①]《重庆海关1892—1901年十年调查报告》。

此而获得高额利润,洗房规模不断扩大,熟鬃产量由每月二三十斤增加到一万余斤。法商安利、德商宝丰、英商怡和、日商新利等纷纷投资此业,猪鬃迅速成为重庆出口的最重要产品之一。

猪鬃加工主要靠手工技术,无须机械,故所费资本不多,几千元即可,因而许多川人借字号资金跻身其间;字号也在订货、付款、原料购买等方面扶持洗房;因此到1911年,重庆21家洗房中,已有66%为华资[①]。民国以后,猪鬃业务良好,洗房进一步增加,1921年,总共已达60余家,古青记、永昌渝、峤济、丰泰等华资洗房已居主导地位[②]。

重庆猪鬃加工业的创立,是帝国主义对重庆资本输出、掠夺四川原料的标志。猪鬃成为重庆与世界市场的重要纽带。

(四)矿业

1891年重庆开埠以后,法国、英国、美国的领事和商人相继在重庆附近掠夺煤、铁矿藏。采煤业集中在江北、北碚地区。重庆煤资源丰富,土法开采历史悠久。20世纪初年,采矿业逐步由传统的手工采矿向机器采矿发展,由采矿工场向采矿企业演变。最早拟用机器开采的是江北厅煤矿。1898年,英商立德乐发现江北厅矿藏丰富,就收买地痞代为出面,申请开矿。1904年4月,他开办的华英合办煤铁矿务有限公司(简称华英公司)与四川省矿务总局订立合同16条,夺得江北厅50年的煤、铁开采权。1905年3月,该公司在香港正式注册,资本69万元[③],当年即为江北龙王洞一带正式开矿采煤。

为了挽救国家主权,江巴两县士绅桂荣昌、杨朝杰、赵资生等立即成立江北矿务公司,1908年更名为江合矿务有限公司(简称江合公司),筹集股本20万两,后经四川总督定为官督商办。当时建立江合公司的直接目的即为抵制华英公司,因此,江合公司成立仅一年多,就通过艰苦的谈判,以库银22万两的高价赎回了被英商攫取的江北厅煤、铁矿权,华英公司全部财产转交给江合公司。江合公司成为当时重庆资本最大的近代企业[④]。从此,重庆市第一座采用近代技术开采的煤矿,回到重庆人手里,为重庆经济的发展服务。

[①]《重庆海关1892—1901年十年调查报告》。
[②]《重庆经济概况》,重庆中国银行1934年编印,第176页。
[③]陈真:《中国近代工业史资料》第1辑(下),第143页。
[④]汪敬虞编:《中国近代工业史资料》第2辑(下),科学出版社1957年版,第880页。

民国以后,随着工业和城市建设的发展,煤矿业逐渐扩大。1912年,全济煤矿公司率先开办。1923年,江北县境又成立了三才生煤矿公司,资本20余万元。1928年,北碚境内又成立有宝源实业股份有限公司,开办了5个煤矿,资本30万元。在其旁边,又有遂川煤矿公司,资本3万元。1932年6月,江北县北川铁路沿线小矿(土法开采的小煤矿)合并组成天府煤矿股份有限公司,由卢作孚、唐瑞五、刘宗涛等人发起创办,拟定资本24万元,实收资本14.8万元。1935年公司又与北川铁路公司联合办公、统一经营,使整个运输实现了机械化,照明用电灯,挖煤仍以土法为主。天府煤矿公司包括大厂6处,小厂5处,职工1248人,资本20余万元,年产煤4万余吨,是当时四川规模最大的煤矿公司①。

1932年,重庆附近巴县石油沟发现石油露头,并经德国工程师考察证实,四川、重庆军政当局及绅商各界发起组织中华光明石油公司筹备开采,但因故放弃②。

(五)玻璃瓷器业

玻璃工业生产在重庆起自19世纪60年代。1862年,重庆第一家玻璃作坊由广东人创办,用重庆盛产的卵石粉、石灰、木炭末、木末和硫酸盐等玻璃原料,生产窗玻璃、亮瓦、鸦片烟灯罩。到1891年,这样的玻璃工场已发展到7家,每家约有工人18名,产品行销全省③。1897年10月27日,商总杨全盛开办重庆玻璃公司④。该公司"发卖各色货物价值极高,各铺因该公司有垄断之权,势不能不买"。这种封建性质的垄断,阻碍了产品的流通,以致在1901年造成了"消(销)场阻滞,折本颇巨"的局面,于是,重庆商家纷纷禀报清政府要求撤销该公司⑤。

1905年,玻璃工场已发展到十余家,产品仍归公司代卖,全年销售3万余两⑥。这一年,成立了东华玻璃厂,资本2万元。1906年,又成立了惠昌玻璃

---

① 《天府概况》、《天府北川公司创办经过》,民生公司档案第920卷。
② 傅润华等:《陪都工商年鉴》第10辑,文信书局1945年版,第14—23页。
③ 《重庆海关1891年调查报告》。
④ 《渝报》光绪二十三年第2册,第20页。
⑤ 汪敬虞编:《中国近代工业史资料》第2辑(下),科学出版社1957年版,第1154页。
⑥ 《重庆商会公报》丙午第1号《论说》五。

厂,资本32000元[1]。

1905年前,重庆虽已开始生产玻璃,但均系土法,"出品是最普通和最脆弱的"。1906年鹿蒿玻璃厂的创办,才在西南地区开始了使用现代技术设备生产日用玻璃制品和高级美术玻璃器皿的新时期。鹿蒿玻璃厂的创办人何鹿蒿,出身富绅家庭,留学日本,专攻玻璃生产技术,1906年回国建厂。该玻璃厂于1907年正式投入生产。所有机器设备全部购自日本。1911年增产扩建,创办资本达11.2万元,属全国第一批近代玻璃生产企业[2]。该厂能够生产压机所制之各种杯盘、灯具,人口吹制之各种瓶罐,手工制造之各种花瓶,此外尚有各色美术磨花、印花茶杯。产品精良,光泽美观,畅销西南各省,在国内享很高声誉,并荣获巴拿马国际博览会一等奖[3]。1906年到1917年间为该厂极盛时期,获纯利十余万元,仅1910年就高达2万元。鹿蒿厂代表了重庆玻璃业在辛亥革命前的产生和发展,在抵制洋货、挽回部分利权方面,发挥过积极的作用。据1907年《各关华洋贸易总册》记载,当年由重庆进口的外国玻璃器皿开始减少,原因即在于"本省玻璃厂仿造抵制所致"[4]。同时该厂由何鹿蒿亲自培养了大量技术骨干,为近代四川、重庆玻璃工业的发展奠定了技术基础。例如,1915年创立的彭县玻璃厂,1918年创立的江北华洋玻璃厂,1920年创立的泸县光华玻璃厂以及成都、乐山、威远、犍为、万县,乃至云、贵的一些玻璃厂,都是由原鹿蒿厂学生所办[5]。从1911年到1931年的20年里,重庆又有12家新式玻璃厂建立,其中华洋玻璃厂较为著名,能生产灯罩、花瓶、酒瓶,但高级玻璃还得继续依赖进口。

瓷器工厂创办于1918年,名叫蜀瓷厂,资本3万元,雇用约100名工人,能用磁器口生产的黏土制造各种瓷器,诸如各种碟、杯、盘、瓶。

(六)面粉业

中国近代面粉业是20世纪初才开始发展的。当时,中国国内消费的面

---

[1] 张肖梅:《四川经济参考资料》第18章R,第128页。
[2] 据汪敬虞编:《中国近代工业史资料》第2辑(下),科学出版社1957年版,第886页记载:1907年以前,全国共有4家近代玻璃厂,第一家创办于1904年,即武昌辉华玻璃厂,鹿蒿厂是第四家;1913年全国仅有玻璃厂10家。
[3] 何鹿蒿:《鹿蒿玻璃厂四十年的回顾》,载《重庆工商史料选辑》第2辑,第176页。
[4] 汪敬虞编:《中国近代工业史资料》第2辑,科学出版社1957年版,第340页。
[5] 《重庆工商史料选辑》第2辑,第183—184页。

粉大部分依赖洋面的进口和土磨的供给。第一次世界大战爆发后，西方各国国内军粮需求大增，价格高涨，不仅无力输出，而且需要向国外购买，因此，中国面粉乃畅销于英、法、美、俄、日本及东南亚各地。中国民族资本经营的面粉工业得以获得厚利，迅速发展起来。从面粉业的分布看，这一时期长江一带的面粉工业以上海为中心，是全国面粉业最发达地区。比较而言，近代重庆的面粉业不是成功的企业[①]。1909 年创办的长寿"禁烟改种纪念公司"，是重庆第一家机制面粉厂。公司是根据该年禁种鸦片，原来烟田改种小麦而命名。小麦用机器磨，因而其产品较土法面粉质优色白，销路甚好。价格为制钱 70 元 1 斤，比平常面粉约贵 20 元[②]。日产面粉 700 袋[③]。但该厂却"绝未真正繁荣"过，面对洋面粉的冲击，该厂未能坚持下去[④]。

民国以后，随着城市的发展，面粉需求日益增加，不少人遂集资设厂制造。面粉厂初时营业良好，1921 年以后，中国面粉工业渐处于不利地位，外粉输入日增，国粉输出日减，加之麦贵粉贱，以及同行倾轧，产量过多，部分面粉帮因此或歇业或改组，到 1930 年，重庆面粉业只剩资本数较为雄厚的信丰、先农等 3 个厂，资本 33 万元，月产面粉 1050 袋、39900 斤，全部供重庆市内销售[⑤]。

(七)制纸印刷业

近代中国的造纸工业，始于清末。但直至民国初年，由于水质不良、交通不便、木质纸料的缺乏及洋碱、漂白粉、松脂等原料短缺等诸多原因，新式造纸工业不能发达。民国以前，重庆手工造纸水平很低，仅附近场镇有个别小槽户，制造少量的表心纸和回槽纸。1891 年铜梁县纸商开始用机器造纸；1893 年源盛长、正泰兴等印刷工厂在重庆创办。1905 年，重庆留学生陈崇功从日本归来，集资万余元，在南岸五桂石创办了富川制纸公司，"专收一切无用草料及破布等项，以资制造"，后来该厂资本 10 万两，专营洋纸火柴盒用

[①] 周勇、刘景修译编：《近代重庆经济与社会发展：1876—1949》，四川大学出版社 1987 年版，第 345 页。

[②] 周勇、刘景修译编：《近代重庆经济与社会发展：1876—1949》，四川大学出版社 1987 年版，第 159 页。

[③]《近代中国实业通志》(上)，第 367 页。

[④] 周勇、刘景修译编：《近代重庆经济与社会发展：1876—1949》，四川大学出版社 1987 年版，第 345 页。

[⑤]《重庆海关税务司李规庸给海关总署的报告》(1931 年 12 月 31 日)；《重庆经济概况》，重庆中国银行 1934 年编印，第 170—171 页。

纸。并打算"候造纸有成,再行推行织布及制瓷两宗,以广倡导,以兴实业"[1]。但因陈崇功主要从事同盟会反清革命活动,纸厂发展缓慢,影响不大。1914 年后,重庆始有小厂开始制造元边纸(中式簿据之用)、二元纸(信封用)。30 年代以后,重庆才第一次造出了土新闻纸,纸质很差。

较有成效的新式造纸厂,直到 30 年代才在歇马场出现,它由财政部湖北机器厂职员马子安创办。在马子安主持下,此厂使用外国的新技术,仿制出连史、新闻、贡川、油光等纸,既不透水,且抗拉力强。后经遂宁富商孟子甫出资合作,该厂生产能力逐渐扩大。另有一些留洋学生和商人也提出和创办了一批制造白纸和粗纸的小厂。

抗战以前重庆制纸业的生产规模尚缺乏材料予以说明。仅据 30 年代中期重庆纸张印刷业同业公会的记载,在该业兴盛时仅城内就曾有数百家纸厂。但进入 30 年代后,市场疲软,规模缩小,抗战前夕仅剩 61 家,各家资本 600 元到 6000 元不等[2]。需要说明的是,这些商家也并非全部造纸,销售者有之,印刷杂件亦有之。

新式印刷工业的发达,有赖于国民教育程度的增进。民国以来,学校、报馆、杂志社的设立增多,为印刷工业的兴旺打下了基础。重庆近代印刷业的发展就与文化教育、政治宣传和商业广告的需要紧密相联。1903 年,重庆创办《广益丛报》并开办了广益书局以承印该刊。1911 年以后,重庆的印刷出版业进展不大。1927 年大革命高潮的到来,推动了重庆印刷业的"根本改变"[3]。到 30 年代初,重庆社会相对稳定,城内已有 12 家较大的用现代方式经营的印书馆或印刷局和 100 余家小厂。其中德新、渝商和新民三厂被称为"三巨头",可以印刷对开报纸和各种书刊,以及商业广告。1931 年,重庆印刷业总资本为 40 万元,常年营业额 20 万元[4]。

(八)皂烛业

重庆开埠以后,洋碱的进川刺激了重庆肥皂业的出现。1907 年,就有重

---

[1]《东方杂志》第 4 年第 6 册,第 172 页;《近代中国实业通志》(上),第 194 页。
[2] 张肖梅:《四川经济参考资料》"银钱业"第 18 章 R,上海中国国民经济研究所 1939 年刊,第 106—109 页。
[3] 周勇、刘景修译编:《近代重庆经济与社会发展:1876—1949》,四川大学出版社 1987 年版,第 372 页。
[4]《重庆海关署理税务司李规庸给海关税务司的报告》(1931 年 12 月 31 日)。

庆商人开办了祥合肥皂厂,资本1万元,工人108人,年产洗衣皂4000箱①。到20世纪30年代,重庆已出现了一批肥皂厂。较大的有广利、乐山、光华、永明、同兴等,其中乐山肥皂厂较为著名。该厂资本5万元,年产洗衣皂40万块,洗脸皂1.2万块,产值5.2万元,产品畅销于四川全省②。此外,广利实业公司等除生产肥皂之外,还生产化妆品以及牙粉③。1906年,曾建棠等共同创办奎明洋烛公司,仿制洋烛。"初办时未得法,烛心多致溜油。"后"加工细致,每月约出五六百箱,每箱售银三两之谱,光明耐久,过于洋烛,故销场颇畅"④。随着煤油的普遍使用和电灯业的兴起,制烛业到民国时已相当衰落了。

(九)制革业

重庆的制革业直接导源于军阀的统治和战争。1912年以后,四川战事频繁,军队增加很快,重庆成为军阀混战的必争之地,因此,大量军用革制品需要在重庆补充,皮革工业基此成为近代重庆工业中发展较为显著的新兴工业。1912年创办的汇丰制革厂和振华制革厂是重庆第一批制革工厂,资本各2万元;1914年又有鼎兴制革公司创立,资本3万元;1916年,中华、复兴两厂建立。1920年,求新制革厂创办,资本10万元,用机械制造鞋帮皮和红白药皮,年贸易额约25万元。20年代创立的裕川制革厂最大,资本20万元。这些工厂的产品主要行销四川。进入30年代以后,重庆制革业有较大发展,1930年至1935年共开办了10家制革厂。到抗战前夕,重庆已有制革厂16家,总资本20万元以上,年贸易额100万元左右⑤。据1936年国民政府经济部统计,全国制革工业的近代工厂(资本1万元以上)仅22家,其中四川7家,重庆即占4家;全国制革厂中,资本10万元至25万元者仅6家,四川占2家(包括重庆1家)⑥。由此可见,重庆制革工业在全国有一定的地位。

(十)其他

清末民初,重庆手工业的其他行业也相继产生和发展。

---

① 《近代中国实业通志》(上),第282页。
② 《重庆海关1922—1931年十年报告》。
③ 《重庆经济概况:民国十一年到二十年》,第173页。
④ 《东方杂志》第4年第6册《实业》,第163页;《重庆商会公报》丙午(1906年)第3号《论说》十四。
⑤ 《重庆制革业调查》,张肖梅:《四川经济参考资料》。
⑥ 陈真:《中国近代工业资料》第4辑,第599页。

美法罐头厂1931年开办,资本1万元。永记华璋草帽厂,资本2万元①。

重庆干电池业于1927年开始创立,陆续建有10余家,但规模较小。仅1930年创办的爱国电池厂稍大,资本3万元②。

1907年,重庆已办有纸烟厂,用日本机器仿制俄式纸烟。民国以后,又陆续办了6家制造雪茄烟的小厂③。

供城市建筑使用的砖瓦厂,于清朝末年开始筹组,民国以后逐步兴起,1922年一家投资10万元的砖瓦厂开办④。

桐君阁熟药厂于1908年12月由重庆富商、鸦片烟贩许健安创办于重庆鱼市口,初期资本1万元,后业务扩大,逐渐增资。该厂当时经售制成品膏、丹、丸、散240余种,炮制饮片(煎剂)400余种⑤。

二、微弱的机器大工业

机器大工业是近代城市的显著特征。在经过近代历史几十年的发展之后,中国沿江沿海的主要中心城市都已程度不同地建立起机器大工业体系,但在这一点上,重庆的发展却相当艰难。直到20世纪30年代中期,重庆的机器大工业仍十分微弱,离工业体系的建立还有相当的一段距离。

(一)缫丝业

缫丝业是近代重庆工业中使用机器生产的第一个行业。近代以来,浙江、广东和四川是我国著名的三大产丝中心。丝业是四川的传统家庭手工业,已有2000多年历史,川丝在国内有着广阔的市场。近代以后,川丝进入国际市场⑥,生产也向区域化发展。到19世纪80年代,全川缫丝厂(手工工场)已有2000多家,采用土法缫丝,丝产量一直名列全国前茅。四川缫丝业集中在成都、嘉定、重庆、顺庆四地。1883年,经重庆出口的川丝价值已达428万两⑦。这是近代重庆缫丝业发展的基础。

---

①《重庆市重要工厂之调查》,载《工商特刊》创刊号(1933年)。
②《重庆海关1922—1931年十年报告》。
③彭泽益:《中国近代手工业史资料》第2卷,三联书店1957年版,第340页;周勇、刘景修译编:《近代重庆经济与社会发展:1876—1949》,四川大学出版社1987年版,第346页。
④《重庆海关1912—1921年十年报告》。
⑤《重庆工商史料》第1辑,第109页。
⑥彭泽益:《中国近代手工业史资料》第2卷,三联书店1957年版,第90页。
⑦尹良莹:《四川蚕业改进史》,第346页。

第七章 近代重庆的第二产业——近代工业

重庆开埠以后,帝国主义加紧掠夺四川生丝资源,也刺激了重庆等地机器缫丝业的发展。1902年,四川第一家机器缫丝厂在潼川开办,开始了四川的机器缫丝时代。1907年,重庆商人王静海前往潼川学习,在那里开设了永靖祥丝厂,"改良缫法,颇著成效"。"该厂成丝运沪,每箱卖价比在潼川土法缫丝可多售银一百七八十两到三百两,获利甚丰。"该厂样丝送交法国里昂商会检验,被认为"匀细光泽,且丝质强韧,尤合机器织造之用"。一时间,"该厂为通省丝业观瞻所系"。后来由于王静海兼营的匹头钱庄生意于1908年冬倒闭,亏累十余万金,无力兼营丝厂,因而歇业。旋由重庆劝业分所劝业员李和阳认股2万两,渝商赵资生认股1万两,加之借官款1万两,"又扩充办法另借官银六万两",于1909年改永靖祥为潼川锦和丝厂,"设总号于重庆",由李和阳任经理。潼川业务仍由前任管事刘方谷继续经办①。

重庆本地创设的第一家机器缫丝厂蜀眉丝厂建于1908年,设于南岸界石乡。创办人石青阳,留学日本,专习蚕丝。该厂采用日本进口的蒸汽缫丝机,开四川缫丝业使用蒸汽动力机械之先河。石青阳办厂的目的主要是为革命提供掩蔽之处,因而未能专力经营,罕见成效,不数年即辍业②。1910年6月30日重庆商人吴征恕创办诚成丝厂。初集资5万两,有摇车、八尺锅炉、引敬(擎)机、宰眼机、擦床机、荡干机各1架,胡车100架,雇用女工40余人、技师1人。所有蚕茧购自合江、綦江、贵州等地。"所缫样丝,已经各洋商考验,与洋庄相合。"③20世纪初年,合川人张明经在重庆磁器口创设恒源丝厂。甫经建立,即遭火灾。乃由渝商温友松全部接买,加以修整,聘宁波技师负责安装机器及培训缫丝技术人员。1910年该厂扩大经营,更名旭东蒸汽机械缫丝厂(该厂名有人由英文转译为"日升"),从日本购有50套缫丝设备。后随其业务扩大,更名为天福丝厂④。1911年又有黻业丝厂创立于江北。此厂使

---

① 《四川劝业道知照同意拨借官本扩充潼川丝厂札》附详文,宣统元年三月十六日(1909年5月5日),载《四川保路运动档案选编》,四川人民出版社1981年版,第79—81页。
② 《重庆工商史料选辑》第3辑,第2—3页;《巴县志》卷十二,第5页。
③ 《四川劝业道为重庆诚成丝厂免征本省厘金札》附详文,宣统二年七月二十四日(1910年8月28日),载《四川保路运动档案选编》,四川人民出版社1981年版,第87—88页。
④ 《重庆工商史料选辑》第3辑,第3页;《中国近代工业史资料》第2辑(下),第802页;张肖梅:《四川经济参考资料》,第1222页。天福丝厂拥有工人316人,直缫车312台,1910年建,创办人温友鹤。这个记载是不准确的。

用女工,有工人470人,直缫车470台①。上述新建的丝厂基本采用的都是日本丝车和机械动力,这就给重庆缫丝业以很大的推动。这些工厂的创立,标志着重庆近代缫丝业开始进入机器生产的新阶段。它带动了四川其他地区缫丝业的资本主义化,为辛亥革命以后四川丝业的蓬勃发展奠定了基础。

第一次世界大战的爆发,给四川丝业的发展带来了极好的机会,到1921年止,重庆市内已有全部现代机器装备的新式缫丝厂10家,雇用工人3000人,重庆成为四川省最主要的机器缫丝基地,使出口的蒸汽缫丝量增加了一倍②。

20年代,重庆丝业继续发展,主要表现在投资增加和生产能力的提高。据海关统计,到1931年底,全川17家机械缫丝厂中有9家在重庆,占53%,全川机器丝车5996部,重庆为2800部,占46.67%③。重庆9家丝厂共有资本120万元,雇工4100名。另据重庆中国银行统计,到1931年为止,重庆有天福、同孚、华康、谦吉祥、大江、祥兴、同泰、大有、天福南、蜀华等10家机器丝厂,有日式丝车3695部,工人6070人,产量3190箱④。此外还有一批使用木车的小厂。

20年代末30年代初,中国丝在国际市场上受到日本丝的竞销打击,国内丝业萎缩。尽管如此,四川各地丝业仍在缓慢发展,到抗战前夕,四川新式机器缫丝厂发展到20家,丝车6258部。重庆有厂10家、占50%,有丝车3176部、占50.75%⑤。

机器缫丝成为重庆丝业的主体,重庆缫丝业也成为这段时间微弱的重庆机器工业最值得称道的行业,成为四川丝业的中心,也是近代中国缫丝工业最发达的四大中心之一。

(二)机器业

机器工业亦称机器制造业,它是近代中国工业中的一个重工业部门。近代以来,随着缫丝、印刷、交通等行业采用近代工业设备,机器业也随之产生。

---

① 张肖梅:《四川经济参考资料》;《现代中国实业志》(上),第142页。
② 《重庆海关署理税务司古绿编给海关部署的报告》(1921年12月31日)。
③ 《重庆海关1922—1931年十年报告》。
④ 《民国十一年至二十年重庆经济概况》,第168—169页。其产量之时间不详。
⑤ 张肖梅:《四川经济参考资料》"银钱业"第18章R,上海中国国民经济研究所1939年刊,第21页。

四川军阀割据,实行防区制,军事战争需要机器工业的支持,因此20年代以后,机器工业日渐发展。其间产生了华兴机器厂、民生机器厂、天成机器厂、二十一军武器修理所等较大的厂家,也出现了励志、惠康、宏安等一批中小机器厂(店)。华兴机器厂由华西兴业公司开设,官商合办,1934年建成投产,有各种机器100台,工人700余名,是战前重庆最大的机器厂。其次是民生机器厂,它于1928年由民生轮船公司卢作孚创办,资本2万元,初期规模较小,1930年资本增至5万元,职工50余人,到抗战开始时,资本已增至48万元,职工403人①。此外,尚有民营励志机器厂、惠康机器厂、宏安机器厂三家稍大,各有职工40人至60人。其他称为机器厂者颇多(连同上述五厂共计41家),但都规模狭小,职工10余人,甚至3人至5人,实为手工修理店②。另据重庆市商会统计,1933年,重庆有大小机器厂(社、店)41家,其中工人在20人以上者仅10家,不到25%,其余多为几人的小店③。到抗战开始时,西南经济建设研究所为制订《川康经济建设计划》,曾作过一次调查,重庆有机械制造厂六七十家,而同期四川其余地区如成都、灌县、万县、南充,共才6个小厂④。落后的机械修造业反映了重庆近代工业的低水平,它又制约着近代工业的发展。

(三)电力业

自煤油入川以来,因其远比桐油、菜油点灯光亮,故弃桐油、菜油灯而点洋灯者逐渐增多。但煤油易燃,每每造成火灾,损失甚巨。19世纪末期上海已兴办电灯业。1900年,教职郭祖桓等上禀四川商务总局,要求在重庆试办电灯。禀曰,"职等窃见上海电灯,其明更甚煤油,并且有火之形,无火之质,既可收光明之效,又可免失慎之虞,实于地方大有裨益。况渝城商务日兴,各国纷纷云集。设本地舍此不办而外人亦必有办之者,利权旁落,诚为可惜。是以职等再三筹思,已集体万金,锐意试办","诚为塞漏卮,开利源,有益地方起见。"但是,四川商务总局怕惹麻烦一推了事,札示巴县政府:"教职郭祖桓

---

① 《民生机器厂》,民生公司档案总第2685卷。
② 陈昌智:《重庆近代机器工业的兴衰》,载《四川大学学报丛刊》第37辑,第162页。
③ 《重庆市属之机械工业》,载《工商特刊》创刊号(1933年)。
④ 《川康经济建设计划草案》J,第1页。

等请在重庆试办电灯,于地方民情有无碍阻,详细查明,据实禀复核夺。"①一查几年,没有音信。

1908年,由重庆绅商刘沛膏、赵资生(城壁)、李觐枫(湛阳)等人集资30万元创办的烛川电灯公司成立,全部机械设备购于英、法两国,清朝末年其发电量已可供16W电灯16万盏②。烛川电灯公司的建立,是近代重庆资本主义性质的新式公用事业之始。它使重庆成为四川第一个使用电灯的城市,也是全国最早使用电灯的城市之一。该厂因系民营,财力有限,经营管理经验缺乏,加之民国以后,军阀官僚无偿用电越来越多,终于失败③。此后很长时间,重庆没有再建电厂。

1934年8月,重庆军、商、金融等界头面人物发起,成立了官商合办的重庆电力公司,额定股本200万元,重庆市政府认购官股30万元。该厂设在大溪沟,发电能力为3000千瓦,当年开始发电。1935年全年发电349.62万度,其中供民用照明和工业动力大体各占一半。该厂成为全川31个电厂中规模最大的厂家,仅资本一项即比全省其他电力资本总数(156.22万元)还多28%④。

(四)钢铁业

我国近代钢铁工业,由于受着各种阻碍,无法顺利发展。从鸦片战争以后数十年间,钢铁工业一直处于落后状态。第一次世界大战期间及其后的一段时间内,由于战争需要,致使铁价猛涨10倍以上。同时西方国家暂时减少了对中国的钢铁倾销,使中国的钢铁进口量锐减。由此,中国近代钢铁工业得到一定的发展,民族资本钢铁工业逐渐建立,产量上升。然而,同一时期,重庆开埠以后,在很长的时间里,除了提纯白银、铸造银锭的熔化工厂和土法炼钢小厂以外,重庆没有任何近代冶金实业,工业和军队所需的全部钢材,均需进口。例如,1906年,巴县境内共有炼铁小炉5座、大炉2座。小炉每年约做一百余天,出铁十六七万斤;大炉每年约做一百二三十天,出铁30万斤。

---

①《四川商务总局饬查重庆试办电灯于民情有无碍阻札》,光绪二十六年六月二十六日(1900年7月22日),载《四川保路运动档案选编》,四川人民出版社1981年版,第68—69页。

②《近代中国实业通志》,第530页。

③该厂1921年曾以3万元抵押给慎昌洋行,因股东反对而罢,见《重庆海关1912—1921年十年报告》。

④《四川电气事业调查表》,载张肖梅:《四川经济参考资料》第11章K,第4—5、10页。

除供应本县外，还远销嘉定、泸州。但从生产规模看，当属工场手工业性质①。到全面抗日战争爆发前，四川每年进出口工具钢、枪炮钢和其他钢铁6474吨，主要来自英、奥、德、日，只有15.49%来自国内汉口②。

重庆市最早出现的钢铁厂是官办性质的重庆炼钢厂。1919年秋，四川督军熊克武发起在重庆南岸铜元局创办钢铁厂，去美国购买机械。1922年，四川省长刘湘继办。后来建厂工作长期停顿。直到1936年才在磁器口建成投产，称重庆电气炼钢厂③。

1934年，官商合办的华联钢铁厂创办，它属于华西兴业公司，资本50万元，主要为本公司生产制造机器、枪炮所需钢材，1936年投产。该厂为战时重庆钢铁工业的发展奠定了一定的基础，战时后方最大的重工业企业中国兴业公司就是在此基础上建立起来的④。

中国近代的钢铁业十分微弱，1936年全年钢产量41万吨，生铁80万吨，钢铁产量仅占全国工业生产总产值的0.2%⑤。

（五）化学工业

20世纪初年，长江上游地区开始出现化学工业。近代工业的化学工业主要有桐油提炼、煤油提炼和油漆制造三类。

桐油是四川的大宗出口商品，以重庆和万县为主要起运口岸。在1922年以前，出口的桐油均为旧式榨房生产的初级产品，称为毛油。重庆也建有13家桐油厂，那不过是供储存和冬季溶化冻油用的工场罢了⑥。1928年8月，施美洋行在江北建立新式炼油厂，将各地运来的桐油用进口机器加工精炼后再行出口。1936年11月，中国植物油料厂重庆分厂也在江北创办，其机器设备更新，为重庆各油厂之冠，由国内桐油专家温湘兴主持。经加工后的桐油，不仅提高了品质，而且增加了四川桐油收入。当然，与万县比起来，重庆炼油业的规模要小一些，因为经万县出口的桐油量比重庆大得多。

---

①《巴县签催书差报境开办铁厂牌文》附书差禀，光绪三十一年十月二十五日（1905年11月19日），载《四川保路运动档案选编》，四川人民出版社1981年版，第73—74页。
②《川康经济建设计划草案》J，第2页。
③张肖梅：《四川经济参考资料》第18章R，第51页。
④《重庆钢铁机器业概述》，载《重庆工商史料选辑》，第5辑，第39页。
⑤严中平：《中国近代经济史统计资料选辑》，科学出版社1955年版，第145、127、142页。
⑥重庆《国民公报》1937年3月26日。

重庆的煤油提炼始于1933年。近代以来,美国煤油大量输入重庆,洋油成为照明的主要燃料。其间,亚细亚、美孚、德士古等洋行减少了煤油进口,而输入了部分苏拉油(低于柴油)。后者无法用于照明,于是重庆绅商创办了义生炼油厂,以新法从苏拉油中提取纯净煤油。由于销路畅旺,不少人投资此业,陆续建了9家炼油厂,每月产值约10余万元,以川东南各县为主要市场[1]。

重庆油漆厂创办于1932年,资本5万元,生产瓷漆、调和漆、防水漆和耐水漆[2]。

在化学工业中,重庆还出现了制酸工厂。广益化工厂是重庆第一家生产酸类的工厂。它是1935年创办于江北的商办企业,资本2万元,年产硫酸100吨,硝酸5吨,盐酸5吨。此期间,全国制酸工厂仅8家,四川2家(包括重庆),但广益化工厂的产量不高,仅占全国酸产量的0.2%[3]。

(六)水泥业

近代中国的水泥工业创始于清末。民国以后,城市发展也需要有相应的建材业,因而也刺激了民族近代水泥工业的发展。早在清朝末年,商办的湖北水泥厂就拟在重庆江北龙王洞一带开办分厂,但未能成功[4]。直到20世纪30年代,重庆水泥厂的开办才真正提上了日程。

1935年,部分重庆绅商发起创办了四川水泥股份有限公司,投资20万元,在南岸玛瑙溪设厂,所用机器均为丹麦产品,月出川牌水泥1万余桶[5],年产量4.5万吨,占全国水泥产量的4.56%[6]。

第二节 近代重庆工业初创时期的特征

一、近代重庆工业的产生是帝国主义资本侵略的直接结果

就全国而言,从中英鸦片战争到中日甲午战争(1840—1894年)期间,这

---

[1] 张肖梅:《四川经济参考资料》第18章R,第73—79页。
[2] 《重庆市重要工厂之调查》,载《工商特刊》创刊号(1933年)。
[3] 陈真:《中国近代工业史资料》第4辑,第510、512、524页。
[4] 《四川保路运动档案选编》,四川人民出版社1981年版,第85—86页。
[5] 傅润华等:《陪都工商年鉴》第5编,第44页。
[6] 陈真:《中国近代工业史资料》第4辑,第717页。

50余年是中国近代工业的发生时期。然而在重庆,资本主义产生于重庆开埠同时,也就是说近代重庆工业在19世纪90年代才开始产生,20世纪初步发展。这体现了重庆经济发展的内在要求,即其自身的经济原因,且更重要的是受中华民族与帝国主义矛盾的支配。中华民族与帝国主义的矛盾是近代中国社会的主要矛盾,进入19世纪90年代以后,又空前尖锐起来,以致在政治上有戊戌维新运动和义和团反帝爱国运动的发生。前者在重庆表现为以《渝报》为中心的维新思潮的传播,后者则是大足余栋臣反帝武装起义的爆发。

19世纪末,由于受维新思潮的影响,发展工商业日益为人们所重视。在经济领域里,对外进行"商战"的口号响遍全国,抵制外货、挽救利权运动此起彼伏。在重庆,重庆总商会就是这股思潮的代表。在其会刊《重庆商务公报》里,大量登载了揭露帝国主义对中国的经济侵略,描述中国朝野上下、城乡市井、公卿大夫、樵夫贩妇,"四万万同胞皆为洋人销货赐顾之客"的警醒文字。文章指出,帝国主义正以"输人之产"为主的经济侵略,代替了以"刀兵"和"水火"为主的侵略战争,但他们"沦人之国,灭人之种"的目的却没有丝毫改变。所以反对侵略的根本手段应是"振兴实业"、"抵制洋货"[①]。因此他们大声疾呼:"商战有何奇哉,只期补塞漏卮共谋公益;会心不在远也,要识挽回大局各保利权。"[②]

商人卢干臣在创办第一家近代工厂——森昌火柴厂时就表示,办厂的目的只"为挽回中国利源"[③],川东道黎庶昌也认为,洋纱畅行四川,利流外洋,"诚为中国挽回利权起见",应尽快在重庆开办机器纺纱局[④]。江合煤矿的开办,纯粹是为了抵制英商的掠夺;裕华仪器合资合股有限公司,起初专售进口文具图书,后来决定办厂自造,"成一器则停售洋货一器"[⑤]。这批工厂的开办,基本上都坚持"不招洋股,不借洋款",顺应了人民反帝爱国之心,加之产品售价低廉,对外国商品具有很大的竞争力,确实挽回了部分利权。例如火柴,1905年销售了2万余箱,大大减少了对瑞典、德国、日本火柴的进口,"挽

---

① 《重庆商务公报》丁未第8号《论说》,第3—4页。
② 《广益丛报》光绪三十三年第4期。
③ 《四川保路运动档案选编》,四川人民出版社1981年版,第62页。
④ 《四川保路运动档案选编》,四川人民出版社1981年版,第65页。
⑤ 《重庆商务公报》丁酉第8号。

回20余万两利权"①。1907年,据《重庆关册》记载,进口的外国玻璃器皿减少,原因也在于"本埠玻璃厂仿造抵制所致"。仅鹿蒿玻璃一厂,1910年纯利就达2万余元②。

二、近代重庆工业资本来源多样化,以民族资本中的商业、金融资本为主

重庆近代工业资本可以分为民族资本、买办资本和外国资本。

(一)民族资本

民族资本中,绝大部分又来自于商业资本。重庆开埠以后,随着进出口贸易的发展及金融业的繁荣,出现了一批新的大富商如丝商、茶商、洋货商等。这些商人也受了外国人的影响,将其积累的资本投资于新式企业。最早的森昌火柴厂即因商人致富后投资火柴业所致。据对重庆棉织业的分析,商业资本投资约占60%。此外,缫丝、机械、钢铁、电力、矿业等业中,绝大部分企业的大部分资金也来自商业。近代重庆是一个商业城市,商业相当繁荣,商品需求增加,商业资本为更多获利,故乐于投资近代工业。

金融资本是近代民族工业资本的又一重要来源。清末,一些票号、钱庄就开始投资工业,如天顺祥投资建有锦和丝厂、蓬溪油矿。但是更为著名的还是创办聚兴诚银行的杨氏家族。杨家致富主要靠开办"聚兴"字号,从事商业经营,同时兼营票号业务。辛亥以前,杨家即经商致富,便由副业而主业,将商业资本转化为金融资本,在1915年开办了聚兴诚银行。随后又以银行为核心,以金融资本投资近代工业,在工矿、航运、盐业、糖业,以及商业、农业、公用事业方面形成了一股很大的聚行势力。中外合资的美丰银行投资工业也不少。很多重庆工业厂家,如重庆电气炼钢厂、四川水泥公司等,美丰均为发起单位和主要认股人。

大的工、交企业的投资,也是重要方面。如民生轮船公司就投资建有三峡染织厂、民生机器厂等,这些都是重庆的著名企业。

政府和军阀、官僚的投资也不可忽视。1935年以前,四川实行防区制,军阀是政治上的主宰。军阀和财阀有着千丝万缕的联系,有的本身又是财阀,

---

①《重庆商务公报》丙午第1号《论说》五。
②彭泽益:《中国近代手工业史资料》第2卷,三联书店1957年版,第340页;《重庆工商史料选辑》第2辑,第186页。

其经济活动主要是控制银行以牟利。当时占据重庆的主要军阀是刘湘,其经济活动主要由财政处长刘航琛执行。刘控制了川康平民商业银行、川盐银行,实力雄厚。他经营实业,投资于重庆的电力公司、水泥公司。刘湘系统的潘文华与其弟潘昌猷,控制重庆商业银行,除投资上述两厂外,还投资自来水公司、民生公司、华西兴业公司等①。

(二)买办资本

鸦片战争以后,随着外国资本的侵入,中国出现了买办。自60年代以降,外国资本对中国的侵略日益扩大,买办阶级便迅速形成。他们之中有些人积累了大量的货币资本,有机会便也试图投资于新式企业。目前关于重庆买办资本经营企业的资料不多,有待进一步发掘材料。据仅有的材料显示,重庆近代买办资本的投向主要集中在川江木船航运和山货两行业中。

首先,是川江木船航运业。19世纪90年代,重庆有人依靠英商太古洋行贷款2万两,开办了太古渝行(具体年代不详);依靠英商怡和洋行贷款4万两,成立了怡和渝行(1896年)。进入20世纪,黄献樵向日清汽船会社贷款2万两,维持大阪渝行(1900年);吴某又向德国美最时洋行贷款5万两,开设了美最时渝行,经营川江航运②。

其次,是山货业。祥和庆是英商隆茂洋行第一届买办(也是在渝洋行所雇用的第一个买办)杨瑞卿创办。杨瑞卿是个基督徒,曾到过日本。1905年底,隆茂洋行在重庆开设以后,杨就当上了隆茂洋行收买鸭毛的中间商。该行规定,凡给他买货的人,按金额付给1.5%左右的回扣。杨瑞卿因买货卖力而为隆茂洋行所器重,积累了资金。杨瑞卿当了隆茂洋行的买办以后,首先组织了祥和庆这家买办企业,为隆茂洋行洗制出口猪鬃、收购牛皮等山货,成为隆茂洋行里的主要"划子"和得力助手③。

新利洋行是1909年日本商人宫版勾结重庆买办陈瑶章创立的。宫版是一个投机商人,登记注册了一个没有半文资金的新利洋行。经营重庆山货进出口贸易,由陈瑶章总揽内外事务。其经营山货出口品种之多,深入边区收货之广,为同时期各国洋行望尘莫及。新利洋行曾在一个时期内垄断了重庆

---

① 陈真:《中国近代工业史资料》第3辑,第1282—1296页。
② 《四川文史资料选辑》第4辑,第216页。
③ 《重庆文史资料选辑》第3辑,第61—62页。

的山货业①。

此外,1909年注册的聚福洋行全部股东均是本地买办商人。他们仰赖于外国人的庇护,专营羊皮之销售,垄断了全川羊皮经营,所出之"HB聚唛头"羊皮畅销国内市场,业务盛极一时。到1915年止,聚福洋行共获利100万两之巨,为同业之冠。不久该洋行改组为聚福长字号,业务不变②。

和东南沿海地区以及重庆民族资本相比,重庆的买办资本是显得弱小一些。也许正因如此,重庆资产阶级的买办性才比较小,在发展实业、抵制洋货、挽救利权的活动中,才能一般都表现得较为坚决,收到较好的效果。

(三)外国资本

外国资本在重庆不多,主要投资于出口加工工业,如猪鬃、缫丝等,在矿业上未获成功。19世纪末,西方对华经济侵略开始了资本输出为主的时代。1896年《马关条约》正式规定外商可在中国口岸投资设厂,而该条约又强迫重庆继对英、美开埠以后对日本开埠。因此,就外部条件而论,对重庆的投资条件是具备的。但从那时直到20世纪上半期,外国资本仅在开埠初期积极了一段时期后,并未在重庆开办工厂。究其原因,除政治上中国人民的反帝斗争以外,仍然和内部条件不成熟、投资环境不具备有关。如交通只有唯一的长江水道,且风险甚大,是外资输入的主要障碍。此外,公路运输也不发达,矿山也未大规模开发。总之,当资本输出带来的利益小于商品输出的利益的时候,西方列强对重庆和四川的侵略以商品输出为主的局面,就不会随着帝国主义对长江中下游和沿海地区的侵略方式的改变而改变。这是重庆,也是四川的特点。

三、近代重庆工业资本的投向主要集中在轻纺工业和出口加工工业

以辛亥革命前兴办的53家企业统计,轻纺工业占92.45%,基础工业仅矿山2家、电力1家、制造业1家,占7.54%。辛亥革命以后情况稍有变化,但与轻纺工业的发展相比,基础工业仍处于绝对劣势的地位,只是到了抗战前夕才陆续出现了钢铁、电力、水泥等骨干企业。但就相当长的时间而言,轻

---

①《重庆文史资料选辑》第3辑,第65页。
②《重庆文史资料选辑》第3辑,第75—76页。

纺都处于优势地位。

这种情况与重庆繁荣的商业相比很不协调。这是因为工业资本来源主要依赖商业资本,而商人们,特别是大商人对投资工业还有较大的疑虑。19世纪末,在东南沿海,中国民族资本工业已开始初步发展,但在深居内地的重庆,工业是一个新事物。投资者既看到了办工业的利益,同时又不敢"浪投巨资,轻试险业"①,因此,有志投资者,大多将资金投向见效快、风险小、市场急需的轻纺工业上。

在清末,基础工业之不能发展,还由于政府的反对。1895年,曾有重庆商人提出建立联合公司,开发四川全省矿业。总督为此警告人民不得参与,此事终于告吹②。民国以后,军阀割据,混战不断,缺乏工业发展的必要社会条件。即使战事平稳,一家军阀独居重庆,其眼光也只盯住重庆的商业利益,对基础工业缺乏兴趣。重庆钢铁厂从1919年秋由四川督军熊克武肇始创办,1922年四川省长刘湘接办,1936年才建成投产,前后长达17年之久。这最明显地表明了军阀对于工业发展的消极态度。

近代工业之不能发展,还由于内部条件的不成熟。如交通、资源、材料、市场、劳动力等,均还未达到近代工业发展所需要的水平,这就决定了重庆工业的发展只能比沿海和长江中下游地区更漫长、更艰难。

四、近代重庆工业生产水平较低,以工场手工业为主

创立和初步发展时期的重庆工业生产水平,以行业分析,缫丝业为最高。华商的蜀眉丝厂、旭东丝厂都使用日本蒸汽缫丝机;诚成丝厂也有八尺锅炉、引擎机、宰眼机、擦床机、荡干机;日商又新丝厂更是全套日本机械。十余家新式缫丝厂的生产过程,基本上实现了机械化,产品也"经各洋商考验,与洋庄相合"③。它们是重庆缫丝业的主体。

就绝大部分行业而言,还是简单机器生产和手工业生产并举,生产水平很低。火柴业全部采用手工业生产。棉织业虽已全部使用机器,但大多采用木轮织机。直到光绪、宣统年间,才传入了一批铁轮织机,逐步达到织机量的

---

① 《商务官报》己酉第 34 册。
② 《1892—1901 年重庆海关十年报告》。
③ 《四川保路运动档案选编》,四川人民出版社 1981 年版,第 87—88 页。

50%。铁轮机较木轮机生产效率有明显提高,生产技术也是一大进步,但它并非使用机械动力,就棉织业全行业说,仍然处在机器大工业水平之下,其性质只能算是较高水平的工场手工业。

指出20世纪30年代以前重庆工业的总体水平以工场手工业为主,是为了对重庆经济水平有个恰当的估计。这样的一个水平,较之开埠以前几乎一无所有的城市手工业,已经是一大进步了。它表明,重庆已开始摆脱传统城市的发展轨道,走上了近代化的道路。同时,我们也应看到,在这一时期中,先进的工业技术已经在重庆出现,大工业的标志——钢铁和电力已经露头。近代历史已经表明,发展中国家或殖民地半殖民地国家在经济上的特征之一,就是某些行业中先进技术与大量行业中的简单生产并存,重庆不过是开始表现出了这种状态。

五、近代重庆工业在四川居于突出的地位,但滞后于商业的发展,在全国居于后列

重庆从开埠及抗战前的工业状况见表7-3。

表7-3 1891—1936年间重庆近代工矿企业统计表

行业	厂家	比例(%)	资本(万元)	比例(%)
缫丝	9	11.69	120	14.66
机器	5	6.49	50	6.10
电力	2	2.60	230	28.09
钢铁冶炼	4	5.19	110	13.44
化学	2	2.60	7	0.86
水泥	1	1.30	20	2.44
火柴	10	12.99	15.69	1.91
棉织	4	5.19	22.64	2.77
猪鬃	2	2.60	2	0.24
采煤	7	9.09	167	20.40
玻瓷	3	3.90	15.2	1.86
面粉	3	3.90	33	4.03

续表

行业	厂家	比例(%)	资本(万元)	比例(%)
印刷	12	15.58	40	4.89
肥皂	4	5.19	13	1.59
制革	5	6.49	20	2.44
其他	4	5.19	16	1.95
总计	77	100.00	818.53	100.00

关于上表需要说明的是：

1 所有行业都是本章前面分别记述的。

2 所有厂家都是逐个落实，根据较为可靠的材料，推算出有资本1万元以上的。所有万元以下小厂、工场均未列入。

3 资本额中，一部分为行业资本；无行业资本数的，为万元以上厂家资本；个别行业（机器、钢铁）资本额采用了今人的统计数字；没有估计数字。

4 关于工人的数字，实在缺额太多，无法准确统计。

77家工厂，818万元资本，这就是抗战前夕重庆工业的基本状况。

1937年，全国有万元以上资本的工厂3935家，资本33793万元[①]。重庆为77家、818万元，分别占1.96%、2.42%。重庆与四川、全国工业比较见表7-4、7-5。

表7-4 1937年重庆与四川、全国工业比较表

地区	全国	重庆	重庆所占比例	四川	重庆	重庆所占比例
厂家	3935	77	1.96%	115	77	66.96%

资料来源 据《中国近代经济史统计资料选辑》，第106页资料整理。

表7-5 1933年重庆与全国12个城市工业比较表

地区	厂数	百分比	资本数(万元)	百分比	工人数	百分比	产生净值(万元)	百分比
全国	18676	100	48468	100	789670	100	138662	100

[①] 陈真：《中国近代工业史资料》第4辑，第92—97页。

续表

地区	厂数	百分比	资本数(万元)	百分比	工人数	百分比	产生净值(万元)	百分比
重庆	415	2.2	734	1.5	12938	1.6	1049	0.8
上海	3485	19	19087	40	245948	31	72773	52
天津	1224	7	2420	5	34769	4	7450	5
北京	1171	6	1303	2.6	17928	2	1418	1
广州	1104	6	1302	3	32131	4	10157	7
武汉	787	4	2086	4	48291	6	7330	5
南京	687	3.6	748	1.5	9853	1	2344	1.7
无锡	315	1.7	1407	3	63764	8	7736	5
青岛	140	0.7	1765	4	9457	1	2710	2
福州	336	1.8	261	0.5	3853	0.5	777	0.5
西安	100	0.5	16	0.03	1505	0.2	41	0.03
汕头	175	1	219	0.5	4555	0.6	408	0.3

资料来源 据《中国近代经济史统计资料选辑》,第106页资料整理。

表7-5的统计标准,我们还不甚清楚,但有一点可以肯定,那就是厂家包括了手工工场,可以看作是当时新式工业的一个概括,它所反映的重庆在国内主要城市的工业地位,也是大体可信的。

综上所述,我们可以认为,经过1891年重庆开埠以后40多年发展,到1937年抗战全面爆发以前,重庆的工业已在四川居于中心地位,但是,它的发展程度很低,规模不大,在全国工业中的比例很小,在各主要城市中居于后列。即使与重庆同期发达的商业和金融业相比,也处于明显的滞后状态,因此,在重庆社会生活中的作用还很小。

但是,我们也不能不看到,重庆近代工业的产生和初步发展,突破了传统手工业的格局,从而为20世纪初近代重庆乃至整个四川工业的发展奠定了基础。没有这个基础,重庆不能成为四川和全国的工业中心,也就不可能成为一个名副其实的经济中心,完成其城市化的转变。因此,可以认为近代重庆工业初步发展的意义,不仅在于它的生产规模和技术水平,而且在于它的存在和发展趋势。

第八章 近代重庆城乡经济关系

第一节 近代城乡关系的历史背景

中国近代是一个大变动的时代,伴随着外国资本入侵的半殖民地半封建社会经济结构的形成,乡村自然经济逐步瓦解,城市近代化色彩日趋浓厚,乡村关系的传统格局也开始走出旧门槛,迈向近代化的痛苦的蜕变过程。

城乡关系是城市发展中的一个基本问题,也是城市史研究的一个重要课题。国外有研究专家指出"纯粹的城市现象"是不存在的,研究一个城市发展的历史须从其广阔的城乡关系的背景出发。从某种意义上说,城市是一个开放的动态系统,城市以外部联系为其产生、存在和发展为条件,而城市的辐射力又必须跨越该城市的地域范围,对外界产生广泛的影响,形成城市与外界的能量、物质、信息的频繁交换。城乡关系则是城市系统中的重要内容。

从城乡关系的历史来看,在西欧,"中世纪(日耳曼时代)是从乡村这个历史的舞台出发的,然后,它的进一步发展是在城市和乡村的对立中进行的"[1]。随着三次社会大分工,出现了"城乡的分离和城乡利益的对立"[2]。在西欧,中世纪是"乡村在经济上统治城市"[3];到了近代,随着大工业的发展,世界市场的形成,资产阶级"使乡村屈服于城市的统治"[4]。所以西欧城市史中,城乡关系主要表现为城乡的社会分工以及乡村土地权力与城市货币权力

---

[1]《马克思恩格斯全集》第46卷,第480页。
[2]《马克思恩格斯全集》第3卷,第25页。
[3]《马克思恩格斯全集》第21卷,第189页。
[4]《马克思恩格斯全集》第1卷,第255页。

的对立。在西欧,封建领主居住在农村庄园中,凭借分封制度和庇护制度占有土地,用租税等形式剥削城市。城市则主要是工商业的集中地,居住在城市中的商人、高利贷者则凭借手中掌握的货币,通过商业欺诈和高利贷剥削农村。随着商品货币经济的发展,货币权力逐渐成为摧毁封建特权的武器,土地权力和货币权力日益对立,导致了由城市商人、高利贷者和手工业主等组成的市民阶级的兴起。他们通过赎买乃至武装对抗,取得城市自治权。封建阶级则日益衰微,资产阶级通过革命的方式取得最后的胜利。

但是在中国城市发展史上,城乡关系则有不同于西欧的特色[1]。

首先,在古代,中国城乡之间并没有比较明显的社会分工。如同马克思所说"亚细亚的历史是城市和乡村无差别的统一"。古代中国的农村,自然经济占统治地位,作为自然经济的补充,在农村市场上又活跃着手工业和商业,而不像西欧工商业主要集中在城市。同时,城市中的工商业虽较农村发达,但仅是以满足封建阶级的消费为主要目的,在很大程度上仍带有农村那种自给自足的自然经济色彩。

其次,没有西欧那种土地权力和货币权力的尖锐对立。中国农村地产与城市商业资本、高利贷资本相互转化,地主、商人和高利贷者三位一体,所以,在中国社会中更突出的对立是城乡封建统治阶级和城乡农民、手工业者之间的对立,而不像西欧那样是市民阶级和封建阶级的对立与斗争。

再次,城市在中国的地位,往往不是经济起决定作用,而是政治起决定作用,至少首先是政治、军事地位决定了城市的设置和发展,随后才是为政治、军事服务的经济方面的发展。

最后,没有西欧的城市自治和市民阶级的产生。

在近代,由于外国资本主义的入侵,以及中国内部资本主义的成长,城乡关系也发生了相应的变化,呈现出新旧交替,由传统向近代化过渡的形态特征。

首先,城市经济功能有所发展,并对农村地区产生较为广泛的辐射力和吸引力,扩大了城乡之间的经济联系。如在四川,就初步形成了以重庆为中心,从城市到乡村的商品分销网和原料购销网。其次,城乡之间的社会分工

---

[1] 隗瀛涛主编:《近代重庆城市史·绪论》,四川大学出版社1991年版,第15—18页。

有了较明显的发展,主要表现在机器工业大多集中在城市,而城市工业所需的原料,市民生活物质的供应又主要来自农村。

但是,也应该看到,即使到了近代,中国传统的城乡关系的格局并没有根本性的改变,仅是有了一些新特征而已。

首先,一般地讲,近代城市的政治功能仍占相当重要的地位,城市仍然是封建主义和帝国主义政治统治的中心。其次,城乡的矛盾,实质上是帝国主义、封建主义同人民大众的矛盾。城市不仅在政治上压迫乡村,而且通过乡村中的商业资本、高利贷资本剥削乡村,使乡村破产。在城市经济萧条的情况下,城市工人失业回到乡村,又进一步加剧了乡村的负担。结果城市的发展没有更多地带动乡村的发展,反而加剧了城乡的差别。再次,城乡之间存在错综复杂的双向交流运动。例如,一方面城市的近代化因素对农村产生了影响,或多或少地促进了农村社会的变迁;另一方面,乡村落后的中世纪的封建因素又不断地向城市渗透,或多或少地阻碍着城市近代化的进程,广大贫穷落后的乡村的存在又使城市近代化受阻。

在近代中国,由于资本主义经济始终没有占统治地位,自然经济如同汪洋大海,落后的生产力和生产关系决定了中国近代城市化过程缓慢,远远没有像欧美发达国家那样逐步实现了"乡村城市化",还只能说尚处于"乡村城市化"的过渡状态中。

近代中国社会的半殖民地半封建的社会经济结构使得近代城乡关系带有严重的半殖民地色彩和高度的空间不平衡性。

第二节 重庆腹地的演变及其特征

腹地指与某一城市或港口保持有经济联系的内地或背后地。城市腹地的大小,通常受背后地的山脉位置、走向和高度,以及河流的长度、流域面积等条件的影响,并随着天然河流航运条件的改善、交通道路的修建、工农业生产的发展、产销区域的移动所引起的经济联系的改变而变化。

重庆位于长江和其上游最重要支流嘉陵江的交汇处,同时又处在中国西部最富庶的川西平原及云贵高原同长江中下游交往的必经通道上,这种优越的地理位置使其具有广阔的潜在腹地。但是,这种潜在的腹地成为真正的腹地,则有待于农业生产的发展和商品经济的活跃。

隋代以前,重庆地区乃是西南的不发达区域之一,其南部还存在着刀耕火种、渔猎经济为主的现象,大多数地方还是以僚人为主的少数民族聚居之地,农业生产普遍较为落后。隋唐五代时期,随着僚人等少数民族的汉化,梯田的开垦,丘陵地带的开发,加之大批的汉族居民不断迁入山区定居,先进的农耕技术逐渐普及,重庆地区开始成为旱地粮食作物和多种经济作物的重要产区。宋代重庆地区的商业比之前代有所发展,商品交换开始活跃,重庆开始成为川峡四路(四川)的水上运输枢纽和"两江商贩,舟楫旁午"[①]的大港,同川西、川南、川北的成都、宜宾、泸州、乐山、南充、遂宁、绵阳、阆中、广元等地有着比较密切的经济交往,成为四川东部的交通要道和商业贸易中心之一。

元朝时期,随着重庆政治地位的上升和辖区的扩大,重庆开始成为四川仅次于成都的重要城市。明清时期农业的进一步发展,城市人口比重的上升,手工业的繁荣,促进了重庆商业的发展,重庆同省内主要城镇的经济交往更加密切。重庆已经成为嘉陵江流域的物资集散地,四川水路交通中心和商业繁盛的区域性的中心城市。

明清时期,特别是清代,重庆和成都已经成为四川的区域性中心城市。往来于重庆的各类船只不下50余种,嘉陵江上至广元、保宁(今四川省阆中),东至绥定(今四川省达县)、巴州(今四川省巴中),西至潼川(今四川省三台)、遂宁;长江上至泸州、叙府(今四川省宜宾)以及岷江上的嘉定(今四川省乐山)和沱江上的资州(今四川省资中)、内江、富顺一带,下及宜昌、沙市、夔州(今重庆市奉节)、开县,以及乌江上涪州(今重庆市涪陵)、武隆、彭水一带的船只,均往返于重庆和各地之间,运输、集散着各类物资。陆路的成渝大道、重庆至绥定的川东大道、重庆至贵阳的綦桐干道上,客商不断,肩挑驮运,熙熙攘攘。黔北、黔中一带的特产也通过赤水河经合江,仁怀经江津白沙镇,桐梓经綦江,正安经武隆、南川转涪州运至重庆。

清代四川封建的自然经济和商品经济的持续发展,各地经济联系的日益密切,城市经济的兴旺发达,促使重庆这个沿江口岸城市的商业贸易,开始步

[①]《舆地纪胜》卷一百七十四。

入发展的新时期。重庆城市的腹地开始发生变化。清代以前,城市腹地主要是附近州县,即重庆府直辖县、合州、涪州和泸州、顺庆府、绥定、遂宁、阆中等地。清代四川农业、手工业的发展,云南、贵州两省的进一步开发,使得通过重庆进行的长江中下游的物资交流逐渐增加,省内的交往也更加频繁。当时,重庆经汉口至苏州的长江航线是全国交通的主干线之一,这条干线上的商品流通,具有长距离运销、全国流通的性质。长江上游商品流通以水路为主体,长途贩运往往以河流为依托,与沿江河各城镇串联,形成了以重庆为枢纽的商业贸易网络。川江的主要支流嘉陵江、沱江、岷江都是粮、棉、盐的主要产区,其外运部分者顺流而下,集中重庆再转运汉口等地。重庆既是长江东西贸易主干线的起点,也是长江上游商品的集散中心,因而大大增加了重庆的经济吸引力和辐射能力。

雍正年间,四川的在耕田土已由清初的 1.18 万顷扩大到 43 万多顷,已有余粮可供输出。而在长江中下游地区,特别是江浙一带,却由于大量改种经济作物,以致粮食产量不足,常需由四川调运粮食接济。仅官府用征收的田赋粮碾米运出的,每年即达二三十万石。同时,长江中下游地区的米贩"接踵而至"重庆,"外贩又运下江,络绎不绝",重庆成为川粮外运的枢纽[1],经重庆外运的川米常年在 100 万石左右。

清代四川产盐州县主要有富顺、荣县、犍为、嘉定、射洪、潼川、南部、蓬溪、乐至、资州、井研以及大宁、云阳等。食盐运销,实行"引岸"制度,销往何地、数量多少、运输路线等,均有明确规定。重庆地区基本上不产盐,其食盐主要来自上述州县。经重庆销往的地点则主要是贵州和湖北西部。

清代四川盆地以经济作物为主体的商品性农业开始发展,蚕桑、棉花、苎麻、烤烟、茶叶、甘蔗、桐油、药材、水果、蓝靛的种植面积均在不同程度上有新的发展。潼川、嘉定、保宁、顺庆等地是蚕丝的主要产区,綦江及黔北的桐梓、正安、仁怀一带则盛产柞蚕丝,所产蚕丝主要销往山东、陕西,成交额每年大约 100 万两。川东、川南的荣昌、隆昌、大竹、新宁以及成都、保宁一带都是重要的产麻区。大竹"产苎,行巴渝,四方之商,辐辏来集"[2]。隆昌、荣昌所产

---

[1]《四川通志·食货志》。
[2] 道光版《大竹县志》卷十九。

的夏布则远销到长江下游一带。甘蔗则主要产于沱江流域一带,由内江发展到资州(今四川省资中县)、资阳、简阳等县,"沿江左右,自西徂东,尤以艺蔗为务"①,所产蔗糖,除省内销售外,主要是沿长江经重庆、万县转运到湖北宜昌、沙市、汉口等地。四川是药材的重要产区,所产的药材销往全国各地,如綦江枳壳"乾隆中忽昂贵,遂获厚利","小贩收买,商人捆包,船载渝行,或径至楚",每年最高可达万金②。水果也是重要的外销产品,以江津、綦江一带的柑橘为例,当地所产的柑橘有红、白两种,"白者一名土柑,只可作糖饼,不能远载,红者于秋末冬初时,夔关内外客商到境贩运,本地亦有装运至汉口、沙市、宜昌发卖者,颇获利焉"③。随着四川盆地以及邻近地区的商品性农业的发展,重庆同各地的经济联系更加密切,"渝州……三江总汇,水陆冲衢,商贾云集,百物萃聚……或贩自剑南、川西、藏卫之地,或运自滇、黔、秦、楚、吴、越、闽、豫、两粤间,万里贸迁"④,重庆成了西南地区最主要的贸易口岸。

1891年重庆开埠,重庆经济逐渐纳入世界资本主义市场体系。重庆城乡经济发生了很大的变化,近代工业逐步得到发展,纺织业、火柴业、矿业、电力业、玻璃业、制造业陆续兴起。同时,随着重庆口岸的进出口贸易的拓展,长江轮船运输的开拓,公路运输业的出现,和西南区域经济的发展,促使重庆城市腹地发生了较大的变化。

开埠以前,重庆城市的腹地主要是嘉陵江流域一带和綦江流域及长江重庆以上段的沿江部分地区。开埠以后,尤其是20世纪以来,随着重庆城市人口的聚集,经济实力的增长,商业和金融业的发展,近代工业的起步,经济辐射能力的增强,重庆与川西地区及滇北、黔北、康藏、陕南、甘南等区域的经济联系日趋密切,重庆城市的经济波动对这些区域也逐渐产生着较大的影响。这些区域逐渐被纳入重庆的经济轨道,成为重庆的吸引地区和辐射范围。

城市经济中心的吸引作用、辐射作用和中介作用,是相互依存、相互促进的,它们合力构成了城市经济中心对区域(腹地)的影响力。这种影响力被研究者称为"经济力场",也就是以城市为中心的经济区域。从西南地区与重庆

---

①道光版《内江县志要》卷一。
②道光版《綦江县志》卷十。
③光绪版《江津县志》卷六。
④乾隆版《巴县志》卷三。

城市的经济关系看,到20世纪30年代,重庆城市的腹地大致可以分为三类,即城市周围的与重庆城市经济连为一体的核心区域,四川盆地内与重庆经济往来密切的紧密区域,盆地四周与重庆有一定经济联系的周边区域。

川东地区(万县以下除外)、川南地区,以及川北地区的南充、达县,是重庆城市腹地的核心区域,这些地区在20世纪30年代还未出现较大的工业城市或交通枢纽,大都还只能以重庆这个最大的工商业城市作为经济流通、商品交换的唯一或主要对象,因而成为重庆的主要粮食供应地、农副产品及原料产地,并通过重庆与外地市场发生联系和进行经济交往。同时,这些地区也是重庆城市的工业制成品和经重庆转口的外地产品和舶来品的重要销售市场。重庆城市出现的较大的经济波动,往往迅速地在这些区域产生反响。这些区域与重庆城市的经济关系可以说是非常紧密的。

川西地区的情况则有所不同,成都是四川西部最大的手工业城市和消费城市。川西地区广大农村主要初级产品的外销部分,除其中的相当份额运往重庆或经重庆口岸外销外,仍有一部分销往成都或经成都分流而销往其他地区。

盆地的周边区域包括云贵高原、横断山地、甘南山地、秦巴山地的部分地区,即黔北、滇北、康藏、甘南、陕南等地区。这些区域对外较为封闭,区域经济较为落后,与重庆的联系比较松散,输往重庆或经重庆口岸输出的产品(初制制成品或工业原材料)都较前述地区大为减少,同时,部分地区还通过昆明、贵阳及汉水同其他地区保持着一定的经济交往。

第三节 重庆城市经济对腹地的凝聚与辐射

一、个案分析一:重庆城市对乡村的凝聚——城市粮食供应

近代以来随着四川商品经济的发展,逐渐形成了以重庆为中心,从城市到农村的商品分销网和原料购销网,重庆同四川广大农村地区发生了较广泛的联系。

如果说人口向城市的集中是城市化的主要内容,那么粮食供应则是城市生存与发展的基本条件。

从古代到近代,重庆城市腹地经历了由小到大,由近到远,由两江汇合的

狭小地带到整个长江上游地区的发展演变过程。因此,如果说重庆城市的形成主要是依赖于重庆及其附近地区的粮食供应的话,那么重庆城市的近代化,或者说近代重庆城市的发展,则主要依靠日益扩大的腹地对它的粮食供应。而这种局面,到20世纪30年代初,即抗日战争前夕,就已经大体形成。抗战时期重庆城市的大发展只不过是在粮食供应量上的扩大而已。

重庆人的主粮是大米。粮食的运销不仅反映了长途贩运的兴盛,同时还有力地说明了重庆近代城乡关系的扩展。清代川省产米居各省之冠,"各省米谷,惟四川所出最多,湖广、江西次之"[1]。时清政府很重视粮食的流通,鼓励粮食的长途贩运。除粮食官运外,清政府也鼓励粮食的自由贸易。长江上游出口的大量粮食都经过长江运输,在成都平原,外省商贩于"各处顺流搬运,每岁不下十万石"[2],都运往川东,所以重庆成为"换船总运之所"[3]。"米客之汇于渝者,觅朋托友自为衾裹,颇称便利。"[4]重庆周围的津渡"米口"甚多,如嘉陵江的炭坝渡等16处津渡就有"米口"9处,长江的溉澜溪等9处津渡全为"米口"[5]。每年在"秋收之后,每日过夔关大小米船,或十余只至二十只不等,源源下楚"[6],实际上形成了以长江为中心的川米贩运的交通路线,以四川居首,江浙居尾,沟通了全国性的米粮流通网络。据估计1926年以前,重庆米市的年交易量为30余万石(每石220公斤)约合6.6万吨,20年代后期,城市人口逐渐增加,到1934年,重庆市场大米交易量已达60万石至70万石,即13万吨至15万吨了。当时重庆城市人口(包括巴县和江北县城人口)约40万,每天约需大米220吨,年消耗约8万吨,占全年大米交易量的52%至62%[7]。另外30%至40%的大米,则通过重庆销往涪陵、万县,以及湖北宜昌等地。

重庆的大米30%产于江、巴两县,另外70%由长江流域腹地供给,其米源主要有三:

---

[1]《雍正朱批谕旨》,雍正五年十二月初三,浙江总督李卫奏折。
[2] 雍正九年四川总督黄廷桂奏,见嘉庆版《四川通志》卷首之二。
[3] 乾隆版《巴县志》卷三《积贮》。
[4] 乾隆版《巴县志》卷三《课税》。
[5] 乾隆版《巴县志》卷二《津渡》。
[6]《雍正朱批谕旨》,雍正二年八月二十,四川巡抚王景灏奏折。
[7]《大宗出口货品分析·米》,见《重庆经济调查·乙编》,第1、4、5页。以下关于大米的资料均见该《调查》,不另注。

(1) 大河流域,包括岷江、沱江沿岸各地。其中尤以岷、沱两江及川南 6 县总汇的泸州及江津、綦江最多。以 1934 年为例,该年大河流域调入重庆大米约为 13 万吨,泸州一地即为 8.8 万吨,占 67.69%;江津为 3.3 万吨,占 25.38%;綦江为 1 万吨至 1.3 万吨,约占 7.7% 至 10%。这年,大河米占了全市米市交易量的绝大部分。

(2) 小河流域,以合川为集中地,包括渠河、保宁河、遂河的沿河各县。其中又以渠河沿岸的渠县、广安、岳池,保宁河沿岸的武胜、南充、西充、营山、南部、阆中等县为大宗。1932 年到 1933 年间,小河流域调入重庆大米约为 8.8 万吨,是重庆上市米的主要部分。大、小河调入量的增减,与年成及社会等因素有关。

(3) 江、巴两县,年调入重庆大米约为 1.6 万吨至 1.7 万吨,比较稳定。

随着大米调入的增加,城乡经济关系的紧密,米粮业形成了独特的市场结构和交易程序。

重庆的大米交易,纯属米粮业同业公会经营,分为"买、卖、行、船" 4 帮。买帮,即本市的米铺及碾房;卖帮,即由大、小河贩运米粮来渝贩卖者;行帮又称行家,即居于买卖之间,专营经纪业务者;船帮即船户,亦称板主,除主营运输业务外,还代卖客赶场交易,其中规模较大的,则在重庆设庄,已兼有卖帮性质。抗战前夕,重庆城内有买帮 45 家、卖帮 19 家、行帮 24 家,船户无法统计。

整个交易程序分为产地和渝市两大阶段。

在产地交易中,一般由重庆去的米粮贩商向产地集市的碾房"买抛盘"(预订)。当地碾房多为几家联合,委托经纪人持货样向重庆来的贩商兜售。抛盘成交以后,贩商预付一部分货款,货期 20 天到 30 天不等。碾房即持货款向砻房订购磙米,然后加工碾制成熟米,向重庆贩商交货。货齐,则款齐。也有的贩商直接向砻房预购磙米。砻房持预款或向四乡收买黄谷,或在五六月间向农民预买青苗,俗称"买青收黄",其价按新谷市七折计算。或者预向农户贷款,待秋收后以黄谷抵偿本利,一般利率高至三四分不等。除重庆贩商在产地收购外,亦有当地坐贾设庄收购。收购之米皆托船户运往重庆。

米运重庆以后,即入米市交易。重庆米市有五处,即较场坝的米亭子、南纪门的金马市、储奇门的紫霄宫、小什字的龙王庙、簧学码头的府庙。每天清晨六七点钟,买、卖、船、行各帮齐集市场,由行家介绍交易,买方先看定货样,由行家按供求关系评价。大约7点钟,各方面往南纪门(涨水天)或菜园坝(枯水天)米船上,用卷筒取样对样。如能成交,即填交单,出发票发货。行家的佣金为每石0.376元,其中卖方出0.282元,买方出0.094元。

买卖成交后,还须雇斗力(以斗量米者)过量,以凭交货。买方按每石0.04元力资交于斗力;按每石0.1元力资向船户交纳撮力(即刮斗费,因刮斗者可以少量多,每百石可多量出2石;反之,也可以多量少)。大米交易,皆以比期付款。

重庆的米价随农村的供给和市面对米的需求状况而涨落。一般每年农忙时,农民无暇砻米出售,来源缺乏,市价便随之而涨;反之,则跌。交易旺季为农历九、十、冬、腊4个月。在军阀割据的情况下,米价还受战争多少、关卡增减、军米消费等因素的影响。

据重庆米粮同业公会调查,从1930年到1934年,重庆市场每石米最高价为5.8元,最低为1.45元,平均价2.659元。按照这个平均价计算,1934年重庆大米交易量60万石至70万石,即价值160万元至186万元。当年重庆出口土货(来自于各地农村)价值1744.7872万元[①],重庆通过大米与腹地农村的经济关系仅及此款的1/10,或者更低(因为大米的产地收购价低于重庆交易价)。这表明了城市与乡村的对立——城市对乡村的依赖建立在城市对乡村的剥削之上。

二、个案分析二:重庆城市对乡村的凝聚——山货供应

城市与乡村经济关系的基础主要表现一般是粮食的供给。而重庆与腹地乡村的经济关系的主要表现是城市对乡村山货的吸收。因为重庆首先是以转口贸易城市的面貌进入近代的,进出口贸易是它的主要职能。而进出口商品中,体现城乡经济关系最密切的又是出口土货,出口土货便起了实现城乡经济交流主要纽带的作用。

近代以来重庆的山货业发生了巨大变化。开埠前的山货原由药材字号附带经营,并未独立成帮;间有经营牛皮加工的股帮附带运销牛、羊皮出省,

---

[①] 甘祠森编:《最近四十五年来四川省进出口贸易统计》,第17页。

也有经销洋货的广帮贩运生猪鬃回广东加工后出口,均属小本生意,品种不多,数量有限。19世纪90年代初山货出口品种和数量急剧上升,由原来的猪鬃、牛、羊皮等数种迅速增加到30余种。到清末民初时,除已有的洋行十余家外,重庆专营山货的字号亦发展到十余家,中路商二三十家,行栈十余家[1]。

1935年,重庆进出口贸易总值为7200万元,其中进口货4680万元,占65%,出口土货2520万元,占35%[2]。据对30年代22种进出口大宗产品的分析,分为棉货、绒绸、油料、机电五金、杂货5类。机电五金、杂货(主要是海产、纸烟、瓷器、药材、化妆品、纸)基本上不销农村。棉货、绒绸、油料部分销往农村。但仔细分析一下,油料价值占进口总值的2.49%,绒绸只占1.41%,并不影响大局。棉花对农村影响大一些,但其中能真正销往农村的只有棉布和棉花,两项也仅占棉货总值的17%,占进口总值的12.66%。更何况这其中也只有一部分销往农村,城市要占相当部分。剩下最大数量的进口棉纱占进口总值的61%[3],则主要供重庆及省内少量县城的机器棉织业使用。因此,我们完全可以说,在20世纪30年代,通过进口商品使城市和乡村发生经济关系,在量上是较少的。进口商品主要反映的是内地城市与沿海城市的关系,也映衬了内地农村近代化程度很低的基本情况。

出口情况则有所不同。重庆2520万元出口货物中,几乎全部反映了重庆与腹地乡村的经济关系。大宗出口商品有21种,全部都是来自腹地农村的山货,包括生丝、猪鬃、牛皮、羊皮、夏布、桐油、糖、生漆、白蜡、药材等,这是联系城乡经济的主要纽带。这些东西既供应重庆的市场,但更多的是通过重庆销往长江中下游地区和国外。在当前研究城乡经济关系资料相当缺乏的情况下,从研究重庆出口土货的产地、市场、销售状况,进而研究城乡经济关系,不失为一种最主要的途径。

四川是山货出产的主要省份,几乎整个四川东、西、南、北都是产地。与四川毗邻的云南、贵州、西康、甘肃等省的部分山货,也取道四川,销往东部。这些山货又集中于10多个城市,主要是川东的重庆、江津、合川、涪陵、万县,

---

[1]《重庆工商史料》第1辑,第23—24页。
[2] 周勇、刘景修译编:《近代重庆经济与社会发展:1876—1949》,四川大学出版社1987年版,第500—503页。
[3] 据甘祠森编:《最近四十五年来四川省进出口贸易统计》资料统计。

川南的叙府(宜宾)、嘉定(乐山)、泸州、雅安,川西的灌县、成都、内江,川北的遂宁、潼川(三台)、江油、广元、渠县①。

这些城市几乎全部都坐落在长江、嘉陵江、渠江、涪江、沱江、岷江沿岸,山货通过水运,销售出川。重庆由于优越的地理条件,居于四川盆地水系的枢纽,天然地担当起出口贸易中心的职责,建立起了与腹地农村的经济联系。

下面着重分析药材业的情况,看看重庆是怎样以山货为媒介,与腹地乡村建立和发展经济联系的。

重庆药材出口量在整个出口贸易中占有重要的地位。30年代前期,年平均出口各类药材9400吨,价值503万元,约占出口总值的20%②。大宗:(1)川芎。主要产于四川松潘、茂汶地区,集中于灌县石洋场后,经岷江用木船运至宜宾,再换轮船沿长江到重庆。(2)当归。主要产于甘肃武都(阶州)、文县、岷县、天水,以及四川南坪、江油等地。集中于甘肃文县碧口后,沿嘉陵江运往重庆。(3)姜黄。主要产于四川犍为麻柳场一带,先沿岷江运宜宾,再顺长江到重庆。(4)白芍。主要产于渠县、中江、铜梁,沿嘉陵江运往重庆。(5)天雄。主要产于江油、彰明两县,沿涪江至合川、入嘉陵江到重庆。(6)大黄。主要产于四川南坪,甘肃武都、文县,以及四川灌县、雅安等地。集中于甘肃文县碧口后,经嘉陵江运往重庆。(7)半夏。主要产于云南会泽(东川)、昭通,四川宜宾、渠县、岳池、合川等地。分由宜宾、渠县起运,沿长江、嘉陵江汇集重庆。(8)姜活。主要产于四川松潘、懋功、理番、茂县、平武,西康之康定,甘肃之西固、岷县等地。集中于灌县、江油两大市场。分别经岷江—长江,涪江—嘉陵江运至重庆。

重庆药材市场结构分为三个部分:

(1)字号业,即贩运药材来渝出售者和由渝购买药材运往下游各地者。

(2)行栈业,即从事介绍交易,委托代理交易,以及经营堆存、寄寓业务者。

(3)铺户业,即市内买卖药材者。根据行规,同一商号只能经营一种业务,各业之间,不得互兼。药材行业中,行栈、铺户全部由川人经营;字号业中,除川人经营外,还有广东、浙江、江西、河南、陕西等省商人经营。

---

①《四川山货集中地图》,见《四川省之山货》,重庆中国银行1935年编印,第75页。
②《重庆经济调查·乙编·药材》,第1页。以下有关药材者,均见该书,不另注。

交易程序也分外山和渝市两路。

在外山交易中,重庆药材字号、行栈派庄客于药材集中地设庄收购。或者直接由庄客向小贩收买,但更多的是以当地"秤杆子"(经纪人)为媒介,向当地小贩商收购。买卖双方先看货样,议价成交,由买方先付若干定银,收货后再清付货款。那些交易有素的庄客和卖方,有时也买期货。庄客看定样后,先付一部分或全部货款,卖方以此为资本向各处收买陆续交货。也有的产地大贩商收购以后,直运重庆。

山货药材由庄客或产地大贩商运到重庆后,即进入渝市交易。主要由行栈介绍出售,大部分售与广土药字号,运往下游及国外,小部分售与市内销户,供应消费者。

交易程序见图8-1。

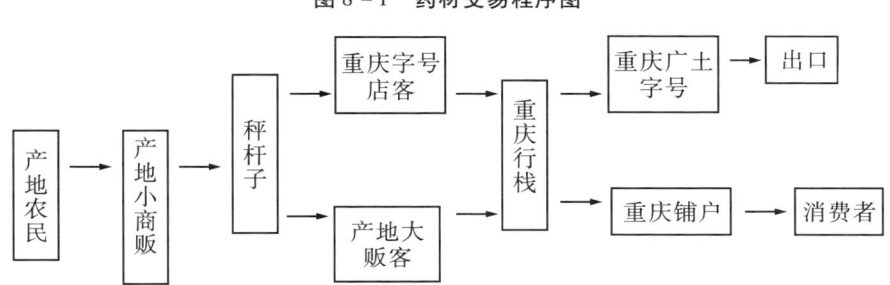

图8-1 药材交易程序图

```
产地农民 → 产地小商贩 → 秤杆子 ┬→ 重庆字号店客 ─┐
                                    │                ├→ 重庆行栈 ┬→ 重庆广土字号 → 出口
                                    └→ 产地大贩客 ──┘           └→ 重庆铺户 → 消费者
```

三、个案分析三:重庆城市对乡村的辐射——工业品销售

城市对乡村的凝聚和辐射,是城乡关系的基本形式。

重庆对腹地乡村的凝聚,这是半殖民地半封建社会时期最主要的形式。但是近代中国的半殖民地半封建城市的首要职能,都无不是以外国商品输入和中国原材料输出枢纽两重身份而存在。因此,城乡关系还有城市对乡村辐射的一面,主要是城市工业品对乡村的扩散。一般来讲,近代以前城乡经济关系基本是单向的,即仅由农村向城市提供粮食剩余产品。进入近代以后,城乡商品交换逐渐达到相当规模:一方面借助于近代交通运输工具,农产品流向城市;另一方面城市工业品大量流向乡村。城乡联系由单向供奉发展为双向对流。

重庆城市工业品对乡村的扩散,大体分为两个阶段:抗战以前,进口的工业品一部分沉淀在本地,另一部分销往农村。城市本身生产的工业品极少,主要是进口洋货对广大内地的倾销。这一点我们在《西方势力对重庆的经济侵略》中已作了详细论述,这里不再重复。抗战时期,重庆成为大后方的工业中心,自身生产的工业品空前增加,而进口的工业品则大大减少。城市对乡村的辐射又是一番景象。

第九章　近代重庆农村经济及其变动

第一节　重庆地区农村自然经济的初步解体

自然经济的开始解体是重庆开埠后川东地区(包括重庆)农村经济的主要变化。毛泽东同志曾经指出:"外国资本主义对于中国的社会经济起了很大的分解作用,一方面,破坏了中国自给自足的自然经济的基础,破坏了城市的手工业和农民的家庭手工业;又一方面,则促进了中国城乡商品经济的发展。"①

自给自足的自然经济占统治地位是中国封建社会的重要经济特征,也是中国封建剥削制度的基础。其结构特征表现为农业与家庭手工业的结合,农村的家庭手工业又主要是手工棉纺织业。这种封建经济结构的基本形式在中国封建社会一直延续了两千多年。近代以后,随着外国资本主义入侵,这种自给自足的自然经济便开始了解体。鸦片战争后至甲午战争前,就全国范围而言,小农业和手工业相结合的基本经济结构还处于主体阶段,长江上游地区的自然经济还没有发生显著的变化。这种经济结构对外国资本主义商品,特别是棉织品还有着相当的抗拒力量。甲午战争后,由于帝国主义对中国农村侵略加深,中国农村自然经济加剧解体。就四川而言,到19世纪90年代重庆开埠以后,重庆地区及附近川东地区的农村开始了自然经济的解体过程。"商业的突然扩大和新市场的形成,对旧生产方式的衰落和资本主义

---

① 毛泽东:《中国革命和中国共产党》,《毛泽东选集》第2卷,第626页。

生产方式的勃兴,产生过非常重大的影响。"① 它破坏了长江上游川东地区自给自足的自然经济的基础,破坏了城市的手工业和农民的家庭手工业。

自然经济的开始解体表现在两个方面:一方面,外国商品倾销使城乡手工业破产,主要是棉纺织品的倾销使农村手工棉纺织业衰落而与农业分离,即所谓"耕织结合"的分离;另一方面,随着外国原料掠夺的加强,又使农村经济商品生产迅速发展。

一、农村手工棉纺织业的解体

所谓"耕织结合"主要指小农业和家庭手工纺织业的直接结合。而与农业相结合的家庭手工棉纺织业的分离过程也就是自给自足的自然经济的分解过程。早在外国资本主义入侵前,重庆地区及川东农村手工棉纺织业状况大体可分为三类地区:

(1)植棉纺纱织布地区。如清代涪陵一带"产木棉,故妇业多勤纺织……机声轧轧,不绝于耳"②。邻水县"妇女勤于纺织",自制衣物,"供一家之用"③。这类地区是比较典型的"耕织结合"地区。

(2)买棉纺纱织布地区。四川虽产棉花,但产量不足,需从外省购入大量棉花,以湖北棉花为多,另外陕西、浙江等省棉花亦输入四川。如史书记载,"川省用棉向仰给于外省"④,"依靠东部各省供应棉花"⑤。川东地区不少州县购进商品棉纺纱织布。如永川县"种棉者少,贸广花成布",并"行销滇黔各省"⑥。黔江区"女红多购木棉,纺绩弄机之声恒终宵不辍"⑦。这种状况一直保持到洋纱大量入川前。

(3)不产棉亦不从事纺织,购入商品布地区。这多是经济落后的山区偏僻地带。目前作者还没有发现足够的材料反映这类地区农村手工棉纺织业状况。

---

① 马克思:《资本论》第3卷,第372页。
② 乾隆版《涪州志》卷五。
③ 道光《邻水县志》卷二《风俗》。
④ 《四川官报》光绪三十一年第28册《专件》。
⑤ 李文治编:《中国近代农业资料》第1辑,第545页。
⑥ 光绪版《永川县志》卷二《物产》。
⑦ 光绪版《黔江区志》卷五。

在鸦片战争前后,四川"从湖北除进口一些原棉之外,还进口大批土布"[1],而四川所产土布亦运销外省,如永川所产土布贩运云、贵两省。总之,在外国资本主义入侵之前,重庆地区及附近川东农村既从外省输入商品棉、商品布,本地区所产商品布亦运销外省。从区域经济的角度看,川东农村"耕织结合"的体系已开始了局部的解体过程,而且此后的进一步解体亦不能不以此为前提[2]。

从 19 世纪 70 年代开始的全国范围的农村自然经济的解体,究其原因:一方面,是由于随着中国逐渐深陷半殖民地半封建社会深渊,外国资本主义在中国进一步掠夺了倾销商品、抢夺原料所需要的一切特权,通商口岸开始深入到中国腹地,为击破中国自然经济结构创造了比以前更为有利的条件;另一方面,也是更为重要的原因,由于外国资本主义发展到 60 年代,产业革命已在一些主要资本主义国家完成,日、美等国纺织工业又飞速地建立起来,纺织新技术在资本主义国家较普遍地使用,劳动生产率迅速提高,棉纺织品的生产费用下降。纺织成本在鸦片战争前 50 年内就减少了 94%,织布成本从 19 世纪 50 年代到 70 年代降低了 84%[3]。加上近代交通工具的进一步发展和使用(如:近代轮船航运的普遍使用,1869 年苏伊士运河正式通航缩短了中英航程 28%;1871 年香港、伦敦间海底电线接通等),又大大降低了商品运输的费用。这一切使外国商品价格大大降低,在中国市场上的进口棉纱价格就下降 1/3 以上[4],大大增加了击破中国自然经济的能力。正如马克思指出的"机器产品便宜与交通运输业的变革,是夺取国外市场的武器"[5]。因此,在六七十年代以后,外国在中国的市场迅速扩大,输入商品急剧增加。1867 年,外国棉纱、棉布的进口总值不过 1376 万两,到 1895 年就剧增到 5200 余万两(海关两),为 1867 年的 380%,28 年增长了将近三倍[6]。正是在这种历史背景下,与农业结合的中国手工棉纺织业,终于抵抗不住外国廉价的机制棉纺织品的冲击,于 70 年代,便在沿海和长江中下游各省的广大地区内,

---

[1] 姚贤镐:《中国近代对外贸易资料》第 3 册,第 1365 页。
[2] 谢放:《近代四川农村经济研究》(硕士论文)。
[3] 严中平:《中国棉纺织史稿》,科学出版社 1955 年版,第 55 页。
[4] 严中平:《中国棉纺织史稿》,科学出版社 1955 年版,第 72 页。
[5] 马克思:《资本论》第 1 卷,第 494 页。
[6] 凌耀伦、熊甫、裴倜:《中国近代经济史》,重庆出版社 1982 年版,第 136 页。

开始了解体的过程,特别是在曾受到太平天国革命冲击比较大的地区,封建土地束缚比较松弛,解体更为明显。

到 19 世纪 90 年代,随着重庆的开埠,大量洋货溯江而上,涌入四川。四川土货出口虽有增加,但贸易逆差明显增加。洋货的涌入,尤其是廉价的机制棉纺品及棉纱的倾销,对重庆附近及川东农村城乡手工业起了明显的破坏作用。这一地区农村自然经济基础因此出现了解体的迹象。

众所周知,中国农村手工棉纺织业解体的过程,大体经过了两个步骤:首先,洋纱代替土纱,即手工纺织业者放弃手纺,从而使手纺与手织业分离;其次,洋布代替土布,使手纺业与农业脱离。然而,在四川地区,首先输入的却是洋布(包括棉花、呢绒、棉织品和毛织品等),继之则是作为织布原料的洋纱。自 19 世纪 60 年代中叶汉口开埠后,洋布便开始输入四川,但数量不多。70 年代入川洋布日渐增多。经重庆进口的洋货总值,1875 年仅 15.6 万两,1877 年增至 115.7 万两,到 1881 年增至 400 多万两[1],其中洋布占了较大比例。1878 年到 1880 年间,外国商人声称,四川"已成为我们最好的市场之一,每年销售九十万匹以上的棉布和十二万匹呢绒"[2]。

如果说,就全国范围看,"西方国家排挤中国出口布于世界市场的过程,也就是西方机制棉布入侵中国的过程"[3],那么,在重庆附近及川东农村,洋布排挤湖北土布于川东市场的过程,也就是洋布入侵川东农村的过程。"自太平天国时代以后,湖广土布已逐渐为洋布所顶替"[4],到 19 世纪 80 年代,重庆从事洋布进口贸易的商号就有 27 家,贩销洋货的范围,东至涪陵、忠县、万县,北至合川、遂宁、三台、阆中,西至泸州、叙府。尽管如此,洋布还是只能取代一部分湖北土布。在洋布入川前,每年输入四川的湖北土布价值约 800 万海关两。洋布入川后,到 19 世纪末 20 世纪初,土布入川额降为 600 万海关两[5]。1896 年至 1897 年间,仅重庆、叙府、雅安三地每年输入的湖北土布尚有

---

[1] 周勇、刘景修译编:《近代重庆经济与社会发展:1876—1949》,四川大学出版社 1987 年版,第 501 页。
[2] 姚贤镐:《中国近代对外贸易史资料》第 3 册,第 1416 页。
[3] 汪敬虞:《十九世纪西方资本主义对中国的经济侵略》,人民出版社 1983 年版,第 96 页。
[4] 姚贤镐:《中国近代对外贸易史资料》第 3 册,第 1416 页。
[5] [日]根岸佶:《清国商业综览》第 3 编,1906 年版,第 151 页。

79万匹①。

而且,洋布的销售市场主要在城镇而不在农村。1893年,西方人花了两个半月,考察了四川大部分地区之后沮丧地承认,"没有一件事情比四川人几乎不需要洋布进口一事对我们产生更为深刻的印象","永远记住,进口洋布的总数量,就是在本省也不过只能供应很少一部分人的需要。事实上,我们的洋布主要只供给几个城市的居民使用。例如重庆、泸州、叙府、嘉定,并且几乎全部都为中产阶级买去,对他们来说,价钱的增长并没有严重的妨碍,而广大的乡村居民仍继续穿用土布,因为土布又温暖又耐穿"②。当然,洋布的输入,也促使了四川农村中一些原不从事纺织的州县,由购买土布转而购买洋布,但这对重庆附近农村而言,其影响程度似乎不大。

为进一步分析四川农村中洋布取代土布的程度,有研究者还从以下三个方面加以比较③:

第一,以输入四川的洋布、棉花和土布的数量比较,在输入四川的商品棉和商品布总值中,洋布仅占20%,在商品布中也仅占29.4%。

第二,以洋布在四川的销售面比较,清末时,四川142州县中,对洋布销售有记载的共42县,占29.6%。

第三,以入川洋布的绝对量同全国进口洋布的绝对量比较。1892年到1902年,四川每年平均进口约67万匹,价值193万海关两,约占同期全国进口量的5%。以人均购买量计,四川人平均买洋布量仅占全国人平购买量的2/5。而且输入四川的洋布并非全部销售于该省,还要转输西南各省。如1897年入川的洋布即"大半运往云南贵州等处,川人用者寥寥"④。可以肯定,重庆开埠后至辛亥革命前,入川的洋布仅仅取代了一部分原来销于四川的湖北土布,对于重庆附近及川东农村的农民来说,不过是以新的商品取代旧的商品,几乎没有触动这一地区农村经济,更没有促使其"耕织结合"的自然经济在原来的基础上进一步解体。

而继洋布之后输入四川的洋纱则对"耕织结合"的分离产生了较大的影

---

① 姚贤镐:《中国近代对外贸易史资料》第3册,第1339页。
② 姚贤镐:《中国近代对外贸易史资料》第3册,第1356页。
③ 谢放:《近代四川农村"耕织结合"的分离过程及其局限》,载《近代史研究》1990年第1期。
④ 李文治编:《中国近代农业资料》第1辑,第513页。

响,使农村自然经济受到了根本打击。

洋纱入川稍迟,因最初来的英国纱较细,"所织之布,不合川省、滇、黔之用"①,故未能打开四川市场。19世纪60年代至70年代,四川农民仍购买湖北棉花,"在家里织成布匹供自己使用,或者在村庄里出卖,或者藉行商销到远地",成为"洋布销路扩张的巨大障碍"。19世纪90年代前夕,从湖北入川的原棉还"愈来愈多"②,陕西入川的棉花也"数量仍然可观"③。广大农村普遍存在买棉纱织布的状况。直到重庆开埠后,印度棉纱涌入后,这种状况才开始发生变化。表9-1为1892年至1901年的历年洋纱输入情况。

表9-1　1892—1901年洋纱输入重庆统计表

年度	英国	印度	日本	中国	总计	生棉(担)
1892	618	128227	—	300	129145	4148
1893	129	77573	—	423	78125	3431
1894	474	124599	45	2139	127257	8771
1895	685	114565	3	4053	119306	32243
1896	34	166636	6	3957	170633	13086
1897	177	188390	8785	33930	231282	65089
1898	324	160426	9284	52200	222234	72589
1899	528	291841	32813	106975	432167	37594
1900	91	250347	35464	136516	422418	7020
1901	—	240981	2486	52952	296419	2112

洋纱(担)

资料来源　《重庆海关1892—1901年十年调查报告》。

从1892年至1901年10年间,平均每年输入四川的洋纱约18万担,占全国洋纱进口量的11%左右,因此洋纱成为四川进口洋货中的主要部分,"并

---

①彭泽益:《中国近代手工业资料》第2辑,三联书店1957年版,第209页。
②姚贤镐:《中国近代对外贸易史资料》第3册,第1337、1365页。
③李文治编:《中国近代农业史资料》第1辑,第425页。

且在最近六年间平均输入贸易总值之十分之六到十分之七"①。

洋纱输入对重庆附近及川东农村所生产的影响,首先是排挤市场上的湖北等省原棉。由于洋纱在价格、运输和交税等方面都占有优势,其价格几乎和湖北原棉相等,"然洋棉纱不待再纺即可织布,土棉则须纺而织,人工即费,成本亦增。"②洋纱和原棉主要经长江运入四川,洋纱包装紧密,便于运输,途中受潮损失亦小;而棉花包装松散,不便运输,且易受潮。从宜昌到重庆,棉花运费每担2000文,洋纱仅1500文。棉花在宜昌和夔府所缴税每担为950文,而洋纱每担仅纳出口税0.35两③。于是,湖北等省棉花逐渐被排挤出四川市场,"往昔闭关之世,鄂棉盛销蜀中,自洋纱侵入,楚棉输进日稀"④,"运购吴棉者因之遂少"⑤。其次,严重冲击了本地区的棉花种植,由此造成棉花的减产。过去一些普遍种植棉花的地区,如达县"自洋纱入侵,民间种此渐少"⑥。再次,进口洋纱开始代替手纺土纱,农村手工棉纺织业日渐衰微。川东农村手纺织业分布的地区,如合川、万县等地的织物"绝大多数是用洋纱织的,洋纱因其价廉,形式方便及易于操作,很快地使纺车闲置无用"⑦。巴县的"乡镇间小工业,四十年前,纺花手摇车家皆有之,每过农村,轧轧之家不绝于耳"。但在外国"棉纱畅行"后,"此事尽废"⑧。达县由于"西花来自西安,市镇大皆有花店,自棉纱输入,而纺棉业微"⑨。涪州生产的大布、洛碛布,不仅在全国都享有声誉,还行销欧美各国⑩。但自"洋纱内灌,洋布畅行,四乡土布滞销,棉纱之利因遂微"⑪。南充县"洋纱输入日重,民户自纺者日稀"⑫。据重庆海关的调查,这一时期,长江上游的"各较大城市和沿大江大河地区,全

---

① 《重庆海关1892—1901年十年调查报告》。
② 彭泽益:《中国近代手工业史资料》第2卷,三联书店1957年版,第209、213页。
③ 姚贤镐:《中国近代对外贸易史资料》第3册,第1364页。
④ 民国版《合江县志》卷二。
⑤ 《四川教育官报》光绪三十四年第8册《公牍》。
⑥ 民国版《达县志》卷十二《工业》。
⑦ Report of the Mission to China of the Blackburn Chamber of commerce 1896 – 1897,pp.254 – 255,转见彭泽益:《中国近代手工业史资料》第2卷,三联书店1957年版,第247页。
⑧ 民国版《巴县志》卷十二《工业》。
⑨ 民国版《达县志》卷十二,第16页。
⑩ 严中平:《中国棉纺织史稿》,科学出版社1955年版。
⑪ 《渝报》光绪二十三年十一月下旬第6册,第2页。
⑫ 民国版《南充县志》卷十一,第71页。

部或部分用洋纱织成的布已成功地超过土布"①。由此不难看出重庆附近及川东农村手工棉纺业所受到的冲击。纺和织的分离,农村手工棉纺业的趋于衰落,这是"耕织结合"的自然经济解体的第一步,也是最重要的一步。

但是,应该指出的是,对洋纱侵入所造成的耕织分离作用不能夸大。因为它充其量不过是改变了"耕织结合"的形式——由自纺自织转为买纱自织,实际上在广大农村,农业和家庭手工业仍结合在一起②。同时,值得注意的是,就整个四川的情况看,洋纱虽然夺去了农民手工业者的纺纱之利,但他们并未因此而失业破产,相反却迅速地转为从事手工织布。以外国棉纱为原料的农村家庭手工织布业的兴旺,又使手工棉布的出口得到一定程度的恢复。重庆附近及川东"各地手工织布业散布更广",有的州县用洋纱织布甚至成为该县的主要出产或农村的主要副业。例如达县由于"洋纱输入而纺棉业微",不久即"机织渐多,每年输出布匹亦可谓一大宗"③。璧山县亦"以洋纱织布,浸成出口大宗"④。

川东农村手工棉纺织业之所以能迅速发展,究其原因:一方面由于本地区农民由买棉纺纱织布,到普遍直接用洋纱织布,价格合算,易于操作;另一方面更主要是由于广大农民生活贫困,对于洋布乃至土布亦缺乏起码的购买力,不得不自己从事织布,既可满足自身需要,还可增加一定的副业收入。连当时西方资产阶级也不得不承认,对于这种"家庭工业","外国人尽管有机器之利,也不能与之竞争,剩余生产品的来源是耗竭劳动,它以不计工资的代价,使那供给全家衣着的人得以维持生活"⑤。

川东农村手工织布业的发展,一方面为国内民族机器纺纱业提供了商品市场。国产纱随着洋纱进入了四川市场,1892年国产机制纱入川仅300担,占全部入川机制纱的0.23%;到1897年增至33930担,占14.7%;到1900年已达1236516担,占32.3%⑥。这一时期,江北厅的农民"多购楚纱织布"。另一方面,农村手工织布业的发展,一定程度上促进了商品布的生产,进而促

---

① 《1892—1901年重庆海关十年调查报告》。
② 谢放:《论近代四川农村自然经济的解体》,载《四川大学学报丛刊》第32辑。
③ 民国版《续修达县志》第12卷。
④ 《成都日报》光绪三十四年十一月初三。
⑤ 彭泽益:《中国近代手工业史资料》第2卷,三联书店1957年版,第248页。
⑥ 《重庆海关1892—1901年十年调查报告》。

进农民中分化出一批独立的手工织布者,为重庆城市资本主义性质的棉织手工工场提供了劳动力市场。1896年到1897年间,万县几家棉织手工工场中,"有的雇用织工八十名之多",全是男工,"按每匹定价付给工资"[1]。手工业者的增多并脱离农业,离开家乡,这正是"耕织结合"发生分离的标志。"商品经济的每发展一步都不可避免地使农民从本身中分化出一批又一批手工业者;这一过程开辟了所谓的新基地,并在国内最落后的地区或落后的工业部门中为资本主义日后侵占准备了新的地盘。"[2]近代重庆资本主义性质的棉织手工工场正是在这样的"新的地盘"上发展起来的。1900年到1908年,重庆创办了9家织布厂[3]。其中1906年开设的织布厂实业富川公司,"就近招致织手"[4],在劳动力众多的情况下,招雇的工人当然是熟练的手工织布者,而不会是一般的破产农民。1910年万县王毅达等集股银5000元,设立织布厂竟存公司,"用自制机器专织洋纱"[5]。合川县在清末民初"自洋纱盛行,城中组织布厂,添设布铺,此帮遂日增隆盛而衣被万家矣"[6]。另一方面,也正是由于大批的手工织布工人的存在,使近代重庆城市的棉织手工工场一度繁荣,迟迟不能简单地过渡到机器大工业。

以上就是重庆开埠后,重庆附近及川东农村棉织手工业在洋布、洋纱侵入后的解体大致过程。从这个过程,可以看到:第一,近代以后,特别是重庆开埠以后至抗战爆发前,重庆城市附近及川东一带农村的手工棉纺织业开始了广泛的解体,这标志着四川农村延续了两千多年的"耕织结合"为核心的自然经济基础开始遭到破坏,这是外国资本侵入长江上游中心城市重庆而引起的农村经济的重大变化。第二,这一时期手工棉纺织业的解体,在深度、广度上都不平衡。就四川而言,由于地理条件及城市经济发展的程度,使得重庆附近及川东一带农村的手工棉织业的解体趋势较其他边远山区突出、普遍。第三,促成自然经济解体的主要原因,是外国廉价机制纺织品的倾销。洋纱的倾销虽然加速了"耕织结合"的分离,但另一方面,却又带来了不利于其进

---

[1] 彭泽益:《中国近代手工业史资料》第2卷,三联书店1957年版,第259页。
[2]《列宁全集》第3卷,第299页。
[3] 隗瀛涛、周勇:《重庆开埠史》,重庆出版社1983年版,第93—96页。
[4]《广益丛报》总111号《记闻》,1906年7月11日。
[5]《四川官报》宣统二年第4册《新闻》。
[6] 民国版《合川县志》卷二十三,第13页。

一步分离的消极影响:(1)手工织布业在农村广泛兴起,不仅进一步抵制了洋布,也抵制了湖北土布的输入,加强了本省棉布的自给。这种本地区范围内的自给自足不利于自然经济在更大的范围内进一步解体。(2)采用洋纱织布,使得原料依赖国外市场,价格又受控于外国资本,于是"内地布缕价涨缩,恒以洋纱进入增减为差度"[①],这样的"耕织结合"体系,带有明显的半殖民地性质,给近代重庆城市经济的发展带来了严重的影响。第四,由于川东农村家庭手工棉纺织业的广泛存在,自然经济的解体呈现出极为缓慢的趋势,"耕织结合"的分离过程亦因此而处于极不稳定的状态,既有暂时解体的趋势,又有重新结合的可能,致使四川农村自然经济结构保持着坚韧而富有弹性的外壳,长期不能进一步解体下去[②]。

二、农村商品经济的畸形发展

农产品生产商品化的发展,是自然经济解体的另一个重要表现,这是城乡手工业遭到破坏和外国资本主义加紧掠夺农产品原料的结果。

从理论上讲,手工棉纺织业和其他手工业的被破坏,动摇了自然经济的基础,迫使广大农民不得不到市场上购买洋纱、洋布及其他生产资料和生活资料。农民为了购买必需的工业品,不得不在农业中经营某些商品作物,以换取货币,从而促进了农副产品商品化的扩大。从近代重庆历史来看,重庆开埠以后,帝国主义加强了对农副产品,尤其是经济作物原料的掠夺,土货出口增加,这引诱着农民扩大种植市场所需要的农作物,刺激着重庆附近及川东农村农产品生产商品化的发展。可以说重庆附近及川东农村自然经济解体的过程,同时也是这一地区农产品商品化的过程。这一过程,从1891年重庆开埠以后,便伴随着帝国主义掠夺农村农产品原料的加强而日益发展。这就是说,中国近代农村农产品商品化主要不是资本主义农业经营发展的结果,而是由于帝国主义的掠夺所造成的。尽管近代四川自然经济的解体十分缓慢,但农村经济却日益受外国资本主义左右而半殖民地化。近代重庆附近及川东农村农产品商品化的过程,就是农村经济在外国入侵之后日趋畸形的

[①]《西蜀新闻》1912年10月28日。
[②]谢放:《近代四川农村经济研究》(未刊硕士论文)。

第九章 近代重庆农村经济及其变动

半殖民地化过程。

考察近代重庆附近及川东农村农产品商品化发展的原因,从内部因素讲,除了本地区手工业的发展,农产品商品化本身等因素外,还有一个重要内因——人口增长的压力及封建剥削的加重[1]。

清初以来,四川人口增长大大超过土地增长的速度。清代乾隆年间四川人均耕地为全国人均耕地的四倍以上,到了清后期,则直线下降,仅有全国人均耕地的1/2[2]。下面再看看清末民初重庆附近川东地区部分州县县志中有关统计资料,见表9-2。

表9-2 清末民初重庆及川东部分州县土地情况表

县别	人口	耕地面积(亩)	人均耕地面积(亩)
渠县	554868	1053000	1.90
南川	402886	622000	1.54
江津	810684	868000	1.09
达县	654955	605000	0.92

资料来源 人口数据各县县志,不一一注明;耕地数据张肖梅:《四川经济参考资料》第1章第3节《耕地调查》。

如表所示,人多地少成为四川社会面临的一个严重问题,对农村经济造成了压力。不少县志均有如此记载:垫江县"地狭人稠"[3];大足县是"昔时富足",但由于人口增加,而生产停滞,坐吃山空,道光时"则称穷荒,各处山村,仅谋生计"[4]。到清后期情况进一步恶化,清末有人著《川东赈荒善后策》称,四川自从"江楚客民源源而来,在今日已患人满,川东尤甚焉"[5]。从整个长江上游地区看,"生齿甲于寰宇,农末皆不足养之,故旷土少而游民多"[6]。大

---

[1] 谢放:《近代四川农村经济研究》(未刊硕士论文)。
[2] 许道夫编:《中国近代农业生产及贸易统计资料》,第7—8页;鲁子健编:《清代四川财政史料》(上册),第738页。
[3] 光绪版《垫江县志》卷一,第43页。
[4] 光绪版《大足县志》卷一《舆地志·风俗》。
[5] 《渝报》第4册。
[6] 《现办川省农工商矿诸务大概情形折》,载《锡良遗稿》第1册,第403页。

量失去土地的农民涌入城市,据记载,重庆"大小男女乞丐尚不免触目皆是"①。清末四川维新志士认为,要解决人多地少的问题,只有先解决农业的问题。"农无余食,土物不丰,富强之基,无从他始。"②他们甚至提出"习商战不如习农战"的口号,主张发展茶、丝、棉等商品农业③。

如果说,人口急剧增长造成了对社会经济的压力,那么,苛繁的封建剥削,就使这种压力不断加重,使这种矛盾尤为突出。鸦片战争后,清王朝对四川人民的压榨日趋厉害。仅以清政府的税收为例,鸦片战争前,川省田赋杂税约征库平银180余万两。到宣统三年已达1730余万两,净增8倍多。其中田赋一项,由原来的66万两,增加到430万两(包括地丁、火耗、津贴、捐输、新捐输等),净增5.5倍④。加上地主、高利贷者的盘剥,广大农民负担日益加重。沉重的人口压力和苛繁的封建剥削交织在一起,犹如鞭子一般驱赶农民不得不因地制宜,扩大经济作物的种植。

和种植粮食相比,种植经济作物的收益要高得多。如巴县,种烟叶"大约终岁获利过稻麦五倍"⑤。荣昌县烟叶运销湖北,"获利甚厚"⑥。这样的经济收益自然会吸引农民,扩大经济作物的种植,以应付耕地不足和交纳捐税。如南川县农民除种植粮食外,"专力经营获利者",有烟叶、蓝靛、药材等⑦。

促进农产品商品化发展还有重要的外部因素,即是重庆开埠以后,外国资本主义入侵的刺激和影响。

首先,外资掠夺原料,推动了重庆附近及川东农村农产品商品化迅速发展。具体而言,这一时期重庆附近及川东农村农产品商品化迅速发展,主要表现在以下几个方面:

(1)经济作物种植面积的扩大和商品量的增长

在农村经济中种植业占绝大比重,而经济作物的商品生产又在种植业中占较大的比重。这一时期川东农村经济作物种植面积逐渐扩大,商品量也随

---

①《奏开办习艺所及各项工厂情形折》,载《锡良遗稿》第1册,第646页。
②黄英:《筹蜀篇》上篇《农学》,荣县旭州书院校刊,光绪二十七年。
③王式训:《农战论》,《蜀学报》第7册。
④周询:《蜀海丛谈》"岁入岁出",文海出版社影印本。
⑤民国版《巴县志》卷十九下,第15页。
⑥光绪版《荣昌县志》卷十六,第4页。
⑦民国版《南川县志》卷四,第19—20页。

之增长。下面以川东农村的主要几种经济作物为例。

1）蚕桑

四川农村养蚕植桑，已有悠久的历史。19世纪中叶前，多在房前屋后及荒地土坎种植，很少用良田植桑。然重庆开埠后，随着生丝出口量的激增，四川蚕桑业迅速发展起来。早在1871年，川丝6000包首次从上海出口国外，"在沿海省份和外国市场上已开始与浙江丝竞争了"①。1880年四川生丝产量已达6000担，占全国蚕丝产量的第5位②。生丝和蚕茧自然成为列强掠夺的重要对象。1891年川丝出口13154担、价值702031海关两，到1918年已分别增至36733担、5275914海关两③。据重庆海关统计，四川输出的蚕丝类产品中，其构成如表9－3。

表9－3　1892—1898年四川蚕丝类产品输出表

类别	1892年 重量（磅）	1892年 价值（英镑）	1893年 重量（磅）	1893年 价值（英镑）	1894年 重量（磅）	1894年 价值（英镑）	1898年 重量（磅）	1898年 价值（英镑）
生白丝	617	180	2245	606	400	89	1066	248
野茧丝	58168	6480	53071	5612	99200	10080	66533	5414
生黄丝	645313	167781	607976	159595	398533	79054	419864	84050
蚕茧	19736	1123	37419	2245	40400	2090	8933	295
野生茧	16765	753	21948	984	59733	2240	—	—
野生废茧	1102431	35829	149075	5715	106133	3464	—	—
废蚕茧	39699	1583	1310965	49251	1122133	34755	883652	24078

资料来源　周勇、刘景修译编：《近代重庆经济与社会发展：1876—1949》，四川大学出版社1987年版，第201、212、288页统计表。

从上表可以看出，西方列强在四川更注重的是初级原料的掠夺。当时四川生丝多为"大车"缫制的土丝，不完全适合欧美市场的需要。帝国主义列强

---

①彭泽益：《中国近代手工业史资料》第2辑，三联书店1957年版，第90页。
②尹良莹：《四川蚕业改进史》，第346页。
③甘柯森：《最近四十五年来四川进出口贸易统计表》。

在四川直接购买蚕茧,甚至购买废茧、野生茧,以获得高额利润。正是在生丝出口的刺激下,不仅原来的蚕桑基地产量上升,达到鼎盛,而且原来少有或不植桑养蚕的州县,蚕桑业也出现空前兴旺的局面。重庆附近及川东农村正是属后一类地区。巴县在道光、咸丰之际蚕桑业还"寂焉无闻";重庆开埠以后,该县已是蚕桑遍布全县,从业者众了。据民国版《巴县志》载,该县"四乡农户亦莫不购求桑种,争自树植……每至一乡,蔚绿深青,触目皆是。一二有志之士又复远游日本,近历嘉湖,勤求蚕术,博考新法,学成返里……或独立经营,或集资兴办,一县之内,蚕社林立……百石之田,夷为桑田,盖自清末而蚕业始盛,利之所在,靡然向风矣"①。江北厅1873年后桑树"渐植增多",至光绪末年"大凡自业者几于无不种桑养蚕"②。在外贸需求的刺激下,农村植桑养蚕开始摆脱副业性生产状态,不少人专门购置或租赁土地,大片栽桑养蚕,或以出卖桑叶为主要营利手段。甚至一些企业同时也经营蚕桑,如1906年在长寿区成立的禁烟改种纪念公司即栽种"湖桑近十万株"③。到20世纪初年,巴县及川东部分州县植桑面积均已达5000亩以上,参见表9-4。

表9-4 20世纪初重庆及川东部分州县植桑养蚕情况表

地区	桑地亩数	种桑株数	养蚕户数	收茧量(斤)
巴县	165000	823000	1006	72000
永川	5894	699600	37	5040
铜梁	8181	295000	21840	39300
合州	18051	463100	4311	599792
万县	22719	689000	2101	203099
开县	8870	526800	71	5235

资料来源 《四川省第四次劝业统计表》,第20、21表。

上表反映了川东一带农村蚕桑业发展的大概情形。从种植面积看,巴县、合川、万县均达万亩以上,而巴县最多,种桑达16.5万亩;从种桑株数来

---

① 民国版《巴县志》卷十一《农桑》。
② 《江北厅乡土志·商务·特产》,1950年抄光绪末年本。
③ 民国版《长寿区志》卷十一《工业》。

看,也是巴县最多,达 82.3 万株,其余各县在 20 多万株至 60 多万株之间;从养蚕户来看,本地区铜梁县拥有养蚕户达 2 万余户之多;从收茧量看,以合州、万县两县为最,分别为 599792 斤和 203099 斤。此外,据记载,川东一带的綦江县还是全川 42 个放养山蚕的州县中,放养山蚕户数和收茧量最多的县[①]。

2) 桐油

四川盛产桐油。桐树的种植分布在全川 102 个州县,产桐较多者主要集中在长江流域、乌江流域、嘉陵江流域的 60 余县,其中尤以川东的云阳、奉节、开县、万县、忠县以及乌江流域的綦江、南川、黔江、彭水、酉阳、秀山等地为最多。除了山上的天然野生桐树外,还有少数人工栽培的桐树。据统计,清末邻水、巴县、永川、荣昌、铜梁、万县、黔江等州县的桐树种植都在万亩以上,其中以黔江为最,达 69 万亩[②]。作为一种优质的工业原料,桐油自然也成了外国资本掠夺的重点对象。重庆开埠以后,桐油外销量逐年上升,到清末已成为四川的一个大宗出口货物。1917 年,四川桐油外运量为 37700 担,至抗战爆发前夕,已增至 681451 担,增长了 18 倍,货值达 2735 万元,超过生丝出口而跃居四川出口货物的首位[③]。桐油出口的增加,促进了农民对野生桐树的管理,人工栽培桐树也有所增加。在川东一带的桐油户区,商人纷纷设点收购。桐油业已成为这一带农村中一项重要副业。

其他经济作物如漆树、卷树在川东一些州县广泛种植。黔江区就是四川种植漆树和卷树的大县。据统计,黔江漆树种植面积为 12.4 万亩。而该县的卷树种植面积则居全四川 70 个植卷州县之冠,达 70 万亩,占全川卷树面积的 67.2%[④]。

(2) 农副产品商品量增长

农村副产品量亦随出口贸易的增长而上升,其中以各种山货土产的商品量增长最为突出。近代以前,四川外销的山货土产数量较少。重庆开埠以后,整个四川省农产品商品化速度有所加快,这从主要出口农副产品的数额

[①]《四川省第四次劝业统计表》,第 24 表。
[②]《四川省第四次劝业统计表》,第 28 表。
[③] 彭通湖:《重庆开埠后四川农村经济的变化》,载《一个世纪的历程——重庆开埠 100 周年》,重庆出版社 1992 年版,第 371 页。
[④]《四川省第四次劝业统计表》,第 28 表。

上体现出来。表 9－5 是 1895 年至 1913 年四川主要出口农副产品的情况比较。

表 9－5　1895—1913 年四川主要出口农副产品比较表

品名	1895 出口货值（海关两）	%	1905 出口货值（海关两）	%	1913 出口货值（海关两）	%
生丝	811754	12.69	2292851	20.53	3378138	27.84
猪鬃	96152	1.50	325485	2.91	877551	7.23
生牛皮	4578	0.07	302342	2.71	763551	6.29
熟皮	13770	0.22	29224	0.26	26827	0.22
羊皮	5701	0.99	494472	4.43	1059617	8.73
未列名药材	505091	7.90	1080912	9.68	1288680	10.62
烟叶	—	—	5809	0.05	338912	2.75
木耳	21593	0.34	173652	1.55	277525	2.29
五贝子	232050	3.63	166151	1.49	193785	1.60
大黄	80470	1.26	159959	1.43	292242	2.41
白蜡	940699	14.71	272122	2.44	199995	1.65
麝香	540662	8.45	590186	5.28	798566	6.58
鸦片	2870485	44.87	4200000	37.60	—	—
其他	274738	4.27	1076091	9.64	2642233	21.79
总计	6396743	100.00	11169256	100.00	12132622	100.00

资料来源　本表系根据甘祠森《最近四十五年来四川进出口贸易统计》中有关数字编制，均是通过海关出口的数字。由于四川农副产品中有相当部分是通过厘金局出口的，所以上表的数字很不完全，但作为反映农业商品化趋向的指标是可以的。

从 1895 年至 1913 年，12 种主要农副产品的出口值增长 32.92 倍，其中以适应外国市场需要的生丝、猪鬃、牛皮、羊皮、烟叶、大黄等农副产品出口增长最为迅速，如生丝增长 4.16 倍，猪鬃 9.13 倍，烟叶 57.48 倍，牛皮 167 倍，羊皮 186 倍。这 5 种商品在出口总值中所占比重也从 1895 年的 15.51% 增至 1913 年的 55.25%。而以国内贸易为主的其他 6 种农副产品，除熟皮、药材、木耳、麝香有少量增长外,白蜡和五贝子的出口值都分别下降了 470% 和 120%①。广大农村的"农副业受到利润的刺激,纷纷扩大这些产品的生产,农村经济暂时呈现活跃。有些原来用处不大,价值低微的山货品种,顿时身价百倍"。如猪鬃出口由初期的每年几十箱增加到清末民初的 1 万余担,羊皮由光绪末年的每年 100 余万张增加到 1916 年的 300 余万张,黄牛皮由民国初年的 1 万余担增加到 1921 年的 3 万余担②。

(3)农副产品专门化生产区域的初步形成

农副产品的专门化生产是农村商品经济发展的标志之一,也是社会分工发展的反映。随着川东农村农副产品商品化的发展,区域范围内的专门化生产也在这一时期逐步形成,出现了一些以生产某种农副产品为主的地区。例如四川的柑橘果林分布在长江、沱江、嘉陵江流域,而主要集中于川东的江津、合川、巴县等县。正因为如此,在这一地区便出现了一批专门生产柑橘的县。江津柑橘、秀山桐油等均闻名全川和全国,成为左右当地农村经济兴衰的著名特产。沱江、嘉陵江流域产麻甚多,各县"人家多种之,以其利厚而种植易也"③;荣昌、隆昌由于种麻兴盛而促进了麻织的发展。

(4)手工业、农副产品加工工业的发展

除了一些传统的行业诸如制糖、缫丝、麻织、酿酒、造纸等得以发展以外,这一时期农村商品经济的发展还使得一些新的加工业和手工业兴起。著名的涪陵榨菜业即创始于重庆开埠以后的 1898 年。当年该县第一家榨菜手工工场出现,到民国初年全县已有 20 余家同类手工场,"菜农自种自制的副业也开始发展起来",外销数量增至 3 万坛,远销京、津、沪、粤、闽和东北等地④。

需要说明的是,在清末民初,尽管重庆附近及川东农村商品生产确有比较明显的发展,但应该看到,这种商品生产主要是农民小生产在沉重的封建剥削下所进行的小商品生产。经济作物的种植多是小农为弥补收入之不足而从事的零散经营,手工业大部分是规模小、技术落后的手工作坊和家庭副业,这种分散落后的小商品生产往往缺乏内在的活力,其发展不能不受到限制。

---

① 王永年:《辛亥革命前湖北、四川近代市场比较研究》(未刊硕士论文)。
② 《重庆工商史料》第 1 辑,第 13—14、25 页。
③ 道光版《江北厅志》卷三《食货·物产》。
④ 《解放前四川的榨菜业》,载《四川文史资料选辑》第 15 辑。

其次，外国资本主义入侵，引起了四川农产品商品化的畸形发展。川东一带鸦片的大面积种植就是这种畸形发展的一个标志。

鸦片又称罂粟，这是近代才广泛种植的一种特殊作物。它虽然不是满足国外市场需要的产物，但却是外国资本主义入侵造成的恶果。清代嘉庆年间，四川部分州县已有种植罂粟的记载，但数量甚少。道光初年，"其风始炽，浸寻由印度传至云南而南土兴，辗转至四川而有川土"①。19世纪50年代后，鸦片的种植面积迅速扩展，在清政府纵容下其种植面积超过了任何一种经济作物。全川"除边厅数处，几无一处不种鸦片"②。1897年全川种植面积为480万亩，年产量12万担，到1906年竟扩大至900多万亩，年产量达23.8万担，同年全国产量为58.5万担，四川所产竟占40.7%。四川鸦片产值达3500万海关两，运销省外1200万海关两③，被称为"全国第一烟省"。在四川，又尤以川东涪江流域的鸦片种植最广，"山上田中，触目俱是，涪州荒野，几为鸦片所蔽"④。长寿区的48个场"几乎全种植鸦片"⑤。据日本学者根岸佶的调查，清末长江上游的鸦片产地主要集中在重庆府所属的各州县及川东各县，主要产地的产额如表9-6。

表9-6 清末重庆及川东部分州县鸦片生产统计表

单位：担

产地	产量	产地	产量	产地	产量
巴县	1640—1700	梁山	2397	奉节	1610
忠州	656	垫江	2138	大竹	2516
长寿	1313	万县	1540	东乡	2700
涪州	4275	开县	2790	达县	656
丰都	2344	云阳	791	新宁	420

资料来源　[日]根岸佶：《清国商业综览》第6编《清国重要商品志》，1906年版。

---

①《光绪朝东华录》卷一，总394页。
②《国风报》第1年第18期。
③《光绪朝东华录》卷四，第3693页；《重庆海关1902—1911年十年调查报告》。
④《四川》杂志第2号，第85页。
⑤《重庆海关1891年调查报告》。

鸦片大面积种植,排挤粮食和其他经济作物,致使农村经济兴衰受其支配,造成农村商品经济的畸形发展。如川东遍种鸦片后,"种豆麦杂粮益稀矣"[1]。遭排挤的"尤其是油菜"[2]。这一带农村有的州县"自种鸦片,植棉者大减"[3]。在种植鸦片最多的涪陵县,"所产粮食昔可运行湖北,罂粟遍种,米不足用,反仰给泸(州)合(州)"[4],"鸦片的盛衰,是绝可以左右涪陵繁荣的盛衰"[5]。清末时,清政府迫于国内外舆论,一度禁烟。四川鸦片产值减少3/4,于是"川中奇窘,民不聊生"[6],农民纷纷破产。更严重的是烟毒泛滥成灾,极大地摧残着广大人民的身体和精神,破坏了农业生产力,给四川农村经济带来了严重的危害。

再次,外国资本主义入侵,还迫使一些传统的经济作物因洋货冲击而日益衰败。如蓝靛,清末时,在洋靛冲击下,"川靛日形减少"[7]。辛亥革命后,更是日益衰败。大足县在清后期尚"产量最富",产品远销遂宁、安岳各县。"自洋蓝入中国,销场为其侵夺,遂无种者。"[8]

以上是这一时期川东农村农产品商品化发展的简要情况。从这些情况里可以清楚地看到:第一,自重庆开埠以后,重庆附近及川东农村农产品商品化的确有了相当大的发展,并出现了一些专业性的农业区域和地区性的农产品集散市场,这是自然经济解体的另一重要标志。第二,促进近代川东农村农产品商品化发展的原因,主要不是农业生产力提高、农产品丰富的结果,而是沉重的人口压力、苛繁的封建剥削以及主要来自外国资本主义入侵给予的刺激和影响。这内外动因,如两根绳索,把广大贫苦农民强拉上农产品商品化的发展道路。在饥饿贫困上挣扎的农民不得不发展商品农业,但结果又把大多数农民驱入更加饥饿贫困的境地。外国资本主义的入侵刺激了农产品商品化的发展,但其结果又使农村经济进一步受外国资本主义支配而日趋半殖民地化。这种原因和结果,成为一种恶性循环,推动着农产品商品化畸形

---

[1]《渝报》第4册,第19页。
[2] 姚贤镐:《中国近代对外贸易资料》第3册,第1365页。
[3]《四川》杂志第2号,第91页。
[4] 民国版《涪陵县续修涪州志》卷十八,第5页。
[5] 陈望谷:《建筑在鸦片烟上的涪陵农村》,《中国农村》第1卷第6期。
[6]《东方杂志》第7年第3期《中国时事汇录·四川》。
[7]《重庆商务公报》丙午年第3号《论说》,第15页。
[8] 民国版《大足县志》卷一,第83页。

而缓慢地发展。然而,一旦内因的压力超过小农的负载能力,外部的刺激发生变化,农村经济就必然衰萎乃至崩溃[①]。第三,这一时期农产品商品化仅仅处于开始阶段,尽管与全国的情况比较而言,四川农产品商品化程度直至辛亥革命前后,其人均商品值也仅仅相当于19世纪六七十年代全国平均水平,而远远低于同时期全国农产品商品化的平均水平,但就四川而言,可以推断,作为长江上游中心城市和通商口岸的重庆及附近农村的农产品商品化程度,应高于四川其他地区农村的农产品商品化程度。第四,这一时期,农村市场呈现出半殖民地半封建性质。帝国主义列强在中国正是凭借着政治上的特权和经济上的垄断势力,控制和操纵着重庆农村农产品市场,进而支配了农业生产,榨取广大农民的血汗。在半殖民地半封建社会的经济条件下,重庆农村的商品经济是不可能顺利发展的。

第二节　近代重庆农村经济中资本主义因素的滋长及特点

农村自然经济的逐步解体和农产品商品化的发展,也使重庆农村产生了一些资本主义因素。从一般的情况来说,农业经济日益商品化,必然导致农业资本主义的增长,并发展到资本主义社会。这就是说,一般资本主义国家发展的规律,都是由于城市工场手工业和机器工业的发展,使得自然经济迅速解体和农业生产的日益商品化,从而导致资本主义农业的发展。而近代中国农业生产商品化的发展,主要是帝国主义掠夺原料和倾销商品而引起的,并受着帝国主义和封建势力的联合控制。因而,近代中国农业经济的商品化,虽然也促进了一些资本主义因素的滋长,但却不可能沿着正常的资本主义的道路发展,而具有半封建性的特点。

如果说在近代中国,资本主义发展不充分,那么农业中资本主义经济的发展就更为微弱,"资本主义之渗入农业是特别缓慢的"[②]。就四川而言,直到清末,资本主义性质比较明显的农业经营形式才较多地兴起。

应该说明的是,这些经营形式的兴起,一方面是农村中资本主义经济

[①] 谢放:《近代四川农村经济研究》(硕士论文),第27页。
[②] 《列宁全集》第3卷,第148页。

因素的发展所致;另一方面,清政府在清末推行"新政",提倡改良农业,鼓励商品生产,对农村中农业资本主义经营形式的兴起和发展也起了一定的作用。

1905 年,清政府四川当局在成都设立四川农政总局,"总理全省农政",各州县设农务局"以稽考本属农事",并提倡发展经济作物①。1910 年四川劝业道还开办农事试验场,"采取本省及英、美、德、法、日、俄农产约一千三四百种",试验比较,出售良种②。在此期间,四川农务总会成立,各州县纷纷成立农务局(会),讲授农业技术,开办试验场,倡导商品生产。1911 年巴县设立农事试验场③;清末,大竹县亦开办有农事试验场和种桑试验场,以种植桑株④。川东各州县还设立农业学堂,蚕桑传习所。1894 年,合州张森楷在上海读罗振玉所办《农学报》,"于是始知有蚕桑之学"。1901 年他在合州大河坝设立四川蚕桑公社。开办之初,蚕桑公社内计有学生、粗工 50 人,"所有附近公社及公社分局、各州县有志蚕桑之家,俱准照章送其子弟来学,以开风气"。后蚕桑公社又扩大规模,学生至百余名,蚕种 4000 余张⑤。在张森楷的主持下,蚕桑公社"社誉大起,来学者数百十,校舍不能容"⑥。四川蚕桑公社设立"数年以来,时时以风气为心",例如为推广蚕桑,将"培成桑种送人树艺试验,蚕种送人养饲"。而且还"募人四出,逢场演说蚕桑之利、土法之害。逢轫送蚕种一纸……又复购置电光养蚕影本,招人聚观,以便扩其闻见"⑦。由于蚕桑公社办有成效,商部授张森楷三等商勋、四品顶戴。四川蚕桑公社前后开办七年,但始终因财政问题纠缠不清,1909 年由劝业道禀请川督,改为合州蚕桑公社⑧。

在四川蚕桑公社的带动下,在官府的倡导下,川东各县的蚕桑公社纷纷设立,参见表 9-7。

---

① 《四川官报》光绪三十一年第 28 册《专件》。
② 《四川官报》光绪三十四年第 4 册《新闻》。
③ 民国版《巴县志》卷十一《农桑》。
④ 民国版《大竹县志》卷二《建置志》。
⑤ 民国版《新修合川志》卷十九《蚕业》中,卷二十《蚕业》下。
⑥ 《史学家合川张森楷年谱》,载《世界农村月刊》第 1 年第 5 期,1914 年。
⑦ 民国版《新修合川县志》卷二十《蚕业》下。
⑧ 民国版《新修合川县志》卷四《建置》二。

表9-7 清末重庆蚕桑公社统计表

名称	地区	设立时间	创办人	概况	资料来源
四川蚕桑公社	合州	1901	张森楷	资金1.5万两，年出丝5000磅	民国版《新修合州县志》卷十八—二十《蚕业》
蚕桑公社	万县	1906	邓文等	集股，购日本良种种桑育蚕	《四川官报》丙午第62册《新闻》
蚕桑公社	江津	1907	涂景陆		民国版《江津县志》卷七之二
德新蚕桑公社	巴县	1910	江玉廷	集股7500元，种桑8万余株	《成都商报》第4册《新闻》
仁裕桑社	南川	清末		合资	民国版《南川县志》卷四《农业》
儒释桑社	南川	清末		僧俗集股	民国版《南川县志》卷四《农业》
裕蜀蚕桑社	巴县	清末			民国版《巴县志》卷十一《农桑》
锦国蚕桑社	巴县	清末			民国版《巴县志》卷十一《农桑》
八省蚕桑公社	巴县	清末			民国版《巴县志》卷十一《农桑》

资料来源　王笛：《跨出封闭的世界——长江上游区域社会研究(1644—1911)》，中华书局1993年版，第171页。

在蚕桑公社出现的同时，蚕桑传习所亦相继建立。如表9-8所示：

表9-8 清末重庆蚕桑传习所统计表

名称	地区	创办时间	资料来源	附注
蚕桑研究会	万县	1905	《东方杂志》第2年第2期，第22页	春夏搞实验，秋冬讲学理
蚕桑传习所	巴县	1909	民国版《巴县志》卷十一《农桑》	
蚕桑传习所	江北	1909	《四川官报》己酉第31册《公牍》	收茧80余万个，缫丝8000余两
简式蚕桑传习所	黔江	1910	《成都商报》第2册《新闻》	招学生30人，两学期毕业

续表

名称	地区	创办时间	资料来源	附注
八省蚕桑传习所	巴县	1911	民国版《巴县志》卷十一《农桑》	
农业学堂	大足	1911	《广益丛报》总258号纪闻,1911年3月10日	招生肄业,教以树畜、水利、物理、地质暨养麦治稻诸学科
蚕桑传习所	大竹	清末	民国版《大竹县志》卷二《建署志》	

资料来源 王笛:《跨出封闭的世界——长江上游区域社会研究(1644—1911)》,中华书局1993年版,第172页;谢放:《近代四川农村经济研究》(硕士论文),第75页。

清政府当局的倡导对农村中资本主义因素滋长不能起决定作用,但是,对于重庆附近及川东农村农业资本主义经营形式的兴起,促使一些士绅向农村资产阶级转化,是起了催化作用的。

从严格意义上讲,资本主义性质的农业经营,应当是以租地农场主的出现为标志。但在近代中国农村中,这种租地农场主犹如凤毛麟角。就目前所搜集的资料,重庆附近及川东农村资本主义因素的滋长主要表现为以下两种情况:

(1) 富农经济

自然经济的解体,商业性农业的发展,使更多的农民小生产者,特别是自耕农民卷入了市场,依赖市场,成为小商品生产者,从而加速了农民的分化过程。多数农民迅速破产成为农村中的贫雇农,少数农民由富裕中农上升到富农,使农业中资本主义成分得以滋长。

富农经济是近代中国农村资本主义经济的一种主要形式。自清代中叶,因封建社会末期宗法关系的松弛和商品经济的发展,四川富农经济便出现了发展的趋势。至1911年前更有了较多的发展,大致可分为以下类型[①]:

1)"力农致富",即主要从事农业经营而致富。这种类型在地方志中有记载:如南川县刘国仲"以力穑白手致富"[②];大竹县江国荣分家时有田40多

[①] 谢放:《辛亥革命前的四川富农经济》,载《近代史研究》1992年第3期。
[②] 民国版《南川县志》卷十一。

亩,因其善于经营,"除自田外,更佃邻田五十余亩并耕之","犁云锄雨"20年,"俨然富家矣"①;永川县刘助赞,"家贫,以佣值蓄货,遂佃田耕作渐至小康"②。这类"力农致富"的富农不少经历了"率佣躬耕"的阶段,亲自参加和指挥生产。他们既剥削农业雇工又亲自参加生产,属旧式富农范畴,而旧式富农是中国近代农村资本主义经济的主要形式。

2)"农商致富",即把农业和商业结合在一起作为致富途径。如合川县任正方,少时赤贫,后经商积资,佃田耕种,"半农半商",最后"得增十倍","家称望族",除继续佃耕外,还购置田产③。同在一县的陈忠良,用其父贩猪积蓄的40千文钱,佃田耕种,逐渐"手积三千万钱,不置产业而耕人田",成为全川县"第一大农"④。这种"农商致富"的富农或者是雇工经营农业并兼营商业,或者通过经营积累资金,进而扩大农业经营,或者将经商获得的货币用于佃田雇工经营。他们把农业与商业结合起来,以商养农,以农促商,同商品货币经济有了更多的联系。

3)"农工致富",即把农业和手工业结合在一起作为致富途径。随着商业性农业的发展,重庆附近及川东农村新的加工业的手工业兴旺起来,富农经济也因此发展起来。如江津县盛产广柑,每年大批"装运沙市、宜昌发卖"⑤,于是一些农民便以经营园艺业而致富。此外,由于种植经济作物比种粮食投入的成本较高,生产技术复杂,经济收益也较多,在巴县种烟叶"大越终岁获利过稻麦五倍"⑥,因而对于一些经济、技术条件较好的农民,通过种植经济作物,逐渐致富。如南川县的蚕桑业中,善经营者"每年卖茧丝得利数百元"⑦。这类富农将农业与农村传统手工业或新兴手工业、商业性农业结合在一起,既是富农又是手工业者,其雇工经营,种植经济作物,讲求农业技术,出售产品,追求利润,是比较典型的新式富农。

可以说把商业性农业和工商业结合起来作为致富途径,是重庆开埠以来

---

①民国版《续修大竹县志》卷九。
②光绪版《永川县志》卷八。
③民国版《合川县志》卷六十。
④民国版《合川县志》卷四十五。
⑤民国版《江津县志》卷六。
⑥民国版《巴县志》卷十九下。
⑦民国版《南川县志》卷四。

川东农村富农经济发展的一个重要特点。通过这种途径分化出的富农,毕竟或多或少地染上了资本主义的色彩。但应该指出的是,就整个四川而言,富农"富裕程度十分低下",因而"对其发展程度不能作过高估计"①。尽管由于统计资料的匮乏为定量分析造成困难,但我们仍可以断定重庆附近及川东农村的富农经济成分在这一地区农业经济中所占的比重不大。这一时期,富农经济一方面随着商品化的发展而不断滋长,另一方面不断地向封建地主经济转化。在封建土地剥削关系占优势的陈旧基础上,富农经济不可能有持久的生命力。

(2)农牧垦殖公司

从19世纪末20世纪初,清政府开始放垦官荒,即将大量生熟荒官地贱价出售,鼓励民间开垦。不少官僚、地主、商人、资本家纷纷筹款贱价领出官荒、官地,大量雇工或招佃开垦耕种,于是出现了一些农垦公司或垦殖公司。重庆开埠以后,这种具有资本主义性质的农业公司也出现在川东各县农村。1910年合州石塘刘寅价等集股试办溥利公司,在小沔溪、滩子坝、三汇坝等处租放山蚕种4万,在水里、铜溪镇、费家渡等租放山蚕种1万,预计"其收茧成绩最好"②。又如前面所论及的成立于1902年四川蚕桑公社(又名合州蚕桑公社),最初集股银9200两,该公社既具有学校的形式,招收学生,又购地设立桑园,建有缫丝工场,聘请技师,招雇工人,种湖桑3万株,土桑数万株。"每年售丝售桑售种之利计入四千余金"③,故又有农牧垦殖公司的形式和性质。1909年"改为官督商办",拨入地方公款银6000两④。据不完全统计,1911年,川东各县设立及筹办的农牧垦殖公司见表9-9。

---

① 谢放:《辛亥革命前的四川富农经济》,载《近代史研究》1992年第3期。
② 王笛:《跨出封闭的世界——长江上游区域社会研究(1644—1911)》,中华书局1993年版,第173页。
③ 民国版《合川县志》卷二十,第26、48页。
④ 《四川官报》宣统元年第1册《公牍》。

表9-9　1911年重庆及川东各县设立及筹办的农牧垦殖公司统计表

名称	地区	创办时间	创办人	概况	资料来源
树畜公司	重庆	1907	赵楚恒		《东方杂志》第3年第12期《实业》
禁烟改种纪念公司	长寿	1909	孙健中等	股本20万元,从事种桑、养蚕、制丝、种麦、磨面等	《商务官报》戊申第26册,"本部要批一览表";民国版《长寿区志》卷十一《工业》
南川牧场	南川	1909	亚东	未建成	《蜀中先烈备征录》卷一《杨亚东传》
乐屏垦务公司	南川	1910		所垦荒地日渐扩大	《广益丛报》第8年第14期《纪念》
畜牧农林有限公司	万县	1911	张其炳	资本1.5万元至2万元,办畜牧业	《广益丛报》第9年第6期《纪闻》;《四川官报》光绪三十一年第2册《新闻》
林业公会	南川	清末	范宝三	合资,植树5万株	民国版《南川县志》卷四,第42—43页

总之,这一时期的农垦公司,无论从资金来源或经营方式看,基本上是封建性的,但同时也带有一些资本主义性质。

综上所述,上述具有资本主义性质的农业经营有如下特点:

第一,致力于经济作物的较大规模经营及较大规模的商品生产。如蚕桑业中植桑多至数万株,占地多达数百亩。种植规模如此之大,只有使用大量雇佣劳动力才能实现。在富农经济中也出现了较大规模的雇工经营。如南川县"村农耕田土,或聚工数十人"[①];该县富农在经营蚕桑业时"栽桑株,制蚕具,私人用沃地种至数千株以上者,亦数家"[②]。所以,较大规模的经济作物经营,既使用众多的雇佣劳动,又进行商品生产,通过剥削剩余价值实现价值增值,其资本主义性质显而易见。

第二,注意采用近代科技改善经营。如川东酉阳县不产粮食的地区,农民"向以栽种果木为业",该县有富农筹款购地"大辟林园,广收各处著名果

---

① 光绪版《南川县志》卷二。
② 民国版《南川县志》卷四,第29页。

树,用新法培植"①。

第三,适应国外市场和城镇需求的行业发展较快。蚕桑业和园艺业中出现了较多的资本主义性质的经营,而其他行业相对较少。蚕桑业是在生丝出口刺激下兴旺的,资本主义性质的经营也随之产生。从清末广泛兴起的"蚕桑公社"的创办经营情况可以看出比较典型的近代农业资本主义经营。如1907年长寿区舒子英集股6000余元,创办蚕桑学堂,名为学堂,实则租地种桑4万余株②。和蚕桑业比较起来,园艺业则是在国内城镇需求刺激下兴旺的。如江津县盛产广柑,于是该县广柑果林业中便出现了资本主义性质的经营。又如,同样产柑橘的巴县,1907年,"巨族"余某亦购买各种果木,以新法培植③。清末时,江津县冉隆泽,辟地种柑数百株,枳、枇杷各百余株,"蔚然成林,年获巨利"④。

蚕桑业和园艺业中资本主义经营的活跃证明农业资本主义发展要"取决于农业以外的资本主义生产的一般发展"。然而,在近代中国,国外市场为帝国主义所控制,国内城镇经济发展有限,这就会限制农业中资本主义经济的正常成长。

第四,极少数农业资本主义经营所积累的资金转入了工业资本。目前关于重庆附近及川东农村从资本主义性质经营积累转化为工业资本的仅有一例:富农转化为工业资本家的江津县冉隆泽。此人早年废读务农,"躬耕十余年",先以经营果园而获利,继又用新法"广种甘蔗、棉、麻等物",积累资金,于1906年在该县创办"建馨工厂",聘请日本技师,招雇工人,生产罐头、香酒,兼营石印,其产品还曾在成都、重庆、南京、美洲商品赛会上得奖⑤。虽然仅此一例,但却值得注意。因近代中国资产阶级大多由买办商人、官僚、地主转化而来的,而由富农直接转变为工业资本家者尚不多见。但是,在近代四川这个农业大省中,由农业积累的资金转入工业资本者毕竟太少。川东农村农业中资本主义经济的不发展,使重庆城市近代工业资本主义的发展必然要受到限制。这一点可以从近代重庆工业的发展历史得到证明。

---

① 《四川官报》光绪三十三年第25册《新闻》。
② 《广益丛报》总203、201、247号《纪闻》。
③ 《广益丛报》总130号《纪闻》,1907年4月17日。
④ 民国版《江津县志》卷十二,第34页。
⑤ 民国版《江津县志》卷十二,第34页。

第五,这一时期本地区农业中资本主义性质的经营大多数根基不稳,昙花一现,旋起旋衰。各种农牧垦殖公司及蚕桑公社的命运尤为短暂。虽然一度出现创办"公司"、"公社"的"热潮"。但大多数有名无实。个别略有成效者也多是虎头蛇尾,或资金拮据,或经营不善,免不了顷刻瓦解。如长寿禁烟改种纪念公司,"以经费不充,经营数年而辍业"[1];合州蚕桑公社原拟集股25000余两,结果"交收未及四分之一",创办七年之中,"东扯西填,将本还利,所欠股东公款本息已及万金,外债一万数千,所存社产勉敷其半,尚余一万数千两社债",终至夭折[2]。由此可见,农业资本主义经济比工业资本主义经济更加发展困难,前途短窄。

当然,应该看到,重庆开埠以后至20世纪初期,重庆附近及川东农村中资本主义经济确有短暂的发展。尤其是这一地区蚕桑业的发展,不仅促使士绅向农村资产阶级转化,而且为重庆近代缫丝工业的产生发展奠定了基础。随着蚕桑业的发展,重庆成为了四川丝业的中心。到1931年底,全川17家机械丝厂中有9家在重庆,占53%;全川机器丝车5996部,重庆为2800部,占46.67%[3]。重庆9家丝厂共有资本12万元,雇工4100名。另据重庆中国银行统计,到1931年止,重庆有天福、同孚、华康、谦吉祥、大江、祥兴、同泰、大有、天福南、蜀华等10家机器丝厂,有日式丝车3695部,工人6070人,产额3190箱[4]。此外还有一批使用木车的小厂。如果没有重庆附近及川东农村资本主义经济因素的一定增长,近代重庆机器缫丝业的中心地位是难以实现的。此外从这一时期重庆城市颇为繁荣的新兴的工场手工业来看,也反映了重庆附近及川东农村资本主义因素的滋长。同时,农业中资本主义经济因素的增长,也对农村中的地主士绅产生了吸引力,引起了乡村士绅价值观念的变化。如江津县士绅涂景陆"晚年慨生计艰,非讲求实业无以自立",派儿子赴日学蚕桑,归乡后,即"造地建蚕社一所,期振蚕业"[5]。

综上所述,这一时期重庆农村经济的资本主义因素从两个方面都有滋长,这是自然经济解体后农产品商品化发展的自然结果。但另一方面,这种

---

[1] 民国版《长寿区志》卷十一,第1页。
[2] 民国版《合川县志》卷二十,第46页。
[3] 《重庆海关1922—1931年十年报告》。
[4] 《民国十一年至二十年重庆经济概况》,第168—169页。其产额之时间不详。
[5] 民国版《江津县志》卷十二。

资本主义因素又无发展前途,始终摆不脱帝国主义和封建主义的严重束缚,呈现出半封建的特征。与原有的封建经济相比,新兴的农业资本主义因素不过是汪洋大海中时起时伏的岛屿,随时都可能被无情地吞噬。

第三节 农村封建土地关系和剥削关系的继续保持

重庆开埠以后的30年间,川东农村自然经济开始逐渐解体,农村经济商品化也有了长足的发展,但由于它的半殖民地性质,决定了它不可能冲破封建土地所有制的樊篱而向资本主义方向发展,而只能是在农村商品经济发展的同时,照旧保持着封建剥削制度的优势。正如毛泽东同志在总结中国半殖民地半封建社会的特点时所指出的那样,"封建时代的自给自足的自然经济基础是被破坏了;但是,封建剥削制度的根基——地主阶级对农民的剥削,不但依旧保持着,而且同买办资本和高利贷资本的剥削结合在一起,在中国的社会经济生活中,占着显然的优势"①。这正是半殖民地半封建中国农村经济的基本特征。"封建剥削制度的根基",就是指封建地主土地所有制和以此为基础对农民的剥削。在近代重庆农村,与微弱的资本主义经济因素相对应的,就是保持优势的而且根基牢固的封建土地关系和剥削关系。

一、封建土地所有制的继续保持

土地兼并和集中趋势是封建土地制度发展的规律。据县志记载,合川县"富者田连阡陌贵敌王公,贫者地无立锥,力耕之农率以田人之田"②。在潼南县,"致富有或连阡陌之家"③。

从重庆开埠到20世纪30年代,重庆附近及川东农村土地兼并集中的过程中有以下几种倾向:

1. 庶民地主的发展

庶民地主在清代前中期即有较大发展。由于明末农民大起义风暴的扫荡,四川的地主豪绅遭到严重打击,封建宗法关系有所松弛,并且出现了大片

---

① 毛泽东:《中国革命和中国共产党》,《毛泽东选集》(合订本),第593页。
② 民国版《合川县志》卷十七,第2页。
③ 民国版《潼南县志》卷六,第53页。

无主荒地。顺治十年起,清政府在四川实行招垦政策,"准四川荒地官给牛种,听兵民开垦"。康熙二十九年准许垦荒者"将地亩给为永业"[①]。清代前期,四川庶民地主的发展多借助于插占田业,招佃垦荒。鸦片战争以后,随着大多数荒地开垦殆尽,庶民地主的发展主要依靠兼并农民的土地逐步成为大地主。不仅原来的庶民地主不断广置田业,在近代,仍有一些自耕农、佃农也通过力农起家,成为庶民地主。如南川县的韦福兴,"幼极贫","为劳佣";光绪时居职起家,又种黄连致富,前后20年,"买田租六百余石"[②]。云阳有的农民由"勤劳"而"成家",后渐变为占田千亩的大地主[③]。大竹县有的农民力农致富,发展成为出租地主[④]。

庶民地主与官僚缙绅地主不同,他们主要不是凭借封建特权来强占或强买田地,而是通过经济手段,运用货币的权力来购置田产。因此,庶民地主的发展反映出农村商品货币经济的发展,表明封建土地关系有所削弱。但是,恰恰是庶民地主的发展又使得封建土地关系有了延续的途径,通过这条途径,不仅中小地主可以进一步成为大地主,就是一般的小农也可能攀登上地主的位置。庶民地主又多经过"率佣躬耕"的富农阶段,因此,庶民地主的发展往往以富农经济的发展为前提。可是,因商品货币经济发展而成长的富农经济,在封建土地剥削关系占优势的陈旧基础上,大多数只能加入庶民地主的队伍[⑤]。

2. 军阀、官僚对土地的掠夺

甲午战争后,尤其是辛亥革命失败后,在中国各地的新旧军阀掠夺的土地最多,成为当时最大的地主。就全国而言,在各省有名的大地主中,可以说找不出几个不是出身于军阀和官僚的。所以说,这一时期兼并和集中土地的主力是军阀和官僚。在四川,军阀、官僚或者依靠军阀、官僚势力的地主恶霸兼并土地的情况特别突出。1917年以后,四川"新兴军阀官僚,风起云涌……均争买田产"[⑥],"所谓各军首领,大抵俱广置田产,有倾全县良田为己

[①]嘉庆版《四川通志》卷六十二,第14页。
[②]民国版《南川县志》卷十一,第58页。
[③]民国版《云阳县志》卷二十七,第3页。
[④]民国版《大竹县志》卷九,第28页。
[⑤]谢放:《近代四川农村经济研究》(硕士论文)。
[⑥]章有义:《中国近代农业史资料》第3辑,第713页。

有者,骄奢淫逸之风气,亦几为全国之冠"[1]。而土地集中的地区又往往是经济中心城市附近的农村。江津县地主以 7% 的户数占田 90%[2]。再以巴县为例,据巴县抄档等有关资料整理为表 9-10。

表 9-10　清末巴县大粮户所占租谷抽样调查表

粮户			租谷(单位:石)		
巴县总户数	抽查粮户数	粮户占总户数之%	全县收租 10 石以上的租谷总数	抽查粮户租谷数[④]	粮户租谷占全县租谷%
185953	43	0.023	362956	23754	6.54

资料来源　参见谢放:《近代四川农村经济研究》(硕士论文)。

需要说明的是,抽查的 43 户粮户为巴县 6 场又 3 保之粮户(收租 100—1000 石以上)。据《巴县乡土志》记载,清末巴县计有 87 场、107 保,故估计抽查范围不及全县 1/10 地区。从表中可以看出,在收租 10 石以上粮户中,仅占全县户数 0.23% 的 43 户大粮户,收租谷却占 6.54%,据此推算,大约 0.2% 左右的粮户,所收租谷即可达全县的 60% 以上,可见土地集中的状况。

此外,又以该县长生场观文保的情况作进一步的考察,参见表 9-11。

表 9-11　巴县长生场观文保大粮户所收租谷表

全保户数	大粮户户数	大粮户百分比(%)	全保租谷(石)	大粮户租谷(石)	大粮户租谷百分比(%)
200 余	4	2	785	474	60

资料来源　鲁子健编:《四川财政史料》(上册),四川省社科院历史所藏,第 635 页。

仅仅占全保户数 2% 的 4 户大粮户,就占有全保租谷的 60%。

随着土地的高度集中,一个新兴的军阀官僚地主阶层迅速崛起。他们的出现引起了四川地主阶级内部明显的新旧更替。根据 1935 年对重庆附近农村土

---

[1]《论整理四川》,载《国闻周报》第 8 卷第 1 期,1931 年 1 月。
[2] 参见吕平登:《四川农村经济》,商务印书馆 1936 年版,第 181 页。

地占有情况的调查，我们可以看出这一地区的土地兼并状况，参见表9-12。

表9-12 重庆新旧地主情况表

单位：亩

土地占有情况	新地主				旧地主			
	军阀	官僚	其他	合计	大地主	中地主	小地主	合计
占田最高数	4000	1000	500		无	200	40	
占田平均数	2500	500	100		无	100	30	
户数百分比	6.6%	14%	11%	31.6%		6.6%	63%	69.6%
占田百分比	60%	26%	4%	90%		2%	6%	8%
情形		经营新式农业者多	多为团劣之类		旧大地主除转变为新地主外无存者	经营新式农业	除边区地主外无存者	
佃户户数百分比	60%	30%	8%	98%			1%	1%
佃户占田平均	100	80	50			无	5	

资料来源　张肖梅：《四川经济参考资料》A，第20—23页。本表是根据谭义父调查制作，仅选择了重庆一地的新旧地主情况列表，表中新旧地主、占有田及佃户数百分比之和应等于100%，但据材料说"各县各项地主有缺者，故统计平均不足百分之百数"。

从表9-12可以看出，地处经济中心城市重庆附近的农村，土地兼并和集中已相当严重。统计显示这一地区土地已高度集中于新兴地主的手中，而在新兴地主中，"尤以军人地主阶级最占优势"，户数最少的军阀地主(6.6%)已占田地的60%，最高占田达4000亩，平均每户也占有2500亩。这些军阀地主还拥有本地区全部佃户的60%。军阀地主的兴起，打破了地主阶级内部原有的平衡，从而使其从政治上占统治地位走向了在经济上绝对地超过旧式地主而占统治地位。

3.商业高利贷资本流向地产

早在鸦片战争前，重庆及川东农村的高利贷资本已开始流向地产，如《云阳县志》中有商人、高利贷者通过购买土地成为地主的记载。近代以后尤其是重庆开埠以后,随着商业高利贷资本的不断积累,加之近代工业的不断发展,商人、高利贷者也加入了兼并土地的行列。在农产品商品化的迅速发展中,一方面优厚的商业利润刺激地主更加热衷于参加商业活动;另一方面,地租的增长,又反过来促使商业资本转入农村的土地投资。例如南充县罗福兴,在清后期经商积累了不少货币,于是"购田宅富甲一乡"①。与此同时,农村高利贷者也利用租税剥削的加重和战争的频繁对农民所造成的灾难时机,残酷地掠夺农民的土地。大竹县庞开文"设钱庄营子田利","置租数百石"②。永川县萧世香、陈尚贤乾隆年间初做佣工,后做生意,"积至万金,合置田业"③。

大量的商业高利贷资本流向地产,不仅加剧了农村中的土地兼并,而且通过地主、商人、高利贷者"三位一体",使封建土地剥削关系在更大的范围内得到延续和巩固。

但是,还必须看到,地权集中的过程中也有分散的趋势,即大地主有衍化为中小地主,而中小地主又有衍化为自耕农乃至佃农的可能。这种分散的趋势主要由以下两个因素导致:

(1)封建政权不断加重捐税。在苛捐杂税的高压下,中小地主难免丧失一部分乃至全部土地。如南充县,在清末"每岁完纳派捐各项,惟产业粮户当之",以至"业户寥落","多流为娄"④。又如巴县冯吉元在光绪二十五年因"负债无偿"将价值3250两银的田业"扫卖"与他人⑤。

(2)封建家族析产制度。家长死后其田产由诸子分家继承,经历数代细分之后,原来的大地主衍化为数个中小地主,中小地主又衍化为自耕农乃至佃农。如巴县黄吉成光绪二十七年有"百余石租谷田业",兄弟四人分家,"各只分租谷二十余石"⑥,衍化为四个小地主。

当然应该指出的是,在地权集中的过程中,更多的地主是土地的购买者,更多的小农是土地的出卖者。这种地权集中之中有分散,分散之中又有集

---

① 民国版《南充县志》卷九,第59页。
② 民国版《续修大竹县志》卷九,第9页。
③ 光绪版《永川县志》卷八,第32页。
④ 民国版《南充县志》卷十二《艺文志·庞鼎铭禀》。
⑤ 《巴县抄档》,引自鲁子健编:《四川财政史料》(上册),四川省社科院历史所藏,第646页。
⑥ 《巴县抄档》,引自鲁子健编:《四川财政史料》(上册),四川省社科院历史所藏,第654页。

中,便构成了封建土地关系延续的一个"闭路系统"。这个系统通过自我调节的功能,一方面增强了地主经济的活力和坚韧性,一方面又削弱了农民反封建的意识,使封建土地关系不断再生,长期延续。

概括而言,随着重庆附近及川东农村自然经济逐步解体,在商品经济普遍发展的情况下,军阀、官僚、商人、高利贷者及旧地主仍然如此热衷于土地兼并而不竞相投资于资本主义工商企业,原因有二:一是近代中国资本主义工商业收益没有保障,二是土地收益较高又可靠。归根结底是由近代中国社会的半殖民地半封建性质所决定的。由于近代社会的半殖民地性,使得国内商品市场不仅为帝国主义所控制而且还受到封建政权的勒索和各种封建势力的束缚,资本主义工商业只能在这两座大山的夹缝中求生存、图发展。尽管有时也可获得较高的利润,但投资工商业必须冒风险,不如坐收租谷安稳可靠。因此,一些官僚、地主、商人和工业资本家所积累的财富,只能部分地投资于资本主义工商业,即令在工商业中盈利,也不轻易用于扩大再生产而要不断购田置地。由于资本主义工商业得不到保障,促使社会资金流向土地,以收取地租,而封建土地所有制和封建剥削的存在又束缚资本主义的发展,两者互为因果,具有显著的半殖民地半封建社会经济特征。土地的高度集中,表明了农村经济中,封建剥削制度仍然占着显著的优势,严重地阻碍了农村资本主义经济因素的成长。

二、地租剥削的继续加重

土地占有的高度集中,并没有向资本主义农业经营的方向发展,相反,新兴地主仍然将土地分散租给贫苦的农民耕种,对农民进行残酷的地租剥削。如上所述,重庆开埠以后,随着重庆附近及川东一带农村土地日益被大地主所兼并,无地和少地的农民日益增多;由于在半殖民地的中国,这一时期,重庆近代资本主义发展微弱,破产农民无路可走,不得不仍然留在农村租种地主的土地,因此,在这一时期,封建地租剥削仍旧是封建地主剥削农民的最基本的形式,而且,这种无路可走的破产农民愈多,又为地主加强压榨农民创造了更为有利的条件,所以这一带农村地租剥削也出现日愈加重的趋势。如在巴县"贫无赀者,力能耕作,无田可耕,不得已为人佣耕,博取区区之劳金"①。南充"雇佣农工大抵为无业之壮民,经各自业农雇用"②。江津"十分其力而佣工居其半"③。据20世纪30年代的抽样调查,自耕农比例更是降低,佃农增多,其中川东地区的自耕农自耕面积为22.58%,低于当时全省的平均自耕面积;而佃耕面积却为77.42%,高于全省的佃耕面积④。

佃农耕种地主的土地要向地主交纳地租。封建地租有三种主要形式,即劳役地租、实物地租和货币地租。近代以来,这三种剥削形式并存于川东农村一带,其中以实物地租占统治地位。实物地租又分为两种:一种是定额制(不问收获多少,照额交纳地租);另一种是按收获物比例的分成制,川东农村多采用分成制地租。实物分成地租按地主供给佃户的牛、种子和其他生产工具的多少有无的不同,有均分、四六分、三七分、二八分等区别。据研究者对巴县档案的分析,重庆府的实物分成租中,以对半居多,不等成分较少;而在不等成分中,又几乎都是主六客四的"四六均分"⑤。

在半殖民地半封建的四川农村,在剩余劳动生产率极度低下的情况下,地主阶级对农民的地租剥削率极大。据1929年调查,四川上等田地租在50%以上;到30年代初,上等田地租上升至65%左右⑥,这已大大超过了全国的地租率。

在实物地租继续保持主导地位的情形下,由于农村商品经济的发展,川东出现了货币地租。

高额地租剥削率的存在,是封建生产关系极端反动腐朽的结果,同时它又进一步加强了封建土地占有制,成为土地兼并的强大动力,驱使着军阀、官僚为追求高额地租剥削而疯狂掠夺土地,从根本上破坏了农业生产力,也阻碍着农村资本主义经济的发展。

此外,押租制也是地主剥削农民的一种形式。押租制是随着封建社会后期商品货币经济的发展以及租佃关系中封建依附关系松弛而出现的。押租

---

① 民国版《巴县志》卷十一,第18页。
② 民国版《南充县志》卷十一,第75页。
③ 光绪版《江津县志》卷十六,第1页。
④ 郭汉鸣、孟光宇:《四川租佃问题》,商务印书馆1944年版,第15—19页。
⑤ 李映发:《清代重庆地区农田租佃关系中的几个问题》,载《历史档案》1985年第1期。
⑥ 吕平登:《四川农村经济》第8章《租佃制度》。

制即佃农必须向地主缴纳押金才能佃种土地。地主用以防范佃农抗租,并在人多田少,佃农"乞田而耕"的情况下乘机苛索。自清乾隆以来,重庆附近及川东一带农村已有押租的记载。近代以后,随着商品经济的发展,押租制盛行起来。据20世纪30年代对四川58个县、8067户佃农的抽样调查,仅川东9县租佃土地中收取押金者占91%①,高出全省收取押金者平均额(76%)15%。这是因为川东地区有四川经济中心城市重庆的缘故。据记载,云阳县有些佃农多为大户,每年交租多在四五十石以上,有的可达百石左右,而"压庄之费,常逾千两或数百两"②。在重庆府有关押租钱的记载中,有的押租钱高得惊人:有押佃银33两,租谷2斗者,为82倍(按1石谷折银2两算);有押佃银27两,租钱300文者,为90倍;有押佃银140两,租谷5斗者,为140倍。不过多数还是1倍至3倍。在关于押佃与地租比例记载的54件档案中押金为租钱的1倍至3倍者占32件③。

到清末,除押租制盛行外,"押重租轻"④的现象亦日益突出。南川县"至有与卖价相埒,概不收租者,曰大押租"⑤。巴县押租额高达正租的几百倍甚至上千倍,参见表9-13。

表9-13 巴县"押重租轻"示例表

时间	押租额(钱:文)	正租额(钱:文)	押租为正租之倍数
同治十一年	272000	1000	272
光绪十六年	192000	1120	171
光绪三十一年	435600	264	1650

资料来源 谢放:《近代四川农村经济研究》(未刊硕士论文)。

较肥沃的田地收取押租相应加重。如南川县押租额"田肥省力者重,田

---

①郭汉鸣、孟光宇等:《四川租佃问题》,第61—64页。
②民国版《云阳县志》卷十三《礼俗》。
③李映发:《清代重庆地区农田租佃关系中的几个问题》,载《历史档案》1985年第1期。
④押租制有"押重租轻"或"押轻租重"之惯例。即押金超过一定限度,佃农就要相应地减少正租;反之,押金减少,正租就要相应增加。据民国版《南川县志》卷四载,"以出田谷一石,押钱一贯为适中"。
⑤民国版《南川县志》卷四,第28页。

瘠倍力者轻",押租高者,"占田价五分之二,以壤沃故"①。

对地主而言,不论丰歉,押租均可保障其收入,且通过索取押金,地主可以长期无息地占有佃农的一笔为数可观的钱财。对佃农而言,押租十有八九是靠借高利贷而来,广大佃农被置于高利贷的盘剥之下。因此,押租成为佃农的沉重负担。如在南充县,因为人口增加,土地有限,"地主居奇,佃农相轧,遂致租金日高,频年迁徙,佃户坐是困穷,倾家者甚众"②。交不起押租的佃农,或被迫借高利贷而负债难偿;或向富佃转佃土地,遭受双重盘剥,或为了减少押租而缴纳繁重的正租。于是巴县大多数佃农"竭一己之汗血以多数奉地主,所冀幸者不过馋吻之余。投质多者,其余较多,尚可资之以自给;质金不足,贷人之金以为质,除输给田主外,债权又从而夺之。新谷甫登,瓶垒已竭。已惟忍饥受冻,长应此牛马之役"③,终于丧失佃耕土地的能力。

三、商业高利贷剥削的加强

农村商品经济的发展,土地兼并的加剧,地租剥削和财政搜刮的加重,必然造成商业高利贷的更加活跃。这种商业高利贷活动,一方面与帝国主义买办经济结合成为帝国主义推销商品、掠夺原料的工具;另一方面又与地主阶级结合在一起,成为进行封建剥削的手段。近代四川农村的高利贷极为普遍和猖獗。在广安州"重利盘剥有月借,有岁借",月利率为10%,年利率为30%④。涪陵县"富人以余财兴工艺者绝少,经商者亦不多,大约用为借贷盘剥小户,术最密,心最刻,有借母金十,经几次合筹,对年须七八子金乃可偿,甚有子过了母者"⑤。在经济作物种植地区,高利贷更是施展其盘剥毒术,控制农民小生产者。一批高利贷者通过盘剥小农而起家致富,合川县的高利贷者有以"数千金起家"而"拥资数十万,买田百余顷"者⑥。

典当业是以高利贷残酷剥削农民的金融组织,据巴县档案记载,1872年,

---

① 民国版《南川县志》卷四,第28页。
② 民国版《南川县志》卷四,第28页。
③ 民国版《巴县志》卷十一,第15页。
④《广安新志》卷十三,第10页。
⑤ 贺守典等编:《涪乘启新》卷三,光绪三十一年刊本,第8—9页。
⑥ 民国版《合川县志》卷四十八,第9—11页。

巴县有当铺5家,1885年为11家,到1910年增至166家[①]。农民一旦陷入高利贷,只有倾家破产。高利贷就像寄生虫那样紧紧地依存于旧的生产方式,它"不是发展生产力,而是使生产力萎缩,同时使这种悲惨的状态永久化"[②]。高利贷者通过贱买贵卖,剥削小生产者来增值或从外国资本倾销洋货、掠夺土产中分得余沥。因此这种商业高利贷资本带有浓厚的半殖民地性和封建性。

综上可见,重庆开埠以后,川东农村自然经济的逐步解体,商品经济的发展并没有导致广大农民摆脱封建束缚的锁链,相反使得农民不仅仍然受到严重的封建剥削,日愈陷入农村高利贷的罗网,生活更加迅速地恶化。在广大农村,封建剥削制度的根基——地主阶级对农民的剥削,不但依旧保持着,而且同买办资本、高利贷资本的剥削结合在一起,在社会经济中占着显著的优势,使得近代重庆资本主义工业发展十分微弱,也使得本已十分顽固的封建经济及封建剥削制度得到强化并长期存在。

[①] 转引自隗瀛涛编著:《四川保路运动史》,四川人民出版社1981年版,第31页。
[②] 马克思:《资本论》第3卷,第674页。

第十章　城市社会经济组织

第一节　城市行帮与行会

城市社会是一个人口密集的系统,它要进行正常的运转,人们要进行正常的活动,就必须有相应的配合方式,要求一种系统化的秩序,从而才有可能实现各种特殊功能管理的整合,这种需要就促使了城市各种社会组织的出现。任何具体的社会组织系统都是经济体,同时它又是适应性的社会结构。重庆作为川东乃至四川的经济中心,成为各种商品的起落点和集散地,各省商人都聚集在此,相继设立了一些经济组织,如行会、商帮、票号和钱庄等。大量聚集的移民,建立了他们自己的同乡组织,形成了移民社会。随着开埠和对外贸易的发展,一些近代经济组织也应运而生,如商会、邮政机构的出现,从而推动了城市近代化的进程。

一、行帮

行会制度是传统城市中的主要经济形式之一。在封建时代,城市组织总是在某种程度上模仿农村的组织。随着"舍本逐末"的农村人口大量涌入城市,随着城市工商业的稳定,城市手工业作坊和铺户贸易有了显著的发展,对农村基层政权进行模仿的行会也就出现了,逐渐具有了某些与商业者利益相联系的经济职能,它起着手工业者间、商人间消除内部彼此竞争的作用,也防止外来竞争者在本区域内侵犯他们的利益,扰乱当时商品经济的既成秩序。在重庆存在着许多同业行会,制定有严格的行规。如搬运夫行,嘉庆年间,为维持朝天门码头的生意和秩序,防止"无聊流痞混聚码头恃强抢搬",制定了条规:(1)推举"年力精壮,忠实才干"者为领首;(2)领首每日在码头照管,一遇货物拢岸,随即派拨搬运夫上船,"轮挨次搬运,不得恃强争夺";(3)领首负责查点货物;(4)领首置买雨篷,以遇雨遮盖货物;(5)搬运夫所抬货物从码头至各行栈,路途若不远,不得歇肩,以"杜其掏摸"和免"拥塞官街";(6)搬运货物运价"原有定规,不得以天时晴雨早晚任意勒索";(7)领首不得恃权"侵蚀散夫血汗";(8)码头每逢官员往来,一切差务仍照旧规;(9)每日搬运货物从辰至申时,这期间不得"推诿不运"。若因此造成客货堆积码头,损坏遗失,由"领首赔还"[①]。道光年间,重庆城烟帮议订《担子公议章程》,规定凡入会者,只准有烟担子一副,若新添烟担子一副,要缴"庄银四两",未入会的烟担子上街,要出厘金1000文,烟担子上街若"乱卖","紊乱章程",一经查出,则罚戏一台,酒席四桌[②]。重庆川、茶两帮力行分帮亦订运货章程,"以杜争竞"。因为过去两帮力行因"争远客货","互斗横讼"。为免纠纷而达成协议,互划运货区域。道光年间,重庆城众商又就度量衡订立"程规",由"客帮爰集同公议整理旧规"。若有违反,则"照公议章程受罚"。其中对"银水平砝"、"斗斛"、"时市议价"、"行主提盘"、"课差"等作了明确规定[③]。

重庆进出货物主要靠船运,是各地船只和船夫汇集之处,以此为生者无计其数,于是各船帮林立。按清官府规定,各船帮都应支河差,各船帮一般以缴钱作抵。但有差役乘机勒索船户,"朋分肥囊,扰累难堪",为杜绝这一弊端,重庆八省局绅公议了大河、小河差役及征钱办法。以大河船帮为例,征钱办法如表10-1。这样既应付了公差,亦保护了自己的利益。

表10-1 重庆大河船帮征钱项目表

船帮	抵渝船只每次收钱数(文)			离渝船只运货出港收银数(分)			
	大船	中船	小船	棉花(包)	杂货药材(件)	广布(卷)	瓷器(子)
嘉定帮	1200	800	600	3	2	1.5	0.5
叙府帮	800	600	400	5	2	1	0.5

①《嘉庆十六年四月二八日抄粘条规》,见巴县档案,嘉庆财政卷二,卷号27—2—4。
②巴县档案,道光财政卷二,卷号65—3。
③《重庆海关1892—1901年十年调查报告》。

续表

船帮	抵渝船只每次收钱数（文）			离渝船只运货出港收银数（分）			
	大船	中船	小船	棉花（包）	杂货药材（件）	广布（卷）	瓷器（子）
金堂帮	1000	800	600	8	3	2	0.5
泸富帮	600	400	200	3	2	1	0.5
合江帮	1200	800	500	3	1.5	1	0.5
江津帮	600	300	100	1.5	1	0.5	0.3
綦江帮	1200	600	100	1.5			
长宁帮		1000		3	1.5	1	0.5

资料来源　《八省局绅公议大河船帮差务条规》（嘉庆八年三月二十四日），巴县档案，嘉庆财政卷二，卷号8。

二、行会

重庆同业关系组织的行会根据商号的性质和大小分别组成，大宗号是"四圣会"，广货铺是"齐行会"，京缎宗号和大布店是"财神会"，小布店和零剪铺是"永庆会"。

"四圣会"于光绪初年成立，行规有赊期和扣头两种。赊期即先赊出货，然后规定时限收款；扣头即按比例给广货铺折扣，以打开销路，促使广货铺多向宗号进货。"四圣会"规定只有"走水"的字号才有资格参入，最初入会的会金是12两银子。每年三、六月办会唱戏，祭祀"四圣"[①]，故名"四圣会"。

"齐行会"是广货铺的行会。光绪初随着字号的增多，居间的广货铺便出现了。字号的货船一到即通知广货铺开盘，广货铺一次把货买完，然后再卖给大布店和大水客，从中渔利。广货铺为获取利润，就事先共同商议货价，并推出能认货、议价的老把式与字号周旋，达到步调整齐、行市划一，故定名曰"齐行会"。它以"四圣会"的行规作为自己的行规。"齐行会"因为当时不"走水"（到民国初年才"走水"），故最初只祭祀福禄财神，而不祭镇江王爷，直到后来布匹帮的同庆公所成立，才两神共祭。

"财神会"具体成立时间不详，它是由京缎铺成立的。京缎铺一直是做丝

[①] 卓德全等：《洋布倾销和重庆布匹业的形成》，载《重庆工商史料》第1辑。

发(绸缎)生意,在洋货未来以前就有。丝绸的行规开始与上述布匹的行规不同,到京缎帮兼营布匹生意后,在布匹方面又要同时按"四圣会"的行规进行交易。大布店兴起后也加入了"财神会"。

"永庆会"亦成立于光绪时期。光绪中期,重庆出现了一些整匹开零的小布店,这些小铺、店感到受布匹帮内其他行会的歧视,遂自行成立"永庆会",取永久庆幸生意兴隆之意。入会名曰"上庄"。每年四月借三圣殿办一次会,祭祀刘备、关羽、张飞"三圣",其用意是要效法他们的"义气",彼此不要勾心斗角、尔虞我诈[①]。

各轿行为承接婚嫁丧事业务,时有争执。光绪中叶以后,为避免各轿行之间的纠纷,经协商,决定了业务划分和经营地区。规定:花轿行经营吹(吹鼓手)、扎(扎牌坊、孝堂、亭子等)、抬(抬花轿、抬表)、小工(红、白喜事用的执事)等业务;小轿行经营小轿(街轿和长路轿子)、"洞洞丧"(八人以下抬的不用吹鼓手和执事的丧事)、"难收拾"(搬家)、小牌子(送信送东西的零星小工)等。并划定属于下半城储奇门地区的花轿行业务由三合公承接,属于上半城朝天门地区的花轿行业务由通行号承接;小轿行营业地区则按当时重庆的行政区域29个坊、15个厢划定营业范围,除规定甲区不得到乙区承揽生意外,即在同一地区内的小轿行,也不准在他家轿行左右三家铺户以内兜揽生意。对信行和轿行的业务也作了明确划分,规定信行只能经营货运,不能经营客运。这样,当时的肩舆行业,就分为花轿、小轿和信行等三个帮口。但清末民初,争端又日渐激烈,1913年又重新划分营业区域以缓和争端。将重庆九门八码头划分为马王庙、龙王庙、镇江寺、仁和湾、东狱庙等12个地区,严禁越区接揽业务和限制增设轿行[②]。

另外,重庆城还分布着许多同业行会,一般冠之以某某公所,以营业种类划分,这些同业行帮、行会和公所成为当时重庆极其重要的社会组织。

三、重庆行帮、行会的特点

从清代重庆成立的工商业公所和行帮来看,有以下几个特点:第一,协调

[①] 卓德全等:《洋布倾销和重庆布匹业的形成》,载《重庆工商史料》第1辑。
[②] 陈宗树:《重庆的轿行》,载《四川文史资料选辑》第34辑。

同行之间的利益。如重庆码头搬运夫的行规即规定推举年轻力壮者作为"领首",以避免各搬运夫互相排挤,各"恃强争夺"。第二,维护本行信誉。如搬运帮条规明定运价不得"任意勒索"。第三,应付官差官役。如重庆《八省局绅公议大河船帮差务条规》和《八省局绅公议下河船帮差务条规》便规定了大河、小河差役及征钱办法。各船帮统一行动,以免官差勒索。如下河船帮中的犍富盐帮"遇兵差每盐一载收钱一千文,按船大小算派"。夔澧帮"有兵差系各船户委议会首代办"。第四,以规章形式的强制性办法,限制行业内部的竞争。如重庆烟帮规定凡入会者,只准有烟担子一副,并划定卖烟区域,不得"乱卖",违犯则予以处罚。

重庆各行会每年一般都有定期的活动。例如绸布各行会每年都要举办两次神会,一次是三月的财神会,一次是六月的王爷会,有的还要同时唱神戏,敬福禄财神和镇江王爷,"四圣会"同时还要敬文昌和关圣。光绪中叶,"四圣会"、"齐行会"、"财神会"共同集资在白象街修建一座会所,叫"同庆公所"。此后,这几个会每年都在公所内办会唱戏。公所的正殿上供"大清皇帝万万岁"和"当今皇帝长生之位"的牌位,下列关羽神位,左供福禄财神,右供镇江王爷[1]。

重庆许多同业公会,即使是到了国民后期,都还具有浓厚的封建性。如把持南岸轿行工会的刘志诚,在龙门浩开设一家茶馆,规定所有工人每天固定两碗茶,不吃也得付钱,还要预付茶钱十天,否则停止工作,并强迫工人为他轮流服役,除担水、挑煤外,还要抬他上街、赶场以及游山玩水。同时借公会名义向工人敲诈会费、送礼费、招待费、寒衣费等[2]。这充分说明,随着城市向近代的发展,一些社会组织也顺应形势改变着它的名目,但其内部却仍保留了许多封建的东西,这些落后的社会组织往往还会阻碍社会的近代化。

第二节 移民社会组织

重庆是一个移民的社会,移民的活动几乎支配了重庆的整个商业活动,

---

[1] 卓德全等:《洋布倾销和重庆布匹业的形成》,载《重庆工商史料》第1辑。
[2] 陈宗树:《重庆的轿行》,载《四川文史资料选辑》第34辑。

并由此形成了颇具特色的移民社会组织。

一、移民与商行

重庆的移民直接推动了重庆商业的发展。嘉庆年间,重庆"各行户大率俱系外省人民"。经各省客长清查,当时在重庆须牙帖者共109行,几乎全为外省人,综计江西40行、湖广43行、福建11行、江南5行、陕西6行、广东2行,而四川本籍(保宁府)仅2行,占总数的1.8%。具体分布见表10-2。

表10-2 嘉庆年间重庆商行籍贯分布表

类别	江西	湖广	福建	江南	陕西	广东	保宁府	合计
铜铅	1							1
药材	11							11
布行	2	2			1			5
山货	22	7	7		1	1		38
油行	1				1			2
麻行	1	2						3
锅铁	2	3						5
棉花		12						12
靛行		8						8
瓷器		1		1				2
杂粮		1						1
花板		2						2
猪行		2						2
酒行		3						3
烟行			4					4
纸行				1				1
糖行				3				3
毛货					3			3
纱缎						1		1
丝行							2	2
合计	40	43	11	5	6	2	2	109

资料来源 巴县档案,嘉庆财政卷二,卷号5-3-8。

从表10-2可见,当时重庆的109家商行中,以经营山货、棉花、药材、靛青者为最多。上述四项共有62行经营,占总行数的56.9%。而且主要又集中在江西(山货、药材)和湖广(棉花、靛青)等省商人手中。

重庆是转运贸易的起落点,许多产于附近的商品首先集中于这里,然后经转运商人远销各地。也有一部分商品从其他地区转运而来,然后在这里零售。清代以来,长途贩运规模愈来愈大、愈来愈频繁,各地商人就逐渐成为重庆整个商业活动的主体。

二、移民与会馆

都市中的移民由于对都市环境陌生,为适应新环境的需要,往往建立起彼此隔离的社区,保持着各自的制度、习惯、正式或非正式的组织。这些组织按其在社会中的位置,在一定程度上发挥着影响,支配着社会。在重庆就存在着不少这样的社会组织,会馆就是主要的组织形式。

由于客居在外,移民对本乡本土怀有的感情致使他们以同乡的形式联结在一起。本籍人设立会馆,既是感情上的需要,亦是实际上的需要。移民进入城市,难免有许多客观困难,而且不时与土著发生矛盾和摩擦。为生活的需要,为维护自己的利益,他们建立了会馆这种同籍的社会组织。这种社会组织一般由流寓在外的客籍居民创办,有严格的地域划分,即本乡本土人——小至乡县、大至省——的结合,对外籍有排斥性,其内部供奉有本籍尊崇的神祇或先贤。

外籍人在重庆普遍建有祠、庙、宫、殿之类的建筑作为会所,如禹王庙"在东水门内即湖广会馆",天后宫在"朝天门内即福建会馆",南华宫即广东会馆[①]。表10-3列出各省会馆建筑名称及供奉的神祇先贤。

---

① 民国版《巴县志》卷二下《庙宇表》,第4—5页。

表 10–3　各省会馆建筑及供奉神祇先贤表

名称	主要建筑	供奉神祇先贤
江西会馆	万寿宫	许真人
福建会馆	天后宫、天上宫、天妃宫	天妃
陕西会馆	三圣宫、三元宫等	刘备、关羽、张飞
山西会馆	山西馆	关帝
湖南、湖北会馆	禹王宫、禹王庙等	大禹
广东会馆	南华宫	关圣帝君
浙江会馆	列圣宫	关帝
江南会馆	汇南馆	关帝
云贵公所		关帝、南大将军

　　会馆也是同籍人社交活动的重要场所，起着联络感情、沟通消息的作用。会馆成员聚会一般都相当频繁，如江西会馆一年聚会达 200 次，其他各会馆也在 70 次至 80 次之间，而且还有特定的全体宴会、庆祝日等[①]。

　　关于重庆会馆的内部结构及功能，从现存巴县档案中保留的嘉庆《浙江会馆碑文》可窥一斑。据碑文称，浙江人在重庆贸易以瓷器为最，杂货次之，为保本籍商人之利，于是"齐集公所，从长酌议"，并刻碑以"共劝厥志"，"即守前人创业维艰之意。"规定了以下条文：一、议公信。为"避独行病商之弊"，凡瓷货投行发售，本行厘全减半，本客粗瓷每子（子：系瓷器计量单位）3 厘，细瓷每子 1 分 9 厘，"照数归公，以资公用"。若有差徭杂费则"归行承办"。并在公项内每年每帮给银 200 两，"免其侵移客本之患"。二、议别帮，瓷货不议。向来江浙瓷货与河南、湖北、川省一体，自乾隆五十五六年间，"紊乱前规，分开彼此"，今后仍按旧规。凡有瓷帮公事，"无分江浙，合而为一，永以为好"。三、议公所。结算之后如有盈余，"存于各司栈，代理生息，以作修葺置业守成之举"。四、议过江。水客无论粗细瓷器仍纳厘金，"每子银六厘"。五、议阳奉。凡阳奉阴违者一经查出，"另罚修葺码头"，罚银"每瓷一

[①]《重庆海关 1891 年调查报告》。

子二分以充公用"①。

从以上会馆碑文条款中可以看到,会馆在当时发挥着工商行会的作用。首先,《浙江会馆碑文》是由"瓷帮众商公建"。显然,重庆的浙江会馆实际上是与瓷帮融为一体的。也就是说,它既是地域观念的组织,又是同业的组织。其次,碑文表明了同籍商人联合以对付其他商人的一种行为,这实是传统商人的一种封闭行为,但同时也避免了同籍同行的内部纷争,协调了各自的利益。

会馆的设立,起初主要目的是在保护各省间往来贩运的商人和远离家乡移民的权益,但后来,会馆逐渐发展到在政治、宗教、社会各方面都有相当影响的机构。重庆主要设有广东、浙江、福建、湖广、江西、江南、山西、陕西八省会馆,还设有云贵公所。各会馆有首事,主持馆务并与地方官进行公务联系,即所谓重庆"八省首事"。他们参与当地税捐征收、保甲、消防、团练、重大债务清理、济贫、积谷、赈济款项的筹措和发放,以及孤儿院、养老院的管理,从事慈善事业,修九门码头,定各帮规则等。在清代的重庆,地方事务若没有"八省首事"的参与,是难以进行的。清代的重庆社会,可以说是一个移民的社会,他们支配了重庆社会生活的各个方面。

但也应该看到,由于会馆的普遍设立,导致了生活于重庆的各省移民彼此的隔阂和分离,同化和融合过程非常缓慢。由于这种社会组合的特点,使各省移民的后代保持着相当的特有素质,因而对社会有一定的割裂作用。不过从另一方面来看,由于会馆的设立,加强了人们横向的社会联系,促进了同籍移民的互助,使他们比较能够承受社会压力和意外打击,从而在一定的社会范围内获取必要的生存空间,并缓慢地发展相应的社会事业。

第三节 商会和社团

社会在进化,社会组织及其功能也在发展,重庆商人组织的演变便充分代表了这种进化的历史趋势。20世纪初,重庆总商会的设立,标志着重庆社会组织发生了一个大的飞跃,即由传统组织向近代社会组织的转变。它由官

---

① 《嘉庆六年仲夏月磁帮众商公建浙江会馆碑文》,巴县档案,嘉庆财政卷二。

方倡导,初以官商之间的纽带出现,继而成为重庆资产阶级政治经济活动的场所,对当时重庆社会生活的各方面皆产生了深刻的影响。

一、商会的成立

甲午战后,由于维新思潮的兴起,各地学会纷纷成立,当时虽并不乏设立商会的鼓吹,然而并未出现。原因大概有二:一是在通商各埠都存在着中国传统职业性的行帮、商帮,如重庆的八省会馆,广东的七十二行,奉天、天津、烟台等地的公议会等,他们对建立新的商人组织并无迫切愿望;二是中国商智未开,商人各行帮、各业以及同业之间联系不多,隔阂甚深。1903年商部设立不久,便上奏朝廷,指出"今日当务之急非设立商会不为功"。外省各业商人有能筹办商会者,"应责成该处地方官,该两等会章呈案时,即行详报,督抚咨部不得稍有阻遏,以顺商情"①。又制定了《商会简明章程》26条,规定"凡属商务繁富之区,不记系会垣、系城埠,宜设立商务总会,而于商务稍次之地,设立分会"②。

由于长期受封建政权的压制,重庆商人起初对设立商会是畏缩不前,反应极其冷淡。川东道和川东商务局在奉令建立重庆商务总会以后,便"逢人开导"。为赢得商人信任,制定了《严惩倒骗章程》,"各商等始欢欣鼓舞,渐有来局亲近之人。然一经言之商会,非因事体繁难,艰于虑始;即或别存意见,恐有捐摊,兴办迟迟"。川东道也因而叹曰:"窃闻非常之原,黎民惧焉,固亦人情之常。然未有若此兴商会该两民等畏缩、因循如此之甚者也。"

川东道、川东商务局会同重庆府、巴县知县,传集各帮商人开会,"将华商索习涣散之弊害,将兴办商会之利益演说数番,该商等始知所感奋,锓锓有振兴之机"③。又饬令重庆商人"公举商董,每帮二人,以便会议商务,统限一星期内回复"④。因过去重庆有关商务等事,都由每省商帮公举一人任首事,"以作该省各行帮之领袖",共"八省首事",负责官商交涉事件,他们在商人中间有影响和号召力,于是官府便依靠他们来达到设立商会的目的,"今欲兴

---

① 《商部奏劝商会酌拟简明章程折》,载《东方杂志》第1年第1期《商务》。
② 《东方杂志》第1年第1期《商务》。
③ 《川东道、川东商务局申报重庆商务总会开会日期并拟定会章察》,载《四川官报》乙巳第1册《公牍》。
④ 《四川官报》甲辰第21册《新闻》。

办商会,不能不先用八省首事,以资其提挈之便,臂助之功"。另外,又由各行帮公举"索晓商务,办事稳妥者八人",会同"八省首事"作为重庆商务总会会董,各帮又举帮董 1 人到 2 人,公推号称"西南首富"的重庆最大票号"天顺祥"的老板、分省补用知县李耀庭(正荣)为总理,于 1904 年 10 月 18 日开会,正式成立重庆商务总会,订立章程 16 条,并将总理、协理、会董报川督转商部立案①。各会董又选陕商、候选部经历杨怡为协理,择定三忠祠为重庆商务总会公所。当时,担任商务总会的"总理、协理、会董、帮董诸名皆商界时望也"②。

重庆总商会是四川第一个商会,在全国也是较早设立的总商会之一,起到了开风气的作用。次年,在重庆总商会设立的影响下,在成都又设立成都商务总会。1908 年以后,各商帮又相继设立商务总会、商务分会和分所。如重庆布帮"人众事繁,急宜兴设商会以结团体",公举葛同泰为协董,陈忠元为分董,"拟定规则,呈局核定,并渝各贩商,向总董处报名",当时报名入会者便有 600 余家③。

以重庆总商会为核心,重庆地区相继设立了商务分会,从而使重庆经济区商务组织联络起来。各商会情况见表 10 - 4。

表 10 - 4　重庆各商会情况表

商会名称	总理名称	设立时间	入会商号数	会董数	会议次数	议事件数
重庆商务总会	舒矩祥	1904	1200	84	48	300
江津商务分会	张尚元	1909	576	26	27	32
定远商务分会	王俊逸	1909	148	18	20	15
璧山商务分会	张正辉	1909	308	42	34	62
长寿商务分会	傅元懋	1909	378	12	16	25
荣昌商务分会	敖其衡	1910	612	21	36	136
大足商务分会	王廷权	1910	810	29	84	292

---

①《川东道、川东商务局申报重庆商务总会开会日期并拟定会章禀》,载《四川官报》乙巳第 1 册《公牍》。
②民国版《巴县志》卷十三《商业》。
③《广益丛报》第 6 年第 15 期《纪闻》。

续表

商会名称	总理名称	设立时间	入会商号数	会董数	会议次数	议事件数
合州商务分会	白治安	1910	456	16	72	91
綦江商务分会	王大年	1910	10	20	36	58
铜梁商务分会	周鸿钧	1910	263	14	48	28

资料来源 《中华民国二年第二次农商统计表》,其中"总理姓名"一栏根据1910年的《成都商报》第2册《四川各商务总分会总协理姓名表》和第3册《新闻》栏中有关报道补。

二、商会的活动

商会在重庆社会生活中起着越来越重要的作用,如商事裁判所设立后便直接干预了社会生活和经济生活。根据《商会简明章程》,"凡华商遇有纠葛,可赴商会告知,总理定期邀集各董,秉公理论,从众公断","华洋商人遇有交涉龃龉,商会应令两造,公举公正人一人,秉公理处,即酌行剖断"[1]。商会处理大量商事纠纷,成为商人参与社会管理和实现地方自治的第一步。1907年9月,重庆商人与法商发生商事纠纷,由巴县传讯,但法商拒不到案,法驻渝领事也出面干涉,不准地方官审理,后同意由商事裁判所解决。商事裁判所每遇处理各帮纠纷时,"重庆知府或亲往参加,或派员出席,并担任监督,商会会长和本帮的帮董则为主要的仲裁者,处理方法决定后,则由知府交给巴县县堂执行,商民莫敢违抗"[2]。

重庆资产阶级通过商会逐步控制了一些城镇的组织机构,并开办学堂,提倡戒烟,组织消防,维护社会治安,为扩展商务经常参加各种博览会,为保护商权参加各项争取民权活动,或集体抵制洋商。商会成为表达其阶级意识、从事政治和经济活动的最好场所。"随着财富的增加,他们在政治上的重要性也不断增长。"随着重庆资产阶级队伍和力量的壮大,他们已渐趋于"四民之首"的地位,逐步感到了自己的能量和认识到自己的历史使命。

从当时重庆资产阶级的言论中,我们至少可以看到:第一,僻处一隅、过

---

[1]《东方杂志》第1年第1期《商务》。
[2] 刘国非等:《重庆钱帮公所的由来》,载《重庆工商史料选辑》第5辑。

去十分闭塞的重庆资产阶级已经能够从川省这个窄小圈子跳出,而看到整个世界大势,深刻地认识到这是"中外交通"、"际会风云"的时代,是英雄造时势的时代;第二,由于自己经济实力和社会地位的提高,他们已感到了在这个变革时代所起的特殊作用,把自己的活动视为"四百兆富强基础",具有"创新世局"的宏伟气魄;第三,从当时中国所处的局势出发,为了中国和自己的切身利益,继承了改良思想家商战的思想和口号,要"补塞漏卮",要"挽回大局",要"各保利权";第四,他们已经以领导者和组织者姿态出现在历史舞台上,相信自己具有"登高一呼"而"唤醒四百兆同胞"的能力;第五,具有强烈的爱国热情,把祖国的兴亡与自己的命运联系在一起,用"天下兴亡,匹夫有责"来勉励自己,而立志要与"欧美争一点雄心"[①]。

[①] 以上引自《广益丛报》第 5 年第 4 期《纪闻》栏所载重庆总商会大门及会所内挂的楹联。

第十一章　重庆人民的反洋教斗争

第一节　重庆教案

一、第一次重庆教案

外国教会在重庆的侵略活动,造成了尖锐的民教矛盾。从 1840 年鸦片战争到 1900 年义和团运动的 60 年中,全国共发生重大教案 25 起,而四川一省就达 7 起之多,占 28%。四川成为全国反洋教斗争最激烈的省份之一,在中国近代反洋教斗争史上占有十分重要的地位。而率先吹响四川人民反洋教斗争号角的,则是最早受到帝国主义侵略的重庆人民。

天主教在明末清初传入四川。康熙三十五年(1696 年),罗马教廷开始在四川设立宗座代牧区①。此后宗教冲突乃成为社会动荡的重要因素。为此清政府采取"禁教"的政策,试图打击天主教势力,维护封建统治秩序。然而禁教之后,传教工作实际并未停止。据记载,至道光十五至二十年间(1835—1840 年),整个四川省教徒达六万左右,远远多于其他省份②。第一次鸦片战争以后,禁令取消,允许外国在五口通商之处修建教堂。1858 年,中英、中法《天津条约》签订,西方列强更获得进入内地传教的权利,外国教会势力开始大规模地渗入中国内地。为迅速利用此项新情势,罗马教廷再次将川省扩充

---

① K. S. Lalourette: A History of Missions in China, p. 125, 转引自吕实强:《重庆教案——1863—1886》,《台湾"中央"研究所近代史研究集刊》第三期(下),1972 年 12 月。
② K. S. Lalourette: A History of Missions in China, p. 125, 转引自吕实强:《重庆教案——1863—1886》,《台湾"中央"研究所近代史研究集刊》第三期(下),1972 年 12 月,第 183 页。

为川西与川东两教区①,分别以成都和重庆为主教驻扎之所。随着传教活动的加强,民教冲突的案件也因而增多。

在实行禁教政策的时期,四川政府对教民采取宽严并用、刚柔相济的措施。同时,将教堂改为民居,并在附近建筑庙宇,祭祀中国神像,以抵消天主教影响。鸦片战争以后,重庆地区以法国天主教巴黎外方传教会势力最大,其川东主教范若瑟是一个与贵州主教胡缚理②齐名的牧师。他于1838年来华,1856年任川东主教。1862年,他凭借《天津条约》,有恃无恐地提出,由于天主教在川东重庆、合川、夔州、涪陵等地的教堂已为当地人民占用,因而要求将重庆城内长安寺改建为天主堂,作为赔偿。因有《天津条约》的规定,清政府不敢不允,立即由总理衙门转饬重庆府和巴县当局,以长安寺不是正式祭典的闲废庙宇为由,同意将长安寺划归法国天主教川东教区改建天主堂。

消息传出,群情大哗。因为长安寺乃重庆城内一大风景名胜,内供关帝、文昌、吕祖三尊两丈铜像,一直为川东人民膜拜,香火甚旺。同时,它又是川东56属保甲团练总局和驻渝的8省绅首办公之处。特别是该寺地处城内制高点,扼交通咽喉,人称"渝中之名胜,东属之要岭"。因此,重庆绅商周聚福等联名向官府呈请撤回原议,决不能同意法国教会的无理要求。川东道吴镐见舆论反对很凶,也提出别筹款项,另买旷闲之所,交范若瑟作修堂之用,以求两全。范若瑟坚持不让,拒不接受,反复要挟总理衙门。清政府慑于洋人淫威,严令重庆限期将长安寺交给天主教会。圣旨一下,教民耀武扬威,相传于同治二年正月二十四日(1863年3月13日)在长安寺毁佛铸炮,拆寺建堂。

早在1862年重庆举行府考时,各地童生就曾打算驱除法国教士,今见朝廷如此袒护法国教会,不日毁佛,民情激愤。到3月13日,满城人民尽往长安寺围观,人们历数天主教会在重庆的种种劣迹,目睹世代祭祀的关帝、吕祖铜像将毁于一旦,愤怒之情,再难弭默。人群纷纷前往塞家桥,将天主教最大的教堂真元堂尽行打毁。第二天,又捣毁了一些沿街谩骂打教群众、为外国教会辩解的中国教民的店铺,人心大快。

---

① K. S. Lalourette: A History of Missions in China, p. 125, 转引自吕实强:《重庆教案——1863—1886》,《台湾"中央"研究所近代史研究集刊》第三期(下),1972年12月,第241页。
② 胡为庆祝《天津条约》,乘坐紫呢大轿向贵州官府示威,因此引起1861年贵州教案。

事件发生后,法国教会向清政府提出交涉。四川总督立即派成都将军崇实前往重庆,查办此事。崇实来后,软硬兼施。他以8省绅首在寺内办公为由,将他们定为罪魁祸首,立即逮捕了傅苍严、张朗斋、徐秀纯、程盖轩等人。此外,他又分化拉拢8省绅首,说什么绅粮与教民本无夙怨,实为痞匪借机生事,不要上当。在崇实的高压和拉拢下,8省绅首决定出钱了结此案,同意出银20万两,修造被毁教堂,把长安寺也交给川东主教范若瑟。但重庆人民不答应,继续进行斗争,使清政府不敢硬行从事,只得压迫范若瑟让步。最后,双方以8省绅首提供20万两白银,另行买地,修建教堂达成协议,而长安寺仍交8省绅首,永作办公之用。第一次重庆教案遂以人民胜利而告终。

重庆是四川天主教势力最为强大的地区,重庆人民在四川第一次教案中的胜利,打击了天主教在川势力,鼓舞了四川人民反洋教的信心。从此,四川人民的反洋教斗争此起彼伏,首先遍及川东,尤其以彭水、酉阳、丰都一带的斗争最为激烈。1876年,邻水县爆发大规模仇教斗争,并迅速扩展到重庆嘉陵江对岸的江北厅。4月,陈子春、聂钦斋等集合48场乡民数千人,手执刀矛枪棍,驻扎青草坝,然后开入江北城内,声言反教,数千群众攻教堂,烧医馆,打教民,枪炮震天,旗戈蔽日,蔚为壮观。

二、第二次重庆教案

进入19世纪80年代,中国边疆频频告急,终于在1883年12月爆发了中法战争,民族危机更为深重。早在光绪初年,英国的内地会、圣书公会及美国的美以美会、美华圣经会等宗教组织就已在重庆寻求发展。1885年,美国传教士嘉腓力、珂罗士、鹿依士等在重庆近郊区鹅项岭、凉风垭、铜锣峡,英国传教士李心田在重庆城外丛树碑,买得土地,于次年春动工兴造房屋,以为医馆夏日避暑之所①,实为修建教堂,扩张教会势力。这一举动再次激怒了重庆人民。

重庆城三面环水,是一个半岛形的山城,只有一条陆路与外界相通,鹅项岭正处在这条大路之上,实为重庆后路之咽喉。而重庆又以长江水路与两湖相通,铜锣峡正处在长江峡口,恰如重庆城的前门锁钥。南岸丛树碑、凉风垭

---

① 见 Miriam Levering:Chungking Riot of 1886:Justice and Ideological Diversity(Papers on China,East Asian Research Center,Harvard University),转引自吕实强:《重庆教案——1863—1886》,《台湾"中央"研究所近代史研究集刊》第三期(下),1972年12月,第241页。

亦处在重庆通往云南、贵州的要道之上。因此，这三处地方均为历来镇守重庆之要冲。俗话说："全蜀安，则天下安；重庆安，则全蜀安。"而重庆之安，全凭这几处有险可守。现在外国教会占了这要害之地修教堂，哨楼望台，俨若严关。既可藏甲兵，又无异炮台，摆出一副咄咄逼人之势。重庆各界，人心忧危，纷纷上书。

1886年6月，重庆士民赵忠勋、周心斋、冯为瀚等23人联名上奏，请求政府严令禁止外国教会在上述地方修建教堂，否则将酿成中外冲突。他们还前往施工现场，要求教会立即停建。南岸凉风垭的绅耆士庶祁太原、米积山等人也公开要求重庆地方政府采取有效措施，以安民心，以平民愤。重庆所属14县的廪生、教习、职员、文童、武童彭子榜、周玉书等50余人也联名上书，揭露洋人"阴肆狼贪，隐怀蚕食，得步进尺，据要地以瞰全渝"的险恶用心。要求政府命令教会立即停工，拆毁已修好的房舍，他们甚至提出，为了争回这些形胜之地，不惜以重金赎买。川东道属35县绅粮也一齐上奏，要求政府迅速解决，以转祸为福。

尽管各界一致反对，但重庆政府优柔寡断，并未采取果断措施，一再迁延。人民无所依靠，呼吁无着，于是川东各县的民团纷纷行动，打制武器，暗中联络，密约齐集两路口、佛图关等地，前往打教。重庆武童也发出揭帖，号召效法10年前江北厅的打教斗争，决定6月2日前往鹅项岭捣毁正在修建的洋房①。民教冲突一触即发。

那年，正值府试之期，各县武生齐集重庆，成为斗争的重要力量。7月1日，愤怒的人群首先打毁了城外南岸凉风垭和丛树碑的教堂，进而又进城捣毁了天主教堂，以及一些作恶多端的教民的店铺。当时，早已积怨很深的不法教民罗葆之正在家中为其母办丧事，知道在劫难逃。因而立即召集爪牙吴炳南、何包鱼、陈海帆等率领教士匪徒，准备迎战。

罗葆之，又名罗元之，巴县商人，捐有花翎同知衔加三品封职，任重庆天主教管事。罗葆之依仗教会势力，追随主教范若瑟，为非作歹。常常在其盐铺耍枪弄刀，聚众闹事，滋扰百姓，成为重庆一霸。1878年3月，他勾结川东主教范若瑟，明借暗抢邑人白银5500两。债主向范若瑟催讨，范若瑟不但不

---

① 《反洋教文书揭帖选》，齐鲁书社1954年版，第260—264页。

还,反而嗾使罗葆之率其二子并巡丁数十人,拳棍相加,将债主打成重伤。罗从此深为范若瑟倚重,更加有恃无恐。

在这场大规模的反洋教斗争中,重庆人民决心严惩这个外国教会的鹰犬,独霸一方的恶绅。但见罗家早有准备,遂改为第二天行动。7月2日,罗葆之一面请官府"维持秩序",一面给埋伏家中的凶手暴徒壮胆打气,随后就站在门前寻衅闹事。这时,围观群众越来越多。罗葆之一声令下,吴炳南、何包鱼等率领匪徒举起刀矛枪棍冲出门来,一阵乱砍滥杀,血肉横飞,当场杀死12人,杀伤22人,失踪数人。

罗葆之制造杀人血案,更激化民教矛盾。各阶层人民纷纷行动起来,商人罢市,考生罢考。江北厅也再次掀起反洋教斗争,支援重庆人民的行动。打教群众散发揭帖,号召人民各执武器,揭竿而起,斩草除根,为国除害。有的还假托川东道的名义发布告示,要求川东各县"斩草务须除根,城内挨门打毁,各县照样施行"。还说"吾当为尔作主,不至累及庶民"[1]。经过这番发动,斗争在更大范围内展开。几千群众再次从城内打到城外,连南川、綦江的团勇也前来助战,所到之处,教堂均被捣毁,洋房无一幸免。前来保护洋教的清军也遭到沉重打击。在这场声势浩大的反洋教斗争中,在重庆的英、美、法等国传教士的财产均被摧毁,所有传教士都离开重庆,逃往汉口。美国驻华公使田贝惊呼:"这一重庆暴动,是许多年来最激烈的一次。"[2]

尽管这场斗争被清政府镇压了下去,杀害了打教群众石汇,赔偿教会30万两白银,但迫于群众压力,清政府还是处决了罪大恶极的罗葆之。特别重要的是,第二次重庆教案造成了"川东各属民团声言打教,其势汹汹"的反帝洪流,直接影响和触发了大足余栋臣领导的反帝武装起义。

综观这两次教案,尽管其原因复杂,其中儒家传统、社会习俗、官绅利害等,都无不与反教斗争有关,但本质上而言,两次重庆教案的发生,最主要者乃列强入侵所致。尤其值得注意的是,随着事态的发展,反洋教的情绪表现出即将跨出中世纪的重庆人对西方列强的焦虑、怀疑乃至强烈的反感。领导打教者,主要为士绅与应试武童。前后两次教案发生的时间相距23年,而从

---

[1]《反洋教文书揭帖选》,齐鲁书社1954年版,第90页。
[2] 卿汝楫:《美国侵华史》第2卷,人民出版社1957年版,第599页。

打教之规模、波及地区以及持续时间,后者均远远超过前者。

第二节 余栋臣反帝武装起义

一、大足人民打教斗争的兴起

　　大足县是重庆府属县。清乾隆时期,永川天主教梅神甫派教徒彭某到大足传播"福音",彭某以大足工商业中心龙水镇为落脚点,很快就吸收了蒋、李、黄、龙四家入教,天主教由此在大足传播开来。1865年,法国教士在马跑场燕子窝修建了大足第一座天主教堂①。1882年以后,法国教士彭若瑟又相继在龙水、三驱、万古等地修建天主教堂,天主教逐渐在大足形成了龙水、县城、马跑场三个传教中心。

　　龙水镇是大足天主教的发源地,以教徒多、势力大著称,其住堂神甫还兼管邮亭、珠溪、玉龙等地的教务。因此,龙水镇教会很快就发展成为一股社会恶势力,霸田占屋、包揽词讼、欺压百姓、无恶不作。甚至小孩在地上无意画了一个十字,也要惨遭毒打。龙水又是三教九流杂处之地,有"一绅、二粮、三袍哥"之说,尤其在哥老会里,大多数是煤厂、铁厂和纸厂的工人,另有农民和镇上市民,他们深受洋教的欺压,对教会的胡作非为愤恨已极,民教矛盾十分尖锐。

　　1866年,重庆发生第二次教案的消息传到大足,民众深受鼓舞,反洋教斗争的热情空前高涨。农历六月十九日(7月20日),恰逢龙水镇传统的灵官会(迎神赛会),镇上的群众较往日多出几十倍,异常拥挤热闹。时值教士彭若瑟在镇上强建的天主教堂落成,群众纷纷前往参观,但彭若瑟指使数十名教徒,手持皮鞭把住大门,不准群众入内。由此发生口角,继而动手,随着一声喊打,群众蜂拥而入,将教堂尽行打毁。余栋臣、余翠坪兄弟是这次打毁教堂的积极参加者。随后,距龙水镇30里的三驱镇教堂和50里外的万古场教堂及其所办医院,也被愤怒的群众一并打毁,一些教民的房屋也被毁坏。事后,法国公使提出抗议,清政府遂将此案归并第二次重庆教案一同处理,以赔偿大足天主教堂1500两银结案。

---

① 《永定章程》碑文。

很快,彭若瑟就用赔偿得来的银两修复了被毁的天主教堂,教士、教民更加横行无忌,为非作歹,民教矛盾再度激化。当时,龙水镇是大足煤炭交易的集散地,有的教民买煤,用大秤讹诈挑炭工人,余栋臣、余翠坪兄弟曾折过他们的秤杆,引发过一次民教间的械斗。有一次,余翠坪几乎被教民活活打死。有的教民还强占龙水镇人文桥上的煤炭市场,迫使许多挑炭工人到桥下设市卖炭,引起他们的强烈不满。

农历六月十九日(1887年8月8日),又值龙水镇灵官会期,彭若瑟担心教堂再度被毁,通知官府派兵保护,大足县令竟派龙水镇把总刘联升率练勇把守教堂。官府为虎作伥,激起民众无比愤慨。这天,余栋臣暗中联络一批群众,人人头裹白帕作为标志,届时一声喊打,一齐冲入教堂,打了就散,干得干脆利落。事后,彭若瑟提出惩凶、赔款等要求,大足县令终因众怒难犯,不敢随便抓人,许以拨款修复教堂了事。

龙水镇教堂虽连续两次被民众捣毁,但教会并不罢休,1888年又纠工重建,并扩展地基,厚筑围墙,到1890年再度修竣。转眼又值农历六月十九灵官会期,彭若瑟为防止民众再度打教,通知官府禁办灵官会。大足县令竟不顾民习,下令照办,并派把总刘联升带兵把守教堂。尽管灵官会被迫停办了,但届时街上群众仍然很多,当人们得知禁会的原因后,无不义愤填膺,纷纷涌向教堂,责问刘联升:"你究竟是朝廷的官,还是洋人的官!""你跟洋人守门,不如来跟我们守菜园子。"①刘联升恼羞成怒,高喊捉人。于是兵民肉搏,秩序大乱。官兵杀死农民蒋兴顺,蒋母大喊"教堂杀了我儿子",加以教民王怀之等为驱散民众,竟纵火焚烧附近民房,众怒愈甚。于是顷刻之间,教堂被尽行捣毁,余栋臣又是这次打教的组织者和积极参加者。

1886年至1890年大足人民三次打毁龙水镇天主教堂的斗争,充分反映了洋教侵略的猖獗和大足人民反抗洋教侵略的雄心和决心,为随后发生的余栋臣反帝武装起义奠定了基础。

二、余栋臣第一次武装起义

在余栋臣率领民众第三次打毁教堂之际,适有蒋姓数人背着从蒋赞臣家

---

① 民国重修《大足县志》卷四《余栋臣传》。

借来的铜锣,沿街敲锣打鼓唱川戏,闻蒋兴顺受伤,驰往救护。在与教民的械斗中,被夺去铜锣。教民见铜锣背后书有"蒋赞臣"三字,遂诬指并不在场的蒋赞臣为仇教祸首,控告于官。大足县令亦不问青红皂白,出签拘拿蒋赞臣。蒋闻讯逃往西山脚下余家院子,向表兄余栋臣乞援。

余栋臣,又名腾良,绰号余蛮子,大足龙水镇人,生于咸丰元年(1851年)。父与叔均为挖煤工人,余栋臣本人因家贫失学,年少以挑炭为业。性豪爽,练武功,好打不平,素孚众望,是龙水镇三打教堂的组织者和参加者。他见官府昏庸,表弟蒙冤,义愤填膺,当即约请唐翠屏、李玉亭、李尚儒及二弟翠坪、四弟海坪等12人,在余家院子歃血为盟,众推余栋臣为首,准备发动起义。

1890年8月8日,余栋臣率西山煤窑、纸厂的工人数百人,手执大刀长矛,一举攻占龙水镇,杀死不法教民12人,打毁教民房屋200多家,并没收教会财产,强令教徒退教。还发布檄文,义正词严地列数了列强"欺侮中华"的"骇天八大罪",痛斥外国教士"无法无天"的罪恶行径;同时又揭露封建官绅,"不惟助纣为虐,反而与贼同情",甘当外国侵略者走狗的罪行,号召广大群众积极投入反侵略的斗争①。风声所播,距龙水镇数十里的马跑场、强家坝等地的群众纷起响应,捣毁当地天主教堂,一时间,大足出现了"数百里汹汹骚动"的打教局面。

为了镇压余栋臣起义,清政府急令重庆知府王遵文赴大足查办。王遵文到大足后,察知民教相仇罪在教民,且有地方绅粮和团练参与打教,因而不敢轻易"进剿",乃派人劝说余栋臣放弃武装仇教。但遭到余栋臣的严词拒绝。王遵文在"剿抚"两难的情况下,回到重庆与川东道张华奎商议,制定了分化瓦解和武力"围剿"的两手政策。是年冬,他们委候补知县桂天培率绥靖营到大足专办教案,并晓以"分别良莠以散其势"②。桂天培到大足后,立即出示:"此番官兵到县,专为缉匪安民。所有从前附和打教之人,或受教欺凌,或被匪胁诱,一概予以'自新',决不波累。"③同时,委任当地大地主蒋礼堂为团首,令其联络龙水镇、双路铺、三驱镇等地的团练组成"安民局",配合官兵

---

①《四川近代史》,第125—126页。
②民国重修《大足县志》卷五《余栋臣传》。
③《近代史资料》1958年第1期,第124页。

"进剿"。随后,桂天培对义军进行了残酷的镇压。马跑场之战义军失败后,余栋臣只得率部撤出龙水镇,退守余家院子。1891年4月25日,桂天培率两营清军进驻龙水镇,随即对余家院子发动"围剿",余栋臣寡不敌众,被迫退入西山之中。

1892年1月7日,川东道张华奎与法国驻渝主教签订了大足教案合同,清政府赔款5万两白银,并通缉余栋臣等6人。余栋臣闻讯,极为愤慨,不断率部下山出击,屡与清军发生激战。8月,余翠坪联合铜梁哥老会首刘义和,率200多人围攻铜梁教民,桂天培驱兵镇压,义军架大炮抬枪还击,双方鏖战良久。9月,余栋臣、余翠坪又率部转战于龙水镇、马跑场和十万场一带。9月11日,义军在十万场与官兵遭遇,发生激战,击毙官兵5人,击伤65人,县令桂天培也受炮伤。但义军由于武器陈旧,激战中也遭到惨重损失。余翠坪被俘牺牲。余栋臣只身突围,被迫远遁他乡,潜伏下来。至此,第一次余栋臣武装起义被镇压下去了。

三、余栋臣第二次武装起义

甲午战争以后,帝国主义在加强对华经济侵略的同时,疯狂地划分势力范围,强索租借地,掀起瓜分中国的狂潮。中国人民为了救亡图存,挽救民族危机,以各种各样的形式,与帝国主义展开了激烈的斗争。在这一背景下,余栋臣发动了第二次武装起义,其规模和影响都超过了第一次起义。

余栋臣在第一次起义失败后,因遭朝廷通缉,一直潜藏民间,旋出旋没,行踪不定。知县桂天培虽公开悬赏,"拿获余栋臣者,赏白银五千,报信者二千"①,仍未得逞。1894年桂天培调往忠州后,余栋臣才在大足公开露面。虽事隔多年,他在群众中仍享有极高的威信,当年随他打教的人也和他保持了密切的联系。对此,大足、铜梁、荣昌等地的教士、教民惊惶不安,急忙报知驻渝主教,由法国驻渝领事出面,敦促清政府将余栋臣捉拿归案。

1898年,江北厅发生了打毁教堂、驱除教士的"江北教案"。川东道任锡汾为了取媚洋人,竟诬指远在大足的余栋臣为仇教"祸首",密饬署巴县知县王炽昌设法诱捕。王炽昌得令后,立即派罗国藩等人赶赴大足,与龙水镇团

---

① 汪茂修:《余栋臣仇教记》。

首蒋礼堂等人密谋定计。他们串通余栋臣房族姑爷、秀才秦稻苏,以重金收买了裁缝余道生,于4月18日将余栋臣骗至其家中,设酒宴款待。酒至半酣,预先埋伏的亡命徒孙锡林等人突然杀出,余栋臣知受暗算,急忙拔刀抵抗,被孙锡林抢先一刀砍伤左膀,力竭被擒。余道生家在双路铺场上,距大足县城远,荣昌县城近,罗国藩等人担心把余栋臣押往大足会被余党劫走,乃就近押往荣昌县城监狱,准备杀戮。余栋臣被捕的消息,很快被当年参加过第一次起义的蒋赞臣、张桂山察知。他们迅速组织起西山煤窑、纸厂的工人和四乡农民200多人,于4月20日午后从龙水镇出发,赶赴荣昌搭救余栋臣。一路上,不断有群众加入,队伍发展到2000多人。荣昌县令杨寅揆见势不妙,急忙溜出城外,留下一个典吏代他守城。蒋赞臣、张桂山率队抵达荣昌城下,已是午夜二更,城门紧闭。张桂山以人梯入城,扭锁开城,大队人马蜂拥而入,将县城监狱团团围住。典吏最初试图抵抗,但被张桂山持刀镇住,被迫打开监狱门,把余栋臣放出。荣昌城内顿时一片欢腾,同声庆贺,形同过节。

4月21日,余栋臣在众人簇拥下离开荣昌,返回大足,24日回到龙水镇。数千群众到镇郊热烈欢迎,并设宴为他洗尘。余栋臣当众表示,事已至此,只有再举义旗,才能以死求生,得到群众赞同。众推余栋臣为首,蒋赞臣、唐翠屏为副,再次宣布起义。义军以龙水镇为据点,打造武器,招募兵卒,编练队伍,很快就发展到五六千人,义军还没收了教堂和不法教民的粮食,以充军用,多余部分廉价卖给百姓,得到普遍欢迎。7月3日,余栋臣派张桂山、唐翠屏率队前往荣昌河包场郑家湾天主教堂,捉拿了法国传教士华芳济,并当众宣布了教士教民强占田产、包揽词讼、奸污妇女、残杀儿童的种种罪行,号召人民起义,以武力驱除洋人。

1898年8月3日,余栋臣发布告示,宣布义军宗旨,他从政治、军事、经济、文化等方面揭露了帝国主义侵略中国的累累罪行,痛切陈述中国面临的瓜分危机。他说,"海船通商,耶稣传教,夺小民农桑衣食之计,废大圣君臣父子之伦,以洋烟毒中土,以淫巧荡人心……奸淫我妇女,侮慢我朝廷,把持我官府,占据我都城,巧取我银钱……焚我清宫,灭我属国,既占上海,又割台湾,胶州强立埠镇,中国意欲瓜分",实属"不共戴天之仇"。而清朝政府"不察是非,不辨曲直,护海外之虎狼,戮国家之赤子"。为了反对洋人的侵略和清廷的腐败,我们起义,把"以剪国仇,以继圣教,以除民害,以洗沉冤","誓雪国耻"作为义军宗旨。对于所有市民百姓,决不侵害;对清朝官吏,只要不与义军为敌,仍本宽大政策,一切不犯。他还再次公开声明,义军"但戮洋人,非叛国家"。余栋臣最后号召四方豪杰,献计献策,共襄大举;各处绅商,仁粟义浆,量力相助,以达到"脱目前之祸灾,逐异族之犬羊"的目的①。

9月,蒋赞臣也发布了告白。此外,义军提出了"顺清灭洋"、"除教安民"、"专打洋人奉教人,不打中国人"的口号,并写在义军小旗上。

余栋臣传檄之后,以龙水镇为据点,分兵五路向外进发。一路,由张桂山率领,越大足西山向铜梁发展,在三教场击败了川东道任锡汾由重庆调来的精锐官兵,全川震动;二路,由唐翠屏率领,经荣昌、隆昌,攻入资州境内,后转战内江;三路,由余绍文(余栋臣义子)率领,后由璧山蔡家场渡嘉陵江,攻入江北县土沱;四路,由蒋赞臣率领,由大足铁山坪攻入安岳境内;五路,是余栋臣亲自率领的主力部队,出铜梁拟攻合川、江北,进入重庆。路经马跑场,余栋臣当众演说:"中国之患在二,一曰西教日昌,一曰西人日盛。昔我烧毁教堂,惟竭我一人之力,今则举世皆醒,知教堂不可不灭。"号召大家"众志成城","出国家于危急"②。至铜梁凉水场,余栋臣改道向永川县城,驻扎南门外文昌宫。义军四处打教堂,逐教士,惩办不法教民,人心大快。特别是永川兴隆、来苏、王坪、仙龙等乡的穷苦百姓,因深受教会的剥削压迫,更是欢迎义军到来,为其申冤雪仇。

面对日益壮大的义军声威,护理川督文光和川东道任锡汾立即奏报清廷,请以大军"围剿"。清廷因华芳济尚在义军手中,法使又一再警告须确保其安全,因而侧重招抚。迭次告诫文光,"勿专恃兵威"③,"以救出华司铎为上著"④。寄希望于余栋臣"释华自首",以便"解散党羽,安分归农"⑤。因此,文光一面派出泰安、安定、长胜三营官兵阻截义军;一面又派提督周万顺会同大足知县丁昌燕等,去义军营中"议和"。在谈判中,官府坚持不肯交出为余栋臣切齿痛恨的罗国藩,却一再要求义军释放华芳济。余栋臣愤然拒绝。这

---

① 《余栋臣告示》(光绪二十一年六月十六日),见《大足人民反洋教斗争》照片,大足县政协文史资料委员会1986年印。
② 《华司铎被掳记》,载《汇报》第177号。
③ 《清实录·德宗实录》卷四百二十七,第8页。
④ 《清实录·德宗实录》卷四百二十八,第14页。
⑤ 《清实录·德宗实录》卷四百三十三,第6页。

时,张桂山、唐翠屏等义军首领坚决反对投降,加之清廷又借故延宕,终于导致这次"交铎就抚"的"议和"以破裂告终。

事后,清廷以文光办事不力免职,另委江苏巡抚奎俊任川督。奎俊就职后,认为余栋臣并无"就抚"之心,提出"以剿为抚"的主张,但清廷并不同意,仍然主抚。正当此时,湖广总督张之洞见余栋臣起义已波及湖北宜昌等地,担心事态进一步扩大,遂致电总理衙门,指出对余栋臣起义须"极力攻击",主抚之风,"万不可长"。否则,全国有教堂之处尚多,"倘皆掳教士为护符,则匪焰益张,各省教案接踵,真无办法,大局将不可问"①。张之洞的电报,正好触及到清廷痛处,因而被立即采纳。清廷在与法使取得"勿论教士生死,皆惟有进兵围攻,不能姑息"②的谅解后,立即改抚为"剿",向四川下达了"必以兵取"的命令,调集重兵进攻义军。

川督奎俊和新任四川布政使王之春奉旨后,立即着手军事部署。王之春拨四川昭信股票存银50万两作军费,亲率清军泰安、安定、长胜三营,从湖北调取立字右营,新募十营,并调集大批团勇,一同"进剿"义军。清军在兵力、军械、给养等方面明显占优,因而采取各个击破,先攻外围,逐步紧缩包围圈的战术。清军首先进攻转战于资州、内江一带的唐翠屏所部义军,翠屏战败,牺牲于贾家场;另一义军首领何希然又在内江万家场阵亡;不久,张桂山、马代轩所部义军也在战斗中失利。之后,清军逐步缩小包围圈,把余栋臣龙水镇的大本营作为直接攻击的目标。

1899年1月15日,王之春率清军攻占了距龙水镇仅20里的双路铺。次日,由铜梁三教场进攻玉龙场。清军集中大炮猛轰,攻破了义军堡垒,义军2000多人被迫撤退。1月17日,清军向龙水镇发起总攻,路经余栋臣故里余家坝时,"举火烧屋,直至焦土"③。余栋臣愤而率队迎战,终因力量不济,被迫率3000义军挟华芳济退至西山,据险防守。清军攻占龙水镇后,声言实行"普剿",到处烧杀抢掠,无恶不作,民众遭此蹂躏,"惨不忍观"④。

王之春见余栋臣退入山中,屡攻不克,遂以重兵围困,以围代"剿"。时间

---

① 《张文襄公电稿》,光绪二十八年十一月初九日政总署电。
② 引自《大足人民反洋教斗争》,第94页。
③ 《华司铎被掳记》,载《汇报》第190号。
④ 《华司铎被掳记》,载《汇报》第189号。

一长,义军中出现粮荒,军心浮动,守战两难。张桂山等人提出杀华芳济突围,到铜梁、江北重建据点。但余栋臣不予采纳,执意就抚,乃派人投书清营请罪求和。1899年1月19日,余栋臣亲自释放了华芳济。随后,蒋赞臣、余栋臣先后下山到清营请降。余栋臣被押往成都,"禁锢终身",蒋赞臣被遣西安,交地方官管制。轰轰烈烈的余栋臣起义以失败告终。

余栋臣起义虽然失败了,但它波及30多个州县,焚毁教堂医馆20余处,影响所及,跨出重庆,越出四川,在整个中国南方都产生了很大影响。在起义过程中,义军屡与清军作战,有明显的反封建主义色彩,但从起义爆发的原因及整个起义的过程来看,它的斗争锋芒主要还是指向帝国主义的,反帝才是它的根本目的。"顺清灭洋"口号就是一个有力的佐证。因此,余栋臣起义隶属于19世纪后期中国人民反抗帝国主义侵略,挽救民族危机的伟大斗争,它为随后爆发的四川义和团运动准备了最好的群众基础,也成为全国义和团运动的前奏。

第三节 重庆人民反洋教斗争的继续和发展

清人入主中原以后,反清组织就层出不穷、屡禁不止。人民群众对清王朝的斗争,从未止息。在四川,这种组织始于清初从北方传来的白莲教,后又相继演变成青莲教、灯花教,历经200多年。到了清末,发展成为在四川各州县影响深远,势力雄厚,信徒众多,最有号召力的群众性会党组织红灯教。此外,还有少林神打、无生门徒、顺天教。到义和团运动爆发,部分北方义和团成员进入四川,与四川的秘密会党逐渐结合,会党成为开展反洋教斗争和打击帝国主义与清政府在四川的统治的重要力量。

1898年余栋臣第二次起义以后,重庆和四川、全国一样,人民的反洋教斗争都是在"顺清灭洋"的口号下进行的。这是义和团运动时期,中国阶级关系在政治口号上的反映。当时反洋教运动的主体是劳动群众,但也包括相当一部分清朝官吏和地方士绅,"灭洋"反映了中华民族同帝国主义的矛盾。而"顺清"则主要反映出劳动群众尚未认识到清政府是帝国主义的走狗,反对帝国主义必须首先反对清政府这个道理。但是,这个口号却能为仇恨洋人的部分官吏和士绅所接受,起到了扩大斗争的社会基础的作用。因此,尽管这个口号有很大的局限性,但它在当时的斗争中却发挥了一定的积极作用。

义和团运动失败,《辛亥条约》的签订,标志着中国半殖民地半封建社会的完全形成。面对进一步深重的民族危机,重庆人民又一次站到了反洋教斗争的最前列。

1901年6月,重庆义和团首先发出揭帖,提出了"灭清、剿洋、兴汉"的口号。揭帖说:"今奉上帝令,灭清、剿洋、兴汉。行事多人协议,定今端午日戌时,天下各处共期征伐,临时忽然起火为准。凡欲投者,在火起时各执军器,将发剪短,只留寸长,勿包帕戴帽,以光头现短发为记。征伐时,见头现短发者全留,见头未现短发者全除。其各短发军,待天明听点后,每人每月给饷钱1000文,决不食言。"①

这个揭帖肯定了用暴力手段反帝反封建的行动,表明了中国人民和帝国主义及其走狗势不两立的坚强决心,促进了义和团运动在四川地区的进一步开展。综观1902年到1911年间,四川各地群众的反洋教、反清斗争,基本上是按这个口号行事的。因此,这一口号具有纲领性和约束力。

特别需要指出的是,重庆人民提出的"灭清、剿洋、兴汉"口号,是北方义和团失败后中国人民最明确提出同时反对帝国主义及其走狗清朝政府的革命口号之一,与河北深州安平等地"联庄会"提出"扫清灭洋"同时,比著名的直隶广宗景廷宾起义提出"扫清灭洋"约早半年。

"灭清、剿洋、兴汉"口号的提出,是由20世纪初年中国社会矛盾的特殊性决定的,同时也是19世纪中叶以来,中国人民反对外国侵略者及其走狗的斗争实践经验的总结。它最早出现在重庆地区,更是直接反映了重庆开埠以后,帝国主义对四川、重庆进行全面疯狂的侵略活动,并由此而引起帝国主义和中华民族这一近代中国社会最主要矛盾的加深。随着帝国主义侵略的深入,清政府完全成了帝国主义的走狗,又激化了人民大众与封建主义的矛盾。重庆人民自发地提出上述口号,在四川首次举起了反帝和反封建相结合的旗帜。

就在重庆人民提出"灭清、剿洋、兴汉"口号,准备起义的同时,重庆所属巴县、永川、江津、大足、铜梁、合川又掀起了新的斗争,特别是在綦江与贵州

---

① 《义和团专卷》,巴县档案,四川大学藏。

桐梓交界的青羊市发生了川黔两省义和团联合起事的事件。川东道宝棻称义和团揭帖是"言词极为狂悖,目无君上,造言构乱",他密饬各县留心侦察,拿获严办。四川总督也严令川东各县严密搜捕义和团成员,凡见习拳民众,皆逮捕惩治,甚至围观者也被捉拿收监。川东道宝棻还亲自拟订禁止习拳告示,在各场镇广为张贴。各国驻渝领事、主教也致函宝棻,要他严惩会党[①]。宝棻也更加疯狂地摧残练拳群众,使川东地区的义和团组织遭到极大破坏,其成员不得不向川中、川西转移。重庆人民反洋教斗争转入低潮。但是,重庆人民的斗争,特别是"灭清、剿洋、兴汉"口号的提出,却发动了全川义和团的大起义,1902年,起义洪峰就在川西平原上突起了。

---

① 见《四川义和团运动》,巴县档案,第31页。

第十二章　维新思潮与改良运动

第一节　维新思潮的传播

一、宋育仁和《渝报》的创办

19世纪末,帝国主义掀起了瓜分中国的狂潮,民族危机空前严重。以康有为、梁启超为首的具有发展民族资本主义要求的改良派人士,掀起了声势浩大的维新运动。重庆虽然闭塞,也因早期改良主义思想家宋育仁的到来而出现维新活动。

宋育仁(1857—1931),字芸子,四川富顺人,光绪进士,授翰林院庶吉士。1894年任出使英、法、意、比四国公使参赞。在欧洲期间,他着意考察了西方社会风俗、文教制度和政治生活,积极策划抗日防俄大计。1895年回北京后,参加了康有为、梁启超发起的维新组织"强学会",积极参加维新活动。著有《时务论》、《采风记》等著作。

1896年,经国子监祭酒张百熙推荐,宋育仁回川主持商务、矿务。他一到重庆,就设立了商务局,积极兴办实业,先后办了洋烛、煤油、煤矿、玻璃、白蜡、卷烟、药材等公司。他作为四川绅商领袖,又着手创设重庆、上海商人合办的川省火油公司。他提出,以"保地产,占码头,抵制洋货,挽回利权"为目的,以"不招洋股,不借洋款,不动官款",官商分厂,"各公司自主,商务局不过问"为原则,促进了甲午战后四川民族资本的发展[①]。与此同时,他又联合

[①] 周勇:《论渝报》,载《社会科学研究》1983年第6期。

一批具有维新思想的知识分子,于 1897 年 11 月,在重庆创办了四川近代史上第一家具有改良倾向的爱国杂志《渝报》,树起了维新宣传的旗帜。

《渝报》是一家民营刊物,经费来源主要是私人捐赠和报费收入。成立之初,先后募银 4600 余两,并打算以 100 两为股,公开集资。总理宋育仁,协理杨道南,正主笔潘清荫,副主笔梅际郁,下设一个包括翻译、缮校、司账、排字人员在内的工作机构。在各府州县委托一人采访消息,代为售报,不设专职记者。同时,向社会征稿,转载其他报刊的文章和消息。《渝报》为旬刊,共出版了 15 期。馆址设在重庆白象街(后迁来龙巷)。该报采取订阅和代派相结合的发行方法,在省内 19 个府州县和全国 17 个省的 36 个地区设置了代派处。《渝报》以介绍国内外政治经济形势,宣传改良思想为己任,以士大夫为主要对象。它的章程规定"本局为广见闻、开风气而设。凡有关经世时务,中外交涉条约",皆予刊印①。当时的"时务"就是变法维新、救亡图存,这是《渝报》选登文字、发行书刊的首要标准。《渝报》与全国主要维新报纸都有业务联系,互通声息。其办报方针直接效法《时务报》和《湘学报》,并代派维新报刊。它的国外、省外新闻均采自国内其他报刊。

《渝报》创刊后,深感普及维新宣传的必要。因此,1898 年 4 月,宋育仁应聘往成都任四川尊经书院院长以后,《渝报》出版到第 15 期即行停刊,改为采用通俗白话的日报《渝州新闻》,宣传对象也从狭隘的士大夫阶层转向较为广大的农工商群众。这既是四川历史上第一张报纸,又是中国资产阶级最早创办的白话报纸之一。宋育仁在成都又办了《蜀学报》,作为《渝报》的直接继续。

《渝报》的创立,是重庆、四川近代历史上的重要事件,它表明,四川民族资产阶级首先在重庆崭露头角。以《渝报》为中心的维新宣传,造成了四川近代史上第一次思想解放潮流,启迪了一代先进的重庆青年,邹容就是在《渝报》的影响下投入时代洪流,成为资产阶级革命宣传家的。梅际郁、杨庶堪等人也是经过这场运动的洗礼,踏上了民主革命的征程,成为重庆辛亥革命的领导人。同时,《渝报》以其鲜明的资产阶级改良倾向,和当时维新派创办的大量报刊一起,打破了万马齐喑的局面,从而结束了封建阶级垄断新闻事业

---

① 《渝报》第 1 期。

的时代,翻开了资产阶级新闻事业的新篇章。

二、《渝报》的资产阶级改良主义倾向及其特点

(一)《时务论》——《渝报》的主题

《时务论》是一部代表宋育仁早期改良思想的重要著作。写于 1891 年,1895 年进呈清帝。1897 年《渝报》从第 3 期起连载发表。

宋育仁针对当时"内则国藏空虚,民不安业,会匪潜结,外则……藩属侵削殆尽。外国富强,中国贫弱,不足以言治。我欲无事,彼屡生衅,不可以为安"①的严重局面,批判了顽固派,抨击了洋务派,以历史事实和清朝制度的演变来论证变法的合理性。他极力推崇资产阶级代议制,赞扬西方国家"以商立国,以富为本"的经济政策,鼓吹自由平等的法律原则,羡慕"胜兵强国"的军事制度,欣赏作为议员进身之阶的教育制度,并对封建制度进行了全面的、较深刻的批判。在此基础上,他提出了包括政治、经济、军事、文化、法律诸方面的改革主张。可以说,《时务论》集中地表现了《渝报》的资产阶级改良主义倾向。这部著作的基本思想,包括了《渝报》政治思想倾向的全部内容,成为《渝报》的主题。但是,从《时务论》的写作到发表,时间又过了 7 年,国内外形势发生了很大变化,宋育仁的思想也在发展。因此,《渝报》又通过论文、译文、奏折、新闻等方式,不断补充、发展,全面反映宋育仁的维新思想。

(二)鼓吹救亡图存,反对外国侵略

戊戌变法前夕的四川,最先感受到民族危机的是那些接受了维新思想的士大夫,而地主阶级和其他阶层对于"安危大计,情势懵然",认为四川有"云栈三峡之险,非沿江沿海开门揖盗之可比",列强的入侵是"鞭长不及于马腹,城火无害于池鱼"②。针对这种情况,《渝报》登载了大量揭露帝国主义侵略中国、西南、四川的文章,提出了反侵略的主张。

宋育仁在《守御论》中分析了中国边疆危机形势后,指出,中国最大的"敌国外患"是蚕食我国从东北到西南漫长边界的俄、英、法三国,而美、德、日次之。他认为,帝国主义列强制造边疆危机的实质在于灭亡中国。因此,他

---

① 《渝报》第 3 期。
② 《渝报》第 11 期。

提出了建立全国防御体系以抵御侵略的主张。

在全国防御体系中,宋育仁尤其重视西南边防,认为在俄、英、法的争夺中,"天下大势在印度,印度形胜在西藏",四川与西藏"利害相及,休戚相关","藩篱将撤,殆及萧墙"①。因此,士大夫们纷纷撰文,各抒加强西南边防之见。孙树藩在《西南边防论》中提出在西藏设防以抵御英国,在西域设防以抵御俄国,在滇桂设防以反抗英法的具体主张,而整个设防的原则是:"与敌人接壤者,则重在戍边;与藩篱接壤者,则重在联属。"②与此相适应,《渝报》还提出了停止武科取士,设置武科学堂,训练军官,裁撤冗兵,使用洋枪洋炮,建立战兵(野战军)、备战兵(后备军)、巡兵(治安军)等效法西方兵制,整顿中国军队的主张。明确宣布,中国整军备战的目的,是为了使各国列强,"相顾而不敢轻发"③。

甲午战后,以货款的方式掠夺中国权益,是列强侵略中国的重要手段。为了揭露帝国主义的阴谋,警告腐朽的清政府,开通风气,唤起民心,《渝报》登载了宋育仁的《债式议》。它以无可辩驳的事实,揭露了帝国主义列强的凶残嘴脸,暴露了由于清政府和洋务派在对外交往中的腐败无能而使国家民族遭受的巨大损失,大声疾呼:"亏帑太巨,决不可以!"④这反映了《渝报》和宋育仁在大借款的风潮中力挽狂澜,以国家民族利益为重,要求平等地借款而不附加任何政治条件,以尽可能减少经济损失的主张。它与清政府在借款中不仅在经济上蒙受巨大损失,而且大肆出卖国家权益,形成了鲜明的对照。因此,揭露和反对帝国主义列强侵略,要求救亡图存和变法图强,就成为《渝报》宣传的一大特点。

(三)宣传资产阶级代议制,提出改良中国封建制度的主张

《渝报》在揭露清政府腐败无能的同时,大加推崇西方的代议制,"外国凡有举废,皆询于上下议院。两院议成而后谋定,国主报可而后施行"⑤。"上议世爵为主,下议士民为主,两比而其众,两持而折其中。"并强调:"选士于商,限岁入财若干、出税若干以上,始得举入议院,其各部长官由相举。虽

---

① 《渝报》第 11 期。
② 《渝报》第 11 期。
③ 《渝报》第 13 期。
④ 《渝报》第 5 期。
⑤ 《渝报》第 14 期。

无限富明条,然贫者未尝与选。"①

《渝报》宣传这些,目的何在呢？它认为,今日中国"君权未明",故"百废莫举",要想使君权昌明,就必须"为之立学校以达其才,为之除苛禁以舒其志"。因为,中国贫穷愚昧,一旦只讲"西洋人人有权之说,保无有魁桀多端之士,妄逞横议,寝至于冒上无等者"。所以,《渝报》提出:"欲明君权,先兴民权,民权既立,君权乃大。"②很显然,它的意思是,所谓君权不明就是民权不兴,有了民权,君权才能有效。明君权的前提是兴民权,兴民权是明君权的手段。因此,《渝报》实际上是主张改变君主专制,实行君主立宪；代表民族资产阶级上层要求实行资产阶级代议制,"选士于商",参加政权,获得本阶级的政治权利。然而,和其他的维新派人士一样,《渝报》并不打算立即在中国实行真正的资产阶级代议制。因为,它认为,中国还不具备实行这一制度的条件。所以,宋育仁在《时务论》中提出了一个"通下情"的变通办法。他并不要求立即开议会,而要求整顿原有机构,实行"议政"制度。这是宋育仁幻想的由君主专制通向君主立宪的一个中间环节。

《渝报》对改革中国的封建官制,非常重视,效法的蓝本仍是资本主义制度,它提出的办法:首先,明确规定官吏俸禄,由户部酌定章程,昭告天下,"永永为式,违者处以重法"。其次,处罚不称职的官员,"仆缘巧骨,冗食朋比,侵夺坏政乱纪者……一切罢归田里"；后补官员,必须经过考试,合格者,按成绩优劣授予官职,不合格者,"就闲局拨款为学习人员",然后以学习成绩依次"擢补"。再次,立即停止捐纳制度。最后,加强对官吏的监察③。并且,相应改革刑法制度④。这个方案的核心是整肃吏制,以保证政治统治的稳定。如果孤立地看待这些主张,则与历史上某些维护封建统治的变法相似,但它的提出,正值民族危机空前严重,封建统治日薄西山,维新之风竞于中华的时代。它效法西方资本主义政治制度,在不根本触动封建统治基础的前提下,要求政治改良,就顺应了历史潮流,成为具有那个时代特点的进步的变法主张。

---

① 《渝报》第 4 期。
② 《渝报》第 3 期。
③ 《时务论》,第 56—57 页。
④ 《渝报》第 10 期。

（四）提出振兴商务，发展民族资本主义的主张和学习西方开源节流、增加财政收入的措施

1891年，重庆森昌火柴字号创立，标志着四川民族资本主义经济的产生。但是，它们刚一产生，就遭到帝国主义的直接摧残。而封建主义的压迫，更是雪上加霜。这种状况，引起了民族工商业者的强烈不满，自由地发展民族资本主义经济，成为普遍的要求。

《渝报》为此大声疾呼："居今日而谈商务，不在与中国人争利，而在与外人争利。"至于如何与外人争利，《渝报》说："英兰一隅，拓属土者数万里，搏（扶）桑一岛，致勃兴者二十年……彼之于西人之末技者，可以悟矣。"①这里的"末技"，即发展商务。在当时，商务包含有贸易和近代工业两个内容，用《渝报》自己的话说，就是"转运和制造"。在这里，《渝报》站在民族资产阶级的立场上，以英、日为榜样，要求改变传统的"重农抑商"的政策，提高商人地位，减轻封建官府对民族工商业的束缚和榨取，以便自由地发展资本主义的民族经济。

在商业方面，《渝报》主张效法西方"立市租"，即根据不同地区贸易情况，制定不同的税则；"经官肆"，即在国家经营的商业机构中，亦要"专用贾人，毋参士夫，经以商规，毋治官体"；"综会计"，即由户部统一掌管全国财政收支；"制税则"，即减轻税额，简化税制②。从第1期开始，《渝报》连载了1897年10月到1898年4月重庆市场上150种进出口货物的批发价，为发展商务提供信息。

在工业方面，《时务论》还局限在官商合办工厂、车政、船政、修铁路、马路上。到戊戌时期，宋育仁的思想发展了，他在重庆开设商务局时就宣布，"以开利源、塞漏卮、占码头、保地产为要领"③，"官归官本、商归商本，分设官厂商厂，彼此各不牵涉"④。因此，在他主持制定的《四川商务局招设公司章程》中，明确规定"每项商业，以出本承办者为本项商总……概系商本商办"，并且"各公司均不许招洋股"，只招商股；用人方面，"悉听本公司商总主持"，官

---

① 《渝报》第7期。
② 《渝报》第7期。
③ 《复陈四川商务折》。
④ 《上恭亲王书》。

方和局外人不许插手①。这些都是明确地要求和保证发展民族资本主义的措施。

《渝报》的上述主张,把发展中国民族经济的要求与中国人民救亡图存运动联系在一起,反映了正在要求发展的中国民族资产阶级企图通过"商战",在中国市场排除外国侵略势力,建立本民族市场的愿望。这种资产阶级的民族主义思想,对抵抗外国资本主义商品倾销和经济掠夺,是有积极意义的,达到了那个时代中国资产阶级改良派可能达到的水平,成为《渝报》改良倾向的又一突出特点。

甲午战后,清政府为偿洋债,巧立名目,滥施捐税,搞得民穷财尽,天怒人怨。《渝报》发表了宋育仁《呈请理财折》,集中地提出了自己的主张,认为:"今日理财,不可但言加取,必谋所以生财。"生财之道就是学习西方,"非开矿则金无来源,非铸镑则金无消(销)路,非设行则公家之财为朽蠹,非行票则民间之用不流通。窃维富国之本,开矿铸币镑相表里,设行行票相经纬,联为一贯"。所谓开矿,即"听民集股开采,由官监督收税",以解决币材。所谓铸镑,就是"更改圜法":(1)禁止黄金流通,由国家发行金币;(2)在推行现用银圆的同时,另仿英国先令新造一种银圆,与之"交换互用";(3)收旧铜钱,更铸新币,统一成色和兑换率,以反对帝国主义对中国的不平等交换。所谓设行,即仿外国银行,设立官银行。但是,他要求,这些官银行"一切照商规,不用官法",以取代帝国主义对中国金融业的垄断地位。所谓行票,即在流通金属货币的同时,发行有价证券,以便于中国经济的独立和发展。宋育仁说:"当皆国民所利以生财,而非括民所有以益上。一理财而百废举。"②这实际上是一个反对帝国主义侵略,反对清政府苛捐杂税,挽救国家财政危机,发展资本主义的全面货币改革主张。

三、重庆维新运动的阶级和时代局限性

重庆维新运动的局限性集中地表现在它的变法理论上。重庆维新运动的变法理论,实际上就是宋育仁的变法理论。

---

① 《渝报》第 11 期。
② 《渝报》第 9 期。

宋育仁在《复古即维新论》中提出:"今天下竞言变法,不必言变法也,修改而已;天下竞言学西,不必言学西也,论治而已;天下竞言维新,不必言维新也,复古而已。"因此,"复古即维新","今日救时之务,必先复古学校之制",具体就是从"联学会"、"开学报"始。从字面上看,宋育仁的"复古"似乎就是恢复古代学校之制,恢复儒家经典的权威。但是,如果只是这样说,我们并不能对其作出公允的评价,还需从他运用这套理论来制定其变法纲领《时务论》的过程中,进一步加以考察。

《时务论》贯穿始终的思想是"外国富强之故","隐合于圣人经术之用"①。因而,今日维新的最好办法是"莫如因敌国已睹之效,以明经术之用"②。即根据西方的制度及其取得的成就,来阐明中国古代的经典,制定变法的措施。他认为,"外洋立国之根本在议院,议院之根源在学校"③。这就与宋育仁在《复古即维新论》中阐发的思想吻合了。西方通过学校培养了大批人才,造就了国家的强盛,今天我们"取证于外国富强之实效而正告天下,以复古之美名,名正言顺事成,而天下悦从,而四海无不服。舍此再思其次,则无策以自救。因此,则拨乱而反治,转败而为功。譬之夜行迷方,仰瞻斗极则惺(悟)矣"④。可见,"复古即维新论"的实质在于,以"复古"这个容易为士大夫、封建官吏接受的"美名",来"名正言顺"地效法西方,这就是维新。由此可见,这个理论既非洋务派的"中体西用",因为它赞成代议制并企图通过办学校、育人才来实现它,更非顽固派对西学的一概排斥,而是资产阶级改良派向西方学习,求得中国独立富强的一种探索。

唯物史观认为,一切思想、理论、观点,即社会意识,不过是社会存在的反映。它们在不同的时代具有不同的形式和不同的内容。因此,尽管宋育仁维新的理论是当时先进知识分子的思想产物,然而其阶级和时代的局限性是显而易见的,是不言而喻的。我们所要指出的是,即使在当时,这种变法理论与其他维新理论相比较,也有高下之差、文野之别、先进与落后之分。

早期改良主义思想家都遵从一个同样的理论思想,即"西学"出自中国古

---

① 《渝报》第 3 期。
② 《渝报》第 5 期。
③ 《渝报》第 14 期。
④ 《时务论》,第 63 页。

代,后来流向了西方,这是"器"。中国的纲常名教才是圣人之"道",大大高于西方,不可更改。现在的问题是"天将以器还中国,以道行泰西"①。而重庆维新运动的理论思想却认为,中国古代圣人治国,"其始务在富强,其术是在六经,而《周礼》尤备。外国未习其书,而能得其意","外国富强之故",不过是"隐合于圣人经术之用"而已②。为此,宋育仁和其他人花了大量篇幅,从政治、经济、军事、文化、法律诸方面来论证中学与西学是平等产生发展的两种制度,并非源与流的关系,而是"隐合"关系,即二者大体相似,殊途同归。由于承认了西学的独立发展,这就威胁到了封建纲常名教的独尊地位,并为全面学习西方,尤其是西方政治制度,提供了理论依据。因此,可以说宋育仁有他自己的特点,也有他的高明之处。

然而,与同时代康有为的变法理论相比较,又相形见绌了。首先,康有为用《新学伪经考》把封建主义者视为神圣不可侵犯的经典宣布为"伪经",从而动摇了封建专制制度得以存在的理论基础。这是宋育仁或其他人没有达到的高度。康有为的这一思想,乃直接受到廖平《古今学考》一书的影响而得以产生,并与现实的变法主张结合起来,产生了巨大的政治作用。可是,尽管宋育仁与廖平同为四川尊经书院的高才生,他们早在19世纪80年代,在攻击古文经学的过程中就产生了托古改制的思想,并且宋育仁还认为,廖平"于经学功夫甚深,但于经术无得,未见制度"③,主张经学直接为政治改良服务,比廖平进步。但是,由于宋育仁在理论上的突破不及康有为,因而还不敢像康有为那样否定封建经典,所以产生的社会效果就逊色了。

其次,康有为在《孔子改制考》中提出了他托古改制思想的最重要核心——公羊三世历史进化论。这在当时是最先进的、最时髦的。而宋育仁还固守早期改良思想家所采用的历史循环论,鼓吹"古今之变,百世而复,今既剥极当复之时矣"④。因此,从历史观上讲,康有为是先进的,宋育仁是落后的。

再次,康有为和宋育仁都十分推崇孔子,维护孔教。但是,康有为是把孔子作为政治斗争的手段,他宣扬的孔教已非封建的孔孟之道,而是资产阶级

---

① 陈炽:《庸书·自强》。
② 《渝报》第3期。
③ 徐溥:《早期改良主义思想家宋育仁》,载《社会科学研究》1979年第5期。
④ 《渝报》第1期。

的"孔教"了。但在宋育仁的思想中,似乎还看不出这种倾向,倒是他的复古倾向比康有为更浓。这是由于他与封建阶级的关系比康有为更深,因而更钟情于孔圣人。

通过以上分析,我们可以认为,重庆维新运动的理论,即宋育仁的理论,介于早期改良思想家与康有为之间,是中国改良思想发展序列中的一个中介。所以,讲局限性不该是笼统的,而应该是具体的。它不但在中国近代思想史上有着不可避免的阶级和时代局限性,就是在同时代的先进思想流派中,它的局限性也是很明显的。作这种仔细的区分,我们是要给它应有的历史地位,而不是苛求于古人。

第二节　重庆总商会

一、重庆总商会的建立

建立商会,提高商人地位,从而振兴商务,发展资本主义,这是中国民族资产阶级追求的目标之一。经过资产阶级维新派长期的奔走呼号,在百日维新的高潮中,1898年8月21日,光绪皇帝下令,"设立农工商总局于京师";8月29日又"命刘坤一速筹商会办法,并令各督抚查明沿江、沿海商贾辐辏之地设立商会"[①]。然而好景不长,9月21日,以慈禧太后为首的封建顽固派发动政变,囚禁光绪帝,捕杀六君子,随后几乎全部废止了新法。10月9日,"罢经济特科,废农工商总局"[②]。刚刚激起的一点发展资本主义的热情,又几乎全部化为泡影。

1901年签订的《辛丑条约》,标志着帝国主义列强从政治、经济、军事、文化上开始了对中国的全面控制,而清政府则成了帝国主义的忠实走狗,奉行"量中华之物力,结与国之欢心"的投降卖国政策,中国完全沦为半殖民地半封建社会。在20世纪初,清政府实行"新政",它的整个精神既赋予了中国政治更多的买办性,同时也企图缓和统治者和人民的矛盾,分化民族资产阶级。

[①] 梁启超:《戊戌政变纪事本末》,龚书铎编:《中国通史参考资料·近代部分》(下册),中华书局1980年版,第62页。

[②] 梁启超:《戊戌政变纪事本末》,龚书铎编:《中国通史参考资料·近代部分》(下册),中华书局1980年版,第67—68页。

因而采取了一些客观上有利于民族资本主义发展的措施。中央设立商部，地方建立商会，就是这种措施之一。

1903年，清政府中央政府设立商部，负责统一管理全国农、牧、工、商、路矿等项事宜。同时，制定了《商会简明章程》，规定在全国商务繁富之区，一律设立商会。而重庆和天津、烟台、上海、汉口、广州、厦门这7个全国最大商埠，均成立总商会。此后，商会在全国如雨后春笋纷纷建立，到1906年，北京、上海、广东、山西、山东、四川等省大约46个城市建立了商会组织。

重庆总商会于1904年开始筹办。8月9日，重庆商务分局总办周静庵与川东道台、巴县知县，邀集重庆各商帮开会，要求每帮推举2人，作为商会会董。当时重庆商帮甚多。不久，川东道贺元彬将商董减少为8人，会同重庆商界领袖8省首事，同为重庆总商会会董。

1904年10月17日，重庆总商会正式成立。公推号称西南首富的重庆最大票号"天顺祥"老板、分省补用知县李耀庭①担任总理，陕商、候选部经理杨怡为协理，订立了《重庆商会章程》18条，创办了《重庆商会公报》，并以总理、协理、董事的衔名报川督转商部立案。后来，赵资生（成壁）、舒钜祥任过会长，黄大福（锡滋，钱、盐、疋头、棉纱帮）、魏德宣（诩丞，疋头帮）、古绥之（德福，山货帮）、文化成（光汉）等人也在商会中担任过一些职务。这些人或首创商业卓有成效，才品出众，或系行号巨东经理，为一方巨擘，地位显赫。他们代表重庆工商界周旋于官绅之间，以"保商振商"为己任。这个由重庆富商大贾组成的重庆总商会，实际上代表着民族资产阶级上层的利益，其政治倾向主要是资产阶级改良主义，鼓吹在中国实行君主立宪。

重庆总商会成立后，还专门设立了商事公断处，每遇处理各帮纠纷时，重庆知府或亲自参加，或派员出席，并担任监督，商会的会长和本帮的帮董则为主要仲裁者，处理办法一经决定，立即交巴县县堂执行。

从1906年起，重庆总商会开始筹款购买土地，建造会所。同年各"屋宇落成，内外厅事宏敞静洁，另有高楼大厦"，还"拟设商业学堂"，又"以余地略置亭榭花木，借资点缀风景"，颇有一番发迹景象。会内大门、大厅等处皆挂

---

① 李耀庭（1836—1912），云南昭通府恩安县人，1865年从商，往来于川滇之间。1880年来渝入天顺祥，经营金融、商业、工业，是重庆屈指可数的百万富商。

上楹联，以言心志。

大门的楹联是：

> 启守对涂山，与当时万国衣裳一般高会；
> 卜邻依圣域，问门下千秋货殖几个传人。

大厅外的楹联是：

> 合五洲为大舞台，看梯航毕集，中外交通，二十纪际会风云，几辈英雄造时势；
> 仗群材创新世局，踞巴蜀上游，轮流灌注，四百兆富强基础，中原元气在商情。

正厅外的楹联是：

> 商战有何奇哉，只期补塞漏卮共谋公益；
> 会心不在远也，要识挽回大局各保利权。

正厅内的楹联是：

> 商量二十纪权宜，与欧美人争一点雄心，思将地宝运输，路线西来通蜀道；
> 会际数千年创局，倘梁益部增几分特色，窃愿星球移动，日光东转照龙旗。

> 登高一呼，直召唤四百兆同胞共兴商战；
> 纵目环顾，好凭此数千年创局力挽利权。

对厅的楹联是：

> 古人忠愤，异代略同，借热情规划商情，要与前人分一席；
> 天下兴亡，匹夫有责，望大家保全时局，莫教美利让诸邦。①

这些楹联充分反映了重庆资产阶级企图通过商战，在中国市场排除外国侵略势力，建立本民族市场的愿望。这种资产阶级的民族主义思想和"天下兴亡，匹夫有责"的气概，在民族危机日益深重的时代，对于抵制外国资本主义的商品输出和原料掠夺，唤起重庆人民保全时局、力挽利权，具有积极的意义。

重庆总商会的成立，使重庆民族资产阶级有了一个代表他们的利益，集聚他们的力量，反映他们要求的组织，有利于中华民族的反帝事业，在一定程

---

① 以上引文和楹联均见《广益丛报》第5年第4期《纪闻》。

度上促进了资产阶级革命运动在四川、重庆的发展。

二、《重庆商会公报》与重庆总商会的政治、经济倾向

重庆总商会成立以后,创办了《重庆商会公报》,由广益书局发行。该报目前已很难见到,仅重庆图书馆藏有数册。但从中仍可窥见重庆总商会的政治、经济倾向。

该报倾向于改良主义。他们以庸俗进化论的观点来论证中国实行君主立宪的必要性。认为,"泰西数十百年以来,有新法,有新书,有新学,有新人,遂能阐发新理,鼓荡新机,而为我华人顿新其耳目"。因而,"中国亦何独不能开五金之利则矿务一新,缩万里之程则铁路一新,新银钱则鼓铸遍於各埠,新制造则陶冶通於域中。农则新其种植,而东郊南亩有象怀新,士则新其弦歌,而家塾党庠,知新温故;商则新其互市,而往来交易咸与惟新;工则新其艺能,而组织文明,新其必创"。只要如此,就能使中国"立其宪政则国体新矣,删其法律则民命新矣,科举废则人材新,科学立则教法新,改官制则考绩新,练武技则戎行新",从而"涤其旧污,新其国政"①。基于这个认识,他们对清政府采取的一些改良姿态,大唱赞歌。当时,慈禧于宫中设立了纺织所,令妃嫔在其中习艺。《公报》为此发表专文大加吹捧,"此实千古非常罕见之盛举,为慈圣所独创,超越襄昔,信亚东帝史之光哉"。

重庆总商会的这些人毕竟从事商业,直接受到外国资本主义的经济侵略,因而揭露帝国主义的侵略掠夺,探求中国贫弱的原因,就成为该报的一个重要论题。《四川大宗土产急宜改良说》指出,帝国主义"陆则据我之运道,水则侵我之航权,制器奇淫,日新月异,甚至羽毛骨角,日用纤维,无一非中国四万万人之漏卮,而为六七强邻之利薮也。变本至此,又奚怪每年出入比较之数,中国竟负至二万万之多。吾恐不及十年,地虽广,脂膏其能不竭乎?民虽众,生计其能不惫乎?五行百产虽丰,其能视为养命之源而不受他人之奴隶乎?"真是"言者寒心,听者塞耳"②。有一篇调查报告,揭露得更为深刻:"试观今日之中国,朝野上下,海噬山陬,城乡市井,士卿大夫与樵夫贩妇,虽

---

① 《重庆商会公报》丙午第1号《论说》二。
② 《重庆商会公报》丙午第3号《论说》,第12页。

贵贱不同,贫富各异,无一不身著有洋货,可见我中国四万万同胞皆为洋人销货赐顾之客也。举天下之人皆为外国销货赐顾之客,民安得不困,国安得不弱。"①他们把这一切归结为:"今日之天下亦巧胜拙败之势也。"这里的所谓"巧",指侵略者"可以输人之产,沦人之国,灭人之种,不以刀兵,不以水火,而神州之上几使数千年黄帝子孙之胄,无一可以立脚者"②。从这一段文字,我们显然可见他们看到了20世纪初年中国最主要的威胁仍然是帝国主义,只不过在侵略手段上以"输人之产"为主的经济侵略代替了以"刀兵"和"水火"为主的侵略战争,但其目的仍是"沦人之国,灭人之种"。可见这些资产阶级的代言人们此时已不仅仅在为他们本阶级而呼号,而更多的是站在民族的立场上呐喊了。

既然帝国主义列强的侵略手段是"输人之产",那么要挽救利权外溢就要"抵制洋货",而最根本的抵制就是"振兴实业","工农盛,商自随之"③。因而针对重庆开埠后洋货行销造成的恶果,提出了一些在四川发展实业抵制洋货的主张。例如发展和改良畜牧、蚕桑、山货、蜡烛、红花、靛、石油、纸张、漆、炭、五金、矿业、瓷器、火柴、虫草、棉花、麻、绸缎、呢绒毛毯、绣货、布匹、丝、皮料等等。"但愿地无遗利,人无余力"④,与帝国主义争夺四川市场。他们满怀希望地说:"物产殷阗,而制造繁富,不特外货之内流可以言保守,并能争外市之销场可以言商战。安见地大物博之国,勤俭耐劳之民,其商业不能竞进也哉。"⑤可见他们并不仅着眼于争夺国内市场,而且还企图打入世界市场与列强争雄。

此外,《公报》还围绕发展实业、抵制洋货这个主题,交流各地实业发展情况,传播近代科学知识,通达各地商情。因此,可以认为,该报虽然散布了一些立宪保皇思想,但是它在促进重庆资本主义发展方面所起的积极作用是主要的。

---

① 《重庆商会公报》丁未第8号。
② 《重庆商会公报》丙午第3号《论说》,第12页。
③ 《重庆商会公报》丁未第8号《论说》,第3—4页。
④ 《重庆商会公报》丙午第3号《论说》,第12—14页。
⑤ 《重庆商会公报》丁未第8号《论说》,第3—4页。

第三节　重庆绅商收回矿权的斗争

一、重庆绅商开展收回矿权的斗争

19世纪末20世纪初,帝国主义对中国铁路矿山主权进行疯狂掠夺,加深了中华民族的危机和灾难,也堵塞了中国民族资本主义发展的道路。因此,在艰难中谋求发展的民族资产阶级要求从帝国主义手中收回路矿主权。1905年前后,民族资产阶级上层和一部分士绅在全国范围内发起了以收回路矿权为中心内容的收回利权运动。他们一方面要求清政府废除和帝国主义签订的路矿合同;另一方面又要求自办铁路、自开矿山,以杜绝帝国主义的觊觎。在四川,前者是重庆绅商收回江北厅矿权的斗争,后者是川汉铁路的自办。重庆绅商收回江北厅矿权、直隶官绅要求收回开平矿权和安徽绅商要求收回铜官山矿权的斗争,同被1910年的《东方杂志》称为"实吾国近年矿务之三大事也"①。

1904年,英商立德乐开办了华英合办煤铁矿务有限公司,简称华英公司。立德乐以该公司名义与四川省矿务总局签订了《江北厅煤矿公司矿务合同》,同年12月,经清政府外务部批准生效,攫取了江北厅地方50年的煤、铁矿开采权。华英公司在开矿过程中,占农田、毁房屋、挖祖坟,"与当地绅民屡生纠葛,势成水火"②,以致"道路侧目,妇孺痛心"③。江(北)、巴(县)两县士绅为了抵制华英公司,于1905年成立了嘉泰公司,1908年更名为江合矿务有限公司(简称江合公司)。开办之初,公司拥有资金20万两,设总号于重庆城内。

华英公司在开采过程中,发现附近石牛沟矿层非常丰富。1908年3月,经工程师威金生勘察,由英国驻渝领事照会川东道,要求将石牛沟也一并交由华英公司开采。华英公司成立才仅4年,已在江北厅弄得民怨沸腾。现在又得寸进尺,图开新矿,江北人民群情激愤。一方面江北士绅上书官府,针对华英公司"据我矿地,夺我利权",祸患日迫的局面,提醒官府"厅境民穷财

---

①《东方杂志》第7年第10期。
②《东方杂志》第7年第10期《杂纂》。
③民国版《巴县志》卷十六《交涉》。

困,力难与之抗衡。灾受剥肤,无门呼吁,一旦群情激动,终恐酿出衅端"。还特意指出:"设使他国效而尤之,则全属矿产路权,恐尽落外人之手。大局攸关,实深悚惕。"①另一个方面,江合公司利用华英公司与清政府签立的合同第5条中"所指之地如现有华商开办,该公司不得重指"②的规定,立即以300两银买下了石牛沟的傅姓矿山,并于4月19日派文化成星夜前往,开凿门洞,用极少的工人维持这个毫无经济效益的矿坑,目的在于防止华英公司扩张矿界,以示江北绅商决不退让的决心。

江合公司的这一行动,得到了江北厅地方当局的支持,立德乐感到非常恼火。他转往北京,向清政府外务部施加压力,坐索石牛沟。清政府居然同意了立德乐的无理要求,要求重庆政府迅速解决。

在与江北厅隔江相望的巴县,人民群众对华英公司的扩张行径和清政府的腐败无能,早已人怨沸腾,纷纷表示站在江合公司一边抵制华英公司。江、巴两县的联合行动,使川东道,重庆府,江、巴两县不得不认真考虑,如处置不当,一旦激成群众性暴动,后果将不堪设想。到那时,就不是江、巴两县的问题了,即是"川东全属,震摇也在意中"③。因此,他们表示支持江合公司,由江合与华英公司谈判解决争端。立德乐见地方政府官员站在江合一边,加之屡次碰壁,自知难成初衷,遂同意谈判解决。

谈判由川东道和英领事召集和监督。华英公司代表为聂克省、魏更生,江合公司代表为杨朝杰、赵资生。谈判初期,华英公司坚持石牛沟属该公司已经开采的龙王洞矿区地界,江合公司无权开采。江合公司则依据合同第5条的规定,申明石牛沟开采权属于江合,华英无权染指。双方争执不下,谈判断断续续,一年有余,仍无结果。

二、重庆绅商收回江北厅矿权

1909年,全国收回利权运动已经取得了显著成绩,山西、广东、湖南、湖北等省业已收回英国侵占的晋东、晋南等地矿权和英国掠夺的粤汉铁路修筑权。在这一背景下,川东道陈遹声授意加派精明能干的文化成为江合公司代

---

①民国版《巴县志》卷十六《交涉》。
②陈真:《中国近代工业史资料》第2辑,第227页。
③民国版《巴县志》卷十六《交涉》。

表,与英方继续谈判。英方坚持认为,"石牛沟在第一界龙王洞 30 华方里界内,故应开办石牛沟"。江合公司代表杨朝杰根据合同,予以批驳,指出,合同规定 30 华方里,其涵义是按照开方计算。文化成也援引英国领事的照会,指出:"照会明白指定为第二界,而要石牛沟何得谓之第一界内?"说得英方代表哑口无言。英方代表见"舌战笔鏖,俱难优胜,约文公理,无可引援",特别是失去了重庆地方政府的支持,继续在江北厅经营煤矿已无利可图,因而只好提出由中国方面"赔偿损失,交还矿权"。

一谈到"赔偿"金额,英方代表就漫天要价,开口便是 40 万两白银,后来减至三十四五万,且不再松口。而江合公司代表声称,华英公司资产远远不到这个数目,不应额外要求,因而只还价 12.6 万两。英方当然不能同意,因此双方"相持甚苦,迄难就绪"①。

到 5 月初,双方已是"唇敝舌焦"。英国公使朱尔典看到坚持下去没有好处,提议公司财产除了存煤和可以兑现的财产外,作价 20 万两。由于有英国公使的保证,华英公司只好接受这一建议。乃由英国驻重庆领事斯来代表华英公司向中方提出"将正款减至 20 万并声明英外交部电饬该领为发起人"②。但立德乐节外生枝,"要求虚股酬金及龙王洞存厂煤炭另议"③。经双方再三磋商,才达成一致的协议。使这场历时一年多,由重庆到上海、上海到北京、再由北京到重庆之间所举行的艰苦谈判告一段落。

1909 年 7 月 6 日,华英公司代表聂克省、魏更生,与江合公司代表杨朝杰、赵资生、文化成签订了《江北厅矿权收回合同》,规定:

(一)煤铁公司承租保富公司所购江北厅龙王洞地方李家山、铁矿沟、大荒窑、甘龙洞、单洞共五窑六厂堤坎、窑路,凡保富公司买就界址赔股,悉行归还保富公司,租约作废,由保富公司收回,转租江合公司开办。

(二)光绪三十年十月二十一日外务部奏准江北煤铁公司合同内,所有该公司得有开矿权利,及该公司在各处修置房屋、机器、铁路材料、器具、窑厂、煤炭,悉行扫卖与江合公司,由道会同府厅,详

---

①陈真:《中国近代工业史资料》第 2 辑(下),第 755 页。
②陈真:《中国近代工业史资料》第 2 辑(下),第 755 页。
③陈真:《中国近代工业史资料》第 2 辑(上),第 106—107 页。

请四川总督部堂分别奏咨,将立德乐前案合同作废,以便了案。

……

(四)以上顶卖各项,议定价银20万两;五窑六厂挖出煤炭,存储龙王洞地方,合价银8000两;外体恤立德乐之妻12000两;共银22万两①。

……

重庆绅商经过反复斗争,终于收回了被英商夺去的江北厅矿权。

但是,侵略者并不甘心失败,他们诬蔑说:"阻止外国人开采中国人自己所不能开采或不愿意开采的矿场,这种政策至少是短视的。"并公然叫嚣:"我们相信英国公使已经向外务部声明,如果开发四川的丰富矿产需要外国的帮助,他本国的国民在任何矿区都有优先的权利。"②气势汹汹,咄咄逼人,随时准备卷土重来。

总而言之,重庆绅商抵制英商华英公司的扩张,并进而收回江北厅矿权的斗争,是当时民族资产阶级上层掀起的反帝爱国运动的一部分。它反映了20世纪初年帝国主义和中华民族矛盾的深刻化,也反映出微弱的四川资本主义经济力谋发展的迫切要求,表现了民族资产阶级对清政府卖国卖路矿的不满情绪。尽管四川民族资产阶级软弱无力,矿权只能以高价从帝国主义手中赎回,但它毫无疑问地打击了帝国主义在四川的侵略势力,推动了资本主义经济的发展,鼓舞了四川人民群众自办川汉铁路的斗争,成为1911年四川保路运动的先声。

①民国版《巴县志》卷十六《交涉》。
②陈真:《中国近代工业史资料》第2辑(上),第107页。

第十三章 民主革命的酝酿

第一节 邹容和《革命军》

一、邹容的成长

中国资产阶级民主革命时代,是一个群星灿烂、可歌可泣的时代,是一个需要英雄又创造了英雄的时代。邹容就是重庆人民贡献给这个时代的骄子。

邹容(1885—1905),原名桂文,又名威丹、蔚丹、绍陶,留学日本时改名邹容。四川巴县(今重庆市)人,出身在一个商业资本家家庭。其父邹子璠,经营棉纱、棉布和杂货生意,中年以后,已拥有巨资。邹子璠生有子女 12 人,八男四女,邹容在男孩中排行第二。邹家原籍湖北麻城县孝感乡,后迁居四川巴县木洞、石成河等地,大约 1882 年迁入重庆城内夫子池洪家院子,1885 年邹容即生于此,后又迁小较场定居。

邹容自幼深受中华民族传统思想的影响,具有强烈的民族自尊感。他非常推崇抗清志士郑成功、张煌言,尤其崇敬才华横溢的反清复明少年英雄夏完淳,决心继承夏完淳的爱国精神和英雄业绩。1896 年,他第一次参加童子试,就因考题晦涩,不甚了然,与主考官展开辩论,愤然离开考场。在他的心里,更加坚定了反抗清朝封建统治,发扬光大汉族传统的民族气节。

甲午战后,帝国主义对中华大地的瓜分大祸,迫在眉睫。经康有为、梁启超等人奔走呼号,维新之风,竞于中华,也吹到了山城重庆。邹容读到了严复译述的《天演论》,梁启超主编的《时务报》等维新报刊。《渝报》创刊以后,更使他大开眼界。为了直接学习西方,邹容入日本领事馆,跟成田安辉、井户川辰三学习外语,从而接触到西方资产阶级民主制度及其学说,成为新思想的热心传播者。

邹子璠希望邹容也能和大哥蕴丹一样,循规蹈矩,热心仕途,因此,又把邹容送入重庆经学书院学习。邹容早对腐败的封建制度和封建思想厌恶之极,他对父亲说:"臭八股儿不愿学,满场(即清代官场)儿不愿入,衰世科名,得之又有何用。"①在行动上,他反其道而行之。书院为激励学子锐意进取、志在功名,教授了一首《神童诗》。诗曰:"少小须勤学,文章可立身,满朝朱紫贵,都是读书人。"邹容却信笔改为:"少小休勤学,文章误了身,贪官与污吏,尽是读书人。"②表现了对封建礼教的反抗。到后来,他更加倡言无忌,指责尧舜,菲薄孔子,攻击程朱理学,同学们都戏谑他为"谣言局副办"。学业上,邹容不做八股文章,而热心于金石篆刻等技艺。由于他这些离经叛道的言行,不久即被书院开除。

邹容对封建制度彻底批判的激进态度,是和他对维新志士谭嗣同的钦佩分不开的。谭嗣同是维新志士中激进派的代表,作有《仁学》阐发变法主张,邹容曾捧读再三。戊戌政变后,谭嗣同被捕入狱,又高歌"我自横刀向天笑,去留肝胆两昆仑",慷慨就义,更使邹容热泪纵横,悲愤不已。他说,像谭嗣同这样的人,才是杀身成仁的英雄。他不避风险,公然将谭的画像置于座前,并题词一首,以明其志:"赫赫谭君故,湖湘士气衰,惟冀后来者,继起志勿灰。"③他决心继承维新志士的未竟事业,为救国救民继续奋斗。正是维新思潮的熏陶和维新运动的锻炼,把邹容单纯的民族自尊感上升为爱国责任感。

戊戌变法失败后,中国先进的知识分子又纷纷东渡日本,重新探索救国真理。1901年,四川首次选派官费留日学生。7月,邹容前往成都,参加留日考试。因他汉语工夫好,又有新学知识和外语基础,顺利通过,考试合格。8月26日,他回到重庆,整装待发。但是,邹容在重庆的离经叛道行为,官府早有风闻。再加上一些保守分子大上谗言,采取卑鄙手段,以邹容人虽聪明,但品行不端为由,取消了邹容官费留日资格,另由一个很有权势的富家子弟顶替了他的名额。

---

①邹鲁:《中国国民党史稿·邹容略传》,中华书局1960年版。
②周永林编:《邹容文集》,重庆出版社1983年版,第31页。
③邹鲁:《中国国民党史稿·邹容略传》,中华书局1960年版。

邹容留日愿望受挫,但留日之志不移,要求父亲允许他自费留学日本。他舅舅等人坚决反对。他的舅舅刘华廷也是一个奔走于重庆上海之间的商人,他认为,中国之受人欺凌是因果报应,非人力所能挽回。邹容不愿走仕途之道,这不必勉强,只要学好英语,将来从事洋务,也会有所成就,何必生出什么救国救民的非分之想。他告诫邹容,谭嗣同奔走救国,但结果是人头落地,祸及父母,殃及族人,孰好孰坏,你要三思。邹容针锋相对,他认为,这些话全是毫无生气的"老成谋国之见"。如果人人都怕死,又何谈杀身成仁呢？中国之所以亡国灭种,其根本原因在于民族的惰性,人人家居终古,固守祖宗田产,热心于拥妻抱子的小家庭。今天应该大加提倡为拯救民族同胞而奋斗,他们才能留传后世,焯耀古今。他甚至说,这种亲戚,不如没有①。支持邹容留日的也大有人在。他的老师江淑瀣,同学杨庶堪、朱必谦等人反复开导邹子璠。有的亲戚也说:"邹容之离经叛道在重庆已小有名气,如强留下来,说不定哪天又出一通惊世骇俗之言,胆大妄为之事,殃及家族,不如遂他留日之志,离开重庆为好。"邹子璠权衡再三,最终同意了邹容的要求。1901年秋,邹容踏上东去征途。先在上海停留,补习日语,次年九十月间,到达日本。

当时,孙中山先生正在日本进行革命活动,到日本留学的中国学生已有2000多人。他们在国内受到封建制度的长期束缚,一到日本,汲取到许多新的思想,特别是受到孙中山先生革命思想的影响,更加迫切地要求改变中国现状,他们纷纷汇集到孙中山先生的旗帜下。在国内,邹容就十分仰慕孙中山。到日本后,他一面勤奋地学习西方资产阶级革命时期的理论和历史,如卢梭的《民约论》、孟德斯鸠的《万法精意》,以及《法国革命史》、《美国独立宣言》等书;一面积极投身于孙中山领导的民主革命斗争,参加留日学生的爱国革命活动。

邹容在国内就深感封建统治的黑暗和民族危机的深重,借书录蒋智由的《有感》诗来抒发自己的忧国忧民之情:"落落何日报大仇,沉沉往事泪长流,凄凉读尽支那史,几个男儿非马牛。"到日本后,又看到日本经明治维新以后资本主义的蓬勃发展和积极准备对外侵略扩张,妄图称雄亚洲的种种迹象,两相对照,深受刺激,愈感救国责任的沉重。为了唤起民众,弘扬革命,凡留

---

① 《邹容家书》,重庆市博物馆藏。

学生集会,他总要登台演说,他把满腔愤懑化作犀利悲壮的言词,其炽热的革命激情,昂扬的战斗意志,令人感奋,催人泪下,成为与秋瑾齐名的演说家。特别是1903年他在春节留日学生团拜会上的演说,更是在东京留学界中产生了重大影响。当时,在部分留学生存在着"讳言排满"的倾向。因此,孙中山先生决定把这次会议开成宣传革命的大会,以"革命排满"为主导思想。在会上,邹容再次登台,历数清朝统治中国的罪恶历史,"大倡排满主义"[①]。措词尖锐,分析深刻,议论新颖,慷慨激昂,正是在孙中山思想启迪和引导下,邹容开始成为一个资产阶级民主革命战士。

1903年3月,邹容和几个同学揭露清政府留日陆军学生监督姚文甫的丑行,愤而将其辫子剪掉,悬于梁上。为此,清政府要求日本政府捉拿邹容,他不得已回到上海。在上海,他又结识了革命志士章太炎、章士钊,参加了反对沙俄强占我东北地区的拒俄运动,发动组织中国学生同盟会,继续进行反清斗争。

邹容在日本只度过了短短的8个月时间。但是这8个月,却是他革命思想形成的关键时期。在革命斗争中,他自觉地实现了由爱国责任感到时代使命感的转变,实现了由爱国热血青年到资产阶级民主革命战士的转变。邹容从此登上了近代中国的政治舞台。

二、《革命军》的发表

在辛亥革命的准备时期,有两大理论和实践问题需要回答,那就是:(1)要不要革命,革谁的命,怎样革命;(2)革命的目的是什么,革命后建立什么样的政治制度。在当时的国内,缺乏这类系统的革命理论著作,通俗易懂的革命宣传读物更不多见。为此,邹容自觉地担负起时代的重任,对这两大理论和实践问题进行了深入的探索。在日本期间,写成了《革命军》一书,以"革命军中马前卒"署名。回国后,邹容特请章太炎修改,章看过后,击节赞赏,认为正是这种直率豪放、通俗生动的文字,才能够发挥广泛的宣传作用,因而不作任何修饰,提笔书写了一篇《序言》,称许《革命军》为"义师先声"。随即由柳亚子等筹集印刷经费,交大同书局承印,于1903年5月初出版发行。

[①] 章太炎:《狱中答新闻报》。

邹容在《革命军》中,对民主革命的对象、性质、任务和前途等,进行了系统的阐述,作了旗帜鲜明、通俗易懂的回答。首先,他热情地讴歌革命:"革命者,天演之公例也;革命者,世界之公理也;革命者,争存争亡过渡时代之要义也;革命者,顺乎天而应乎人者也;革命者,去腐败而存良善者也;革命者,由野蛮而进文明者也;革命者,除奴隶而主人者也。"①革命是历史发展、社会进步的根本动力。而"我中国今日不可不革命;我中国今日欲摆脱满洲人之羁缚,不可不革命;我中国欲独立,不可不革命;我中国欲与世界列强并雄,不可不革命;我中国欲长存20世纪新世界上,不可不革命;我中国欲为地球上名国,地球上主人翁,不可不革命"。那么,今日中国到底该革谁的命呢? 邹容指出,自秦始皇统一中国以后,历代君主都"私其国,奴其民为专制政体"。到了清朝,满洲贵族"乘机窃命,君临我禹域,臣妾我神种",因此欲御外侮,先清内患,必须革清王朝及其封建君主专制制度的命,以"洗尽260年残惨虐酷之大耻辱"。

为了进一步激发人民群众对清王朝的仇恨,邹容从政治、经济、思想、文化诸方面对清王朝进行了尖锐的揭露和猛烈的批判。

在政治上,满洲皇帝用扬州十日、嘉定三屠一类暴力手段取得了至高无上的权力。皇帝和那些"目不识丁的亲王大臣,唱京调二簧之将军都统",对中国士农工商各阶级、阶层群众实行封建专制的统治。中国民众在政治上没有丝毫民主,一国之人,"不能司政治机关,参与行政权"。然而那些八旗子弟、宗室人员、红带子、黄叶子、贝子、贝勒,则一成人,"即有自然之俸禄,不必别营生计,以赡其身家;不必读书问道而充其识力,由少爷而老爷,而大老爷,而中堂,红顶花翎,贯摇头上,尚书仕郎,殆若天职"。在西方,即使工人都"有干涉国政,倡言自由之说,以设立民主宗旨者,有立会演说,开报馆、倡社会之说者。今一一转询中国有之乎? 曰:无有也"。而清王朝"之用苛刑于中国,言之可丑可痛","乃或援引故事虚文,而顿忘眼前事实。不知今无灭族,何以移亲及疏? 今无肉刑,何以毙人杖下? 今无拷讯,何以苦打成招? 今无滥苛,何以百毒备至? 至若监牢之刻,狱吏之惨,就非笔墨所能形容,即比九幽十八狱恐有过之无不及"。

---

① 以下凡引自《革命军》者,均见周永林编:《邹容文集》,重庆出版社1983年版。

在经济上，清王朝不仅滥施苛派，剥削广大农民，"务使其鬻妻典子而后已"，而且对资产阶级"富商大贾"也实行压迫和榨取。邹容写道："外国之富商大贾，皆为议员，执政权。而中国则贬之曰末务，卑之曰市井，贱之曰市侩，不得与士大夫为伍。乃一旦偿兵费，赔教案，甚至供玩好，养国蠹者，皆莫不取之于商人。若者有捐，若者有税，若者加洋关而又抽厘金……公其词则曰派，美其名曰劝，实则敲吾同胞之肤，吸吾同胞之髓，以供其养家奴之费，修颐和园之用而已。"在这里，邹容明白地站在民族工商业的立场，反抗清朝的压迫，为民族资产阶级呼吁政治和经济权利，反映了当时中国封建主义和资本主义尖锐的矛盾。

在文化上，清王朝也实行严密的专制统治，对知识分子"困之以八股、试帖、楷折、会试、殿试……俾之行同乞丐，不复知人间有羞耻事"；"汩之以科名利禄，俾之患得患失，不复有仗义敢死之风"；"絷（zhī，同絷）之以庠序卧碑，俾之畏首畏尾，不敢为乡曲豪举，游侠之雄"。而且大兴"文字之狱……征诛天下"，"待国士如囚徒"，"视文人如犬马"。在清王朝的统治之下，"海内之士，莘莘济济，鱼鱼雅雅，衣冠俎豆，充牣儒林，抗议发愤之徒绝迹，慷慨悲咤之声不闻，名为士人，实则死人之不若"，真是万马齐喑、暗无天日。

在思想意识形态上，统治阶级宣扬"柔顺、安分、韬晦、服从、做官、发财"，进行奴化教育，"名公巨卿，老师大儒，所以垂教万世之二大义，曰忠曰孝"，"宋学者流，日守其《五子近思录》等书，高谈太极、无极、性功之理，以束身成名"。这一整套意识形态完全是"造奴隶之教科书"，整个封建帝王统治下的中国历史，完全成了一部"大奴隶史"。长此以往，中国人民必由目前西方列强"群起染指"，侵略掠夺的境地，发展为"由今日之奴隶，以进而为数重之奴隶，而数重之奴隶，而猿猴，而野豕，而蚌介，而荒芜之大陆绝无人烟之沙漠"。邹容把封建意识形态的丑恶及其危害揭露得十分深刻，触目惊心。

邹容还揭露了清王朝对外投降，充当帝国主义走狗的罪行，他指出："'量中华之物力，结友邦之欢心'，岂非煌煌上谕。"清王朝在这一卖国方针指导下，"杀一教士而割地赔款，骂一外人而劳上谕动问"，将中国的大片领土拱手送人，甚至其发祥之地的东北河山，也要"顿首再拜奉献于俄罗斯"。清王朝统治下的中国，将变成"地球上数重之奴隶"。

邹容从西方资产阶级革命的历史中认识到欧美诸国之所以能够鼓舞民

气,宣战君主,推倒殖民地宗主国,诛杀封建贵族,倡言自由,是由于有"革命之健儿,建国之豪杰,流血之巨子"和"无量无名之华盛顿、拿破仑"这些"有名之英雄"与"无名之英雄"的奋斗。因此,今日中国也必须用武装起义来推翻清王朝的统治,驱除帝国主义,"掷尔头颅,暴尔肝脑,与尔之世仇满洲人,与尔之公敌爱新觉罗氏,相驰骋于枪林弹雨之中,然后再扫荡干涉尔主权外来之恶魔,则尔历史之污点可洗,尔祖国之名誉飞扬"。也只有这样,才能"扫除数千年种种之专制政体,脱去数千年之种种奴隶性质",使我"中国大陆成干净土,黄帝子孙皆华盛顿"。

邹容在回答了要不要革命、革谁的命、怎样革命的问题后,又系统地阐述了中国资产阶级民主革命的前途。

在1894年的兴中会誓词里,孙中山先生就提出,中国资产阶级革命的前途是"建立合众政府",即建立美国式的资产阶级共和国。但由于革命斗争的艰巨,孙中山奔走海外,还来不及对未来中国资产阶级共和国方案进行理论的概括和系统的描绘。邹容以高度的革命热情和科学精神,把继承和创造相结合,在《革命军》中提出了"中华共和国"25条政纲,大大充实了中国资产阶级民主共和国方案的理论内容,发展了孙中山的革命思想,为资产阶级革命运动提供了有力的理论武器。

"中华共和国政纲"的主要内容是:

(1)推翻清王朝,诛杀封建专制皇帝,反对任何干预中国革命独立的国家,建立资产阶级民主国家。

(2)在中华共和国内,全国男女皆国民,一律平等,人人享有人身、言论、思想、出版的自由权利。国民有纳税、服兵役和忠于国家的义务。

(3)政府权利由人民授予,政府责任在切实保护人民的各种权利。人民可以推翻不称职的政府,更立新政府。

(4)实行议会制度,各州县、省逐级选举议员,最后由各省总议员投票选举总统。

(5)以美国宪法和法律为依据,按照中国具体国情,制定宪法和法律。

(6)新政府有独立的国家职能,外国人不得干涉,与各大国一律平等。

这一构想浸透了革命民主主义精神,充分体现了新兴的中国资产阶级的政治要求,得到孙中山先生的充分肯定。1905年,孙中山先生创立同盟会时,就把革命的政治前途是建立共和国这一点,概括为"建立民国",并写入了同盟会纲领,即"驱除鞑虏,恢复中华,建立民国,平均地权",从而最后确定了资产阶级共和国方案。在旧民主主义革命时期,这一方案一直鼓舞着中国人民为独立解放而斗争,成为阶级斗争和民族斗争的战斗旗帜。

从中国资产阶级革命理论的形成,特别是资产阶级共和国方案的制定和实验,可以清晰地看出,它经历了孙中山提出(兴中会誓词)—邹容发展(中华共和国政纲)—同盟会政纲的确定(16字纲领)的发展轨迹。这是中国资产阶级革命派集体奋斗的结晶,是邹容对中国资产阶级民主革命建立的最大功绩。因此,《革命军》在中国近代思想史上占有重要的地位。

《革命军》刚一问世,就以其鲜明新颖的思想性吸引着读者。再加上它浅近直截的语言,明快锋利的词句,雄伟磅礴的气势,铿锵昂扬的韵味,清新蓬勃的文风,深受广大群众欢迎。不少人称它为"今日国民之第一教科书"。虽是愚懦之夫,只要读了《革命军》没有不为之动容,"不面赤耳热,心跳肺张,作拔剑砍地奋身入海之状"的。有的称它如雷霆之声,使"举国上下无不震动"[①]。它的出版,标志着革命思潮代替改良思潮成为中国思想界的主流。

三、邹容和"苏报案"

《革命军》的问世,沉重打击了清王朝的封建专制统治,在社会上引起了强烈的反响。清政府惊惶失措,与帝国主义相勾结,制造了震惊中外的"苏报案"。

《苏报》最初是由一个日本人在上海创办的一份平庸小报。1900年由陈范接办后,开始宣传改良,倾向革新。1902年后成为中国教育会和爱国学社的机关报,聘章士钊为主笔,章炳麟、蔡元培等为撰稿人。馆址设在租界内。

1903年5月,《苏报》不断刊登宣传革命的文字。5月27日,刊登了《革命军·自序》。6月9日,发表了《读〈革命军〉》和《介绍〈革命军〉》两篇文章。一篇阐发革命的宗旨,指出革命的目的在于"去世袭君主,排满洲(贵族)特权,覆一切压制之策",推荐《革命军》为"国民教育之第一教科书";另

[①]《读〈革命军〉》,载《辛亥革命前十年间时论选集》第1卷(下),三联书店1960年版;中国近代史资料丛刊《辛亥革命》第1册,上海人民出版社1957年版。

一篇称《革命军》"文极犀利,语极沉痛",读了没有不"拔剑起舞,发冲眉竖"的,断言此书将"普及于四万万人之脑海"①。这些介绍,对广大读者无疑有很大的吸引力,但对清政府来说,却是胆战心惊的。

6月21日,清政府向沿海沿江各省督抚发布谕旨,指控《苏报》和爱国学社宣传革命,形同叛逆,严令"务将此等败类严密查拿,随时惩办"②。两江总督魏光焘当即下令封闭《苏报》,并特派后补道俞明震协同上海道袁树勋办理此案。由于邹容是《革命军》的作者,而章炳麟为之作序,清政府认为"此书逆乱,从古所无,竟敢谤及列祖列宗,且敢直书庙讳,劝动天下造反……尤非拿办不可"③。令将邹、章两人列为要犯,"立正典刑","务令逆徒授首,不使死灰复燃"。

6月29日,《苏报》不顾清政府的威胁,公开发表了章炳麟的《驳康有为论革命书》。该文痛斥了康有为"只可立宪不可革命"的保皇观点,歌颂了革命的巨大威力,声称"公理之未明,即以革命明之;旧俗之俱在,即以革命去之"④。并且把光绪皇帝斥为五谷不分的"载湉小丑"⑤,给了封建皇帝当头一棒。章炳麟的《驳康有为论革命书》成为与邹容的《革命军》齐名的宣扬革命的代表作。

就在《驳康有为论革命书》发表的当天,清政府已与上海租界工部局勾结就绪,6月29日和30日,经由美国领事同意签押,巡捕先后闯进苏报馆和爱国学社,当即捕去章炳麟等人。其时,邹容正在一位英国传教士家中,听到消息,义愤填膺。他独自步行到租界监狱,自报姓名,要求入狱。那时,邹容年仅18岁,英国巡捕见他一翩翩少年,哪像举国震动的《革命军》的作者,以为是精神病狂徒,喝令走开。邹容大义凛然,怒斥巡捕:"我著书未刻者尚千百卷,非独此小册也。尔不信,取《革命军》来,吾为尔讲说之。"⑥慷慨入狱。

邹容和章炳麟入狱之后,继续和中外反动派进行斗争。同时,又忍受着非人的待遇,相濡以沫,作诗酬唱,切磋勉励。经半年审讯,三次过堂,到1903

---

① 周永林编:《邹容文集》,重庆出版社1983年版。
② 中国近代史资料丛刊《辛亥革命》第1册,第408页。
③ 中国近代史资料丛刊《辛亥革命》第1册,第446页。
④ 《中国通史参考资料·近代部分》(下册),第244页。
⑤ 《中国通史参考资料·近代部分》(下册),第240页。
⑥ 章太炎:《邹容传》,周永林编:《邹容文集》,重庆出版社1983年版,第120页。

年12月,反动法庭准备将邹容、章炳麟判永远监禁之罪。邹容预感到就义之期当在不远,于1904年初,以家乡重庆的涂山为题,写了一首七言绝句《涂山》,倾诉身陷囹圄的游子对家乡、亲人的无限眷念之情,抒发热血男儿为国捐躯的革命情怀:

  苍崖坠石连云走,药叉带荔修罗吼。
  辛壬癸甲今何有,且向东门牵黄狗。①

  诗的前两句描述邹容遥望家乡涂山苍翠的崖壁,崩裂的怪石和连天的白云,耳边响起了中外刽子手如"药叉"(即夜叉,中国传说中的吃人鬼)、"修罗"(即阿修罗,印度神话中的恶神)般的嗥叫。实际上隐喻着国家、民族和个人所处的险恶的政治环境。后两句邹容用了两个典故:一个是流传在家乡的传说,大禹与涂山氏之女在涂山结婚,新婚后仅辛、壬、癸、甲4天就外出治水;另一个是秦国李斯受奸臣赵高忌害,临刑之前,他对儿子说,我多想和你一起牵着黄狗出东门打猎啊。邹容以此比喻正值国家多难,理应为国奔走之时,自己却被困铁窗,再也不能自由自在地追求真理,投身革命了。同时,他又回顾了自己短暂的一生和追求真理的历程:辛丑离渝(1901年),壬寅赴日(1902年),癸卯回沪(1903年),甲辰在狱(1904年),感叹这样的日子不会再有了。全诗充分表达了邹容无限怀念家乡亲人和革命同志,无限向往他心中的"中华共和国",壮志未酬的依依惜别之情。

  由于狱中非人的生活,1905年4月3日,邹容死在狱中。对于邹容的牺牲,人民群众异常悲痛,中国教育会等团体为他举行了隆重的追悼大会。在东京的留学生在《醒狮》杂志上连续发表悼念诗文。柳亚子先生作题为《哭邹威丹烈士》的诗:

  咄咄英风忆长乐,幽幽黑狱贮奇愁。
  蜀中王气今何在,放眼乾坤少一头。
  十五万重启罗格,那堪人尽作天囚。
  自由死矣公不死,三百年来第一流。②

  邹容好友金松岑在《哀邹容》祭文中写道,邹容如"江流出峡一泻千里而

---

① 《汉帜》第2期,1907年2月。
② 周永林编:《邹容文集·附录》,重庆出版社1983年版。

至东瀛兮,乃以汉魂而吸欧粹耶。建共和、民主两大旒兮,撞钟伐鼓满天地耶"①。他们把邹容尊为"革命圣人"、"蜀中王气",明末以来反对清朝统治的第一流人物。热情赞扬邹容以长江巨流冲出三峡不可挡的气势,在日本寻求救国救民的真理,吸取欧洲资产阶级革命的精华,大张旗鼓地宣传反清革命和民主共和思想,掀起了席卷全国的革命风暴。

邹容因著《革命军》而被迫害致死,但《革命军》却并没有因此而销声匿迹,反而在清王朝的严禁之下,不胫而走。1903 年,孙中山先生亲自携带《革命军》到檀香山进行革命宣传,与保皇派进行辩论,促进了当地资产阶级、小资产阶级由爱国到革命的转变。1904 年,孙中山又赴美国旧金山,在当地刊印《革命军》1.1 万册。1906 年,他又多次写信要求南洋华侨加快翻印《革命军》,"竭力鼓吹,不避劳苦","分派各处,他日必收好效果"②。孙中山还把重建的革命组织定名为"中华革命军",以记邹容之功。从 1903 年起,《革命军》先后在上海、新加坡、日本、香港、美国等地,翻印 29 版,发行 100 万册以上,占清末革命书刊销量的第一位,风行海内外。由于顺应了历史发展的趋势和人民群众的需要,又加上孙中山先生的亲自传播,《革命军》在中国近代史上产生了空前的影响。

辛亥革命成功以后,孙中山就任中华民国临时大总统,他高度评价了邹容对辛亥革命的功绩:"惟蜀有材,奇俊瑰落,自邹(容)至彭(家珍),一仆百作,宣力民国,厥功尤多。"他追念邹容于革命的艰难岁月之中,著书立说,弘扬革命,唤国民于醉生梦死之中,功勋卓著,因此追赠邹容为"陆军大将军",崇祀宗烈祠。1941 年,国民政府在邹容家乡重庆建立了邹容烈士纪念碑,以褒奖邹容推翻清朝,建立民国的历史功绩。

邹容是重庆人民哺育的,中华民族第一次腾飞的时势造就的历史人物。他的《革命军》是那个伟大时代各种进步思想的凝聚物,是整整一代中华民族有志之士热血与理想的光辉结晶,达到了当时思想界的最高水平。邹容和他的《革命军》,为中国比较完全意义的资产阶级民主革命作了舆论准备,在中华民族的第一次腾飞中发挥了思想解放的巨大宣传作用。许多四川籍的老

---

① 隗瀛涛:《邹容》,江苏人民出版社 1982 年版。
②《孙中山全集》第 1 卷,人民出版社 1981 年版,第 295 页。

一辈无产阶级革命家,如吴玉章等,在邹容和《革命军》的启迪下,才完全和改良主义决裂,最终走上了推翻清王朝专制统治的革命道路。

第二节　同盟会重庆支部的建立

一、公强会的成立

20世纪初年,全国范围内掀起了兴办学校和出洋留学的热潮。资产阶级、小资产阶级知识分子群空前扩大,成为一支重要的社会力量。

重庆的第一个新式学校,是1892年由川东道黎庶昌创办的川东洋务学堂。1904年,全省共有各类学校150余所,而又以重庆为最多。到1911年,重庆共办有重庆府中学堂等中学4所,正蒙公塾等小学24所,川东师范学校等专科学校45所,培养出一批具有新学知识的青年。

出洋留学分为官费、自费两种,以去日本为主。1901年,四川首次选派官费留学,重庆就有陈崇功、胡景伊、龚秉权等入选。随后,官费、自费留日学生接踵不断。1905年至1906年,全国留日学生达8000多人,四川是最多的省份之一,几乎县县都有,重庆的童宪章、李肇甫、淡春谷等也联袂东渡,寻求救国真理。

留在重庆的杨庶堪等人,也在求索。杨庶堪(1881—1942),字沧白,晚号邠斋,四川巴县人。自幼通读经史子集百家著作,博学强记,少年时代就文笔出众,人称"奇才",曾考取重庆府试第一名,入县学为生员。甲午战争后,杨庶堪痛感"国事积弱,胡清窃政"。他深受近代先进思想家"师夷长技以制夷"思想的影响,也入日本领事馆学习英语及西学,以"备游学欧美,充其识量"。因此,尽管他具有相当扎实的旧学功底,很有希望走上读书做官的仕途道路,但他"不欲以科第进取,举孝廉方正亦不应"。在重庆日本领事馆学习时,杨庶堪结识了邹容。邹容虽比他小4岁,但其蓬勃向上的精神与离经叛道的言行,已远远闻名,许多学生都不敢与邹容接触,而杨庶堪偏偏与邹容一见如故,十分亲近。邹容留日的消息给杨庶堪以鼓舞,他也想与邹容同赴日本,继续共同探索救国之道。但因父母皆老,又无其他兄弟姊妹,不便远行。转而与同学朱蕴章等人帮助邹容排除阻挠,并从经济上予以资助,使邹容得以冲破束缚,赴日留学①。不久,朱蕴章也赴日本考察军政制度。此外,曾中光绪癸巳(1893年)举人,后来担任《渝报》副主笔的梅际郁,以及朱之洪、董鸿词等人,在戊戌以后,也逐渐抛弃改良主张,由爱国而走向革命。

1903年,首批留日的巴县学生陈崇功回到重庆,不久,朱蕴章、童宪章等人也从日本归来。他们在日本结识了不少进步青年,对日本资本主义制度有了更多的了解,特别是受到孙中山先生革命思想的熏陶和留日学生反帝爱国运动的锻炼。当时,整个资产阶级、小资产阶级知识分子正处在从爱国到革命的转变之中,各地革命力量正在积聚,纷纷准备成立革命小团体。留在重庆的杨庶堪等人一直在暗中活动,等待时机。刚回重庆的留日学生都跃跃欲试,一展抱负。他们的归来,给重庆的进步青年带来了新的信息和新的活力,产生了新的希望。同年,由杨庶堪、梅际郁二人首倡,联合重庆的革命青年,秘密成立了重庆也是四川的第一个资产阶级小团体公强会②。

公强会以"寻求富国强兵之道为标志,以启迪民智为作用","树立革命思想"③。会员主要是工商业中的青壮年和知识分子。最先有吴骏英、朱之洪(叔痴)、朱蕴章(必谦)、童宪章(文琴)、董鸿诗、董鸿词、陈崇功、李时俊、胡树楠、江潘等人加入,"均一时俊彦"④。他们常会盟于重庆五福宫桂香阁。会中活动通常以会员轮流做东,设酒聚饮为掩护,暗中传阅、介绍国内各种新书报,谈论光复大计。1903年邹容的《革命军》在上海出版,震动了全国,也极大地鼓舞了家乡的进步青年。重庆青年"亦得邹容所著《革命军》,阴相传阅,倡言无忌"⑤。公强会加紧宣传资产阶级新思想,"倡言革命",使革命排满的思想日益深入人心,一时间"先后加盟于'公强会'者,日以浸盛"⑥。以公强会为核心,逐渐形成了重庆资产阶级革命派。

公强会注意向青年学生灌输革命思想。童宪章、朱蕴章、陈崇功等人又设立了正蒙公塾,让学生广泛阅读新书杂志。在他们的影响下,学生周国荣

---

① 转引自周勇:《辛亥革命重庆纪事》,重庆出版社1986年版,第53—54页。
② 关于公强会成立的时间,史学界有1902年、1903年、1904年等多说,我们暂采用较为可靠的1903年说。
③ 向楚:《杨庶堪传》,载《国史馆馆刊》第1号《国史拟传》,1948年9月。
④ 周开庆:《杨庶堪先生的生平与功业》,载《近代中国》(台湾)1980年9月。
⑤ 陈新尼:《重庆早期的革命思潮和组织》,载《四川保路风云录》,四川人民出版社1981年版,第64页。
⑥ 《重庆蜀军政府资料选编》,第134页。

带头剪除发辫,其余学生也纷纷改长衫为短褂。有的师生还在城中复兴关设"半日学堂",在茶楼酒肆设"四字讲社",通过教人识字的方式,讲解"国事阽危,人须自救救国的道理"。语言浅显易懂,听者乐而忘倦。"一时盛得市众称许,而茶社酒肆中,寝多谈议时事,甚至嗤毁官吏腐朽贪秽之人矣。"于是引起旧势力的严重不安,说"正蒙公塾诸生皆革命党"。杨庶堪也常约卞小吾、田心澄、董鸿词、余耀荣等人于朔望之期聚会郊外,或于林园胜处登临眺望,或于荒郊野地踏青漫游,一路"恣谈时政,论其得失,终于非排满革命无以救亡"。遇到行人,杨庶堪、田心澄则用英言对话,其余伴装含笑,路人只当是洋学生在游山玩耍。这种形式当时称为"游想会"[①]。

公强会对宣传工作也较为重视。1903年即通过广雅书局前往上海采买新书杂志,并辑录诸报杂志中的新说,汇为《广益丛报》,以树新风、作民气。《广益丛报》由杨庶堪、朱蕴章、吴骏英负责编辑主持。同盟会成立以后,该报公开宣传同盟会的主张,介绍革命党人的斗争事迹。1906年总第118、119号转载了《民报》第4期发表的冯自由《民主主义与中国革命之前途》一文。该文详细介绍了孙中山的民主主义,对民族主义和民权主义也作了扼要介绍,第一次将三民主义在四川公诸报端[②]。《广益丛报》成为四川近代史上出版发行时间最长,宣传资产阶级革命思想最激进的报纸之一。

公强会是四川第一个资产阶级革命小团体,是同盟会重庆支部的前身。它对于宣传资产阶级新思想,推动资产阶级革命运动在四川的开展,发挥了积极的作用。由于它比光复会、华兴会等全国著名的资产阶级革命小团体更早产生,因而它在中国旧民主主义革命史上,理应占有重要的地位。

二、卞鼐和《重庆日报》

在同盟会重庆支部成立以前,卞鼐是四川杰出的资产阶级民主革命宣传家,他不仅最早将《革命军》、《警世钟》等革命书刊带回四川,而且还创办了四川第一家颇具反清特色的日报《重庆日报》。

卞鼐(1872—1908),字小吾,四川江津人。卞家世代书香,为江津十大封

[①] 陈新尼:《重庆早期的革命思潮和组织》,《四川保路风云录》,四川人民出版社1981年版,第65—66页。

[②] 隗瀛涛:《孙中山与四川辛亥革命》,《文史杂志》1985年第1期。

建家族之一。卞鼒性豪爽,喜交游,不畏强权,常揭贪官污吏之劣迹,历任县令对他拒之不可,见之为难,甚为头痛,因此人称"大头摆"①。卞鼒"鉴清室专制酷虐,吏贪民散,外侮迭乘,沦胥可痛,遂有种族思想"②。他因与重庆的杨庶堪、朱之洪是至交好友,遂来重庆与杨、朱商议开展革命运动大事。杨、朱等人建议他先到北京、上海审视形势,再作行动。他在北京见当道"诸大老皆暮气已深""非木偶即汉奸"③。转游上海,时值"苏报案"发生,邹容、章太炎下狱。卞鼒三次亲往狱中探望,与邹、章密商革命,认为"清政府与帝国主义已在密切配合,一致对付革命党人,上海同北京一样,应暂避其锋,而西蜀地处边陲,交通不便,民智未开,大有用武之地,急宜回川图之"。他又与《中外日报》记者汪康年、马君武、谢无量,以及革命党人冯自由、章士钊等人结识,常参加蔡元培、吴稚晖领导的爱国学社每周在张园举行的演讲会,立志反清。

1904年2月,卞鼒在上海秘密购置了《革命军》、《警世钟》、《苏报案纪事》等革命宣传读物数百本,回到重庆。与杨庶堪、朱之洪等人决定办报纸、开学堂、建工厂,以启迪民智,挽救利权。鉴于经费困难,他决心效法陈范捐资接办《苏报》之举,返回江津将祖遗田产全部变卖,得银6000两,用作活动经费。1904年9月,四川第一家日报《重庆日报》在重庆方家什字麦家院创刊发行。该报针对官府畏惧洋人的心理,聘请日本人竹川藤太郎为社长,以肖九垓、燕子才、周拱极等为工作人员。创刊之时,日发行量仅500份,乃至翌年4月,已增至3000多份。成为革命宣传的重要阵地。

1905年2月4日(正月初一),卞鼒创办的东文学堂在黄桷街正式开学。由卞鼒亲自主持授课。"其特色在注重精神教育,一洗奴隶腐败之风,凡来学者,无论学年久暂,皆必使确知国民之责任,完其个人之资格而后已。"该校明确的资产阶级革命倾向,"使人感到与游学外国无异",被称为"渝中独一无二之学堂",以致"入学者,已纷纷不一其人"④。该校学生淡泽旸、吴礼苍后来留学日本,成了同盟会员。1905年5月31日,卞鼒又在培德堂创办了女工

---

① 关于卞小吾的事迹,以下所引材料凡未注明出处的均来自卞稚册:《卞小吾遇难纪实》,载《重庆文史资料选辑》第12辑。
② 邹鲁:《中国国民党史稿·卞烈士传》。
③《江津县志·卞鼒事略》。
④《广益丛报》光绪三十一年第2期《纪事》十三。

讲习所。该所半工半读,既学文化,又学技术。所收学生,"均已放足,服饰亦甚简洁",一洗数千年来中国女子无才便是德的旧习,使"各学生皆若领悟,大有排愤向学之慨"①。此外,他还于1904年创办东华火柴厂,表现了资产阶级革命派要求发展资本主义的意向。

正是在卞鼒的推动之下,"渝中知己,沪上党人,音书往来,密图组织,势渐膨胀"②,"不数月,革命事业大有一日千里之势"③。

《重庆日报》倡导男女平等,妇女天足,宣传家庭革命论。同时,经常揭露官吏之贪残秽迹,社论多出于卞鼒之手。清川东道贺纶夔、重庆知府鄂芳对卞恨之入骨,图谋兴文字狱加以陷害。1905年,《重庆日报》转载《苏报》消息,标题是《老妓颐和园筹备祝寿大典的极其骄奢淫逸的罪行》④。川督锡良认为,《重庆日报》把慈禧太后比为老妓和《苏报》骂光绪为小丑,同样大逆不道。因而设法调走了社长竹川藤太郎,于1905年4月29日清晨⑤,在卞鼒去女工讲习所授课的途中,将他逮捕并查封了重庆日报馆。川督锡良命重庆知府将卞鼒解送成都,一关三年。当社长竹川藤太郎离渝,风声日趋紧张之时,一些同志都劝卞鼒暂避一下,卞鼒却说:"章炳麟坐监能避不避,邹容更自愿投案,何等伟大,吾岂能后人,又何惧哉! 苟不幸,上可质皇天后土,下可对四万万人民。"表现了坚定的革命意志。在囹圄之中,他又写了《救危血》、《呻吟语》等文章,"皆救亡图存警钟"⑥。四川的同盟会员为营救卞鼒作过许多努力。但护理四川总督赵尔丰与成都知府兼巡警道高增爵合谋,于1908年6月13日夜将卞鼒戕毙狱中,伤73处。群众闻讯莫不义愤填膺,"慨夫满清官府之奸狯黑暗至此,则吾民之憔悴何如哉"⑦。《衡报》在《惨无天日之四川》一文中愤怒指出:"此等官吏,亦世界所未有。"⑧

---

①《广益丛报》光绪三十一年第8号《纪闻》十二。
②《江津县志·卞鼒事略》。
③邹鲁:《中国国民党史稿·卞烈士传》。
④周开庆:《民国四川人物传记·卞烈士传》。
⑤这条材料见卞稚珊:《卞小吾遇难纪实》,载《重庆文史资料选辑》第12辑,第117页。但从《广益丛报》的材料看,5月31日(阳历)卞创办女工讲习所,即使卞文说4月29日是阴历,换成阳历亦是6月1日,存疑待考。
⑥《辛亥革命回忆录》第3册,中华书局1962年版,第339页。
⑦《江津县志·卞鼒事略》。
⑧《衡报》第10期,1908年8月8日。

卞鼒被捕,《重庆日报》被查封,使重庆的革命运动受到暂时的挫折。随后东文学堂、女工讲习所、东华火柴厂也停办了。但革命派并没畏缩,他们正酝酿着更大的斗争。

三、同盟会重庆支部的建立及其活动

1903年的拒俄运动是中国资产阶级、小资产阶级知识分子由爱国到革命的转折点。在这场运动的推动下,全国革命形势迅速发展,各地相继建立了一批革命小团体,其中影响较大的有湖南的华兴会、湖北的科学补习所、江浙的光复会等,四川的革命小团体是重庆公强会。它们的建立,从思想上、组织上为全国性资产阶级政党同盟会的建立准备了必要的条件,孙中山正是在这个基础之上,开始进行建党活动的。

1904年前后,四川在日本东京的留学生已达400余人,其中部分学生组织了一个秘密革命团体。当时童宪章也在东京,他作为重庆公强会的代表,主动与该组织联络,"取通声气"①。这批四川留日学生积极参与了孙中山的建党活动。1905年7月30日,孙中山召开同盟会筹备会,就有四川留学生参加。8月20日,中国同盟会正式成立,不少川籍革命志士参加了同盟会东京总部的工作。四川的董修武、熊克武、但懋辛、吴永珊(玉章)、黄复生等人担任同盟会总评议部评议员,重庆的李肇甫任执行部书记。

在建党活动中,孙中山十分关注重庆地区的革命活动及其在中国西部地区的特殊地位。同盟会成立以后,他对四川、重庆的革命活动给予了积极的支持和具体的指导。他高瞻远瞩地指出:"扬子江流域将成为中国革命必争之地,而四川位居长江上游,更应及早图之。"②因此,同盟会章程规定,在同盟会东京总部下分设9个支部,国内设东、西、南、北、中5个支部,国外设4个。定重庆为国内西方支部所在地,负责领导四川、贵州、新疆、西藏、甘肃等省区的党务③。支部下再设各省区分会。孙中山还勉励四川的同盟会员:"革命是一定成功的,我辈应该有这种坚强的信心;又要有不怕失败,百折不挠的勇

---

① 林冰骨:《中国同盟会的成立及四川分会之发轫》,载《四川保路风云录》,第40页。
② 熊克武:《辛亥前我参加的四川几次武装起义》,载《辛亥革命回忆录》第3册。
③ 邹鲁:《中国国民党史稿》第一篇《中国同盟会》。

气;还必须有舍生取义,成功不必在我的精神,不如此那就不能革命了。"①

在同盟会成立大会之前,1905年7月14日,在东京的重庆公强会代表童宪章、陈崇功等人,就由孙中山亲自主盟,加入了同盟会。他们是四川最早的同盟会员②。同年年底,他们遵照孙中山的指示,携带同盟会的章程、公约、誓词等回到重庆,发展会员,建立组织。当时重庆公强会已有了相当规模,孙中山的革命思想也更加深入人心,因此,公强会推举杨庶堪、朱之洪首应盟约,改组公强会,成立了同盟会重庆支部。

以公强会为中心的革命派人士的宣传影响,为同盟会在重庆的发展打下了一定的基础。同盟会重庆支部成立伊始,除原公强会员加入外,还发展了一些受过封建主义教育但接受了资产阶级民主主义思想的知识分子入盟,使重庆同盟会组织得以迅速发展壮大。在同盟会初期(1905年、1906年)入盟的重庆人有许行怪、李肇甫、刘可经、曾果能、淡春谷、冉献琛、曾福慧、陈觎、肖师台、梁汝霖、董鸿诗、龚廷栋、袁士信、彭世融、周晓峰、朱祓华、郑贤书、曹钟澍、余耀荣、龙绍伯、杨亚东、黄石书、谢崇飞、皮学渊、李沛、李蔚如、盘铭、高得泰、彭邦诰、童显汉③。

1906年,同盟会四川分会在成都建立,负责领导川西地区的革命活动,重庆支部则领导川东地区。但到1907年同盟会四川分会组织的成都起义失败后,革命党人在成都难以立足,纷纷向川东转移,重庆同盟会支部遂成为资产阶级革命党人领导和推进四川革命运动的中心。

同盟会重庆支部建立以后,主要从三方面开展工作:

一是进行反清反帝的革命宣传。重庆支部通过公开的《广益丛报》虽也作一些抨击清王朝,树新风、作民气的宣传,也转载了一些介绍孙中山三民主义学说的文章,但更主要的还是通过秘密发行四川同盟会员在日本东京创办的《鹃声》、《四川》来进行的。《四川》大量刊载帝国主义侵略四川的文章,揭露清政府的腐败,号召全川人民"合7000万人之心为一心,合7000万之个人而为一大团体"④,推翻清朝政府,驱除帝国主义。这些宣传通俗易懂,文字流

---

① 熊克武:《辛亥前我参加的四川几次武装起义》,载《辛亥革命回忆录》第3册。
② 《四川辛亥革命史料》(上),四川人民出版社1982年版,第493页。
③ 周开庆:《四川与辛亥革命》。
④ 《警告全蜀》,载《四川》第2号。

畅,受到人民群众,特别是青年知识分子的欢迎。

二是控制学堂,作为同盟会活动的主要基地。当时,青年学生在革命的影响下,多不满清朝政府,而教师基本上都是年轻的知识分子,有的还是同盟会员。同盟会决定以学堂为主要活动阵地,把一批会员安排进学校任教,逐渐控制重庆的教育机构。如杨庶堪任重庆府中学堂监督,张培爵任学监,朱蕴章任巴县中学监督,朱之洪任巴县女子学堂监督兼重庆教育会会长。他们以教职员和学生为主要对象,积极开展宣传鼓动和组织发展工作,其中尤以重庆府中学堂基础最好,因此,同盟会机关支部就设在府中学堂。此外,重庆同盟会员还在巡警教练所、四川陆军小学堂、夔府中学堂、川南永宁中学堂等处任职,联络各地革命同志。

三是积极进行反清武装起义的准备工作。武装起义是同盟会的重要工作。从 1907 年开始,同盟会在四川各地先后举行了好几次较大规模的武装起义,均遭失败。1908 年,清政府在重庆菜园坝举办川东地区第一次工商业展览会,盛况空前。不少同盟会员主张乘机大举起义。重庆同盟会支部分析形势后认为,各地起义以后,清政府对重庆防范极严,我们准备也不充分,还不具备起义成功的条件。重庆是四川同盟会中心,万一失败,领导机关将失去立足之地,损失太大。因此力主慎重,仍以革命宣传和组织发展为主,继续积蓄力量,等待革命高潮的到来。

正是由于他们精心组织和卓有成效的工作,逐渐在重庆形成了一个反对清政府的联合阵线,为后来川东地区的保路运动、武装起义和独立,打下了良好的基础。

第三节 重庆保路运动

一、重庆在帝国主义争夺四川铁路计划中的重要地位

19 世纪末 20 世纪初,随着帝国主义的发展,帝国主义各国之间争夺殖民地半殖民地的斗争空前激烈。争夺铁路修筑权和贷款特权,成为它们实现资本输出,残酷压迫和掠夺殖民地半殖民地的重要手段。中日甲午战争以后,帝国主义列强在中国划分势力范围的同时,展开了对中国铁路主权的争夺战。1896年,法国强迫清政府签订了由法国费务林公司修建并经营的从越南同登到中国龙州的铁路的合同,开了帝国主义侵夺中国铁路主权的恶例。随后,俄国、比利时、德国、美国、英国等相继在中国取得了修筑和经营铁路的特权,仅3年间,英国占2800英里,俄国1530英里,德国720英里,比利时650英里,法国420英里,美国300英里[①]。到1911年,列强共霸占中国铁路8952公里,占中国铁路总数的93.1%,而中国自主铁路仅占6.9%[②],中国铁路主权丧失殆尽。帝国主义完全控制了中国的交通运输命脉,垄断了铁路沿线的矿山资源和部分驻军、司法、行政权,开辟了更加广阔的商品市场和原料基地,给中国造成了深重的灾难。

早在19世纪60年代,外国列强就把夺取四川铁路权提上了日程。1863年,英国侵略者准备以汉口为中心,建成西达四川、云南,东到上海,南趋广州,北至平津的铁路网。1899年,英国侵略者继夺得滇缅铁路建筑权之后,又觊觎四川铁路,要求英国外交部"尽力支持本公司(云南公司)为取得缅甸到扬子江和四川的铁路建筑权所做的努力"[③]。同时,英国上尉白若定奉命带领考察队由重庆经贵州入云南,勘测铁道线路。据《汇报》报导,"英国人周宜师承筑四川铁路已由重庆勘至成都"。法国也不甘落后,第一步就想夺得云南到成都的铁路建筑权,然后,"从这里再筑一条铁路以达扬子江的下游重庆"[④]。连沙皇俄国也想夺取川路,"法国和俄国定好一种阴谋,打算开辟长江上游和四川省"[⑤]。

如果说1900年以前帝国主义夺取四川铁路权的活动还处在酝酿和勘测阶段的话,那么《辛丑条约》之后,帝国主义便操纵清政府切实下手了。他们"攘臂坐索","计求强取,百端纷扰",胁迫清政府交出川路主权。这是因为,尽管《马关条约》允许外国轮船上驶重庆,但是川江航道险恶,被外国商人普遍视为畏途,一致认为"虽然各国炮艇上下往来",但"因为能通过险滩的轮船必须吃水甚浅,而机件甚重,难予装货",所以"扬子江上游的轮船运输不可

[①] 马士:《中华帝国对外交系史》第3卷,第135页。
[②] 严中平等编:《中国近代经济史统计资料选辑》,第190页。
[③] 宓汝成编:《中国近代铁路史资料》第2册,中华书局1963年版,第467页。
[④] 肯德:《中国铁路发展史》,第164页。
[⑤] 宓汝成编:《中国近代铁路史资料》第2册,中华书局1963年版,第426页。

能获利"[1]。事实上,直到 1909 年"蜀通"轮到达重庆,川江上才出现了第一只从事商业性客货运输的轮船,仅此而已。至于大量商轮航行于川江,那已是辛亥革命以后的事情了。在 20 世纪初,川江上难以实现商业性轮船运输,这是帝国主义无法克服的困难,因此必须另想办法。1903 年,清政府外务部奏称:"川省物产充盈,必达之汉口,销路始畅。惟其间山峡崎岖,滩流冲突,水陆转运,皆有节节阴滞之虞,非修铁路以利转输,恐商务难期畅旺。现在重庆业已通商,万县亦将开埠。外人经营商务,每以川江运道不便为言,必将设法开通,舍轮舶而就火车之利。"[2]这段话道出了一些清朝官员对列强争夺中国铁路权的隐忧。而帝国主义列强正是抱着"舍轮舶而就火车之利"的企图,加紧了夺取由成都经重庆而达宜昌、汉口的川汉铁路的行动。

在 19 世纪末到 20 世纪初年,英、法、俄、德等帝国主义,提出在四川建筑 4 条重要铁路的计划,它们是:(1)英国拟将滇缅铁路延长至重庆、成都。(2)法国拟将滇越铁路延长至成都、重庆。(3)英国拟筑川藏铁路(由今昌都经康定而至成都、重庆)[3]。(4)英、法、美、俄、德等国,咆哮恣肆,强索川汉铁路。每一个计划都与重庆有直接关系。英国资产阶级学者肯德在所著《中国铁路发展史》中把这一点阐述得非常明确,他说,"这个省份(即四川省——作者注)的财富和资源……是世界上任何地方都无法和它比拟的",要得到这一切,就要打开它的大门,就要使"条约港重庆","成为远东的圣路易"。正因为如此,重庆人民深切感受到帝国主义夺取川汉铁路给中华民族带来的严重威胁,因此,在保路运动中迸发出极大的爱国热情,向帝国主义展开了英勇的斗争。

二、自办川汉铁路与征收路款

19 世纪末以来,帝国主义就阴谋夺取川汉铁路修筑权。四川人民除反对外国人勘测铁路外,更要求自办川汉铁路,以抵制侵略。

1903 年,由热河调任四川总督的锡良,在民众压力下,奏请"自设川汉铁

---

[1]《重庆海关 1902—1911 年十年调查报告》。
[2]《轨政纪要新编》轨三。
[3] 宓汝成编:《中国近代铁路史资料》第 2 册,中华书局 1963 年版,第 682 页。

路公司,以辟利源而保主权"[1]。清廷复奏同意。次年1月,官办川汉铁路总公司在成都成立。

锡良创办川汉铁路公司虽在客观上有利于抵制帝国主义的资本输出,鼓舞了四川人民保卫川汉铁路的斗志,但锡良毕竟是清政府的封疆大吏,他的目的却是通过"自办川路"来缓和人民的斗争,来搪塞帝国主义的索求。因此,他把持下的川汉铁路公司,一面高叫"专集中国人股份",一面又主张将来"附搭洋股"、"添借洋款",为向帝国主义妥协留下后路[2]。同时,公司的封建官僚大肆贪污中饱,盗窃拐骗,工程进展十分缓慢。

这一现象,引起了四川绅商的强烈不满。他们与四川留日学生相互呼应,强烈要求把川汉铁路由官办改为商办。在舆论压力下,1905年,锡良将川汉铁路公司改为官商合办。但实际上是换汤不换药,公司实权仍掌握在以他为首的官僚集团手中,因此并未平息四川人民的情绪。

1905年,湘、鄂、粤三省人民挫败了美国侵略者的企图,收回了粤汉铁路主权,实现自办。与此同时,江浙绅商也设立公司,自办苏杭甬铁路,以抵制英国侵略。这两大斗争,给四川、山东、安徽、云南等省收回路权运动以极大的鼓舞,促使四川人民进一步要求完全实行商办。1907年,官商合办的川汉铁路公司改成商办川省川汉铁路有限公司,由资产阶级立宪派掌握实权。

川汉铁路东起汉口,经宜昌、重庆、内江,终点成都,全长1980公里,预计耗银5000万两以上。1905年1月,川汉铁路公司议定《集股章程》,决定自力更生,由川人自己集股修路,杜绝外人染指。章程规定:川汉铁路"不招外股",不借外债,专集中国人股份;"非中国人股份,概不准入股"。股票如果转让,"惟只售予中国人。倘转售或抵债与非中国人,本公司概不承认,股票作废"。1907年3月,商办川汉铁路公司《续订章程》再次重申:"公司专集华股自办,无论整股零股均惟华人自购,不附洋股。"

川汉铁路股本共有4个来源:(1)抽租之股(按租抽谷入股);(2)认购之股(官绅商民以己资入股得利);(3)官本之股(国家拨款);(4)公利之股(川

---

[1]《锡良遗稿》第1册,第340页。
[2] 从提出中国人民自办川汉铁路之日起,英、美、法、德就一再提出由他们提供股本,以此夺取川汉铁路权益。川督锡良的这一态度,反映了他向列强势力的妥协。见宓汝成编:《中国近代铁路史资料》第3册,中华书局1963年版,第1065—1072页。

汉铁路公司开办别样事业之利)。其中,最主要的来源是"抽租之股"。抽收的办法是:"凡业田之家,无论祖遗、自买、当受、大写、自耕、招佃,收租在十石以上者,均按当年实收之数,百分抽三。"①租股一律发给股票,待铁路修成赢利以后偿还,违抗不完者,由官府强制收缴,当时人称铁路捐。

按照规定,租股的起征点为实收租谷10石,但实际上各地在执行中都折合成"条粮"(田赋)征收,标准也发生了变化。重庆政府为多抽租股,竟大幅度降低起征点,巴县仅为富庶的温江县的1/13,彭县的1/25,因此重庆应抽租股的户数和金额,就大大高于省内其余地区。据不完全统计,从1905年至1910年,仅巴县就收租股23.4万两。租股之外,还要抽收盐、茶、商股,重庆总商会就被抽商股30万两。另有百货厘金股,专抽劳动人民,不给股票没有股息。还有厘金过道税、落地税,值银1两的货物,抽1厘至3厘不等,数目虽少,但抽收面积大,即便是"肩挑背负之夫,亦不能免"②。

由于采取了强制性"抽租入股"方式,在全川普收铁路捐,因此,川汉铁路公司集股成绩相当可观。截至1911年,公司共收股金1645万余两③,在全国8省商办铁路公司中位居第一,其中租股一项就占76%以上④。租股成为川江铁路公司的经济命脉。

由于租股和其他股税的普遍抽收,使股款较正赋多几倍乃至几十倍,大大加重了民众的负担,使四川人民"积恨于铁路,以铁路为洋务而迁怒于洋人,四处哄起,遍打洋行教堂"⑤,进一步加深了四川人民同帝国主义及其走狗清王朝的矛盾。租股的抽收不仅包括大中小地主,而且由于起征点的大大降低,把广大自耕农也卷了进去,加上其他在筹股名义下抽收的各种税股,"全川六七千万人民,不论贫富,对民办铁路都发生了经济上的联系"⑥,使保路运动有了广泛的群众基础。

---

① 戴执礼:《四川保路运动史料》,第41页。
② 《四川大学学报》1983年第3期。
③ 宓汝成编:《中国近代铁路史资料》第3册,中华书局1963年版,第1140页。
④ 隗瀛涛:《四川保路运动史》,四川人民出版社1981年版,第165页。
⑤ 戴执礼:《四川保路运动史料》,第58页。
⑥ 吴玉章:《辛亥革命》,第22页。

三、重庆保路风潮

帝国主义对四川人民自办川汉铁路十分仇视。1904年川汉铁路公司刚一成立,列强就急不可待地向清政府施加压力,强索川汉铁路修筑权。英、德、法、美四国银行团还于1910年订立铁路协定,合伙分摊对粤汉、川汉铁路的贷款,并要求立即与清政府订立借款合同。

清政府迫于列强压力,于1911年5月9日宣布实行铁路干线国有政策,规定"所有宣统三年以前各省分设公司集股商办之干路……应即由国家收回"①,从而剥夺了各省自办铁路的权利。粤汉、川汉两路首遭此难。18日,清政府命端方为督办粤汉、川汉铁路大臣。20日,与四国银行团签订了借款合同。后又规定,各省用各种名义抽收的路款,一律不再归还。

清政府以"国有"为名,行"卖国卖路"之实,严重损害了国家主权,侵犯了人民利益。湖南、湖北、四川、广东等地立即掀起了声势浩大的保路运动。

1911年6月17日,川汉铁路公司在成都召开大会,成立了四川保路同志协会,明确提出了"保路破约"的口号,形成了以资产阶级立宪派为核心的争路体制,从而使四川保路运动出现了群众运动的新局面。

消息传来,重庆人民迅速响应,几天之内,巴山蜀水掀起了巨大的保路风潮。重庆保路运动较之由成都立宪派领导的最大特点在于,同盟会重庆支部一开始就掌握了运动的领导权。杨庶堪提出:"此非根本革命,无以拯民,保路云云,要皆枝叶耳。"②他们的方针是:"表面借争路为幌子,以激扬民气,而行排满革命之实。"③

6月13日,重庆几千群众召开大会,抗议铁路国有政策。6月28日,重庆召开铁路股东分会,继成都之后,在全省各道府州县中第一个成立了重庆保路同志协会,以同盟会员为中坚。到会的4000余群众一致谴责清政府的倒行逆施是"名为国有,实为外有"。它不仅关系到川民的1000多万路款和川汉铁路的修筑权,更直接关系到国家的生死存亡。纷纷表示,愿"拼死以

---

① 《宣统政纪》第52卷,宣统三年四月十一日上谕。
② 民国版《巴县志》;《蜀军革命始末》。
③ 《重庆蜀军政府资料选辑》,第30页。

争,誓死必争"①。为了进一步扩大运动的影响,增强群众的基础,会议规定,无论股东或非股东,均可入会。

7月上中旬,同盟会支部又在万寿宫、禹王庙等处连续召开万人大会。同时,选派代表会见川东道,要求上奏清廷收回铁路国有政策,保护四川人民权益。保路同志会还派出许多宣传员分赴各州县,动员广大群众参加保路运动,仅7月份之内,重庆所属荣昌、永川、大足、铜梁、江津、长寿等县纷纷集会成立了保路同志协会。重庆妇女也行动起来,成立了女界保路同志会。在同盟会领导下,重庆的保路运动出现了如火如荼的大好形势,突破了立宪派划定的"文明争路"的框框,向反帝反封建的民主革命发展。

重庆保路运动的飞速发展,引起帝国主义和重庆政府的严重不安。他们暗中勾结,随时准备予以镇压。日本驻重庆代理领事河西认为重庆兵力不足,难以防范革命,因而要求川东道朱有基"多备兵勇,在渝驻扎,以资保护"。朱有基当即表示已奉清廷之命,"重庆发生任何运动,立即予以镇压","断不敢稍事大意"②。四川京官甘大璋还向邮传大臣盛宣怀密告重庆同盟会员朱之洪、刘祖荫、江潘等人开会演说,意在图谋不轨,要求"严拿首要,依法惩办"③。尔后,重庆大街上白天晚上都有军队巡逻,戒备森严,随时准备镇压可能发生的暴动。朱有基还请求列强派驻重庆的军舰"在造反的人发动进攻时协助保卫重庆"④。

由于当时革命条件还不成熟,为了避免引起清政府的注意,获得更多群众的支持和信任,重庆同盟会领导人并未公开采取暴力行动,而是暗中准备武装起义。这正如重庆海关德籍税务司斯泰老所指出的:"事实上,真正首领们的目的是要叛乱,不会半途而废。"⑤

8月24日,成都开始罢市罢课,风潮迅速席卷全川。重庆保路同志会立即秘密鼓动,定于8月30日全市罢市。这一消息引起了清政府的恐慌。8月30日一早,川东道台、巴县知县和所有的地方官都倾巢出动,到街上威胁商家,要他们照常开门营业。一部分富裕商人因而产生了动摇,他们害怕因罢

---

① 《重庆同志之爱国热》,载《四川保路同志会报告》第14号。
② 宓汝成编:《中国近代铁路史资料》第3册,中华书局1963年版,第1287页。
③ 《辛亥革命前后盛宣怀档案资料选辑之一》,上海人民出版社1979年版,第136页。
④ 《中国海关与辛亥革命》,第58页。
⑤ 《中国海关与辛亥革命》,第58页。

市而受到清政府的惩罚,从而遭受损失。还怕因罢市引起连锁反应,触发暴乱,损失更大,因而拒绝参加统一的罢市行动。尽管如此,由于全川局势动荡,重庆商人也不敢再冒风险到上海采购货物,而且加快重庆土货的出口,以致市面货物越来越少。到9月中旬,尽管重庆没有罢市,但除了柜台上的零星交易以外,全部买卖基本上都停顿了下来。到处传播着各种耸人听闻的谣言,物价也如脱缰之马,一日三涨,清政府再也控制不住形势,事态的控制权已完全落到了同盟会重庆支部和重庆保路同志协会的手中。

第十四章　重庆辛亥革命

第一节　重庆独立和蜀军政府的成立

一、同盟会重庆支部领导反对端方、岑春煊入川的斗争

1911年8月以后,四川保路运动更加风起云涌,罢市、罢课、抗捐、抗粮的斗争层出不穷。四川民众的情绪已到一触即发的地步。清政府一面严令川督赵尔丰加强镇压,一面又令端方带领2000余湖北新军入川,"查办铁路事宜"。

9月7日,赵尔丰诱捕了四川保路同志会领袖蒲殿俊、罗纶、邓孝可等9人。消息传出,成都各界群众纷纷涌向四川总督衙门,请愿放人。赵尔丰下令开枪,惨杀群众数十人,制造了骇人听闻的"成都血案"。以此为转折点,由四川立宪派领导的四川保路爱国运动发展成为由同盟会领导的推翻清王朝在四川统治的保路同志军起义。

端方由湖北入川,重庆是必经之地。朱之洪以重庆保路同志协会代表的身份,同刘祖荫前往夔府会见端方,提出三项要求:(1)请伸川人冤抑;(2)请罢入川军队;(3)请释放蒲、罗9人。然而端方公然声称"川人称乱,率兵乃朝廷命令,不能中止"[①],拒绝了重庆人民的要求。鉴于此,同盟会重庆支部作出决定,通过重庆保路同志协会,连续召开各种形式的群众大会,公开讲演,扩大宣传,揭露鄂军入川数目以及端方不允停止进军的罪恶意图,以激励民众,

---

① 《重庆蜀军政府资料选编》,第32页。

推动革命高潮的到来。

端方还没到达重庆,清廷又派岑春煊进川办理"剿抚"事宜。他是继赵尔丰、端方之后,第三个入川镇压保路运动的总督大员。朱之洪又以巴县铁路股东会、巴县教育会、重庆商会代表名义,上书岑春煊。他首先指出四川人民"出死力以争路"的目的是为了保卫国家,拯救四川,并非仅仅为了1000多万两路款。其次,叙述了四川保路运动发展的全过程,历数了川督赵尔丰诬陷蒲、罗,制造血案,镇压四川保路运动的累累罪行,以及四川人民反抗赵尔丰残暴统治的斗争,意在警告岑春煊不要步赵尔丰后尘。最后表示,四川人民将不惜一切代价继续斗争,"仍以死争,永矢不变"[①]。岑春煊与端方等人本有矛盾,见四川人民对他又如此强烈反对,因而根本不敢进川,更谈不上"剿抚"事宜了。

10月13日,端方到达重庆,所部散住郊外无人区。当时,武昌起义已经发生,四川同志军起义也蔓延全省,磅礴的革命形势迫使端方来了个180度的大转弯,转而拉拢四川立宪派士绅以支撑危局。他立即致电内阁,奏劾两任川督王人文、赵尔丰,以及"成都血案"的直接制造者田征葵、周善培,候补道王棪、饶凤藻等人。还要求释放蒲殿俊、罗纶等保路同志会领袖。他接连召见重庆士绅,于释放蒲(殿俊)、罗(纶),惩办王(人文)、赵(尔丰)两条之外,还提出铁路股票的所有者要受到公正的保护,考虑改变铁路路线等,进一步向四川人民让步。端方还命人在重庆通衢要道张贴六言告示,缓和矛盾。但四川人民对端方的阴谋早已洞烛其奸,就在告示贴出的当晚,就有人在每句后面加注二字,戳穿其阴谋,表示重庆人民反抗到底的决心。原文是:

蒲罗九人释放,(未必)

田周王饶参办,(应该)

尔等迫切请求,(何曾)

天恩果尔如愿。(放屁)

良民各自归家,(做梦)

匪徒从速解散,(不能)

[①]《四川公民朱之洪等为保路风潮致新任川督岑春煊书》,载《四川辛亥革命史料》(上),第376—378页。

倘有持械抗拒，（一定）

官兵痛剿莫怨。（请来）①

端方在重庆的活动并没能缓和四川人民的矛盾，他自己所带部队有限，预感大事不妙。端方、盛宣怀等人奏请借用英国兵舰运兵入川镇压；瑞澂也电请海军部派兵船到宜昌、重庆，"保护中外商民"；清帝也急令云、贵、湘、粤、陕等省派兵入川。当时，成都已经被围，重庆成为中外反动派在四川的最后一个据点，帝国主义再也不能严守"中立"坐视不管了。英国公使威胁中国外交部，"除非四川的叛乱立即镇压下去，否则英国将从印度派兵去"②。法国天主教会在重庆办的一家中文报纸立即登载了这一消息，企图稳定重庆的局势。但是，为时已晚，局面已无法挽回，各国驻渝领事，立即用军舰将在重庆的外国人和从四川各地前来重庆避难的外国人撤离重庆。几千重庆市民也带着财物离开了市区。整个城市充满了恐慌的气氛。

端方所带之鄂军，因受革命潮流的影响，其中不少人有革命思想，与同盟会、共进会等组织有联系。对此，杨庶堪等人早有所闻，因而当端方未到重庆之时，杨就派张颐赴夔州、万县联络下川东党人，并与端方军中的同盟会员田智亮等取得联系，了解了武昌起义的详情。同时探听到运送端方军火的船只将通过涪州，因此特派谢持赶赴长寿附近，伺机劫取（因时间错过，未能成功）。武昌起义后，湖北军政府军务部长孙武曾密告川中鄂军党人，要他们杀端方以助四川独立。端方到达重庆时，鄂军党人便企图乘端方登岸时杀之。但是，同盟会重庆支部认为，"渝为商埠，若有扰乱，即惊外侨市廛，不利人民甚"③，加以劝阻。11月11日，端方军抵资州，陷于四川同志军包围之中，进退维谷。当端方向资州窜进时，田智亮秘密返回重庆，与同盟会重庆支部约定在资州杀端方。张培爵等派兵300人，给炸弹80枚，并5000元经费，令田兼程前往。田智亮回到资州后，由鄂军中党人陈镇藩召集李绍伯、王龙彪、鲁伯超等密谋，于11月27日逮捕了端方及其弟端锦，杀于天上宫门前丹墀下。鄂军随即宣布起义，挥师东下重庆。"沿途商民输金助饷，挂灯结彩，欢迎欢

---

① 吴晋航：《四川辛亥革命见闻录》，载《辛亥革命回忆录》第3册。田周王饶，即指田征葵、周善培、王楑、饶凤藻。

② 《中国海关与辛亥革命》，第63页。

③ 周开庆：《民国川事纪要》，（台湾）四川文献研究社1974年版，第11页。

送。"①蜀军政府"以鄂军有殊勋,犒以牲酒"②后,顺长江而回武汉。

二、同盟会重庆支部筹备重庆独立

"成都血案"以后,四川保路运动迅速转变为武装起义,独立浪潮席卷全川。重庆保路运动由于有同盟会的领导,亦不断深入,日趋革命化。9月中旬,成都同盟会员制作的写有"赵尔丰先捕蒲罗,后剿四川,各地同志速起自保自救"的"水电报"传到了重庆。同盟会重庆支部趁全川革命形势高涨,在加紧进行自身准备的同时,其负责人杨庶堪、张培爵通知各州县革命党人齐集重庆,分工合作,密谋起义。

武装起义,是同盟会的主要任务之一。因此,同盟会支部成立之际,即注意掌握武装力量。一方面,"联络袍哥会党中的知识分子,借其潜力,作为发动举事时的别动队"③;另一方面,又控制了重庆府中学堂供学生练习军事课目的200支快枪,注意培养学生的军事素质。随着保路运动的开展,全国革命高潮的到来,更进一步加紧为重庆独立准备武装力量。

端方率军经过重庆时,恰逢广东巡警道李湛阳回渝省亲。李湛阳是重庆总商会首任总理、西南最大票号"天顺祥"老板李耀庭的长子,曾在广东任督练亲兵统领,与端方要好。因此,端方命李为新巡防军统领,责成他募新兵组建防军三营,以加强重庆城内的清军力量。杨庶堪凭借他与李家的姻亲关系,趁机使"党人多投身其间,因其交通防军"④,从而控制了这支部队,使之成为起义时的重要力量。

会党,是重庆同盟会支部依靠的重要力量,许多同盟会员本身就是会党首领。重庆同盟会员刘祖荫就是重庆哥老会有名的舵把子,由他出面与聚兴仁商号的老板杨禹九相商,由大商人杨文光出资3000元,买通了川东道署卫队,借口枪械需要修理,悉数提出,藏于都邮街王德和铁工厂,准备起义时使用⑤。同盟会员朱之洪、朱必谦在袍哥中享有声望,同盟会重庆支部通过他们联络福寿堂仁字号堂口的冉大爷(炳之),具体负责组织袍哥参加起义。冉炳

---

① 《辛亥革命回忆录》第2册,第101—102页。
② 民国版《巴县志》;《蜀军革命始末》。
③ 《重庆蜀军政府资料选编》,第30页。
④ 邹鲁:《四川光复》,载中国近代史资料丛刊《辛亥革命》第6册,第6页。
⑤ 吴晋航:《四川辛亥革命见闻录》,载《辛亥革命回忆录》第2册,第107页。

之通过"开山立堂",聚集了各堂的袍哥力量。他们在 1911 年 11 月 19 日重庆独立前夕,占领了成渝道上的老关口,掩护重庆独立,接应夏之时军的到来,为重庆独立和蜀军政府的成立作出了贡献①。

会党与清军有着十分密切的关系,同盟会重庆支部通过袍哥控制了部分清军。当时同盟会联络会党首领况春发、熊宅安、关绍州、关炳成等,要他们在清军中发展队伍,自编一支小队,购置军械,自任队长。况春发与川东道朱有基的心腹、炮队营教练长邓崑山很有交情,争取到邓的支持,"崑山私缴炮针机柄,阴效命培爵"。况春发组织的这支队伍共有 300 多人,都是行侠仗义的敢死之士,取名"义勇队"。当重庆独立之时,况带领这支队伍,"巡行市中,大呼'中华民国万岁!'闻者壮之"②。经会党和同盟会的秘密联络,驻重庆的清巡防军、水师炮船部队中的不少官兵都愿输诚效命,支持革命。

另外,同盟会重庆支部还效仿黄花岗起义的做法,组建了一支以同盟会员石青阳、卢汉臣为首的敢死队,作为发动重庆起义的骨干力量。还以维持地方秩序为名,逼迫重庆知府纽传善同意建立商团和民团,并把他们牢牢控制在自己手中。至此,同盟会重庆支部已经掌握了一支具有相当力量的武装。

为了分散和孤立清军力量,保证重庆起义成功,同盟会重庆支部决定先在重庆附近州县发动起义,派张颐去下川东夔府、万县一带,派肖参回川南荣昌、威远、自贡一带,与当地的革命党人一起加入同志军,伺机起义。11 月 18 日,同盟会员廖树勋在长寿首举义旗,成立了长寿军政府,攻打涪陵、江北、垫江等地。20 日,同盟会员高亚衡也在涪陵宣布起义,随即攻下丰都、忠县,武隆、彭水、酉阳、黔江、秀山等地也先后响应,纷纷独立。11 月 21 日,广安的同盟会员曾省斋率军攻占广安,成立大汉蜀北军政府。不久,南川、合江、江津也相继独立。川东南的革命烈火呈燎原之势。

重庆以下各州县先于重庆而起义独立,都是同盟会重庆支部策动的,各州县"皆以重庆机关部为革命枢纽"③。同时,他们的起义独立又给清王朝在重庆的统治造成了严重的威胁,为重庆独立准备了条件。

---

① 傅渊希:《漫谈哥老会与重庆老关口之占领》,《四川保路风云录》。
② 民国版《巴县志·况春发传》。
③《重庆蜀军政府资料选编》,第 11 页。

在重庆,独立的准备工作也在加紧进行。齐集重庆的同盟会员公推杨庶堪主盟,"决疑定议,筹谋财政,周旋官吏,延揽党员";由张培爵、谢持"主持联络交通,征集器械,发纵指使";朱之洪"主持联络官绅,交涉各军";陈崇功、杨霖负责联络会党;熊兆飞、夏江秋负责制造炸弹;以周际平为"总城防团练而握其兵符"。至于草拟书札文告,则临时推举同志担任。"诸校学生中党人群效奔走,会员防军皆已密约待命。"①

当时,武昌首义早已成功,各省独立,全国响应,辛亥革命迅速进入高潮。在四川,巴山蜀水之间,起义独立也是风起云涌。在重庆,革命力量已经准备就绪,占据了明显的优势。重庆独立的条件成熟了。尽管中外反动派拼命挽回败局,但他们也不得不承认这种企图是徒劳的,正如重庆海关德籍税务司斯泰老向总税务司报告的那样:"在重庆发生革命只是一个时间问题,政府的统治在很早以前就已不存在,一切权力皆落于士绅的手中。而这些士绅自从铁路问题的骚乱以来,形成了一个团结一致的反政府阵线。""重庆推翻满清政府的统治万事齐备,只欠东风了。"②

三、蜀军政府的成立

促使重庆独立的"东风",就是夏之时率领起义新军到达重庆。

夏之时(1887—1950),字亮工,四川合江人。早年留学日本,就读日本东斌学校步兵科,入同盟会。回国后,在四川新军内任职。1911 年 11 月 5 日夜,他策动驻成都龙泉驿的 230 名新军起义,被推为总司令。旋即挥师东下,经简州、乐至、安岳、潼南,由水路抵重庆江北黄桷树。重庆革命党人见夏军到来,更添武力凭借,精神愈加振奋,遂推朱之洪、黄崇麟前往迎接。朱之洪与夏之时经过周密策划,决定夏军入城后即宣布重庆独立。随后,夏军兼程进抵城外。朱之洪来到佛图关前,要求守关部队开门迎接夏军。守关的水警巡防军已经转向革命,听到这一消息,立即开门。次日晨,夏军齐集佛图关上,扼守住重庆西大门,在渝清军已成瓮中之鳖。

朱之洪回城以后,向杨庶堪报告了与夏军联系的经过。同盟会重庆支部

---

① 《蜀中先烈备征录》,《重庆蜀军政府资料选编》。
② 《四川保路运动档案选编》,四川人民出版社 1981 年版,第 311、365 页。

立即召开紧急会议,决定以和平方式取得重庆独立。根据同盟会章程和武昌起义成例,将新政府定名为"蜀军政府",同时决定了新政府组织大纲要点和处置清吏办法。决定以重庆城议会会址为宣布起义场所,以旧巡警署为军政府办公处。会后,同盟会员分别通知各路武装力量集合队伍,刻制新政府印章,绣制18星围绕"汉"字的黄缎大旗,赶印各种文告。一切准备工作井井有条。

11月22日,夏军由佛图关进城。重庆知府纽传善急令关闭城门,宣布戒严,负隅顽抗。朱之洪偕张颐取道通远门迎接夏军,守城士兵以无纽传善手令,拒绝开门。朱只好绕道于城墙低矮处出城,赶赴两路口与夏军相见。朱蕴章随后率体育学堂学生至城门,斥退守兵,剖锁开关,迎接夏军入城。

就在朱之洪出城迎接夏之时的时候,上午8时,杨庶堪、张培爵等人出动同盟会控制的中营城防游击队、商勇、川东道巡防营、水道巡警及炮队、民团等武装力量,遍布城区,防止暴乱。同时,召集全城官绅商学各界代表300余人,在朝天观开会。况春发组织的会党队伍和石青阳率领的敢死队,拱卫杨庶堪、张培爵到会,鄂军党人田智亮等,亦武装到会。与会党人皆以白布裹臂,以为标记。围观群众达二三千人。

川东道朱有基见大势已去便弃印而逃。重庆知府纽传善、巴县知县段崇嘉慑于形势,不敢到会,同盟会员向楚、朱之洪与李湛阳迫使纽、段前往出席,令其投降。号称"能吏"的纽传善这时已是"语吃气阻",不敢稍有违抗,表示缴印投降。同盟会员剪掉了纽、段二人的辫子,押解游街示众。全城人民纷纷挂出"汉"字白旗,涌向街头,欢呼胜利。下午5时,夏之时引军入城。入城夏军约有150名武装士兵和几百名徒手士兵,携带三门火炮。进城时高举两面大旗,上书"中华民国"和"复汉灭满"、"保教安民"字样[①],驻扎在行台衙门。

当天,重庆革命党人设蜀军政府于原巡警总署,通电全国,宣布独立:

蜀军于本日午后三时由重庆举义,道府县及印委各官一体投诚,市面安静,外人安堵。但兹事体大,以后尚望互相匡助,时通消

[①]《中国海关与辛亥革命》,第64页。

息,同人公感。①

并且发布了第一号告示:

兴汉排满,保商为民;大军起义,鸡犬无惊;衙署局所,教堂教民,一律保护,不许犯侵;如有匪徒,乘机抢劫,军法从事,杀之勿赦;言出法随,凛遵勿越!②

同时又宣布:"前者为英雄革命,今日为国民革命,所谓国民革命者,全国人民皆有自由、平等、博爱的精神,即皆负革命的责任,军政府不过为执行的机关。"③并将同盟会纲领"驱除鞑虏,恢复中华,建立民国,平均地权",广为宣传,张贴城乡。蜀军政府还释放了被清政府关押的包括政治犯在内的全部犯人。在整个起义过程中,重庆城内没有出现任何军事对抗行动,只有对岸江北城内发生了匪徒乘机抢劫银行、税务机构的事件,但立即被蜀军政府严厉镇压下去了。

1911年11月22日,重庆蜀军政府成立,标志着清朝政府在重庆封建专制统治的覆灭,重庆历史揭开了新的一页。当天,全城都充满了胜利的喜悦,举行了热烈的庆祝会,沉浸在节日的欢乐之中。湖南、湖北、江西、江苏、安徽、浙江、福建、广东、广西、云南、贵州、陕西等省军政府,先后致电张培爵、夏之时,"正式承认蜀军政府为四川政治中枢,蜀军都督为四川人民代表"④。这场革命,在同盟会重庆支部的领导下,以和平的方式,使"官吏俯首听命,绅商学界,备极欢迎,兵不血刃,垂手而克复名城"⑤。这是全国、全川革命形势空前高涨的结果,也是同盟会重庆支部长期积蓄力量、周密筹划、英勇奋斗的必然结果。

---

① 周开庆:《民国川事纪要》,(台湾)四川文献研究社1974年版,第64页。
② 《中国海关与辛亥革命》,第65页。
③ 《重庆蜀军政府资料选编》,第37页。
④ 张培爵:《蜀军政府始末》,重庆市档案馆藏。
⑤ 中国近代史资料丛刊《辛亥革命》第6册,第12页。

第二节 蜀军政府的内外政策及主要活动

一、组织机构和人事安排

《蜀军政府政纲》①规定:"蜀军政府以谋求中华民国之统一与廓清全蜀为主旨。"全蜀廓清,民国统一,颁布民国宪法和各种法律时,政府即行撤销。最高领导机关为都督府,设正、副都督各一人,"总揽军务及凡百政务之大纲"。正、副都督又兼总司令处正、副总司令长,"以保持军事之统一"。因此,都督是主持军务、政务的最高首长,有权任免管带以上的高级军官、各部部长、审判厅长、检察长、法庭庭长、各地方司令官、大汉银行正副办;有权聘请政府顾问;有权审查财政之优绌和不当的司法案件;有权召集公民大会。都督有责任"博采舆论,择善施行,以图谋公共幸福"。

蜀军政府下设参谋、司令、军务、行政、财政、司法、外交、交通8部。参谋部负责制订政府的一切用兵计划;司令部受都督之命,统率全军(宪兵和近卫军由都督直接统领);军务部负责军事方面的行政工作;行政部管理农、工、商、矿、学、警务,以及盐、硝、矿务局;财政部统一制订财政计划,负责收支,管理正赋税;司法部负责司法行政工作;外交部负责处理外交事务,但重大条约之签订,须经都督及总务处批准;交通部管理邮政、电报、铁路、轮船,以及船捐局。

蜀军政府设总务处,以辅佐都督保持一切政务的统一,各部重大事情均须与总务处商决;设秘书院,掌管都督府往来文电;设审计院,随时检举财政部收支不当之处,监察大汉银行金库存款。另设礼贤馆,广采民间"美意良法",接待四方有识之士,开通言路。

《蜀军政府政纲》还规定,由政府所属各地公选代表组成"公民大会",每年开会两次,每次20天。公民大会有权对地方行政及各部工作提出建议和改良办法;有责任与都督和各部长官共同详细研究施政方针。

对于各州县地方政权,蜀军政府规定"自应改革伪政府旧日官制",一律

---

① 《广益丛报》第9年第31期(1912年1月18日)。以下引文,除注明者外,均见该报,不另注。

统称"军政分府",司令官统称"地方司令官"①,"以谋镇守而资佐理"。地方司令官受蜀军政府都督指挥命令,统揽地方军事及一切行政大权。地方军政分府设军谋、军政、军需、军书4处,行政、民政、实业、警务、统计、财政、度支(清算)、典入、典出、司法、民事审判、刑事审判、违警审判、编制、学务、教务、经费17课(科)。各州县还设置地方议会,以"监督地方行政,核查地方经费,改良地方学务"②。

在各州县政权普遍建立完善的基础上,蜀军政府成立了"中华民国全蜀地方议会联合会",作为各州县地方议会的"统一议事议决机关"。该会"以扶助完全共和政府之成立为宗旨",用以"专指陈各厅州县利弊,协谋地方治安"③。

关于蜀军政府的人事安排,早在筹备期间就在少数同盟会负责人中进行了酝酿。对于都督人选,无论就资望或勋绩,以杨庶堪、张培爵、朱之洪、谢持最为适当。杨、朱、谢表示坚决退让,众人乃推张培爵为都督。夏之时以促重庆独立有功,任副都督。11月23日,同盟会重庆支部集合全体会员,由杨庶堪报告蜀军政府成员酝酿情况,然后由全体同志审议。会议通过了正、副都督人选,推杨庶堪、朱之洪为高等顾问,"遇有重要问题,咨商两顾问后,才决定施行"④。并一致通过了支部酝酿拟定的蜀军政府所辖机构人选名单:

正都督	张培爵(列五)	
副都督	夏之时(亮工)	
顾问	杨庶堪(沧白)	朱之洪(叔痴)
参谋部	部长	但懋辛(怒刚)
	副部长	唐仲寅
总司令处	总司令	林绍泉
军务部	部长	方潮珍(琢章)
军需部	部长	江经源
行政部	部长	梅树南(也愚)

---

①周开庆:《民国川事纪要》,(台湾)四川文献研究社1974年版,第8页。
②《蜀军政府设置地方司令官施行细则》,重庆市博物馆藏。
③《中华民国全蜀地方议会联合会简章》,《国民报》1912年3月2日。
④《四川文史资料选辑》第1辑,第34页。

	副部长	龚秉枢
财政部	部长	李湛阳(觐封)
	副部长	刘祖荫(锡封)
司法部	部长	邓絜
	副部长	张知竞
外交部	部长	江潘(岳生)
交通部	部长	杨霖(席缁)
总务处	处长	谢持(慧生)
	副处长	董鸿诗(庆白)
		朱蕴章(必谦)
秘书院	院长	向楚(仙乔)
	副院长	董鸿词
审计院	院长	李时俊
监察院	院长	熊兆飞
大汉银行	正办	朱之洪
警视厅	厅长	李哲夫
厘金局	局长	汪在椿
	副局长	杨鹤龄
礼贤馆	馆长	陈道循①

以上蜀军政府官员,不仅正、副都督和顾问全是同盟会员,而且各部院处的部长、院长、处长等职中,除林绍泉、李湛阳等少数人外,绝大多数都是同盟会员。至于一般职员中,同盟会员就更多了。

二、对内方针和对外政策

蜀军政府成立之始,即发布了《对内宣言》,宣布蜀军政府以"驱除鞑虏,恢复中华,建立民国,平均地权"为纲领,分别阐述了这个纲领的基本内容和达到革命目标所要经历的三个步骤,号召全体国人"休戚相共,患难相救,同心同德,以卫国护种为己任"。

---

①据《重庆蜀军政府资料选编》有关资料统计。

蜀军政府这个宣言基本上是参照同盟会《军政府宣言》刊布的,但对"驱除鞑虏"的解释,有重要的发展。《军政府宣言》中解释的"驱除鞑虏",忽视了清朝政府与满族人民、满洲贵族与一般满洲人民的界限,而蜀军政府的《对内宣言》则明确指出,要驱除的"鞑虏"是指那些"苛虐残杀,压制我民族,无所不至者",而不是满族人民。"驱除鞑虏"的任务,是推翻满洲贵族专制统治,并非消灭整个满族。由此制定了"首重扑灭虏建伪清政府","惟驱除有权力之首要",对一般满族人民,只要求他们脱离清王朝即予宽待的政策。蜀军政府在有关通告中进一步明确宣布,即使是满清官吏,只要"果系真心反正,即将伪印呈缴本政府,仍协同本地绅民,认真办事,不必惊疑",要求重庆人民专力"弹压匪类,不宜与满清官吏为难"①。蜀军政府对"驱除鞑虏"的认识,实际上是接受了孙中山"我们并不是恨满洲人,而是恨害汉人的满洲人"的思想,从而团结了广大满族人民和包括真心反正的满族官吏在内的全体重庆人民,保证辛亥革命在重庆的顺利成功。

蜀军政府成立之时,辛亥革命还没取得全国性胜利,清政府的代表、川督赵尔丰还盘踞在成都,蜀军政府为此发布了《讨满虏檄文》。《檄文》历数了清王朝200多年来残酷奴役各族人民,特别是卖国卖路、掠夺和屠杀四川人民的罪行,热情赞颂了太平天国革命和四川的李蓝起义,宣布蜀军政府将与全国革命力量一起"涤专制之旧习,布共和之新政"。《檄文》还宣布了处置清朝官兵的各种政策,强调只要立即投降,一律既往不咎,"否则必罹骈诛,难逃拏戮"。这一政策,和《对内宣言》对"驱除鞑虏"的解释是完全一致的。

对于有识之士,蜀军政府广为延揽;对各界人民,一律希望安居乐业。《檄文》最后郑重宣布,严肃军纪,镇压叛乱,"军士敢取一笠,司法必戮行辕",一切游民土匪,"敢再劫掠逞凶,必派弁搜擒,就地正法"②。

武昌起义,各省相继独立,清政府被迫再次起用袁世凯。袁世凯与帝国主义相勾结,一面派北洋军进攻汉口,一面提出与湖北军政府"和谈"。12月,"南北和议"在上海举行,其实质是帝国主义帮助袁世凯窃取革命果实,扼杀革命。尽管孙中山刚回国时曾表示:"革命之目的不达,无和议之可言

---

① 中国近代史资料丛刊《辛亥革命》第6册。
② 《讨满虏檄文》,重庆市博物馆藏。

也。"①但面对帝国主义和袁世凯的压力和革命阵营内部妥协势力的包围,他也不得不向袁世凯妥协,表示只要袁世凯赞成共和,就让出总统职位。

蜀军政府对于袁世凯的和谈阴谋有所警惕,对"南北和议"坚决反对。张培爵、夏之时曾致电临时大总统孙中山和南方议和代表伍廷芳,认为袁世凯是"狡和缓兵",交替使用"和平谈判"和军事进攻两手,其目的是"以备彼党准备破坏"革命。因此,所谓南北"和议决无可信之理,我军万不可听"。张培爵等提出:"亟应取消和议,联合各省军队,陆续分进,直捣虏廷,擒斩袁贼,早定大局。"②这种反对同袁世凯妥协,要求将革命深入下去的主张,在当时虽不能力挽狂澜,但却表现了以蜀军政府为代表的四川革命党人对窃国大盗袁世凯的狡诈狠毒是有所认识并早存戒心的,也是当时革命阵营内的一种正确和进步的主张。

蜀军政府还明确宣布了自己的对外政策。在其《对外宣言》中明确指出:所有"中国前此与各国缔结之条约,曾经宣布者,继续有效";"偿款外债,照旧担任,仍由各省洋关,如数分年摊还";"所有外人之既得权利,一体保护";"外国人居留军政府所占领之城内,其生命财产,本军政府自当保护"③。并再三强调:"沿路教堂,概为保护;旅华教士及远贸西人,力保公安,决不骚挠。"④"各地方凡有外国教堂,及居处游历之教士,应加意保护。"⑤因此,法国在重庆的天主教川东教区主教马克在评价重庆爆发的这场革命时说:"这真是一篇田园诗,不能当作是一篇小巴士底监狱诗篇。"⑥

当然,蜀军政府也警告过帝国主义:"清政府与各国缔结条约、允许权利及借国债等事,成立于鄂军第一次宣言之后者,军政府概不承认";"外国人如有加助满清政府,以妨害国民军政府者,概以敌视";"外人如有接济满清政府战时禁品者,一概搜获没收"。但是,这时候帝国主义已经决定抛弃满清政府,打出了"中立"的旗号,暗中支持袁世凯,因而这些警告并无任何实际意义。

蜀军政府《对外宣言》代表了蜀军政府的对外政策,它实际上是同盟会颁

---

①《建国方略》,载《孙中山选集》,第211页。
②《南京临时政府公报》第6号,1912年2月3日。
③中国近代史资料丛刊《辛亥革命》第6册,第19页。
④《讨满虏檄文》,重庆市博物馆藏。
⑤《重庆蜀军政府资料选编》,第74页。
⑥《四川保路运动档案选编》,四川人民出版社1981年版,第333页。

布的《中华民国军政府对外宣言》的翻版,反映了整个资产阶级革命派当时对帝国主义的态度。中国民族资产阶级的两重性,在这个问题上淋漓尽致地表现出来。一方面,他们深感帝国主义对中华民族的侵略和掠夺,具有强烈的反帝独立的要求;另一方面,又幻想帝国主义承认中国的独立,承认南京临时政府,因此在帝国主义面前表现出明显的软弱性,不能提出明确的反帝口号,采取反帝的行动。正是由于后者,在帝国主义和中国封建主义的联合进攻下,辛亥革命失败了,反帝和反封建的革命任务都没有完成,成为中国资产阶级革命派的历史悲剧和历史遗憾。

三、经济和宣传文教活动

蜀军政府对经济问题十分重视。认为:"此革命饷源所关,稍不审,即易生奸利也。"[1]因此,政府刚一成立,就成立了大汉银行,以朱之洪为正办。当晚,即派向楚接管了清朝地方银行"浚川源",其数百万银圆成为政府经费的主要来源。与此同时,蜀军政府立即着手恢复生产和贸易,减免税厘,以纾民困。宣布:"不分省界,无论外省,银铜各币,均须一律行使,不得抑勒挑拨。"[2]同时制定了《减厘办法》:水道巡警补助经费捐、糖捐、栈房捐、茶桌捐一律免收;肉厘、牛羊捐、酒捐一律减收二成[3]。"尽裁进口杂税。"[4]蜀军政府还通告川东各县:"各府厅州县应解地丁钱粮及厘税等项,照旧上纳,统解渝城军政府,转交新立财政部。"[5]还要求各地市场即行恢复,照常公平交易。

随着政府机构的完善,各项开支迅速增大,特别是军队扩大,军费极为可观,到12月中旬,蜀军政府财政日渐紧张,因而决定控制重庆关税。

重庆海关自1891年建立以来,关税收入逐年增多,到1910年,达77.2528万两[6]。这些收入都掌握在外国人手中,一部分交给清朝中央政府,另一部分用于抵还中国所借外债。重庆独立前后,重庆商业活动基本陷于停顿,社会秩序比较混乱,关税没有保证。重庆海关税务司斯泰老决定设立一

---

[1]《重庆蜀军政府资料选编》,第15页。
[2]《蜀军政府财政部咨》,重庆市博物馆藏。
[3]《蜀军政府减厘办法》,中国近代史资料丛刊《辛亥革命》第6册。
[4]民国版《巴县志》;《蜀军革命始末》。
[5]《蜀军政府通告》,中国近代史资料丛刊《辛亥革命》第6册。
[6]汤象龙:《中国近代海关税收和税收分配统计》。

个收税处,加强税收,保管税款,以免被蜀军政府占用。为了取得帝国主义的承认,蜀军政府明令宣布:"偿款外债,照旧担认,仍由各省洋关,如数分年摊还。"①海关活动也没遇到任何妨碍。蜀军政府财政部长李湛阳还专门对斯泰老说:"在新政府的领导下,沿海海关应当像过去一样地行使公务;税收应当继续被用作偿还中国欠外国的债务。"他要求斯泰老继续履行重庆海关的职责。

随着蜀军政府财政的日益紧张,蜀军政府遂改变初衷,通知重庆海关税务司斯泰老,将税款保存在收税处,而不许像以往那样汇往上海。这一决定,严重触犯了帝国主义在中国的经济利益,大出斯泰老的意料。他一面要求总税务司请正在上海进行"南北和议"的南方代表伍廷芳向蜀军政府施加压力,改变政策;另一方面,请求各国列强予以干涉,甚至希望推翻蜀军政府,公然叫嚣"希望再来一次革命,从而导致政策的改变"。代理总税务司安格联也威胁说:"无论四川是在什么样的政府管辖之下,他们抹煞条约义务是行不通的。列强的手臂很长,迟早是会伸出来的。"②由于列强的压力,蜀军政府控制关税的努力最终没有成功。

在宣传和文教方面,蜀军政府也做了不少工作。1905 年卞鼐被捕,《重庆日报》被查封以后,重庆的新闻事业一度中衰,除教会报刊《崇实报》等以外,就只剩下《广益丛报》。蜀军政府成立后,为传播革命,11 月 25 日创刊了《皇汉大事记》,由朱国琛主编,宣布军政府政策法令。以后改为《国民报》,由燕翼任总编辑,作为蜀军政府的机关报。在蜀军政府倡导下,先后创刊有《国是报》、《益报》、《正论报》③、《光复报》、《国民报》、《新中华报》等大报④,其他小报也不少,但因时刊时停无法统计。这对于扩大革命影响,进一步广泛宣传革命主张,起了积极的作用。

长期以来教育界是重庆革命党人活动的主要阵地,培养了一批革命青年。蜀军政府成立以后,遵照南京临时政府的规定,颁发了《中华民国教育部普通教育暂行办法》(14 条),改革旧的教育制度。规定:所有学堂一律改称

---

①《重庆蜀军政府资料选编》,第 77 页。
②斯泰老致安格联第 27 号函,载《中国海关与辛亥革命》,第 66—67 页。
③《重庆蜀军政府资料选编》,第 15、41 页。
④民国版《巴县志》卷七,第 34 页。

学校;初等小学实行男女同学;废除小学中的"读经科";中学实行普通教育;旧时奖励出身一律废止;禁止使用清朝学部颁行的一切教科书;各样采用的教科书必须合乎共和民国之宗旨,如有尊崇清朝朝廷及清代官制、兵制之处,以及避讳抬头字样,必须尽行修改。此外,还颁发了《普通教育暂行课程标准》,规定了初小、高小、中学、师范的学制和开设课程,一扫腐朽的封建专制主义糟粕,代之以培养新时代青年的修身、国文、算术、外国语、历史、地理、数学、物理、化学、经济、法制、博物、音乐、体操,以及家政、手工、图画、习字等课。蜀军政府的宣传文教活动,为宣传其政治主张、经济政策、对外方针,为传播民主共和的思想,发挥了巨大的作用。

四、军事行动

蜀军政府成立以后,在军事方面,主要进行了西征、北伐和平叛三项工作。

武昌起义以后,在全国独立的浪潮中,四川总督赵尔丰被迫释放立宪派蒲殿俊、罗纶等人,并与之勾结,于1911年11月22日订立了《四川独立条约》,从而使赵尔丰保存了反革命实力,立宪派摘取了革命果实。11月27日,成立了立宪派和旧军官的联合政府——大汉四川军政府。蒲殿俊任都督,原新军十七镇统制朱庆澜任副都督,掌握实权。四川出现了重庆蜀军政府和成都大汉四川军政府两个政权对峙的局面。

当时重庆是四川同盟会的活动中心,也是革命运动的中心。同盟会重庆支部立即发动各界群众,严厉谴责立宪派勾结赵尔丰,出卖革命的行径。他们指出,蒲殿俊、罗纶等人,是保皇立宪人士,没有排满复汉的思想,不能代表全川人民,而赵尔丰只不过是清朝"亡国大夫",因而他们无权签订任何条约,其私订的《四川独立条约》,"当然无效"。并表示,重庆革命党人"愿与7000万同胞起而共击之","愿与大汉联合军政府起而共击之"[①]。

赵尔丰宣布"独立"是假,阴谋复辟是真。10天以后,12月8日,他策划了成都兵变,致使蒲殿俊垮台,随后成立了以尹昌衡为首的四川军人实力派和同盟会、立宪派组成的联合政府——四川军政府。

[①]《重庆蜀军政府资料选编》,第101页。

1911年12月，蜀军政府发布公告，决心"廓清匪类，安置溃兵，除贼破约，劝告同志会"，以夏之时为总指挥，率师西上伐赵。其时，赵尔丰正密书调兵入川，企图卷土重来，成都群众讨赵呼声日益高涨。在这种形势下，尹昌衡终于下定诛赵决心，于12月23日，派兵擒获赵尔丰，处以极刑，枭首示众。蜀军政府遂罢西征之军。

蜀军政府成立之时，清帝尚未退位，清廷以重兵侵犯潼关，意欲在西北取得军事上的胜利，以牵制东南革命党的活动。贵州省军政府致电蜀军政府，提出"速筹北伐，进合中原豪杰，与敌争一旦之命"，表示愿意派兵，听候蜀军政府调遣。蜀军政府认为，"论川局则统一为先，论大局则北伐为急"①。因此，急电孙中山等，请求联合各省军队，共谋北伐。1911年12月，蜀军政府经与入川的滇黔军及四川军政府协商，议决北伐，以都督张培爵为北伐代表官，夏之时为总司令，制订了两路进兵阶文、汉中，"一举幽燕夺魄"的北伐计划。并将这一计划电告湖北、陕西、云南、贵州、湖南都督，希望各省能"取消和议，锐意进取"②。

孙中山积极支持四川同盟会的北伐之举，他应蜀军政府的要求，发布命令，把存在上海的川路股款以公债的形式，交给四川同盟会员黄复生、熊克武。熊克武等凭此购买了25万余元的俄式武装及其他军需物资，随即正式成立了蜀军总司令部。南京临时政府任命熊克武为总司令，彭家珍为副总司令，率队回川。重庆各界群众也大力资助北伐之师，蜀军财政部长李湛阳"首捐助饷两万金之倡"，"文武职司捐薪者争先后，士民妇女投金脱簪珥者亦众"③。后来，由于清帝退位，南北统一，蜀军政府才停止了北伐行动。

叛乱的不断发生，是蜀军政府成立初期的一大难道。重庆独立时，原川江巡警提调吴克勤率部投诚，蜀军政府令其照任原职。但吴克勤是一个钻进革命队伍的内奸，一直图谋破坏蜀军政府，他嗾使爪牙贺建章手持所谓"四川治安军"印单和吴克勤的名片，到合江一带招摇撞骗，自称统领，特来合江召集同志到重庆，以图大举。贺建章去川南纠集了一伙人后，函告吴克勤、陶家琦（叔候，原巴县经征委员），"四路知会，邓井关有炮队若干人，仁怀土城亦

---

① 《大汉国民报》1911年12月14日。
② 《重庆蜀军政府资料选编》，第94、95页。
③ 民国版《巴县志》卷二十二，第20页。

有炮队若干人,不过10日即到"①。蜀军政府迅速觉察到吴克勤等人的叛变活动,立即逮捕了贺建章,查获全部罪犯材料,决定杀一儆百,判处首恶吴克勤、陶叔候死刑,判贺建章十年监禁,沉重打击了反动势力的嚣张气焰。

正当蜀军政府派兵西征伐赵之时,又发生了总司令林绍泉及其同伙阴谋哗变的事件。林绍泉原为清军教练官,与夏之时关系较密。夏之时在龙泉驿起义时,适逢林绍泉奉赵尔丰命往资州迎接端方,林见势不妙,被迫随夏军东下。蜀军政府成立后,经夏之时保荐,林当上了蜀军政府总司令。但林绍泉并不以此为满足,他骄横跋扈,结党营私,与标统舒伯渊、周维新、周少鸿,教练官汤维烈等密谋哗变,颠覆蜀军政府。私定事成之后,拥林绍泉为都督。

12月,蜀军政府决定西征伐赵,将所属军队分为三个支队,以但懋辛为参谋长兼中路支队长,总司令林绍泉兼北路支队长,第一纵队向寿荫为南路支队长。这本是出于西征需要而作的临时安排,但林绍泉认为这是有意排挤他,取消他总司令的职权,于是借题发挥,撕毁委任状,劈坏关防,持枪冲入都督府,大骂张培爵、夏之时,后得朱之洪劝阻,方才有所收敛。其时,舒伯渊等部士兵又四处扰民,收买张、夏卫兵。林绍泉等人叛乱败迹显露,重庆到处街谈巷议,人心惶惶。

在此紧要关头,同盟会总部评议员吴玉章从内江往南京赴任,路过重庆。蜀军政府立即推他为军事裁判会裁判长,主持全体蜀军政府负责人参加的军事裁判会议。会上,吴玉章揭露了林绍泉的犯罪行为,指出,林绍泉"违背了革命宗旨,危害了人民利益,无异企图推翻革命政府"。按照军政府规定的军法,应处林绍泉死刑②。与会大多数人同意这一判决,惟夏之时态度暧昧,舒伯渊等人起而保林,最后,由于谢持、朱之洪等人愿意担保,才免林绍泉一死,决定解除其一切职务,送会湖北原籍。会议还决定逮捕舒伯渊、周维新、周少鸿、汤维烈,于12月18日处以死刑。一场即将发生的严重叛乱被迅速平定了。

五、川东南57州县响应蜀军政府

重庆独立以后,1911年11月25日,万县同盟会员熊晔、开县同盟会员潘

---

①《广益丛报》第9年第25期,1911年11月。
②吴玉章:《辛亥革命》。

大道等在万县策动防军,促使巡防营管带刘汉卿反正,称下川东蜀军副都督,实现了万县独立。此时,同盟会员卢师谛自武昌回川,活动于夔府、巫山、云阳间,联络巫山团防孙吉五及巡防军百余人在夔府发难。11月26日,杀奉节知县曹彬孙、警长徐希贤,扣押夔州知府,宣布夔州独立。云阳亦发动起义,推晏祥武为司令,卢师谛为参谋长。同盟会员王维舟在东乡县组织数万农民和知识分子攻下东乡县城,擒知县吴巽,宣布独立,成立军政府,推冉崇根为政府主席。接着与李绍伊部联合进攻绥定城,知府杜本崇、知县广敦厚被起义军围困十余日后乞降。同志军入城,建立军政府,选士绅王郁南主持民政。蜀军政府派王文熙为绥定地方司令①。

在泸州,保路运动发生以后,同盟会员杨兆蓉、邓西林等即运动川南防军、永宁道卫队及炮队乘机起义。蜀军政府成立以后,"泸州人心愈益激动,清吏愈益恐惧"②。永守道刘朝望迫于形势,不得不于11月16日剪辫反正,任川南军政府都督,军人温翰祯为副都督。刘朝望电蜀军政府说:"川南独立以响应贵军政府,实行保全人民,推倒满清政府,以明我大汉民族统一之宗旨。"③并发表檄文声讨赵尔丰。但蜀军政府见川南军政府都督皆非同盟会员,尽是清朝旧官吏,认为是假独立,准备派军讨伐。刘朝望只得通告川南25州县派代表选举改组政府。结果众推但懋辛(时在渝)为副都督,黄方任川南军司令,王述怀为副司令,温翰祯、杨兆蓉、邓西林为枢密院正、副院长。同盟会在川南军政府取得优势,他们一切听命于蜀军政府。11月26日,叙永宣告独立,成立了以熊济文为都督的永宁军政府。11月27日,革命党人罗锐峙在古蔺宣布独立,成立革命政府。叙府也在经过激烈战斗后宣告独立。

11月23日,荣昌同盟会员吴玉章、吴庶咸二人来到内江,时值重庆独立,成立蜀军政府。他们与当地革命党人取得联系后,召开群众大会,成立了内江军政府,以吴玉章为行政部长,吴庶咸为军政部长。因重庆蜀军政府一再电邀吴玉章前往重庆,吴把内江军政府组织就绪以后,转赴重庆。12月30日,大足余栋臣旧部张桂山率同志军攻入大足县城,随后分兵富顺、遂宁,张桂山在富顺称"东亚义字金军水陆大统领兼富顺县军政府都督"。后来,重庆

---

① 陈日刚:《辛亥革命回忆录》第3册,第187—188页;《续修达县志》纪事。
② 《四川文史资料选辑》第1辑,第139页。
③ 《广益丛报》第9年第27期。

蜀军政府委任陈义峰为大足县地方司令官,杨玉成为副司令官①。12月底,綦江县同志军发动起义,攻打县衙门和经征局,拥戴同盟会员主持县政,成立了綦江县军政府,綦江同盟会负责人杨锦云任都统,同盟会员危抚辰任行政部长兼理县事。

不久,江北、璧山、永川、荣昌、铜梁、合川、开县、达县、岳池、邻水等县也相继独立。他们纷纷致电蜀军政府报告独立经过,并陆续派代表来重庆向蜀军政府缴呈伪印,接受组织命令。12月,万县下川东蜀军副都督刘汉卿致电蜀军政府,自愿取消副都督,泸州川南军政府和广安蜀北军政府立即效法。这样,川东南57州县先后独立,表示接受蜀军政府领导。

第三节　重庆辛亥革命的失败

一、重庆蜀军政府和成都大汉四川军政府的合并

1911年11月,袁世凯以清廷内阁总理大臣身份出山。他在帝国主义和立宪派的支持下,以北洋军武力为后盾,诱降革命党人。同盟会内部也发生了分裂,多数人主张向袁世凯交权,"革命军起,革命党消"的舆论甚嚣尘上。在这全国性妥协逆流的冲击下,四川也出现了要求成渝合并,重庆蜀军政府向成都四川军政府交权的主张。

重庆蜀军政府成立以后,川东南57州县闻风响应,纷纷归并于蜀军政府之下。云南、贵州、湖南等省军政府也一致公认蜀军政府是四川唯一合法政府,认为成都大汉四川军政府是"哥老会政府",不予承认。云南都督蔡锷甚至号召西南各省联合起来,进攻成都。而此时清廷已重兵进犯潼关,威胁四川,人心动荡。加之入川滇军为扩张势力,勒饷索款,胡作非为,屡与四川同志军发生武装冲突。四川再次面临一场更大的动乱。

这时,四川共和协会(由旅居外省的四川人组织)上书蜀军政府,认为"欲谋全国之统一,必先谋以一省之统一为始",要求"消除党见","排斥个人主义"②,"速谋全省之统一"。川南军政府都督刘朝望也发表通电,呼吁"川

---

① 陈日刚:《大足同志军》,载《辛亥革命回忆录》第3册,第263—269页。
② 《四川共和协会上蜀军政府书》,载《四川辛亥革命史料》(上)。

省统一之大计及早底定"①。万县熊飞致电全川各地军政府都督,明确提出"宜设军政府于成都,而重庆、西藏各设分府,置一都统,均归成都军政府之节制"②。特别是成都的同盟会员董修武、杨维、龙光等人认为,"成渝分离,两军政府事权既不统一,财政亦无法整理,又加滇军骄悍,哥老纵横,长此拖延不决,川民痛苦必深,究其终极,势将两败俱伤",所以首先由他们提出了成渝合并的动议③。

重庆蜀军政府的领导深受孙中山"功成身退"思想的影响,为了避免四川政局再度陷入战乱,同时表明自己不贪恋权势、不搞割据的心迹,加之以成都为四川正统的传统思想,因而忽视了四川军政府中旧军人、立宪派严重存在和成都是四川各种旧势力汇集地的严重事实,竟然同意实行成渝合并。他们致电成都军政府,决定派全权联合委员赴成都会商"本省军政、财政、保安地方一切重要事件"④,成渝两地军政府的合并提上了议事日程。

成都四川军政府都督尹昌衡虽然在历史上与同盟会有过联系,而且参加过同盟会,但他并无革命意识,只是一个热衷于争夺军权和地位的实力派人物。他刚一就任四川军政府都督,就向重庆蜀军政府提出"共相扶济,联为一气,以御外侮,扰攘之局,庶几可定"⑤,初露吞并之心。蜀军政府提出派代表赴成都会商合并后,他认为吞并时机成熟,遂致书蜀军政府都督张培爵,盛气凌人趾高气扬地指责蜀军政府"树党组兵"、"众矢日集",要求张培爵等人立即"联袂而来",在其麾下供职,否则兵戎相见,武力统一四川。这充分暴露了尹昌衡夺取全川统治大权的野心。

1911年12月10日,尹昌衡、罗纶、邓孝可等人向重庆蜀军政府提出统一条件:以成都为四川军政府所在地,重庆设军事重镇,原成都、重庆政府的都督分任合并后的四川军政府正、副都督,原两副都督分任重庆镇抚使或枢密院院长及军事参议院议长⑥。1912年1月中旬,蜀军政府派朱之洪,四川军政府派张治祥,为双方联合全权大使,在双方辖区边界荣昌烧酒坊举行会谈,随

---

① 《四川辛亥革命史料》(上),第621页。
② 《广益丛报》第9卷第27期。
③ 向楚:《重庆蜀军政府成立亲历记》,载《辛亥革命回忆录》第3册,第95页。
④ 周开庆:《四川与辛亥革命》,第226页。
⑤ 《广益丛报》第9年第29期。
⑥ 《大汉国民报》1911年12月13日。

后同往重庆,继续谈判。成都方面坚持12月10日的立场,重庆方面则提出一项反建议:成都仍作省会,重庆作为四川都督的驻地,以蜀军政府都督张培爵为四川正都督,以四川军政府都督尹昌衡和蜀军政府副都督夏之时为副都督,四川军政府副都督罗纶为枢密院院长或总顾问。由于双方意见分歧较大,谈判一时陷入僵局。正在这时,前护理四川总督王人文从成都到达重庆,于是外间纷纷传闻,如果双方相持不下,就推王人文为四川军政府都督,作为摆脱困境的办法[1]。王人文是清廷封疆大吏,由他任四川都督实在是对革命的讽刺,蜀军政府当然不会同意。所以,最终还是重庆蜀军政府作出了重大让步。1月27日,张治祥、朱之洪在重庆商定了《成都四川军政府、重庆蜀军政府协议合并条约》(草约)。主要内容有:

(1)成都为全省政治中心,原大汉四川军政府改名为"中华民国蜀军政府"。

(2)在重庆设立军事重镇重庆镇抚府,领兵一镇,直隶全省军政府,由重庆蜀军政府具体组织。

(3)现任成都、重庆正都督尹昌衡、张培爵为合并后的四川省政府正都督人选。副都督由新政府职员在他们两人中投票决定。

(4)成渝副都督拟领兵驻守重庆,或任枢密院院长、军事参议院议长。

(5)蜀军政府与各军订立的合同,继续有效。[2]

条约签订以后,双方代表向南京临时政府和孙中山作了报告,并获得了南京政府的承认。2月2日,经成渝双方军政府盖章生效。

《成渝合并条约》的签订,是尹昌衡夺取四川政权的重要进展,也是重庆同盟会人士放弃革命领导权,在错误道路上跨出的决定性一步。但他们毫无察觉,始终怀着真诚的为国为民的愿望,在错误道路上越走越远。2月下旬,张培爵率队前往成都任职。3月3日,张培爵行至隆昌,召开行营会议,决定推尹昌衡为正都督,自己甘居副职。3月4日,他又发表《成渝两军政府合并后政见书》,希望四川人民感时事之艰难,共同维护统一大局,表示一旦四川局势平定,他就离职而去,"退归田里"[3]。

---

[1]《英国蓝皮书有关辛亥革命资料选译》(下册),第426页。
[2]《重庆蜀军政府资料选编》,第111页。
[3]《大汉国民报》1912年3月11日。

将新建的四川政府定名为蜀军政府,是《合并条约》唯一采纳了重庆方面意见的重要条款,是经成都方面签字盖章,并经南京临时政府同意了的。但尹昌衡翻云覆雨,私自篡改。3月3日,就在张培爵赴蓉途中向孙中山推荐尹昌衡为正都督时,尹却在成都擅自将新政府改名为中华民国四川都督府,并改铸铜印,报告南京。张培爵3月9日到达成都,得知这一消息时,已无可挽回了①。

3月11日,尹昌衡、张培爵在成都分别就任中华民国四川都督府正、副都督,罗纶任四川省军事参议院议长,夏之时任重庆镇抚府总长。尹昌衡、张培爵通电全国,至此,成渝合并,四川统一。

二、重庆镇抚府的建立与撤销

重庆镇抚府是成渝合并,蜀军政府撤销以后,尹昌衡等人为达到完全控制川东南地区而设立的过渡性机构,也是重庆同盟会人士的最后一个阵地。1912年4月1日,重庆蜀军政府撤销的同时,重庆镇抚府成立。

《蜀军镇抚府组织大纲》规定,镇抚府直隶于四川省政府,"而以协助为宗旨,以期全蜀统一之敏速,行政机关之灵通",一俟内治完善后,再由镇抚府报告四川省政府予以取消。其最高长官为总长,领兵一师(民国以后,镇改师),参议全省重要军事及行政计划。镇抚府由司法、立法、行政三个系统组成,司法方面有司法裁判所,立法方面有镇抚府议会,行政方面有军政、民政、财政、司法、交涉、交通、学务、实业、盐政分司。最初决定以夏之时为总长,张习为政务处长,向楚为秘书厅长,刘植藩为军政分司长,王休为民政分司长,李湛阳为财政分司长,江潘为外交分司长,马柱为司法分司长。

1912年3月,由于资产阶级革命派的全面妥协,袁世凯窃取了中华民国临时大总统职权。夏之时在重庆得知这一消息后,认为中国"统一之局,实已大定",川东一隅,已经平定,正是自己功成身退之时。因此,不待镇抚府正式成立,就于3月中旬向张培爵提出辞去重庆镇抚府总长一职,转赴国外留学,并表示"如3月30日以前,不派总长来渝接事,则轻舟一舸,不辞而去"②,态

---

① 《国民公报》1912年3月18日。
② 《国民报》1912年3月19日。

度非常坚决。尹昌衡、张培爵遂于18日接受了夏之时的辞呈,另委四川陆军军团长胡景伊任重庆镇抚府总长。

胡景伊(1878—1958),字文澜,四川巴县人,是四川首批官费留日学生,毕业于日本士官学校。回国后,在四川武备学堂任教,后往广西任新军协统,是袁世凯的亲信、尹昌衡的老师和上司。重庆同盟会人士对他早存戒意。当时,杨庶堪正在南京临时政府任职,得知胡景伊接替夏之时的消息,十分不安,立即致电尹昌衡,推荐黄复生,反对胡景伊。电称:"(黄)复生海内奇杰,众望所归,文澜本吾故人,亦有时望,但不如以复生接任为宜。"①但尹昌衡早已与胡景伊勾结一气,未理杨电,反嘱胡景伊星夜兼程赴渝,并拨机关枪营归胡指挥,以便武力接管重庆。

夏之时见胡景伊来者不善,急忙任命熊克武为重庆镇抚府师长。重庆镇抚府的这一师军队,本该由总长直接统率,夏之时却将师长职授予熊克武,显然是为了抵制胡景伊。

熊克武(1885—1970),字锦帆,四川井研人,1903年留学日本,1905年入同盟会,任总部评议员,1907年回到四川,是四川同盟会的主要负责人之一,参加领导了多次武装起义。1911年4月,参加黄花岗起义,功勋卓著。辛亥革命后,任蜀军北伐总司令。夏之时称他是"经验有素,夙著贤能。吾川十年以来光复事业,皆所缔造"。由这样一位著名的革命党人任师长,正是众望所归,因而"令下之日,群情欢跃"。张培爵到成都后,以平息川乱、稳定大局为己任。今见重庆任命熊克武为师长,抵制胡景伊,深恐再起变乱,遂于4月4日致电在重庆的同盟会员夏之时、熊克武等人,要他们接受胡景伊为重庆镇抚府总长,万不可"疑窦益深,恶感增剧,演成同室操戈之惨"。希望在此"千钧一发"之时,"务乞诸公,共悯时艰,力持危局"②。由于张培爵的出面,胡景伊才得以于4月11日顺利到渝,次日,发表了就任重庆镇抚府总长职通电。

重庆同盟会人士的妥协退让,并未消除胡景伊的夺权野心,反而激起他尽快取消重庆镇抚府,夺取四川军政大权的私欲。他就职仅一个月,就于5月18日,召集镇抚府职员、各标营军官、各法团代表以及各报馆新闻记者开

---

① 《国民报》1912年3月26日。
② 《国民报》1912年4月9日。

会,突然提出取消重庆镇抚府。他说:"以现在情势而论,镇抚府亦当取消,取消后如何办法,是否可行？请大家解决。"与胡景伊同来的政务处次长谢持也表示:"欲求政治上进行无阻,非取消镇抚府不可。"并提出,取消镇抚府后,重庆仍旧称府,辖原来的 14 州县①。

胡景伊提出撤销重庆镇抚府的主张,当即遭到以朱之洪为首的重庆同盟会人士的反击。有的说,镇抚府成立刚刚逾月,其章程上规定的事项尚未执行,即行撤销,十分不妥;有的认为,镇抚府所辖州县 55 个,改为重庆府后减为 14 个,地盘太小,不能同意;还有的提出,镇抚府可以把地方官吏的任免权交给四川省政府,但是镇抚府不得取消;更有的尖锐地指出,这是"四川军政府故意冲突,当力与之争"②。由于意见分歧,莫衷一是,胡景伊只得决定暂不通过撤销之议。

几天以后,他减少了会议人员,只请了各厅司人员、高级军官、各法团代表开会,在他的软硬兼施之下,会议"当众表决,满均认可","取消镇抚府"。对于善后条件,提出了 8 条,主要内容是:(1)将熊克武所率蜀军与重庆现有军队,合编为川军第五师,驻扎川东,兵械由四川军政府补充;(2)原川东巡按使黄金鳌改称川东宣慰使,与熊克武共驻重庆,分治军民两政;(3)任命镇抚府所辖各府厅州的知事,须经当地法团认可;(4)重庆设置高等审判分司和外务分司。以上条件,一俟四川都督承认复电,镇抚府始行撤销③。

尹昌衡与胡景伊串通一气,张培爵在成都势单力薄,大势所趋,只好同意。1912 年 6 月 10 日,胡景伊报告袁世凯,通令全国,重庆镇抚府即日取消④。

重庆镇抚府是成渝合并以后,重庆同盟会革命党人据守的最后一个阵地。重庆镇抚府的撤销,这个阵地的丧失,重庆政权落入拥戴袁世凯的胡景伊之手,标志着重庆辛亥革命的失败。在这一过程中,胡景伊、尹昌衡等人的咄咄逼人,与袁世凯的窃国篡位遥相呼应;张培爵、夏之时等人的步步退让,与孙中山的一再妥协同出一辙。当成渝举行"东西谈判"的时候,袁世凯正在

---

① 《重庆蜀军政府资料选编》,第 130 页。
② 《国民公报》1912 年 5 月 27 日。
③ 《国民公报》1912 年 5 月 21 日。
④ 《国民公报》1912 年 6 月 13 日。

压迫孙中山交权,孙中山也不得不向袁作出妥协。成渝合并的前一天,3月10日,袁世凯登上了临时大总统的宝座。成渝合并的当天,3月11日,孙中山在南京颁布《中华民国临时约法》,企图对袁有所约束。4月1日,孙中山宣布解除临时大总统职务;同日,蜀军政府也在重庆宣布撤销。

这一连串的事件,决非偶然的巧合,而是历史的必然。它表明,中国资产阶级无法肩负历史赋予他们的领导民主革命胜利的重任,革命政权的得而复失,是一种不可避免的结局。

第十五章　旧民主主义革命在重庆的最后斗争

第一节　讨袁讨胡战争

一、蜀军的建立

辛亥革命失败以后,重庆革命党人响应孙中山"二次革命"的号召,发动了反对袁世凯及其在四川的代理人胡景伊的战争。他们依靠的武装力量,就是辛亥革命时期建立的蜀军。

1911年11月下旬,在上海的四川同盟会员准备建立一支蜀军,以便参加各省联军的北伐。时值熊克武由武汉来到上海,大家就推举他担负组建蜀军的任务。不久,由任鸿隽主持召开了在上海的川籍同盟会员会议,公推熊克武为军务部长,彭家珍为副部长,黄金鳌为总务部长,着手筹款购置军械。

当时,川汉铁路已经停修,股款保存在重庆驻沪商代表童子钧、陈少谷手中。四川同盟会员准备借用此款筹组蜀军,待将来局势安定后,由四川省新政府如数拨还。孙中山了解到这一情况后,认为,"该款本系商股,若由私人借用,事前既易纠纷,事后恐难予归还,不如改由中央政府照数给予公债证券……既有裨于大局,复无损于商本"。因此,1912年1月9日孙中山发布命令,要四川同盟会员黄复生、熊克武在上海接收路款。同时又叫童子钧、陈少谷向黄、熊二人点交川路股款。"俟交收清楚,即由财政部发给公债证券,以昭使用,而重商股。"①

---

①《关于移交川路股款筹办蜀军的命令》,载《孙中山全集》第2卷。

正是由于孙中山的干预,四川同盟会员才拿到川路股款。熊克武等人凭此向日本大仓洋行购买了价值 25 万余元的俄式步枪 2000 支、子弹 200 万发、机枪 12 挺、山炮 6 门,以及其他军需物资。随即正式建军,成立了蜀军司令部。南京临时政府授予熊克武为左将军军衔(相当于中将),任命他为蜀军总司令,彭家珍为副总司令。此间,胡景伊阴谋夺取蜀军领导权,因遭熊克武等人抵制未遂,怀恨在心,回川后便投靠袁世凯而掌大权,成为革命党人的死敌。

1912 年 2 月中旬,"南北和议"后,熊克武奉命率蜀军回川,并由南京临时政府委以调和成都、重庆两军政府争执,注意川边国防问题,维持社会秩序,严禁贪污不法等重大任务。蜀军当时在南京的只有从宜昌招练的一营。其他各部还在万县等地,司令部经过该地时,再分别编组成立。3 月 3 日,同盟会举行全体大会于南京,推孙中山为总理,四川支队长为熊克武。3 月 15 日,熊克武率蜀军三营到达重庆,被蜀军政府任为蜀军第一师师长,扩充为两团六营,第一团团长孔庆睿,第二团团长方化南[①]。

成渝两军政府合并后,改编四川军队,4 月 15 日,四川陆军军团长胡景伊改任熊克武为四川陆军第五师师长,所辖部队不变。此时,熊克武除原有的 2000 支俄式步枪外,还接受了方化南经蜀军政府购买的 5000 支德式步枪,因而力量比其他各师强大。

身为四川陆军军团长兼重庆镇抚府总长的胡景伊,对重庆革命党人拥有这样一支较为强大的武装十分不安,对蜀军戒备极严,并企图消灭之。早在蜀军返渝途经万县时,他就唆使万县原巡防军管带、窃据下川东副都督职的刘汉卿(外号刘罗汉)袭击蜀军。幸得熊克武早得但懋辛密报,先发制人,迅速击溃了刘汉卿部,刘被捉获后公审枪决。在熊克武率蜀军刚到重庆时,胡景伊又下令在城上安放大炮,不许蜀军一兵一卒入城。熊克武遂将部队开入江北县城,双方隔江对峙,两城人心惶惶。这种紧张状况,直到 6 月重庆镇抚府裁撤,蜀军移驻重庆城后才得缓解。此间,对于熊克武第五师上报的文件,胡景伊总是手批"驳斥",故意刁难。

在这种情况下,以胡景伊为首的四川反动势力和以熊克武为首的四川革

[①] 隗瀛涛等:《四川近代史》,四川省社会科学院出版社 1985 年版,第 606 页。

命势力的较量,也就不可避免。

二、胡景伊对革命党人的疯狂镇压

袁世凯在篡夺辛亥革命的胜利果实之后,在民主共和的招牌下,一步一步地加强他的反动独裁统治。在四川,则扶持其爪牙胡景伊夺取四川军政大权。当时,胡景伊已任四川陆军军团长、军事参议院副议长,又兼重庆镇抚府总长,实际上成为川中各军的统帅。1912年5月,在英国支持下,藏军与驻藏川军发生冲突,袁世凯任命四川都督尹昌衡为征藏军总司令,命胡景伊在尹出征期间护理四川都督。10月,袁世凯又同时授予尹昌衡、胡景伊陆军中将衔,把胡提到与尹平起平坐的地位。袁世凯还借故把四川民政长张培爵调往川边,张愤然解职。袁世凯乘势将民政长一职交给胡景伊兼理。这样,胡景伊就成为兼摄四川军民两政的最高权力人物,对袁世凯更加竭诚拥护,感恩图报。

1913年3月,袁世凯派人暗杀了国民党代理事长宋教仁,又得到帝国主义善后大借款的支持,遂于5月6日下"除暴安良"伪令,肆无忌惮地公开向国民党开刀。胡景伊在四川充当了拥袁的急先锋,迫不及待地于5月10日发出"蒸电",公开为袁世凯辩护,声称国民党对中央政府只"有服从之义务",而"无赞否之特权"[①],还策动川军将领致电北洋政府,对袁世凯宣誓效忠,并以武力威胁革命党人。袁世凯更有恃无恐,撤销了黄兴的陆军上将职和南京留守府,罢免和调动了国民党人江西都督李烈钧、广东都督胡汉民、安徽都督柏文蔚,并镇压了江西、江苏的讨袁军,彻底暴露了反革命面目。

在四川,胡景伊秉承袁世凯旨意,疯狂镇压革命党人。在成都,胡景伊封闭了国民党四川省党部,逮捕了国民党《四川民报》总编辑谭创之,杀害了革命党人张捷先、徐回天、李俊侠等人。国民党四川支部副部长、老同盟会员、四川都督府总政务处总理兼财政部长董修武,因不满胡景伊投靠袁世凯而提出辞职,竟被胡投入监狱关押100多天,后于1915年杀害。尹昌衡也不能自保,被胡控告私通国民党,被袁世凯剥夺一切荣职荣典,判刑9年。连拥护袁世凯的进步党,也因与胡不和,遭到严厉打击而不能展开活动,而胡景伊自己

[①]《四川军阀史料》第1辑,第155页。

则担任了袁世凯御用的共和党四川支部首席常务干事,声称以巩固袁世凯中央政府为唯一宗旨。

在重庆的革命党人熊克武、但懋辛等,密切注视着胡景伊的举动,深感胡景伊即将对重庆下手,也在研究对策。时值与熊克武关系密切的王右瑜由北京到成都,给尹昌衡送勋章,于7月19日路经重庆。王向熊透露,胡景伊已密电袁世凯商量编遣熊部第五师的办法,在京的周道刚、徐孝刚亦探得这一消息属实,主张熊克武立即密电陆军部辞职,同时由有关方面与陆军部商妥,以周道刚继任第五师师长,并直属陆军部,使胡无法反对,借以保全第五师实力。熊克武答应与同仁商量后再作决定。随即与但懋辛、李蔚如、吴秉钧商谈,定于次日约杨庶堪征求意见。杨赞成熊的辞职办法,熊当即面请杨代拟辞职电稿。

为了避免泄露消息,熊克武与杨庶堪约好于7月21日去南岸老君洞商决大计,并约王右瑜同往。孰知杨上山前将熊克武辞职事告诉了朱之洪。消息传出,第五师中下级军官十分着急,立即在将军祠开会,决定阻熊辞职,提出如果胡景伊下令撤熊克武职,全师官兵即以武力反抗。同时决定,要杀传来消息的王右瑜和同意熊克武辞职的但懋辛。拟定了响应赣宁讨袁独立,分兵攻取成都、泸州的计划。还打算如果熊克武不同意,就把他先关起来,仍打他的旗号为号召。

熊克武于22日在老君洞得此消息,次日晨即同杨庶堪、但懋辛等人返回师部,当晚召开全师官兵会议。在会上,熊克武表示:"声讨袁、胡,我与大家主张是一致的,我之所以要辞职,是准备伺机而动。反抗吧,我军孤处重庆,以一个师敌胡所率四师之众,胜负难料。现在大家既宁为玉碎,我亦决心一拼,但事机宜密,应先开战而后宣布。"[①]于是重庆独立,兴师讨袁的大计遂定。

三、重庆独立及讨袁讨胡战争

1913年8月4日,熊克武在重庆发布《就任四川讨袁军总司令誓师文》,宣布独立,以重庆为根据地,成立四川讨袁军总司令部。以熊克武为总司令,杨庶堪为民政部长,刘植藩为军政部长兼参谋长,但懋辛为副参谋长,共同领

[①]《四川军阀史料》第1辑,第43页。

导讨袁讨胡斗争。三天之内,熊克武连续发布六封讨袁讨胡文电,声讨袁世凯"蔑我宪纲,叛我民国,戕我义士,虐我公民"的滔天罪行,特别列举了胡景伊追随袁世凯目无议会,超越预算;排斥异己,攘位殃民;秩序混乱,盗贼遍地;贿买议员,阴养宵小;蹂躏人权,罔法杀人等五大罪状。号召川军各师一致联合讨袁讨胡,以华盛顿兴兵赢得美国独立战争为榜样,"奋然兴起"①,维护孙中山开创的民主共和制度,史称"癸丑之役"。

讨袁军由蜀军两个团和第五师两旅人枪九千合编为四个支队,其进军方案是:第九旅旅长龙光为第一支队司令,率同前卫司令吕超,挥兵由中路经永川、荣昌、隆昌,进取泸州。以炮兵团长范榛为第二支队司令,率团长周国琛等扼守合川,防御北路。以李树勋为第三支队司令兼安抚使,刘植藩为第四支队司令,各率所部及石青羊部防御南路,分拒滇黔两军。以余际唐为川江水师司令,统率所部从江津之朱家沱进占合江后,配合第一支队由水陆两路协力攻打泸州。又以黄金鳌为川东宣慰使维护东面水路交通。并以团长卢师谛及张民立移驻万县、夔府,以防堵由湖北西上之敌军。改组学生军为炸弹队,曾子玉(宝森)、颜德基分任队长,率所部于重庆附近待命行动②。当时计划,南北两路取守势,集中兵力,中路突破,攻克泸州,为进军成都解后顾之忧。

敌军方面,有胡景伊统率的周骏第一师、彭光烈第二师、孙兆鸾第三师、刘存厚第四师及王陵基模范团等部,兵力为讨袁军的两倍。其中第一师兵力最强,驻防泸州。另外,袁世凯下令湖北、陕西、云南、贵州四省都督出兵,协助胡景伊会攻重庆。当时,全国各地的"二次革命"已相继失利,重庆已成孤军作战,形势于讨袁军极为不利。

讨袁军中路之师由但懋辛督率,于永川、泸州道上立石碾与周骏第一师的张鹏舞旅首先接触,将其击退,进驻特陵铺、寒坡场。随中路部队前进的水师余际唐部,进展亦速,已越过朱家沱进至王场、望龙场一带。由中路分遣的吕超所率的右侧支队在隆昌土地坎与周骏部激战后,引退至距隆昌县城15公里的石燕场。这时,在隆昌起义的周骏所部营长吴行光、贺重熙(二人皆为

---

① 周开庆:《民国川事纪要》(上),(台湾)四川文献研究社1974年版,第64页。
② 隗瀛涛等:《四川近代史》,四川省社会科学院出版社1985年版,第610—611页。

国民党员)、梁渡率部加入中路讨袁军,反攻周骏。梁渡与吕超部会合向泸州攻击前进,梁渡部已直抵龙透关,吕超部乘胜直达泸州附近的小市。周骏见势不妙,仓皇逃往纳溪,泸州指日可下。

正当各路讨袁军西达资州,北抵顺庆,南围泸州之际,战局突然发生变化。奉袁世凯命入川的陕西军队张钫师攻入夔府,直趋万县,下川东告急;滇军叶荃部进至宜宾,南路受到威胁;最为严重的是贵州军队黄毓成旅攻至綦江,直抵重庆郊外南岸险要三百梯,重庆岌岌可危。不得已,熊克武抽调在泸州城下鏖战正酣的第一支队主力回援重庆,使攻泸战斗功败垂成。9月11日,北路讨袁军攻顺庆不下,反被川军王陵基部追至合州,继而败退到青木关。而黔军则迅而推进到长江南岸山顶上黄桷垭,居高临下,重庆全城均在其炮火射程之内。而第一支队回师救援仍未到达,重庆腹背受敌,危在旦夕。

9月11日晚,为重庆人民免遭炮火之苦,熊克武、杨庶堪决定弃城出走,委托旅居重庆的前江西都督府参谋长陈泽霈、国会议员萧宅三暂时维持秩序。深夜,熊克武同李蔚如、童显汉等数人乘船离渝,至忠州后分两路出川。12日晨,杨庶堪亦潜往酉阳、秀山,经湖南去武汉、上海,亡命日本。12日,黔军黄毓成部攻占重庆;18日,川军王陵基部也进入重庆。他们疯狂搜捕国民党人,查抄讨袁军领导人杨庶堪、向楚、朱之洪、童显汉等人家财,通缉拿办100余人。各路讨袁军亦相继失利。

至此,由熊克武、杨庶堪领导的四川讨袁讨胡斗争,以失败告终。以重庆失陷为标志,孙中山为挽救辛亥革命,反对袁世凯而发动的"二次革命"亦迅速失败了。

第二节 护国、护法战争与革命党人的最后抗争

一、护国战争的进行

"二次革命"失败后,1913年九十月间,黔军黄毓成部、川军王陵基部、周道刚部、周骏部、刘存厚部相继进入重庆,先后由黄毓成、周骏任重庆镇守使。由于军阀利益的争夺,川黔军阀之间火并不断,政局不稳。1914年,北洋政府重新划分各省所属道区,分四川为5个道,重庆为东川道治所所在地,一年之

内,先后任命裴钢、苏兆奎、刘体乾为东川道尹,企图对各军有所管束,但收效甚微。

为了巩固北洋政府对四川的统治,1915年2月20日,袁世凯任命北洋政府参谋部次长陈宧为四川军务会办,以取代胡景伊。4月29日,陈宧率北洋军3个旅进入四川,到达重庆。在检阅驻渝川军第一师后,陈宧赴成都上任,留下李祥之旅戍守重庆。这是统治重庆的第一支北洋军阀部队。陈宧来川后,拘押了四川财政厅长刘洁初,撤换了川军旅长王陵基、刘成勋,把大量北洋将领安插于川军之中,加强了对四川政局的控制,为袁世凯复辟帝制铺平道路,大造舆论。

1915年12月12日,袁世凯冒天下之大不韪,宣布恢复帝制,拟于次年废除民国,改元洪宪,正式称帝。消息传出,孙中山愤而发表《讨袁宣言》,在全国掀起了轰轰烈烈的护国运动。12月25日,蔡锷、唐继尧、李烈钧等率先在昆明通电讨袁,宣布云南独立,组织护国军政府,以唐继尧为都督,蔡锷为护国军总司令,分兵进攻川黔及两广。

蔡锷新任护国军第一军总司令,分兵三路,攻入四川。左翼由第一梯团团长刘云峰率领,经云南东北昭通入川,击败北洋军伍祥祯等部,占领川南重镇叙府。中路由蔡锷亲自率领为主力,经贵州威宁、毕节入四川永宁(叙永),进取泸州,与北洋军曹锟、张敬尧、李长泰及川军周骏等部激战。右翼为戴戡所率之黔军,经贵州松坎,攻入綦江,进逼重庆。其时,川籍革命党人熊克武、但懋辛、余际唐等随蔡锷护国军一同入川,沿途召集旧部,以熊克武为司令,组建"四川招讨军",在川南宜宾一带积极配合护国军作战。

早在蔡锷入川之前,为了减少进军阻力,即派人策动驻守泸州的川军第二师师长兼川南清乡总司令刘存厚反袁。蔡锷与刘存厚在清末曾同为留日士官生,后刘又为蔡的部下,有过密谋革命的活动。陈宧入川之后,对刘存厚多有排挤、打击,刘部士兵亦不满于北洋军的横行霸道。是故,刘存厚下定反袁决心,于1916年1月31日发出讨袁通电,宣布独立,自任护国川军总司令,率部在泸州、纳溪等地配合护国军作战。

在护国军的强大进攻面前,北洋军节节败退,普遍厌战。陈宧见大势已去,遂于1916年5月22日宣布四川独立,脱离北洋政府。此时,袁世凯虽已放弃帝制,恢复共和,但已难平众怒,终于在6月6日忧惧而死,由黎元洪继任大总统,段祺瑞为国务总理。6月26日,陈宧经重庆出川;7月6日,曹锟亦率北洋军队离开重庆。同日,黎元洪、段祺瑞任命蔡锷为四川督军兼省长。蔡锷带病赴成都就职,旋因病情恶化,于8日赴日就医,11月病逝于日本。尔后,黎元洪改命滇军罗佩金为四川督军,黔军戴戡为四川省长。川军被整编为5个师,分别以周道刚、刘存厚、钟体道、陈泽霈、熊克武为第一、二、三、四、五师师长,熊克武兼重庆镇守使。四川护国战争胜利结束。

四川护国战争的胜利,对于粉碎袁世凯复辟帝制的阴谋,摧毁北洋政府的黑暗统治,起了十分重要的作用。但是,它又强化了四川军阀的统治,特别是加剧了四川革命党人的分化。熊克武等人逐步脱离了孙中山的领导而倾向于云南军阀唐继尧,四川在重新挂起的民国招牌下,又进入四川军阀和西南军阀争强斗胜的时期。

二、以重庆为中心的四川护法战争

1917年7月,孙中山为反对北洋军阀解散国会,从上海率领舰队到达广州,提出了"拥护约法,恢复国会"的主张。8月,从北京南下的国会议员在广州召开非常会议,成立了护法军政府,推孙中山为大元帅,陆荣廷、唐继尧为元帅。由此,一场声势浩大的护法运动在全国展开。

护法运动兴起以后,孙中山以国会、海军、西南军阀为三大支柱,以依靠西南军阀唐继尧等进行四川护法战争为重要战略,企图先占领重庆,然后顺流而下,与南方湘桂军队会师武汉,实行北伐。然而,由于既存在以孙中山为首的民主革命势力和北洋军阀专制势力的斗争,又有地方军阀与北洋军阀的斗争,以及地方军阀各派系间的斗争,因此,在护法军队内部,成分复杂,矛盾尖锐,西南军阀与孙中山貌合神离。

1917年10月,孙中山为了联络云南军阀唐继尧一致北伐,精心擘划,派军政府秘书长章太炎前往西南活动。10月22日,分别任命黄复生、卢师谛为中华民国政府四川国民军总、副司令,石青阳为川东招讨使,11月18日,又改任黄、卢分别为四川靖国联军总、副司令。12月4日,川、滇、黔靖国联军终于攻克重庆,赶跑了北洋政府任命的长江上游总司令兼四川查办使吴光新和四川督军周道刚。此前,湘桂军队已攻克长沙。在这种情况下,已任重庆镇守使的熊克武通电拥护孙中山领导的护法战争。

孙中山闻讯大喜,他致电联军唐继尧等:"联军已克重庆,吴(光新)周(道刚)潜遁,捷电遥传,欣喜何极!"他要求联军乘胜东下,他说,重庆位居长江上游,实为天险,占领重庆能为东下武汉创造极好条件,"望刻日督师出峡,联合荆襄,传檄大江,以慰国人之望"①。同时他又致电熊克武,要他与唐继尧通力合作,会师东下,电示章太炎尽快促成唐继尧离开四川,东下武汉,以图北伐。不久,经熊克武电举,孙中山同意以唐继尧为滇、黔、川靖国联军总司令。熊克武也于1918年1月9日在重庆就任四川靖国各军总司令,同时召集川、滇、黔各军将领会议,决定先讨伐反对护法的四川军阀刘存厚。

1月10日,章太炎赶到护法前线重镇重庆,与唐继尧会商军事,打算依靠熊克武促使唐继尧东下。12日,熊克武亲自主持重庆军、政、绅、商、学各界欢迎章太炎大会,并庆祝章50寿辰。章太炎根据孙中山的指示,在会上发表了重要讲话。他揭露了北洋军阀的罪恶,总结了辛亥革命的经验教训,阐述了打倒北洋政府、建立南方革命政权、争夺武汉、会师武汉、共图北伐的重要性,受到重庆各界人士的热烈欢迎。

然而,唐继尧另有所图。他不但托故不理章太炎的催促,不肯就任护法政府元帅职,而且公然违背孙中山对四川"军民分治"的指示。1918年2月,熊克武部攻克成都,孙中山电示黄复生推定四川督军,报广州军政府任命。但唐继尧却以云南督军的身份任命熊克武为四川督军,同时兼任四川省长。2月27日,孙中山电示唐继尧、章太炎、熊克武,要他们重新推定四川军政主持人,未定以前,由吕超以成都卫戍总司令兼暂行代理四川督军。3月1日,孙中山又专电唐继尧,四川省长应由民选。2日,他又要章太炎疏通四川省议会选举杨庶堪任省长,公推熊克武为四川督军,并要黔军总司令王文华帮助实现四川"军民分治"。他指出,唐继尧以滇督任命川督,是"稍挟征服之威,足生反应之萌"②。3月4日,孙中山急电在上海的杨庶堪,说明在唐的拉拢下,熊克武已倒向唐一边,权力日益增大,川中国民党势力已不足以对抗,熊任四川督军,已成必然。他要杨庶堪兼程返川,联合各派势力,收拾川局。在四川,由于章太炎、石青阳等人的疏通,省议会选举杨庶堪为省长,公举熊克

---

① 周开庆:《民国川事纪要》(上),(台湾)四川文献研究社1974年版,第203页。
② 周开庆:《民国川事纪要》(上),(台湾)四川文献研究社1974年版,第209页。

武为督军。3月8日,由广州军政府正式委任。尽管如此,熊克武仍迟迟不肯就任督军一职,而唐继尧也致电孙中山,再三要求熊克武统筹四川军政大权。由于唐继尧的引诱拉拢,一直与孙中山离异的熊克武更加对孙不满,不服指挥,四川护法战争已经无法进行。

唐、熊之所为,实乃与广州军政府内部岑春煊、陆荣廷等人排斥孙中山,拥护黎元洪、冯国璋,出卖护法运动的行径一唱一和。孙中山终于看清了军阀们的真实面目,宣布辞去广州护法军政府大元帅职,5月21日返回上海。5月22日,他派往四川的特别代表章太炎也只身离渝东下,以重庆为中心的四川护法战争半途而废。

1920年,川中局势发生变化,川、滇、黔军再度混战于四川。7月10日,黔军与反对熊克武的川军石青阳、吕超部会攻成都,熊克武败退出城。倒熊各军推吕超为川军总司令,吕超和滇军统帅唐继尧又分别电请孙中山入川。

孙中山护法失败以后,避居上海,十分苦闷,但革命之心并没泯灭,川中政局的变化,造成了一个暂时稳定的政治环境,特别是有杨庶堪坐镇重庆,占地利人和之势,孙中山似乎又看到一线希望,重新燃起了在重庆再建民国的热情,决定将国会迁往重庆,继续为共和而奋斗。9月16日,非常国会参议院议长林森、众议院议长吴景濂及议员70余人抵达重庆,准备召开国会[①]。

然而,风云突变,熊克武卷土重来,所部于击溃吕超守城部队后,攻占成都,与熊联盟的刘湘也攻克合川,进逼重庆。同时,熊克武又破坏了滇军与倒熊各军的同盟关系,重庆危急。10月13日,在重庆的杨庶堪通电辞去四川省长职,离渝赴沪,向孙中山请命。14日,非常国会也宣布离开重庆,另觅开会地点。18日,刘湘攻占重庆。30日,熊克武到达重庆,设四川督军公署。

孙中山先生企图在重庆挽救护法军政府的努力最后失败了。这是孙中山先生在他所领导的旧民主主义革命陷入绝境时,为挽救革命、重建共和的最后一搏,也是以重庆为中心的四川护法战争的一个尾声。

[①] 周开庆:《民国川事纪要》(上),(台湾)四川文献研究社1974年版,第209页。

第十六章　重庆传统文化的近代变迁

第一节　教　育

一、传统教育的式微

有清一代,重庆作为川东道、重庆府、巴县三级行政机关同城的重镇,又是西南最大的商贸集散地,传统教育相对比较发达,有学宫、书院、私塾、义学等机构和场所构成的一套完整的教育体系。

学宫,即孔庙,既是尊孔的场所,又作为科举制度的伴生物,是官办的教育机构。重庆府学宫位于夫子池,巴县学宫设在县学街。两学宫皆设正、副学官各一人(府学设教授、训导,县学设教谕、训导)主持学务,录取、教授、管理童生和生员入宫学习儒学。其教学的主要目的自然是为科举考试服务。乾隆后,特别是嘉庆后,学宫式微。因生员甚少、学官失职,学宫的教育功能渐失,仅能履行组织月课、季考,督促岁试、科试等社会管理职能。

书院,始于唐代,兴盛于宋代以后,创办者或私人或官府,办学方式是聘有名学者讲学其间,采用个别钻研、相互问答、集众讲解等相结合的教学方法,以研习儒家经籍为主,辅以议论时政。明清时,书院大盛,但学术思想日薄,多成为准备科举的场所。明代重庆的书院,如凝道、来凤书院等,皆毁于明末战乱。清代,重庆府治下的书院发展较快,仅巴县就有书院 12 所。府治内较有名的书院有东川书院、长寿凤山书院、綦江瀛山书院、南川隆化书院、江津聚奎书院、江津书院、永川东皋书院、铜梁巴川书院、合川合宗书院、璧山重璧书院等。这时,官办书院已在数量上超过私人书院,渐居主导地位。书院皆有自定的规章制度,由山长或院长主持。书院的经费主要来自官绅士民捐资购田、捐资垦荒及捐献田土所得的学田。教师薪金由书院开支。书院学生有生员、童生、附课生等,学识不等,年龄差异亦大。教学内容是"四书五经"、八股制帖。可见重庆的书院自然不会脱离时下全国书院的窠臼,已成为科举制的附庸,在教育方针上与学宫有异曲同工之妙。

当时重庆的书院中,东川书院可谓是佼佼者。这表现在如下几方面:第一,各级官府大力扶持,规模较大,经费较充足。1738 年,即清乾隆三年,知府李厚望捐建渝州书院。1758 年,川东道宋邦绥迁书院于洪崖坊,更名为东川书院,改为道设。次年起,知县王尔铿、知府蔡必昌、赵秉渊等先后为书院置学基地、增置学田,因而官绅拨款、捐资不断。至清末,书院有田地产约值七八万两银,岁入数千两银,仅山长束脩就由每年 120 两增至 1000 两。因此,在地狭人稠的重庆,书院规模不可能很大的情况下,东川书院的规模算是较大的了,其初建时,就"造讲堂五间、前堂五间、左右厢二间,院墙重门,前屏后厨皆具"①。第二,办学思想较重学术。当时重庆的多数书院普遍"务实",纷纷追求科举扬名,而东川书院却仿广东学堂、成都尊经书院等的章程,强调生员要志气远大、不惟科名事务的学规。因而东川书院的学生可旁及他书,属对联,习诗赋,学论文,记典故,这是其他书院所没有的现象。当然,这也只是相对的。世风所限,士风不长。东川书院不可能例外。如它规定,乡试决科面试第一名,奖银 50 两。第三,学术水平较高。东川书院 16 任山长皆巴渝宿学名儒,大多为进士出身,并培养了向楚等学术名家。

传统教育的一个重要方式是私塾。私塾教师多为尚不能进入仕途的秀才、监生、贡生,亦有少量仕途不得意的进士等高功名者,他们多为获取脩金而设馆授徒。私塾分为专馆和散馆两种。专馆多为官绅富室聘师来家设帐,教授自家子弟。散馆则是中下人家子弟聚众到教师家中或乡村、家族及公产房舍(如寺庙、祠堂)入馆受业。私塾教授的课业多是起自基础国文及算学,如《三字经》、《千字文》、《增广》、《龙文鞭影》、《幼学琼林》、《声律启蒙》、《百家姓》等。但不久就进入"四书五经"等举业课程的学习,如朱熹的《四书集注》是必须熟读的主要课程。应该说,私塾是传统教育为科举服务的主要形

---

① 嘉庆版《四川通志》卷七十九《学校》。

式。清末,重庆的私塾在 300 所左右。

义学则是传统教育的一种初级形式和补充形式。它在教育为科举服务之时,由地方官绅捐资兴办,面向下层贫苦人家 7 岁以上子弟,学费低廉,乃至不收学费。它的教学内容与私塾的发蒙阶段课程大致相同。重庆府治下,主要在清道光年间以后,义学遍及城乡,仅巴县就有 15 所。当时主要的义学有体恩义学、凌云义学、崇文义学、石鼓寺义学、龙潭寺义学、昙华寺义学、文峰场义学、龙山义学、长生义学、育才义学、青峰寺义学、新开寺义学、云程义学、敦本义学、培元义学等[1]。

从官办学宫渐为书院等所取代,书院在很大程度上只是学宫的翻版,这显示了旧的教育内容试图不变,旧的教育管理却难以为继,使旧教育开始式微。

二、新式学堂的兴起

重庆开埠之后,教育开始发生变化,开始了新式学堂兴起并取代传统教育的过程。光绪十八年(1892 年),川东兵备道黎庶昌创办"洋务学堂","考选学生正副额各二十人"入学,"其课程外国文外,增设科学,而以英语、数学为主科。在四川废科举以前,此为官立学校之始"[2]。1897 年,川东副使在渝兴办中西学堂,开设中、外文等课程,引来川东各县办学堂之风接踵而起。

1901 年,清廷开始实行"新政"。9 月,清廷颁布改书院为学堂的上谕:"著各省所有书院,于省城均改设大学堂,各府及直隶州均设中学堂,各州县均改设小学堂,其教法当以四书五经纲常大义为主,以历代史鉴及中外政治艺学为辅。"[3]1902 年,清廷颁布《钦定学堂章程》,将学堂分为从蒙学堂到大学堂共七级,是为"壬寅学制"。次年,又颁布了经张之洞等人修订的《奏定学堂章程》,分学堂为三段七级,是为"癸卯学制"。1905 年 9 月,清廷宣布自次年起废除科举制度。因此,20 世纪在中国的开局,很大程度上就是全国上下废旧学、办新学的一浪高过一浪的热潮。这很符合近代重庆人求新文化的

---

[1]《巴县文史资料》第 2 辑,第 4—5 页。
[2] 民国版《巴县志》卷十一(下)。
[3]《光绪朝东华录》,中华书局 1958 年版,第 417 页。

习性,更何况就当时的四川而言,有"渝城地居冲要,得风气之先"[1]的便利条件,重庆的新式学堂也就在改书院、办学堂的运动中,热热闹闹地兴办起来了。

经过重庆官绅的艰苦努力,从 1901 年到辛亥以前,重庆已建有小学堂 24 所。这些小学堂分为官立和私立两类,以官立居多。官立小学主要有后列几所。巴县高等小学堂,知县霍勒炜于 1903 年改渝郡书院而成,设于在来龙巷的书院原址。长寿知县唐我圻于 1904 年倡建了林庄高等小学堂(初名林庄学堂)。这所学堂也许是重庆府治内创办最成功的小学堂之一,其办学资金、模式、规模等都是当时国内学界的理想模式。它几度筹银数万两,按日本小学的图式建校舍,有礼堂、教室、自习室、晴雨操场、学生寝室、膳堂、办事人员宿舍等,除招收高小学生外,还一度招收初中生,并曾附设师范讲习所。1905年,江津知县龚承云改聚奎书院,倡办了聚奎两等小学堂。私立小学堂主要有巴县人许荣龙、曾纪瑞于 1901 年捐资创办于道冠井的开智小学堂;1907 年由重庆回民创设于清真西寺的私立西寺公小学堂。

封建的政治和经济的落后,决定了中国是一个极其讲究等级的国家。必要的行政等级秩序当然必须讲究。问题是中国的讲究等级,专在文化、经济等不必讲究的方面使劲。清末的重庆办新学就是这样。按清廷的规定,重庆作为府城,办学等级最高只能到中学堂。按此规定,到辛亥前,重庆人创办了四所中学堂,其中主要有重庆府中学堂、巴县县立中学堂。前者由知府张铎于 1907 年创办,校址在炮台街原东川书院内,经费亦来自原东川、经学、渝郡三书院,招收府辖各县、州、厅的送考生,学制五年,开设修身、讲经读经、中国文学、外国语、历史、地理、算学、博物、物理、化学、法制、理财、图画、体操等课程。后者则于同年由知县沈克刚聘人筹建,设在机房街。重庆府中学堂办学思想较灵活,这也与当时国内教育一哄而上,极不规范有关。辛亥前,重庆府中学堂聚集了杨沧白(学堂第二任监督,即校长)、张培爵(学堂教导主任)等革命党人,影响了一批师生接受孙中山革命思想,成为重庆辛亥革命的策源地。

新式教育急需大量合格师资,兴办师范学堂就成为当务之急。重庆如

---

[1]《四川官报》甲辰第 20 册《新闻》。

此,全国皆然。川东师范学堂也就应运而生了。1906年,设立巴县师范传习所,学制十个月。同年,川东道张振滋倡办川东师范学堂,拨川东道府库银5万两为办学基金,并由道属36州县按官费生每名30两银的额度解款作为学堂日常经费。学堂初设学政使试士院,迁设文庙,再迁学院街。学堂学制较短,初为一年制师范科,后招二年制师范科,均属简易师范科。次年,开始办五年制师范本科及附属小学堂。学堂的生源由道辖36州县选送,大县每县10名至20名,小县每县5名。学堂的教学课程有修身、教育、中国文字、历史、地理、算学、格致、图画、体操等九门,与重庆府中学堂的课程大致类似。这是因为师范学校本是为中、小学培养师资的,课程自应一致,只是师范生开教育课,因其日后是教育者,中、小学生不开教育课,因其本是受教育者,如此而已。1907年,学堂开始分设文理科,称为甲班(理科,60余人)、乙班(文科,50余人)。应该说,川东师范学堂的发展是相当快的,这为20世纪重庆的国民教育的普及,开了好头,奠定了最初的基础。

清末重庆还出现了大批专门学堂。其中较著名的是1905年开办的巴县医学堂(1908年改名重庆官立医学堂),它是士绅刘焕彩、李晴湘等人禀请知县傅松龄批准,改字水书院而创办的,故设在书院旧址——通远门(后又先迁五福宫后桂香阁,再迁学院街)。医学堂的学生是府属15各厅州县的童生,每县选送5名,学制3年。为开办"新政"所急需,1906年,设立了重庆官立法政学堂,开有大清律例、大清会典、法学通论、宪法、刑法、民法、商法、行政法、刑事诉讼法、民事诉讼法、裁判所构成法、国际公法、国际私法、监狱学、警察学、经济通论、政治学、货币学、银行学、财政学等课程。因报考法政学堂者众而学堂容量不济,重庆官绅人等又先后举办了川东公立法政学堂、川东官弁法政学堂、重庆公立法政学堂等速成性质的学堂。1910年,知府耿保奎倡办了重庆中等商业实业学堂,初设机房街,后迁桂花园。1905年以后,还出现了实验工学团、四字讲社等补习学堂。总计到辛亥前,重庆有各类学堂45所。

辛亥革命后,民国初建,废清代的"忠君、尊孔、尚公、尚实、尚武"教育宗旨,另立"注重道德教育,以国家为中心,而以实利教育和军国民教育辅之,更以美感教育完全其道德"的民初教育宗旨。政府统管学务,本应有利办学,但政坛反复无常,政客无暇他顾,兴学之事停滞不前,仅在办学经费来源上有所调整。再就是学堂改名,如重庆府中学堂改名重庆联合县立中学校,川东师范学堂改名为川东联合县立师范学校等,如此而已,少有建树。

第二节 新闻出版

一、新闻报刊问世

重庆人爱办报,时人皆知。但在古代,重庆人不能办报,只有读报的份儿。因在封建等级秩序的社会里,只有封建朝廷的"邸报"、密切联系封建权贵的"京报"之类政治新闻读物才能存在,而这却是重庆的政治地位所达不到的。重庆开埠,资本主义的文化因素陆续传入。甲午战争,中国惨败,国人震惊,开始维新。这些使中国传统报刊的政治喇叭地位开始让位于效仿西方样式的,集时效性、知识性、综合性、愉悦性于一身的近代报刊。创办近代报刊,得风气之先的重庆人,自然敢为人先。

1897年11月,宋育仁创办《渝报》。该报为旬刊册报,每册约30页;设有上谕恭录、总署奏折、译文择要、各省近闻、本省近闻、外国近闻、渝城物价表等栏目。《渝报》的特色在于其发表时论文章和译文,疾呼救亡图存,鼓吹维新变法。它开阔了巴渝士人的视野,促其跟上时代的步伐、维新变法,因此广受进步士人的欢迎,其发行量逐期上升,最多时达2500份。次年,宋应聘离渝赴蓉,就任尊经书院(四川大学的前身)山长,故《渝报》出至第16期即停刊,但它作为重庆及当时四川的第一家近代报纸,其影响却从此长存永驻。宋的同仁则在渝改出工商小报《渝州新闻》,不久即随变法维新的失败而停刊。

1903年4月,朱蕴章、杨庶堪、胡湘帆等人创办《广益丛报》,旬出一册,发表论文、诗歌、小品、新闻报道,宣传民主,传播西学,评论国是。1905年,杨加入同盟会,使《广益丛报》更进一步宣传民主共和、抨击封建专制,成为同盟会重庆支部及当时四川革命党人的重要喉舌。1912年,该报因其册装形式落伍、新闻时效性差及报人从政等原因而停刊。

1904年9月,卞小吾创办《重庆日报》,以"每日一张"的形式出版,在重庆乃至当时的四川,创下两项第一:成为巴蜀首家日报;首家实现了"报"、"刊"分离,使"报"具有了现代报纸的形式,从而大大提高了报纸的新闻时效性。从青年卞小吾抱定"应创办日报揭露清朝的腐败无能,宣传革命精神,以唤醒群众同心协力为国家民族的利益而共同奋斗"[①]的思想看,从他以《老妓颐和园之淫行》[②]为题发表新闻报道看,《重庆日报》几乎是在公开攻击清廷,直接鼓吹革命。这使它广受欢迎,其发行量从创办时的 500 份增加到停办时的 3000 份。这也使它难逃清廷的文字狱。次年 4 月,卞小吾被捕入狱,《重庆日报》因而停办。1908 年,卞小吾被害于狱中,时年 26 岁。

1905 年,曹涑棚创办《重庆商会公报》(后改名《商会公报》),是为重庆及当时四川最早的一家商业报刊。

民初,报刊蜂起,主要有蜀军政府的《皇汉大事记》,各党派的报纸,如《中华日报》、《正论日报》、《国是日报》等。但这些报刊随着袁世凯篡国、辛亥革命在胜利声中惨败,而很快被当局查禁停刊。1914 年 4 月 20 日,《普通白话报》创刊,使重庆有了首家晚报。时隔 5 天,重庆总商会办的《商务日报》创刊。它日出对开一大张,共出 12218 号,是近代重庆出版最久的日报。1916 年 12 月,《女铎报》筹办,是为重庆妇女界办报之始。

小计清末民初国人在重庆的新闻报刊业绩,清末先后办报 9 种;民国初创至"五四"以前,先后创办报刊 12 种。对于文化并不算很发达的近代重庆而言,这些成绩已是可观的了。

二、出版印刷概况

开埠以前,重庆出版印刷为木刻书业,如光绪年间的宏道堂、善成堂就是当时百十家书坊中最为著名者。

开埠后,为适应新闻报刊业发展的需要,光绪二十三年(1897 年),中西书局成立,这是重庆第一家采用新印刷术的出版印刷机构。随着"新政"的展开,中外文化交流、碰撞的增多,立宪乃至革命思想的广为流传,大量报刊、书籍需要出版印刷,对新式出版印刷业的需求急剧加大。20 世纪初,从 1903 年设立广益书局起,重庆很快涌现了渝商书局、重庆商务印书馆及聚义和印刷厂等一批出版印刷企业。加上前十年已设立的这类企业,清末重庆共有 61

[①] 卞稚珊:《卞小吾遇难纪实》,载《重庆文史资料选辑》第 12 辑,第 115 页。
[②] 杨丙粗:《重庆报纸小史》,载《中国近代报刊发展概况》,新华出版社 1986 年版,第 565 页。

家近代出版印刷企业。这些企业都采用了机器铅印和石印,出版和印刷的速度、质量、数量,自然都优于旧式木刻制版、印刷,大大有利于经济的发展和新文化思潮的传播,受到读者的普遍欢迎。

第三节 文学艺术

一、新旧交替时期的文学

中国文学,在19世纪及其以前,官方认可的样式包括文学理论、诗词歌赋、散文等。至于深受大众欢迎,20世纪以来蔚为壮观、支撑文学殿堂的小说,则被封建士大夫们判为"小说者,街谈巷语之说也"[1],盖出于稗官,是以君子弗为也,故是不入流的。以致鲁迅先生论断:"中国之小说自来无史。"[2]重庆的士大夫作为中国士大夫的一部分,自然不齿为小说。小说需要相当广博深厚的群众文化基础,而这正是重庆作为传统商业集散码头加文化落后的大农村所缺乏的。因此,重庆开埠以后,先后出版过几种文学性杂志和副刊,但都不能维持下去。这也就难怪从晚清到民初,难觅重庆小说的踪影;同时也就使这一时期重庆文学的地位和价值被大打折扣了。当然,作为日后重庆文学发展的前提,这一时期的重庆文学还是有所表现的。

戊戌前后,梁启超、夏曾佑、谭嗣同等人发起为维新变法服务的、号称"诗界革命"的诗歌改良运动,其哲学思想基础自然是康有为"假素王"以"托古改制"的复古思想。宋育仁在重庆积极配合,认为:"今天下竞言变法。不必言变法也,修政而已。天下竞言学西。不必言学西也,论治而已。天下竞言维新。不必言维新也,复古而已。"[3]在文学理论方面,这种观点实际上为重庆诗界提出了"旧瓶装新酒"的理论主张。虽使"旧瓶"不去,"新瓶"难出,不利于新体诗乃至于白话文学样式在渝中存活,但毕竟要求"酒"是"新"的,有利于诗歌的改良和发展。

对于散文,邹容曾有一段激愤的文字:"词章者流,立其桐城、阳湖之门户

---

[1] 班固:《汉书·艺文志》。
[2] 鲁迅:《中国小说史略》,载《鲁迅全集》第9卷,人民文学出版社1981年版,第4页。
[3] 宋育仁:《复古即维新论》,载《渝报》第1册。

流派,大唱其姹紫嫣红之滥调排腔。"①既然批评桐城派、阳湖派的讲究"义法"、"雅洁",循经据典,言辞华丽,内容贫乏,那么邹容提倡的散文理论则应当相反。从邹容的这段文字及其所著《革命军》的行文看,他是主张散文通俗化,提倡感情奔放、语言明晰流畅的新体散文的。邹容的政论散文《革命军》以其近乎白话的、奔放流畅的语言,实践了对于桐城派的反动,使《革命军》与革命同在,不胫而走。应该说,《革命军》是重庆人邹容对于中国散文从理论到创作实践的一大贡献。

这一时期重庆的诗歌创作,表现为两个方面:

一是以曾为东川书院山长的赵熙为代表的"旧瓶旧酒"派,其作品为重庆诗歌创作的主流,不乏一定的艺术性,但回避现实,只是士大夫的吟风弄月之作。如赵熙光绪十八年(1892年)来渝的第一首诗《鱼洞溪》就是如此:"青山渡口列茅茨,红树苍松点鹭鹚。野老自工田舍计,行人过此望仇池。"②民初他再来渝,寓礼园与李湛阳等应酬唱答的诗就更是如此。再如宋育仁的代表作《题礼园亭馆》:"奇虚声下御风台,一角山楼两涧开。爽气西浮白云逝,江流东去海潮回。俯临木杪孤亭出,静听涛音万壑哀。风景不殊华表异,真同辽鹤再归来。"③这首诗对昔日礼园、今日鹅岭作了绝妙的描述,却与当年重庆风雨如晦的形势相去甚远。

另一方面则是以邹容为代表的"旧瓶新酒"派。这一方面的诗歌以反对封建、针砭时弊、宣传爱国、鼓吹革命见长。如邹容的《改〈神童诗〉》:"少小休勤学,文章误了身。贪官与污吏,尽是读书人。"④诗意一目了然,痛快淋漓。再如他在与章炳麟因"苏报案"入狱后的《涂山》、《狱中答西狩》、《和西狩〈狱中闻沈禹希见杀〉》⑤等诗,虽沉郁,却充满爱国的壮志、革命的豪情、乐观奋进的精神,如"中原久沉陆"、"何日扫妖氛"、"同兴革命军"、"头颅当自抚"皆然。邹诗一般不用典,以直白明快行世。但《涂山》诗却频频用典,尤其是"且向东门牵黄狗"句,反李斯原意而用之,大义凛然、视死如归的正气,跃然纸上,令人不禁扼腕。再如原籍江津、生长于重庆杨柳街的"白屋诗人"吴芳

---

① 邹容:《革命军》,载周永林编:《邹容文集》,重庆出版社1983年版,第48页。
② 《巴县文史资料》第7辑,第64页。
③ 《重庆市市中区文化艺术志》,文化艺术出版社1990年版,第44页。
④ 邹容:《革命军》,载周永林编:《邹容文集》,重庆出版社1983年版,第35页。
⑤ 邹容:《革命军》,载周永林编:《邹容文集》,重庆出版社1983年版,第81—83页。

吉,面对袁世凯窃国称帝、军阀混战,他写了《思故国行》,鞭挞袁"欲令天下民,九顿三鞠躬","欲将天下业,子孙世不穷"的丑恶行径;写了《护国岩词》,怒斥军阀"互猜疑,互责让,互残杀,互乱抗,一片天府雄国干净土,割据成七零八落肮脏荡"。因此他在诗中怀念蔡锷这位首举反袁义旗的"滇南故都督,护国总司令,七千健儿新首领"①。从吴诗的这些片段已清晰可见,这里不仅有中国诗词韵律的平仄、排偶、押韵等,还有欧洲诗歌的轻重音、长短音、音步、顿数等,这与吴在其好友吴宓影响下遍读欧洲诗歌经典及其近人作品有密切关系,也与他在清末民初的风云变幻中逐渐形成的"非变不通"思想密切相关。吴芳吉率先迈出了中国旧体诗词创作形式新探索的步伐,为日后兴起的新诗歌运动,提供了有益的参考借鉴。"五四"运动前后,吴芳吉以真人真事为素材创作了《婉容词》,发表于上海《新群》杂志,通过婉容的婚姻悲剧,塑造了受中国旧礼教束缚的典型形象,反映了人民反封建争自由的现实要求。从此蜚声诗坛。

随着时世的变异,上述两类创作倾向的人物亦有所变化。清末,赵熙在北京广和饭庄题壁写就著名的弹劾亲贵诗,讽刺庆亲王奕劻等人,生动揭露了官场丑态,在国内传诵一时:"居然汉满一家人,干女干儿色色新。也当朱陈通婚娶,本来云贵是乡亲。莺声呖呖呼爹日,豚子依依念母辰。一种风情谁识得,劝君何必问前因。一堂二代作干爷,喜气重重出一家。照例自然呼格格,请安应不唤爸爸。岐王宅里开新样,江令归来有旧衙。儿自弄璋翁弄瓦,寄生草对寄生花。"②民初,赵支持讨袁。民国六年(1917年),他诗赠讨袁滇军旅长朱德:"只有人心能救世,西南半壁赖维持。读书已过五千卷,一剑曾当百万师。"③这固然是对朱德的赞誉,但更是出自对其顺民心讨袁贼而感欣慰的心声。而在这时,被于右任誉为"开国有诗人,沧白杨夫子。秀句兼丰功,辉映同盟史"④的杨庶堪却因秉"功成身退"信条等原因,写出了"避地与人远,巡檐共鸟还"⑤的颓废诗句。直到"二次革命"失败后,他才接受教训,重新振作,写了长诗《癸丑遇难纪事二百韵》,叙事反思,重树革命必胜信心。

---

① 《四川近现代文化人物续编》,四川人民出版社1989年版,第84页。
② 《重庆市市中区文化艺术志》,文化艺术出版社1990年版,第44—45页。
③ 《重庆市市中区文化艺术志》,文化艺术出版社1990年版,第45页。
④ 《重庆市市中区文化艺术志》,文化艺术出版社1990年版,第45页。
⑤ 《重庆市市中区文化艺术志》,文化艺术出版社1990年版,第45页。

据现有史料,从晚清到民初,重庆的民间文学不算发达,但也有一些歌谣和民间故事流传,如歌谣:"清朝兵,太稀松,见了洋人就害怕,见了百姓可真凶。"[1]形象地表现了清军的腐败无能,反映了这一时期重庆人民必然有的反帝反封建意识。另外,清末民初还出版了数百种群众喜闻乐见的唱本。

二、艺术概览

从晚清到民初的重庆艺术,最盛莫过于川戏。川戏是我国一大地方剧种。重庆的川戏萌芽于清乾隆年间,形成和发展则在道光、咸丰年间,是川戏"四大河道"的"下川东河道"的中心。道光、咸丰年间,重庆就已在戏班尚不十分流行之时,出现了早期的戏班,如燕春班、必胜班、吉祥班。长期在重庆演出的川戏著名戏班有泰和班、义泰班、普益班、裕民班、群乐班等。光绪年间最活跃的是龙庆班、桂华班,辛亥革命以后活跃的则是三泰班、富成班、庆华班、新民社等。这些戏班拥有许多著名的川戏表演艺术家,他们戏路较多、表演经验丰富,且彼此借鉴,昆腔、弹戏乃至高腔等川戏形式,在重庆都很流行,影响面大,吸引了许多川戏艺人前来搭班演出。重庆川戏,特别注重改良和创新以及培养人才,如在清季结合从湖北流传来的汉调戏,发展了时称"京汉调"的川戏胡琴声腔,对川戏的发展影响很大;又如民初的普益科社、裕民科社都重在进行川戏的改良和教学。重庆的川戏表演艺术人才荟萃,真可谓盛极一时。清宣统元年(1909年),在菜园坝举办"赛宝会"时,开设了荟芳茶园,是为重庆第一个营业性川戏戏园。

清末民初,其他大众艺术如弹琴、说唱等也十分兴盛,听众甚多。有的曲艺种类如四川扬琴的形成和广泛流传,重庆则是创始地之一。

第四节 史 学

一、张森楷的史学著述

张森楷,合川人,清光绪四年(1878年)起,先后就读于尊经书院、锦江书

---

[1]《重庆市市中区文化艺术志》,文化艺术出版社1990年版,第58页。

院。他刚开始着手治经学,就发现多有错讹,于是立誓:"不为书画倡酬,不应岁科优拔试及保结童生,不作尊经课并其所宗向之经学词赋,独精史部,以整齐故事,谍正文字为期。"[①]从此弃经攻史,遍读《廿四史》3249卷。对其中年代、记述、文字的错讹相悖之处以及其注、疏、解的有违史实之处,认真研究史料,逐一进行校勘。他遇疑事讹文,辄反复推勘,务求其审。偶有所得,他又虑为前人已道,或有轶闻别解,为己所不见,不敢任意下雌黄,但随笔录记,为读史质疑。在此基础上,从1879年到1900年,他撰写了《通史人表》296卷和《读史质疑》300多卷,并将其几度修订而成《廿四史校勘记》337卷,前后历时22年。民初,他又将《廿四史校勘记》中的《史记校勘记》辑出,重新校订,撰成《史记新校注》133卷。张森楷谦虚好学,著述颇丰,已刊行、未刊行及散失的书稿合计共1286卷;且立论实事求是,有乾嘉遗风。

对张森楷的评价,诚如郭沫若所说:"他是我们四川乃至全中国有数的历史学专家,而且是很有骨鲠之气的一位学者。"[②]张森楷的史学研究,从内容到治学精神,都是重庆文化发展中的一份珍贵遗产和骄傲。当然,郭沫若还说过,张森楷"他毕竟不曾征服史料,而是为史料所征服了的"[③]。这个评价也是中肯的,旧史学只有走向新史学,才能跟上时代发展的步伐,才能从人要准确认识问题就必须"站在哲学的高度和具有历史的深度"的要求出发,不断深化人类对自己和社会的认识而不断进步,使历史学真正服务于人及其社会。以张森楷为代表的重庆近代史学也应如此。

二、地方志的突破

清代史学家、思想家章学诚极为重视编修地方志,认为"方志如古国史,本非地理专门","志属信史",将方志作为史学的一个重要方面,并进而认为修志主要是求其实用。这实际上形成了在方志的基础上建构全部史学的思想。因此,地方志书就成为历史学的一个不可或缺的重要方面;衡量地方文化的发达与否,方志的编修及其成绩,是一个重要标准。

---

① 张森楷:《戊午六十生日自序》,载唐唯目编:《张森楷史学遗著辑略》,西南师范大学出版社1998年版,第24页。
② 《郭沫若文集》第12卷,第215页。
③ 《郭沫若全集》第12卷,第11页。

晚清，重庆的地方修志是比较兴盛的。据不完全统计，道光十九年（1839年）以前已修的县志只有《綦江县志》（12卷，道光六年刻本）、《江津县志》（22卷，嘉庆十七年刻本）、《夔州府志》（36卷，道光七年刻本）、《忠州直隶州志》（8卷，道光六年刻本）等少数几种。这之后，仍据不完全统计，修县志就较普遍了，计有17种：《重修长寿区志》（10卷，光绪元年刻本）、《巴县志》（4卷，同治六年刻本）、《铜梁县志》（16卷，光绪元年刻本）、《合州志》（16卷，光绪四年刻本）、《璧山县志》（10卷，同治四年刻本）、《荣昌县志》（22卷，光绪九年增刻同治四年本）、《涪州志》（16卷，同治九年刻本）、《丰都县志》（4卷，光绪九年增续重刻同治本）、《秀山县志》（14卷，光绪十八年刻本）、《黔江区志》（5卷，光绪二十年刻本）、《彭水县志》（4卷，光绪元年刻本）、《万县志》（36卷，同治五年刻本）、《大宁县志》（8卷，光绪十一年刻本）、《奉节县志》（36卷，光绪十九年刻本）、《云阳县志》（12卷，咸丰四年刻本）、《梁山县志》（10卷，光绪二十年刻本）和《南川县志》（有咸丰元年和光绪二年两种刻本）。

民初，因为行政区划和地名有部分变动，修县志的工作仍在一些地方继续。其中值得一提的是《合川县志》。民国六年（1917年），合川县知事郑贤书礼聘张森楷主持编修县志。作为史家，张森楷以撰写史著的方法来修志，在体例、方法、取材上，均与传统志书以保存资料为第一职事，故简单分类，事无巨细照抄全录、广收博览，终致使人不得要领的体例、方法迥然不同，力求有所创新。他以章学诚修志理论的"立三书议"为指导，在全书的内容安排上，既全面又突出重点；在内容展示方面借用了史著的表、考、图、记、传等形式；在取材上，严格筛选，使全书布局严整、详略得当，对时人多有启迪借鉴作用。《合川县志》历时五年余成书，共83卷，200余万字。

第五节　民　　俗

与观念形态上的文化一样，民俗也反映并促成人的世界观、人生观、价值观，也具有历史传承性。因此，民俗是文化的另一种表现形态。

一、生活习俗

(一)食

重庆以产水稻为主,故民众主食大米,间杂面粉、玉米、红薯。糯米食品则是年节必备之物。副食日常是各种时新蔬菜,早餐则主要以民间自家腌制"泡咸菜"佐食。肉食以猪肉为主,辅以鸡、鸭、鹅、鱼,少有人吃牛、羊、兔肉及黄鳝、鱼鳅。但一般民居的餐桌上,除年节、待客外,是少见肉食及酒类的。这即是士人所称道的晚清重庆"大抵无故不杀,俭以养德"[①]的崇俭饮食民俗。其实这是生产能力低下,无法不俭所致。所以能不俭时则尽量不俭。酒肉饷客,乡间有"八簋"(即俗称的"八大碗"),客人亦不得多吃。但在城市酬酢中,因条件较好,则有参翅、烧烤等高档食物。自民初开始,市民亦渐渐大吃牛肉。故士人叹息:"惟乡居易简,城市易奢。"[②]随着重庆开埠,罐头食品、洋酒、西餐传入,民初以后则大量涌入。城市饮食,开始追寻西俗,不过,这时尚与普通市民、乡民无关。

重庆人喜食辣椒、花椒、姜等辛辣食物以除湿驱寒,民居菜肴多以此调味。开埠后,随着中外商贾日增,船工、"苦力"云集山城,急需大量供应低档而又有相当热量的食物。这就导致清末民初从杂菜"闹龙宫"到火锅这一新的饮食方式和食品的产生。

(二)衣

不是因为清代男人头顶剃光、脑后蓄长辫,怕受风寒,而是因为中国男人自古有戴冠的习俗,晚清重庆男人都戴帽。一般戴瓜皮帽。冬季老人戴帽,则是殷实人家戴翁帽,小康人家戴毡窝。贫苦人家则以白、青、蓝色布帕包头。上衣,内穿土白布制的对襟长袖汗褟(衬衫),外穿右襟长衫或短对襟衣。四面开衩的长袍则是礼服。套在长衫或礼服外穿的对襟短褂是马褂。下身着长裤,时称"小衣"。衣、裤以至鞋,制作材料为布、缎、丝绸等,为青、蓝、灰三色,皆分单、夹、棉三种,以应四季之需。农民则多赤脚(俗称光脚板),赶场时穿草鞋。入民国,全民剪辫,开始戴礼帽、着中山服、穿皮鞋,亦有西服、领

---

① 民国版《巴县志》卷五。
② 民国版《巴县志》卷五。

带、尖头皮鞋流入。不过在民初,这些还都是官员、政客、留洋学者的服饰,一般民众则可望而不可即。

未婚女子蓄长辫。已婚妇女挽发髻(俗称毛纂),其首饰有金、银、玉、象牙、牛骨乃至木制的帕针、簪子,并系耳坠、戴玉手镯。老年妇女穿右开襟大镶边上衣和镶脚边的长裤。中青年妇女穿右开襟的"枇杷衫"(下摆呈弧状而得名)和长裙。鞋为布制,青色或彩色绣花。

（三）住

重庆依山筑城,市区濒临两江。故清末民初,城内多土木结构或穿木结构加竹篾编就、上抹泥灰为墙的瓦房。房舍多单开间、长进深、临街巷的一般民居,还有三大头、一正两横、一楼一底的富裕人家,也有四合院、三重堂、高墙大门的官绅府邸。沿江高岸上,则分布着大量为防洪水而架木为寨、编竹为屋、一面当街接地、三面悬空的吊脚楼,形成重庆民居的一大奇观。乡间,富室宅邸从土木结构、穿木结构到深宅大院皆有,但以农民的土墙草顶房屋为主。

（四）行

山高路不平的重庆城,在无公路的晚清民初,较其他地方更需人力代步工具。这就是轿子和滑竿。轿子主要在城内活动。重庆开埠以前,信行兼营轿子业务。当时的轿子是"鸭篷轿",它用篾席做成,其上刷漆。开埠以后,中外商贾日增,乘轿人激增,专业轿行因而出现,且数量与日俱增,轿子也出现了更舒适的凉轿、藤轿等。到民初,轿行发展到300多家,万余人从业。滑竿则以城外场镇及风景区居多。从光绪十九年(1893年)的有顶棚的滑竿照片①可见,至迟在晚清,它已与轿子同在。

二、礼仪习俗

（一）婚礼

旧时婚姻按"六礼"程序进行,即问名、纳采、纳吉、纳征、请期、亲迎。但至少在晚清时,"巴邑惟不问名,但浼媒氏说合,即行纳采",且"衣饰丰俭,随

---

① [英]阿绮波德·立德乐著,王成东、刘皓译:《穿蓝色长袍的国度》,时事出版社1998年版,第137页。

其力,绝无以财行聘者。外省客家或间有,识者耻之"[1]。由此可见,晚清民初的重庆民风是淳朴的。其实,在实践中,重庆的结婚程序却被简化了。概言之,其程序大致是:男女长成,或家长托人寻门户相当者,或自有意中人则征求家长同意;男方请媒人携礼至女家说亲并过庚(男女方互相了解对方生辰),是即纳采(又称"过庚、谢允");送礼,交换庚书(相当于婚约),是为纳吉、纳征(又称"插定");确定婚礼日期,告知女方,是为请期(又称"报期");届时男方备彩轿,亲往迎娶女方,是为亲迎(又称"接亲");女至男家,先拜父母,随即入洞房行合卺礼(喝交杯酒);是夜设酒食宴宾客于新房或堂屋,新娘斟酒,是为"闹房";三日后,庙见(拜祖宗)、回门(新郎新娘相偕至女家,参拜祖宗及男女长辈;饭后即归)。至此,则婚礼成。

(二)丧礼

家中长辈将死,后人扶其卧床;气绝,后人跪哭"送终";亲属为死者沐浴、更寿衣;在堂屋设板停尸,板下燃"过桥灯"一盏;在堂上设灵堂,供死者灵位,以便生者祭奠;同时,后人赴告(后亦称"讣告")死讯于亲属、同僚、友人等;于家中备酒肴,供前往祭奠者;往祭奠者,"无亲疏悉破布缠头,谓之'散孝'"[2];葬前一日,合家举哀,行家祭礼;择吉日良辰土葬,有送葬、哭拜、垒土、辞坟等仪式。至此,丧礼成。丧礼过程中,一般要用上铭旌、魂帛、题主、楮币等丧葬用品。另有回煞、七七、百日等仪式:自死者断气时起算,有所谓男子二十日及二十九日两次回家,至期须举家避之;每七日为死者设斋"烧七",共烧七个七日,俗称"毕七";在第一百天设斋为"百日",俗称"烧百期"。这套丧礼,几乎全国皆然,充分反映了中国人不重活人重死人的传统习俗和精神,也充满了迷信和佛教成分。重庆人只是随世俗、从旧礼而已。所以,仅从备酒肴即可见,晚清至民初,重庆人的治丧活动,重视重殓厚葬,较为铺张。若不如此,旁人会"诋其吝"[3]。当然,这时尚无日后奢靡,至少在晚清,还没有为治丧而唱戏乃至聚赌者。

---

[1] 同治版《巴县志》。
[2] 同治版《巴县志》。
[3] 同治版《巴县志》。

(三)祭礼

按古礼和《会典》,祭祖是官家的资格,士人、庶民是不能祭始祖、远祖的,否则视为僭越。所以民间治丧,规定只设灵位,不得设主位(或称神位、祖位);后人三年服孝期满,则设醮事焚毁灵位,谓之"除灵"。但晚清的重庆人已认为:"然礼缘义起,水源木本,不能尽以《会典》绳之。"[①]因此,士庶皆设主位,并在人死第二十七个月时"烧三年",移主位入宗祠,是即"除服";之后,四时祭奠。这起码说明,晚清时重庆文化的变异,虽然缓慢,却至少从同治时起,已在中国人认为最重大的祭祖问题上开始了,且变异的根本还在于内因。

三、岁时习俗

正月,初一日,元旦(农历元旦即现在的春节)。这一天人们要早起,穿戴整齐,在家铺陈香烛、牲酒(最好设在庭院里),拜天地、祭神、祭祖先;然后卑幼者给尊长者"拜年";再后才鸣放爆竹、开家门,向被认为是吉利的方向拜祷,是为"出方";接下来吃椒柏酒、浇鱼脯等,名曰"头醪";饭后出门,沿门送名刺(后世为名片)"贺年"。这一天禁扫地、倒水,忌兆财出。正月十五日,上元节日,烧门神纸、饷元宵(用糯米做粉团即汤圆相遗)、奏鼓乐迎纸彩灯(即"闹元宵")。

三月,清明日,这一天人们纷纷祭祖先、上坟、修墓。重庆一般是"清明时节雨纷纷"。但这一天以天晴为最好,因农家其时渍种,关系到一年的饭碗。

五月五日,中天节(俗称端午节,亦称端阳),家家饮雄黄酒,插菖蒲、艾叶于门。中午出外郊游,采百草熬水洗身,言能辟毒。并依荆楚习俗,吃粽子、闹龙舟,以吊屈原。后又有洒蒜汁、食盐蛋、小儿用雄黄酒涂额以祛邪禳毒等俗。

八月十五日为中秋节,家家备月饼、打糍粑、购西瓜及梨、藕,设酒赏月。

九月九日为重阳节。是时,人皆佩绛囊,头插菊花,出门登高,饮茱萸酒。婚媾之家还互相馈赠枣糕和重阳酒,并采菊置放酒中。

十二月(俗称腊月):八日,取古代腊祭之意,用糯米、五色豆及枣粟(栗)煮粥,祭祀神祇和祖先并举家食粥,是为吃腊八粥。二十四日(亦有用二十三

[①] 同治版《巴县志》。

日者)为"小除日",民间皆燃灶灯,"送灶神"上天"汇报"一年来的人间善恶;并从这天起至除夕,任何一天皆可阖家祀祖、吃年饭(或称吃团年饭)。三十日即除夕,是日白天,张灯结彩,贴门神、楹联、春帖;入夜,阖家"辞岁"(俗称过年),少者礼拜尊长及亲友并互拜,尊长者以钱散给卑幼者,并使其将这钱放置枕边,名曰"压岁",这钱即称"压岁钱"。是夜,民间一般有"守岁"习俗。

重庆岁时习俗的目的在于敬祖、尊长、爱幼,祈求祛病避灾,招财进宝,把不多一点糯米集中在此时吃干净,再就是借机酩酊大醉。这个目的的前半部分,集中体现了中国传统道德文化,但后两点,实际上是人们普遍不富裕的一种表现形式。

四、方言

重庆方言,源自巴文化,属南方官话区,现在则属于北方话语系。但作为方言,比较普通话,自有其在语音、词汇、语法方面的特点。

在语音方面,因有明末清初"湖广填四川"的影响,更接近于两湖语音;只有边音,没有鼻音;只有平舌音,没有翘舌音;二、四声倒置,等等。这些使重庆人发音时气流很少阻碍,因而发音清晰、流畅,使得重庆方言语速较快,乍一听,有如唱歌。但这也使重庆方言流于轻盈而缺少庄重深沉,难于表达凝重的感情。

在词汇方面,有许多不同于普通话及其他地方方言的用词,如:玩,名之曰"耍";页,被说成为"篇";怎么,则说成为"啷个";跟上,被呼之为"跟倒起";聊天,则成了"冲壳子"或"摆龙门阵";娼妇则是"王大姐",如此等等。近代前后,尚有许多更"土"的词语,如"默倒"(意为"以为")、"架默"(意为"开始")、"幺台"(意为"结束"),这些词语近代以后仍然在用,只是用者甚少了。

在语法方面,似保留了古汉语的一些语法,如单音节词,双音则已构成某种句法结构。例如"消夜",此二字,前者意为动词"吃",后者意为名词"晚饭",两者合一,即成一动名句式结构"吃晚饭"。这形成重庆方言"省"的特点。但似乎因为重庆方言语速快,重庆人说话,又特别不怕麻烦,如疑问助词"吗",则成为双音词"没得"。例如:"你吃晚饭了吗?"在重庆方言则是"你消了夜没得?"这又形成重庆方言"不省"的特点。重庆方言就是这样矛盾的产物。

　　重庆方言的再一个特点是"言子"即歇后语丰富。它较之音、词、句,则相当灵活,随着时代的发展,而不断有所创新。如"大轮船出国——外行(航)",就是重庆开埠以后的"新产品"。

第十七章　近代重庆文化的新因素

第一节　科学技术

一、应用科技的出现

中国的近代科学、技术,是外国势力进入后的"舶来品"。因此,它没有自己的文化根基,是近代文化的外来新因素。地处交通不便的西南腹地,重庆的近代科技当然更是如此,属于重庆文化的全新因素。

正因为中国及其重庆没有自己的近代科学,就不可能在科学研究的基础上产生直接用于近代企业的、促使其生产能力发展的应用技术。因此,重庆应用科技的出现,是近代工业企业的附属物,即它随近代工业企业的出现而同步出现。

重庆的近代工业始于设备技术要求很低的火柴制造业,近代应用技术也始于这小小"洋火"。光绪十七年(1891年),卢干臣、邓徽绩在重庆创办森昌洋火公司,下设王家沱、大溪沟两厂,生产硫黄火柴。为此,从日本引进了提供动力的蒸汽机,具体用于处理木材的排板机、切削机等,当然火柴生产的工业技术也引进自日本。这使重庆有了第一家使用非人工动力的机器进行生产的近代工业企业,使近代工业应用技术开始落户重庆。

纺纱、织布本是中国传统手工业的得意之作。但在晚清,它所使用的木质丢梭织机的单机产量低、品质差,与西洋纺织机相比较,简直不可同日而语。1888年,熊汉臣在江北沙湾创办了协兴织布厂,采用引进的木质拉梭织机。因拉梭机较之丢梭机在结构上有一些技术改进,产量较丢梭机提高近一倍,并使所织布幅加宽。自1893年起,重庆扩大引进西洋纺纱机和织布机,使其逐步取代了传统纺织机具。1905年前后,脚踏铁轮织机被引进到重庆富川织布厂、复原织布厂。这种织布机在技术上包含了齿轮、杠杆等近代机械学原理,有飞梭等新的技术发明,开口、打纬、送经、投梭、卷布等五种操作环节连成一体,并以脚踏板为整机的总控制枢纽,腾出了双手进行机上操作,从而在增大工人劳动强度的同时,大大提高了产量,每机日产布十余丈,为以前织机的两倍。

重庆的化学工业始于1895年尹尊三开设的锱水公司。但作为文化现象,重庆化工技术的独创和发展,则始于1905年鹿蒿玻璃厂的在渝开业。该厂创办人、江津人何鹿蒿曾于1902年至1904年间在日本学习、掌握了玻璃器皿制造的每一项关键技术,然后在1905年购买了当时制造玻璃器皿所需的全套原料和设备:钢模、化工原料和修配生产工具所需的车床、刨床、钻床等机器,回渝在江北刘家台办厂。该厂采用当时世界上最先进的玻璃制造技术,建成了重庆第一座近代工业熔炉,以硅砂、纯碱、石灰等为原料,熔制玻璃和玻璃器皿。同时,何鹿蒿还进一步研究改进制造技术,经多年实验,终于独创了以鹅卵石代替硅砂作原料熔制玻璃的新技术:将鹅卵石用盐酸浸渍月余去铁质后熔炼,所造玻璃雪白而无杂色。他还反复研究、试验玻璃白瓷套料技术,认真钻研制造坩埚技术[①]。何鹿蒿的业绩不仅反映了近代重庆人为创建民族工业而自强不息的可贵精神,更以创新技术开创了重庆人步入科学技术领域的先河。

梁山(今重庆市梁平县)人李济川于1905年集资创办公司,对当地传统产品黄表纸进行"改良制造"[②]。在忠州(今重庆市忠县),则有曾留日专攻化学的吴铸九"筹集股本,组织一化学造纸厂,吸取残废账簿及各字纸,以药水融化,令墨迹沉下,纸料浮上,复造成纸,其质不减外洋。所造颇通适用,闻其价甚廉矣"[③]。1914年,巴县广利实业厂开始仿制上海无敌牌牙粉。这些当然使重庆具有了最初的造纸工业技术、日用化工技术,并为其发展打下了基础。

1905年,建重庆铜元局(1913年建成)。该厂的技术含量之高,在当时的

[①] 何鹿蒿:《鹿蒿玻璃厂四十年的回顾》,载《重庆工商史料》第2辑,第23—26页。
[②] 杨大金编:《现代中国实业志》(上),第337页。
[③] 《四川官报》戊申第13册,1908年5月下旬。

重庆可能是首屈一指的。它有化铜、压片、冲胚、印花等七个车间和动力、锅炉房等四个辅助所,全部采用机器生产[①]。1905年,重庆绅商集资兴办了嘉泰公司(1908年更名为江合矿务有限公司)。1909年,公司购买英国商人立德乐所办华英煤铁矿务有限公司用于开山修路的各种机器、材料、窖厂房屋后,采煤技术设备的实力大增,处于当时四川全省同业领先地位。这些企业自然为重庆机械制造业、矿山开采业这些近代工业发展的关键部门,准备了最初的技术力量。

1906年,在太平门安装了一台100千瓦直流柴油发电机组,开始了重庆发电的历史。1908年,绅商刘沛膏等人创办烛川电灯公司。次年,其两台法制各200千瓦直流蒸汽发电机组建成发电,开始向城区提供照明用电。重庆铜元局内也安装了一台法国制造的120千瓦直流发电机,专供局内生产及生活使用。这些企业为重庆提供了近代工业的先进动力技术,其日后的重要性是可想而知的。

1909年,重庆川江行轮有限公司的"蜀通"号轮船下水试航成功。从它自身只能载重37吨,却可拖驳船159吨可见,它是一种吃水浅、马力大、航速较快、适宜川江航行的小轮船。它专为川江航行而设计建造,在技术上,对于培养技术工人掌握先进技术,促使重庆造船技术从传统走向近代,迈出了实质性的一步。

最迟在1885年,电报线路自汉口经沙市、宜昌、万县铺设至重庆[②]。从此,重庆有了电报。它的意义之一,当然是重庆开始掌握电讯这一最重要的近代化技术手段。

这一时期,重庆还设有纸烟厂,采用日本机器制造俄国式纸烟[③];并建立了自来水厂,提供城市工业和生活用水。这些看似一般的企业,所包含的机械、生化等方面的应用技术,对重庆城市向近代化的起步,其作用也是不可小视的。

[①] 傅友周:《重庆铜元局的回忆片断》,载《重庆工商史料》第2辑,第49页。
[②] 邮电史编辑室:《中国近代邮电史》,人民邮电出版社1984年版,第64页。
[③] 周勇、刘景修译编:《近代重庆经济与社会发展:1876—1949》,四川大学出版社1987年版,第299页。

二、科技教育的从无到有

重庆的旧式教育,除有一点简单的算学之外,是绝无近代科学内容的。这种情况的改变,始于重庆开埠以后。因此,科技教育是重庆近代文化发展中的新因素。

光绪十八年(1892年),重庆洋务学堂设置了迥然不同于传统教育的课程体系,"其课程外国文外,增设科学,而以英语、数学为主科。"①虽然其"科学"课程按当时的学制要求、教员水平、学生接受能力等判断,不过是科普知识而已,但它的开设,在重庆已经是破天荒的了。重庆教育从此突破传统教育的樊篱,播下了近代科学教育的种子。

十余年后,这颗种子开始繁衍。1903年起,重庆各普通中、小学堂和师范学堂分别在不同层次上开设了自然科学知识课。如重庆府中学堂开设了博物、物理、化学等课程。又如巴县师范传习所和后来的川东官立师范学堂开设了算学、格致等课程。

师范学堂还从1907年起,实行文理分科,定理科为甲班,着重于数理两科的教学,且理科招生多于文科,如1907年当年理科班招生60名,文科则是50名。这固然有理科师资缺乏而取应急之举的打算,但它从一个侧面反映了重庆教育界对传授自然科学知识的重视。再有,这也使师范教育的体系结构趋于合理。

除教授普通科学知识外,从20世纪初起,重庆的一些学堂还根据当地经济发展的需要,有针对性地开办一些科技方面的专门班次,培养专门的科技人才。如1900年由永川知县罗崇龄假锦云书院旧址设立的达用学堂,就几度开设蚕桑班,讲授蚕桑专门知识,培养有利农桑的致用人才。

此外,重庆还出现了自然科学方面的专门学校。地处佛图关的巴县县立乙种农业学校就是其中之一②。

在学堂之外,许多工矿企业也着力培养本企业的专业技术人才。鹿蒿玻璃厂从开办时起,就招收学生(初为四五十人,后增至百人以上),进行为期三

---

① 民国版《巴县志》卷十一。
② 《巴县文史资料》第2辑,第7页。

年的专业技术培训,使之成为玻璃制造的专业人才。该厂为此不惜血本,在企业本身艰难的情况下,投入大量资金、原材料、工时,竭尽了全力。正如该厂所聘日本技师因学生学成而被解聘时所说:"你们何老师虽将你们技术教会,但成本却损失数万元。"①鹿嵩厂之举虽首先是为了企业的生存和发展,但同时也有利于重庆专业技术人员队伍的形成、发展,在重庆传播了科技知识。何鹿嵩之举是有远见卓识的。

第二节 西方文化的传入及其影响

一、西方文化势力的进入

西方文化是近代重庆文化发展中的崭新因素。它随着西方各种势力的来渝而进入重庆。概而言之,西方势力携西方文化进入重庆的途径和方式,主要有如下几种:

一是近代以来,重庆一直是西方教会势力在四川传教的大本营。1843年6月,天主教的贝罗书主教在渝行加冕礼。次年,天主教在渝建成真元堂。基督教接踵而至。十年后,英籍牧师石琢之在渝城九块桥建立福音堂,耶稣教会从此在渝落脚。然后是英国伦敦会传教士杨格非、大英圣书公会传教士韦雷、耶稣教中华内地会传教士麦卡悌以及美国传教士唐约翰等纷纷来渝,或"调查",或"游历",继而赁屋传教。这就使西方宗教文化得以长驱直入。

再一个途径就是西方外交官员的进入。1882年,英国驻渝领事馆率先设立。开埠后的1896年3月、5月、12月,法国人、日本人、美国人全都跑到重庆,设立了领事馆,以致清廷不得不在通远门内划一区域为"领事巷",专设外国领事馆。作为政治的后盾,西方军事力量随之来渝。1899年以降,英、法等国军舰如"山鸡"号、"山莺"号、"奥立"号等,纷纷来渝示威,推行炮舰政策。因此,迥异于中国传统"王道"政治文化的西方"霸道"政治文化得以进入重庆。

领事的派遣、领馆的设立,就意味着外侨、外商的大量涌入。早在1884

---

①《重庆工商史料》第2辑,第22—23页。

第十七章　近代重庆文化的新因素

年2月,英国著名商人立德乐就准备驾驶"固陵"号轮船闯川江、上重庆,开通三峡至重庆这条通往发财致富目标的黄金水道。这导致清廷以12万两银买下该船,并与英方谈判,签订了《烟台条约续增专条》,重庆被迫开埠。特别是1898年立德乐夫妇驾驶"利川"号小火轮征服川江、抵达重庆,开辟轮船的川江航运史以后,外商纷纷涌入。随外商而来的,自然是西方丰富多彩的商业文化。

开埠后,随着交通的改观,贸易的开展,书籍从下江源源流入。从重庆海关进口的书籍,1906年是420担,1907年就增至772担[1],增长83.8%。由此类推,仅由重庆关进口的书籍,其增长数量就相当惊人。加上其他途径进入的书籍,重庆的图书增量是非常可观的。虽说这些图书有相当部分不是来自国外,有相当部分属于在渝转口流往川省各地的,但外来的、留渝的部分会占相当数量并成比例增加,则是无疑的。外来图书成为西方文化进入并传播的又一途径和方式,并且日益成为最重要的途径和方式,渝关进口图书在开埠十多年后激增,正说明了这一点。

二、西方文化的传播

传教士们的传教手段多种多样,有礼拜、布道、发放宣传小册子等,甚至还有当时最先进的光电手段——放映宗教幻灯片[2]。在当时许多重庆居民对中国传统宗教不再感兴趣,认为其是"坏菩萨"[3]的情况下,再经过传教士们经年累月的努力,虽有传教士和教徒的非法活动等原因激发的教案不时发生,教会势力仍有较快发展。据开埠后重庆海关的报告,在1891年,当时的四川全省有美以美会、浸礼会等7类教会组织,有教士175人,信徒100521人。但仅重庆的巴县一地皈依西教的信徒,到清末就有1658人,民初时更发展到2791人,而这在重庆范围内还算人数少的。考虑到当时的四川有约200个县,巴县的发展人数比例就相当高了:在清末增加两倍多,民初则是晚清的

---

[1] 周勇、刘景修译编:《近代重庆经济与社会发展:1876—1949》,四川大学出版社1987年版,第300页。

[2] [英]阿绮波德·立德乐著,王成东、刘皓译:《穿蓝色长袍的国度》,时事出版社1998年版,第188、190页。

[3] [英]阿绮波德·立德乐著,王成东、刘皓译:《穿蓝色长袍的国度》,时事出版社1998年版,第185、193页。

近5.6倍。这就使西方宗教文化在重庆城乡居民中较快地传播开来。

重庆开埠伊始,立德乐即在下陕西街设办事处,建立了外国人在渝的第一个商行——立德乐洋行。随后,英商的隆茂、白理等洋行,法商的东方、利昌、吉利等洋行,德商的瑞记、宝丰、德昌等洋行,日商的新利、鹤龄、日森、三井、武林、森村、福记等洋行,在清末民初相继开办,凭借其雄厚资本,利用买办,操纵官府,几乎垄断了山货业这一重庆外贸除鸦片外的最大行业,并向采矿业等工矿行业扩展势力。这使重庆商人尝到了西方商业文化中竞争、垄断等残酷无情手段的内涵和滋味,也使渝商学到了竞争、管理等近代工商业的运作方法。各国在渝商行除从事商贸活动外,还给重庆人带来一种全新的商业文化意识——保险。开始时是立德乐的商行开展商贸货物保险,进而很快将其扩展到人寿保险,使重庆有了前所未闻的保险机构[①]。

就连传教士们也在教会的掩护下,积极展开了商业活动。川东教区主教范若瑟的天主堂内就藏有"川黔滇藏寄存货物"[②];他还与教民合伙开办"西成号"、"西法号"商行,经营进口货并贩卖鸦片,以致"垄断华商,关税厘金交受其病"[③]。在这方面,受到"教育"的当然首推其教民。

在传教之外,传教士在渝的活动集中在开办医院、药房、学校。如20世纪初有法国国外布道会开设的医院(1902年)和受其政府支持的一家德国医院(1906年)先后开业。1891年,美国基督教美以美会传教士鹿依士在重庆创办了求精中学堂。他还于1895年在城内戴家巷开办启明小学堂。英国基督教会则于1894年开办了广益中学堂。1898年,法国教会在重庆开办了法文学堂,还设有培养天主教神职人员的大、中、小修道院。1917年,英国人在重庆开办了川江上第一所领航学校。其学生经两年正规学习,方能毕业。自此,重庆有了经正规学习培训,持有驾驶执照的川江轮船领江。这些学校的开办,将西方文化直接灌输给重庆人民,是西化中国人的最有效方式。

[①] 周勇、刘景修译编:《近代重庆经济与社会发展:1876—1949》,四川大学出版社1987年版,第294页。
[②] 《教务教案档》第1辑第3册,第1167页。
[③] 《教务教案档》第3辑第2册,第946页。

三、西方文化的影响

西方宗教文化对重庆城乡居民产生了不小影响。这首先表现在前述信教人数的大增即信仰大变上。从质的方面看,则表现在对祖宗奉若神灵、绝对不可侵犯的传统观念有所触动,因为西方的信上帝,既非自然神崇拜,亦非祖先崇拜;还表现在居民的卫生习惯大为改观,变得多少讲清洁卫生一些了。这些仅从立德乐夫人的房东移动祖宗牌位,给予打扫清洗,并打扫房间一事,就可见一斑①。若从大处看,清末革命或立宪人士变"祖宗"成法的意识和行动,也不无西方宗教文化铲除对祖先的神灵崇拜的原因。

受西方文化影响最早的,还在于重庆新闻界。《渝报》始终发表"译文择要",刊登外国近闻,就是其明显的表现。该报受西方"务实"观念的影响,发表了许多介绍西方法制、经济的文章,使渝人得以了解洋人,比较认识自己的不足。如该报第一册至第四册连载英国人罗柏村的文章《公法总论》,破天荒地使重庆人知道了国际法的存在及其要义,在当时更使重庆人知道了"国家"的内涵而去接受民主思想,进而反清革命(邹容就是其代表)或要求改良。再有,《渝报》各册均刊载《渝城物价表》,这不仅反映了重庆人对经济总的务实观念,还表现出他们对近代商战时效性和准确性的开始重视。在当时要做到这些,没有西方文化在渝的影响,则是不可想象的。

在西方文化潮流的强大冲击下,教育文化界的变化具有重大意义。清末,重庆学堂的课程表上都加上了英文②,并且早在光绪二十二年(1896年)的科考中,就出现了天文学和数学试题③。这些当然是在外力影响下,对外国文化知识渴求的一种表现形式。民间的"天足渝会"还准备"设天足女学堂一所,授以中西文字及各种有用之学"④。可见由于西学的流传,对西学的进一步追求,已是民众中有识之士的普遍要求。这当然表明民风变了。从1901

---

① [英]阿绮波德·立德乐著,王成东、刘皓译:《穿蓝色长袍的国度》,时事出版社1998年版,第158—159页。
② 周勇、刘景修译编:《近代重庆经济与社会发展:1876—1949》,四川大学出版社1987年版,第160页。
③ 周勇、刘景修译编:《近代重庆经济与社会发展:1876—1949》,四川大学出版社1987年版,第243页。
④《渝报》第5册。

年起,清廷开始大量派出留学生。从而兴起了"游学热",特别是赴日本留学的热潮。当年重庆官费留日3人(全川共22人)。但官费名额毕竟有限,因此更大量的出国留学还是自费。邹容就是在考取官费留学却被人告发"离经叛道"而被除名后,毅然自费留学日本的。邹容为何留日?外因在于其师江叔澥关于中国"无一完善学校"①的见解,内因却在于邹容不愿学"臭八股",大量阅读了《渝报》,学习了英语、日语,接触到了来自西方的民主思想和国内维新变法的一些言论。这些内、外因又来自何处?无疑是开埠后由外国人带来吹遍渝城的西学之风。以邹容为代表的众多重庆学子,走出夔门和国门,去追求民主和科学,其最早的底蕴和动因,还在于开埠后重庆的"欧风美雨"的沐浴。

　　重庆商界受西方文化的影响,虽不如文化人那么明显,但却是肯定的。在一定程度上,重庆商人都是英商立德乐的学生,是后者教会了他们在商战中如何无情厮杀,击败对手。如自1908年5月至次年7月,江北绅商联合各界与立德乐的华英公司争夺龙王洞煤矿开采权,数度谈判,据理力争,又联络农民,形成会外压力,终于使英商败北,由江合矿务有限公司夺回权利。同时,重庆商人也开始适应在竞争中求生存和发展的近代商战。如森昌洋火公司,最初是利用政治力量一家独占重庆市场,后来是靠价格低廉的优势和由华洋统销公司统销产品等办法,在六家厂商(包括两家日商和一家德商)逐鹿重庆市场的险境中生存了下来。再如,重庆的猪鬃出口业,初由立德乐一家独霸,华商不见与闻,但他们终于还是投入了竞争,在清末形成了多家竞争的局面。这些都是开埠后,重庆工商界学自外商的新手段和由之形成的新局面。另外,鹿蒿玻璃厂在有日本技术人员的情况下,花巨资培养学生掌握工艺技术,表明重庆工商界已具有从商业利益考虑,要长远占有市场的远见。

　　西方文化的影响,还表现在社会生活方面。1897年,立德乐夫人在重庆倡导"天足会",响应者因而在江津、巴县先后发起建立"天足会",并拟订了《天足渝会简明章程》,规定:"入会者女不得缠足,子不得娶缠足之妇。入会者女年十岁以上,已缠足者愿否解放,听其自便;十岁以下均须一律解放。"②

---

① 邹传德、邹传参:《邹容的家庭及其思想》,载《重庆文史资料选辑》第12辑,第90页。
② 《渝报》第9册。

消息传出,"一时闻风欣慕,愿如会约者,颇不乏人"[1];英国牧师嘉立德还刊印《放足歌》百册,送到《渝报》局,要求代为散发,尚在东川书院读书的日本人成田也到《渝报》局捐款表示赞助。此事在19世纪发生,若不是重庆的有关人士受西方文化影响甚深和外国人直接参与,是根本不可想象的。在20世纪初,女子尚被认为"无才便是德"而被排斥于学校门外时,重庆知识文化界就已于1903年设立了"女学会",提出要"振兴女学"。1905年春,卞小吾在培德堂建立了女工讲习所,招收女工"半工半读,既授以文化,又授以技术,一洗中国几千年来女子无才便是德的封建旧习"[2]。这是在中国女子尚无受教育权利时之所为,其开风气之先的意义自然相当高。但深究其由来的思想文化原因,可能还得归之于与中国封建文化相对立的西方文化在重庆的传播。

另外,西方文化的影响,还使重庆出现了中国人向所未闻的社会慈善事业。1908年初,重庆建起了有史以来第一个济贫院,它集中乞丐于此干活并提供衣食[3]。此前还专为孤儿设立了工业学校。

总之,西方文化的传入,在与重庆人民发生教案等冲突过程中,其合理部分逐渐被认同,使重庆人在保持尚勤俭、好慈善、爱乡里等原有好风尚时,接受了西方人执著事业、敢为之拼闯及好读书、爱科学、讲卫生等文化风尚,在一定程度上纠正了自己原有的拘旧习、忽远图、信荒唐、恶异己等陋习,以较新的姿态送走晚清,迎来民国,并为重庆文化在日后的进一步发展准备了必要的条件。

---

[1]《渝报》第5册。
[2] 卞稚珊:《卞小吾遇难纪实》,载《重庆文史资料选辑》第12辑,第116页。
[3] 周勇、刘景修编译:《近代重庆经济与社会发展:1876—1949》,四川大学出版社1987年版,第302页。